KB212246

# 원오심요 역주

선어록총서 1

# 원오심요 역주

圓悟心要
譯註

원오극근 저,
강승욱 역주

운주사

## 역자 서문

‘깨달음이란 무엇인가?’, ‘어떻게 수행해야 하는가?’ 이와 같은 물음에 답을 얻어야 하는 것은 불교를 공부하는 모든 이들의 공통된 숙제다. 많은 사람들이 이 숙제를 해결하기 위해 참선을 하고, 간경을 하며, 염불을 하고, 주력을 한다.

특히 역대의 선적禪籍에는 이러한 숙제의 해결을 위해 ‘어떤 것이 부처입니까(如何是佛)?’, ‘어떤 것이 법입니까(如何是法)?’, ‘어떤 것이 도입니까(如何是道)?’ 등의 물음으로 선지식에게 답을 얻거나 점검받으려 하는 것들이 많이 기술되어 있다. 또한 이런 물음에 선지식이 던져 주는 답들은 일상적인 생각으로는 다가가기 어려운 말로 돌아와, 오히려 많은 사람들을 혼란케 하는 경우가 다반사다.

예를 들면 ‘뜰 앞의 잣나무(庭前栢樹子)’, ‘마 삼근(麻三斤)’, ‘평상심이 도다(平常心是道)’ 등, 지해知解로는 도저히 더듬어보기 어려운 답으로 여러 사람들의 입을 틀어막기가 일쑤다. 더욱이 알았다 하면 바로 집착이라고 하고, 언어문자에 끄달려서는 안 된다고 하니, 선적을 보고 참선을 해서 답을 얻는 것이 얼마의 간절함과 세월이 필요한 것인지 헤아리기 어렵다.

불법을 통해 마음의 편안함을 얻고, 나아가 부처의 경지와 대등하게 되고자 하는 것이 공부하는 이들의 목적인데, 저와 같은 답으로 마음의 불편이라는 답이 눈앞에 다가온다면, 과연 무엇이 문제이며 해결할 방법은 무엇인가? 누구에게 손을 내밀어 잡아주기를 청할 것인가?

어떤 스님이 운문雲門에게 물었다.
"어떠한 것이 제불의 출신처입니까(如何是諸佛出身處)?"
운문이 말했다.
"동산이 물위로 간다(東山水上行)."

"동산이 물위로 간다"는 답에 바로 그 자리에서 가가대소하고, 무릎을 치며 "맞아, 그렇지, 그래!"라고 할 수 있는 사람이 과연 얼마나 될까? 이에 본서本書의 경우, 다음과 같은 답으로 정진할 것을 당부한다.

저것(위의 문답)이 어찌 철저하게 깨닫고 나서, 이렇게 말한 것이 아니겠습니까! 잎사귀 하나 떨어지면 가을이 온 것을 바로 아는데, 다시 언구에서 언구를 내고 지해에서 지해를 짓는다면, 어찌 철저하게 깨달을 수 있겠습니까! 만약 운문의 이 뜻을 체득한다면 고금의 언구가 일시에 뚫릴 것이니, 다만 힘써 긍정하는 마음으로 이것에 의지해 나아가십시오.

본서는 143수의 편지로 출·재가를 막론하고 어떻게 이해하고 어떻게 수행해야 하는가를 각각의 경우와 처한 상황에 따라 그 답을 제시해 주고 있다. 나아가 원오圜悟 스님 자신이 어떻게 수행을 했고, 어떤 과오를 범했는지, 어떻게 점검 받았는지를, 아비가 자식을 가르치듯 자상하고 상세하게 보여 주고 있으니, 이보다 더 공부하는 데 도움이 될 선지식 또한 그렇게 많지 않을 듯하다.

서산西山 대사의 말씀 가운데 다음과 같은 게송이 있다.

踏雪野中去　　눈 덮인 들판을 밟을 때
不須胡亂行　　함부로 걷지 말라.
今日我行跡　　오늘 나의 발자취가
遂作後人程　　뒷사람에게 이정표가 되리니.

다만 역자의 능력이 원오 선사의 경지와 같을 수가 없기에, 본 번역이 과연 달을 가리키는 손가락이 될 수 있을지 의문이다. 뿐만 아니라 원오 스님에게 흠결을 내는 것은 아닌지 걱정이다. '내가 네가 되는 것'이야말로 올바른 번역의 출발이요, 귀결처다. 역자가 원오 스님이 되지 못한 것, 부족한 점들은 차후에 수정 보완해서 보다 더 '내가 네가 됨'이 되도록 하겠다. 독자 여러분의 넓은 마음을 바란다.

불기 2562(2018)년 2월
삼각산 아래에서 덕우 강승욱 씀

# 원오극근圜悟克勤은 누구인가?

원오극근(圜悟克勤, 圓悟克勤, 1063~1135)[1]은 송宋 인종仁宗 가우嘉祐 8년 지금의 사천성泗川省 성도부成都府에 속한 팽주彭州 숭녕崇寧의 대대로 유가儒家인 낙駱씨 집에서 태어났다. 이름(字)은 무착無着이고, 법명(名)은 극근克勤이다. 남송南宋 고종高宗에게 받은 사호賜號는 원오圜悟이고, 북송北宋 휘종徽宗에게 받은 사호는 불과佛果다. 입멸 후 받은 시호諡號는 진각眞覺이다.

스님은 유가 집안에서 태어나 사서오경을 읽고, 공맹의 가르침에 따라 세간의 학문을 깊이 연구했다. 어린 시절 하루에 천 마디 말을 기억할 정도로 기억력이 뛰어나고 총명했다. 어느 날 하루는 묘적사妙寂寺에서 불서佛書를 보았는데, 세 번 거듭 읽어보니 내려놓기가 아쉬워졌고, 마치 잃어버렸던 옛 물건을 얻은 듯했다.

그러다가 문득 자신이 전생에 승려였으리라는 생각이 들어 집안의

---

1 圜과 圓은 同字다.

원오 스님에 관한 내용은 『지월록(指月錄 29권)』의 성도부 소각사 극근불과선사(成都府 昭覺寺克勤佛果禪師) 편, 『선학사전』(불지사), 『정복보 불학사전』, 장경각 『원오심요』 해제, 『벽암록』(석지현 역, 민족사), 『불교수행법』(남회근 저, 부키) 등을 참조하였다.

허락을 받고 묘적사 자성 화상自省和尙에게 출가해서, 문조 법사文照法師에게 삼장三藏을 배우고, 민행 법사敏行法師에게 『능엄경』을 전수받았다. 갑자기 병을 얻어 죽을 지경이 되었는데, "제불諸佛의 열반정로涅槃正路는 문자와 어구에 있는 것이 아닌데, 나는 색色과 성聲으로 보고자 했으니, 죽어도 보지 못함이 당연하구나!" 하며 탄식하고는 그간의 공부를 그만 두었다.

후에 진각 승眞覺勝 선사를 찾아갔는데, 선사가 팔을 찔러 피를 내고는 말하기를 "이것이 조계의 한 방울 법유法乳다"고 했다. 스님이 놀라서 두리번거리고 양구良久하고는 말하기를, "도道라는 것이 정녕 이런 것입니까?" 하고는, 바로 선사가 있는 곳에서 나와 버렸다.

그리고는 행각을 하면서 처음에는 옥천승호玉泉承皓를 참례하고, 다음으로 금란 신金鑾信, 대위모철大潙慕喆, 황룡조심黃龍祖心, 동림상총東林常總 등을 참례했는데, 모두들 스님을 법기法器로 여겼다. 특히 회당(晦堂, 황룡조심) 선사는 "훗날 임제臨濟 일파의 혈족이 될 것이다(他日一派屬子矣)"고 하였다.

마지막으로 오조법연五祖法演 선사를 친견하고는 그간의 모든 공부를 털어놓았는데, 선사는 모두 인정하지 않았다. 그러자 스님이 "선사가 억지로 사람을 바꾸려 한다"고 하면서 공손하지 않은 말로 화를 내면서 나가버렸다. 그러자 선사가 "그대가 한바탕 열병을 앓고 나서야 나를 생각하게 될 것이야!"라고 했다.

스님이 금산(金山, 절강의 금산사)에 이르자, 열병을 얻고는 몹시 괴로움을 겪게 되었는데, 평소에 배운 것으로 병을 이기고자 시험해 보았지만 병이 호전되지 않았다. 오조 선사의 말을 기억하고는, 스스로 맹세하기를 “내 병이 좀 나아지면, 바로 오조께 돌아가리라”고 하였고, 병이 나아지자 바로 선사에게 돌아갔다.

스님이 선사를 뵙고는 바로 승당에 들어가 참구하면서 시자侍者의 소임을 보았다. 보름이 지날 무렵 부部의 사자使者가 관직을 벗어버리고 촉蜀으로 돌아가다가 오조 선사를 뵙고 도道에 대해 묻자, 선사가 “제형提刑은 어릴 때 소염시(小艶詩, 香艶詩)를 들어본 적이 있습니까?” 하면서, 다음과 같은 구절을 말하는 것을 듣게 되었다.

頻呼小玉原無事 자주 소옥을 부르지만 소옥에겐 원래 일이 없네.
只要檀郎認得聲 단지 낭군에게 소리를 알리기 위해서라네.

제형이 “예, 예!” 하고 답을 하자, 선사가 “무엇보다 자세히 하십시오”라고 했다. 스님이 따라 들어가 선 채로 묻기를 “화상께서 소염시를 말씀하시는 것을 들었는데, 제형이 알아들었습니까?”라고 하자, 선사가 “그는 단지 소리를 알았을 뿐이다”고 했다.

그러자 스님이 “단지 낭군에게 소리를 알리기 위한 것이었기에 그가 소리를 안 것인데, 어째서 옳지 않은 것입니까?” 하였는데, 오조 스님이 “어떤 것이 조사가 서쪽에서 온 뜻인가? 뜰 앞의 잣나무니라. 적!(如何是祖師西來意 庭前柏樹子 聻)” 했다.

스님이 홀연히 깨침(省)이 있어 갑자기 밖으로 나갔는데, 닭이 (놀라) 난간 위로 올라 날개를 치며 우는 것을 보고는, 다시 스스로 “이것이 어찌 소리가 아니겠는가!” 하고는, 향기를 소매에 숨기고 입실해서 얻은 바를 다음과 같이 게송으로 선사에게 바쳤다.

金鴨香銷錦繡幃　금압향 물씬한 비단 휘장 속에서
笙歌叢裏醉扶歸　생황과 노랫가락에 젖어 비틀비틀 돌아오니,
少年一段風流事　소년의 한 차례 풍류사를
祇許佳人獨自知　다만 가인이 홀로 알 뿐이네.

오조 스님이 말하기를 "불조佛祖의 대사大事는 근기가 낮은 사람이 알 수 있는 것이 아니다. 내가 그대를 돕게 되어 기쁘구나!"라고 했다. 그리고는 산중에서 도반들을 만날 때마다 "내 시자가 참구해서 선禪을 얻었다"고 했는데, 이로 말미암아 세상에 알려지게 되었고, 상수上首제자가 되었다.

스님은 오조 문하의 불감혜근(佛鑑慧懃, 1059~1117), 불안청원(佛眼淸遠 1067~1120)과 더불어 '총림삼걸叢林三傑', '법연 문하의 2근1원(演門之二勤一遠)', '법연 문하의 삼불(演門三佛)' 등으로 세상에 칭하게 되었다.

오조 문하에서 도를 크게 얻은 스님은 고향에 계신 노모를 생각하고, 북송 휘종 정화政和 무렵(이때 나이 40~44세) 고향으로 돌아와, 성도의 장관인 곽지장郭知章의 예우를 받아 육조산 육조원(六祖山 六祖院, 昭覺寺)의 주지를 맡았고, 형남荊南에서 무진 거사 장상영(無盡居士 張商英)을 만나 담론하면서 아주 친해졌다.

스님은 성도(成都, 사천성)의 육조사(六祖寺, 후에 소각사로 바뀜)와 풍주(澧州 호남성 풍현)의 협산사夾山寺를 비롯해, 담주(潭州, 호남성) 도림사道林寺, 금릉金陵 장산蔣山의 태평흥국사太平興國寺, 변경(汴京, 하남성 개봉) 천녕天寧의 만수사萬壽寺, 윤주(潤州, 강소성) 금산金山의

용유사龍游寺, 남강군(南康郡, 강소성) 운거산雲居山 진여선원眞如禪院 등 여러 사찰에서 주석하면서 법도法道를 떨쳤다. 특히 소각사, 협산사(영천원), 도림사에서는 종문제일서 宗門第一書로 알려진 벽암록碧巖錄의 강의가 세 차례 이루어졌다.

남송南宋 고종高宗 때 칙명으로 금산에 머물면서 고종의 자문이 되었다. 만년에 고종이 운거산에 머무르게 했으나, 얼마 안 있다가 고향에서 늙은 몸을 쉬고 싶다고 청해, 허락을 받아 사천성으로 내려가다가 다시 간청에 못 이겨 성도의 소각사에 두 번째 머문 것이 그의 입적사入寂寺가 되었다.

소흥紹興 5년 8월, 세수 73세에 입적했는데, 고종은 다시 진각선사眞覺禪師라는 시호를 내렸다. 문하에 호구소륭虎丘紹隆과 대혜종고大慧宗杲를 비롯해 100여인이 있다. 문집으로는 호구소륭과 약평若平이 엮은 『어록語錄』 20권, 『심요心要』 2권, 『벽암록碧巖錄』 10권, 『격절록擊節錄』 2권 등이 있다.

# 원오심요는 어떤 책인가?

『원오심요圜悟心要』는 스님에게 법을 묻던 선승과 사대부, 그리고 제자들에게 답으로 보낸 글을 제자 호구소륭虎丘紹隆과 약평若平 등이 모아 펴낸 서간집書簡集이다.

상하 두 권(총 143편, 상권 70편, 하권 73편)으로 이루어진 『원오심요』는 건염 3년(建炎, 1129년)에 단하 불지 유 선사丹霞佛智裕禪師에게 보낸 편지(하권 133)로 미루어 볼 때, 스님의 말년 또는 사후에 편집된 것으로 추정할 수 있다.

또한 대혜종고(고 선인, 고 서기), 일 서기, 찬 상인, 영 상인, 장상영, 뇌공 열 거사, 증 대제 등에게 보낸 편지가 각기 두 편 씩 실려 있는 것으로 볼 때, 한 차례의 문답이 오고 간 것이 아니라, 수시로 공부에 대한 문답이 오고 갔음을 알 수 있다.

승려들에게 보낸 편지는 당대의 큰스님들뿐만 아니라, 스님의 가르침을 받던 여러 제자들, 특히 수좌를 비롯한 6두수頭首와 시자, 비구니까지 포함하고 있다. 그리고 재가자에게 보낸 편지는 장상영을 비롯한 당대의 최고 관직에 있던 거사들과 도교 계통의 수행자들까지도 포함하고 있다. 143편의 편지를 구분하면 다음과 같다.

| | | |
|---|---|---|
| 출가자 (99명) | 장로 (15명) | 충 장로, 법제 선사, 정 장로, 융 장로, 문 장로, 정 장로(덕산), 지도 각 장로, 축봉 장로, 간 장로, 실 선로, 종 대사, 정혜 대사, 묘각 대사, 불지 유 선사, 종각 대사. |
| | 상인 (20명) | 현 상인, 찬 상인(2), 실 상인, 영 상인(2), 천 상인, 걸 상인, 유 상인, 민 상인, 윤 상인, 정 상인, 승 상인, 침 상인, 영 상인, 원 상인, 감 상인, 조 상인, 제 상인 등 상인. |
| | 학인 (40명) | 원 선객, 종각 선인, 광 선인, 민 선인, 재 선인, 상 선인, 혜 선인, 약허암주(니), 인 선인, 조인 사미, 용 도자, 추 선인, 사 선인, 정 선인, 견 도자, 상 선인, 승 선인, 심 도자, 조 도인, 거제요연조봉, 영 선인, 조 선인, 연 선인, 조 선인, 각 선인, 자 선인, 유 선인, 월 선인, 본 선인, 달 선인, 인 선인, 선인(4), 선자, 도명, 도인, 원장 선인. |
| | 제자 (24명) | 명 수좌, 원 수좌, 유 서기, 융 지장, 고 서기(2), 온초 감사, 일 서기(2), 영 부사, 양노두 선인, 해 지욕, 신 시자, 민 지고, 성 수조, 혜공 지객, 장 직전, 인 서기, 조 부사, 법영 시자, 중선 유나, 중송 지장, 처겸 수좌, 오 시자. |

| | | |
|---|---|---|
| 재가자 (44명) | 관직 (26명) | 장선무 상공(2), 허 봉의, 호 상서, 장선기 학사, 증 대제, 여 학사. 태수 소중호, 황태위 검활, 뇌공 달 교수, 장중우 선교, 위 학사. 가중 현량, 한 통판, 장 국태, 장 자고, 증 소윤, 장 대제, 황 통판, 원유 봉의, 전차도 학사, 뇌공 열 교수(2), 장지만 조봉, 오 교수. 증 대제, 한 조의. |
| | 일반 (18명) | 자문 거사, 성연 거사, 동감 거사, 황성숙, 덕문 거사, 홍조 거사, 초연 거사, 방 청로, 이의보, 원빈, 이연 도인, 노수, 엄 수 두 도인, 빙희몽, 화엄 거사, 무주 도인, 경용학, 양무구 거사. |

※ 상인上人은 사전적인 의미로 지덕智德을 갖춘 승려를 높여 부르는 말인데, 역자는 원오스님보다 연배의 승려를 지칭하는 말로 해석을 했다.

※ 학인學人과 제자弟子의 경우, 학인은 선원에서 스님 아래 수행했던 승려들과 스님에게 법을 물었던 승려를 뜻하는 것으로, 제자는 선원에서 수행하면서 소임을 맡았던 승려들과 출가제자로, 역자가 임의로 구분한 것임을 밝혀둔다(그러므로 제자라고 해서 반드시 원오 스님을 은사로 하는 것도 아니고, 학인 가운데도 원오 스님의 제자가 있을 수 있다).

※ 도인道人, 도자道者는 사전적인 의미로 도교道教를 닦는 사람을 칭하기도 하는데, 본서의 원문에서는 비구니를 칭하는 말(ex. 용 도자-비구니)로 쓰였다. 그래서 역자는 도인과 도자의 경우, 편지의 내용을 토대로 출가자(비구니)와 재가자(도교인)로 구분해서 도식하였다(도교를 공부하는 이는 재가자로 구분하였다).

143편의 편지는 모두 예외 없이 '불법이란 무엇인가?', '어떻게 공부해야 하는가?'에 관한 것일 뿐, 시대의 사회적인 문제나 사중의 일반적인 일, 개별적인 신변잡기에 등에 관한 언급은 전혀 없다. 특히 재상과 고관들에게 답한 글에도 당대의 시대적인 상황, 예를 들면 이민족의 침탈, 내정의 실패로 인한 왕조의 위기, 개혁의 실패 등, 정치 사회적인 일절의 대화가 없다. 오로지 스님의 화두참선(마음공부)에 대한 일관된 가르침만이 편지 속 대화의 주제였다.

스님의 화두참선을 통한 공부의 일관된 가르침은 무엇보다 자신의 철저한 수행의 결과일 뿐만 아니라, 대승경전과 중국 역대 고서 등의 열람을 밑바탕으로 하고 있음을 보여준다. 특히 역자가 번역하면서 주註를 단 것에 근거하면, 스님은 대승경전으로는 금강경·유마경·법화경·열반경·화엄경·능가경·능엄경·원각경 등을 열람하였고, 논어·맹자·역경·노자·장자 등에 정통하였다. 또한 달마를 비롯한 이후의 역대 조사들의 어록을 빠짐없이 열람하였다.

본서는 위와 같은 방대한 불교 경전과 중국 고전, 조사어록 등을 바탕으로 자신의 치열한 참선 수행을 통해 얻은 결과물, 과정 속의 경험담, 특히 자신의 수행 과정상의 과오까지도 상세히 전하고 있다. 따라서 본서는 참선수행(화두참구, 마음공부)을 통해 불법을 깨치고자 하는 이들에게 최고의 안내서이자, 원오 스님 자신의 '수행 고백서'라 할 수 있다.

다만 본서의 형식을 닮은 대혜종고의 『서장書狀』에서는 답서答書 외에 몇몇의 문서問書가 수록되어 있는 것을 볼 수 있는데, 후세의 사람들이 본서를 접하는 편리함이 상대적으로 다소 부족해 보일 수 있다. 하지만 "물음 속에 답이 있고, 답 속에 물음이 있다(問在答處答在問處)"는 말처럼, 원오스님의 답 글 속에서 상대의 물음과 그들의 상황, 입장을 찾아내는 것도 본서를 보는 묘미 가운데 하나일 것이다.

편지는 주고받는 두 사람만의 비밀 대화다. 하지만 이것이 세상에 알려질 땐, 여시아문如是我聞의 아我가 아난阿難만이 아닌 모두이듯, 공부하는 모든 이에게 보이는 공개서한이 된다. 그래서 본서는 대중에게 수시한 장편의 법어法語다.

## 일러두기

1. 본서는 속장경에 수록된 『불과극근선사심요佛果克勤禪師心要』를 중화전자불전협회中華電子佛典協會에서 전산화한 것으로 저본底本을 삼았다.
2. 장경각에서 출판한 『원오심요 上, 下』의 부록에 게재한 印行本(1975년 중화민국 신문풍출판사)과 대조하였다.
3. 원문의 단락과 방점, 인용부호는 역자가 편집하였다.
4. 편지 각각의 제목은 역자가 임의로 정하였다.(註에 원본의 제목을 첨부하고, 설명을 했다.)
5. 원문의 한자(어) 설명은 네이버(NAVER)와 다음(DAUM)에서 제공하는 한자사전과 중국어사전을 사용하였으며, 漢韓大字典(민중서림)을 참조하였다.
6. 각주에 사용된 정복보 불학사전, 불광대사전, 경덕전등록, 지월록 등은 중화전자불전협회에서 제공한 전산자료를 참고로 하였다.
7. 각주에 페이지 표기가 없이 인용도서명만 있는 것은 포털 사이트 네이버와 다음에서 제공하는 '지식백과'의 각종 사전을 참고한 것이다.
8. 도서명에 사용하는 꺽쇠(『 』)는 처음 나올 때만 표시하고 뒤에서는 생략하였다.
9. 각 주에서 원문이라고 한 것은 중화전자불전협회의 전산 본을 뜻한다.
10. 각 주에서 출처를 표시하지 않은 것은 역자의 번역 또는 편집임을 밝혀 둔다.

## 圜悟心要 上卷(원오심요 상권)

## 圜悟心要 下卷(원오심요 하권)

# 圜悟心要 上卷
(원오심요 상권)

# 1. 화장 명 수좌에게(示 華藏明首座)[1]

---

1 아래의 문장은 원래 본 편지(원본)의 말미에 기술되어 있는 것인데, 本書에서는 註로 처리해 기술한다.
華藏明首座 自錦官夾山鍾阜 從余游十餘年. 其情理勝解 悉已拈去 入此門來 照用機智 解路靡不打摒 惟向上一著 室中百煅千煉比出. 佐民老以謂違去朝夕 欲得筆語 因條列數章以付之.

화장 명 수좌는 금관, 협상, 종부로부터 나를 따라 다닌 지 10여 년이나 되었다. 이理와 정情에 대한 뛰어난 견해를 모두 꺾어버리고, 이 문에 들어와서는 조용照用의 기지機智로 이치의 길을 모조리 물리쳐버리지 않은 것이 없었으며, 오로지 향상의 한 도리만을 조실에서 백천 번 단련해내었다. 근래에 민 노스님을 보살피느라 조석을 거스르고 있어 편지로나마 몇 마디 얻어 듣고자 한다기에 여기 몇 장을 열거해 부친다.

또한 원문에서는 당시 화장 명 수좌가 '강령부의 천령사에 머물고(住江寧府天寧)' 있는 것으로 기술하고 있다.
화장 명 수좌는 아래의 인물로 추정해 볼 수 있다.
화장안민(華藏安民, 생몰연대 미상): 송대의 스님. 임제종, 호는 밀인密印. 속성은 주朱씨. 사천성 가정부嘉定府 출신. 처음에는 교학을 배웠으며, 성도成都에서 능엄경楞嚴經을 강의함. 후에 원오극근에게 참학, 인가를 받아 그의 법을 이음. 사천성 보녕사保寧寺, 강소성 건복부 화엄사華嚴寺, 절강성 항주 중천축사中天竺寺에 머묾."(『선학사전』, p.745, 1995, 불지사)

首座(수좌): 선원 스님들의 참선을 지도하는 조실, 방장을 돕는 제1의 중직. 선원에서의 위치는 조실·방장 다음이며, 대중이 많을 때는 前堂(전당) 수좌와 後堂(후당) 수좌 두 사람이 있음. 第1座(제1좌)·座元(좌원)·禪頭(선두)·首衆(수중)·板首(판수)라고도 함. 6頭首(두수)의 하나. 참선학도하는 승려 일반을 가리킴.(전게서, p.404)

祖師直示. 豈有如許蹊徑. 只貴向上人 聊聞擧著 剔起便行 明眼覰來早是鈍置. 古者道 "擧一隅不以三隅反者 吾不與也" 箇箇須是 擧一明三 目機銖兩 轉轆轆地 踈通俊快 始稱提持.

※蹊(좁은 길 혜, 이상야릇할 계): 좁은 길. 지름길. 발자국. 경로. 지나다. 짓밟다. 이상야릇하다(계).

※蹊徑(계경): 좁은 길. 산 길. 방법. 방책. 요령. 비결.

※轆(도르래 록): 도르래. 녹로. 수레가 지나가는 길. 수레의 요란한 소리.

※轆轆(녹록): 덜커덕덜커덕. 덜컹덜컹(수레바퀴가 굴러갈 때 나는 소리).

※剔起(척기): 높이 쳐들다.(『선학사전』)

조사祖師[2]는 바로 보여준다. 그런데 여기에 어찌 그렇게 많은 방법들(蹊

---

2 祖師(조사): 『경덕전등록』 제3권, '제28조 보리달마' 편에 조사의 정의를 다음과 같이 하고 있다.

有期城太守揚衒之早慕佛乘 問師曰 "西天五印師承爲祖 其道如何" 師曰 "明佛心宗 行解相應 名之曰祖" 又問 "此外如何" 師曰 "須明他心知其今古 不厭有無於法無取 不賢不愚無迷無悟 若能是解故稱爲祖"

어느 때, 성의 태수 양현지揚衒之가 일찍부터 불법을 사모해 왔다고 하면서 조사(달마)에게 물었다.

"서쪽 천축에서는 인가를 받아 스승의 법을 이어야 조사라고 한다는데, 그 도道는 어떤 것입니까?"

조사가 말했다.

"불심의 종지를 밝혀서 행行과 해解가 상응하는 것을 조사(祖)라고 합니다."

"그밖에는 어떠합니까?"

"모름지기 마음을 밝히고 그 고금을 알아야 하며, 있음과 없음을 싫어하지 않고 법을 취함이 없어야 하며, 현명하지도 어리석지도 않아서 미혹도 깨달음도

徑)이 있을 수 있겠는가! 다만 향상인向上人[3]을 중히 여길 뿐이니, 거론하는 것을 들으면 높이 쳐들고 일어나 바로 가버려야지, 명안(明眼, 밝은 안목)으로 엿보더라도 이미 둔한 짓이다. 옛사람이 이르기를 "한 모서리를 들어 보일 때 세 모서리를 돌이켜 알지 못하면 나는 가르쳐주지 않겠다(擧一隅不以三隅反者 吾不與也)"[4]고 했다. 그러므로

---

없어야 합니다. 만약 이렇게 이해할 수 있으면 조사祖師라고 불릴 수 있습니다."

達大道兮過量　　대도를 통달함이여, 헤아림(量)을 넘어섰고
通佛心兮出度　　부처의 마음을 통달함이여, 헤아림(度)을 벗어났네.
不與凡聖同躔　　범부에도 성인에도 똑같이 얽매이지 않고
超然名之曰祖　　초연한 것을 이름하여 조사(祖)라 하네.

3 向上(향상): 선림禪林의 용어로 하下로부터 상上에 도달하고, 말末에서 근본(本)에 도달하는 것을 말한다. 반대로는 상에서 하로 도달하고, 본에서 말에 도달하는 것을 향하向下라고 한다.

선종에서는 미경迷境에서 깨달음의 경지(悟境)에 바로 드는 것, 상구보리上求菩提의 수행을 일러 향상문向上門 또는 역만자逆卍字, 즉 卐라고 하며, 이는 자리문自利門에 속한다. 반대로 깨달음의 경계에서 미경迷境으로 도리에 따라 응하여 자유자재한 묘용을 보이는 것을 향하문向下門 또는 순만자順卍字라고 하며 이는 이타문利他門에 속한다. 만약 향상문과 향하문을 모두 구비하지 못했다면 이는 진정한 깨달음이 아니다. 지극한 대도(至極之大道), 대오의 경계(大悟之境界)와 같은 표현은 향상일로向上一路 또는 향상도向上道를 칭하는 것이다. 불법의 지극한 오의를 탐구하는 것을 향상극칙사向上極則事 또는 향상관려자向上關棙子, 향상사向上事라 한다. 진실한 절대적 깨달음의 세계와 여러 부처님과 역대 조사들이 말씀을 하지 않으신 곳을 일러 '향상일로는 모든 성인들도 전하지 못한다(向上一路 千聖不傳)'고 하는 것이다. 범부凡夫의 경계에서 제불의 절대경계에 도출하는 것을 향상전거向上轉去라 한다.(정복보, 佛學大辭典)

4 『논어』 '술이述而' 편에 다음과 같이 기술하고 있다.
"不憤不啓 不悱不發 擧一隅不以三隅反 則不復也"

사람마다 하나를 들면 셋을 알고, 아주 작은 양도 척 보면 알며(目機銖兩),[5] 수레바퀴가 덜커덕덜커덕 구르면서도 막힘없이 매끄럽고 빠르면서도 당당해야, 비로소 '제지(提持, 향상의 계기를 보여줌)'[6]라 할 수

---

"자극과 유도를 통한 교육방법으로 생각을 자극 분발시키지 않고는 계도해주지 않으며, 강한 지적 탐구심에서 의심해 보도록 하지 않고서는 연구시키지 않으며, 네 귀퉁이 중 한 귀퉁이를 들어 보일 때 나머지 세 귀퉁이를 깨닫지 못하면 본래의 자기 지혜의 자리로 돌아오지 못한다."(남회근 저, 송찬문 역, 『논어강의 上』, pp.446~447, 2012, 마하연)

5 目機銖兩(목기수량): 수량銖兩은 얼마 안 되는 중량을 뜻하며, 근소함·경미함을 비유하는 말로, 1량兩의 1/24을 일컫는 단위이다. 일석一石은 4균鈞, 1균은 30근斤, 1근은 16량兩, 1량은 24수銖, 1수는 4분1리釐이다. 目機銖兩은 실제로 저울에 달아 그 무게를 재는 것이 아니라 눈으로 척 보고 그 무게를 아는 것이다.

6 提持(제지): 爲禪林中師家引導學人之方法. 卽師家接化學人時 破除學人原有之見解 而示予向上之契機. 以把住之手法 否定學人之我見. 爲平展之對稱. 碧巖錄第七十五則垂示 若要提持 一任提持 若要平展 一任平展(『불광대사전』)

선림에서 스승이 학인을 인도하는 방법. 스승이 학인을 제접해서 교화할 때 학인이 원래 가지고 있던 견해를 깨뜨리고 제거하여 그에게 향상의 계기를 보여 주는 것이다. 이 파주의 수법으로 학인의 아견 등을 부정해 버리는 것이다. 평전에 상대되는 명칭이다. 『벽암록』 제75칙, 수시에 보인다. "만약 제지하고자 하면 마음대로 제지하고, 만약 평전하고자 하면 마음대로 평전한다."

平展(평전): 爲禪林中師家引導學人之方法. 提持之對稱. 如實呈現原貌之意 轉指師家接化學人時 所用之放行手法. 卽師家肯定學人之境地見解 並令其自由發展悟道之機. 碧巖錄第二十二則 '爾若平展 一任平展 爾若打破 一任打破'(전게서)

선림에서 스승이 학인을 인도하는 방법. '제지'에 상대되는 명칭이다. 원래의 뜻을 여실하게 드러내 보여주어 나아가도록 가리키는 스승이 학인을 제접하여 교화할 때 쓰는 것으로 '방행'의 수법이다. 즉 스승이 학인의 경지나 견해를

있는 것이다.

❀

豈不見 良遂見麻谷. 第一番見 谷便入方丈閉却門. 渠疑著 及至第二次 谷驟步去菜園裏. 渠便瞥地 乃謂谷曰 "和尙莫謾良遂 若不來見和尙 泊被十二本經論 賺過一生" 看渠恁地 不妨省力. 旣歸謂徒曰 "諸人知處 良遂摠知 良遂知處 諸人不知" 信知渠知處有不通風 諸人卒未薦得 可謂眞師子兒. 要作他家種草 直須更出他一頭地始得.

어찌 보지 못했는가? 양수良遂가 마곡麻谷을 뵈었던 것을![7] 첫 번째

---

긍정하고 아울러 오도의 계기를 자유롭게 발전하도록 해주는 것이다. 벽암록 제22칙에 보인다. "그대가 만약 평전하고자 하면 마음대로 평전하라. 그대가 만약 타파하고 싶으면 마음대로 타파하라."

7 壽州良遂(수주양수): 당대의 스님. 남악회양의 법계. 마곡보철의 법을 이음. 수주(壽州, 安徽 壽縣) 북쪽에서 선지禪旨를 떨쳐 수주양수로 불림.(한보광, 임종욱 편저, 『중국역대불교인명사전』)

麻谷寶徹(마곡보철, 생몰연대 미상): 당대의 스님, 남악南嶽의 문하. 마곡은 주석 산명. 출가하여 마조도일馬祖道一에게 참학하고 그의 법을 이음. 산서성 마곡산에 머물면서 선풍을 고취시킴.(선학사전, p.192)

또한 마곡과 수주양수의 본 문답에 관해 『선문염송 염송설화』 고칙 511에서는 상기의 내용을 다음과 같이 전하고 있으니 비교하기 바란다.

壽州良遂禪師 初參麻谷 谷見來 乃將鋤頭去鋤草. 師到鋤草處 谷都不顧 便歸方丈閉却門. 師却來敲門 谷曰 "阿誰" 師曰 "良遂" 才稱名 忽爾契悟. 曰 "和尙莫瞞良遂 良遂若不來禮拜和尙 泊被經論賺過一生" 及歸講肆 開演有云 "諸人知處 良遂摠知 良遂知處 諸人不知"(一本 谷三召 師三應 谷曰 鈍根阿師 師卽有省)

수주양수 선사가 처음 마곡을 참례하러 갔는데, 마곡이 오는 것을 보고는 호미를

찾아뵈었을 때 마곡은 바로 방장실方丈室[8]로 들어가 문을 닫아버렸다.

---

듣고 나가 풀을 매었다. 양수가 풀을 매는 곳으로 갔으나, 마곡은 전혀 돌아보지 않고 그대로 방장실로 돌아가 방문을 닫아버렸다. 양수가 방문을 두드리자 마곡이 말하기를 "누구냐?"고 해서, "양수입니다"라고 이름을 말하자마자 홀연히 계합해 깨달았다. 그리고는 말하기를 "화상께서는 이 양수를 속이지 마십시오. 양수가 와서 화상께 절하지 않았더라면 일생을 저 경론에 속아서 보냈을 것입니다"라고 했다. 그리고는 자기가 강설하던 곳으로 돌아가 법을 풀이해 주다가 말하기를 "여러분이 아는 것은 양수도 다 알지만, 양수가 아는 것을 여러분은 모른다"고 했다.

〔어떤 판본에서는 이렇게 나온다.

마곡이 세 번 부르자, 양수가 세 번 대답했다. 마곡이 말하기를 "(근기) 둔한 스님아!"라고 하니, 양수가 이 말에 깨달은 바가 있었다.〕

한편, 상기의 '어떤 판본에서는 이렇게 나온다'는 것은 경덕전등록 제9권, '수주 양수 선사' 편을 뜻하는 것으로 다음과 같이 기술하고 있다.

壽州良遂禪師初參麻谷 麻谷召曰 "良遂" 師應諾 如是三召三應 麻谷曰 "遮鈍根阿師" 師方省悟乃曰 "和尙莫謾良遂 若不來禮拜和尙 幾空過一生" 麻谷可之.

수주 양수良遂 선사가 처음 마곡麻谷을 참례하자, 마곡이 불렀다.

"양수야!"

선사가 "예!" 하고 대답을 했다.

이렇게 세 번 부르고 세 번 대답하자, 마곡이 말했다.

"이 (근기) 둔한 스님아!"

선사가 바야흐로 성오(省悟, 깊이 생각하여 잘못과 허물을 깨달음)하고는 말했다.

"화상은 양수를 속이지 마십시오. 와서 화상께 절하지 않았다면 얼마나 헛되이 일생을 보냈겠습니까!"

마곡이 그렇다고 여겼다.

8 方丈(방장): 선원의 방장이 거처하는 방. 유마 거사의 거실이 4방方 1장丈이었다는 고사에서 유래함. 한 회중의 수장. 총림에서는 방장이라 하며, 선원에서는 조실이

양수가 의심을 품고 두 번째 뵙자, 마곡이 이번에는 빠른 걸음으로 채소밭으로 가버렸다. 그런데 양수가 문득 깨닫고는 마곡에게 말하기를 "화상께서는 양수를 속이지 마십시오. 화상을 찾아뵙지 못했더라면 12부경론十二本經論[9]에 빠져 일생을 속아 지낼 뻔했습니다"고 했다. 양수의 이런 모습을 볼 때 스님이야말로 성력(省力, 힘을 더는 것, 깨침)이 대단했다.

그리고는 돌아와 대중들에게 말하기를 "대중들이 알고 있는 곳을 양수는 모두 다 안다. 그러나 양수가 아는 곳을 대중들은 알지 못한다"고 했다. 양수가 안 곳은 바람도 통하지 않는다는 것을 확실히 알아야 하는데 대중들은 전혀 알지 못하니, 양수야말로 가위 진정한 사자師子라고 할 만하다. 그러므로 그 집안의 종지를 잇는 법손(種草)이 되고자 한다면 모름지기 한층 더 일두지一頭地[10]를 벗어나야 한다.

---

라고 함.(운허 저, 『불교사전』, p.252, 1985, 동국역경원)

9 十二本經(십이본경): 십이분경十二分經 또는 십이분교十二分教라고도 한다. 부처님의 일대 교설을 그 경문의 성질과 형식으로 구분하여 12로 나눈 것.(전게서, p.535)

10 역자는 一頭地(일두지)를 문맥상 위산이 앙산에게(또한 백장이 황벽에게) 말한 "智與師齊 減師半德 智過於師 方堪傳授"으로 이해했다. 이 말은 이후에 암두전할이 덕산선감에게 하직인사를 할 때 인용하고 있다.

여기서는 암두전활과 덕산선감의 대화를 소개한다.(위산과 앙산의 경우는 본서 '4. 원 수좌에게' 편의 註9를, 백장과 황벽의 경우는 '99. 제 상인께' 편의 註1을 참조) 경덕전등록 제16권, '악주 암두 전활 선사' 편에 다음과 같이 기술하고 있으니 참고하기 바란다.

師與存同辭德山 德山問 "什麽處去" 師曰 "暫辭和尚下山去" 德山曰 "子他後 作麽生" 師曰 "不忘" 曰 "子憑何有此說" 師曰 "豈不聞 智過於師 方堪傳授 智與師齊

❀

達磨游梁入魏 落草尋人 向少林冷坐九年. 深雪之中 覓得一箇 及至最後 問得箇什麽 却只禮三拜 依位而立. 遂有得髓之言. 至令守株待兎之流 競以無言 禮拜依位 爲得髓深致 殊不知 劍去久矣 爾方刻舟. 豈曾夢見祖師. 若是本色眞正道流 要須超情離見 別有生涯 終不向死水裏作活計 方承紹得 他家基業. 到箇裏 直須知有從上來事 所謂 善學柳下惠 終不師其迹. 是故 古人道 "一句合頭語 萬劫繫驢橛" 誠哉.

---

減師半德" 曰 "如是如是 當善護持" 二士禮拜而退.

선사(암두)가 설봉과 함께 덕산에게 떠나겠다고 인사를 하자, 덕산이 물었다.

"어디로 가려는가?"

선사가 말했다.

"잠시 화상의 곁을 떠나서 하산하겠습니다."

덕산이 말했다.

"그대는 앞으로 어찌 하겠는가?"

선사가 말했다.

"잊지 않겠습니다."

덕산이 말했다.

"그대는 무엇을 의지해 그런 말을 하는 것인가?"

선사가 말했다.

"어찌 듣지 못하셨습니까! '지혜가 스승보다 뛰어나야 바야흐로 전수받을 수 있는 것이지, 지혜가 스승과 같으면 스승의 덕은 반으로 줄어들게 될 것이다'고 한 말씀을요."

덕산이 말했다.

"그렇지, 그렇지! 잘 보호해 지녀라."

두 스님(암두와 설봉)이 절을 하고 물러났다.

달마가 양나라에서 머물다가 위나라로 가서 낙초자비(落草, 落草慈悲)[11]로 사람을 찾으며 소림에서 9년을 고요히 앉아 있었다. 이때 깊은 눈 속에서 한 사람을 찾아 얻었는데, 마지막에 무엇을 얻었는가 묻자 도리어 세 번 절을 하고는 제자리로 돌아가 섰다. 그리하여 마침내 '골수를 얻었다(得髓)'는 말[12]이 생기게 되었다. 그런데 수주대

---

11 落草(낙초): 도둑떼에 들어감. 하천한 곳에 떨어짐. 선가에서는 향하向下에 떨어짐을 뜻함.(불교사전 p.114)

落草之談(낙초지담): 교화의 방편으로 아직 깨닫지 못한 범부의 입장〔草, 草裏〕으로 내려와 베푸는 설법. 제2의문第二義門으로 내려선 경지에서의 담화. 벽암록 34칙에서는 '이 말은 모두 자비로 한 것이기 때문에 낙초지담이라고 한다(此語皆爲慈悲之故 有落草之談)'고 기술하고 있다.(선학사전, p.95)

원래는 풀숲으로 들어간다는 뜻으로 양민이 난세를 피해 초야에 묻혀 초적이 된다는 의미. 양민이 초적이 된 것을 여기서도 높은 사람이 자신을 낮추어 자비를 베푼다는 뜻으로 씀.(백련선서간행회, 『원오심요 上』, p.20, 1987, 장경각)

12 경덕전등록 제3권, '제28조 보리달마' 편에 다음과 같이 기술하고 있다.

迄九年已 欲西返天竺 乃命門人曰 "時將至矣 汝等蓋各言所得乎" 時門人道副對曰 "如我所見 不執文字 不離文字 而爲道用" 師曰 "汝得吾皮" 尼總持曰 "我今所解 如慶喜見阿閦佛國 一見更不再見" 師曰 "汝得吾肉" 道育曰 "四大本空 五陰非有 而我見處 無一法可得" 師曰 "汝得吾骨" 最後 慧可禮拜 後依位而立 師曰 "汝得吾髓"

9년이 되자, 서쪽의 천축으로 돌아가려고 문인들(門人, 제자)에게 명하여 말했다.
"때가 이르렀으니, 그대들은 각자 얻은 바를 말하라."
그때 문인 도부道副가 대답했다.
"제 소견으로는 문자에 집착하지도 않고 문자를 여의지도 않는 것을 도의 작용으로 삼습니다."
조사(달마)가 말했다.
"너는 나의 가죽을 얻었다."

토守株待兎[13]하는 무리들로 하여금 앞 다퉈 경쟁하듯 말없이 절만 하고 제자리에 서 있는 것으로 골수와 같은 경지에 깊이 이른 것이라고 하게 되었으니, 어찌 각주구검(刻舟求劍, 劍去久矣 爾方刻舟)[14]하는 격이 되었음을 정녕 모르는가! 그래서야 어찌 꿈엔들 조사(달마)를 볼 수 있겠는가! 만약 안목을 갖춘 진정한 수행자라면 반드시 정견情見을

---

비구니 총지總持가 말했다.

"제가 지금 이해한 바로는 아난이 아촉불국阿閦佛國을 보았을 때 한 번 보고는 결코 다시는 보지 않은 것과 같습니다."

조사가 말했다.

"너는 나의 살을 얻었다."

도육道育이 말했다.

"4대는 본래 공하고 5온은 있는 것이 아니니, 제 견해로는 한 법도 얻을 수 있는 것이 없습니다."

조사가 말했다.

"너는 나의 뼈를 얻었다."

마지막으로 혜가慧可가 절을 한 다음, 제자리로 돌아가 섰다.

"너는 나의 골수를 얻었다."

13 守株待兎(수주대토): 『한비자韓非子』 '오두五蠹' 편에 나오는 말이다.
춘추전국시대 송나라에 밭가는 농부가 있었는데, 하루는 밭 가운데 있는 나무 그루터기에 토끼가 뛰어가다가 부딪쳐 목이 부러져 죽은 것을 보았다. 이후 그는 쟁기를 내려놓고 그루터기를 지키며 공짜로 토끼를 얻고자 하였으나 토끼를 얻기는커녕 온 나라 사람의 웃음거리가 되었다는 이야기다.

14 刻舟求劍(각주구검): 『여씨춘추呂氏春秋』 '찰금' 편에 나오는 말이다.
전국시대에 초나라의 한 젊은이가 배를 타고 양자강을 건너다 보검을 빠뜨렸는데, 어리석게도 허리에 차고 있던 단검으로 떨어뜨린 자리를 뱃전에 표시하고 배가 나루터에 닿자 표시해 둔 배 밑으로 옷을 벗고 강물 속으로 뛰어들어 보검을 찾으려 했다는 이야기다.

뛰어넘어 남다른 생애를 살며, 결코 죽은 물(死水) 속에서 활발히 분별계교하지 않아야, 장차 집안의 가업을 받들고 이을 수 있는 것이다.

여기에 이르러서는 모름지기 예로부터 내려오는 고사가 있다는 것을 알아야 하는데, 이른바 '유하혜를 잘 배운 사람이라면 끝내 그의 자취를 따르지 않으리라(善學柳下惠 終不師其迹)'[15]는 것이다. 이런 까닭

---

15 柳下惠(유하혜, 前720~前621年): 성은 전展, 이름은 획獲, 표자(表字: 사람의 본 이름 외에 부르는 이름)는 금禽. 일자(一字: 다른 아호, 별명)는 계季이다. 중국 춘추시대 노魯나라 사람으로 효공孝公의 아들이며, 공자 전公子 展의 후손이다. 柳下(유하)는 그의 식읍(食邑, 국가에서 특히 공신에게 내리어 조세를 받아쓰게 한 고을) 이름이고, 혜惠는 그의 시호諡號다. 그래서 후세 사람들이 유하혜柳下惠, 또 그의 자字가 계季이므로 유하계柳下季라고 부른다.

후에 그는 은둔 생활을 하여 일민(逸民: 숨어 지낸 뛰어난 인물)이 되었는데 공자는 『논어(論語, 微子編)』에서 유하혜를 백이伯夷, 숙제叔齊와 더불어 7인의 일민 가운데 하나로 꼽고 있다. 유하혜는 중국전통도덕을 준수한 전범으로 인정되고 있으며, 그의 '좌회불란坐懷不亂' 고사는 역대로 널리 송으로 읊어지고 있다. 『맹자孟子』에서 말하기를 '유하혜 성지화자야(柳下惠 聖之和者也)'라고 해서 화성和聖이란 칭호를 올리고 있는데, 맹자뿐만 아니라 논어, 『좌전左傳』, 『국어國語』 등의 선진고적先秦古籍에서 많이 인용되고 있다.

『공자가어孔子家語』에 다음과 같은 이야기와 함께 공자의 평이 나온다.

"노魯나라에 혼자 사는 남자가 있었는데 한 과부가 그의 근처에 살았다. 하루는 폭풍우가 몰아쳐 집이 파손되어서 남자 집으로 와서 보호를 요청했는데 이 남자가 60세가 되기 전에는 남녀가 같은 방에 있어서는 안 되는데 나나 당신이나 둘 다 젊으니 안 되겠다며 문 열어주기를 거부한다. 이에 그 과부는 왜 유하혜처럼 못하느냐고 책망하면서 추위를 피해 온 여자를 보호했다고 해서 다른 사람들이 예가 아닌 행위라고 여기지 않을 것이라고 말한다. 그러나 그 남자는 '유하혜는 문을 열어 줄 수 있지만 나는 문을 열어 줄 수 없다. 나는 나의 문을 열어 주지 않는 것으로써 유하혜가 문을 열어준 고사를 배우고자 한다'고 말했다.

에 고인古人이 이르기를 "한 마디 합당한 말이 만겁에 이르도록 나귀 매는 말뚝이 된다(一句合頭語 萬劫繫驢橛)"[16]고 하였던 것이다. 참으로

---

공자가 이를 듣고 '참으로 잘 했다. 유하혜를 배우려는 사람 중에 이와 같은 자가 없다. 유하혜를 잘 배우기를 바라면서도 그대로 답습하지 않았으니 지혜롭다 하겠다'고 말했다."

원나라 호병문胡炳文의 『순정몽구純正蒙求』에 이 고사를 상세히 전하고 있다. "노나라 때 유하혜가 어느 날 성문 밖으로 나갔는데 날씨가 매우 추웠다. 그때 홀연히 어떤 여자가 와서 같이 투숙하게 되었는데 유하혜가 그 여자가 얼어 죽을까 봐 끌어안고 옷을 덮어주며 다음 날까지 지냈는데 예禮를 벗어난 일이 없었다."

이것이 유하혜의 좌회불란坐懷不亂 고사이다.

16 여기서 古人(고인)은 선자덕성船子德誠을 뜻하며, 경덕전등록 제14권, '화정 선자 화상' 편에 다음과 같이 기술하고 있다.

華亭船子和尚名德誠 嗣樂山. 嘗於華亭吳江汎一小舟 時謂之船子和尚. 師嘗謂同參道吾曰 "他後有靈利坐主指一箇來" 道吾後激勉京口和尚善會參禮師. 師問曰 "坐主住甚寺" 會曰 "寺卽不住 住卽不似" 師曰 "不似似箇什麽" 會曰 "目前無相似" 師曰 "何處學得來" 曰 "非耳目之所到" 師笑曰 "一句合頭語 萬劫繫驢橛 垂絲千尺意在深潭 離鉤三寸 速道速道" 會擬開口 師便以篙撞在水中. 因而大悟. 師當下棄舟而逝 莫知其終.

화정 선자 화상은 이름이 덕성이며, 약산의 법을 이었다. 일찍이 화정의 오강에서 작은 배를 하나 띄웠기에, 그때 '선자 화상船子和尚'이라고 불렸다.

화상(선자덕성)이 동학인 도오에게 말한 적이 있었다.

"훗날 영리한 좌주가 하나 오거든 내게로 보내주오."

도오(도오원지)가 훗날 서울 근처에 있던(京口) 선회(협산선회)에게 권유해서 화상을 참례하게 했는데, 화상이 선회에게 말했다.

"좌주는 어느 절에 머물고 있는가?"

선회가 말했다.

옳은 말이다!

❀

破有法王 出現世間 隨衆生欲 種種說法 將知所說 皆爲方便. 只爲破執破疑破解路我見. 並無許多惡覺惡見 佛亦不必出現 而況說種種法耶. 古人得旨之後 向深山茆茨石室 折脚鐺子煮飯喫 十年二十年 大忘人世 永謝塵寰. 今時不敢望如此 但只韜名晦迹 守本分. 作箇骨律錐老衲 以自所契所證 隨己力量受用 消遣舊業 融通宿習. 或有餘力 推以及人 結般若緣 鍊磨自己脚跟純熟. 譬如 閑荒草裏撥剔 一箇半箇同知有 共脫生死 轉益未來 以報佛祖深恩.

※茆茨(모자): 띠로 지붕을 이음(띠 모, 지붕일 자).

※鐺子(쟁자): 솥(쇠사슬 당, 솥 쟁).

---

"절은 머무는 곳이 아닙니다. 머문다면 같지 않습니다."

"같지 않다고! 같은 것이 뭐냐?"

"눈앞의 것과는 같은 것이 없습니다."

"그런 건 어디서 배웠는가?"

"귀와 눈이 이르지 않은 곳입니다."

화상이 웃으면서 말했다.

"한 마디 합당한 말이 만겁에 나귀 매는 말뚝이 되었다. 1천 자(尺)나 되는 낚싯줄을 드리운 뜻은 깊은 못에 있나니, 낚싯바늘에서 세 치밖에 떨어지지 않았는데 (어째서 말하지 못하는가), 빨리 말해라, 빨리 말해!"

선회가 입을 벌리려고 하자, 스님이 삿대로 밀어서 물속에 빠뜨렸다.

이로 인해 크게 깨달았다.

화상이 바로 그 자리에서 배를 버리고 가버렸는데, 그의 마지막은 알 수가 없었다.

※煮(삶을 자): 삶다. 끓이다. 굽다. 익히다. 익다.

※塵寰(진환): 마음에 고통을 주는 복잡하고 어수선한 세상.

※韜(감출 도): 감추다. 느슨하다. 바르다.

※晦(그믐 회): 그믐. 밤. 어둠. 날이 어둡다. 희미하다. 감추다. 숨기다.

유有를 타파한 법왕法王께서 세간에 나와 중생의 욕구에 따라 갖가지 법을 설했지만,[17] 설한 말씀이 모두 방편方便이라는 것을 알아야 한다. 이는 다만 집착을 깨뜨리고 의심을 부숴, 지해(解路=知解)와 아견我見을 타파하고자 한 것일 뿐이다. 아울러 그 많은 악각惡覺과 악견惡見이 없었더라면 부처 또한 이 세간에 나올 필요도 없었을 텐데, 하물며 갖가지 법을 말씀하셨겠는가!

고인古人은 종지宗旨를 얻은 다음에 깊은 산속에 띠로 지붕을 이은

---

17 『법화경』 제3권, '약초유품藥草喩品'에 다음과 같이 기술하고 있다.

"세존께서 이 뜻을 거듭 펴시려고 게송으로 말씀하셨다.

'유有를 타파한 법왕께서 이 세상에 출현하사
중생의 욕망 따라 가지가지 설법하되
여래께선 존중하고 그 지혜 심원하여
오래도록 중요한 법 말씀하지 않으시니
지혜 있는 이가 들으면 믿고 이해하려니와
무지한 이는 의심하여 영영 잃게 되느니라.
가섭아, 그러므로 근기 따라 설하여
가지가지 인연으로 바른 견해 들게 하니
가섭은 바로 알라.
비유컨대 큰 구름이 세간에 일어나 온갖 것을 뒤덮듯이~'"(운허 역, 법화경, p.148, 1998, 동국역경원)

집이나 석실에서 다리 부러진 솥에 밥 해 먹기를 10년 20년 했고, 세상사를 아주 잊고 영원히 티끌세상을 떠나기도 했다.[18] 요즘엔 이와 같은 것을 감히 바라지도 않지만, 다만 이름을 버리고 종적을 감추며 본분本分을 지켜야 한다. 뼛속까지 철저하고 송곳 같이 노련한 납자가 되어 스스로 계합하고, 증득한 바를 자기의 역량에 따라 써서 전생의 업을 녹이고 숙세의 습기를 막힘없이 원융하게 통해야 한다. 혹 남는 힘이 있으면 그 힘을 다른 사람들에게 써서 반야般若의 연을 맺고,

---

18 경덕전등록 제4권에 다음과 같은 내용들이 있으니 참고하기 바란다.

'제6세 혜충 선사' 편에 다음과 같이 기술하고 있다.

唐大歷三年 石室前挂鐺樹挂衣藤 忽盛夏枯死

(선사는) 당나라 대력 3년에 석실 앞에다 쇠솥을 걸고 나무에다 옷을 걸었는데, 홀연히 한여름인데도 말라죽었다.

'금릉 종산의 담최 선사' 편에 다음과 같이 기술하고 있다.

"初謁牛頭融大師 大師目而奇之 乃告之曰 '色聲爲無生之鴆毒 受想是至人之坑阱子知之乎' 師默而審之大悟玄旨. 尋晦迹鍾山多歷年 所茅庵瓦缶 以終老焉.

처음에 우두 법융 대사를 뵈었는데, 대사가 보고는 기이하게 여기며 말했다. '성과 색은 생한 적이 없는 짐독(맹독)이요, 느낌과 생각은 지인至人의 함정인데, 그대는 알겠는가?'

선사(담최)가 말없이 살피고는 현묘한 종지를 크게 깨달았다. 이어서 종산에 자취를 감춘 지 여러 해 동안 띠 집에서 질그릇을 쓰며 일생을 마쳤다."

'천태산 불굴암 유칙 선사' 편에 다음과 같이 기술하고 있다.

初謁牛頭忠禪師大悟玄旨 後隱於天台瀑布之西巖

처음에 우두 충 선사를 뵙고, 현묘한 종지를 크게 깨달았다. 후에 천태폭포의 서쪽 바위 밑에 운둔했다.

자기의 근본이 순일하게 익어지도록 연마해야 한다. 비유하면 무심히 거친 풀숲을 헤쳐 가는 것처럼 하면서 한 명이나 반 명이라도 함께 있다는 것을 알고(=지기를 얻고), 함께 생사를 벗어나 미래세가 다하도록 부처와 조사의 깊은 은혜에 보답해야 한다.

❀

抑不得已 霜露果熟 推將出世 應緣順適 開拓人天 終不操心於有求. 何況依倚貴勢 作流俗阿師擧止 欺凡罔聖 苟利圖名 作無間業. 縱無機緣 只恁度世 亦無業果 眞出塵羅漢也.

※抑(누를 억): 누르다. 억누르다. 굽히다. 숙이다. 또한. 문득.

※順適(순적): 거스르지 않고 좇음.

※罔(그물 망, 없을 망): 그물. 포위망. 계통. 조직. 없다. 속이다.

※度世(도세): 삶과 죽음의 현실을 극복하고 열반에 들어감. 중생을 제도함.

또한 마지못해 서리와 이슬이 내릴 때쯤 열매가 익는 것과 같이 등 떠밀려 세상에 나오더라도, 인연에 따라 순응하면서 인천人天의 중생을 제도해야지, 결코 구할 것이 있다는 것에 마음을 부려서는 안 된다. 그런데 하물며 어떻게 부귀와 권세에 의지하고 세속의 흐름을 따르는 저들 스님의 행위와 같이, 범부와 성인을 속이고 구차하게 이익을 얻고 명예를 얻고자 도모하면서 무간업無間業[19]을 지어서야

---

19 無間業(무간업): 무간지옥에 떨어질 업인. 5역죄五逆罪를 말한다.
소승의 5역: 殺父, 殺母, 殺阿羅漢, 破和合僧, 出佛身血.
대승의 5역: 탑과 절을 파괴하고 3보의 재물을 훔치는 것, 3승법을 비방하는

되겠는가! 설사 깨달음의 기연機緣이 없더라도 다만 이렇게 중생을 제도하면서 또한 업도 짓지 않고 과보 또한 없어야, 실로 번뇌를 벗어난 아라한阿羅漢이라고 할 수 있는 것이다.

❀

僧問天皇 "如何是戒定慧" 皇云 "我這裏無恁閑家具." 又問德山 "如何是佛" 山云 "佛是西天老比丘" 又問石頭 "如何是道" 答云 "木頭" "如何是禪" 云 "碌塼" 僧問雲門 "如何是超佛越祖之譚" 答云 "餬餅" 又問趙州 "如何是祖師西來意" 云 "庭前栢樹子" 又問淸平 "如何是有漏" 答云 "笊籬" 又問 "無漏" 答云 "木杓" 問三角 "如何是三寶" 答云 "禾粟豆" 是皆前世本分宗師 脚蹋實地本分 垂慈之語. 若隨他語 卽成辜負 若不隨他語 又且如何領略. 除非具金剛正眼卽知落處耳.

※除非(제비): ~해야만 ~한다.

※領略(영약): 느끼다. 깨닫다. 이해하다. 납득하다. 터득하다. 감지하다. 음미하다.

어떤 스님이 천황天皇[20]에게 물었다.

"어떤 것이 계정혜戒定慧입니까?"

---

것, 스님을 욕하고 부리는 것, 소승의 5역죄, 10불선법을 짓는 것.(불교사전, p.215, 615)

20 天皇道悟(천황도오, 748~807): 당대의 스님. 천황은 주석 사명. 성은 장張씨. 절강성 무주 금화현 출신. 14세에 출가, 25세에 항주 죽림사에서 구족계를 받음. 석두희천石頭希遷을 친견하고 그의 법을 이음.(선학사전, p.650)

천황이 말했다.

"나의 여기에는 이런 한가한 가구(閑家具)가 없다."[21]

또 덕산德山[22]에게 물었다.

"어떤 것이 부처입니까?"

덕산이 말했다.

"부처는 서천의 늙은 비구다."

석두石頭[23]에게 물었다.

"어떤 것이 도입니까?"

"나무토막(木頭)."

"어떤 것이 선입니까?"

"푸른 벽돌(碌塼)."

---

21 이 대화는 경덕전등록 등에는 전하지 않는다. 그러나 이는 약산유엄과 이고의 대화로 유명하다. 아래 註32 '깊고 깊은 바다 밑을 가고(深深海底行)'와 관련된 약산유엄과 이고의 대화를 참조하기 바란다.

22 德山宣鑑(덕산선감, 782~865): 당대의 스님. 청원靑原 문하. 덕산은 주석 산명. 속성은 주周씨. 20세에 출가하여 처음에는 경과 율을 공부, 금강반야경에 정통하여 주금강周金剛이라고 불리기도 함. 용담숭신龍潭崇信에게 참학하여 그의 법을 이어받음. 덕산에 머물면서 선풍을 널리 선양함. 시호는 견성대사見性大師.(전게서, p.160)

23 石頭希遷(석두희천, 700~790): 당대의 스님. 광동성 단주 출신. 혜능 스님에게 출가, 그가 입적하자 청원행사에게 사사하여 그의 법을 이어받음. 742년 경, 형산衡山에 가서 돌 위에 암자를 짓고 그곳에서 늘 좌선을 하여 석두희천이라 함. 저서로 『참동계參同契』, 『초암가草庵歌』가 있다.(전게서, p.353)

어떤 스님이 운문雲門[24]에게 물었다.

"어떤 것이 부처를 뛰어넘고 조사를 뛰어넘는 말입니까?"

"호떡(餬餠)."

또 조주趙州[25]에게 물었다.

"어떤 것이 조사가 서쪽에서 온 뜻입니까?"

"뜰 앞의 잣나무(庭前栢樹子)."

또 청평淸平[26]에게 물었다.

"어떤 것이 유루입니까?"

"조리(笊籬)."

"어떤 것이 무루입니까?"

"나무국자(木杓)."

---

24 雲門文偃(운문문언, 864~949): 당말 오대의 스님. 운문종의 개조. 운문은 주석 산명. 속성은 장張씨. 처음에 율을 배우고 목주도명睦州道明과 설봉의존雪峰義存의 영수사靈樹寺를 거쳐 운문산에 살면서 절을 재흥하여 광태원光泰院이라 함. 후한의 음제로부터 광진선사匡眞禪師의 호를 받음.(전게서, p.493)

25 趙州從諗(조주종심, 778~897): 당대의 스님. 남악 문하. 조주는 주석 지명. 속성은 학郝씨. 산동성 조주 출신. 남전보원南泉普願에게 참학하여 법을 이음. 나이 80에 조주성 동쪽 관음원에 머물면서 40년 동안 선풍을 날림. 시호는 진제대사眞際大師.(전게서, p.599)

26 淸平令遵(청평영준, 845~919): 당대의 스님. 청원 문하. 속성은 왕王씨. 악주의 동평 출신. 어린 시절 보리사에서 출가, 개원사에서 수계하고 율학을 배움. 취미무학翠微無學에게 참학하여 그의 법을 이음. 시호는 법희선사法喜禪師.(전게서, p.657)

삼각三角[27]에게 물었다.
"어떤 것이 삼보입니까?"
"쌀, 조, 콩이다(禾粟豆)."

이는 모두 전세前世에 본분종사本分宗師가 실제로 본분자리(本分)를 밟아 자비로 베푼 말씀들이다. 그런데 만약 이 말을 따르면 본분종사들을 저버리는 것이 되겠지만, 만약 이 말을 따르지 않는다면 어떻게 깨달을 수 있겠는가! 금강정안金剛正眼을 갖추지 아니하고는 낙처(落處, 핵심)를 알 수가 없다.

❀

此門瞥脫契證 却是素來未曾經人. 壞持拍盲 百不知 一旦以利根種性 孟八郎 便透直下承當. 要用便用 要行卽行 無如許般. 心行純熟 頓放著 所在便得休歇安樂 終日齁齁地 不妨眞正.

※齁(코 고는 소리 후): 코 고는 소리. 매부리코. 심히. 매우.
※契證(계증, =契心證會): 계심契心은 심성에서 계합하는 것, 증회證會는 심성을 깨달아 부합하는 것. 심성을 깨달아 심성 그 자체가 되어 버린다는 뜻.(선학사전, p.37)

---

27 三角總印(삼각총인): 자세한 약력은 알 수 없다. 하지만 경덕전등록 제7권에 의하면 남악회양 선사의 2세(마조의 법손)로 기록하고 있으며, '담주 삼각산 총인 선사' 편에 상기 본문의 내용을 수록하고 있다.(월운 역, 『전등록 1』, p.431, 433, 2008, 동국역경원)

이 문門에서는 눈 깜짝할 사이에 벗어나 계합해 증득하는 것이지, 본래 다른 사람을 거친 적이 없다. 눈이 먼데다 도무지 아무것도 모르면서 어느 날 갑자기 영리한 근기의 맹팔랑孟八郞[28] 같은 놈이 문득 꿰뚫어 바로 그 자리에서 깨쳐버리는 것이다. 여기서는 쓰고자 하면 바로 쓰고, 가고자 하면 바로 가니, 저와 같은 것들이 없다. 또한 마음 씀씀이(心行, 마음의 작용)가 순일하게 익어 단박에 놓아버리니, 있는 곳에서 바로 편안하게 쉬면서 종일토록 배부르게 밥을 먹고 코를 골아도 정말로 옳은 것이다.

❀

最難整理 是半前落後 認得瞻視光影 聽聞不隨聲 守寂湛之性 便爲至寶 懷在胸中 終日昭昭靈靈. 雜知雜解 自擔負我亦有見處 曾得宗師印證. 惟只增長我見 便雌黃古今 印證佛祖輕毁一切. 問著卽作伎倆黏作一堆 殊不知末上便錯認定槃星子也. 及至與渠作方便 解黏去縛 便謂移換人捩轉人 作恁麽心行似此 有甚救處. 除是驀地自解知非 却將來須放得下. 爲善知識 遇著此等 須是大手脚與烹鍊 救得一箇半箇得徹. 不妨飜邪成正 却是箇沒量大人 何故只爲病多諳藥性.

---

28 孟八郞(맹팔랑)은 난폭한 사나이, 불량자, 난폭자라는 뜻이 있다. 또 孟郞(맹랑)과 八郞(팔랑)으로 나누어 설명할 수도 있다. 孟郞(맹랑)은 방랑함, 생각하던 바와 달리 허망함, 처리하기가 곤란하게 딱함, 함부로 만만히 볼 수 없게 깜찍함의 뜻이 있고, 八郞(팔랑)에는 여덟 번째 아이라는 뜻이 있다. 여기서는 예전의 법칙이나 격식에 구애되지 않는 날카롭고 강직한 사람(또는 납자)으로 보는 것이 타당할 듯하다.

※整理(정리): 흐트러진 것을 가지런히 바로잡음. 불필요한 것을 없애고 일이 잘 되게 함.

※瞻(볼 첨): 보다. 쳐다보다. 바라보다. 우러러보다. 비추어 보다. 살피다.

※雌黃(자황): 옛날 중국에서 오기誤記의 정정에 자황을 쓴 일로부터 시문의 첨삭, 변론의 시비를 일컬음.

최고로 바로잡기 어려운 것은 반전낙후(半前落後, 처음에는 정성껏 하다가 중간에 중지하여 이루지 못하는 것)[29]이다. 이는 단지 빛과 그림자를 휘둘러보거나, 소리를 들으면서 소리를 따르지 않는 것으로 고요하고 맑은 성품을 지키는 것이라고 여기고는, 지극한 보배를 가슴에 품어 종일토록 소소영영昭昭靈靈하다고 하는 것이다. 또한 어지럽게 잡된 지해知解를 스스로 짊어진 채, '나 또한 견처見處가 있다(=나도 한 소식 했다)'고 하는 것이고, 더해서 종사의 인증(印證, 印可)을 얻었다고 하는 것이다. 이것은 오로지 아견만을 증장해서 고금의 문장에 자구를 첨삭하고, 부처와 조사의 인증 일체를 경솔하게 훼손하는 것이다. 그러면서도 물으면 솜씨를 부려 이것저것 잘도 갖다 붙여서 한 무더기를 만드는데, 끝내 정반성定槃星으로 잘못 알고 있다는 것[30]을

---

29 반전낙후半前落後의 뜻을 역자는 반상낙하(半上落下, 무슨 일이든지 처음에는 정성껏 하다가 중도에 중지하여 이루지 못함)와 동일한 뜻으로 해석했다.(오문영 편저, 『고사성어·숙어 대백과』, p.419, 2004, 동아일보사)

30 '錯認定槃星(착인정반성)'에 관해서 종용록從容錄 제17칙에 다음과 같이 기술하고 있다.

尙書治要圖說 秤有三義 準者槃也 衡者平也 權者錘也 (중략) 諸方道 領取鉤頭意 莫認定盤星 蓋定盤星上 本無斤兩 又如北辰鎭居其所 鉤頭加減 計在臨時.

전혀 모르는 것이다. 또한 (누군가) 그에게 방편을 써서 끈끈한 것을 떼어주고 결박을 풀어줌에 이르러서는 바로 '사람을 이리저리 왔다 갔다 하게 한다'고 하고, '사람을 옥죈다'고 하니, 이런 마음 씀씀이(心行, 마음 작용)로 이처럼 쓴다면 구제 받을 곳이 어디에 있겠는가! 반드시 자신의 지해가 그릇된 것이라는 것을 맥연히 알고 다 내려놓아야 한다. 선지식善知識이 되어 이런 무리들은 만나면 모름지기 큰 솜씨로 단련시켜서 한 명이나 반 명이라도 구제해서 철저하도록 해야 한다.

삿된 것을 바꿔 바른 것을 이루는 것도 대단하지만, 몰량대인(沒量大人, 도량을 헤아릴 수 없는 대인)이라면 무슨 이유로 '병을 많이 앓아보아야 약의 성질을 안다'고 하겠는가!

❀

得底人 心機泯絶 照體已忘 渾無領覽. 只守閑閑地 而諸天捧花無路 魔外潛覰不見. 深深海底行 漏盡意解 所作平常 似三家村裏無以異. 直下放懷養到恁麽處 亦未肯住在. 纔有纖毫便覺 如泰山似礙塞人 便卽擺撥. 雖淳是理地 亦無可取 若取著 卽是見刺. 所以道"道無心合人 人無心合道" 豈肯自衒我是得底人. 原他深不欲人知 喚作絶學無爲

---

『상서』의 치요도설에서 이르기를, 저울에 세 가지 뜻이 있으니 준準이라는 것은 매단다는 것이요, 형衡이라는 것은 평평하다는 것이요, 권權이라는 것은 저울추를 말하는 것이다. (중략) 제방에서 말하기를 "갈고랑이 끝의 뜻을 알아야지 정반성으로 잘못 여기지 말라"고 한다. 정반성에는 본래 근량斤兩이 없다. 마치 북극성이 제자리에 있는 것 같다. 갈고랑이 끝에는 더하고 빼서 그때그때마다 계산한다.

與古爲儔眞道人也.

※衒(자랑할 현): 자랑하다. 자기를 선전하다. 팔다. 돌아다니며 팔다.

도道를 얻은 사람은 심기(心機, 마음을 움직이는 실마리)도 완전히 끊어지고 비추는 그 자체도 잊어버려, 알아차리거나 받아들일 것이 전혀 없다.[31] 다만 조용하고 한가로운 경지를 지킬 뿐이니, 모든 천신이 꽃을 바치려 해도 길이 없고 마군외도가 몰래 엿보려 해도 엿보지 못한다. 깊고 깊은 바다 밑을 가고(深深海底行),[32] 뜻(意)과 지해(解)가

---

31 반산보적의 말씀 가운데 다음과 같은 구절이 있으니 참고하기 바란다.

心月孤圓　마음 달(心月)이 홀로 둥글어
光呑萬象　그 빛이 만상을 삼켰네.
光非照境　빛은 경계를 비치지 않고
境亦非存　경계 또한 있는 것이 아니네.
光境俱忘　빛과 경계를 모두 잊나니
復是何物　이것이 무슨 물건인가.

32 경덕전등록 제14권, '예주 약산 유엄 선사' 편에 다음과 같이 기술하고 있다.
朗州刺史李翶 嚮師玄化 屢請不起. 乃躬入山謁之 師執經卷不顧. 侍者白曰 "太守在此" 翶性褊急乃 言曰 "見面不如聞名" 師呼太守 翶應諾 師曰 "何得貴耳賤目" 翶拱手謝之 問曰 "如何是道" 師以手 指上下曰 "會麼" 翶曰 "不會" 師曰 "雲在天水在缾" 翶乃欣愜 作禮而述一偈曰 "練得身形似鶴形 千株松下兩函經 我來問道無餘說 雲在青天水在缾" (玄覺云 "且道李太守是讚他語 明他語須具行脚 眼始得") 翶又問 "如何是戒定慧" 師曰 "貧道遮裏無此閑家具" 翶莫測玄旨 師曰 "太守欲得保任此事 直須向高高山頂坐 深深海底行 閨閤中物捨 不得便爲滲漏"

낭주 자사 이고李翶가 스님의 현묘한 교화를 흠모해서 여러 번 청했지만, 끝내 일어나지 않았다. 몸소 산에 들어가 뵈었는데, 선사(약산유엄)가 경을 보면서

다해서 하는 바가 모두 평상심平常心이니, 마치 한 마을에 세 집 밖에

---

돌아보지도 않았다. 이에 시자가 말했다.

"태수께서 여기 오셨습니다."

이고는 성질이 급해서 바로 말했다.

"얼굴을 보는 것이 이름을 들은 것만 못하군요."

선사가 태수를 부르자, 이고가 "예!" 하고 대답했다.

(그러자) 선사가 말했다.

"어째서 귀만 귀하게 여기고 눈은 천대하는 것입니까?"

이고가 손을 모아 사죄를 드리고 물었다.

"어떤 것이 도입니까?"

선사가 손으로 위와 아래를 가리키고는 말했다.

"알겠습니까?"

이고가 말했다.

"모르겠습니다."

선사가 말했다.

"구름은 하늘에 있고 물은 병에 있습니다(雲在天 水在缾)."

이고가 기쁘고 유쾌해서 절을 하고는 게송 하나를 지어 말했다.

練得身形似鶴形　단련한 몸의 모습 학의 형상과 같고
千株松下兩函經　천 그루 소나무 밑에 두 함의 경이 있네.
我來問道無餘說　내가 와서 도를 물으니 다른 말은 없고
雲在靑天水在缾　구름은 푸른 하늘에 있고 물은 병에 있다고 하네.

〔현각玄覺이 말했다.

"자 말해 보라! 이 태수가 저 말을 찬탄한 것인가, 저 말을 밝힌 것인가? 모름지기 행각의 눈(안목)을 갖추어야 한다."〕

이고가 또 물었다.

"어떤 것이 계정혜입니까?"

선사가 말했다.

없는 궁벽한 촌에 사는 시골사람과 다름이 없다. 또한 바로 그 자리에서 마음에 품고 길렀던 것을 내려놓고, 이러한 곳에 이르더라도 또한 머물러 있는 것도 긍정하지 않는다. 털끝만큼이라도 그러한 생각이 있으면 마치 태산이 사람을 가로막는 것처럼 바로 깨닫고는, 바로 곧장 털어버린다. 비록 순박한 것이 이치일지라도 또한 취할 것도 없으니, 만약 취해서 집착하게 되면 바로 견해의 가시가 된다. 그래서 이르기를 "도가 무심하여 사람과 합하고, 사람이 무심하여 도와 합한다(道無心合人 人無心合道)"[33]고 했던 것인데, 어찌 스스로 '나는 도를

---

"빈도의 이곳에는 이런 한가한 가구는 없습니다."

이고가 현묘한 뜻을 알지 못하자, 선사가 말했다.

"태수는 이 일을 보임하고자 한다면 바로 모름지기 높고 높은 산 정상에 앉고 깊고 깊은 바다 밑을 가야 합니다. 규합 안의 것을 버리지 못하면 바로 번뇌가 됩니다."

33 『동산양개선사어록』에 다음과 같이 기술하고 있다.

師上堂云 "道無心合人 人無心合道. 欲識箇中意 一老一不老" 後僧問曹山 "如何是一老" 曹山云 "不扶持" 僧云 "如何是不老" 曹山云 "枯木" 僧又擧似逍遙忠. 忠云 "三從六義"

동산이 상당하여 말했다.

"도가 무심하여 사람과 합하고, 사람이 무심하여 도와 합한다. 이것의 뜻을 알고자 하는가? 하나는 늙고 하나는 늙지 않았다."

뒤에 어떤 스님이 조산曹山에게 물었다.

"어떤 것이 하나는 늙었다는 뜻입니까?"

조산이 말했다.

"붙들어 주지 못하는 것이다."

스님이 물었다.

"어떤 것이 하나는 늙지 않았다는 뜻입니까?"

얻은 사람이다(得底人)'고 자랑할 수 있겠는가! 거듭 그것을 감추면서 사람들이 알아주기를 바라지도 않았지만, 사람들이 '절학무위絶學無爲'라 하고, '옛사람과 짝을 이룰 만한 참 도인'이라 부르는 것이다.

❀

德山一日齋晚 老子持鉢 自方丈下來. 雪峯云 "鐘未鳴 鼓未響 托鉢向什麽處去" 山低頭遂回. 巖頭聞云 "大小德山 未會末後句在" 德山謂 "汝不肯老僧那" 巖頭遂密啓其意 山次日陞座 與尋常逈殊. 巖頭拊掌謂大衆云 "且喜老漢會末後句 雖然如是 只得三年" 此箇公案 叢林解會極多 然少有的確透得者. 有以謂 眞有此句 有以謂 父子唱和 實無此句 有以謂 此句須密傳授. 不免只是話會 增長機路 去本分甚遠. 所以道 "醍醐上味 爲世所珍 遇此等人 翻成毒藥"

※啓(열 계): 열다. 열리다. 일깨워주다. 여쭈다. 보도하다. 사뢰다. 책상다리를 하다. 안내하다. 인도하다.

※拊(어루만질 부): 어루만지다. 사랑하다. 붙다. 치다. 가볍게 두드리다. 악기를 타다.

덕산德山이 하루는 공양시간이 늦자, 노장이 발우를 들고 방장실에서 내려왔다.

---

조산이 말했다.

"고목이다."

그 스님이 다시 이것을 소요 충逍遙忠에게 물었다.

소요 충이 말했다.

"3종 6의다(三從六義)."

설봉雪峯[34]이 말했다.

"종도 울리지 않고 북도 치지 않았는데, 발우를 들고 어디로 가십니까?"

덕산이 고개를 숙이고 돌아갔다.

암두巖頭[35]가 듣고 말했다.

"별 것 아닌 덕산이 아직 말후구末後句[36]를 몰랐구나."

---

34 雪峰義存(설봉의존, 822~908): 당대의 스님. 청원 문하. 설봉은 주석 사명. 속성은 증曾씨. 12세에 출가, 24세에 회창의 파불을 만나 속복을 입고 부용영훈芙蓉靈訓에게 참구함. 이후 동산양개의 회하에서 반두의 일을 맡아봄. 이때 동산양개와는 특별한 계기를 마련하지 못하고 덕산선감에게서 참구하여 법을 이음.(전게서, p.383)

35 巖頭全豁(암두전활, 828~887): 당대의 스님. 암두는 주석 사명. 속성은 가柯씨. 설봉의존, 흠산문수와 도반이 되어 앙산혜적에게 참학한 후, 덕산선감의 법을 이음. 시호는 청엄淸儼대사.(전게서, p.437)

36 末後句(말후구): (=末後一句) 깨달음의 경계에 대해서 기술한 언구. 말후는 참선학도의 최후, 즉 깨닫고 그 깨달음마저 초탈한 참된 깨달음의 경지. 임종 때 남기는 최후의 일구.(전게서, p.201)
末後句(말후구)에 관해 『설봉록雪峰錄』에서는 다음과 같이 기술하고 있다.
하루는 두 사람의 스님이 찾아오는 것을 보고 스님께서 암자 문을 열어 제치며 밖으로 뛰쳐나가면서 "이것이 무엇이냐!"라고 하셨다. 그 스님도 역시 "이것이 무엇이오!"라고 하자 스님께서는 머리를 숙이고 암자로 돌아가셨다.
한 스님이 하직 인사를 하자 스님께서 물으셨다.
"어디로 가려 하느냐?"
"호남으로 가려 합니다."
"내 도반 스님이 한 분 있는데 지금 암두산에 살고 있다. 너에게 편지 한 통을 써줄 것이니 그분에게 전해다오."
그리고는 이렇게 편지에 썼다.

덕산이 말했다.

"그대는 노승을 긍정하지 않는가?"

암두가 그 뜻을 은밀히 말씀드렸다.

덕산이 다음 날 법좌에 올랐는데 평상시와는 아주 달랐다.

---

〈의존이 사형께 아뢰옵니다.

저는 오산진에서 도를 이루고 난 다음 지금까지 배가 불러 주림을 모르고 있습니다.-동참의존 드림〉

그 스님이 암두산에 이르자 암두 스님이 물으셨다.

"어디서 왔는가?"

"설봉산에서 스님께 드릴 편지를 갖고 왔습니다."

암두 스님께서 편지를 받아놓고 물으셨다.

"이 밖에 다른 말씀은 없었는가?"

그 스님이 전에 암자에서 두 스님과 문답한 이야기를 해 주자 암두 스님이 물으셨다.

"그때 설봉 스님이 무어라고 하던가?"

"스님께서는 아무 말씀 없이 머리를 숙이고 암자로 돌아가셨습니다."

암두 스님께서 말씀하셨다.

"아! 내가 애초에 그 사람에게 마지막 한 마디(末後句)를 일러 주지 않은 것이 후회스럽구나. 만약 그때 마지막 한 마디를 해 주었더라면 천하에 그 누구도 설봉 스님을 어찌 할 수 없었을 터인데."

그 후 하안거가 끝나서 그 스님이 전날의 이야기에 대해 다시 묻자 암두 스님께서 말씀하셨다.

"왜 진작 묻지 않았느냐?"

"감히 물어보기가 어려웠습니다."

"설봉 스님은 비록 나와 한 가지에서 났지만 나와 한 가지에서 죽지는 않을 것이다. 마지막 한마디를 알고 싶으냐? 오직 이 말뿐이다."(백련선서간행회, 설봉록, pp.34~35, 1991, 장경각)

암두가 손뼉을 치면서 대중들에게 말했다.

"기쁘다. 덕산 노장이 말후구末後句를 알았다. 비록 그렇긴 하지만, 단지 3년일 뿐이다."[37]

이 공안公案[38]을 총림叢林[39]에서 아주 많이들 풀이해서 알고 있지만, 정확하게 꿰뚫은 자는 거의 없다. 어떤 사람은 이 구句는 진실한 것이 있다고 말하고, 어떤 사람은 아비와 자식이 서로 부르고 화답하는 것이 실로 이 구에는 없다고 말하며, 어떤 사람은 이 구는 모름지기 비밀로 전해주어야 한다고 한다. 하지만 단지 말로만 이해해서 기로機路를 증장한 것일 뿐, 본분도리와는 아주 멀어지게 되는 것을 면치 못하는 것이다. 그래서 이르기를 "제호의 참 맛이 세상에서는 진미가 되지만, 이런 사람들을 만나면 도리어 독약이 된다(醍醐上味 爲世所珍 遇此等人 飜成毒藥)"[40]고 하였던 것이다.

---

37 "雖然如此 只得三年 果三年後 遷化"
그러나 다만 3년뿐이라 했는데, 과연 3년 후에 돌아갔다.(性撤, 『무엇이 너의 본래면목이냐』, pp.13~14, 2007, 장경각)

38 公案(공안): 원래는 국가의 법령을 뜻하는 공부公府의 안독案牘. 준수해야 할 절대적 규범. 선문에서는 불조가 개시한 불법의 도리. 공안의 형성은 중국 당대의 선문답에서 시작, 송대宋代에 이르러 성행. 1,700공안이라는 용어는 전등록에 수록된 선승 1,701명의 언행에서 비롯됨.(전게서, p.47)

39 叢林(총림): 총사叢社라고도 함. 여러 승려들이 화합하여 함께 배우며 안거하는 곳. 승려를 나무에 비유하고 절을 숲에 비유한 것. 선원, 율원, 강원이 한 곳에 설치되어 많은 수행자들이 모여 수행하는 곳을 지칭.(전게서, p.663)

40 정확히 누구의 말이라고 단정하기는 어렵지만, 많은 선사들이 이를 인용하고 있다.

❀

他參活句 不參死句. 活句下薦得 永劫不忘 死句下薦得 自救不了. 若要與祖佛爲師 須明取活句. 韶陽出一句 如利刀剪却 臨際亦云 "吹毛用了急還磨" 此豈陰界中事 亦非世智辯聰所及. 直是深徹淵源 打落從前依他作解明昧逆順 以金剛正印印定 麾金剛王寶劒 用本分手段. 所以道 "殺人須是殺人刀 活人須是活人劒"

※麾(기 휘): 기旗. 대장기大將旗. 가리키다. 부르다. 지휘하다.

활구活句를 참구해야지 사구死句를 참구해서는 안 된다.[41] 활구에서 깨닫게 되면 영겁토록 잊어버리지 않지만(永劫不忘), 사구에서 깨치면 스스로도 구제하지 못하게 되니(自救不了),[42] 부처와 조사의 스승이 되고자 한다면 모름지기 활구를 밝혀야 한다. 소양(韶陽, 운문)[43]이 내놓는 일구一句는 마치 날카로운 칼로 베어버리는 것과 같았고, 임제

---

41 活句(활구): 사구死句에 대응하는 말. 사량분별을 끊은 깨달음의 소식을 여실하게 파악한 구句. 동일구同一句이지만 사량분별을 끊어서 바르게 판단하면 활구이고, 사량분별로써 파악하면 사구가 됨.(전게서, p.748)

42 '自救不了(자구불료)'는 『임제록』에서 다음과 같이 쓰이고 있으니 참고하기 바란다.

"若第一句中得 與祖佛爲師 若第二句中得 與人天爲師 若第三句中得 自救不了."

만약 1구에서 깨닫게 되면 부처와 조사의 스승이 되고, 2구에서 깨달으면 사람과 하늘의 스승이 되며, 만약 3구에서 깨닫게 되면 자기 자신도 구제하지 못한다.

43 韶陽(소양)은 운문의 애칭으로 스님이 거주한 운문산 광태선원이 소양 땅에 있었기 때문에 붙여진 것이다.

臨際[44] 또한 이르기를 "취모검을 쓰고 나면 급히 갈아두어라(吹毛用了急還磨)"[45]라고 했는데, 이것이 어찌 음계(5陰18界)의 일이며, 또한 세간의 지혜와 언변과 총명으로는 미칠 수 있는 것이겠는가!

바로 근원에 깊이 사무쳐, 이전에 의지했던 저 밝음과 어두움(明昧)·따름과 거스름(逆順) 등의 상대적인 지해知解를 떨어뜨리고, 금강정인金剛正印으로 도장을 찍고 금강왕보검金剛王寶劍으로 지휘해 본분수단本分手段으로 썼던 것이다. 그래서 이르기를 "사람을 죽이는 것은 모름지기 살인도여야 하고, 사람을 살리는 것은 모름지기 활인검이어야 한다(殺人須是殺人刀 活人須是活人劍)"[46]고 하였던 것이다.

---

44 臨際義玄(임제의현, ?~867): 당대의 스님. 임제종의 개조. 임제는 주석 사명. 속성은 형邢씨. 하남성 조주 남하 출신. 어려서부터 지극히 총명하여 재기를 나타냈고 성장해서는 효행이 지극하기로 알려짐. 출가해서 처음에는 주로 계율이나 화엄에 열중하였지만 이러한 공부가 진실을 얻는 도가 아님을 깨닫고 운수 행각에 나섬. 황벽희운에게 참구하여 재능을 인정받았지만 희운의 가르침대로 고안대우 스님을 찾아가 참구하고 이어서 위산영우 스님을 알현한 후 다시 황벽 회하로 돌아와 인가를 받음.(전게서, p.544)

45 吹毛(취모): 利劍名. 碧巖百則評唱曰 劍刃上吹毛試之 其毛自斷乃利劍 謂之吹毛也(丁福保 佛學大辭典)

예리한 칼의 이름. 벽암록 100칙 평창에서 말하기를 "칼날 위에 털을 불면 그 털이 스스로 절단될 만큼 예리한 칼이라서 '취모'라 한다."

경덕전등록 제12권, '진주 임제 의현 선사' 편에 다음과 같이 기술하고 있다. "당의 함통 7년 병술 4월 10일에 곧 임종하려고 할 때 전법게를 설했다.

沿流不止問如何　흐름을 따르며 그치지 않는 것이 무엇인지 묻는다면
眞照無邊說似他　참된 비춤은 끝이 없다고 그에게 말해줘라.
離相離名如不稟　모습도 여의고 이름도 여의어서 본래 없던 것과 같나니
吹毛用了急須磨　취모검을 다 썼으면 급히 갈아 두어라."

❀

旣殺得人須活得人 旣活得須殺得人. 若只孤單則偏墮也. 垂手之際却看方便 勿使傷鋒犯手. 著著有出身之路 八面玲瓏 照破他方. 與下刃亦須緊密始得 稍寬緩卽落七落八也. 只自己等閑 尙不留毫髮許. 設有亦斬作三段. 何況此宗門從上牙爪 遇其中人纔拈出 若投機則共用 不投機則剗却 以是爲要 無不了底事. 切在力行之.

※寬緩(관온): 유예하다. 늦추다. 연기하다.

---

46 殺人須是殺人刀 活人須是活人劒: 이 말의 출처를 정확히 찾기가 어렵다. 다만 후에 운암보암(1156~1226), 대혜종고 등이 이 말을 인용하고 있는데, 하나의 예를 들어 보면 다음과 같다.

擧 二祖問達磨大師云 "我心未寧 乞師安心" 磨云 "將心來與汝安" 祖云 "覓心了不可得" 磨云 "與汝安心竟" 拈云 "殺人須是殺人刀 活人須是活人劍"(呆庵莊禪師語錄 卷之四)

2조가 달마 대사에게 물은 것을 거론해서 말했다.
"제 마음이 편치 않으니 스님께서 안심安心시켜 주십시오."
달마가 말했다.
"그 마음을 가져와라. 그러면 너를 편안케 하리라."
2조가 말했다.
"마음을 찾아도 얻을 수 없습니다."
달마가 말했다.
"그대의 마음을 안심시켰느니라."
염拈하여 말했다.
"사람을 죽이는 것은 모름지기 살인도요, 사람을 살리는 것은 모름지기 활인검이다."

※等閑(등한): 대수롭지 않게 여겨 내버려 둠. 마음에 두지 않고 예사로 여김.

※牙爪(아조): 짐승의 어금니와 발톱이라는 뜻. 적을 막기 위한 수단과 도구. 매우 쓸모가 있는 사람이나 물건의 비유. 앞잡이 노릇 또는 그 노릇을 하는 사람을 비유적으로 이르는 말.

사람을 죽일 수 있으면 모름지기 사람을 살릴 수도 있어야 하고, 사람을 살릴 수 있으면 모름지기 사람을 죽일 수도 있어야 한다. 만약 그렇지 못하고 단지 하나만 쓴다면 한쪽으로 치우치게 된다. 그러므로 중생을 제도하기 위해 손을 내밀 때에도 방편을 살펴 칼끝도 상하지 않고 손도 다치지 않도록 해야 한다. 한 수 한 수 출신지로(出身之路, 몸을 벗어나는 길)가 있고, 팔면이 영롱해야(八面玲瓏, 사방팔면 어디서 보나 조금도 모호한 데가 없이 밝고 뚜렷함) 사방을 비추게 된다. 또한 칼을 씀에 있어서도 모름지기 긴밀해야지, 조금이라도 늦추게 되면 일곱 번 떨어지고 여덟 번 떨어지게 된다(落七落八, 엉망진창이 된다). 그러므로 다만 자기를 마음에 두지 않고 예사로 여길 뿐, 털끝만큼이라도 남겨두어서는 안 된다. 설사 (조금이라도) 있으면 또한 삼단으로 베어버려야 한다. 더군다나 예로부터 내려오는 이 종문의 본분수단(牙爪)은 그 사람(其中人, 본분납자)[47]을 만나 드러내 보였을

---

47 그 사람(其中人)에 관해 『조주록趙州錄』에서는 다음과 같이 기술하고 있다.
問 "淨地不止是什麽人" 師云 "你未是其中人在" 云 "如何是其中人" 師云 "止也"

물었다.

"청정한 땅에 머물지 않은 것은 어떤 사람입니까?"

선사(조주)가 말했다.

때, 기연機緣이 투합하면 함께 쓰고 투합하지 않으면 바로 베어버렸던 것이니, 이것으로 요점을 삼으면 끝내지 못할 일(不了底事, 깨닫지 못할 일)이 없을 것이다.

간절하게 힘써 나아가기를 바란다.

---

"그대는 아직 기중인其中人이 아니다."
말했다.
"어떤 것이 기중인입니까?"
선사가 말했다.
"멈춰라!"

# 2. 장 선무 상공께(寄 張宣撫相公)[1]

1 선무宣撫: 중국 당唐나라 때의 벼슬 이름. 지방에 파견되어 어수선한 민심을 수습하는 일을 맡아보았음.(국어사전)

상공相公: 재상宰相의 높임말이다.

장 선무 상공은 장상영張商英, 무진 거사無盡居士를 뜻한다.

張商英(장상영, 1043~1122): 북송 촉주(蜀州, 四川 崇慶) 신진新津 사람. 자는 천각天覺이고, 호는 무진 거사無盡居士다. 19세에 급제하고 신종神宗 때에 형공荊公(왕안석)과 함께 '신법新法'에 대해 함께 의논했다. 처음에는 불교를 싫어하여 「무불론無佛論」을 써서 배척하려 하였으나 뒤에 우연히 『유마경維摩經』을 읽고 정신正信을 일으켰다. 원우元祐년간에 오대산에 문수상文殊像을 세우고 발원문을 지었다. 동림 총東林總선사에게 선禪을 묻고, 다시 도솔 열兜率悅을 참알參謁하였다. 뒤에 진정 문眞淨文화상에 나아가 언하言下에 대오大悟하였다. 선종의 황룡파 선승들과 주로 교유하였으며, 특히 원오극근과 밀접한 관계를 맺었다. 대관大觀 4년(1110)에 승상丞相이 되었다(中書侍郎). 시호는 문충文忠이다.

참고로 장상영이 불교를 믿게 된 동기는 다음과 같다.

어느 날 절에 갔다가 불경이 비단 위에 금은으로 장식된 것을 보고서, 우리 공자님의 서적은 종이로 장식되어 있는데 불교의 책은 저같이 사치스러운가 하는 시기심이 일어나, 집에 돌아와 삼경이 지나도록 불교를 배척하는 논論을 지으려고 했다. 이것을 본 부인이 무엇을 하느냐고 묻자, 거사는 "부처가 없다는 무불론無佛論을 지으려고 한다"라고 대답하였다. 이에 부인 상向씨가 웃으며 "이미 부처가 없으면 그만이지 논을 지어 무엇 합니까?" 하였다. 거사는 그 말에 의심이 나서 말이 없었는데, 잠시 후 부인이 불경을 읽어보았느냐고 묻자, 거사는 읽어보지 않았다고 하였다. 부인이 "경을 읽어보지도 않고 어떻게 논을 쓰려고 하십니까? 불경을 한 번 읽고 쓰시지요!"라고 하였다. 거사는 다음 날 인근 절에서 불경을 빌려 왔는데, 그 책은 바로 유마경이었다. 읽어 나가다가 문수사리문질품文殊師利問疾品의 제5구절에 이르러 불교의 깊은 이치를 깨달았다. 참회하면서 쓴 글이 호법론(護法論, 구양수의 불교 비방을 공격한 내용) 1권이다.

❀

句疇昔受 知於此道 極深且久 豈假言可通. 然格外超宗 在大達大觀. 所操持雖千變萬化 不出掌握中. 世法佛法 曾無以異 唯日用照了鏡心像迹 初不遺鑒. 迺大定也.

※疇昔(주석): 별로 오래지 아니한 옛적.

※操持(조지): 처리하다. 경영하다. 관리하다. 주관하다. 기획하다.

※心像(심상=心象): 마음속에 떠오르는 직관적 인상.

지난번 받은 편지로 이 도道에 대해 매우 깊으면서도 또한 오래되었다는 것을 알게 되었습니다만, 어찌 말을 빌려 통할 수 있겠습니까! 분명컨대, 격외초종(格外超宗, 교파를 뛰어넘는 격외의 도리)은 크게 통달하고 크게 봄에 있습니다. 또한 주관하는 것이 비록 천 가지 만 가지로 변화할지라도 손아귀를 벗어나지 못합니다. 세법世法과 불법佛法은 일찍이 다를 바가 없으니, 다만 매일 사용하는 거울에 비추어보더라도 마음의 흔적은 애초부터 거울에 남지 않습니다. 이것이 '대정(大定, 大寂定)'[2]입니다.

---

2 大定(대정): 對於欲界之小定而言 色界無色界之有漏善根本定 稱爲大定(불광대사전)

"욕계의 소정小定에 상대되는 말. 색계, 무색계의 유루선근의 본정本定을 대정大定이라고 한다."

譯者는 대정을 대적정大寂定으로 이해했다.

大寂定(대적정): 부처의 열반. 선정의 경지. 부처의 경지.(선학사전, p.151)

❀

是故 維摩取飯香積 借座燈王 摶妙喜世界 如陶家輪. 納須彌於芥子中 吸劫火於腹內 由反覆掌 蓋中旣虛而靈寂而照.

※摶(뭉칠 단, 오로지 전): 뭉치다. 둥글다. 엉기다. 마음대로 하다.

이런 까닭에 유마維摩 거사는 향적여래香積如來로부터 공양을 받고,[3]

---

3 유마경 제10, '향적불품香積佛品'에 다음과 같이 기술하고 있다.
그때에 유마힐이 곧 삼매에 드시고 신통력으로써 여러 대중들에게 한 부처님 나라를 보여주었다. 상방으로 42항하사 국토를 지나 중향국衆向國이라는 나라가 있고 거기에 향적香積이라는 부처님이 계셨다. (중략)
그때에 유마힐이 많은 보살대중에게 물었다.
"그대들 중에 누가 저 향적부처님 나라에 가서, 탁발을 해 올 사람이 없겠소?"
그러나 문수사리의 위신력 때문에 모두가 아무 말도 못하고 있으므로 유마힐이 말했다.
"문수사리, 그대는 이 대중이 부끄럽지도 않소?"
문수사리가 말했다.
"부처님께서 말씀하신 것처럼 아직 공부가 다 안 된 사람들을 가벼이 여기지 마십시오."
그때에 유마힐이 자리에서 일어나지 않고 앉은 채로 대중들 앞에서 한 사람을 보살 모양으로 만들어냈다. (중략)
화化보살에게 말했다. (중략)
"지금 제 보살들과 함께 앉아 음식을 드시고 계시는 향적부처님에게 내 인사말을 다음과 같이 전하라."
〈유마힐이 세존 발밑에 계수하옵고 친견하옵기 무량하오니 기거가 어떠하신지요? 병과 괴로움이 적고, 기력이 편안하오신지요?

수미등왕여래須彌燈王如來에게 자리를 빌리기도 하며,[4] 묘희세계妙喜

---

바라건대, 세존이시여, 잡수시다 남은 음식을 얻어 사바세계에서 불사를 베풀었으면 하옵니다. 작은 법을 좋아하는 이곳 사람들에게 대도를 널리 펼 수 있게 하고 또 여래의 명성이 두루 시방에 널리 들려지게끔 하옵니다.〉

그러자 화보살이 대중들 모인 그 앞에서 위쪽으로 올라가니 모든 대중이 다 이를 보았다. 화보살은 중향세계에 이르러 향적부처님에게 예를 올린 후, 유마힐의 인사말을 전했다. (중략)

중향국의 제보살들은 이 화보살을 보고 미증유한 일이라고 탄식하며 지금 이 상인上人은 어디로부터 왔느냐, 사바세계는 어디에 있느냐, 소법小法을 좋아하는 자들이란 어떤 사람을 두고 하는 말인가, 이런 것들을 부처님에게 물었다. 향적부처님이 이들 보살에게 대답을 했다.

"저 아래쪽으로 42항하사 불국토를 지난 곳에 한 세계가 있는데 그곳을 사바세계라고 하며, 그곳의 부처님을 석가모니라고 한다. 지금 현재 오탁악세에 있으면서, 소법小法을 좋아하는 중생들을 위해 올바른 길을 가르치고 계신다. 그곳에 유마힐이라는 이름의 보살이 있어, 불가사의해탈에 머물고 있으면서 제보살을 위해 법을 설하고 있다. 그래서 화보살을 보내어 내 이름을 찬양하고 이 불국토를 아울러 높이 칭송하며, 그 나라의 보살들로 하여금 공덕을 더욱 증대시키도록 하고 있는 것이다." (중략)

그때에 향적여래가 많은 향기내음이 그윽한 바루에 향반香飯을 가득 채워 화보살에게 주었다.(이기영 역해, 『유마힐소설경』, pp.279~285, 1994, 한국불교연구원)

4 유마경 제6, '부사의품不思議品'에 다음과 같이 기술하고 있다.

그때에 장자 유마힐이 물었다.

"문수사리여, 그대는 무량 천만 억 아승기나 되는 나라들을 돌아보았는데, 어느 부처님 나라가 가장 훌륭한 공덕을 성취한 사자의 좌를 가지고 있습니까?"

문수사리가 말했다.

"거사여, 동방으로 삼십육 항하사만큼이나 많은 나라를 지나서 수미상須彌相이라는 세계가 있습니다. 그 나라의 부처님 이름은 수미등왕이고 지금 현재 그 부처님의 신장은 8만 4천 유순이나 되며, 그 사자좌의 높이는 8만 4천 유순으로,

世界를 마음대로 하기를, 마치 도공(옹기장이)이 옹기 돌리듯 하였던 것입니다.[5] 또한 겨자씨에 수미산을 넣고,[6] 뱃속에 겁화劫火를 빨아들

---

장엄한 아름다움이 으뜸입니다."

그때 장자 유마힐이 신통력을 보이었다. 그러자 곧 그 부처는 3만 2천의 사자좌를 유마힐의 방으로 들어오게 하였는데, 그 사자좌들은 한결같이 높고 광대하고 장엄하고 청정하였다.

제 보살과 대제자·제석천·대범·사천왕 등이 일찍이 본 일이 없는 것이었다. 유마힐의 방은 넓고 커서 이 3만 2천의 사자좌를 다 포용하고도 방해하거나 옹색한 일이 없었다. 또 비야리성과 염부제·사천하도 궁색함이 없이 예전과 같았다.

그때 유마힐이 문수사리에게 말했다.

"문수사리여, 저 사자좌에 앉으신 부처님 크기만큼 당신의 몸을 일으켜 세워 저 보살들과 상인上人들과 더불어 사자좌 위에 오르시오."

그러자 문수사리는 신통력을 얻고, 보살들은 곧 자기 모습을 바꾸어 4만 2천 유순으로 변하게 하고 사자좌에 앉았으나 모든 신발의新發意보살과 대제자들은 다 올라갈 수가 없었다. 그때에 유마힐이 사리불에게 "사자좌 위에 오르시오." 하였다.

사리불이 답하여 말했다.

"거사여, 이 좌는 높고 커서 내가 올라갈 수가 없습니다."

유마힐이 말했다.

"아, 사리불이여, 수미등왕여래에게 예배를 드리시오. 그러면 앉을 수 있을 것입니다."

이때에 신발의보살과 대제자들이 수미등왕여래에게 예배를 하니, 곧 사자좌 위에 앉을 수가 있었다.(전게서, pp.173~175)

5 유마경 제12, '아촉불품阿閦佛品'에 다음과 같이 기술하고 있다.

그때에 부처님께서 사리불에게 말씀하시었다. "묘희妙喜라는 이름의 나라에 무동無動이라는 부처님이 계신다. 이 유마힐은 그 나라에서 죽었다가 여기 사바세계로 와서 다시 태어났다." 사리불이 그 말을 듣고, "미증유한 일입니다. 세존이시

---

여, 이 사람이 그 청정한 나라를 버리고 이곳 노해怒害가 많은 곳으로 즐겨 찾아 왔다니…." 하니, 유마힐이 사리불에게 말했습니다. "그대 생각이 어떠한가. 햇빛이 날 때 어둠이 같이 있는 것을 보았는가?" 사리불이 답하여 "아니요, 햇빛이 날 때에는 어두움이라곤 조금도 없지요." 유마힐이 말했다. "해가 무슨 까닭으로 염부제에 가서 뜨는가?" 답하여 "밝게 비춤으로써 어둠을 제거하고자 함이지요." 하니 유마힐이 말했다. "보살은 이와 같아서 비록 부정한 불국토에 태어난다 할지라도 중생을 교화시키고자 하는 까닭에 어리석고 어두운 사람들과 함께 하지 아니하고 다만 중생들의 번뇌의 어둠을 없앨 따름입니다." 그때에 대중들이 묘희세계의 무동여래와 그 보살, 성문의 무리들을 보고자 하니 부처님이 이 모든 대중들의 마음을 아시고 유마힐에게 고해 말씀하시기를, "선남자야, 이 대중들을 위하여 묘희국의 무동여래와 제 보살들, 성문의 무리들을 나타내 보여라. 그들 모두가 보고 싶어 하니라." 하셨다.

그때 유마힐이 생각했다.

〈내가 자리에 일어나지 않고 (신통력으로) 묘희국의 철위산과 계곡·강하와 대해와 샘과 수미의 모든 산과 해와 달, 여러 별들과 천룡·귀신과 범천 등의 궁전과 그리고 제 보살·성문의 무리들과 성읍·취락과 남녀노소와 심지어 무동여래와 그 보리수와 갖가지 묘련화가 시방에서 불사를 하고 있는 것, 그 모두를 손아귀 속에 넣으리라. 염부제에서 도리천으로 올라가는 세 개의 사다리, 그 세 개의 사다리로 제천들이 내려와 모두 다 무동여래에게 예경을 드리고 경법經法 설하심을 듣고 또 염부제 사람들이 다시 그 사다리로 도리천에 올라가 그곳의 제천을 보고 희세계를 보고서 성취한 무량공덕을 위로 아까니슈타천에 이르고 아래로는 물가에 이르는 이 모든 것을 도예가가 돌리는 수레처럼 오른손으로 꽉 쥐어들고 이 세계 속으로 들어와 마치 아름다운 꽃가발을 손에 쥔 것처럼 이 모든 대중에게 보여주리라.〉

이렇게 생각하고 삼매에 들어 신통력을 나투어 그 오른손으로 묘희세계를 들어쥔 다음 이 땅위에다 놓았다. 이 신통력을 입은 보살과 성문중과 나머지 다른 천인들은 모두 소리를 질렀다. "세존이시여, 아, 누가 우리를 손아귀 속에 쥐고 갖고 가는 것입니까? 구해주소서." 무동불이 말했다. "내가 하고 있는 것이 이기를[7] 손바닥을 뒤집듯 하였던 까닭은[8] 그 속에 있으면서 텅 비어 신령스럽고 고요하게 비췄기(虛而靈寂而照) 때문입니다.

❀

此外 事物出沒轉旋 不假他力 所謂 證不可思議 咸卽方寸片田地爾.

---

아니다. 이것은 유마힐의 신통력이 하고 있는 것이다." 하시니, 아직 신통력을 입지 못한 자들은 자기가 어디로 갔는지를 알지 못하더라. 그리고 묘희세계가 비록 이 사바세계 속에 들어오긴 했지만 그 세계에 증감이 없었고 이 세계도 또한 좁아지는 일이 없이 본래와 같이 조금도 다름이 없었다.(전게서, pp.343~347)

6 유마경 제6, '부사의품不思議品'에 다음과 같이 기술하고 있다.
유마힐이 말했다.
"제불보살에게는 불가사의不可思議라는 이름의 해탈이 있습니다. 만약 보살이 이 해탈에 머무르면 높고 넓은 수미산을 겨자씨 속에 넣고도 겨자씨가 불어나거나, 수미산이 줄어드는 일이 없이, 본래 그대로인 까닭이며, 그리고 사천왕이나 도리천과 같은 제천諸天이 그들이 어디에 들어갔는지를 깨닫지 못하고 오직 마땅히 제도 받을 자만이 수미산이 겨자씨 속에 들어간 사실을 발견하는 것입니다. 이를 일컬어 불가사의 해탈법문에 주한다고 부르는 것입니다.'"(전게서, pp.175~177)

7 유마경 제6, '부사의품'에 다음과 같이 기술하고 있다.
"사리불이여, 보살은 신통력으로 시방세계의 갖가지 바람·태풍과 선풍과 폭풍 등을 다 입으로 들이마십니다. 그리하여도 몸에 아무런 손상을 입는 일이 없습니다. 그리고 밖에 크고 작은 나무들도 바람에 부러지거나 꺾이는 일이 없습니다. 또 시방세계의 겁이 불타 없어질 때에 보살은 다 자기 뱃속으로 끌어들입니다. 그리하여 모든 불길이 다 들어오지만 아무런 해를 입는 일이 없습니다."(전게서, p.179)

8 유마경 제6, '부사의품'에서는 "마치 대나무 잎사귀 하나를 바늘 끝 위에 올려놓고도 떨어뜨리는 일 없듯이 그렇게 손쉽게 한다."고 표현하고 있다.(전게서, p.179)

矧建功立業 蘊德操誠 左右逢原. 秉金剛寶劒 拈殺活杖子 指揮之際 皆此妙也. 望期之言表意外 雖千萬里 猶目擊耳.

※望期(망기)=기망(期望): 기대하다. 바라다. 희망. 기대.

이밖에도 사물이 출몰해서 이리저리 변하는데도 다른 힘을 빌리지 않았으니, 그래서 이를 일러 '불가사의不可思議를 증득함은 모두가 사방 일 촌의 한 조각 마음밭일 뿐이다(證不可思議 咸卽方寸片田地爾)'[9]

---

9 유마경 제6, '부사의품'에서 말한 불가사의해탈에 관해 다시 한 번 정리하면 다음과 같다.

①만약 보살이 이 해탈에 머무르면 높고 높은 수미산을 겨자씨 속에 넣어도 겨자씨가 늘어나거나 줄어드는 일이 없습니다. 수미산의 본래 모습은 이전과 같으며 사천왕과 도리천의 제천들은 그들이 어디에 들어갔는지를 깨닫지 못합니다. 오직 마땅히 제도 받을 만한 사람만이 수미산이 겨자씨 속에 들어간 것을 아는 것입니다. 이를 일컬어 부사의 해탈법문不思議解脫法門에 주한다고 하는 것입니다.

②사대해의 물을 하나의 털구멍 속에 넣어도 물고기, 자라, 거북, 악어, 그 밖의 동물들에게 해를 입히는 일이 없이, 그 대해는 본래 모습 그대로입니다. 용과 귀신과 아수라 등은 자기들이 그 속에 들어가 있다는 사실을 깨닫지 못합니다. 이 중생들에게도 손상이 가해지는 일이 없습니다.

③불가사의 해탈에 머무는 보살은 마치 도기 빚는 사람이 물레 위의 흙을 주무르듯 삼천대천세계를 오른쪽 손바닥으로 쥐고 항하사세계 밖으로 던집니다. 그런데도 그 세계의 중생들은 자기들이 어디로 갔는지를 깨닫지 못합니다. 또 본래 있던 곳으로 되돌려 놓아도 도무지 사람들로 하여금 왔다 갔다 하는 상想을 일으키게 하지 않으며 이 세계는 본래 모습 그대로 남아 있습니다.

④혹 어떤 중생이 이 세상에 오래 머물러 있기를 좋아한다면 그 중생을 제도할 때 보살은 7일을 1겁으로 늘려주고, 그로 하여금 7일을 1겁이라고 말하게 합니다.

혹은 어떤 중생이 이 세상에 오래 머물기를 원하지 않는다면 그 중생을 제도할 때 보살은 1겁을 7일로 줄여 주고, 그 중생으로 하여금 7일이라고 말하게 하는 것입니다.
⑤불가사의해탈에 주하는 보살은 일체 불국토가 갖춘 장엄장식을 한 나라에 다 모아 놓고 중생들에게 보여줍니다.
⑥보살은 한 불국토 안의 중생들을 오른쪽 손바닥 위에 놓고 시방세계를 날아다니며 일체의 불국토를 다 보여줍니다. 그러나 본래 있던 곳에서 떠나 움직인 일이 없습니다.
⑦보살은 시방세계의 모든 중생이 제불께 공양하는 도구들을 하나의 털구멍 속에서 다 볼 수 있게 합니다. 또 시방국토의 해와 달과 별 그 일체의 것을 하나의 털구멍 속에 나타나게 하여 모든 중생이 보도록 합니다.
⑧보살은 시방세계의 갖가지 바람을 다 입으로 들이마셔도 몸에 아무런 손상이 없고, 밖의 크고 작은 갖가지 나무들도 바람에 부러지거나 꺾이는 일이 없습니다.
⑨보살은 시방세계의 겁이 모두 불타 없어질 때 그 모든 불길을 다 자기 뱃속에 끌어들입니다. 불길이 여전히 타올라도 아무런 해를 입는 일이 없습니다.
⑩아래쪽으로 항하사와 같이 많은 제불 세계를 지나서 하나의 불국토를 취하고, 위로 들어 올려 항하사와 같이 무수한 세계를 지나 정상에 올려놓습니다.
⑪불가사의 해탈에 주하는 보살은 능히 신통력으로 부처님의 몸을 나타내기도 하고, 벽지불의 몸을 나타내기도 하고, 성문의 몸을 나타내기도 합니다. 제석천의 몸을 나타내기도 하고, 범천의 몸을 나타내기도 하고, 사천왕의 몸을 나타내기도 하고, 전륜성왕의 몸을 나타내기도 합니다.
⑫시방세계의 모든 중생이 갖는 갖가지 소리, 큰 소리, 중간 소리, 작은 소리들을 모두 부처님의 음성으로 만들어 무상과 고와 공과 무아를 알리는 소리로 변하게 합니다.
⑬시방의 모든 부처님이 설하는 갖가지 법을 그 속에서 언제 어디서나 듣게 합니다.
사리불이여, 내가 지금 설한 보살의 불가사의한 해탈의 힘은 그 간략한 일부일 뿐입니다. 자세히 말한다면 겁이 다할 때까지도 끝나지 않을 것입니다.(전게서,

고 하는 것입니다.

더군다나 나라를 위해 공을 세워 업적을 이루고, 덕을 쌓고 성의를 다하며, 그 어디서나 근원과 만나는 것은 말해 무엇 하겠습니까! 금강보검을 쥐고 살활殺活의 주장자를 들어 지휘하는 경계가 모두 이것의 오묘함입니다.

기대하시는 말과 생각의 밖(言表意外, 格外道理)이 설사 천리만리 멀리 있는 것 같더라도, 다만 눈으로 보는 것일 뿐입니다.

---

pp.175~181, 역자 정리)

# 3. 장 선무 상공께(寄 張宣撫相公)

自古聖賢 以過量傑出 如植大根嚚 獨證此大因緣 以悲願力發揮 直指萬有同體. 至淵至奧一段事 不立階梯 頓超獨得. 從空劫已前 湛然不動 印定群靈根脚亘古今 絶思慮出聖凡越知見. 初不動搖 淨倮倮活鱍鱍 見在一切有情無情莫不圓具. 是故 釋迦初生 卽指天地 大哮吼 當頭拈出 次以明星 末後拈花.

※嚚(그릇 기): 器(기)의 속자俗字.

※空劫(공겁): 사겁四劫의 하나. 세계가 파괴되어 아무것도 없는 상태로 지속되는 지극히 긴 기간. 인간 수명 8만 세에서 100년에 한 살씩 줄어 10세에 이르고 다시 10세에서 100년에 한 살씩 늘어 8만 세에 이르는 긴 시간을 중겁中劫이라 하는데, 공겁은 20중겁에 해당함.

※湛然(잠연): 물이 깊고 고요하다. 침착하고 무게가 있다.

예로부터 성현은 도량(度量, 품성)이 뛰어나고 걸출해서 대근기를 심은 대로 이 대인연大因緣[1]을 홀로 증득하고, 자비원력을 발휘해서

---

1 '一大事因緣(일대사인연)'에 대하여 법화경 제1권, '方便品(방편품)'에 다음과 같이 기술하고 있다.

"부처님이 사리불에게 말씀하셨다.

---

'이런 미묘한 법은 부처님 여래께서 때가 되어야 말하는 것이니, 마치 우담바라꽃이 때가 되어야 한 번 피는 것과 같느니라. 사리불아, 너희들은 부처님의 말을 반드시 믿을지니 그 말은 허망하지 않느니라.

사리불아, 모든 부처님이 말하는 법은 그 뜻이 이해하기 어려우니라. 왜냐하면 내가 무수한 방편과 가지가지 인연과 비유와 이야기로 법을 연설하지만, 이 법은 생각이나 분별로는 능히 이해할 수 없는 것이니, 오직 부처님들만이 아시느니라. 부처님 세존들은 다만 일대사인연一大事因緣으로 이 세상에 출현하시기 때문이니라.

사리불아, 어찌하여 부처님 세존들은 다만 일대사인연으로써 이 세상에 출현한다고 말하느냐. 부처님 세존께서는 중생으로 하여금 부처님의 지견을 열어(開) 청정케 하려고 세상에 출현하며, 중생에게 부처님의 지견을 보이려는(示) 연고로 세상에 출현하며, 중생으로 하여금 부처님의 지견을 깨닫게 하려는(悟) 연고로 세상에 출현하며, 중생으로 하여금 부처님의 지견의 도에 들게 하려는(入) 연고로 출현하시느니라.

사리불아, 이것을 부처님들이 일대사 인연 때문에 세상에 출현하는 것이라 하느니라."(운허 역, 법화경, p.56)

또한 경덕전등록 제5권, '홍주 법달 선사' 편에서는 다음과 같이 기술하고 있다.

洪州法達禪師者 洪州豐城人也. 七歲出家 誦法華經. 進具之後 來禮祖師 頭不至地. 祖呵曰 "禮不投地 何如不禮 汝心中必有一物 蘊習何事耶" 師曰 "念法華經已及三千部" 祖曰 "汝若念至萬部 得其經意 不以爲勝則與吾偕行 汝今負此事業 都不知過 聽吾偈" 曰 "禮本折慢幢 頭奚不至地 有我罪卽生 亡功福無比" 祖又曰 "汝名什麽" 對曰 "名法達" 祖曰 "汝名法達 何曾達法" 復說偈曰 "汝今名法達 勤誦未休歇 空誦但循聲 明心號菩薩 汝今有緣故 吾今爲汝說 但信佛無言蓮華從口發"

홍주법달 선사는 홍주 풍성 사람이다. 7세에 출가하여 법화경을 읽었다. 구족계를 받은 뒤에 조사(6조)에게 가서 절을 하는데 머리가 땅에 닿지 않자, 조사가 꾸짖어 말했다.

"땅에 닿지 않고 절하는 것이 절하지 않는 것과 어째서 같은가! 그대의 마음속에

만유萬有가 동체임을 바로 가리켰습니다. 이 지극히 깊고 지극히 오묘

---

반드시 한 물건이 있을 것인데, 어떤 일을 쌓아 익혔는가?"
선사가 말했다.
"법화경을 염송해서 3천 번에 이르렀습니다."
조사(6조)가 말했다.
"그대가 만약 1만 번을 염송해서 그 경의 뜻을 얻었더라도 훌륭하다고 여기지 않는다면, 그대는 나와 함께 할 수 있다. 하지만 그대가 지금 이 일을 짊어지고 있으면서도 전혀 허물인 줄을 모르고 있다. 나의 게송을 들어라."

절은 본래 아만의 깃발을 꺾는 것이거늘
머리가 어찌 땅에 닿지 않는가.
아我가 있으면 죄(罪, 罪業)가 곧 생기지만,
공명심이 없으면 그 복은 비할 바 없네.

조사가 또 말했다.
"그대의 이름이 무엇인가?"
선사가 말했다.
"법달입니다."
"그대의 이름이 법달이라 하지만, 언제 법을 통달한 적이 있었는가?"
다시 게송으로 말했다.

그대는 지금 이름이 법달이라고 하면서
부지런히 염송만 하면서 쉬지를 못하구나.
헛된 염송은 단지 소리를 따를 뿐이니
마음을 밝혀야만 보살이라 부를 수 있네.
그대는 금생에 인연이 있으니
내가 지금 그대를 위해 말해주노라.
다만 '부처는 말이 없다(佛無言)'는 것을 믿으면

한 하나의 일(一段事)은 단계와 순서를 세우지 않고 단박에 뛰어넘어

---

연꽃이 입에서 피어나리라.

師聞偈悔過曰. "而今而後 當謙恭一切 惟願和尙大慈 略說經中義理" 祖曰 "汝念此經 以何爲宗" 師曰 "學人愚鈍 從來但依文誦念 豈知宗趣" 祖曰 "汝試爲吾念一遍 吾當爲汝解說" 師卽高聲念經 至方便品 祖曰 "止. 此經元來以因緣出世爲宗 縱說多種譬喩 亦無越於此. 何者因緣. 唯一大事. 一大事 卽佛知見也 汝愼勿錯解經意. 見他道 '開示悟入自是佛之知見 我輩無分' 若作此解 乃是謗經毁佛也. 彼旣是佛 已具知見 何用更開. 汝今當信 佛知見者 只汝自心 更無別體"

선사가 게송을 듣고 허물을 뉘우치면서 말했다.
"지금부터는 모든 것에 마땅히 겸양하고 공손하겠으니, 바라건대 화상께서 자비를 베풀어 경전의 뜻과 이치를 말씀해주십시오."
조사가 말했다.
"그대가 이 경을 읽었다 하니, 무엇으로 종취宗趣를 삼는가?"
선사가 말했다.
"학인이 어리석어서 지금까지 단지 글자만 의지해서 외웠을 뿐인데, 어찌 종취를 알겠습니까?"
조사가 말했다.
"그대는 시험 삼아 내게 한 번 외워 봐라. 내가 그대를 위해 설해 주겠다."
스님이 곧 큰 소리로 경전을 외워 '방편품'까지 이르자, 조사가 말했다.
"그만해라! 이 경은 원래 인연으로 세상에 출현하는 것을 종지로 삼는 것이니, 설사 갖가지 비유를 말했더라도 이를 벗어나지 않는다. 어떤 인연인가? 오직 일대사일 뿐이다. 일대사는 곧 불지견佛知見이니, 그대는 경의 뜻을 잘못 이해하지 말라. 그 경을 보고 말하기를 '개시오입開示悟入은 당연히 부처님에게나 있는 지견이지, 우리 같은 무리에겐 그런 몫이 없다'고 하면서, 만약 견해를 짓는다면, 이는 경을 비방하고 부처를 헐뜯는 짓이다. 부처님은 이미 부처가 되었기에 지견을 구족한 것인데, 뭘 다시 열어 보일 필요가 있겠는가! 그대는 이제 마땅히 믿어야 한다. 불지견이라는 것은 다만 그대 스스로의 마음일 뿐, 결코 다른

홀로 얻는 것입니다. 공겁空劫 이전부터 잠연부동(湛然不動, 깊고 고요해서 흔들리지 않음)해서 고금에 걸쳐 이어 온 뭇 중생들(群靈)의 근본을 도장 찍듯 바로잡고, 사려思慮를 끊고 범부니 성인이니 하는 지견知見으로부터 벗어나 있는 것입니다. 또한 애초부터 동요함이 없이 정나나淨倮倮하고 활발발活鱍鱍해서 일체의 유정무정有情無情이 두루 갖추고 있지 않음이 없다는 것을 보여줍니다. 이런 까닭에 석가모니가 탄생하자마자 하늘과 땅을 가리키며 크게 포효하면서 바로 들어 보였고, 다음에 밝은 별을 본 것이며, 마지막에 꽃을 들었던 것입니다.[2]

---

것이 없다."

2 禪門拈頌 拈頌說話(선문염송 염송설화)에서는 석가모니 부처님과 관련된 고칙들을 다음과 같은 순서대로 기록하고 있으니, 참고하기 바란다.

古則1) "世尊未離兜率 已降王宮 未出母胎 度人已畢"

세존께서는 도솔천을 떠나기 전에 이미 왕궁에서 태어났고, 어머니의 뱃속에서 나오기 전에 이미 세상 사람들을 제도했다.

古則2) "世尊初生下時 周行七步 目顧四方 一手指天 一手指下云 天上天下唯我獨尊 雲門偃拈 我當時若見 一棒打殺 與狗子喫却 媿圖天下泰大平"

세존께서 처음 세상에 태어나셨을 때, 두루 일곱 걸음 걸으시고 사방을 두루 돌아보시더니, 한 손으로 하늘을 가리키고 한 손으로 땅을 가리키며 말씀했다.

"하늘 위 하늘 아래 오로지 나 홀로 존귀하도다!"

운문문언(雲門偃)이 염拈했다.

"내가 그 때에 그 꼴을 보았더라면 한 방망이로 쳐 죽여서 개에게나 주어 배불리 먹게 하고 천하를 태평하게 하였을 것이다."

古則3) "世尊見明星悟道" 偈云 "因星見悟 悟罷非星 不逐於物 不是無情"

세존께서 샛별을 보고 도를 깨쳤다.

게송으로 말했다.

"샛별로 인해 깨쳤지만, 깨닫고 나니 샛별이 아니로구나. 물건을 좇지도 않거니와

❀

只貴具此正眼底領略 自爾四七二三密傳. 不知有者 以謂有多少妙用神機 只言隨波逐流 初不究其根本. 若鞠其至趣 不消一箚. 昔李駙馬見石門 門謂曰"此大丈夫事 非將相所能爲" 李卽便領 以頌自陳 "學道須是鐵漢 著手心頭便拌 直趣無上菩提 一切是非莫管"

※領略(영약): 느끼다. 깨닫다. 이해하다. 납득하다. 터득하다. 감지하다. 음미하다.

※駙馬(부마): 임금의 사위. 부마도위駙馬都尉의 준말.

※箚(찌를 차): 찌르다. 기록하다. 적다. 닿다. 이르다. 차자(箚子, 상소문).

다만 여기서는 바른 안목을 갖춘 이가 깨닫는 것을 귀하게 여길 뿐이며, 이로 말미암아 서천西天의 28조사와 동토東土의 6대 조사들로부터 은밀히 전해졌던 것입니다. 그런데 이러한 것이 있다는 것을 모르는 자들은 무슨 신통묘용한 것이 있다고 말하면서, 단지 물결을 따라 흐름만을 좇을 뿐, 처음부터 그 근본은 참구하지도 않습니다. 만약 그들이 하는 말의 핵심을 잡아내 본다면 다시 말해 줄 필요도 없습니다.

지난날 이 부마李駙馬[3]가 석문石門 스님[4]을 뵈었는데, 석문이 이르기

---

무정하지도 않도다."

古則4)는 多子塔前 分半座(다자탑전분반좌), 古則5)는 靈山會上 拈花微笑(영산회상 염화미소)다.

고칙 4와 5는 본서 '8. 법제 선사께' 편에서 자세히 설명하였으니 여기서는 생략한다. 또한 석가모니와 관련된 다수의 고칙이 있으나 지면상 생략한다.

를 “이 대장부의 일은 장수나 재상이 할 수 있는 일이 아닙니다”라고 하자, 이 부마가 바로 알아차리고 송頌으로 말했습니다.

“도道를 배우려면 모름지기 무쇠로 된 놈이어야 하나니,
착수하는 그 자리에서 결판내버려라.
바로 무상보리無上菩提에 나아가려거든

---

3 “駙馬(부마)는 원래 천자가 타는 부거(副車, 예비수레)를 끄는 말이라는 뜻이며, 그 말을 맡아 보는 관리를 ‘부마도위’라 한다. 부마도위의 봉록이 재상에 버금가자 이후부터는 오직 천자의 사위에게 부여되는 벼슬이 되었다. 따라서 부마도위는, 보통 줄여서 부마라고 하는데, 왕의 사위 또는 공주의 남편을 뜻하는 말이 되었다.”(『두산백과』)

여기서 이 부마李駙馬는 이준욱李遵勖을 뜻한다.

李遵勖(이준욱, ?~1038): 송나라 때 사람으로, 자는 공무公武다. 진사進士에 급제하여 도위부마都尉駙馬에 올랐다. 곡은온총谷隱蘊聰을 찾아 종요宗要를 묻고 크게 깨우쳐 인가印可를 받고 게송을 지었다.

“참선하려면 모름지기 철한이 되어야 하니, 마음에 손을 대자마자 분명해지네. 곧바로 무상의 진리로 나가니, 일체 시비가 남의 일이로다(參禪須是鐵漢 著手心頭便判 直趣無上菩提 一切是非莫管).”

선자禪者들과 자주 교유했다. 천성天聖 연간에 『천성광등록天聖廣燈錄』 30권을 엮어 진상하니 ‘선종전등계보禪宗傳燈系譜’라 불렀다. 보원寶元 원년에 입적했는데, 나이는 알 수 없다. 저서에 『한연집閒宴集』 20권과 『외관방제外館芳題』 7권이 있다.(중국역대인명사전)

4 石門(석문)은 곡은온총을 뜻한다.

谷隱蘊聰(곡은온총, 965~1032): 송대宋代의 스님. 임제종. 곡은谷隱은 주석 산명. 처음에 백장도산에게 참학하였지만 후에 수산성념에게서 현오玄奧를 얻음. 한림 양문공과 방외의 교우를 맺음.(선학사전, p.46)

일체의 시비是非에 관여치 말라."

❀

蓋上智利根 天機已具 唯務確實透徹. 當受用時 握大機發大用 先機而動 絶物而轉. 巖頭云 "却物爲上 逐物爲下 若論戰也 箇箇力在轉處" 若能於物上轉得疾 則一切立 在下風並 歸自掌握. 擒縱卷舒 悉可點化.

※天機(천기): 모든 조화를 꾸미는 하늘의 기밀. 중대한 기밀. 천부의 성질 또는 기질.

※點化(점화): (道家의 말) 종래의 사물을 고치어 새롭게 하는 일. 전인前人의 시문詩文의 격식을 취하여 따로 더 새로운 방법을 끌어내는 일.

그래서 영리한 근기의 지혜가 뛰어난 사람(上智利根)은 천기天機를 이미 갖추고 있어 오로지 확실하고 투철하게 꿰뚫는 것에만 힘을 쓸 뿐입니다. (또한 그것을) 받아 쓸 때는 대기大機를 거머쥐고 대용大用을 발휘해서 기미機微보다 앞서 움직여 대상(物, 경계)을 끊고 전변하는 것입니다. 암두巖頭[5]가 이르기를 "경계(物)를 물리침이 상上이요, 경계를 좇음이 하下라. 만약 논전(論戰, 법거량, 선문답)을 말한다면 각자의 능력은 전처轉處에 있는 것이다"고 했습니다. 만약 어떤 경계(상황)에서도 빨리 전득(轉得, 전변)할 수 있으면 모든 사람 위에 서게 되고, 설사 다른 사람 밑에 있다 하더라도 모두 자기 손안으로 돌아오게 됩니다. 그러면 잡고 놔주고, 말고 펴는 것들이 모두 중생교화라 할 것입니다.

---

5 암두전활에 관해서는 본서 '1. 화장 명 수좌에게' 편의 註35를 참조.

❀

居常自處 泰然安靜 不掛纖末於方寸. 動而應機 自秉璿璣 回轉變通 得大自在. 萬彙萬緣 皆迎刃而解 莫不如破竹勢 從風而靡. 所以 立處旣眞 用時有力. 況總領英雄 驅貔虎之士 攘巨寇 撫萬姓 安社稷 佐中興之業 皆只仗此一著子. 撥轉上頭關鍵 萬世不拔之功 與古佛同見同聞同知同用.

※居常(거상): 보통 때.

※璿璣(선기): 선기옥형璿璣玉衡. 서경書經 요전堯典에는 "역曆은 책(書)이며 상象은 기계이다. 역이 없으면 삼신(三辰: 해·달·별을 말함)의 소재를 알 길이 없으며, 기형璣衡이 없으면 삼신의 소재를 볼 수 없다"는 표현이 있다. 이것으로 보아 선기옥형이 천문을 관측하는 기계임을 알 수 있다.

※貔虎(비호): 비휴와 범. (비유)용맹한 군대.

※寇(도적 구): 도적. 떼도둑. 외적. 원수. 난리. 병기. 약탈하다. 침범하다.

평소 자기가 머물고 있는 곳에서 태연히 편안하고 고요하면 털끝만큼도 마음(方寸)에 걸릴 것이 없습니다. 그리고 움직이면서 기機에 응해도 몸소 선기璿璣를 잡고 회전하고 변통變通함에 대자재大自在를 얻게 됩니다. 또한 수많은 무리와 인연들을 모두 칼날이 닿는 대로 베어버리니, 파죽지세로 바람 부는 대로 쓰러지지 않는 것이 없습니다. 그렇기 때문에 서 있는 자리가 진실할 뿐만 아니라, 사용할 때도 힘이 있게 되는 것입니다. 더욱이 모든 영웅들을 거느리고 비휴와 호랑이 같은 군사를 몰아 큰 도둑을 물리치고, 만백성을 어루만져주며 사직을 편안케 하고 중흥의 업을 보좌하는 것도, 모두 다만 이 하나(一著子)에 달려 있을 뿐입니다. 그러므로 위의 관건(關鍵, 빗장)을 돌리는 것이 만세에 꺾이지 않는 든든한 공적이며, 고불古佛과 함께 보고 함께 들으며 함께 알고 함께 쓰는 것입니다.

❀

四祖云 "非心不問佛" 德山云 "佛只是箇無事人" 永嘉云 "不離當處常湛然 覓卽知 君不可見" "無位眞人常從面門出" 皆此蘊也. 今 樞密大丞相已領之於言外 透出於聲前 而山野剩語 忉忉納敗缺. 猥蒙鈞慈 見照以此遂忘老農老圃老馬之智 而獻芹焉.

※樞密(추밀): 군정에 관한 중요한 사항. 주요한 기밀.

※忉忉(도도): 근심스러운 모양.

※鈞(서른 근 균): 30근. 녹로. 존경의 뜻을 나타내는 접두어.

※獻芹(헌근): 변변치 못한 미나리를 바친다는 뜻으로, 윗사람에게 물건을 선사할 때나 자기의견을 적어 보낼 때에 겸손하게 이르는 말.

사조(四祖, 道信)[6]는 "마음이 아니면 부처를 묻지 말라"고 했고, 덕산德山[7]은 "부처는 다만 일 없는 사람일 뿐이다"고 했습니다. 영가永嘉[8]는

---

6 四祖道信(사조도신, 580~651): 진말당초陳末唐初의 스님. 중국 선종의 제4조. 13세부터 3조 승찬에게 10년 동안 참학하고 법을 이음. 시호는 대의大醫선사.(전게서, p.328)

7 덕산선감에 관해서는 본서 '1. 화장 명 수좌에게' 편의 註22를 참조.

8 永嘉玄覺(영가현각, 665~713): 당대의 스님. 영가는 출신 지명. 자는 명도明道. 어려서 출가하여 두루 3장을 탐구하였으며 특히 천태법문에 정통, 좌계현랑左谿玄朗의 권고로 무주현책婺州玄策과 함께 조계의 6조 혜능에게 참하고 여러 차례

"바로 그 자리를 떠나지 않고 항상 잠연湛然하니, 찾은 즉 그대를 알지만 볼 수는 없다"[9]고 했고, 임제臨濟[10]는 "무위진인無位眞人이 늘 얼굴로 드나든다"[11]고 했는데, 이는 모두 한 무더기(蘊, 같은 뜻)입니다.

---

상견 문답하여 곧바로 인가를 받고 그날 일숙一宿함. 그때의 사람들이 이것을 일러 일숙각一宿覺이라 함. 다음 날 온주로 돌아와 법회를 여니, 학인이 운집함. 진각眞覺 대사라고도 함. 시호는 무상無相대사. 저술로는 『증도가證道歌』, 『영가집永嘉集』이 있음.(전게서, p.461)

9 영가현각의 증도가證道歌에 나오는 말이다.

10 임제의현에 관해서는 본서 '1. 화장 명 수좌에게' 편의 註44를 참조.

11 원문에서는 '永嘉云 不離當處常湛然 覓卽知君不可見 無位眞人常從面門出'으로 되어 있는데, 편집에서 '臨濟 云'이 빠진 듯싶다. 왜냐하면 '不離當處常湛然 覓卽知君不可見'은 영가 스님이 증도가에서 한 말씀이지만, '無位眞人常從面門出'은 임제 스님의 말씀으로 보는 것이 맞기 때문이다. 아니면 이 구절이 임제 스님의 너무도 유명한 말씀이라서 생략한 것일 수 있다.
참고로 임제록에서 '無位眞人常從面門出'의 원문 전체를 살펴보면 다음과 같다.
上堂云 "赤肉團上有一無位眞人 常從汝等諸人面門出入 未證據者看看" 時有僧出問 "如何是無位眞人" 師下禪床把住云 "道道" 其僧擬議 師托開云 "無位眞人是什麽乾屎橛" 便歸方丈.

상당해서 말했다.
"붉은 몸뚱이에 하나의 무위진인無位眞人이 있어 항상 그대들의 얼굴로 드나든다. 아직 증거를 잡지 못한 사람들은 잘 살펴보라."
그때 한 스님이 나와서 물었다.
"어떤 것이 무위진인입니까?"
임제가 법상에서 내려와 그의 멱살을 잡고 말했다.
"말해, 말해!"
그 스님이 머뭇거리자, 임제가 밀치면서 말했다.
"무위진인이라니, 이 무슨 똥막대기인가?"

지금 추밀樞密 대승상께서는 이미 말 밖에서 알고 소리 이전을 꿰뚫으셨는데, 제가 쓸데없는 말을 덧붙여 낭패를 보는 것은 아닌지 근심스럽습니다. 외람되이 자비를 입어 이것(편지)을 살펴봐달라는 청을 받았기에, 늙은 농부[12]와 늙은 말의 지혜[13]를 잊고 한 말씀 올립니다.

---

그리고는 바로 방장실로 돌아갔다.

12 老農老圃(노농노포): 논어 '자로子路' 편에 나오는 말이다.

樊遲請學稼 曰 "吾不如老農" 請學爲圃 曰 "吾不如老圃" 樊遲出 子曰 "小人哉樊須也 上好禮 則民莫敢不敬 上好義 則民莫敢不服 上好信 則民莫敢不用情 夫如是則四方之民 襁負其子而至矣 焉用稼"

번지가 공자에게 농사일을 배울 것을 청하자, 공자가 말했다.
"나는 늙은 농부(老農, 농사 잘 짓는 농부)만 못하다."
(그러자) 채소 가꾸는 것을 배우기를 청하자, 공자가 말했다.
"나는 늙은 농포(老圃, 농사 잘 짓는 농부)만도 못하다."
번지가 나가자, 공자가 말했다.
"소인이구나, 번지여! 윗사람이 예禮를 좋아하면 곧 백성들이 감히 불경을 행하는 이가 없고, 윗사람이 의義를 좋아하면 곧 백성들이 감히 복종하지 않는 이가 없으며, 윗사람이 신信을 좋아하면 곧 백성들이 감히 실상에 맞지 않은 일을 하는 이가 없다. 이렇게 되면 사방의 백성들이 자식을 포대기에 업고서라도 올 것이니, 어찌 내 능력을 농사짓는 데 쓰리오."

13 老馬之智(노마지지): 한비자韓非子, '설림상說林上' 편에 나오는 말이다.

춘추시대 제齊나라 환공桓公이 관중管仲과 함께 고죽국(孤竹國, 지금의 하북성)을 정벌하러 나섰다가 전쟁이 의외로 길어져 그해 겨울에야 끝이 났다. 혹한 속에 지름길을 찾아 귀국하다가 길을 잃게 되었는데, 이때 관중이 이런 때 늙은 말의 지혜(老馬之智)가 필요하다"고 하면서 즉시 늙은 말을 한 마리 풀어주었다. 그리고는 전군이 그 뒤를 따라 행군한 지 얼마 되지 않아 큰 길이 나타나게 되었다.

# 4. 원 수좌에게(示 圓首座)

得道之士 立處旣孤危峭絶 不與一法作對. 行時不動纖塵 豈止入林不動草 入水不動波. 蓋中已虛寂 外絶照功 翛然自得 徹證無心 雖萬機頓赴 豈能撓其神 干其慮哉. 平時 只守閑閑地 如癡似兀. 及至臨事物初不作伎倆準擬 剸割風旋電轉 靡不當機 豈非素有所守也. 是故古德道"如人學射久久方中"

※翛然(수연): 얽매이지 않는 모양. 자유자재인 모양.

※赴(다다를 부, 갈 부): 다다르다. 나아가다. 향하여 가다. 힘쓰다. 달려가다. 들어가다. 넘어지다. 알리다. 가서 알리다. 부고하다. 부고.

※撓(어지러울 요): 어지럽다. 휘다. 굽히다. 요란하다. 흔들리다. 구부러지다. 마음이 바르지 아니하다.

※準擬(준의): 견주어 흉내냄.

※當機(당기):상대의 능력·소질에 따라 이끎.

도를 얻은 사람은 선 자리가 고고하고 우뚝할 뿐만 아니라 어떤 법(一法)과도 상대하지 않는다. 또한 움직일 때에는 아주 자디잔 티끌 하나도 건드리지 않는데, 어찌 숲에 들어가 풀도 건드리지 않고 물에 들어가 물결도 일으키지 않는 것에 그치겠는가! 안으로는 텅 비어 고요하고 밖으로는 대조할 공부가 다해 얽매임 없이 무심無心을 철저하게 증득했기 때문이니, 설사 만 가지 기연機緣이 갑자기 다다른다 할지라도, 어찌 정신을 어지럽게 하며 생각에 간여할 수 있겠는가!

평상시에는 다만 조용하고 한가로운 경지(閑閑地)만을 지킬 뿐이니, 마치 어리석은 사람이나 무지한 사람과 같다. 하지만 일이나 중생을 대함에 이르러서는 애초부터 견주거나 흉내 내는 기량을 쓰지 않고 마음대로 베어 버리기를 회오리바람이 돌고 번개가 치듯 상대의 능력과 소질에 따라 이끌어주지 않는 것이 없으니, 이것이 어찌 본래 지켜온 바가 아니겠는가! 이런 까닭에 옛 어른 스님(古德)[1]이 이르기를 "마치 사람이 활쏘기를 배우는 것처럼 오래오래 해야 적중시킬 수 있다(如人學射 久久方中)."[2]고 하였던 것이다.

---

1 여기서 古德(고덕)은 암두전활을 말한다.(스님에 관해서는 본서 '1. 화장 명 수좌에게' 편의 註35를 참조.)

2 경덕전등록 제15권, '낭주 덕산 선감 선사' 편에 다음과 같이 기술하고 있다. 雪峯問 "從上宗風以何法示人" 師曰 "我宗無語句 實無一法與人" 巖頭聞之曰 "德山老人一條脊梁骨 硬似鐵拗不折 然雖如此於唱教門中猶較些子"(保福拈問招慶 "只如巖頭出世有何言教 過於德山便恁麽道" 慶云 "汝不見巖頭道 如人學射久久方中" 福云 "中時如何" 慶云 "展闍黎莫不識痛痒" 福云 "和尙今日非唯擧話" 慶云 "展闍黎是什麽心行" 明昭云 "大小招慶 錯下名言")

설봉이 물었다.

"위로부터 내려오는 종풍을 어떤 법으로 사람들에게 가르치십니까?"

선사(덕산)가 말했다.

"나의 법에는 어구가 없다. 진실로 한 법도 남에게 전해 줄 것이 없다."

암두가 듣고서 말했다.

"덕산 노인네의 한 줄기 척량골은 쇠처럼 강해서 휘기는 해도 꺾이지는 않는다.

❀

悟則刹那 履踐功夫 須資長遠 如鵓鳩兒出生 下來赤骨地 養來餧去日久時深 羽毛旣就 便解高飛遠擧. 所以 悟明透徹政要調伏. 只如諸塵境界常流於中窒礙. 到得底人分上 無不虛通 全是自家大解脫門終日作爲 未嘗作爲 了無欣厭 亦無倦怠. 度盡一切 而無能所 況生厭墮耶. 苟性質偏枯 尤當增益所不能 放教圓通以謳和. 攝化開權 俯仰應接 俾高低遠邇 略無差悞.

※鵓(집비둘기 발): 집비둘기.

---

하지만 교법을 제창하는 데 있어서는 그래도 봐줄 만하다."

〔보복保福이 앞의 이야기를 듣고서 초경招慶에게 물었다.

"암두가 세상에 나와서 어떤 말을 했기에 덕산보다 뛰어나서 그렇게 말한 것입니까?"

초경이 말했다.

"그대는 보지 못했는가? 암두가 말하기를 '사람이 활쏘기를 배우되, 오래오래 해야 비로소 적중시킬 수 있다'고 한 것을."

(이에) 보복이 물었다.

"적중했을 때는 어떻습니까?"

초경이 말했다.

"전 스님(보복종전)이 아프고 가려운 것도 모른다고 하지 말라."

보복이 말했다.

"화상께서는 오늘 말만 거론하는 것이 아니군요."

초경이 말했다.

"전 사리는 오늘 무슨 심보(心行)인가?"

명초가 말했다.

"별것 아닌 초경이 말을 잘못했군."〕

※鳩(비둘기 구): 비둘기. 모이다. 편안하다. 헤아리다.

※餧(먹일 위, 주릴 뇌): 먹이다. 기르다. 음식. 먹이. 주리다(뇌). (생선이) 썩다.

※調伏(조복): 마음과 몸을 고르게 하여 모든 악형惡刑을 제어함. 부처에게 기도하여 불력佛力에 의하여 원적怨敵과 악마惡魔를 항복 받는 일. 항복.

※밑줄 친 부분 가운데 '虗(빌 허)'는 虛와 同字다.

※窒(막힐 질): 막다. 막히다. 멈추다. 그치다. (가득) 차다. 메이다. 통하지 않다. 7월의 다른 이름. 종묘문. 무덤의 문. 질소.

※俯仰(부앙): 아래를 굽어봄과 위를 쳐다봄.

깨닫는 것은 찰나지만, 그 깨달음을 실천하는 공부에 있어서는 모름지기 자량(資糧, 무상보리를 구하기 위해 공덕을 닦음)[3]이 멀고 길어야

---

3 資糧(자량): 재물과 양식이라는 일반적인 뜻이 있는데 역자는 자량위資糧位, 즉 오위의 하나인 보살 수행의 첫 단계로 무상보리를 구하기에 필요한 공덕을 닦는 단계로 해석했다.

참고로 유식학에서는 보살의 수행 계위를 41단계, 즉 41위로 인정하고 41단계를 자량위·가행위·통달위·수습위·구경위의 5위五位에 다음과 같이 배대한다.

① 자량위資糧位: 10주·10행과 10회향의 제10위인 법계무량회향法界無量廻向의 주심住心까지.

② 가행위加行位: 10회향의 제10위인 법계무량회향法界無量廻向의 출심出心의 단계, 즉 통달위, 즉 견도見道에 들기 위해 닦는 난煖·정頂·인忍·세제일世第一의 4선근四善根, 즉 4가행四加行의 단계.

③ 통달위通達位: 견도위見道位, 즉 10지의 첫 번째 계위인 초지初地의 입심入心, 즉 환희지歡喜地의 입심入心.

④ 수습위修習位: 10지 가운데 초지初地, 즉 환희지歡喜地의 주심住心에서 제10지, 즉 법운지法雲地의 출심出心까지.

⑤ 구경위究竟位: 묘각妙覺, 즉 부처의 지위·불지佛地·불과佛果·여래지如來地·

하니, 마치 비둘기 새끼가 태어나서는 뼈가 약하지만 오랫동안 먹이를 주고 길러서 깃털이 자라야 높고 멀리 날 수 있는 것과 같다. 그렇기 때문에 밝고 투철하게 깨닫는 요점은 조복(調伏, 마음을 항복받음)에 있는 것이다. 다만 온갖 티끌 경계가 범상한 무리들에게는 안에서 막히고 장애가 될 뿐이다. 하지만 체득한 사람의 분상分上에서는 텅 비어 통하지 않는 것이 없고, 모든 것이 자기의 대해탈문大解脫門이기에 종일토록 무엇을 해도 일찍이 한 바가 없고, 기쁨과 싫음이 전혀 없으며 또한 권태도 없는 것이다. 일체중생을 모두 제도해도 제도하는 나(能)도 없고 제도 받는 너(所)도 없는데, 하물며 무슨 염증에 떨어지겠는가! (체득한 사람들은) 성질이 치우치고 메마르면 모자란 바를 보태주고 따뜻하게 하면서 원만하게 서로 통할 수 있게 한다. 또한 방편을 열어 섭수 교화함(攝化開權)에는 위아래를 살펴 그에 맞게 대하면서도 높고 낮음(高低)·멀고 가까움(遠邇)에 조금도 어긋나거나 그릇됨이 없게 한다.

❀

行常不輕行 學忍辱仙人 遵先佛軌儀 成就三十七品助道法 堅固四攝行 到大用現前 喧寂一致 如下水船 不勞篙棹. 混融含攝 圓證普賢行願 乃世出世間大善知識也. 古德云 "三家村裏須自箇叢林" 蓋無叢林處 雖有志之士亦喜自便 到恁麽 尤宜執守. 唯在强勉 以不倦終之. 至於喧靜 亦復爾. 喧處周旋應變 於中虛寂 靜處能不被靜縛. 則隨所至處 皆我活業. 唯中虛外順有根本者能然.

---

불지佛智·일체지一切智·대원경지大圓鏡智.(위키백과)

※喧(지꺼릴 훤): 지껄이다. 떠들썩하다. 시끄럽다. 슬피 울다. 빛나다. 찬란하다.

※篙(상앗대 고): 상앗대(배를 미는 장대). (배를) 젓다.

※棹(노 도, 책상 탁): 노. 배. 노를 젓다. 책상(탁). 나무 이름(탁).

(그러므로) 상불경보살常不輕菩薩의 행을 실천하고,[4] 인욕선인忍辱仙人을 배우며,[5] 옛 부처(先佛)의 법도를 따라 37조도품三十七助道品[6]을

---

4 법화경 제6권, '상불경보살품'에 다음과 같이 기술하고 있다.

그때 부처님께서 득대세보살마하살에게 말씀하셨다.

(중략) "최초의 위음왕 여래께서 멸도하시고 정법이 멸진한 뒤 상법 가운데 증상만의 비구가 큰 세력을 가졌더니, 그때 상불경常不輕이라는 한 보살비구가 있었느니라. 득대세야, 무슨 인연으로 그를 상불경이라 이름하는지를 아느냐? 이 비구는 보는 바의 비구, 비구니, 우바새, 우바이를 모두 다 예배하고 찬탄하며 말하기를, 〈나는 그대들을 경만輕慢하게 생각하지 않나니, 왜냐하면 그대들은 모두 보살의 도를 행하여 반드시 성불하기 때문이니라〉고 하였느니라."(운허 역, 법화경, pp.345~346)

5 忍辱仙人(인욕선인): 부처가 전 세상에서 수도할 때의 이름. 인욕은 욕됨을 참고 안주하는 뜻으로 온갖 모욕과 번뇌를 참고 원한을 일으키지 않는 것이다.(『한국고전용어사전』)

6 三十七助道品(37조도품): 깨달음에 이르기 위한 서른일곱 가지 수행법.

①사념처四念處: 네 가지 마음챙김.

신념처身念處: 신체를 있는 그대로 통찰하여 마음챙김.

수념처受念處: 느낌이나 감정을 있는 그대로 통찰하여 마음챙김.

심념처心念處: 마음을 있는 그대로 통찰하여 마음챙김.

법념처法念處: 모든 현상을 있는 그대로 통찰하여 마음챙김.

②사정근四正勤: 네 가지 바른 노력.

단단斷斷: 이미 생긴 악을 끊으려고 노력함.

율의단律儀斷: 아직 생기지 않은 악은 미리 방지함.
수호단隨護斷: 아직 생기지 않은 선은 생기도록 노력함.
수단修斷: 이미 생긴 선은 더욱 커지도록 노력함.
③ 사신족四神足: 신통神通을 얻기 위해 뛰어난 선정禪定에 드는 네 가지 기반.
욕신족欲神足: 신통을 얻기 위해 뛰어난 선정에 들기를 원함.
정진신족精進神足: 신통을 얻기 위해 뛰어난 선정에 들려고 노력함.
심신족心神足: 신통을 얻기 위해 뛰어난 선정에 들려고 마음을 가다듬음.
사유신족思惟神足: 신통을 얻기 위한 뛰어난 선정에 들려고 사유하고 주시함.
④ 오근五根. 근根은 능력이라는 뜻. 미혹에서 깨달음으로 나아가는 다섯 가지 능력으로, 믿음·정진·마음챙김·선정·지혜.
⑤ 오력五力. 오근이 실제로 활동하는 구체적인 힘. 곧, 오근은 능력이며 오력은 그 능력의 활동임. 오근과 같이 믿음·정진·마음챙김·선정·지혜이며, 오근보다 진전된 수행 단계.
⑥ 칠각지七覺支: 깨달음에 이르는 일곱 가지 갈래.
염각지念覺支: 가르침을 명심하여 마음챙김.
택법각지擇法覺支: 지혜로써 바른 가르침만을 선택하고 그릇된 가르침은 버림.
정진각지精進覺支: 바른 가르침을 사유하면서 수행함.
희각지喜覺支: 정진하는 수행자에게 평온한 기쁨이 생김.
경안각지輕安覺支: 평온한 기쁨이 생긴 수행자의 몸과 마음이 경쾌해짐.
정각지定覺支: 몸이 경쾌한 수행자가 정신을 집중·통일시킴.
사각지捨覺支: 집중·통일된 마음을 평등하게 잘 응시함.
⑦ 팔정도八正道. 괴로움의 소멸에 이르는 여덟 가지 바른 길.
정견正見: 바른 견해. 연기와 사제에 대한 지혜.
정사유正思惟: 바른 생각. 곧, 번뇌에서 벗어난 생각, 노여움이 없는 생각, 남에게 해를 끼치지 않는 생각 등.
정어正語: 바른 말. 거짓말, 남을 헐뜯는 말, 거친 말, 쓸데없는 잡담 등을 삼가 함.
정업正業: 바른 행위. 살생이나 도둑질 등 문란한 행위를 하지 않음.

성취해야 한다. 견고하게 사섭법四攝法[7]을 행해서 대용大用이 현전하게 되면 시끄러움과 고요함이 모두 하나가 되어, 마치 물 따라 내려가는 배에 노를 젓는 수고가 필요 없는 것처럼 된다. 또한 섞고 녹이며 품고 거두면서 보현보살의 행원(普賢行願)을 원만하게 증득해야 세간과 출세간의 대선지식이 되는 것이다.

옛 어른 스님(古德)이 이르기를 "한 마을에 세 집밖에 없는 궁벽한 시골촌구석이 모름지기 자기의 총림叢林이 되어야 한다"고 했다. 무릇 총림이 없는 곳에서는 비록 뜻이 있는 사람일지라도 자신의 편안함만을 좋아하게 되고, 여기에 이르러서는 더욱이 이 편안함에 집착해서 이것을 지키려고만 한다. 그러므로 오직 끝까지 게으르지 말고 열심히 노력해야 한다. 시끄러움과 조용함도 또한 마찬가지이다. 시끄러운 곳에서는 두루 변화에 응하면서도 그 속에서 텅 비고 고요해야 하고,

---

정명正命: 바른 생활. 정당한 방법으로 적당한 의식주를 구하는 생활.

정정진正精進: 바른 노력. 이미 생긴 악은 없애려고 노력하고, 아직 생기지 않은 악은 미리 방지하고, 아직 생기지 않은 선은 생기도록 노력하고, 이미 생긴 선은 더욱 커지도록 노력함.

정념正念: 바른 마음챙김. 신체, 느낌이나 감정, 마음, 모든 현상을 있는 그대로 통찰하여 마음챙김.

정정正定. 바른 집중. 마음을 하나의 대상에 집중·통일시킴으로써 마음을 가라앉힘.(『시공 불교사전』)

7 四攝法(사섭법): 중생을 불법佛法에 끌어들이기 위한 보살의 네 가지 행위.
①보시布施: 부처의 가르침이나 재물을 베풂.
②애어愛語: 부드럽고 온화하게 말함.
③이행利行: 남을 이롭게 함.
④동사同事: 서로 협력하고 고락을 같이함.(전게서)

고요한 곳에서는 능히 고요함에도 매이지 않아야 한다. 그러면 이르는 곳마다 모두가 나의 활발한 공부터(活業)가 된다. 하지만 이것은 오직 속은 비고 밖으로는 순응할 줄 아는 근본이 있는 자만이 능히 그럴 수 있는 것이다.

❀

大凡爲善知識 當慈悲柔和 善順接物 以平等無諍自處. 彼以惡來 及以惡聲名色加我 非理相干 訕謗毁辱 但退步自照於己無歉. 一切勿與較量 亦不動念嗔恨. 只與直下坐斷 如初不聞不見. 久久魔孽自消. 爾若與之較 則惡聲相反 豈有了期. 又不表顯 自己力量與 常流何以異. 切力行之 自然無思不服.

※訕(헐뜯을 산): 꾸짖다. 헐뜯다. 나무라다. 윗사람을 비방하다.

※歉(흉년들 겸): 흉년凶年 들다. (식욕을) 채우지 못하다. (음식이) 양에 차지 않다. 뜻에 차지 않다. 모자라다. 부족하다. 한을 품다. 겸연쩍다. 어색하다.

※坐斷(좌단): 挫(꺾을 좌)로 해석하였다.

※孽(서자 얼): 서자. 재앙. 근심. 천민.

무릇 선지식이 되려면 중생을 자비롭고 온화하게 잘 가르치고 응해주되, 평등해서 다툼이 없도록 처신해야 한다. 상대방이 악한 마음을 가지고 악한 소리를 하며 허울만 좋은 이름(名色)을 내게 붙이면서 이치에 맞지 않게 간섭하고 꾸짖으며 헐뜯고 훼손하며 욕할지라도, 다만 뒤로 한 발 물러나 스스로 자기에게 부족함이 없는지를 비춰보아야 한다. 또한 일체를 서로 비교해서 분별하지 말고, 또한 생각을 움직여 성내거나 원망하지도 않아야 한다. 다만 바로 그 자리에서 꺾어버려(直下坐斷), 마치 애초부터 들은 것도 없고 본 것도 없는 것처럼 해야 한다. 시간이 지나면 마구니의 재앙은 저절로 없어지게 된다. 그대가 만약 그것을 비교해서 따지게 되면 나쁜 소리가 서로 반복하게 되는데, 어찌 끝날 날이 있겠는가! 또한 자기의 역량을 드러내지 말지니, 그렇지 않으면 범상한 무리들과 다른 것이 무엇이 있겠는가! 부디 힘써 노력하면 자연히 생각 없이도 따르지 않겠는가!

❀

椎拂之下 開發人天 俾透脫生死 豈小因緣. 應恬和詞色 當機接引勘對辨其由來. 驗其存坐 攻其所偏墜 奪其所執著 直截指示 令見佛性. 到大休大歇安樂之場 所謂 抽釘拔楔 解黏去縛. 切不可將實法繫綴人令如是住如是執. 勿受別人移倒. 此毒藥也. 令渠喫 著一生 擔板賺悞豈有利益耶.

※ 勘對(감대): 교정하다.

백추白槌를 치고 불자拂子를 떨쳐 인간과 천상을 개발하고, 더불어 생사를 꿰뚫어 벗어나게 하면, 이것이 어찌 작은 인연이겠는가! 마땅히 말과 표정을 편안하고 부드럽게 하면서 상대의 능력과 소질에 따라 이끌고 교정해 주면서 그 동기를 살펴서 판별해 주어야 한다. 또한 그들이 지키고 있는 경지를 시험해서 치우치거나 실추된 곳은 책망해 주고, 집착하고 있는 것은 빼앗아 바로 끊어 가리켜 보여서 불성佛性을 보도록 해야 한다. 크게 쉬고 또 크게 쉬는(大休大歇) 편안하고 즐거운 곳에 이르면, 이것을 일러 '못을 뽑고 쐐기를 빼어내며 끈끈함을 없애고 결박을 푼다'고 한다. 그러므로 부디 실다운 법(實法)을 가지고 사람들을 얽어매면서 이와 같이 머물고 이와 같이 붙들어 가지라고 해서는 안 된다. 또한 다른 사람들에게 이끌려 전도되지도 말라! 이것은 독약毒藥이다. 이것을 그들에게 먹게 하면 일생을 속아서 외골수(擔板)가 될 뿐이니, 무슨 이익이 있겠는가!

❀

佛祖出興 特唱此段大因緣 謂之 單傳心印不立文子. 語句接最上機 只貴一聞千悟. 直下承當了修行 不求名聞利養 唯務透脫生死. 今旣作其兒孫 須存它種草. 看他古來大有道之士. 動是降龍伏虎 神明授戒 攻苦食淡 大忘人世 永謝塵寰. 三二十年 折脚鐺兒 煮飯喫 遁迹埋名 往往坐脫立亡. 於中一箇半箇 諸聖推出 建立宗風 無不秉高行 務報佛恩.

※遁迹(둔적): 종적을 감춤.

부처와 조사가 세상에 나와 특별히 이 일대사의 인연(此段大因緣)[8]을 제창한 것을 일러, '단전심인單傳心印·불립문자不立文子'라고 한다. 이 어구는 최상의 근기를 제접해 다만 하나를 들으면 천을 깨닫는 것을 귀하게 여길 뿐이다. 그러므로 바로 그 자리에서 깨달아 수행을 마치도록 해야 하고, 명예와 이익을 구하지 않고 오직 생사를 꿰뚫어

8 '此段大因緣(一大事因緣)'에 관해서는 본서 '3. 장 선무 상공께' 편의 註1을 참조.

벗어나는 것에만 힘써야 한다.

이왕 그 집안의 자손(兒孫)이 되었으니, 반드시 그 법손(種草)을 이어 주어야 한다. 예로부터 크게 도道가 있었던 사람들을 살펴봐라! 움직이면 용과 호랑이를 항복시켰고, 불보살이 나서서 계를 주었으며, 괴로움과 싸우며 담박한 음식을 먹었고, 인간세상을 다 잊어버리고 티끌세상을 영원히 떠나기도 했다. 또한 30년, 20년 다리 부러진 솥에 밥을 지어먹었고, 종적을 감추고 이름을 숨겼으며, 왕왕 좌탈입망坐脫立亡하기도 했다. 그 가운데 한 명이나 반 명을 여러 성인들이 세상 밖으로 밀어내서 종풍宗風을 세우기도 했지만, 고매한 행동을 따르며 부처님의 은혜를 갚는 데 힘쓰지 않은 것이 없었다.[9]

---

9 임제록에 다음과 같이 기술하고 있다.

師一日辭黃蘗 蘗問"什麽處去" 師云"不是河南 便歸河北" 黃蘗便打 師約住與一掌 黃蘗大笑 乃喚侍者將百丈先師禪板机案來. 師云"侍者將火來" 黃蘗云"雖然如是 汝但將去 已後坐却天下人舌頭去在"

선사(임제의현)가 하루는 황벽에게 하직인사를 하자, 황벽이 물었다.

"어디로 가는가?"

선사가 말했다.

"하남 아니면 하북으로 갑니다."

황벽이 바로 치자, 선사가 잡고는 손바닥으로 한 대 쳤다.

황벽이 크게 웃고는, 시자를 불러 백장 선사의 선판과 궤안을 가져오게 했다.

선사가 말했다.

"시자여! 불을 가져오라!"

황벽이 말했다.

"비록 이와 같지만, 그대는 그렇더라도 가지고 가라. 이후에 천하 사람들의 혀를 꺾어버릴 것이다."

---

後潙山問仰山 "臨濟莫辜負他黃蘗也無" 仰山云 "不然" 潙山云 "子又作麽生" 仰山云 "知恩方解報恩" 潙山云 "從上古人還有相似底也無" 仰山云 "有 秖是年代深遠不欲擧似和尙" 潙山云 "雖然如是 吾亦要知 子但擧看" 仰山云 "秖如楞嚴會上阿難讚佛云 將此深心奉塵刹 是則名爲報佛恩 豈不是報恩之事" 潙山云 "如是如是見與師齊 減師半德 見過於師 方堪傳授"

후에 위산이 앙산에게 물었다.

"임제가 저 황벽을 저버린 것인가?"

앙산이 말했다.

"그렇지 않습니다."

위산이 말했다.

"그대는 또 어떠한가?"

앙산이 말했다.

"은혜를 알아야 은혜를 갚을 줄 압니다."

위산이 말했다.

"예로부터 고인에게도 비슷한 것이 있었는가?"

앙산이 말했다.

"있습니다. 그렇지만 연대가 너무 멀어서 화상께 말씀드리고 싶지 않습니다."

위산이 말했다.

"비록 그렇기는 하지만, 나 또한 알고 싶으니 그대는 다만 말해 보라."

앙산이 말했다.

"다만 능엄회상楞嚴會上에서 아난이 부처님을 찬탄하며 말하기를 '이 깊은 마음을 가지고 티끌 세계를 받드는 것, 이것이 곧 부처님의 은혜를 갚는 것이다'고 하였습니다. (그러므로 이것이) 어찌 은혜를 갚는 일이 아니겠습니까?"

위산이 말했다.

"그렇지, 그렇지! 보는 것이 스승과 같으면 스승의 덕을 반으로 줄이는 것이고, 보는 것이 스승을 뛰어넘어야 전수를 감당할 수 있는 것이다."

❀

流通大法 始出一言半句 出於抑不得已 明知是接引入理之門 敲門瓦子. 其體裁力用 不妨爲後昆模範 當宜師法之 轉相勉勵 追復古風. 切忌希名苟利. 茲深祝也. 馬祖昔歸鄕 以簸箕之譏 畏難行道 因再出峽 緣會江西. 大隋昔歸鄕先於龍懷路口 三載茶湯結衆緣 遂隱於木菴道行於蜀. 香林昔歸鄕 潛神隱照 於水晶宮 成四十年一片事撥正. 智門老祚 尋出雪竇 大雲門正宗. 或留再出 皆以緣斷.

※勉勵(면려): 스스로 애써 노력함. (남을) 고무하여 힘쓰게 함.

※追復(추복): =追復位(추복위). 빼앗은 위호位號를 그 사람이 죽은 뒤에 다시 회복시켜 줌.

※簸(까부를 파): 까부르다(키를 위아래로 흔들어 곡식의 티나 검불 따위를 날려버리다). 까불다(위아래로 흔들다). 일다(흔들어서 쓸 것과 못 쓸 것을 가려내다).

※箕(키 기, 대로 기울 체): 키(곡식을 까부르는 데 쓰는 기구). 삼태기(흙을 담아 나르는 그릇). 쓰레받기. 별 이름. 바람귀신. 다리 뻗고 앉다. 대로 깁다.

※譏(비웃을 기): 비웃다. 나무라다. 기찰하다. 간하다. 책하다. 원망하다. 싫어하다.

(예로부터 크게 도가 있던 사람들은) 대법大法을 세상에 유통시키면서 비로소 처음으로 일언반구一言半句를 내놓게 되었는데, 다만 부득이하게 내놓았던 것도 중생을 입리지문(入理之門, 진리에 들게 하는 문)으로 끌어들여 제접하려는 것이었고, (주인을 부르기 위해) 대문을 두드리는 기와조각과 같은 것이었음을 분명히 알아야 한다. 그들의 체제體裁

와 힘(力量, 능력)은 후손들에게 대단한 모범이 되는 것이고, 마땅히 본받아 배워야 하는 것이다. 그러므로 더욱더 힘써서 옛 가풍을 다시 찾아야지, 절대로 명예를 바라거나 구차하게 이익을 바라지 말라. 이것을 깊이 기원하노라!

마조馬祖[10]는 옛적에 고향으로 돌아왔을 때, 키 장이 마 씨네 집 아이라는 비웃음(簸箕之譏)[11] 때문에 도道를 펴기가 어려울까 조심스러워, 다시 협峽을 나와 강서江西에서 인연을 맺었다. 대수大隋[12]는 옛적에

---

10 馬祖道一(마조도일, 709~788): 당대의 스님. 남악의 문하. 성은 마馬씨. 남악회양으로부터 법을 이음. 마조는 강서를 중심으로 교화하였고 호남을 중심으로 교화한 석두희천과 선계의 쌍벽을 이룸. 만년에 석문산 보봉사에 머묾. 문하에 백장회해, 서당지장, 남전보원, 염관제안, 대매법상, 귀종지상, 분주무업 등 130명의 제자를 배출함. 시호는 대적大寂선사.(선학사전, pp.194~195)

11 『오가정종찬五家正宗讚』에 다음과 같이 기술하고 있다.

得法南岳 後歸蜀鄕 人喧迎之 溪邊婆子云 "將謂有何奇特 元是馬簸箕家小子" 師遂曰 "勸君 莫還鄕. 還鄕道不成 溪邊老婆子 喚我舊時名" 再返江西.

남악으로부터 법을 받은 후 촉으로 돌아왔는데, (마을) 사람들이 떠들썩하게 그를 맞아줬다. 그때 개울가에 있던 한 노파가 말했다.

"대단한 사람인 줄 알았는데 원래 키 장이 마 씨네 집 아이로군."

선사가 말했다.

"그대에게 권하노니, 고향으로 돌아가지 말라. 고향으로 돌아가도 도는 이루어지지 않나니, 개울가 노파는 내 옛날 어릴 적 이름을 부르네."

그리고는 다시 강서로 돌아갔다.

〔한편 '元是馬簸箕家小子'를 본서(원오심요)와 오가정종찬 등에서 비롯된 후세의 전설로 보는 경우도 있다.〕

12 大隋法眞(대수법진, 834~919): 당말 5대의 스님. 남악의 문하. 속성은 왕王씨. 복주대안의 법을 이어받음.(전게서, p.143)

고향으로 돌아왔을 때, 먼저 용회로 입구에서 3년 동안 차를 끓이면서 여러 인연을 맺고, 목암木菴에 은둔하다가 촉蜀에서 도를 펼쳤다.[13] 향림香林[14]은 옛적에 고향으로 돌아왔을 때, 수정궁에 자취를 감추고 40년이 되어서야 한 덩어리의 일(一片事)을 이루어 바로잡았다.[15] 또한

---

13 원오는 벽암록 제29칙에서 다음과 같이 기술하고 있다.

後歸川 先於堋口山路次 煎茶接待往來 凡三年. 後方出世 開山 住大隋.

후에 동천으로 돌아와 먼저 봉구산 가는 길옆에 찻집을 차려놓고 오가는 사람들에게 3년 동안 차 대접을 했다. 그 뒤 세상에 나와 대수산에 주석했다.

14 香林澄遠(향림징원, 908~987): 5대의 스님. 청원의 문하. 향림은 주석 사명. 운문문언에게 참학하여 그의 법을 이음.(전게서, p.715)

15 원오는 벽암록 제17칙에서 다음과 같이 기술하고 있다.

香林道 坐久成勞 還會麽. 若會得 百草頭上 罷卻干戈 若也不會 伏聽處分 古人行脚 結交擇友 爲同行道伴 撥草瞻風 是時 雲門旺化廣南 香林得得出蜀 與鵝湖鏡淸同時 先參湖南報慈 後方至雲門會下 作侍者十八年 在雲門處 親得親聞 他悟時雖晚 不妨是大根器 居雲門左右十八年 雲門常只喚遠侍者 纔應喏 門云是什麽 香林當時 也下語呈見解弄精魂 終不相契 一日忽云 我會也 門云 何不向上道 將來又住三年 雲門室中 垂大機辯 多半爲他遠侍者 隨處入作 雲門凡有一言一句 都收在遠侍者處 香林後歸蜀 初住導江水晶宮 後住靑城香林.

향림香林이 말하길 "좌구성로(坐久成勞, 오래 앉으니 피곤하구나)"라고 했는데, 알겠는가? 만약 알았다면 풀 위에에 방패와 창을 펴놓겠지만, 만약 모른다면 엎드려 처분(고인의 말씀)을 들어라. 고인古人은 행각할 때 벗을 가려 친교를 맺고 같이 수행하는 도반으로 삼아서 풀을 헤치고 바람을 맞으며 다녔다. 이때 운문雲門의 교화가 광남지방에서 왕성하였고, 향림이 촉蜀에 나왔는데, 아호鵝湖, 경청鏡淸이 동시대인이었다. 먼저 호남의 보자報慈 화상을 참배하고 뒤에 운문회상에 이르러 18년 동안 시자를 했다.

운문 밑에서 몸소 체득하고 친히 들었으니, 그의 깨달음은 시기가 비록 늦었지만, 그것이 그가 대근기임을 인정하는데 전혀 방해되지 않았다. 운문 곁에서 18년을

지문智門[16] 노장은 설두雪竇[17]를 찾아 운문雲門의 바른 종지[18]를 크게

---

머무는 동안 운문은 항상 "원 시자"라고 부를 뿐이었다. 향림이 "예" 하고 대답하자마자, 운문이 시십마(是什麽, 이뭐꼬)라고 반문했다. 향림이 당시에 말로 자신의 견해를 드러내 보이고 이상한 행동을 해 보였으나 끝내 계합하지 못했다. 어느 날 홀연히 말했다.

"나는 알았다."

운문이 말했다.

"어째서 향상을 말하지 않느냐?"

그리하여 또 3년을 머물렀다.

운문은 방장실에서 많은 근기의 납자들을 위해 말을 했는데, 그 대부분은 원 시자가 그때그때 깨달음에 들도록 하기 위함이었다.

운문의 대부분의 일언일구는 모두 원 시자가 수록해둔 것이다.

향림은 그 뒤에 촉으로 돌아와, 처음에는 도강의 수정궁에 주석하다가 청성의 향림원에 주석했다.

16 智門光祚(지문광조, 생몰연대 미상): 송대의 스님. 운문의 문하. 지문은 주석 산명. 향림징원에게 참학하여 법을 이음. 제자로는 설두중현이 있음.(전게서, p.620)

원오는 벽암록 제17칙에서 다음과 같이 지문광조에 대해 기술하고 있다.

智門祚和尚 本浙人 盛聞香林道化 特來入蜀參禮 祚乃雪竇師也 雲門雖接人無數 當代道行者 只香林一派最盛 歸川住院四十年 八十歲方遷化 嘗云 我四十年 方打成一片.

지문광조智門光祚 화상은 본래 절강 사람이었는데, 향림의 도화道化가 성하다는 말을 듣고 일부러 촉에 들어가 참배했다. 지문광조는 설두雪竇의 스승이다. 운문이 제접한 사람은 무수히 많았으나, 당대의 도행자道行者 중에서는 오직 향림 일파만이 가장 성황을 이루었다. 사천으로 돌아와 40년 동안 향림원에 주석하다가 80세에 천화遷化했다. 일찍이 이르기를 "내가 40년 만에야 타성일편打成一片을 이루었다"고 했다.

17 雪竇重顯(설두중현, 980~1052): 송대의 스님. 운문종. 설두는 주석 산명. 자는

드러냈다. 그러므로 혹 머물기도 하고 다시 나오기도 하는 것이 모두 인연이라 할 것이다.

❀

今旣萬里西歸 但存行脚本志 亦不必拘去留也. 慈明昔辭 汾陽祝云 "修造自有人 且與佛法爲主" 自爾五據大刹 不動一椽 唯提振臨際正宗. 遂得楊岐黃龍翠巖三大士 而子孫徧寰海 果不辜所付授. 蓋古人擇可以荷擔之士不輕如此信嚴. 飾壯麗梵苑 未足以奇佛法也. 佛道懸曠 久受勤苦 乃可得成. 祖師門下 斷臂立雪 腰石舂碓 擔麥推車 事園作飯 開田疇 施湯茶 般土拽磨 皆抗志絶俗 自强不息 圖成功業者乃能之. 所謂 未有一法從嬾墮懈怠中生.

※寰海(환해): 광대한 바다.

※嬾(게으를 란): 게으르다. 태만하다. 나른하다. 엎드리다. 눕다.

---

은지隱之. 속성은 이李씨. 어려서 보안원의 인선 스님을 따라 출가하여 구족계를 받고 석문의 곡은온총에게 교상을 연구하고, 지문광조를 만나 깨달음을 얻고 법을 이음. 절강성의 설두산 자성사에 머물면서 종풍을 크게 진작, 운문종을 중흥함. 경덕전등록을 중심으로 고칙 100여 가지를 뽑아 송고를 지음(설두송고). 시호는 명각明覺대사.(전게서, p.379)

18 雲門宗(운문종): 중국 5가家 7종宗의 하나. 석두희천, 천황도오, 용담숭신, 덕산선감, 설봉의존의 법맥을 계승한 운문문언을 종조로 하는 선종의 일파.(전게서, p.496)

"운문 스님이 나이 60에 소주 운문산에 광태선원을 창건하고 독창적인 선법을 펼치며 강남의 불교를 발전시키면서 5가선종의 극치를 이루면서 붙여진 이름이다."(정성본 저, 『선의 역사와 선사상』, p.426, 1994, 삼원사)

이제 서쪽 만 리로 돌아간 바에는 다만 행각行脚의 본뜻만을 지니고 있으면 머물고 떠남에 얽매일 필요 또한 없다. 자명慈明[19]이 옛적에 분양汾陽에게[20] 하직 인사를 하자, 분양이 축원하기를 "절을 보수하고 짓는 것은 그 일을 할 만한 사람이 따로 있으니, 먼저 불법의 주인이 되어라"라고 했다. 이로부터 다섯 번 큰 사찰에 머물렀는데, 하나의 서까래도 건드리지 않고 오로지 임제臨際의 바른 종지(正宗)[21]만을 드날렸다. 이후로 마침내 양기楊岐·황룡黃龍·취암翠巖 세 스님(三大士)[22]을 얻어 자손이 온 세상에 두루 퍼지게 되었으니, 결과적으로

---

19 자명은 석상초원을 뜻한다.

石霜楚圓(석상초원, 986~1040): 송대의 스님. 임제종. 석상은 주석 산명. 사호는 자명慈明. 분양선소에게 참학하여 법을 이음. 황룡혜남과 양기방회를 배출함. (전게서, pp.354~355)

20 汾陽善昭(분양선소, 947~1024): 5대말 송대의 스님. 분양은 주석 지명. 수산성념 회하에서 대오, 법을 이음.(전게서, p.300)

21 臨際宗(임제종): 중국 5가家 7종宗의 하나. 백장회해, 황벽희운의 법맥을 계승한 임제의현을 종조로 함. 후에 황룡파와 양기파로 분파됨.(전게서, pp.469~470)

22 楊岐方會(양기방회, 992~1049): 송대의 스님. 임제종 양기파의 개조. 양기는 주석 산명. 석상초원에게 참학하여 법을 이음.(전게서, p.446)

黃龍慧南(황룡혜남, 1002~1069): 송대의 승려이며 임제종 황룡파의 개조. 속성은 장章씨. 강서성 신주 옥산 봉절현 동쪽의 백제성 출신. 11세에 출가하여 운봉문열雲峰文悅 스님에게 참학하였고 이후 석상초원石霜楚圓 스님에게 참학한 뒤 법을 이어받았으며, 조주감파趙州堪婆에 깨달음을 얻음. 이후 여러 행각을 하다가 동안원同安院에서 개당설법을 함. 황룡산에서 종풍을 드날렸으며 시호는 보각선사普覺禪師.(전게서, p.749)

翠巖可眞(취암가진, ?~1064): 송나라 때 임제종 승려. 복주(福州, 福建) 장계長溪 사람으로, 진점흉眞點胸으로 불렸는데, 석상초원石霜楚圓의 법사法嗣다. 일찍이

당부를 저버리지 않은 셈이다. 고인古人은 짐을 짊어질 만한 사람을 고르는 데 있어, 이와 같이 서로 믿고 엄격하여 가볍게 하지 않았다. 그러니 사찰을 장엄하고 화려하게 꾸미는 것은 불법에 있어 그다지 대단한 것이 아니다.

불도佛道는 아득하고 넓어, 오래도록 부지런히 노력하고 고통을 감수해야 이룰 수 있는 것이다. 그렇기 때문에 조사의 문하에서는 눈 속에서 팔을 자르기도 하고(斷臂立雪),[23] 돌을 허리에 차고 방아를

---

홍륭부(隆興府, 江西) 취암산翠巖山에서 살아 취암가진翠巖可眞으로도 불린다. 나중에 담주(潭州, 湖南 長沙) 도오산道吾山으로 옮겼다. 변론과 재능에 막힘이 없어 명성이 멀리까지 알려졌다. 치평治平 원년 입적했다. 저서에 『취암진선사어요翠巖眞禪師語要』 1권이 『속고존숙어요續古尊宿語要』에 수록되어 있다.(중국역대불교인명사전)

23 立雪斷臂(입설단비)에 관해서는 경덕전등록 권 3, '제28조 보리달마' 편에 다음과 같이 기술하고 있다.

時有僧神光者 曠達之士. 也久居伊洛 博覽群書 善談玄理. 每歎曰 "孔老之教 禮術風規 莊易之書 未盡妙理" 近聞 "達磨大士住止少林 至人不遙 當造玄境" 乃往彼晨夕參承 師常端坐面牆 莫聞誨勵. 光自惟曰 "昔人求道 敲骨取髓 刺血濟饑 布髮掩泥 投崖飼虎. 古尙若此 我又何人" 其年十二月九日夜天大雨雪 光堅立不動. 遲明積雪過膝 師憫而問曰 "汝久立雪中 當求何事" 光悲淚曰 "惟願 和尙慈悲 開甘露門廣度群品" 師曰 "諸佛無上妙道 曠劫精勤 難行能行非忍而忍 豈以小德小智輕心慢心 欲冀眞乘徒勞勤苦" 光聞師誨勵 潛取利刀自斷左臂 置于師前. 師知是法器 乃曰 "諸佛最初求道爲法忘形 汝今斷臂吾前 求亦可在" 師遂因與易名曰慧可.

그때 신광이라는 활달한 스님이 있었다. 오래도록 낙양에 살면서 여러 서적을 읽어서 현묘한 이치를 잘 말하면서도 매번 탄식하며 말하기를 "공자와 노자의 가르침은 예禮·술術·풍風·규規이고, 장자와 주역의 서적들은 오묘한 이치를

찧기도 하고(腰石舂碓),[24] 보리를 짊어지고 수레를 밀기도 하고(擔麥推

---

다하지 못하는구나!"라고 했다.

하루는 근자에 "달마 대사가 소림에 머물면서 사람이 와도 흔들리지 않고 현묘한 경계를 이루고 있다"고 하는 것을 듣고는, 이내 그에게 가서 아침저녁으로 섬기며 참례했는데, 대사는 늘 단정히 앉아 벽을 바라볼 뿐, 가르치고 격려하는 것을 듣지도 못했다.

신광은 스스로 이렇게 생각했다.

〈옛사람이 도를 구할 때에는 뼈를 깨뜨려서 골수를 얻고, 찔러서 피를 내 주린 이를 구제하며, 머리카락을 풀어서 진흙땅을 덮고, 벼랑에서 몸을 던져 호랑이에게 먹도록 했다. 옛사람도 오히려 이러했거늘 나는 또 어떤 사람이란 말인가.〉

그해 12월 9일 밤, 하늘에서 큰 눈이 왔다. 신광은 서서 움직이지도 않았다. 날이 샐 무렵에 눈이 무릎 위까지 쌓였는데, 스님이 불쌍히 생각해서 물었다.

"그대는 오랫동안 눈 속에 서서, 무엇을 구하려고 하는가?"

신광이 슬피 울면서 말했다.

"바라옵건대 화상께서는 자비를 베푸소서. 감로의 문을 열어 온갖 중생들을 제도하소서."

대사가 대답했다.

"모든 부처님들의 위없이 오묘한 도는 오랜 겁을 부지런히 정진하면서 행하기 어려운 일을 능히 행하고 참기 어려운 일을 참아야 하거늘, 어찌 작은 공덕과 작은 지혜와 경솔한 마음과 교만한 마음으로 진승(眞乘, 방편으로 말한 교법이 아닌 진실한 교법)을 바라겠는가? 애써봐야 헛수고일 뿐이다."

신광이 대사가 가르치고 격려해 준 것을 듣고는 감춰뒀던 날카로운 칼로 자신의 왼쪽 팔을 끊어 대사 앞에 놓았다.

대사가 법기인 것을 알고는 말했다.

"모든 부처님들께서도 처음 도를 구하실 때는 법을 위해 몸을 잊었다. 그대가 지금 내 앞에서 팔을 끊으니, 법을 얻을 만하구나."

대사가 마침내 그의 이름을 바꿔서 혜가慧可라고 했다.

車),[25] 채소밭에서 일하기도 하고(事園),[26] 밥을 짓기도 하고(作飯),[27] 밭을 개간하기도 하고(開田疇),[28] 차를 끓여 베풀기도 하고(施湯茶),[29]

---

24 腰石舂碓(요석부용)은 조계대사전曹溪大師傳에 의하면, 다음과 같이 기술하고 있다.

방아를 밟을 때 자신의 몸이 가벼운 것이 싫어서 큰 돌을 허리에 매달아 방아에 떨어질 때 무겁게 하도록 하여 허리와 다리를 손상시켰다.

인忍 대사가 쌀 찧는 곳에 이르러 물었다.

"그대가 공양하느라 허리와 다리를 손상시킨 아픈 곳은 없는가?"

"몸이 있다고 생각하지 않는데 누가 이것을 아프다고 하겠습니까."

인 대사가 밤에 이르러 혜능에게 명하여 방에 들어오게 하였다.(남동신·안지원 옮김, 『혜능』, pp.72~74, 1993, 현음사)

25 擔麥推車(담맥추거)에 관해서는 경덕전등록 제4권 '금릉 우둔산 6세의 조종 법융 선사' 편에 다음과 같이 기술하고 있다.

唐永徽中 徒衆乏糧 師往丹陽緣化去 山八十里 躬負米一石八斗 朝往暮還供僧三百二時 不闕三年.

당 영휘(永徽, 고종의 첫 번째 연호, 650~655) 때, 대중들이 먹을 양식이 떨어지자 선사는 단양까지 가서 시주를 인연으로 교화하고 산길 80리를 몸소 쌀 한 섬 여덟 말을 지고서 아침에 갔다가 저녁에 돌아와 스님 3백 명에게 두 때를 공양했는데 3년 동안 빠뜨리지 않았다.

26 事園(사원)은 암두가 늘 괭이를 가지고 다닌 것을 말한다.

27 作飯(작반)은 설봉이 덕산의 회상에서 반두飯頭 소임을 한 것을 말한다. 참고로 흠산은 바늘과 실을 가지고 다니며 대중들을 위해 봉사했다.

28 開田疇(개전주)는 지장종전地藏種田 공안에 나오는 지장(나한)계침의 말씀을 뜻하는 것 같다.

스님이 수 산주(용제소수)에게 물었다.

"어디서 오는가?"

"남방에서 옵니다."

흙을 나르기도 하고(般土),[30] 연자방아를 돌리기도 한 것(拽磨)[31]은

---

"남방의 불법이 요즘 어떤가?"

"분별이 끝없습니다."

"내가 여기서 씨앗을 심어 밥을 먹는 것만 하겠는가?"

"3계三界는 어찌 하시렵니까?"

"그대는 무엇을 일러 3계라 하는가?"(선학사전, p.623)

29 施湯茶(시탕차)는 본문에 기술한 대수법진 스님의 경우를 말한다.

30 般土(반토)에 관해서는 벽암록 44칙 평창에서 다음과 같이 기술하고 있다. 木平凡有新到至 先令般三轉土. 木平有頌示衆云 "東山路窄西山低 新到莫辭三轉泥 嗟汝在途經日久 明明不曉卻成迷" 後來有僧問云 "三轉內卽不問 三轉外事作麽生" 平云 "鐵輪天子寰中敕" 僧無語 平便打.

목평선도는 무릇 신참 스님들이 오면 먼저 세 짐의 흙을 운반하게 했다. 스님은 게송으로 대중에게 말했다.

"동쪽 산의 길은 좁고 서쪽 산은 낮다.
신참 스님들은 세 짐의 흙을 운반하는 것을 사양치 말라.
그대들이 오랫동안 길에 있는 것을 안쓰러워하노니
분명히 깨닫지 못하면 오히려 미혹하게 된다."

후에 어떤 스님이 물었다.
"삼전 안은 묻지 않겠거니와, 삼전 밖의 일은 어떻습니까?"
목평이 말했다.
"철륜천자의 칙명이다."
스님이 대답이 없자, 목평이 바로 쳤다.

31 拽磨(예마)에 관해서는 벽암록 44칙 평창에서 다음과 같이 기술하고 있다. 歸宗一日 普請拽石 宗問維那 "什麽處去" 維那云 "拽石去" 宗云 "石且從汝拽 卽不得動著中心樹子"

귀종歸宗이 하루는 연자방아를 돌리기(拽石) 위해 대중들을 소집하고, 유나維那에게 물었다.

모두 뜻을 숨기고 세속을 끊으며 스스로 쉬지 않고 힘써 큰 공업功業을 꾀한 자만이 할 수 있었던 것이다. 그래서 이른바 "한 법도 게으름에 떨어지거나 나태한 곳에서는 나오지 않는다"고 하는 것이다.

❀

旣以洞達淵源 至難至險. 人所不能達者尙能. 而於涉世 應酬屈節俯仰 而謂不能 此不爲 非不能也. 當稍按下雲頭 自警自策 庶幾方便門寬曠不亦善乎.

※涉世(섭세): 세상을 살아나감.
※庶幾(서기): 바람. 바라건대. 거의.

이미 근원을 통달했으니 그것은 지극히 어렵고 험한 일이었다. 그것은 마치 보통사람으로서는 도저히 달성하지 못한다고 여겼던 것을 오히려 해낸 것과 같은 것이다. 그런데 세상을 살아감에 허리를 굽히기도 하고 우러러보기도 하면서 상대를 대해야지, 할 수 없다고 말한다면 이것은 하지 않는 것이지, 할 수 없는 것이 아니다(此不爲非不能也).[32]

---

"어디 가는가?"
유나가 말했다.
"연자방아를 돌리러 갑니다."
귀종이 말했다.
"연자방아는 자네가 끄는 대로 따라 돌지만, 중앙의 중심축은 움직이지 않게 하라."
한편 경덕전등록 제8권, '지주 남전 보원 선사' 편에서는 남전과 유나와의 대화로 기술하고 있음을 참고하기 바란다.(월운 역, 전등록 1, p.497)

당초 구름을 눌러가며 스스로를 경책했으니, 바라건대 방편문方便門을 넓히는 것도 또한 좋은 일이 아니겠는가!

---

32 야부 스님의 『초발심자경문』에서도 다음과 같이 인용하고 있으니 참고하기 바란다.

君不見 從上諸佛諸祖 盡是昔日 同我凡夫 彼旣丈夫 汝亦爾 但不爲也 非不能也.

그대는 보지 못하였는가. 역대의 모든 부처님과 조사가 옛날에는 모두 다 우리와 같은 범부였음을. 저들도 장부고 그대도 장부니, 다만 하지 않아서 그런 것이지 할 능력이 없는 것은 아니니라.(탄허 역, 초발심자경문, p.74, 1995, 불서보급사)

# 5. 유 서기에게(示 裕書記)[1]

脚踏實地 到安穩處 時中無虛棄底 工夫綿綿 不漏絲毫. 湛寂凝然 佛祖莫知 魔外無捉摸. 是自住無所住大解脫 雖歷無窮劫 亦只如如地 況復諸緣耶. 安住是中方可建立 與人拔楔抽釘 亦只令渠無住著去. 此謂之大事因緣.

※安穩(안온): 모든 번뇌를 남김없이 소멸하여 평온하게 된 열반의 상태.(시공 불교사전) / 조용하고 편안함. 따뜻하고 바람이 잔잔함.

---

1 書記(서기): 선원에서 공사公私의 문서를 담당하는 소임을 뜻한다.
유서기裕書記는 원문에 '항주 영은사에 주석하고 있는 불지선사(住杭州靈隱佛智禪師)'라고 기록하고 있다.
역사적으로 불지 선사佛智禪師는 언계광문(1189~1263)의 시호로 알려져 있다. 하지만 본서의 저자인 원오 스님의 약력(1063~1135)과 비교해 보면 시대적으로 상응하지 않기에, 이 글은 두 사람 간에 주고받은 편지가 아니다. 또한 장경각판, 원오심요 상권의 주(註, 상권 p.37)에 의하면 다른 본에서는 '불지 선사'의 '불'이 빠져 있다고 하는 것으로 미루어 볼 때에도 두 사람 간에 주고받은 편지가 아닌, '지 선사智禪師'임이 분명하다.
참고로 언계광문(1189~1263)은 남송 때의 승려이며, 선종禪宗 남악문하南嶽門下의 제18세다. 복주(福州, 福建) 후관현侯官縣 사람으로, 속성俗姓은 임林씨고, 호는 언계偃溪다.(중국역대인명사전, 2010, 이회문화사)

※捉摸(착막): 추측하다. 짐작하다. 헤아리다.

※時中(시중): =時宜(시의). 시기에 맞음. 그 당시 사정에 맞음.

착실하게 밟아 안온한 곳(安穩處)에 이르면 하루 중 어느 때나 헛되이 버릴 것이 하나도 없고, 공부가 끊어지지 않고 이어져 실낱만큼도 새지 않게 된다. 또한 맑고 고요해서 부처와 조사도 알지 못하고 마군과 외도가 헤아릴 수 없게 된다. 이것이 머무는 바 없이 머무는 대해탈(住無所住大解脫)이니, 비록 다함없는 시간을 보낼지라도 또한 다만 여여한 경지(如如地)일 뿐이다. 그런데 하물며 다시 다른 인연을 말할 필요가 있겠는가! 이 가운데 편안히 머물러야 바야흐로 가풍을 세울 수 있는 것이고, 다른 사람들의 망상의 쐐기를 뽑고 번뇌의 못을 뽑아주며, 또한 그들로 하여금 머물거나 집착하지 않게 할 수 있는 것이다. 이를 일러 '일대사인연(大事因緣, 一大事因緣)'[2]이라고 한다.

❀

如來有密語 迦葉不覆藏 迦葉不覆藏 乃如來眞密語也. 當不覆藏卽密 當密卽不覆藏 此豈可與繫情量 立得失存窠臼 作解會者擧也. 要須透脫 到實證之地 向出格超宗 頂顙上領始得. 旣已領略 應當將護 遇上根大器 方可印授耶.

※밑줄 친 부분 가운데 '顙'는 글자는 '顚(이마 전)'으로 해석하였다.

---

2 一大事因緣(일대사인연)에 관해서는 본서 '3. 장 선무 상공께' 편의 註1을 참조.

여래如來의 은밀한 말씀을 가섭迦葉이 감추지 않았고, 가섭이 감추지 않은 것이 여래의 진실하고 은밀한 말씀이다. 마땅히 감추지 않은 것이 곧 은밀함이요, 마땅히 은밀한 것이 곧 감추지 않은 것이다. 그런데 이것을 어찌 정량(情量, 사량분별)에 얽매여 득실을 따지고 고정된 틀(窠臼)을 만들어 해회(解會, 이치로 따져 앎)하는 자와 함께 거론할 수 있겠는가! 모름지기 꿰뚫고 벗어나 실제로 증득하는 경지에 도달하려면 격식을 뛰어넘고 종파를 초월해서 정수리 위에서 알아야 한다. 또한 이미 알았다면 마땅히 잘 지니고 보호하다가 뛰어난 대근기를 만나야 바야흐로 인가印可할 수 있는 것이다.

❀

秉拂據位稱宗師 若無本分作家手段 未免賺悞方來 引他入草窠裏 打骨董去也. 若具金剛正眼 須灑灑落落 唯以本分事接之. 直饒見與佛齊 猶有佛地障在 是故從上來 行棒行喝 一機一境 一言一句 意在鉤頭. 只貴獨脫 切忌依草附木. 所謂 驅耕夫之牛 奪飢人之食 若不如是 盡是弄泥團漢.

※宗師(종사): 모든 사람이 높이 우러러보는 스승. 법맥法脈을 받고 건당建幢한 높은 승려.

※骨董(골동): 여러 가지 물건이 한데 섞인 것. 골동품. 시대에 뒤떨어지는 물건이나 완고하고 보수적인 사람을 풍자적으로 이르는 말.

불자拂子를 잡고 법좌에 올라 종사宗師라 칭하면서 본분작가本分作家의 솜씨가 없다면, 제방에서 온 납자들을 기만하고 속여서 그들을 풀

구덩이(草窠, 번뇌 망상) 속으로 끌어들여 더욱 혼란스럽게 하는 것을 면치 못하게 된다. 하지만 만약 금강정안金剛正眼을 갖추었다면 모름지기 쇄쇄낙락灑灑落落하게 오직 본분사本分事로써 그들을 제접해야 한다. 설사 견지(見地,＝見處)가 부처와 동등하다 할지라도 오히려 '부처의 경지(佛地)'라는 장애에 걸려 있는 것이니, 이런 까닭에 예로부터 방(棒)을 하고 할(喝)을 하는 일기일경一機一境과 일언일구一言一句는 그 뜻이 낚싯바늘 끝에 있는 것이다. 그러므로 다만 홀로 벗어나는 것을 귀하게 여길 뿐, 풀에 의지하고 나무에 기대어 사는 도깨비 짓은 절대로 하지 말라! 이른바 '밭 가는 이의 소를 쫓아버리고', '주린 이의 밥을 빼앗는다'고 했으니, 만약 이와 같지 않다면 모두 진흙덩이나 가지고 노는 놈들이다.

❀

方來衲子 有夙根作工夫 驀地得入者 不遇眞正宗師 返引他作露布 墮在機境中 無繩自縛 半前落後. 似是不是 最難整理. 要須識其病脉 辨其落著 徵其所偏墜 而發起之 俾捨執著住滯. 然後 示以本分正宗 使無疑惑了然得大解脫 居大寶宅 自然趂亦不去. 可以洪濟大法 傳續祖燈 堪報不報之恩也.

※得入(득입): 깨달음의 세계로 들어갈 실마리를 얻음.

※露布(노포): 일반에게 널리 퍼뜨림. 중국에서 문체의 하나. 봉함을 하지 않고 노출된 채로 선포하는 포고문.

※俾(비): '~하게 하다'의 뜻으로 해석하였다.

제방에서 온 납자衲子가 전생의 근기(夙根)가 있어 공부를 하다가 맥연히 깨달음의 세계로 들어갈 실마리를 얻었더라도, 진정한 종사를 만나지 못했는데도 도리어 그를 끌어다가 대중들에게 공포하게 되면, 기연機緣과 경계境界 가운데 떨어지고 묶을 줄도 없는데 스스로 묶이게 되어, 처음에는 정성껏 하다가도 중도에 중지하여 이루지 못하게 된다(半前落後＝半上落下).

비슷하기는 하지만 옳지 않은 것, 이것이야말로 바로잡기가 정말 어렵다. 그러므로 모름지기 그의 병맥을 알아서 집착하고 있는 곳을 판별하고 치우쳐 떨어진 바를 캐묻고 드러나게 해서 집착하고 막힌 것을 버리도록 해야 한다. 그런 다음 본분정종本分正宗으로 보여서 어떤 의혹도 없게 하면 분명히 대해탈을 얻어 큰 보배의 집에 거처하게 되고, 자연 쫓아도 떠나지 않게 된다. 또한 대법大法으로 널리 중생을 구제하고 조사의 법등을 끊임없이 계속해서 전할 수 있어야, 갚지 못할 은혜(不報之恩)를 갚았다[3]고 할 수 있는 것이다.

黃龍老南禪師 昔未見石霜 會一肚皮禪 翠巖憫之 勸謁慈明. 只窮究玄沙語 '靈雲未徹處' 應時 瓦解冰消. 遂受印可 三十年只以此印 抬諸方解路. 瘥病不假驢駝藥 緊要處 豈有許多佛法也.

※一肚皮禪(일두피선): 깨달았다는 자만심으로 뱃속 가득한 선.

---

3 報不報之恩(갚을 수 없는 은혜=부처님의 은혜)에 관해서는 본서 '4. 원 수좌에게' 편의 註9를 참조.

황룡혜남黃龍慧南 선사[4]는 지난날 석상石霜 스님[5]을 만나기 전에는 일두피선一肚皮禪만을 알았는데, 취암翠巖[6]이 그를 가엾이 여겨 자명慈明 스님[7]을 뵙기를 권했다. 그래서 스님은 (자명 스님 회상에서) 다만 현사玄沙[8] 스님이 말씀하신 '영운은 철저하게 깨치지 못했다(靈雲未徹處)'[9]는 것만을 깊이 참구했는데, 시절인연에 따라 기와가 깨지듯 얼음이 녹듯 했다(瓦解冰消).[10] 그리하여 마침내 인가를 받고, 삼십

---

4 黃龍慧南(황룡혜남)에 관해서는 본서 '4. 원 수좌에게' 편의 註22를 참조.

5 石霜楚圓(석상초원)에 관해서는 본서 '4. 원 수좌에게' 편의 註19를 참조.

6 翠巖可眞(취암가진)에 관해서는 본서 '4. 원 수좌에게' 편의 註22를 참조. 참고로 석상초원에게 유명한 제자가 세 명이 있는데, 황룡혜남, 양기방회, 취암가진이다.

7 慈明(자명)은 석상초원을 뜻한다.

8 玄沙師備(현사사비, 835~908): 당대唐代의 스님. 청원 스님의 문하. 현사는 주석하였던 산의 이름. 속성은 사謝씨. 복건성 민현 출신. 설봉의존雪峰義存 스님에게 참구하여 법을 이어받음. 지계가 두터워 비두타備頭陀로 불리고 사삼랑謝三郎이라고도 불림.(선학사전, p.721)

9 영운지근(靈雲志勤, 생몰연대 미상): 당대唐代의 스님. 복주 장계 출신. 위산영우의 법사. 설봉의존, 현사사비에게 역참하다가 복숭아꽃을 보고 깨달음을 얻은 일화가 있음.(전게서, p.464)

경덕전등록 제11권, '복주 영운 지근 선사' 편에 다음과 같이 기술하고 있다.

| | |
|---|---|
| 三十來年尋劍客 | 30년을 검객을 찾았으니, |
| 幾逢落葉幾抽枝 | 낙엽지고 새 가지 돋기 몇 번이던가. |
| 自從一見桃華後 | 복숭아꽃 한 번 본 이후로는 |
| 直至如今更不疑 | 지금에 이르도록 다시 의심하지 않았네. |

10 황룡혜남이 영운지근의 '복사꽃을 보고 도를 깨달은 것에 대한 세 수首의 시를 『황룡록』에 다음과 같이 기술하고 있다.

년을 다만 이 도장만을 가지고 제방에서 지해로 얻은 견해를 비평했던 것이다. 병을 낫게 하는 데는 당나귀에 실을 만큼의 약이 필요한 것이 아니니, 긴요한 곳(緊要處)에 어찌 많은 불법佛法이 있겠는가!

❀

大宗師爲人 雖不立窠臼路布 久之學徒妄認 亦成窠臼路布也. 盇以無窠臼爲窠臼 無路布作路布也 應須及之 令盡無令守株待兎認指爲月. 鑒在機先 風塵草動 亦照其端倪 況應酬擾擾哉. 非胸次虛靜 無一法當情 安能圓應無差 先機照物耶. 此皆那伽在定之効也.

※擾擾(요요): 뒤숭숭하고 어수선하다.

※那伽(나가): 용. 코끼리. 불래不來. 부처 또는 아라한.(시공 불교사전)

---

二月三月景和融　2월 3월엔 햇빛도 따사롭더니
遠近桃花樹樹紅　여기저기 복사꽃 나무마다 붉었어라.
宗匠悟來猶未徹　종장은 깨달아도 철저하게 못하여
至今依舊笑春風　지금도 여전히 봄바람에 벙글거리네.
龍象相逢世不群　용과 코끼리 서로 만남 세상에 드물어
一來一去顯疎親　한 번 오고 한 번 감에 친소가 나타나네.
時人不悟其中旨　요즘 사람 그 속의 뜻 깨닫지 못하고
摘葉尋枝長客塵　잎을 따고 가지를 찾아 객진을 키우네.

一見桃花更不疑　한 번 복사꽃 보더니 다시는 의심치 않았는데
叢林未徹是兼非　총림에선 깨닫지 못했다고 옳다 그르다 하네.
須知一氣無私力　마땅히 알아야 할지니 사심 없는 한 기운이라야
能令枯木更抽枝　마른 나무에서 다시 싹트게 할 수 있음을.
(백련선서간행회, 『양기록·황룡록』, pp.130~131, 1990, 장경각)

대종사가 사람들을 위해 비록 과구(窠臼, 고정관념)나 노포(路布, 주의 주장)를 세우지 않더라도, 참구한 지 오래 된 학인들이 잘못 알고 또한 과구와 노포를 만든다. 더욱이 과구 없음으로 과구를 만들고, 노포 없음으로 노포를 만드는데, 마땅히 모름지기 여기에 이르러서는 모두 나무그루터기를 지켜 토끼를 기다리거나, 손가락을 달로 알지 않도록 해야 한다. 또한 기미機微가 있기 전에 살피고, 티끌 같은 바람에 움직이는 풀에서도 역시 일의 단서(端倪, 本末과 始終)를 비춰봐야 하는데, 하물며 어수선하게 맞장구치고 응대해야겠는가! 가슴속이 텅 비고 고요하여 정식情識에 따른 법이 하나도 없는 것이 아니라면, 어찌 어긋남이 없이 원만하게 응대하고, 기미보다 앞서 사물을 비춰볼 수 있겠는가! 이는 모두 부처(那伽)의 선정의 효험이다.

❀

臨濟金剛王寶劒 德山末後句 藥嶠一句子 秘魔杈 俱胝指 雪峯輥毬 禾山打鼓 趙州喫茶 楊岐栗棘蓬金剛圈 皆一致耳. 契證得直下省力 一切佛祖言教無不通達. 唯在當人善自洪持耳.

임제臨濟의 금강왕보검金剛王寶劒[11]·덕산德山의 말후구末後句[12]·약교

---

11 臨濟金剛王寶劒(임제의 금강왕보검)은 임제록에 '有時一喝 如金剛王寶劍'이라고 기술하는 것으로 보아, 이는 임제 스님의 '할'을 뜻한다.
이에 관한 자세한 사항은 본서 '9. 고 서기에게' 편의 註9를 참조하기 바란다. 또한 임제에 관해서는 본서 '1. 화장 명 수좌에게' 편의 註44를 참조.

12 덕산과 덕산의 말후구末後句에 관해서는 본서 '1. 화장 명 수좌에게' 편의 註36을 참조.

藥嶠의 일구자一句子[13]·비마秘魔의 차(杈, 나뭇가지)[14]·구지俱胝의 손

---

13 藥嶠(약교)는 약산유엄을 뜻한다.

藥山惟儼(약산유엄, 745~828): 당대의 스님. 청원의 문하. 약산은 주석 산명. 17세에 출가, 19세에 구족계를 받음. 석두희천 문하에서 대오하고 그의 법을 이음. 석두 스님을 13년간 시봉하였음.(전게서, p.444)

경덕전등록 제14권, '예주 약산 유엄 선사' 편에 다음과 같이 기술하고 있다.

僧問 "己事未明 乞和尙指示" 師良久曰 "吾今爲汝道一句亦不難 只宜汝言於下便見去 猶較些子. 若更入思量 却成吾罪過 不如且各合口免相累" 及大衆夜參 不點燈 師垂語曰 "我有一句子 待特牛生兒 卽向汝道" 時有僧曰 "特牛生兒也 何以不道" 師曰 "把燈來" 其僧抽退入衆(雲巖後擧似洞山 洞山云 "遮僧却會 只是不肯禮拜")

어떤 스님이 물었다.

"자기의 일을 밝히지 못하였으니, 화상께서 가리켜 보여 주십시오."

선사(약산유엄)가 양구하고는 말했다.

"내가 지금 그대를 위해 한 마디 하는 것은 어렵지 않다. 다만 그대가 말끝에 바로 보아야 한다. 그래야 조금은 괜찮은 것이다. 하지만 만약 다시 생각으로 헤아려 들어간다면 도리어 나의 허물이 되니, (생각으로 헤아려 들어가는 것은) 우선 각자 입을 다물어 서로 누가 되는 것을 면하는 것만 못한 것이다."

그리고는 대중이 야참(夜參, 밤에 법문할 때)에 등을 켜지 못하게 하고는, 말했다.

"내게 한마디가 있는데, 수소가 새끼를 낳으면 그대들에게 말하리라."

그때 어떤 스님이 말했다.

"수소가 새끼를 낳았는데, 어째서 말씀하지 않으십니까?"

선사가 말했다.

"등불을 가져 오라."

그 스님이 일어서 물러나 대중 속으로 들어갔다.

〔운암이 후에 동산에게 앞의 이야기를 거론하자, 동산이 말했다.

"그 스님이 도리어 알고는 다만 절하는 것을 긍정하지 않았을 뿐이다."〕

14 秘魔(비마): 스님에 관한 상세한 기록은 없으나, 경덕전등록 제10권, '오대산

가락(指)[15]·설봉雪峯의 곤구(輥毬, 공을 굴림)[16]·화산禾山의 타고(打鼓,

비마암 화상' 편에 보면 '秘魔杈'에 관련하여 다음과 같이 기술하고 있다.
五臺山祕魔巖和尙常持一木叉 每見僧來禮拜 卽叉却頸云 "那箇魔魅敎汝出家 那箇魔魅敎汝行脚 道得也叉下死 道不得也叉下死 速道" 學僧鮮有對者.

오대산 비마암 화상은 항상 나무 갈고리 하나를 지니고 있다가 스님이 와서 절하는 것을 보면 바로 갈고리를 그의 목에 걸고는 말했다.
"어떤 마귀가 홀려서 그대를 출가하게 하였느냐? 어떤 마귀가 홀려서 그대를 행각하게 했느냐? 말을 해도 갈고리 아래서 죽고, 말을 하지 못해도 갈고리 아래서 죽으리니, 빨리 말하라."
학승들 가운데는 대답하는 이가 드물었다.

15 金華俱胝(금화구지, 생몰연대 미상): 당대의 스님. 남악의 문하. 금화는 주석 산명. 항주천룡에게 참학할 때 스승이 손가락 하나를 세워서 보여주자 홀연히 깨달음. 그리하여 사람들이 가르침을 청하면 손가락 하나를 세워 보이면서 답하였으므로 그를 가리켜 구지일지俱胝一指, 일지두선一指頭禪이라고 칭함.(전게서, p.63)
金華俱胝話(금화구지화)에 관한 자세한 사항은 본서 '26. 재 선인에게' 편의 註1을 참조.

16 설봉의존에 관해서는 본서 '1. 화장 명 수좌에게' 편의 註34를 참조.
'雪峯輥毬(설봉곤구)에 관해서는 설봉록에 다음과 같이 두 가지를 기술하고 있다.
①스님께서는 어떤 스님이든 찾아오기만 하면 나무 공 세 개를 굴려서 그들에게 법을 보이셨다.(백련선서간행회, 『설봉록』, p.136, 1991, 장경각)
②상당하여 대중들이 다 모이자 스님께서 나무로 만든 공을 굴려 보내니 현사 스님이 공을 잡아다가 있던 자리에 도로 갖다 놓았다. 또 하루는 현사 스님이 찾아오자 스님께서 세 개의 나무 공을 한꺼번에 굴려 보내니, 현사 스님이 비스듬히 자빠지는 시늉을 해 보였다. 스님께서 "보통 몇 개의 공을 사용하는가?" 라고 하니, 현사 스님이 "셋이 곧 하나며 하나가 곧 셋입니다."라고 하였다.(전게

북을 칠 줄 아는 군)[17]·조주趙州의 끽다(喫茶, 차나 마시게)[18]·양기楊岐의

---

서, p.156)

17 禾山無殷(화산무은, 884~960): 당말 5대의 스님. 청원의 문하. 화산은 주석 지명. 7세에 설봉의존에게 수학 하고 출가. 구봉도건에게 참학하고 법을 이음. (전게서, p.742)

禾山打鼓(화산타고)에 관해서는 원오 스님이 벽암록 44칙에서 다루고 있는데, 다음과 같다.

擧, 禾山垂語云 "習學謂之聞 絶學謂之鄰 (天下衲僧跳不出 無孔鐵鎚 一箇鐵橛子) 過此二者 是爲眞過" (頂門上具一隻眼作什麽) 僧出問 "如何是眞過" (道什麽 一筆勾下 有一箇鐵橛子) 山云 "解打鼓" (鐵橛 鐵蒺藜 確確) 又問 "如何是眞諦" (道什麽 兩重公案 又有一箇鐵橛子) 山云 "解打鼓" (鐵橛 鐵蒺藜 確確) 又問 "卽心卽佛卽不問 如何是非心非佛" (道什麽 這箇坵圾堆 三段不同 又一箇鐵蒺藜子) 山云" 解打鼓" (鐵橛 鐵蒺藜 確確) 又問 "向上人來時 如何接" (道什麽 遭他第四杓惡水來也又有一箇鐵橛子) 山云 "解打鼓" (鐵橛 鐵蒺藜 確確 且道落在什麽處 朝到西天 暮歸東土)

화산이 말했다.

"습학習學을 일러 문聞이라 하고, 절학絶學을 일러 린鄰이라 하는데,

〔천하납승들이 벗어날 수 없다. 구멍 없는 쇠망치요, 하나의 쇠말뚝이다.〕

이 둘을 벗어난 것을 진과眞過라 한다."

〔정수리에 눈 한 짝을 갖춰서 뭘 하겠다는 건가?〕

스님이 물었다.

"무엇이 진과입니까?"

〔뭐라 하는가? 일필一筆로 지워 없애버려라. 한 개의 쇠말뚝이다.〕

화산이 말했다.

"해타고(解打鼓, 북을 칠 줄 아는군.)"

〔쇠막대기다. 철질려(蒺藜)이다. 단단하다.〕

또 물었다.

"무엇이 진제眞諦입니까?"

〔뭐라 하는가? 이중 공안이다. 또 한 개의 쇠말뚝이다.〕

화산이 말했다.

"해타고(解打鼓, 북을 칠 줄 아는군)."

〔쇠막대기다. 철질려(蒺藜)이다. 단단하다.〕

또 물었다.

"즉심즉불卽心卽佛은 묻지 않겠습니다. 무엇이 비심비불非心非佛입니까?"

〔뭐라 하는가? 이것은 쓰레기 더미다. 세 개의 질문이 같지 않다. 또 하나의 철질려다.〕

화산이 말했다.

"해타고(解打鼓, 북을 칠 줄 아는군)."

〔쇠막대기다. 철질려(蒺藜)이다 단단하다.〕

또 물었다.

"향상인向上人이 올 때 어떻게 제접提接하시겠습니까?"

〔뭐라 하는가? 네 번째 구정물을 바가지로 맞고 있다. 또 한 개의 쇠말뚝이다.〕

화산이 말했다.

"해타고(解打鼓, 북을 칠 줄 아는군)."

〔쇠막대기다. 철질려다(蒺藜). 단단하다. 자, 말해보라! 낙처落處가 어디인가? 아침에 서천西天에 갔다가 저녁에 동토東土로 돌아온다.〕

18 조주록에 다음과 같이 기술하고 있다.

師問二新到"上座曾到此間否"云"不曾到"師云"喫茶去"又問那一人."曾到此間否"云"曾到"師云"喫茶去"院主問"和尙 不曾到 教伊喫茶去卽且置 曾到爲什麽教伊喫茶去"師云"院主"院主 應諾. 師云"喫茶去"

선사(조주종심)가 두 사람의 신참학승에게 물었다.

"스님은 여기에 온 적이 있는가?"

"온 적이 없습니다."

"차나 마시게(喫茶去)."

또 한 스님에게 물었다.

"스님은 여기에 온 적이 있는가?"

율극봉(栗棘蓬, 밤가시)과 금강권金剛圈[19] 등이 모두 같은 이치일 뿐이

---

"온 적이 있습니다."

"차나 마시게."

원주가 물었다.

"화상께서는 온 적이 없는 이에게 '차나 마시게' 한 것은 놔두더라도, 온 적이 있는 사람에게 '어째서 차나 마시게'라고 하시는 겁니까?"

선사가 말했다.

"원주!"

원주가 "예!" 하고 대답을 하자, 선사가 말했다.

"차나 마시게."

19 양기방회에 관해서는 본서 '4. 원 수좌에게' 편의 註22를 참조.

율극봉栗棘蓬에 관해서는 양기록에 다음과 같이 기술하고 있다.

상당하여 말씀하셨다.

"나의 이 일은 밤송이나 부들을 삼키듯 선을 설명하는 것과는 다르다. 여기에서 알아낸다면 불법이 천지처럼 현격하게 다르리라."(백련선서간행회, 양기록·황룡록, p.34)

또 금강권金剛圈과 관련해서는 다음과 같이 양기록에 기술하고 있다.

자명 스님의 제삿날에 재를 열어 대중이 모이자 스님께서는 초상화 앞으로 나아가셨다. 두 손으로 주먹을 모아 머리 위에 얹고 좌복으로 한 획을 긋더니 일원상一圓相을 그리셨다. 이어서 향을 사루고는 세 걸음 물러나 큰 절을 하시니 수좌가 말했다.

"괴이한 짓을 날조하지 마십시오."

"그대는 어떻게 하겠는가?"

"스님께선 괴이한 짓을 날조하지 마십시오."

"토끼가 소젖을 먹는구나."

제2좌第二座가 앞으로 나가 일원상을 그리고 이어서 향을 사루고는 역시 세 걸음 물러나 큰절을 하자, 스님께서는 그 앞으로 가서 듣는 시늉을 하셨다. 제2좌가 무어라고 하려는데 스님께서는 빰을 한 대 치고는 "이 칠통이 횡설수설

다. 계합해 증득하면 바로 그 자리에서 힘을 덜고, 일체의 부처와 조사의 말씀에 통달하지 않음이 없게 된다. 또한 이것은 오로지 당사자 스스로 널리 지님에 달려 있을 뿐이다.

---

하는구나!" 하셨다.(전게서, p.41)

# 6. 융 지장에게(示 隆知藏)[1]

有祖以來 唯務單傳直指 不喜 帶水拖泥 打露布 列窠窟 鈍置人. 蓋釋迦老子 三百餘會 對機設敎 立世垂範 大段周遮. 是故 最後省要 接最上機. 雖自迦葉二十八世 少示機關 多顯理致 至於付授之際 靡不直面提持. 如倒刹竿 盋水投針示圓相 執赤幡把明鑑 說如鐵橛子傳法偈.

※帶水拖泥(대수타니)=拖泥帶水(타니대수): (말·글이) 간결하지 않다.

---

1 隆(융)은 虎丘紹隆(호구소륭) 스님을 뜻한다.

虎丘紹隆(호구소륭, 1077~1136): 송나라 때 임제종 승려. 화주(和州, 安徽) 함산含山 사람이다. 9살 때 불혜원佛慧院에 들어가 율장律藏을 깊이 공부했다. 일찍이 장로長蘆의 정조숭신淨照崇信을 참알參謁하고, 보봉寶峰의 담당문준湛堂文準과 황룡산黃龍山의 사심오신死心悟新을 찾아뵈었다. 나중에 협산(夾山, 湖南)으로 가서 임제종 양기파楊岐派의 고승 원오극근을 20년 동안 시봉한 뒤 그 법을 이었다. 건염建炎 4년(1130) 평강平江 호구산虎丘山 운암선사雲巖禪寺에 살면서 원오의 선풍을 크게 떨쳐 세칭 호구소륭虎丘紹隆으로 불렸다. 오랜 뒤에 한 파를 이루니 호구파虎丘派다. 원오가 입적한 뒤 약평若平과 함께 원오의 어록을 편찬했다. 소흥紹興 6년 입적했고, 세수 60세(또는 65)다. 제자 사서嗣端가 『호구융 화상어록』 1권을 편찬했고, 서림徐林이 탑명을 지었다.(중국역대불교인명사전)

知藏(지장): 선원에서 일체의 경전을 관리하는 소임을 뜻한다.

원문에서 융 지장은 '소주의 호구산'에 주석하고 있는 것으로 기술하고 있다.

(일을) 시원시원 깔끔하게 처리하지 못하다. 맺고 끊는 맛이 없다. (일이) 자질구레하고 번거롭다.

※大段(대단): 대략. 대강. 개략.

※周遮(주차): 사설이 길다. 잔말이 많다. 말이 많음. 두루 막음. 언제나 방해함.

※盋(바리때 발): 바리때. 사발. 승려가 되는 일. 대대로 전하는 것.

조사(達磨)가 서쪽에서 온 이래로 오로지 '단전심인單傳心印과 직지인심直指人心에만 힘을 썼을 뿐, 자질구레하고 번거롭게 자기 주장을 내세우거나 고정된 틀(窠窟, 관념)을 열거하는 어리석은 사람을 좋아하지 않았다. 석가노자釋迦老子가 300여 회에 걸쳐 중생의 근기에 맞게 가르침을 베풀면서(對機設敎) 세상에 본보기를 보인 것(立世垂範)도 대략 말씀이 너무 많았던 것(周遮)이다. 이런 까닭에 끝에 가서는 요지만을 살펴 최상의 근기를 제접했던 것이다. 비록 가섭迦葉으로부터 28대에 이르기까지 기관機關[2]을 보인 것은 적고, 이치를 드러낸

2 機關(기관): 謂禪門之宗匠 以古則公案一喝一棒 接得學人也.(정복보, 『불학대사전』)

"선문의 종장이 고칙 공안古則公案과 일할(一喝), 일방(一棒)으로 학인을 제접하는 것을 말한다."

禪林用語 指師家爲令學人得悟 而順應其根機所設之機法. 亦卽所謂之 公案話頭或棒喝等. 禪門之師家常 以古則公案 一喝一棒接化學人 稱爲機關.

碧巖錄第四十二則 "雪團打 雪團打 龐老機關沒可把 天上人間 不自知 眼裡耳裡絶瀟灑 碧眼胡僧難辨別"(불광대사전)

선림의 용어로 사가師家가 학인으로 하여금 깨닫게 하기 위해 그 근기에 맞춰 설정하는 기법을 가리킨다. 소위 공안, 화두, 방, 할 등이다. 선문의 사가는

것이 많았더라도, 법을 부촉할 때에 이르러서는 바로 얼굴을 맞대고 향상의 수단을 들어 지니게 하지(提持)[3] 않음이 없었다. 예를 들면 찰간을 거꾸러뜨리고(倒刹竿),[4] 사발 물에 바늘을 던져 원상을 보이고(盋水投針 示圓相),[5] 붉은 깃발을 잡고(執赤幡),[6] 밝은 거울을 잡는(把明

---

는 고칙 공안과 일할(一喝), 일방(一棒) 등으로 학인을 제접해서 교화하는데, 이를 일러 기관機關이라고 한다.

벽암록 제42칙에 다음과 같이 기술하고 있다.

"눈뭉치로 쳐라, 눈뭉치로 쳐라! 방 노인네의 기관은 알 수가 없네. 인천이 모두 알지 못하나니, 눈 속에도 귀속에도 깨끗하네. 달마(碧眼胡僧, 푸른 눈의 오랑캐 스님)라도 알기 어렵도다."

3 제지提持에 관해서는 본서 '1. 화장 명 수좌에게' 편의 註6을 참조.

4 『지월록』 권 제3, '아난존자' 편에 다음과 같이 기술하고 있다.(경덕전등록에서는 기술하고 있지 않다).

者一日問迦葉曰 "師兄 世尊傳金縷袈裟外 別傳個甚麽" 迦葉召阿難 阿難應諾 迦葉曰 "倒却門前刹竿著"

존자가 하루는 가섭에게 물었다.

"사형, 세존이 금루가사를 전한 것 외에 따로 전한 것이 있습니까?"

가섭이 아난을 부르자, 아난이 "예" 했다.

가섭이 말했다.

"문전의 찰간을 꺾어버려라."

5 경덕전등록 제2권, '제15조 가나제바' 편에 다음과 같이 기술하고 있다.

第十五祖迦那提婆者 南天竺國人也 姓毘舍羅 初求福業兼樂辯論 後謁龍樹大士將及門 龍樹知是智人 先遣侍者 以滿鉢水置於坐前. 尊者覩之 卽以一鍼投之而進欣然契會. 龍樹卽爲說法 不起於坐 見月輪相 唯聞其聲不見其形. 尊者語衆曰 "今此瑞者 師現佛性 表說法非聲色也"

제15조 가나제바는 남천축국 사람이고, 성은 비사라다. 처음에 복업을 구하면서

도 변론하는 것을 좋아했다. 후에 용수 대사를 뵈러 가서 문에 이르렀는데, 용수가 그가 지혜로운 사람임을 알고는 먼저 시자로 하여금 발우에 가득히 물을 떠다가 법좌 앞에 놓게 하였다. 존자가 그것을 보고는 바로 바늘 하나를 던지고서 나아가니, 뜻에 맞아 기뻐했다.

용수는 곧 그에게 법을 설하면서 법좌에서 일어나지 않은 채 둥근 달 모양을 나타냈는데, 오직 그의 소리만 들릴 뿐, 그의 형체는 볼 수 없었다.

존자가 대중에게 말했다.

"지금의 이 상서러움은 스님이 불성을 드러내, 설법은 성색聲色이 아님을 밝힌 것이다."

6 경덕전등록 제2권, '제15조 가나제바' 편에 다음과 같이 기술하고 있다.

至巴連弗城 聞諸外道欲障佛法計之既久. 尊者乃執長旛 入彼衆中 彼問尊者曰 "汝何不前" 尊者曰 "汝何不後" 又曰 "汝似賤人" 尊者曰 "汝似良人" 又曰 "汝解何法" 尊者曰 "汝百不解" 又曰 "我欲得佛" 尊者曰 "我酌然得佛" 又曰 "汝不合得" 尊者曰 "元道我得 汝實不得" 又曰 "汝既不得 云何言得" 尊者曰 "汝有我故 所以不得 我無我我 故自當得" 彼詞既屈 乃問師曰 "汝名何等" 尊者曰 "我名迦那提婆" 彼既夙聞師名 乃悔過致謝.

존자가 파련불성에 이르렀는데, 여러 외도들이 불법을 방해하려고 계획을 세운지 오래 되었다는 말을 들었다. 존자가 긴 깃발을 들고 그 무리들 안으로 들어가자, 그들이 존자에게 물었다.

"그대는 어째서 앞서지 않습니까?"

존자가 말했다. "그대는 어째서 뒤서지 않습니까?"

외도가 말했다. "그대는 천한 사람 같습니다."

존자가 말했다. "그대는 훌륭한 사람 같습니다."

외도가 말했다. "그대는 어떤 법을 알고 있습니까?"

존자가 말했다. "그대는 전혀 알지 못합니다."

외도가 말했다. "나는 부처를 얻고자 합니다."

존자가 말했다. "나는 분명히 부처를 얻었습니다."

鑑)[7] 등, 마치 무쇠 말뚝처럼 전법게傳法偈를 설했다.

---

외도가 말했다. "그대는 얻지 못했습니다."

존자가 말했다. "원래의 도를 나는 얻었지만, 그대는 진실로 얻지 못했습니다."

외도가 말했다.

"그대는 얻지 못했으면서 어찌 얻었다 하는 것입니까?"

존자가 말했다.

"그대는 '나'라는 것이 있기 때문에 '나'를 얻지 못했지만, 나는 '나'의 '나'가 없기 때문에 나 스스로 마땅히 얻은 것입니다."

그는 끝내 말이 막히자 존자에게 물었다.

"당신의 이름은 무엇입니까?"

존자가 대답했다.

"나의 이름은 가나제바입니다."

그들은 존자의 명성을 진작부터 들었기에 허물을 뉘우치고 사죄하였다.

7 경덕전등록 제2권, '제17조 승가난제' 편에 다음과 같이 기술하고 있다.

見山舍一童子持圓鑑直造尊者前 尊者問 "汝幾歲耶" 曰 "百歲" 尊者曰 "汝年尚幼何言百歲" 曰 "我不會理 正百歲耳" 尊者曰 "汝善機耶" 曰 "佛言若人生 百歲 不會諸佛機 未若生一日 而得決了之" 師曰 "汝手中者 當何所表" 童曰 "諸佛大圓鑑內外無瑕翳" 兩人同得見心眼皆相似 彼父母聞子語 卽捨令出家. 尊者携至本處 受具戒訖 名伽耶舍多.

(중략) 산사山舍에서 어떤 동자가 둥근 거울을 지니고 곧장 존자 앞으로 오는 것을 보고는, 존자가 물었다.

"그대는 몇 살인가?"

동자가 대답했다.

"백 살이오."

존자가 말했다.

"그대는 나이가 아직 어려 보이는데, 어찌 백 살이라고 하는 것이오?"

동자가 말했다.

"저는 이치는 모르겠습니다만 정확히 백 살입니다."

❀

達磨六宗與外道立義 天下太平 翻轉 我天爾狗 皆神機迅捷 非擬議思量所測. 洎到梁游魏 尤復顯言 教外別行 單傳心印 六代傳衣 所指顯著. 逮曹谿大鑒 詳示說通宗通.

※翻轉(번전): 방향 또는 위치를 바꾸다.

※擬議(의의): 일의 시비곡직을 헤아려 그 가부를 의논하는 일.

※逮(잡을 체, 탈 태): 잡다. 체포하다. 뒤따라가서 붙잡다. 쫓다. 미치다. 이르다. 보내다. 옛날에. 이전에. 편안한 모양. 안온한 모양. (기회를) 타다(태).

달마가 여섯 종파와 외도들에게 요지를 설명해서 천하를 태평하게 하고,[8] (가나제바가) '나는 하늘이고 너는 개다(我天爾狗)'[9]를 바꾼

---

존자가 말했다.
"그대는 뛰어난 근기인가요?"
동자가 말했다.
"부처님께서 말씀하시길, '가령 백 살의 인생을 살아도 모든 부처님의 근기(諸佛機)를 알지 못하면, 하루를 살더라도 분명히 아는 것만 못하다'고 하셨습니다."
존자가 말했다.
"그대 손에 가진 것은 무엇을 표현한 것이오?"
동자가 대답했다.
"모든 부처님의 크고 둥근 거울은 안팎으로 티와 가림이 없다는 것을 표시합니다."
두 사람은 마음의 눈이 서로 비슷함을 똑같이 알게 되었는데 그의 부모가 아들의 말을 듣고는 곧 놓아 주어서 출가케 하였다. 존자는 그를 본래 있던 곳으로 데리고 가서 구족계를 주고는 가야사다伽耶舍多라는 이름을 지어 주었다.

것은 모두가 신비스러운 기지로 신속하고 민첩했기에 따지거나 헤아려

---

8 경덕전등록 제3권, '제28조 보리달마' 편에 다음과 같이 기술하고 있다.
時有二師 一名佛大先 一名佛大勝多 本與師同學佛陀跋陀小乘禪觀. 佛大先既遇般若多羅尊者 捨小趣大與師並化 時號二甘露門矣. 而佛大勝多更分途而爲六宗. 第一有相宗 第二無相宗 第三定慧宗 第四戒行宗 第五無得宗 第六寂靜宗. 各封 已解別展化源 聚落崢嶸徒衆甚盛. 大師喟然而歎曰 "彼之一師已陷牛迹 況復支離繁盛而分六宗 我若不除永纏邪見"

(중략) 당시 두 스님이 있었는데, 하나는 이름이 불대선佛大先이고, 또 하나는 이름이 불대승다佛大勝多였는데, 본래 스님(달마)과 함께 불타발타佛陀跋陀의 소승선관小乘禪觀을 배웠었다.
불대선이 반야다라 존자를 만나서 소승을 버리고 대승으로 나아가 스승과 함께 교화를 폈는데, 그때 두 사람(반야다라와 불대선)을 두 감로문甘露門이라고 불렀다.
그러나 불대승다의 가르침은 다시 갈래가 나누어지면서 여섯 종이 되었다.
첫째는 유상종有相宗이요, 둘째는 무상종無相宗이요, 셋째는 정혜종定慧宗이요, 넷째는 계행종戒行宗이요, 다섯째는 무득종無得宗이요, 여섯째는 적정종寂靜宗이었다.
(그들은) 각기 자기의 견해를 돈독히 하면서 따로 따로 교화의 근원을 펼쳤는데, 산의 형세가 높고 가파른 마을에서도 따르는 무리들이 매우 번성했다.
달마 대사가 한숨짓고 탄식하며 말했다.
"저 한 스님이 이미 소의 발자국에 빠졌는데, 더욱이 다시 오래도록 어지럽게 번성하여 여섯 종파로 갈라져 있으니, 내가 없애주지 않으면 영원히 삿된 소견에 얽매일 것이다."〔이하 각 종파를 다니면서 설파한 것은 지면상 생략한다.〕

9 '나는 하늘이고 너는 개다(我天爾狗)'와 관련해서 경덕전등록에서는 기술하고 있지 않다. 지월록 제3권, '가나제바' 편에 다음과 같이 기술하고 있다.
祖運神通登樓撞鐘 諸外道衆一時共集 至鐘樓 其門封鎖. 乃問 "撞鐘者誰" 祖曰 "天曰" 曰 "天者誰" 祖曰 "我" 曰 "我者誰" 祖曰 "你" 曰 "你者誰" 祖曰 "狗" 曰 "狗者誰" 祖曰 "你" 曰 "你是誰" 祖曰 "我" 曰 "我是誰" 祖曰 "天" 如是往返七度 外道一衆知自負墮 奏聞國王再鳴鐘鼓 大興佛法.

서 알 수 있는 바가 아니다. (그런데 달마가) 양나라에 왔다가 위나라로 가서부터는 한층 더 거듭 교설밖에 달리 행하고 홀으로 심인을 전했던 것(教外別行 單傳心印)을 말로 드러내고, 6대에 걸쳐 가사가 전해지면서 가리키는 바가 드러나게 되었다. 그리고 조계대감曹谿大鑒[10]에 이르러서는 언설에도 통하고 종지에도 통함[11]을 자세히 보였다.

---

조사가 신통력을 발휘해서 종루에 올라가 종을 쳤다. 모든 외도 무리들이 일시에 모여 들어 종루에 이르러 그 문을 쇠사슬로 봉하고 "종을 치는 자가 누구냐?"고 물었다.

조사가 말했다. "하늘이다." 외도가 말했다. "하늘이 누구냐?"

조사가 말했다. "나다." 외도가 말했다. "나가 누구냐?"

조사가 말했다. "너다." 외도가 말했다. "너가 누구냐?"

조사가 말했다. "개다." 외도가 말했다. "개가 누구냐?"

조사가 말했다. "너다." 외도가 말했다. "너가 누구냐?"

조사가 말했다. "나다." 외도가 말했다. "내가 누구냐?"

조사가 말했다. "하늘이다."

이렇게 왕복하기를 일곱 번 한 끝에 외도 대중은 스스로 져버렸다는 것을 알았다. 그래서 국왕에게 알리고 다시 종과 북을 울려 불법이 크게 홍했다.

10 曹谿大鑒(조계대감)은 6조 혜능 스님을 뜻한다.

六祖慧能(6조 혜능, 638~713): 당대의 스님. 중국 선종의 제6조. 속성은 노盧씨. 광동성 신주 신홍현 출신. 어려운 환경에서 나무를 해서 어머니를 봉양함. 시중에서 금강경 읽는 소리를 듣고 출가, 5조 홍인으로부터 의발을 전수 받음. 시기하는 자들을 피해 남쪽으로 가서 숨어 있다가, 인종에게 구족계를 받음. 이후 조계 보림사로 옮겨 선풍을 크게 선양함. 육조단경과 금강경해의 2권이 저작으로 전함.(선학사전, p.520)

11 能悟宗旨 謂之宗通 能作說法 謂之說通. 楞伽經三曰 "一切聲聞菩薩有二種通相 謂宗通及說通"(정복보, 불학사전)

능히 종지를 깨닫는 것을 일러 종통이라 하고, 능히 설법하는 것을 일러 설통이라

---

고 한다. 『능가경楞伽經』에 이르기를, "일체의 성문 보살에게 두 가지의 능통하는 상이 있는데, 이를 일러 종통과 설통이라고 한다."

능가경 4권 본에서는 다음과 같이 기술하고 있다.

부처님께서 말씀하셨다.

"대혜여! 다음으로 어리석은 범부들은 무시이래의 허위 망상에 미혹되어 종통宗通과 설통說通의 진정한 의의에 대해 잘 알지 못하네. 그저 자기 마음이 드러난 안팎 자성의 모습에 미혹되어 집착하고 방편적 설법에 매달려 자종自宗 사구四句의 청정한 통상通相을 잘 분별하지 못하네."

대혜 대사가 물었다.

"참으로 그러하시다면 청컨대 저희를 위해 종통과 설통의 모습을 해설해 주시어 저희나 기타 대승보살도를 배우는 자가 이를 잘 알아 범부나 성문, 연각들의 망견에 떨어지지 않도록 해 주십시오."

부처님께서 대답하셨다.

"과거, 현재, 미래의 삼세 여래에게는 두 종류의 법통이 있으니 바로 설통說通과 자종통自宗通이네. 이른바 설통이란 중생의 심리적 요구에 부응한 것으로 그들을 위해 여러 다른 경전을 해설한 것이네. 이를 일컬어 설통이라 하네. 자종통이란 실제로 수행하는 자가 마음의 현현인 여러 망상을 떠나 다시는 같음(一)과 다름(異), 동구同俱와 부동구不同俱의 지견에 빠져 곤란을 겪지 않으며, 일체의 의식을 벗어나고 인과 등의 지견으로부터 멀리 떠나 스스로 깨달아 마음속으로 증득하는 성스러운 지혜의 경계를 말하네. 일체의 외도나 성문, 연각들은 서로 대립하는 양극단의 견해에 떨어져 이러한 이치를 알지 못하네. 이것이 바로 내가 말하는 자종통법自宗通法이네. 대혜여! 이러한 종통과 설통은 그대와 다른 일체 대보살들도 모두 마땅히 닦아야 하는 것이네."

부처님은 이 이치를 종합해 한 수의 게송으로 말씀하셨다.

我謂二宗通　내가 말하는 두 종의 통은
宗通及言說　종통과 언설로써
說者授童蒙　설통은 어린애들한테 가르치는 것이고
宗爲修行者　종통은 수행자가 배우는 것이니라.

❀

歷涉旣久 具正眼大解脫宗匠 變格通塗. 俾臣滯名相 不墮理性言說 放出活卓卓地 脫灑自由妙機. 遂見行棒行喝 以言遣言 以機奪機 以毒攻毒 以用破用. 所以 流傳七百餘年.

※歷涉(역섭)＝涉歷(섭력): 물을 건너고 산을 넘었다는 뜻으로, 여러 가지 일을 많이 겪음.

※脫灑(탈쇄): 세속의 기풍을 벗어나서 말쑥하고 깨끗함.

오랫동안 여러 가지 일을 겪으면서 바른 안목을 갖춰 대해탈을 이룬 종장들이 격식을 바꾸고 길을 텄다. 게다가 이름과 모습에 종속되거나 얽매이면, 이론과 말에 떨어지지 않고 활발발하게 세속을 벗어나 깨끗이 씻은 듯 자유롭게 오묘한 기(妙機)를 선보였다. 그리하여 마침내 방을 하고 할을 하며, 말로써 말을 떨쳐버리고, 기機로써 기를 빼앗아 버리며, 독으로 독을 공격하고, 용用으로 용을 부숴버리는 것을 보게 되었다. 그래서 700여 년이 흘러왔다.

❀

枝分派列 各擅家風 浩浩轟轟 莫知紀極. 鞠其歸著 無出直指人心. 心地旣明 無絲毫隔礙去. 勝負彼我是非知見解會透 到大休大歇安穩之場. 豈有二致哉. 所謂 百川異流同歸于海. 要須是箇向上根器 具高識遠見 有紹隆佛祖志氣. 然後 能深入閫奧 徹底信得及 直下把得住

(남회근 지음, 신원봉 옮김, 『능가경 강의』, pp.332~333, 2014, 부키)

始可印證 堪爲種草. 捨此切宜寶祕愼詞 勿容易放行也.

※擅(멋대로 할 천): 마음대로. 하고 싶은 대로. 멋대로 하다. 천단하다(제 마음대로 처단하다). 차지하다. 점유하다. 물려주다. 오로지. 멋대로.

※紀極(기극): 끝장. 일의 마지막.

※浩浩(호호): 성대하다. 도도하다. 광대하다. 광활하다. 한없이 넓고 크다.

※轟轟(굉굉): 붕붕. 왱왱, 윙윙(파리나 벌 따위가 날 때 나는 소리). 성대한 모양. 우르르(수레 여러 대가 한꺼번에 내닫는 소리).

※轟(울릴 굉): 넓다. 넉넉하다. 교만하다. 물이 넓고 넓게 흐르는 모양.

※二致(이치): 일치하지 않다. 다르다.

※種草(종초): 선의 종지를 이끌어 갈 수 있는 인물.

※捨~, 勿~: '~하고, ~ 하라'로 해석하였다.

(그러는 동안) 가지가 나뉘고 파 갈리면서 각자 가풍家風을 마음대로 하면서 성대하고 우렁차게 하였으니, 그 끝은 알 수가 없다. 하지만 종국에 그 귀착점을 찾아보면 직지인심直指人心에서 벗어난 것이 없다. 마음자리가 분명해서 실 끝만큼도 막히거나 걸리는 것이 없을 뿐만 아니라, 이기고 지고(勝負)·너니 나니(彼我)·옳으니 그르니(是非) 하는 지견知見과 이치로 따져 아는 것을 모두 꿰뚫어 크게 쉬고 또 크게 쉬는 안온한 경지에 이르렀으니, 여기에 어찌 다른 것이 있겠는가! 그래서 이른바 '모든 시냇물이 저마다 달리 흐르지만, 궁극에는 함께 바다로 돌아간다(百川異流同歸于海)'고 하는 것이다.

모름지기 높고 원대한 식견을 갖춘 향상의 근기여야 불조佛祖를 잇고 성대하게 하는 지기(志氣, 뜻과 기개)가 있게 된다. 그런 다음

조사의 문지방 속에 깊이 들어가 철저하고 확실하게 이르고, 바로 그 자리에서 꽉 잡을 수 있어야, 비로소 인가를 받고 법손의 임무를 감당할 수 있다. 간절히 바라건대, 이 말을 보배롭고 비밀한 것으로 여기고, 말을 삼가면서 아주 쉽게 놓아 지내지 말라!

❀

五祖老人 平生孤峻 少許可人. 乾曝曝地 壁立只靠此一著 常自云"如倚一座須彌山" 豈可落虛弄滑頭謾人. 把箇沒滋味鐵酸鎌 劈頭拈與學者令咬嚼 須到桼桶底子脫. 喪却如許惡知惡見 胸次不掛絲毫 透得淨盡 始可下手煅煉 方禁得拳踢. 然後 示以金剛王寶劒 度其果能履踐負荷.

※曝(역정 낼 박): 역정을 내다. 지팡이 던지는 소리. 소리. 여럿의 소리.

※滑(미끄러울 활, 익살스러울 골): 미끄럽다. 반드럽다. 부드럽게 하다. 교활하다.

※滑頭(활두): 간사한 꾀가 많은 사람.

※沒滋味(몰자미): 아무 맛도 자양분도 없음. 재미가 없음.

※밑줄 친 부분 가운데 '鎌'은 무슨 글자인지 알 수 없으나, 문맥상 해석하지 않아도 될 듯싶다.

※拳踢(권척): 주먹과 발끝을 아울러 이르는 말.

오조 노스님(五祖法演)[12]은 평생 고고하고 준엄했으며, 인가해준 사람

---

12 五祖法演(오조법연, 1024~1104): 송대의 스님. 임제종 양기파. 오조는 주석 산명. 속성은 등鄧씨. 35세에 출가하여 수계함. 부산법원 스님에게 참학하여 법을 이음.(전게서, p.476)

도 거의 없었다. 무미건조하게 벽처럼 우뚝 서서 다만 이 하나를 의지해서 늘 스스로 말씀하시기를 "수미산에 기댄 것처럼 하라(如倚一座須彌山)"고 했는데, 이것이 어찌 쓸데없는 장난에 떨어지거나 간사하고 꾀 많은 사람이 사람을 속이는 것이라 하겠는가! 스님은 아무 맛도 없는 쇳덩이를 쥐고 처음부터 학인들에게 들어서 씹게 했고, 모름지기 이것을 통해 통 밑이 쑥 빠진 듯한 경지에 이르도록 했다. 허다한 악지악견惡知惡見을 다 없애고, 가슴속에 실 끝만큼도 걸리지 않고 꿰뚫어 완전히 깨끗해져야, 비로소 손을 써서 단련시킬 만하다 하면서 주먹과 발을 쓰는 것을 그만 두었다. 그런 다음 금강왕보검을 보여 학인이 과연 실천하고 감당할 수 있는가를 헤아렸다.

❀

淨然無一事 山是山水是水 更應轉向那邊 千聖籠羅不住處 便契 迺祖以來所證傳 持正法眼藏. 及至應用爲物 仍當驅耕夫之牛 奪飢人之食 證驗得十成無滲漏. 卽是本分道流也.

※十成(십성): 황금의 품질을 열로 나누었을 때 최상의 등급. 썩 잘 된 일이나 물건을 두고 이르는 말. 꼭. 반드시. 틀림없이.

깨끗하고 명백해서 어떤 일도 없고, '산은 산이요, 물은 물인(山是山水是水)'[13] 경지에 이르러도, 다시 마땅히 일천 성인들이 가두어 놓으려

---

13 황벽 스님의 『완릉록』에 다음과 같이 기술하고 있다.
云 "今正悟時 佛在何處" 師云 "問從何來 覺從何起 語默動靜 一切聲色 盡是佛事 何處覓佛. 不可更頭上安頭 嘴上加嘴. 但莫生異見 山是山 水是水 僧是僧 俗是俗

해도 가둘 수 없는 저쪽으로 방향을 바꿔, 바로 조사들이 증득하고 전해왔던 것과 계합해야 정법안장正法眼藏을 지니게 된다. 또한 마땅히 중생을 위해 이 도리를 씀에 이르러서도 당연히 밭가는 이의 소를 쫓아버리고, 주린 이의 밥을 빼앗는 것을 증험해야 반드시 샘(滲漏, 번뇌)[14]이 없음을 얻게 된다. 그러면 이것이 곧 본분도류(本分道流,

---

山河大地 日月星辰 總不出汝心. 三千世界 都來是汝個自己 何處有許多般. 心外無法 滿目青山 虛空世界 皎皎地無絲法許與汝作見解. 所以 一切聲色 是佛之慧目. 法不孤起 仗境方生 爲物之故 有其多智. 終日說何曾說 終日聞何曾聞. 所以釋迦四十九年說 未曾說著一字."

물었다.

"지금 바로 깨달을 때 부처는 어디에 있는 것입니까?"

선사(師, 황벽희운)가 말했다.

"물음은 어디서 왔고, 깨달음은 어디서 일어났는가? 어묵동정과 일체 성색聲色이 모두 불사佛事이거늘, 어디서 부처를 찾겠는가? 다시 머리 위에 머리를 얹고 부리 위에 부리를 더해서는 안 된다. 다만 다른 견해를 내지 않으면, 산은 산이고 물은 물이며, 승은 승이고 속은 속일 뿐이다. 산하대지와 일월성신이 모두 그대의 마음에서 벗어나지 않고 삼천대천세계가 모두 온 것이 그대의 자기인데, 어디에 많은 일들이 있겠는가.

마음 밖에 법이 없으니, 눈에 가득 청산이다. 허공세계는 밝고 밝아 실 끝만한 법도 그대로 하여금 견해를 짓지 않게 하니, 그래서 일체의 성색이 부처의 지혜로운 눈인 것이다.

법은 홀로 일어나지 않고 경계를 기대야 생길 수 있는 것이니, 경계 때문에 많은 지혜가 있는 것이다. 종일 말을 하더라도 어찌 말한 적이 있으며, 종일 들어도 어찌 들은 적이 있겠는가. 그래서 '석가가 49년 설했지만 일찍이 한 자도 설한 적이 없다'고 한 것이다."

14 滲漏(삼루)에 관해 동산양개선사어록에서는 다음과 같이 기술하고 있다.

진정한 수행자)인 것이다.

---

滲漏(삼루): 학인들이 종종 견해, 정식情識과 언어 세 가지 측면에 집착하여 얽매여 있는 것을 타파하려고 동산 스님은 '삼종삼루'를 말하고 있다. 학인을 제접할 때, 학인의 서로 다른 근기와 그 집착하여 얽매인 부분을 타파하여, 어떠한 집착과 얽매임도 없이 선에 대한 정확한 인식을 수립하고자 하여 이 삼종삼루를 시설하고 있는 것이다. 삼종삼루는 '견삼루見滲漏·정삼루情滲漏·어삼루語滲漏'를 말한다. (중략)
첫 번째 견삼루見滲漏는 학인이 자기가 아는 측면에 집착하여 선에 대한 잘못된 견해를 갖는 것이다. 동산 스님은 견삼루에 대해 구체적으로 설명하기를 "기機가 자리를 떠나지 않아, 독의 바다에 떨어진 것"이라고 하였다. 이는 아는 바에 견해가 막힌 것을 말하며, 학인이 아는 바에 집착하여 얽매임을 말한다. 그렇게 되면 필연적으로 사바의 고해에 빠져들게 되어, 선에 대한 진정한 견해를 얻을 수 없게 된다. 따라서 이러한 학인을 접인할 때, 반드시 그 집착하여 얽매여 있는 바를 타파하고, 전위轉位시켜야 하는 것이다. 전위를 통하여 학인의 견해에 대한 집착과 얽매임을 타파하여야만 현기묘용玄機妙用을 논할 수 있다는 것이다.
두 번째 정삼루情滲漏는 실질적으로 학인이 정식의 경계에 집착하여 얽매이는 것을 가리킨다. 이러한 학인을 제접할 때, 반드시 그들의 정식의 경계에 대해 집착하여 얽매이는 것을 타파해야 한다. 동산 스님은 정삼루에 대해 "향하고 등질 것에 막하여 견처가 치우쳐 고루한 것"이라고 말하고 있다. 정삼루에 의해 조성된 정식의 경계에 대한 집착과 얽매임을 타파하려면 반드시 문구文句의 이변二邊에서 벗어나야 한다는 것이다.
세 번째 어삼루語滲漏는 학인은 언어문자에 집착하여 얽매여서는 안 된다는 것이다. 동산 스님은 언어는 국한성이 있어, 결코 선에 대한 본질적인 인식을 표현할 수 없다고 보고 있다. 그는 어삼루에 대하여 "묘함을 궁구하여 종宗을 잃고, 기機가 끝내 어두워, 지혜가 탁해져 생사에 유전하게 되는 것이다"라고 말하고 있다. 즉 학인은 어구에 집착하여 얽매일 수 없으며, 이러한 집착과 얽매임을 타파해야만, 말 없는 가운데 말이 있고, 말이 있는 가운데 말이 없어, 비로소 참다운 선의 종지를 인식하게 된다는 것이다.(양관 역주, 동산양개화상어

❀

摩竭陀國 親行此令 少林面壁 全提正宗. 而時流錯認 遂向泯默 以爲無縫罅無摸索 壁立萬仞 殊不知本分事. 恣情識摶量 便爲高見 此大病也. 從上來事 本無如是. 巖頭云 "只露目前 些子箇 如擊石火閃電光 若明不得 不用疑著 此是向上人行履處 除非知有 莫能知之"

※縫(꿰맬 봉): 꿰매다. 바느질하다. 깁다. 혼 솔기.

※罅(틈 하): 틈. 결함. 실수. 탈락. 갈라터지다. 갈라지다.

부처는 마가다국(摩竭陀國)에서 몸소 이 법령을 행했고, 달마는 소림에서 면벽한 것으로 바른 종지를 전부 들어 보였다. 그런데 당시의 경향을 잘못 알고는, 마침내 죽은 듯 침묵하고 바라보는 것으로 꿰맬 틈도 없고 더듬어 찾을 수도 없는 만 길 벼랑 같이 우뚝 선 것(壁立萬仞)이라고 하는 것은 본분사本分事를 전혀 모르는 것이다. 또한 제멋대로 정식情識으로 빙빙 돌면서 헤아리는 것을 바로 고견高見이라고 한다면, 이는 대단히 큰 병이다. 예로부터 내려온 일에는 본래 이와 같은 것이 없다. 그래서 암두巖頭[15]가 이르기를 "단지 목전에 조금 드러난 이것은 전광석화와 같은 것이니, 분명하게 밝히지 못했다면 의심할 필요도 없다. 이는 향상인向上人의 행리처(行履處, 경계)이니, 오직 있음을 아는 사람이 아니라면 그것을 알 수 없다"고 하였던 것이다.

---

록, pp.32~34)

15 암두전활에 관해서는 본서 '1. 화장 명 수좌에게' 편의 註35를 참조.

❀

趙州喫茶去 祕魔擎杈 雪峰輥毬 禾山打鼓 俱胝一指 歸宗拽石 玄沙未徹德山棒 臨際喝 並是透頂透底 直截剪斷葛藤. 大機大用 千差萬別會歸一源可以與人解黏去縛. 若隨語作解 卽須與本分草料 譬如 十斛驢乳 只以一滴師子乳滴之 悉皆迸散. 要脚跟下傳持 相繼綿遠 直須不徇人情 勿使容易. 乃端的也. 末後一句 始到牢關 誠哉是言. 透脫死生提持正印 全是此箇時節. 惟是踢著向上關捩子者 便諳悉耶.

※斛(휘 곡): 휘(열 말의 용량. 또는 그 용량을 되는 연모). 말(부피의 단위). 들이(넣을 수 있는 물건 부피의 최댓값). 헤아리다. 재다.

조주의 끽다거喫茶去·비마의 경차擎杈·설봉의 곤구輥毬·화산의 타고打鼓·구지의 일지一指·귀종의 예석拽石·현사의 미철未徹·덕산의 방(棒)·임제의 할(喝) 등,[16] 이 모든 것은 머리끝에서 발끝까지 꿰뚫고 바로 끊어 언어문자(葛藤)를 베어버린 것이다. 대기대용大機大用은 천차만별한 언어문자를 하나의 근원으로 돌아오게 만들고, 사람들에게 끈끈한 것을 없애 주고 결박을 풀어 줄 수 있는 것이다. 그런데 만약 말에 따라 알음알이를 짓는다면 모름지기 본분초료本分草料를 주어야 할 것이니, 비유하면 열 말(斛)의 당나귀 젖에 단지 한 방울의 사자 젖을 떨어뜨리지만, 모두가 깨져 흩어지는 것과 같다. 그러므로 서 있는 그 자리에서 전해 받아 오래오래 계속 잇고자 한다면, 인정人情

16 이 공안들은 본서 '4. 원 수좌에게'와 '5. 유 서기에게' 편의 註를 참조.

도 따르지도 말고 쉽다고 여기지도 말아야 한다. 이것이 바로 단적인 뜻이다.

"말후일구가 비로소 뇌관에 다다랐다(末後一句 始到牢關)"[17]고 했으니, 이 말씀이 참으로 진실하구나!

생사를 꿰뚫고 벗어나서 정인正印을 지니는 것이 온전히 이런 시절이다. 그러므로 오직 향상向上의 관려자(關捩子, 문빗장과 술대)를 실제로 밟는 자만이 바로 알 수 있는 것이다.

---

17 경덕전등록 16권, '예주 낙보산 원안 선사' 편에 다음과 같이 기술하고 있다.
師尋之澧陽樂普山卜于宴處 後遷止朗州蘇谿 四方玄侶憧憧奔湊. 師示衆曰 "末後一句始到牢關 鎖斷要津不通凡聖. 欲知上流之士 不將祖佛見解貼在額頭 如靈龜負圖 自取喪身之本"

선사(낙포원안)는 예양의 낙보산을 찾아 편안한 곳을 헤아리다가 후에 낭주의 소계로 옮겨와 머무니, 사방의 검은 옷을 입은 스님들(玄侶)이 동경하고 동경하면서 급히 모여들었다.
선사가 대중에게 말했다.
"말후일구末後一句가 뇌관에 이르렀으니, 요긴한 곳을 꽉 잡아 성인도 범부도 통과하지 못하게 하라. 뛰어난 부류의 사람을 알고자 하면 조사나 부처의 견해를 이마에 붙이지 마라. 이는 마치 신령스런 거북이가 등에다가 그림을 짊어진 것과 같으니, 스스로 목숨을 잃는 근본을 갖게 되는 것이다."

樂普元安(낙포원안, 洛浦元安, 834~898): 당대唐代의 스님. 청원靑原 스님 문하. 낙보는 주석 산명. 속성은 담淡씨. 섬서성 봉상현 출신. 20세에 출가. 임제의현에게 도를 묻고, 협산선회 회하에서 심요를 얻음. 후에 호남성의 낙포와 낭주의 소계에 머물면서 승려들을 지도함.(전게서, p.94)

# 7. 법왕사의 충 장로께(示 法王沖長老)

從上宗乘 高超直證 師資契會 斷不等閑. 所以 二祖立雪斷臂 黃梅負舂. 自餘服勤 三十二十載 豈容易印可哉. 蓋觀機逗敎 百煅千煉 纔有偏執疑情 盡爲決破. 俾徹底放下得平穩 履踐轉換 到撲不破之地 如皮可漏子相似禁當得. 然後放出 接物利生 此非小小因緣.

※宗乘(종승): 각 종파에서 자기 종파의 교의를 이르는 말. 선종의 교법. 선종 외의 불교 종지의 교법은 여승餘乘이라고 함.
※舂(찧을 용): 찧다. 절구질하다. 해가 지다. 치다. 찌르다.
※服勤(복근): 몹시 힘이 드는 일에 종사함.
※禁(금할 금): 금하다. 견디다. 이겨내다. 누르다. 억제하다. 규칙. 계율.

예로부터 종승(宗乘, 선종의 교법)에서는 높이 뛰어넘어 바로 증득했기 때문에 스승과 제자가 서로 계합해 깨닫는 것이 단연코 예사롭지 않았습니다. 그렇기 때문에 이조(慧可)는 눈 속에 서서 단비를 했고(立雪斷臂),[1] 6조(慧能)는 황매에서 허리에 돌을 매달고 방아를 찧었던

1 二祖慧可(이조혜가, 487~593): 위진남북조시대의 스님. 아명은 신광神光, 승가僧可라고도 함. 속성은 희姬씨. 어려서 노장과 불교경전을 공부하고 나중에 보정선사 문하에 출가, 보리달마를 찾아가 각고의 수행 끝에 깨달음. 시호는 보각普覺

것입니다(黃梅負舂).[2] 또한 그 외의 다른 분들도 몹시 힘든 일을 하면서 30년 20년을 보냈으니, 이것이 어찌 쉽게 인가한 것이겠습니까! 근기를 살펴 가르침을 자아내며 백 천 번 단련했기 때문에 편견이나 집착, 의정疑情이 생기면 모두 결단코 부숴버렸던 것입니다. 또한 철저히 내려놓고 고요하고 안온함을 얻도록 실천 전환해서 쳐도 부서지지

---

대사, 대조大祖선사.(선학사전, p.530)

立雪斷臂(입설단비)에 관해서는 본서 '4. 원 수좌에게' 편의 註23을 참조.

2 경덕전등록 제3권, '홍인 대사' 편에 다음과 같이 기술하고 있다.

後遇信大師得法嗣化於破頭山. 咸亨中有一居士 姓盧名慧能. 自新(舊本誤作鄣字)州來參謁師 問曰 "汝自何來" 曰 "嶺南" 師曰 "欲須何事" 曰 "唯求作佛" 師曰 "嶺南人無佛性 若爲得佛" 曰 "人卽有南北佛性豈然" 師知是異人 乃訶曰 "著槽廠去" 能禮足而退 便入碓坊 服勞於杵臼之間 晝夜不息. 經八月.

(홍인 대사는) 후에 도신 대사를 만나 법을 잇고 파두산에서 교화를 했다. 함형(당 고종의 연호, 670~673)에 한 거사를 만났는데, 성은 노씨요, 이름은 혜능이었다. 신주(新州, 구본에서는 기鄣자로 오기)로부터 와서 대사를 뵙자, 대사가 물었다.

"그대는 어디서 왔는가?"

혜능이 대답했다.

"영남에서 왔습니다."

"무엇을 하고 싶은가?"

"오직 부처가 되고 싶을 뿐입니다."

"영남 사람은 불성佛性이 없는데, 어찌 부처가 되겠는가?"

"사람에게는 남북이 있지만, 불성이야 어찌 그렇겠습니까?"

대사가 비범한 사람(異人)이라는 것을 알았지만, 꾸짖으며 말했다.

"방앗간에나 가거라."

혜능이 대사께 절을 하고는 바로 방앗간에 들어가 절구질을 하였는데, 밤낮으로 쉬지 않고 힘을 썼다. (그러기를) 여덟 달이 지났다.

腰石舂碓(요석부용)에 관해서는 본서 '4. 원 수좌에게' 편의 註24를 참조.

않는 경지에 이르렀기 때문에 마치 새는 가죽 부대를 새지 못하게 하는 것과 같은 것입니다. 그런 다음 세상에 내보내 중생을 제접해 이롭게 하였던 것이니, 이것이 사소한 인연이겠습니까!

❀

纔一不周 卽模子不正 脫得出來 七凹八凸 取笑作者. 是故古德 唯務周正 八面玲瓏. 內於己行持 潔淸如冰玉 外則圓通謳和 覽群情 善回互如陂澤. 立參之際 一一以本分事敲點 待其領略 卽放手段與琢磨 譬如一器水傳一器 切忌滲漏.

※七凹八凸(칠철팔요): 거푸집이 바르게 되지 않아 찍혀 나온 것들이 들쑥날쑥함.

※周正(주정): 반듯하다. 단정하다. 균형 잡히다.

※八面玲瓏(팔면영롱): 어느 쪽에서 보아도 다 투명하고 밝음. 마음이 상퇴하고 막힘이 없음. 대인 관계가 원만하고 사교성이 있음.

※謳(노래 구, 따뜻해질 후): 노래. 어린애의 말소리. 노래하다. 따뜻해지다.

(위와 같은 것들이) 하나라도 주도면밀하지 못하면 모양새가 바르지 않게 되니, 깨달았다고 나와서 (그 견지가) 들쑥날쑥(七凹八凸)하면 단지 웃음거리나 되는 위인이 될 것입니다. 이런 까닭에 옛 어른 스님들(古德)은 오직 반듯한 것에만 힘을 써서 팔면이 영롱玲瓏했습니다. 안으로는 자기가 불도를 닦아 지닌 것이 깨끗하고 맑아서 마치 얼음이나 옥과 같았고, 밖으로는 원만하게 통해서 따뜻하고 부드럽게 군중의 감정을 살피면서 저수지처럼 잘 회호回互했습니다. 또한 참문參問[3]할 때에는 하나하나 본분사로 따져 점검했고, 그가 깨달으면 바로

수단을 써서 탁마해 주었으니, 비유하면 마치 한 그릇의 물을 (다른) 한 그릇에 옮기면서 절대로 새는 것(滲漏)을 금하는 것과 같았습니다.

❀

其間驅耕奪飢 神鬼莫測 只憑仗一大解脫 更不生異類相中頭角. 妥貼無爲 眞五戒十善 出塵阿羅漢也. 達磨有言 "行解相應 名之曰祖" 行脚超方 本爲生死事大 接物利生 爲大善知識 止發明大事因緣. 此相須相資之理 自古以然.

※憑(기댈 빙): 기대다. 의지하다. 의거하다. 전거로 삼다. 성하다.

※妥(온당할 타): 온당하다. 마땅하다. 타당하다. 평온하다. 편안하다. 편안하게 앉다. 안치하다. (아래로) 떨어지다.

※貼(붙일 첩): 붙이다. 붙다. 보태주다. 저당 잡히다. 따르다. 도와주다. 메우다. 보조금. 수당.

※妥貼(타첩): 매우 알맞다. 매우 적당(적절·타당)하다. 별 탈 없이 일이 순조롭게 끝남.

밭 가는 이의 소를 쫓아버리고, 주린 이의 밥을 빼앗는 그 사이는 귀신도 알 수 없으니, 다만 주장자 하나를 의지해 대해탈을 이루어야 다시는 머리에 뿔 달린 이류상異類相으로 태어나지 않을 것입니다. 또한 하는 바 없이 평온하게 따르면서 진실로 5계五戒와 10선十善을 행하면, 이 사람이야말로 번뇌를 벗어난 아라한입니다. 달마가 이르기를 "행行과 해解가 서로 상응해야 조사祖師라 한다"[4]고 했습니다. 두루

---

3 參問(참문): 스승을 찾아뵙고 부처의 가르침에 대해 질문함.(시공 불교사전)

제방을 초월해서 행각하는 것은 본래 생사의 일이 크기 때문이고, 중생을 제접해서 이롭게 하는 것은 대선지식이 되어 오직 대사인연大事因緣[5]을 밝히는 데 있기 때문입니다. 이 두 가지 일은 모름지기 서로 돕는 이치인 것이고, 예로부터 자연 그러하였던 것입니다.

❀

唯堪任荷負大法器 乃能於壁立萬仞. 宗師鑪鞴鉗鎚中煆煉 成就始末眞正. 除是不出 一出必驚群動衆 定也. 蓋緣承當處 旣不莽鹵 付授時亦不率易. 如讓師在曹溪八年 馬祖之與觀音 德嶠之與龍潭 仰山之於大圓 臨濟之於斷際皆不下一二十載. 是故 一言一句一機一境 金聲玉振 後世莫能窺覰. 惟超證到乎大同之地 自然必其落處.

※鑪(화로 로, 노): 화로. 향로. 불을 피우는 기구. 풀무.

※鞴(풀무 배, 전동 복): 풀무. 허풍선. 전동(箭筒, 화살을 담아 두는 통).

※莽(우거질 망): 우거지다. 거칠다. 넓다. 광활하다.

※鹵(소금 로): 소금. 소금밭. 개펄. 황무지. 어리석음. 우둔하다. 노략질하다.

※莽鹵(망로)=로망鹵莽: 성질이나 재질이 무디고 거침. 행동이 단순하고 경솔함.

※金聲玉振(금성옥진): 시가詩歌나 음악의 아름다운 가락. 사물을 집대성함을 비유적으로 이르는 말. 금은 종鐘, 옥은 경磬을 뜻함. 지智와 덕德을 아울러 갖춘 상태를 비유적으로 이르는 말.

오로지 대법大法을 짊어지고 감당할 만한 그릇이어야 만 길 벼랑 끝에

---

4 조사祖師에 대한 정의는 본서 '1. 화장 명 수좌에게' 편의 註2를 참조.

5 一大事因緣(일대사인연)은 본서 '3. 장 선무 상공께' 편의 註1을 참조.

우뚝 설 수 있습니다. 또한 종사의 풀무질과 쇠망치 속에서 단련되어야 본말(始末, 本末)이 모두 참으로 바르게 될 수 있습니다. 세상에 나오지 않으면 그만이지만, 한 번 나오면 반드시 중생들을 놀라게 하고 감동을 주는 것은 정해진 이치입니다. 왜냐하면 깨달은 인연이 단순하고 경솔한 것도 아니고, 법을 부촉할 때에도 경솔하거나 쉽게 하지 않았기 때문입니다. 예를 들면, 회양懷讓은 조계산曹溪山에 8년 있었고,[6] 마조

---

6 南嶽懷讓(남악회양, 674~744): 당대의 스님. 남악은 주석 산명. 속성은 두杜씨. 15세에 홍경율사에게 출가하여 율장을 공부하고, 6조 혜능에게 5년간 참학하여 그의 법을 이음. 후에 남악의 반야사에 주석하였으며 청원행사와 더불어 혜능의 2대 제자가 되었고, 후에 마조도일에게 법을 전함. 시호는 대혜大慧선사.(선학사전, p.100)

경덕전등록 제5권, '남악회양 선사' 편에는 15년을 시봉한 것으로 되어 있으며, 다음과 같이 기술하고 있다.

時同學坦然知師志高邁 勸師謁嵩山安和尙. 安啓發之 乃直詣曹谿參六祖. 祖問 "什麽處來" 曰 "嵩山來" 祖曰 "什麽物恁麽來" 曰 "說似一物卽不中" 祖曰 "還可修證否" 曰 "修證卽不無 汚染卽不得" 祖曰 "只此不汚染諸佛之所護念 汝旣如是吾亦如是西天般若多羅讖 汝足下出一馬駒 蹋殺天下人 並在汝心不須速說" 師豁然契會 執侍左右一十五載. 唐先天二年始往衡嶽居般若寺.

(중략) 이때 동학인 탄연坦然이 선사(남악회양)의 뜻이 고매하다는 것을 알고, 스님에게 숭산의 혜안 화상을 뵙기를 권했다. 혜안의 가르침을 받고는 바로 조계로 가서 6조를 참례하자, 6조가 물었다.

"어디서 왔는가?"

회양이 말했다.

"숭산에서 왔습니다."

6조가 말했다.

"어떤 물건이 이렇게 왔는가?"

馬祖는 관음원觀音院에 있었습니다.[7] 덕교德嶠는 용담龍潭에 있었고,[8] 앙산仰山은 대원 위산大圓潙山에 있었으며,[9] 임제臨濟는 단제斷際에

---

회양이 말했다.

"한 물건(어떤 것)이라 해도 맞지 않습니다."

6조가 말했다.

"닦아서 증득할 수 있겠는가?"

회양이 말했다.

"닦아 증득함이 없는 것은 아니지만, 더러움에 물들지는 않습니다."

6조가 말했다.

"다만 이 더러움에 물들지 않는 것이 모든 부처가 호념하는 바이다. 그대도 이미 이와 같고 나 또한 이와 같다. 서천의 반야다라가 예언하기를 '그대의 발밑에 망아지 하나가 나와 천하 사람을 밟아 죽일 것이다'고 했는데, 모두 그대 마음속에 두고 모름지기 너무 급히 말하지 말라."

선사가 활연히 계합하고는 곁에서 15년을 시봉하였다. 당 선천(先天, 예종의 말년 연호, 712~713) 2년에야 비로소 형악으로 가서 반야사에 머물렀다.

7 경덕전등록 제5권, '남악 회양 선사' 편에 다음과 같이 기술하고 있다.

一蒙開悟 心意超然 侍奉十秋 日益玄奧.

도일道一이 깨우침을 받고는 마음(心意)이 초연해졌는데, 10년을 시봉하면서 나날이 현묘하고 오묘해졌다.

8 德嶠(덕교)는 덕산선감을 뜻한다. (덕산 스님에 관해서는 본서 1. '화장 명 수좌에게' 편의 註22를 참조.)

龍潭(용담)은 숭신 스님을 뜻한다.

9 仰山慧寂(앙산혜적, 803~887): 당대의 스님. 앙산은 주석 산명. 속성은 섭葉씨. 17세에 출가하여 두 개의 손가락을 잘라서 서원을 세우고 삭발을 함. 위산영우에게 참학하여 법을 이음. 시호는 징허澄虛대사, 지통智通선사.(전게서, p.441)

潙山靈祐(위산영우, 771~853): 당대의 스님. 위앙종. 남악의 문하. 위산은 주석 산명. 속성은 조趙씨. 제자 앙산혜적과 함께 선풍을 크게 거양하여, 그 법계를

있었는데,[10] 이 모든 것이 10년, 20년 그 아래로는 내려가지 않았습니다. 이런 까닭에 일언一言과 일구一句, 일기一機와 일경一境이 모두 금성옥진金聲玉振이고, 뒷사람들이 엿볼 수 없는 것입니다. 오직 증득해서 대동大同의 경지에 같이 있게 되어야, 자연히 반드시 그 낙처(落處, 핵심)를 얻게 되는 것입니다.

❀

憶. 昔馬祖爲西堂云 "子曾看教麼" 藏云 "教豈異耶" 祖云 "不然 子已後爲人 若東道西說" 藏云 "某病須自養 豈敢爲人"祖云 "子未年必 大興於世" 已而果然. 細詳古人 豈不是大徹大悟 向上一段大因緣. 絶言像離分別 硬糾糾處唯己自知獨 樂安閑休歇去處. 然 馬師尙激勵如此 "正欲圓通轉變 不守一隅泥著一處 須該括古今踐履 融攝混圓無際"

기억하십니까! 지난날 마조馬祖가 서당西堂[11]을 위해 말했습니다.

---

위앙종이라 함. 15세에 출가, 경과 율을 공부하고 백장회해 문하로 들어가 법을 이음. 시호는 대원大圓선사.(전게서, p.512)

10 斷際(단제)는 황벽희운의 시호다.
黃蘗希運(황벽희운, ?~850): 당대의 스님. 남악의 문하. 황벽은 주석 산명. 백장회해의 제자가 되어 법을 이음. 배휴의 청에 의해 출가지인 황벽산에 가서 황벽이라 이름 짓고 개조가 됨. 제자로는 임제의현이 있으며, 배휴가 집록한 법어집으로 『전심법요傳心法要』가 있음.(전게서, p.751)

11 西堂智藏(서당지장, 735~814): 당대의 스님. 남악의 문하. 서당은 주석 지명. 8세에 출가하여 25세에 구족계를 받음. 마조도일에게 참학하여 법을 이음. 시호는 대각大覺선사.(전게서, p.347)

"그대는 일찍이 경전(教)을 본 적이 있는가?"

서당이 말했습니다.

"경전이 어찌 다르겠습니까?"

"그렇지 않다. 그대는 이후에 사람들을 위해 여기서는 이렇게 말하고 저기서는 저렇게 말할 것이다."[12]

"저의 병은 모름지기 자신만이 고칠 수 있는 것인데, 어찌 감히 다른 사람의 병을 고치려 하겠습니까?"

"그대는 말년에 반드시 (그대의) 법이 크게 일어날 것이다."

이후, 과연 그러했습니다.

고인古人을 자세히 살펴보면, 어찌 향상向上의 일대사인연(一段大因

---

12 경덕전등록 제7권 '건주 서당지장 선사' 편에서는 다음과 같이 기술하고 있다.
馬祖一日問師云 "子何不看經" 師云 "經豈異邪" 祖云 "然雖如此 汝向後爲人也須得" 曰 "智藏病思自養 敢言爲人" 祖云 "子末年必興於世也"

마조가 하루는 스님에게 물었다.

"그대는 어째서 경전(教)을 보지 않는가?"

서당이 말했다.

"경전이 어찌 다르겠습니까?"

마조가 말했다.

"하지만 비록 그렇더라도 그대는 앞으로 사람들을 위해서는 모름지기 그래야(간경을 해야) 한다."

지장이 말했다.

"저의 병은 자신이 고쳐야 하는데, 감히 다른 사람을 위한다고 말하겠습니까?"

마조가 말했다.

"그대는 말년에 반드시 그대의 법이 일어날 것이니라."

緣)을 대철대오大徹大悟한 것이 아니겠습니까! 굳게 얽히고 얽힌 곳에서 언상言像을 끊고 분별을 떠나, 오로지 자기 스스로 홀로 알아 즐겁고 편안하며 한가로이 쉬었던 것입니다. 하지만 마 대사(馬師)는 오히려 이와 같이 격려했습니다.

바로 원만하게 통하고 전변轉變하고자 하면
한 쪽만을 지켜 진흙처럼 붙어 있지 말라!
모름지기 고금古今을 포괄하고 실천하여,
두루 포섭해서 원만하게 섞여 경계(際)가 없도록 해야 한다.

❀

貴利物之時 八面受敵 撥得草窟裏 一箇半箇焦尾 堪作種草 豈非方便作報佛祖恩德事業耶. 要須打辦精神 垂手方便 一著著須有出身之機 免瞎人眼. 迷果謬因 却不利益. 此最爲知識要徑也.

※焦尾(초미): 눈썹에 불이 붙은 것과 같이 매우 절박함을 이르는 말.

또한 중생을 이롭게 할 때는 팔면으로 적을 받아들이면서도 풀숲을 헤쳐 한 명이나 반 명이라도 본분납자(焦尾)[13]를 찾아내 법손(種草)이 될 수 있게 하는 것을 소중하게 여겼으니, 이것이 어찌 부처와 조사의 은덕을 갚는 방편사업이 아니겠습니까! 모름지기 정신을 차리고 손을

13 장경각 판, 원오심요에서는 '등용문에서 벼락을 맞아 꼬리가 그슬린다'고 주석을 달고, 번역은 '꼬리 그슬린 큰 잉어'로 하였다.(백련선서간행회, 원오심요, p.47) 譯者는 '焦尾(초미)'를 문맥상 '본분납자'로 옮겼다.

내밀어 방편을 써서 한 수 한 수마다 출신지기出身之機가 있어야 남을 눈 멀게 하는 것을 면할 수 있습니다. 결과에 미혹되어 원인을 그릇되게 하면 도리어 이익이 없게 됩니다. 이것이 바로 선지식에게 요구되는 가장 중요한 지름길(要徑)입니다.

❀

黃龍老南大禪師嘗有語"端居丈室 以本分事 接方來人 乃長老之職也 其餘細事 付之知事 無不辦者" 誠哉. 然用人之際 必須愼擇委任 令不敗事始得. 大潙眞如云"住山無巧 只貴善用人" 思之思之. 諺語云"伎倆不如帳㨾" 只如 百丈大智 創立規繩 千古㨾 它底不破 今時但謹遵守. 自己率先不違他雅範 則衆人無有不從去也.

※밑줄 친 부분 가운데 '㨾'은 '樣(모양 양)'으로 번역했다.

황룡혜남黃龍慧南 대선사[14]는 일찍이 이르기를 "방장실에 단정히 앉아 제방에서 본분의 일로 찾아오는 사람을 제접하는 것이 장로의 직분이다. 그 나머지 자잘한 일들은 소임자(知事)에게 맡기면 안 될 것이 없다"고 했는데, 정말로 맞습니다. 하지만 사람을 씀에 있어서는 반드시 신중하게 선택해서 임무를 맡기고 일을 그르치지 않도록 해야 합니다. 대위 진여大潙眞如[15]가 이르기를 "주지住持하는 데는 특별한 재주가 필요 없다. 그저 사람을 잘 쓰는 것을 중히 여길 뿐이다"고

---

14 황룡혜남에 관해서는 본서 '4, 원 수좌에게' 편의 註22를 참조.

15 大潙眞如(대위진여): 이름은 모철(慕喆, ?~1095). 영안원각 율사에게 계를 받고, 취암가진으로부터 인가를 받음.(『선림승보전』에서 譯者 정리)

했습니다. 생각하고 또 생각하십시오!

속담에 "재주 부리는 것(伎倆)이 원칙대로 하는 것(帳樣)만 못하다"고 하였습니다. 백장대지百丈大智[16]가 규범(規繩)을 세우니, 천고에도 그 근본은 깨어지지 않아, 지금도 다만 조심스럽게 지켜갈 뿐입니다. 자기 스스로 솔선수범해서 그 고아한 규범을 어기지 않는다면 따르지 않을 대중이 없을 것입니다.

❀

最後 折倒衲子 透脫死生 須知有千聖羅籠不住 截斷命根底一著始得. 古德大有道 能擒縱善殺活. 得大解脫知識 無不用之 非知之難. 見於行事當機 瞥脫斷得行 方始久遠得力也. 楊岐祖師 倡起金剛圈栗棘蓬 用辨龍蛇擒虎兕. 若本色是他家裏人 等閑拈出 便坐斷衲子舌頭也.

※倡(광대 창): (여자)광대. 기생. 가무. 미치광이. 노래 마디. 부르다. 번창하다. 인도하다.

※兕(외뿔소 시): 외뿔소. 무소(코뿔소)의 암컷.

끝으로 번뇌를 꺾어버리고 생사를 꿰뚫어 벗어나려는 납자라면 모름지기 일천 성인이 그물로 가두려 해도 가둘 수 없고, 목숨의 근본마저도

---

16 百丈大智(백장대지)는 백장회해의 시호이며, 시호가 이외에도 각조覺照, 홍종묘행弘宗妙行 등이 있다.

百丈懷海(749~814): 당대의 스님. 백장은 주석 산명. 속성은 왕씨. 20세에 출가. 사천성 여강에서 대장경을 열람하고 마조도일에게 참구하여 법을 이음. 『백장고청규』(百丈古清規, 서문만 남음)를 지어 선이 중국풍토와 생활에 토착화 됨. 『송고승전』과 『전등록』에서는 세수를 95세라고 함.(전게서, p.262)

끊어버리는 일착자一著子가 있다는 것을 알아야 합니다. 옛 어른 스님들은 큰 도가 있어 능히 잡기도 하고 놓아주기도 하며, 죽이기도 하고 살리기도 할 수 있었습니다. 또한 대해탈을 이룬 선지식들은 그것을 쓰지 않음이 없었고, 그것을 아는 것도 어렵지가 않았습니다. 그러므로 일을 행하면서도 마땅히 기미機微를 보고 눈 깜짝할 새 끊고 벗어나 바로 행할 수 있어야 비로소 영원토록 힘을 얻을 수 있는 것입니다. 양기조사楊岐祖師는 금강권金剛圈과 율극봉栗棘蓬을 제창해서[17] 용과 뱀을 가리고 호랑이와 무소를 사로잡았습니다. 만약 진정으로 그 집 사람이라면 무심히 들어 보여도 바로 납자의 혓바닥을 끊어버릴 것입니다.

17 양기방회에 관해서는 본서 '4. 원 수좌에게' 편의 註22를, 금강권金剛圈과 율극봉栗棘蓬에 관해서는 본서 '5. 유 서기에게' 편의 註19를 참조.

# 8. 법제 선사께(示 法濟禪師)[1]

釋迦文 多子塔前分半座 已密授此印. 爾後拈花 第二重公案 至於付金襴雞足山中候彌勒 是多少節文也. 達磨迢迢自西竺 游梁歷魏 冷坐少林. 深雪之中 有箇斷臂 老子解覷破 不免漏泄 分付伊 謂之 單傳密記. 子細推之一場敗闕. 自此便喧傳西來旨意 世間隨流 將錯就錯 滿地流行. 分五家七宗 遞立門戶提唱 就實窮之 端的成得什麽邊事. 是故從上達人 不喫這般茶飯. 且如 何却是諦當.

※節文(절문): 예절에 관한 규칙이나 규범. 예절에 관한 글월.
※迢迢(초초): (길이) 아득히 멀다.
※漏泄(누설): 비밀이 밖으로 새어나감.
※喧傳(훤전): 여러 사람의 입으로 퍼져서 왁자하게 됨.
※喧(지껄일 훤): 지껄이다. 떠들썩하다. 시끄럽다.
※遞(갈릴 체, 두를 대): 갈리다. 서로 번갈아들다. 전하다.

석가(釋迦文)가 다자탑 앞에서 자리를 반으로 나눠 앉았을 때(多子塔前

---

1 법제 선사는 원문에서 '사주의 보조사에 주석하고 있는 승 장로(住泗洲普照勝長老)' 라고 기술하고 있다.

分半座), 이미 이 마음 도장(心印, 심인)은 은밀히 전수되었습니다.[2]

---

2 禪門拈頌 拈頌說話(선문염송 염송설화) 고칙 4에서는 다음과 같이 기술하고 있다.
世尊在多子塔前 爲人天說法 迦葉後到 世尊遂分座令坐(一本云 分座令坐 金襴圍之) 大衆罔措.

세존이 다자탑 앞에서 인간과 천상의 무리를 위해 설법을 하고 있는데, 가섭이 뒤늦게 도착했다. 세존이 자리를 나눠 가섭에게 앉게 하자(어떤 책에는 '자리를 나눠 앉게 하고는 금란가사로 감쌌다'고 적혀 있다.) 대중들이 어리둥절해 하였다.

한편 指月錄(지월록)에서는 다음과 같이 기술하고 있다.
世尊至多子塔前 命摩訶迦葉分座令坐. 以僧伽黎圍之 遂告曰 "吾以正法眼藏 密付於汝 汝當護持" 幷勅阿難副貳傳化 無令斷絶 而說偈曰 "法本法無法 無法法亦法 今付無法時 法法何曾法" 爾時世尊 說此偈已 復告迦葉. "吾將金縷僧伽黎衣 傳付於汝 轉授補處 至慈氏佛出世 勿令朽壞" 迦葉聞偈 頭面禮足曰 "善哉善哉 我當依勅恭順佛敎"

세존이 다자탑 앞에서 마하가섭에게 자리를 나눠 앉게 했다. 그리고는 승가리僧伽黎로 덮어주면서 말했다.
"나의 정법안장을 은밀히 그대에게 부촉하노니 그대는 마땅히 보호하고 지녀라."
그리고는 아울러 아난에게 명하여 도가 전해지는 것을 도와 단절됨이 없도록 하고, 게송으로 말했다.
法本法無法　법이라고 할 본래의 법에는 법이 없고
無法法亦法　없는 법이라고 하는 그 법도 역시 법이다.
今付無法時　이제 법 없음을 부촉하노니
法法何曾法　법을 법이라 하나, 어찌 법이겠는가.
그때 세존이 이 게송을 설하고 다시 가섭에게 말씀하셨다.
"내가 금란가사를 그대에게 전해서 대대로 보처불에게 전수케 하니, 자씨불(미륵불)이 세상에 나올 때까지 썩거나 파손시키지 말라."
가섭이 게송을 듣고 이마를 발에 대어 절을 하고는 말했다.
"훌륭하십니다. 제가 마땅히 부처님의 말씀대로 하겠으며 부처의 가르침을 공경하지만 이후에 꽃을 들어 보인(拈花) 두 번째 공안[3]으로부터 금란가사金襴袈裟를 맡기고 계족산雞足山에서 미륵彌勒을 기다리게 되기까지는[4]

---

히 따르겠습니다."

〔한편, 경덕전등록에서는 다자탑전분반좌多子塔前分半座, 염화미소拈花微笑에 관해서는 기술하고 있지 않다.〕

3 禪門拈頌 拈頌說話(선문염송 염송설화) 고칙 5에서는 다음과 같이 기술하고 있다.

世尊在靈山說法 天雨四花 世尊遂拈花示衆 迦葉微笑 世尊云 "吾有正法眼藏 咐囑摩訶迦葉"(一本 世尊靑蓮目顧視迦葉 迦葉微笑)

세존이 영산에서 설법을 하고 있는데, 하늘에서 사방으로 꽃이 내렸다.
세존이 그 꽃을 들어 대중에게 보이자 가섭이 웃었다.
세존이 말했다.
"나에게 정법안장이 있는데, 마하가섭에게 전해 주노라."
〔어떤 책에는 '세존이 푸른 연꽃 같은 눈으로 가섭을 돌아보니, 가섭이 웃었다'고 적고 있다.〕

한편, 指月錄(지월록)에서는 다음과 같이 기술하고 있다.

世尊在靈山會上拈花示衆 是時衆皆默然. 唯迦葉尊者破顔微笑. 世尊曰 "吾有正法眼藏 涅槃妙心 實相無相 微妙法門 不立文字 教外別傳 付囑摩訶迦葉"

세존이 영산회상에서 꽃을 들어 대중에게 보이니 그때 대중들은 말없이 있었다.
오직 가섭존자만이 파안미소破顔微笑했다.
세존이 말했다.
"내게 있는 정법안장·열반묘심·실상무상·미묘법문·불립문자·교외별전을 마하가섭에게 부촉하노라."
〔또한 지월록에서는 '拈花示衆'을 먼저 서술하고, 이어서 '多子塔前分座坐'를 서술하고 있다.〕

4 경덕전등록 제1권, '제1조 마하가섭' 편에 다음과 같이 기술하고 있다.

迦葉乃告阿難言 "我今年不久留 今將正法付囑於汝. 汝善守護. 聽吾偈言. 法法本

절차를 이루는 다소간의 규정들이 있게 되었습니다.

달마는 멀고 먼 서 천축으로부터 양나라에서 노닐다가, 위나라를 거쳐 소림에 차갑게 앉았습니다. (하루는) 깊은 눈 속에서 단비斷臂를 한 이가 있었는데, 노장이 이를 간파하고는 누설(漏泄, 비밀이 밖으로 알려지는 것)을 면치 못하고 그에게 부촉하게 되었으니, 이를 일러 '한 사람에게만 은밀히 수기密記한다'고 하는 것입니다. 그러나 그것도 자세히 헤아려보면 한바탕 낭패가 아닐 수 없습니다.

이로부터 서쪽에서 온 뜻(西來旨意)이 여러 사람의 입으로 퍼져 왁자지껄하게 되었고, 세간의 흐름을 따라 잘못에 잘못을 더하며 온 세상에 유행하게 되었습니다. 결국에는 5가7종五家七宗[5]으로 나뉘어져 서로 번갈아 문호를 세우고 종지를 제창하게 되었는데, 실제로

---

來法 無法無非法 何於一法中 有法有不法" 說偈已 乃持僧伽梨衣入雞足山 俟慈氏下生.

(중략) 가섭이 아난에게 말했다.

"내 이제 나이가 있어 오래 머물지 못하니, 지금 정법正法을 그대에게 부촉하노라. 그대는 잘 지키고 보호하도록 하라. 그리고 나의 게송을 들으라."

法法本來法　법을 법이라고 하는 본래 법은
無法無非法　법도 없고 법 아닌 것도 없음이니
何於一法中　어찌 하나의 법 가운데
有法有不法　법 있고 법 아닌 것도 있으랴.

이 게송을 마친 뒤에 곧 가사를 가지고 계족산에 들어가 자씨(미륵불)가 하생하기를 기다리고 있다.

5 五家七宗(5가7종): 5가는 당말唐末에서 송초宋初에 걸친 중국 선종의 다섯 문파를 뜻하는데, 위앙종·임제종·조동종·운문종·법안종을 말한다. 7종은 송대에 임제종이 황룡파와 양기파로 갈린 것을 합해서 이르는 말이다.(선학사전, p.469)

따져본다면 단적으로 이룬 것이 도대체 무엇이겠습니까? 이런 까닭에 예로부터 통달한 사람은 이런 차와 밥은 먹지 않았던 것입니다. 그렇다면 어떤 것이 맞는 것이겠습니까?

❀

將知六合外著得眼 早自別也 況無邊香水海浮幢王刹表下視底 乃少知落著實處. 所以道"此大丈夫事 撲迭掀豁步驟作略 唯同風契證 始善弘荷 終不撥沙撥土 遂與釋迦金色 碧眼神光 共一坐具地"等閑垂手殺人活人 初無窠臼只貴緊峭. 萬苦千辛 至嶮至毒下 得斷命手脚. 然後 不虛印授也. 白雲師公云"神仙祕訣 父子不傳"

※香水海(향수해): 수미산을 둘러싸고 있는 향수香水로 된 바다.
※幢王刹(당왕찰): 화엄법계찰의 이름.
※迭(번갈아들 질, 범할 일): 번갈아들다(질). 번갈아. 범하다. 침범하다(일).
※掀(번쩍들 흔/헌): 번쩍 들다. 치켜들다. 당기다. 높이 솟은 모양.
※豁(뚫린 골 활): 뚫린 골짜기. 소통하다. 깨닫다. 넓다. 비다. 크다.
※步驟(보취): (일이 진행되는) 순서. 절차. 차례.
※撥(칠 살): 치다. 손바닥으로 후려갈기다. 지우다. 지워 없애다. 뒤섞이다.

무릇 천지와 사방(六合, 우주)의 밖을 보는 눈을 가졌더라도 이미 분명하게 서로 다른 것이고, 게다가 끝없는 향수해에 떠 있는 당왕찰幢王刹[6]의 꼭대기와 아래는 볼 수 있을지라도 실다운 곳을 볼 줄 아는

---

6 당왕幢王에 관하여 『대방광불화엄경』 권 제48, 여래수호광명공덕장품에 다음과 같이 기술하고 있으니 참조하기 바란다.

사람은 거의 없다는 것을 알아야 합니다. 그래서 말씀드립니다.

"이 대장부의 일은 한 번 쳐서 순서를 뒤바꿔 놓고, 번쩍 들어 소통시켜버리는 발 빠른 기략機略을 펼쳐, 오로지 똑같은 가풍에 계합하고 증득해야만, 비로소 널리 짐을 짊어질 수 있습니다. 그러면 끝내 모래를 없애고 흙을 없애지(撥沙撥土) 않고도 마침내 석가와 가섭(金色),[7]

---

爾時世尊 告寶手菩薩言 佛子 如來應正等覺 有隨好 名圓滿王 此隨好中 出大光明名爲熾盛 七百萬阿僧祇光明 而爲眷屬 佛子 我爲菩薩時 於兜率天宮 放大光明名光幢王 照十佛刹微塵數世界

그때 세존께서 보수보살에게 말씀하셨다.

"불자여! 여래·응공·정등각에게 수순하는 상호가 있으니, 이름이 원만왕圓滿王이니라. 이 수순하는 상호에서 대광명을 놓으니, 이름을 치성熾盛이라 하고, 칠백만 아승기의 광명으로 권속을 삼느니라.

불자여! 내가 보살이었을 때 도솔천궁에서 대광명을 놓았는데, 이름이 광당왕(광명의 깃발왕)이었고, 열 명의 부처님 국토의 티끌같이 많은 수의 세계를 비추었느니라."

7 金色(금색)은 마하가섭을 뜻한다.

경덕전등록 제1권, '마하가섭' 편에 보면 '부법전付法傳'을 근거로 다음과 같이 기술하고 있다.

付法傳云 嘗於久遠劫中毘婆尸佛入涅槃後 四衆起塔 塔中像面上金色有少缺壞. 時有貧女將金珠往金 師所請飾佛面. 旣而因共發願 '願我二人爲無姻夫妻' 由是因緣九十一劫身皆金色 後生梵天 天壽盡生 中天摩竭陀國婆羅門家. 名曰迦葉波此云 飮光勝尊 蓋以金色爲號也. 繇是志求出家冀度諸有. 佛言 "善來 比丘" 鬚髮自除 袈裟著體 常於衆中稱歎第一.

부법전에서 말했다.

일찍이 아주 오랜 옛적, 비바시불이 열반에 든 뒤 사부 대중이 탑을 세웠는데, 탑 안에 모신 불상의 얼굴에 금빛이 조금 훼손되어 있었다. 이때 어떤 가난한 달마(碧眼)와 혜가(神光)와 함께 한 자리에 앉게 되는 것입니다."[8]

무심히 손을 쓰면서 사람을 죽이고 살리는 것에는 애초부터 고정된 틀(窠臼)이 없습니다. 다만 긴밀하고 엄격함만을 중요하게 여길 뿐이니, 천신만고 노력해서 지극히 험하고 지극히 독함에 이르러야 목숨을 끊는 솜씨를 얻게 됩니다. 그런 다음에야 헛되지 않게 마음 도장(心印, 심인)을 전해줄 수 있습니다. 백운 스님(白雲師公)[9]께서 말씀하셨습니다.

"신선의 비결은 부자간에도 전하지 못한다(神仙祕訣 父子不傳)."

---

여인이 금 구슬을 가지고 단금사의 처소로 가서 불상의 얼굴을 장식해 달라고 청하였다. 그리고는 함께 발원하기를, "원하옵나니, 저희 두 사람 육체관계가 없는 부부가 되게 하소서!"라고 했다. 이 인연으로 91겁 동안 몸이 모두 금빛이 되었다.

뒤에 범천으로 태어났다가 범천의 수명이 다한 뒤에는 중천축 마갈타국의 바라문의 집안에 태어났다. 이름은 가섭파이며, 음광승존이라고 (번역)하며 금빛으로 명호를 삼았다. 이것으로 말미암아 출가를 구하는 뜻을 세우고 모든 중생을 제도하기를 바랐다.

부처님께서 말씀하시길 "잘 왔도다, 비구여(善來 比丘, 또는 오라, 비구여)!"라고 하자, 수염과 머리털이 저절로 없어지고 가사가 걸쳐졌다. 늘 대중 가운데 제일이라는 칭찬을 받았다.

8 譯者는 원오 스님이 직접 한, 강조의 말씀으로 번역했다.

9 白雲守端(백운수단, 1025~1072): 송宋대의 스님. 임제종 양기파. 백운은 주석 산명. 속성은 주周씨. 호남성 형양 출신. 양기방회에게 참학하고 법을 이음.(전게서, p.258)

# 9. 고 서기에게(示 杲書記)[1]

臨濟正宗 自馬師黃檗 闡大機發大用. 脫籠羅出窠臼 虎驟龍馳 星飛電激 卷舒擒縱 皆據本分 綿綿的的. 到風穴興化 唱愈高機愈峻. 西河弄師子 霜華奮金剛王 非深入閫奧 親授印記 莫知端倪. 徒自名邈 只益戲論.

※闡發(천발)＝發闡(발천): 싸이거나 가리어 있던 것이 열려서 드러남. 앞길을 개척하여 세상에 나섬.

※愈(유): 하면 할수록 ~하다. 중첩하여 정도가 점점 발전해 감.

---

1 원문에는 '고 서기'가 당시 항주 경산사에 머물고 있는 것(住杭州徑山)으로 기술하고 있다. 경산사에 머물고 있는 고 서기는 제자 대혜종고를 뜻한다. 또한 본서 '19. 고 선인에게' 편도 대혜종고에게 준 편지다.

書記(서기): 6두수의 하나. 선원에서 공사公私의 문서를 담당하는 소임.(선학사전, p.346)

大惠宗杲(대혜종고, 1089~ 1163): 남송대의 스님. 임제종 양기파. 호는 묘희妙喜 또는 운문雲門. 자는 담회曇晦. 속성은 해奚씨. 13세에 유학을 배우고 16세에 득도, 이듬해에 구족계를 받음. 동산에서 잠시 조동종의 종지를 배우고 담당문준의 회하로 들어가 공부하다가 원오극근에게서 참구할 것을 권유받고 청량 덕홍에게 먼저 예를 올리고는 그곳에서 장상영을 알현함. 뒤에 원오극근의 회하에서 깨닫고 법을 이음.(선학사전, p.157)

※奮(떨칠 분): 떨치다. 명성 등을 드날리다. 휘두르다. 힘쓰다.

※閫(문지방 곤): 문지방. 문지방 한가운데의 턱. 왕후가 거처하는 곳. 성문.

※端倪(단예): 端은 산꼭대기, 倪는 물가의 뜻. 맨 끝. 일의 시초와 본말.

※徒(도): 아무것도 없는. 근거가 없는. 다만. 공연히. 헛되이. 쓸 데 없이.

※邈(멀 막): 貌(얼굴 모)의 誤字인 것 같다.

임제정종臨濟正宗은 마조와 황벽[2]으로부터 대기大機와 대용大用이 열리고 드러났다. 그물을 벗어나고 소굴을 나와 호랑이가 달리고 용이 날 듯 했고, 별이 떨어지고 번개가 치듯 했으며, 말고 펴고(卷舒)·잡고 놔주는 것(擒縱)이 모두 본분本分에 의거해서 끊임없이 계속해서 분명하고 분명했다. 풍혈風穴과 흥화興化[3]에 이르러, 제창(唱, 提唱)은 점점

---

2 마조도일에 관해서는 본서 '4. 원 수좌에게' 편의 註10을 참조.
황벽희운에 관해서는 본서 '7. 충 장로께' 편의 註10을 참조.

3 風穴延沼(풍혈연소, 896~973): 송대의 스님. 임제종. 풍혈은 주석 산명. 속성은 유劉씨. 항주 출신. 진사시험에 실패한 뒤, 개원사에서 출가. 지공 스님에게 삭발수계하고 천태天台를 공부하다가 경청도부·남원혜옹에게 참학 후, 남원의 법을 이음. 풍혈사를 개당하여 임제의현의 종풍을 더욱 성하게 함.(전게서, p.695)
경덕전등록 제13권, '풍혈연소 선사' 편에 다음과 같은 상당법문을 기술하고 있으니, 참고하기 바란다.

師上堂謂衆曰 "夫參學眼目 臨機直須大用現前 勿自拘於小節. 設使言前薦得 猶是滯殼迷封. 縱然句下精通 未免觸途狂見. 觀汝諸人 應是向來 依他作解 明昧兩岐. 與爾一時掃却 直教箇箇 如師子兒吒呀地 哮吼一聲 壁立千仞 誰敢正眼覷著. 覷著卽瞎却渠眼.

〔상기의 밑줄 친 부분 가운데 '穀'은 '殼(껍질 각)으로 번역했다.〕

선사(풍혈연소)가 상당하여 대중에게 말했다.

"무릇 참학하는 안목이라면 기機를 밝힘에 있어서는 바로 모름지기 대용이 앞에

더 높아지고 기봉(機, 機鋒)은 더욱 더 준엄하게 되었다. 서하西河가 사자를 희롱하고,[4] 상화霜華가 금강왕보검을 드날린 것[5]이 조실祖室의

---

드러나야지, 사소한 절차에 스스로 구애되어서는 안 된다. 말하기 전에 깨닫더라도 오히려 껍질에 갇혀 미혹을 돋는 것이다. (또한) 비록 말 아래(句下) 정통하더라도 닿는 곳마다 미친 견해를 면치 못하는 것이다.

그대들 여러분을 보건대, 아마도 지금까지 다른 사람들이 설명한 밝고 어두운 두 갈래 길에 있었다. (이제) 그대들에게 (그것들을) 일시에 쓸어버리도록 해서 바로 하나하나 마치 사자가 입을 딱 벌린 채 일성으로 포효하면서 천 길 벼랑 위에 서 있는 것처럼 하도록 하리라. (그러면) 누가 감히 바른 눈으로 보겠는가. 보는 즉, 바로 그의 눈은 멀게 될 것이니라."

興化存奬(홍화존장, 830~888): 당대의 스님. 임제종. 홍화는 주석 산명. 속성은 공孔씨. 산동성 출신. 삼성혜연에게 참학함. 임제록의 교감자校勘者로 알려짐. 그의 문하에 남원혜옹이 있음.(전게서, p.759)

4 西河(서하)는 분양선소를 뜻한다.

汾陽善昭(분양선소)에 관해서는 본서 '4. 원 수좌에게' 편의 註20을 참조.

서하사자西河師子=분양사자汾陽師子: 분양이 말하되, "분양의 문하에는 서하의 사자가 문턱에 앉아, 누구든지 오기만 하면 물어뜯어 죽인다. 어떤 방편을 써야 분양의 문 안에 들어와서 분양의 사람됨을 보리오?" 하였다.(『오등회원』 11 분양선소장에서 인용. 전게서, p.300)

한편, 『분양무덕선사어록(汾陽無德禪師語錄 卷上)』에 다음과 같이 기술하고 있다.
"如何是學人著力處" 師云 "嘉州打大像" "如何是學人轉身處" 師云 "陜府灌鐵牛"
"如何是學人親切處" 師云 "西河弄師子"

"어떤 것이 학인이 힘쓸 곳(著力處)입니까?"
"가주의 대불大佛을 쳐라."
"어떤 것이 학인의 전신처轉身處입니까?"
"섬부陜府의 철우鐵牛를 씻겨라."
"어떤 것이 학인이 몸소 체득해야 할 곳(親切處)입니까?"

문지방 속으로 깊이 들어가 친히 인가印可 받은 것이 아니었다면, 이 일의 시초와 본말은 알 수가 없을 것이다. 쓸데없이 이름과 형상(名邈)을 따른다면 단지 희론戱論만을 더하게 될 뿐이다.

❀

大抵 負冲天氣宇 格外提持 不戰屈人兵 殺人不眨眼 尙未髣髴其趣向 況移星換斗 轉天輪迴地軸耶. 是故 示三玄三要 四料簡 四賓主 金剛王寶劒 踞地 師子 一喝不作一喝用 探竿影草 一喝分賓主 照用一時行 許多絡索.

※大抵(대저): 대체로 보아서. 무릇. 대강.
※氣宇(기우): 기개氣槪와 도량度量.
※髣髴(방불): 거의 비스름함. 눈에 삼삼함. 그럴듯함.
※絡(이을 락): 잇다. 두르다. 둘러싸다. 얽다. 묶다. 포괄하다. 줄. 고삐. 그물. 띠.
※一絡索(일락삭): 한 다발의 이야기.(선학사전, p.536)

무릇 하늘을 찌를 듯한 기개와 도량(氣宇)에 힘입어 격외格外를 제지하고, 싸우지 않고 적병을 굴복시키며, 사람을 죽이고도 눈 하나 깜짝하지 않는다고 해도 아직은 본분사(趣向)와는 비슷하지도 않는데, 하물며 어떻게 별을 옮기고 북두칠성을 바꾸며, 천륜天輪을 굴리고

---

"서하西河가 사자를 희롱한다."

5 霜華(상화)는 석상초원을 뜻한다. 스님에 관해서는 본서 '4. 원 수좌에게' 편의 註19를 참조.

지축地軸을 돌리는 경우이겠는가! 이런 까닭에 삼현삼요三玄三要[6]·사료간四料簡[7]·사빈주四賓主[8]·금강왕보검金剛王寶劍·거지사자踞地師

---

6 '三玄三要(삼현삼요)'에 관하여 임제록에서 다음과 같이 기술하고 있다.
上堂僧問 "如何是第一句" 師云 "三要印開朱點側 未容擬議主賓分" 問 "如何是第二句" 師云 "妙解豈容無著問 漚和爭負截流機" 問 "如何是第三句" 師云 "看取棚頭弄傀儡 抽牽都來裏有人" 師又云 "一句語須具三玄門 一玄門須具三要 有權有用 汝等諸人 作麽生會" 下座.

상당하자, 어떤 스님이 물었다.
"어떤 것이 제1구입니까?
임제가 말했다.
"삼요의 도장을 떼면 붉은 글씨가 드러나니, 머뭇거리며 빈주賓主를 나누는 것을 용납하지 않는다."
스님이 물었다.
"어떤 것이 제2구입니까?"
임제가 말했다.
"묘해(妙解, 문수)가 어찌 무착無著 선사의 물음을 용납하겠는가마는 방편 상 어찌 뛰어난 근기(무착)를 저버릴 수 있겠는가!"
스님이 물었다.
"어떤 것이 제3구입니까?"
임제가 말했다.
"무대 위의 꼭두각시 조정하는 것을 잘 보아라. 밀었다 당겼다 하는 것이 모두 그 속에 사람이 있어서 하는 것이다."
임제가 또 말했다.
"한 구절의 말(一句語)에 반드시 삼현문三玄門이 갖춰져야 하고, 일현문一玄門에 반드시 삼요三要가 갖춰져 있어야 하며, 방편도 있고 작용도 있어야 한다. 그대들 모두는 이것을 어떻게 이해하는가?"
(그리고는) 법상에서 내려왔다.

子・일할부작일할용一喝不作一喝用・탐간영초探竿影草[9]를 보이고, 일

---

7 '四料簡(사료간)'에 관하여 임제록에서 다음과 같이 기술하고 있다.

師晚參示衆云 "有時奪人不奪境 有時奪境不奪人 有時人境俱奪 有時人境俱不奪" 時有僧問 "如何是奪人不奪境" 師云 "煦日發生鋪地錦 瓔孩垂髮白如絲" 僧云 "如何是奪境不奪人" 師云 "王令已行天下遍 將軍塞外絶烟塵" 僧云 "如何是人境兩俱奪" 師云 "幷汾絶信獨處一方" 僧云 "如何是人境俱不奪" 師云 "王登寶殿野老謳歌"

선사(임제의현)가 저녁법문 때 대중들에게 말했다.

"어느 때는 사람(주관)은 빼앗고 경계(객관)는 빼앗지 않으며, 어느 때는 경계는 빼앗고 사람은 빼앗지 않으며, 어느 때는 사람과 경계를 함께 빼앗으며, 어느 때는 사람과 경계를 모두 빼앗지 않는다."

어떤 스님이 물었다.

"어떤 것이 사람(주관)은 빼앗고 경계(객관)는 빼앗지 않는 것입니까?"

선사가 말했다.

"햇볕이 따뜻한 봄날에 온갖 싹이 피어오르니 대지에 비단을 깐 듯하고, 갓난아이가 머리카락을 늘어뜨리니 희기가 명주실 같다."

스님이 물었다.

"어떤 것이 경계는 빼앗고 사람은 빼앗지 않는 것입니까?"

선사가 말했다.

"왕의 명령이 천하에 두루 시행되니, 변방의 장군이 전쟁을 하지 않는다."

스님이 물었다.

"어떤 것이 사람과 경계를 함께 빼앗는 것입니까?"

선사가 말했다.

"병주와 분주는 소식을 끊고 각기 한 지방을 차지했다."

스님이 물었다.

"어떤 것이 사람과 경계를 모두 빼앗지 않는 것입니까?"

선사가 말했다.

"왕은 보배궁전에 오르고 시골노인은 태평가를 부른다."

8 '四賓主(사빈주)'는 임제종의 4빈주와 조동종의 4빈주가 있다.

할로 주인과 손님을 나누며(一喝分賓主), 조照와 용用을 일시에 행하는

---

가) 임제종의 4빈주는 임제의현이 주객(선사와 학인)이 회견 때의 양태를 나눈 것으로,

①객간주客看主: 선사가 범용凡庸하고 학인이 준수俊秀한 것.

②주간객主看客: 선사가 준수하고 학인이 범용한 것.

③주간주主看主: 선사와 학인이 함께 준수 비범한 것.

④객간객客看客: 선사와 학인이 함께 범용한 것.

나) 조동종의 4빈주는 주중빈(主中賓, 正中偏), 빈중주(賓中主, 偏中正), 주중주(主中主, 正中來), 빈중빈(賓中賓, 偏中至 또는 兼中至·兼中到)를 뜻한다.(선학사전, p.323)

임제록에서는 '사빈주'를 다음과 같이 기술하고 있다.

如禪宗見解 死活循然 參學之人 大須子細 如主客相見. 便有言論往來 或應物現形 或全體作用 或把機權喜怒 或現半身 或乘師子 或乘象王. 如有眞正學人 便喝先拈出一箇膠盆子 善知識不辨是境 便上他境上作模作樣 學人便喝 前人不肯放 此是膏肓之病不堪醫 喚作客看主. 或是善知識不拈出物 隨學人問處卽奪 學人被奪抵死不放 此是主看客. 或有學人 應一箇淸淨境出善知識前 善知識辨得是境 把得抛向坑裏 學人言 '大好善知識 卽云咄哉 不識好惡 學人便禮拜 此喚作主看主. 或有學人披枷帶鎖出善知識前 善知識更與安一重枷鎖 學人歡喜 彼此不辨 呼爲客看客 大德山僧如是所擧 皆是辨魔揀異 知其邪正.

선종의 견해로는 죽고 사는 것이 돌고 도는 것이니, 참학하는 사람들은 대단히 자세해야 한다. 주인과 손님이 서로 만나면 바로 말로 논하는 것이 오고 가는데, 혹은 중생을 따라 형태를 드러내기도 하고, 혹은 전체를 작용하기도 하며, 혹은 기와 방편을 잡아 기뻐하기도 하고 노여워하기도 하며, 혹은 반신만 드러내기도 하며, 혹은 사자를 타기도 하고, 혹은 상왕(코끼리)을 타기도 한다.

예를 들어 어떤 참되고 바른 학인이 바로 할을 해서 먼저 하나의 아교 동이(膠盆子)를 드러내면 선지식이 이 경계를 헤아리지 못하고 바로 저 경계에 올라 모양을 짓는데, 학인이 바로 할을 해도 앞 사람은 긍정해서 놓아주지를 않는다. 이것은 고황의 병(膏肓之病, 고칠 수 없는 병)으로 약으로 감당할 수가 없는 것이니,

등, 학인을 시험해 보는 장치(絡索)가 매우 많았던 것이다.

---

'객간주(客看主, 손님이 주인을 본다)'라고 하는 것이다.

혹은 선지식이 어떤 것도 드러내지 않고, 학인이 묻는 것을 따라서 바로 빼앗아 버리는데, 학인이 빼앗기고도 죽어도 놓아버리지 않으면 이것이 '주간객(主看客, 주인이 손님을 본다)'이다.

혹은 어떤 학인이 하나의 청정경계에 응해서 선지식 앞에 내놓으면, 선지식이 이 경계를 헤아리고는 잡아서 구덩이에 던져 버린다. 그러면 학인이 말하기를 '대단한 선지식입니다'고 하는데, 이에 바로 이르기를 '쯔쯧, 좋고 나쁨도 모르는구나!'라고 한다. 그러면 학인이 바로 절을 하는데, 이것을 일러 '주간주(主看主, 주인이 주인을 본다)'라고 하는 것이다.

혹은 어떤 학인이 칼을 쓰고 쇠사슬을 차서 선지식 앞에 나오면 선지식이 다시 한 겹의 칼과 쇠사슬을 씌운다. 그러면 학인이 기뻐하며 서로 헤아리지 않는데, 이것을 일러 '객간객(客看客, 객이 객을 본다)'이라고 하는 것이다.

대덕들이여! 산승이 이와 같이 거론하는 것은 모두가 마군을 헤아리고 이단을 가려, 그 삿됨과 바름을 안 것이다.

9 '金剛王寶劒 踞地師子 一喝不作一喝用 探竿影草(금강왕보검 거지사자 일할부작일할용 탐간영초)'에 관해 임제록에서는 다음과 같이 기술하고 있다.

師問僧 "有時一喝如金剛王寶劍 有時一喝如踞地金毛師子 有時一喝 如探竿影草 有時一喝不作一喝用 汝作麽生會" 僧擬議 師便喝.

선사(임제의현)가 어떤 스님에게 물었다.

"어떤 '할'은 금강왕의 보검 같고, 어떤 '할'은 무릎을 세우고 앉은 금빛 사자와 같으며, 어떤 '할'은 어부가 고기를 찾는 장대(물가를 쑤셔서 고기를 내모는 도구)와 같고, 도둑이 창에 풀잎을 비춰 봄으로써 집주인이 잠들었는지를 가늠하는 도구와 같으며, 어떤 '할'은 할로써의 작용을 하지 않는다. 그대는 어떻게 알고 있는가?"

그 스님이 머뭇거리자 임제가 '할!' 했다.

❀

多少學家 搏量注解 殊不知 我王庫中 無如是刀. 及弄將出來 看底只是眨眼. 須是他上流 契證驗認 正按旁提 還本分種草 豈假梯媒. 只如寶壽開堂 三聖推出一僧 壽便打. 聖云 "你與麼爲人 非但瞎却這僧瞎却鎭州一城人眼去在" 壽擲下拄杖 便歸方丈.

※媒(중매 매): 중매. 중매인. 매개. 향도. 안내.

※開堂(개당): 선종에서, 새로 주지가 된 승려가 처음으로 설법하는 행사. 경전을 번역할 때 여러 벼슬아치가 와서 번역하는 일을 돌아보는 일.

※擲(던질 척): 던지다. 내버리다. 내버려두다. 뛰어 오르다. 떨치다.

학인을 가르치는 많은 사람들(多少學家)이 제멋대로 헤아려 주를 달아 풀이하지만, 우리 법왕의 창고에는 이와 같은 칼이 없다는 것을 전혀 모르는 것이다. 또한 한 번 집어내 휘두르면 보는 사람은 단지 눈만 깜빡거릴 뿐이다. 모름지기 저 뛰어난 부류라면 계합해 증득한 것을 시험하고 인정받아 정안방제(正按旁提, 정면으로는 누르고 측면으로는 잡아당김 = 파주방행)해야[10] 본분의 법손(本分種草)인 것인데, 어찌 중개인을 빌리겠는가!

예를 들면, 보수寶壽[11]가 개당開堂할 때, 삼성三聖[12]이 한 스님을

10 正按旁提(정안방제): 선사가 학인을 지도할 때 방편으로 쓰는 두 가지 태도. 정안正按은 검을 세우고 정면으로 상대방에게 육박하듯이 압박하는 것. 방제旁提는 옆에서 칼을 들고 갑자기 상대방에게 돌진하듯이 베푸는 방편. 정안은 파주(把住, 把定), 방제는 방행方行.(선학사전, p.578)

밀어내자 보수가 한 대 쳤다.

이에 삼성이 말했다.

"그대가 이렇게 사람을 위한다면 비단 나의 눈만 멀게 할 뿐만 아니라, 진주성 안에 있는 모든 사람의 눈도 멀게 할 것입니다."[13]

---

11 寶壽(보수) 스님에 대한 약력은 자세히 알 수 없으나, 경덕전등록에 의하면 임제의현의 법손으로 '진주鎭州 보수 소沼 화상(제1세 주지)'으로 소개하고 있다. (월운 역, 전등록 2, p.75)

12 三聖慧然(삼성혜연, 생몰연대 미상): 임제의현의 법사. 의현의 법을 얻은 후 여러 총림에 역참한 뒤, 진주 삼성원에 머묾.(전게서, p.337)

또한 경덕전등록 제12권, '진주 삼성원 혜연 선사' 편에 '혜연慧然'이라는 이름에 대한 앙산혜적과의 문답을 다음과 같이 기술하고 있다.

自臨濟受訣 遍歷叢林至仰山 仰山問 "汝名什麽" 師曰 "名慧寂" 仰山曰 "慧寂是我名" 師曰 "我名慧然" 仰山大笑而已.

임제로부터 인가를 받은 이래로, 총림을 두루 다니다가 앙산仰山에 이르렀다.
앙산이 물었다.
"그대의 이름이 무엇인가?"
선사가 말했다.
"혜적慧寂입니다."
앙산이 말했다.
"혜적은 내 이름인데."
선사가 말했다.
"제 이름이 혜연慧然입니다."
앙산이 크게 웃었다.

13 경덕전등록 제12권 '진주 삼성원 혜연 선사' 편에서는 다음과 같이 기술하고 있다.

師見寶壽和尙開堂 師推出一僧在寶壽前 寶壽便打其僧. 師曰 "長老若恁麽爲人瞎却鎭州一城人眼在"(法眼云 "什麽是瞎却人眼處")

보수가 주장자를 던져버리고 방장실로 돌아갔다.

❀

興化見同參來便喝. 僧亦喝. 化又喝 僧復喝. 化云 "你看這瞎漢" 直打出法堂. 侍僧問 "這僧有何相觸悞" 化云 "是他也有權有實 我將手向伊面前 橫兩遭却不會 似此瞎漢不打 更待何時" 看他本色宗風 逈然超絕. 不貴作略 只羨他眼正.

※逈然(형연): 판이한 모양. 아주 다른 모양. 현저히 차이나는 모양.

※羨(부러워할 선): 부러워하다. 탐내다. 사모하다. 넉넉해지다. 풍요롭다. 넘치다.

(또한) 흥화興化는 함께 참구하던 이가 오는 것을 보고는 '할(喝)'을 했는데, 그 스님 또한 '할'을 했다.

흥화가 또 '할'을 하자, 그 스님이 다시 '할'을 했다.

(그러자) 흥화가 말했다.

"이 눈 먼 놈아!"

그리고는 바로 쳐서 법당에서 내쫓았다.

---

선사(삼성혜연)가 보수 화상이 개당하는 것을 보다가, 한 스님을 보수 앞으로 밀어내자, 보수가 바로 그 스님을 쳤다.

선사가 말했다.

"장로가 만약 이렇게 사람을 위한다면 진주성 안에 있는 모든 사람의 눈을 멀게 할 것입니다."

〔법안法眼이 말했다.

"어디가 사람의 눈을 멀게 하는 곳인가?"〕

시자가 물었다.

"그 스님에게 어떤 (모습이) 잘못이 있습니까?"

홍화가 말했다.

"그렇지, 그에게는 방편(權)도 있고 실재(實)도 있었다. 내가 손으로 그의 면전을 향해 두 번 가로지었는데도 알지 못하니, 이런 눈먼 놈을 지금 때리지 않으면 다시 어느 때를 기다리겠는가!"[14]

(이와 같이) 아주 멀리 뛰어넘어 끊어버린 본래 모습의 종풍(本色宗風)을 보라! 계략을 세우는 것을 중요시하지 않고, 다만 저 눈 바른 것(眼正)만 바랄 뿐이다.

❀

要扶荷正宗 提持宗眼 須是透頂透底 徹骨徹髓 不涉廉纖 迥然獨脫. 然後 的的相承 可以起此大法幢 然此大法炬也. 繼馬祖百丈首山楊岐

---

14 경덕전등록 제12권 '위부 흥화존장 선사' 편에 다음과 같이 기술하고 있다. 師謂衆曰 "我只聞長廊也喝後架也喝. 諸子汝莫盲喝亂喝. 直饒喝得興化 向半天裏住 却撲下來氣欲絶 待興化蘇息起來 向汝道未在. 何以故 我未曾 向紫羅帳裏撒眞珠 與汝諸人虛空裏亂喝作什麼.

선사(흥화존장)가 대중에게 말했다.

"나는 다만 행랑에서도 '할'을 하고 변소에서도 '할'을 하는 것을 들었을 뿐이다. 여러분, 그대들은 눈 먼 할이나 어지러운 할을 하지 말라. 설사 흥화에게 '할'을 해서 하늘 중간에 머물게 하고, 다시 쳐서 내려뜨려 기절을 시키고 싶더라도, 흥화가 숨 쉬고 일어나면 그대들에겐 '없다'고 말하리라. 왜냐하면 나는 자줏빛 비단 장막 안에 진주를 뿌려 본 적이 없기 때문이니, 그대들 여러분에게 허공에다가 혼란스럽게 '할'을 해서 뭘 하겠는가."

不爲叨竊耳.

※叨(탐낼 도): 탐내다. 함부로 차지하다. 진실. 정성. 함부로. 외람되이.
※竊(훔칠 절): 훔치다. 도둑질하다. 절취하다. 살짝. 남몰래. 마음속으로.

바른 종지를 짊어지고 종안宗眼을 가지려면 모름지기 머리끝에서 발끝까지 꿰뚫고 골수에 철저히 사무쳐서, 털끝만한 것도 간섭하지 않고 멀리 홀로 벗어나지 않으면 안 된다. 그런 다음 분명히 계승해야, 이런 대법大法의 깃발을 일으키고 대법의 횃불을 밝힐 수 있는 것이다. 마조[15]·백장[16]·수산首山[17]·양기[18]를 계승해야지, 외람되이 다른 것을 넘보지 말라!

15 마조도일에 관해서는 본서 '4. 원 수좌에게' 편의 註10을 참조.

16 백장회해에 관해서는 본서 '7. 충 장로께' 편의 註16을 참조.

17 首山省念(수산성념, 926~993): 5대말 송초의 스님. 임제종. 수산은 주석 사명. 속성은 적狄씨. 풍혈연소에게 참학하여 그의 법을 이어받은 후, 임제종풍을 널리 선양하여 임제종 발전의 초석을 마련함. 문하에 분양선소가 있음.(전게서, p.401)

18 양기방회에 관해서는 본서 '4. 원 수좌에게' 편의 註22를 참조.

# 10. 정 장로께(示 靜長老)[1]

靈山單傳 少室密付 要卓卓絶類離倫. 驗風塵草動 眼光睒睒 逐靑去上隔山已識起倒 呑聲削迹 不留毫末 而能鼓逆水波 運截流機. 上門上戶咬人火急如俊鷹快鷂 迷影捎空 背摩靑霄 眨眼便過. 點著便來 挨著便去 不妨峭淨. 所以流此正宗 標準異世也.

※睒(언뜻 볼 섬): 언뜻 보다. 보다. 엿보다. 훔쳐보다. 번득이다.
※鷹(매 응): 매. 송골매. 해동청海東靑.
※鷂(새매 요): 새매(수릿과의 새). 익더귀. 오색의 꿩.
※捎(덜 소): 덜다. 베다. 죽이다. 살짝 닿다. 스치다. 훔치다. 치다.
※鷹鷂(응요)=鷂鷹(요응): 매
※挨(밀칠 부): 밀치다. 등치다. 맞대다. 다가오다. 가까이 닥치다. 차례.

영산靈山에서 한 사람에게 전하고, 소실少室[2]에서 은밀히 부촉하였던

---

1 원제목은 '보령의 정 장로께(示 報寧靜長老)'이다.

2 少室(소실): 소실산에 머문 달마 스님을 뜻한다. 소실산 또는 소실봉이라고 하며 5악岳의 하나인 숭산嵩山의 동봉東峰은 태실산太室山이라 하며 24봉이 있고, 서봉西峰은 소실산小室山이라고 하며 36봉이 있다. 태실은 높기로, 소실은 험준하기로 유명하다.(선학사전, p.394)

것은 비슷한 무리와도 단절되어 살고, 어떤 부류와도 섞이지 않는 탁월함(卓卓)을 원한 것입니다. 그러므로 풀이 움직임에 티끌 같은 바람이 이는 것을 알고, 눈을 번득이면 그 빛이 푸른 하늘을 뚫으며(眼光睒睒 透靑去上),[3] 산 너머 있으면서도 무슨 일이 일어나고 사라지는 것을 알고, 소리를 삼키고 자취를 감춰 털끝만큼도 남기질 않으며, 물을 거슬러 파도를 치면서도 흐름을 끊는 기량을 발휘해야 합니다.

(이와 같은 기량을 발휘하는 사람들은) 문에 올라 사람을 급하게 물어뜯는 것이 마치 날쌔고 수려한 매가 그림자를 숨기고 허공을 스치며 등으로는 푸른 하늘을 어루만지고 눈 깜짝할 새 지나가는 것과 같습니다. 또한 고개를 끄덕이면 곧 오고, 탁하고 한 대 치면 곧 가니 대단히 산뜻하고 깨끗합니다. 그렇기 때문에 이 바른 종지가 유전해서 후대에 표준이 되었던 것입니다.

❀

箇箇須是殺人不眨眼 然後入作. 只如 黃檗老漢 生知此段 纔行脚天台見羅漢凌波絶瀑流 卽欲打殺. 及抵百丈聞擧 馬師一喝 三日耳聾 乃退身吐舌. 知是大機之用 豈單見淺聞所擬議. 或其後 接臨濟祖師 全體用此 不惜眉毛 成就克家之子 覆蔭天下人.

---

3 '逐'자는 장경각 판, 원오심요 부록에 기재된 원문에 의하면 '透'로 되어 있는데, 의미상 뜻이 더 좋은 것 같아 譯者도 '透'로 해석을 했다.
또한 이어서 나오는 '去上'은 장경각 판에서는 단지 '去'로 되어 있으나, 의미상 별 차이가 없어 그대로 번역하였다.(장경각에서 부록으로 사용한 원문은 1975년 중화민국 신문풍출판사에서 인행한 것이다. 장경각, 원오심요 일러두기 참조)

※凌波(능파): 물결 위를 가볍게 걸어 다니다(미인의 가볍고 아름다운 걸음걸이).

※吐舌(토설): 혀를 내밀다. 혀를 내두르다.

※克家(극가): 집안을 잘 다스림.

하나하나 낱낱이 모름지기 사람을 죽이고도 눈 하나 깜짝하지 않아야, 그런 다음 깨달아 들어갈 수 있습니다. 예를 들면, 황벽黃檗은 천성적으로 이것을 알았기 때문에 천태산을 행각하다가, 나한羅漢이 거센 물결을 끊고 물위를 가볍게 걷는 것을 보고는 바로 죽이려고 했습니다.[4]

---

4 경덕전등록 제9권, '황벽희운 선사' 편에 다음과 같이 기술하고 있다.

後遊天台逢一僧. 與之言笑如舊相識 熟視之目光射人. 乃偕行屬 澗水暴漲 乃捐笠植杖而止. 其僧率師同渡 師曰 "兄要渡自渡" 彼卽褰衣躡波 若履平地. 迴顧云 "渡來渡來" 師曰 "咄 遮自了漢 吾早知 當斫汝脛" 其僧曰歎 "眞大乘法器我所不及" 言訖不見.

뒤에 천태산을 유람하다가 한 스님을 만났다. 그와 웃고 즐기면서 이야기 하는 것이 오래전부터 서로 아는 사이 같았고, 자세히 살펴보니 눈의 광채가 사람을 쏘듯 빛이 났다. 무리들과 함께 가다가 계곡물이 갑자기 넘쳤는데, 삿갓을 벗고 지팡이를 세우고는 멈춰 섰다. 그 스님이 선사(황벽희운)를 인솔해서 함께 건너려고 하자, 선사가 말했다.

"사형! 건너려면 자신이나 건너시오."

그 스님이 옷을 걷고 물살을 건너는데, 마치 평지를 밟는 것 같았다. (그 스님이) 돌아보면서 말했다.

"건너오시오, 건너오시오."

스님이 말했다.

"쯧쯧, 이런 고얀 놈! 내가 일찍 알았더라면 네 놈의 정강이를 베어버렸을 터인데."

그 스님이 찬탄하며 말했다.

또한 "마조의 '일할(一喝)'에 3일 동안 귀가 먹었다"는 백장百丈의 말을 듣고는, 뒤로 몸을 물리면서 혀를 내밀었습니다.[5] 이것이야말로 대기大機의 작용임을 알아야 하는 것이니, 이것이 어찌 견해가 좁고 견문이 얕은 이가 헤아릴 수 있는 것이겠습니까! 아마도 그렇기 때문에 그 후에 임제조사臨濟祖師를 제접할 때도 전체를 이렇게 쓰면서 눈썹을

---

"참으로 대승의 법기라서 내가 미치지 못할 바로구나."
말을 마치자 보이질 않았다.

5 경덕전등록 제6권, '백장산 회해 선사' 편에 다음과 같이 기술하고 있다.
一日師謂衆曰 "佛法不是小事. 老僧昔再蒙馬大師一喝 直得三日耳聾眼黑" 黃蘗聞擧不覺吐舌曰 "某甲不識馬祖 要且不見馬祖" 師云 "汝已後當嗣馬祖" 黃蘗云 "某甲不嗣馬祖" 曰 "作麽生" 曰 "已後喪我兒孫" 師曰 "如是如是"

하루는 선사(백장회해)가 대중에게 말했다.
"불법은 작은 일이 아니다. 노승이 지난날 마 대사를 두 번 참례했는데, 대사의 일할(一喝)을 듣고는 곧바로 3일 동안 귀가 먹고 눈이 캄캄했다."
황벽이 이를 듣고는 자기도 모르는 사이에 혀를 내밀고는 말했다.
"저는 마조를 모르지만, 앞으로도 마조를 뵙지 않겠습니다."
선사가 말했다.
"그대는 앞으로 마조의 법맥을 계승해야 한다."
황벽이 말했다.
"저는 마조의 법맥을 잇지 않겠습니다."
선사가 말했다.
"어째서?"
황벽이 말했다.
"앞으로 저의 자손들을 상실하는 일이기 때문입니다."
선사가 말했다.
"그렇지, 그렇지."

아끼지 않고 집안을 잘 다스리는 자식이 되도록 키워내서, 천하인을 덮어주는 그늘이 되게 하였던 것입니다.

❀

有志之士 應飽諳熟練 使越格超宗. 然後 所以奪飢人食 驅耕夫牛 紹繼先規不迷向背. 細處 直是涓滴照透 寬廣時 千聖亦尋他不著 始是向上種草. 祖峰老師常云 "釋迦彌勒猶是他奴 至竟他是阿誰" 那容向此亂下鍼錐. 除非知有則較些子也.

※涓滴(연적): 물방울. 극히 작은 분량의 물.
※寬廣(관광): 너그러움. 마음이 아주 넓음. 크고 넓음.
※鍼(침 침): 침. 바늘. 가시. 바느질하다. 침을 놓다. 찌르다.

뜻이 있는 사람이라면 마땅히 옹골차게 알고 무르익도록 단련해서 격식과 종파를 뛰어넘게 해야 합니다. 그런 다음 주린 이의 밥을 빼앗고 밭 가는 이의 소를 쫓아내는 수단으로 옛 규범을 계승해서, 나아갈 때 나아가고 되돌릴 때 되돌리는 일에 어둡지 않아야 합니다. 또한 미세한 곳에서는 아무리 작은 물방울이라도 바로 비춰서 꿰뚫어야 하고, 넓고 클 때에는 일천 성인이 다 찾아도 찾지 못하는 정도가 되어야, 비로소 향상의 법손(向上種草)이라 할 수 있습니다. 오조 법연(祖峰老師) 스님[6]은 늘 말씀하시길 "석가·미륵도 오히려 그의 노예인데, 필경 그는 누구인가?"라고 했습니다. 그러므로 여기서 어지럽게

6 祖峰老師(조봉노사)는 노스님은 오조법연 선사를 뜻한다.(오조법연에 관해서는 본서 '6. 융 지장에게' 편의 註12를 참조.)

침이나 송곳으로 찌르는 것을 어찌 용납하겠습니까! 있다는 것을 알아야(知有), 조금이나마 괜찮다 할 것입니다.

❀

大凡奮丈夫氣槩 要超軼上流 合下手 便教羅籠不得 呼喚不回. 利物應機 莫非灑灑落落. 不向草窠裏輥 鬼窟裏弄情魂. 將玄妙理性 揚眉瞬目 擧手動脚 下合頭語. 以實法繫綴 人家男女 一盲引衆盲 成何方便.

※軼(앞지를 일): 앞지르다. 뛰어나다. 우수하다. 잃다. 흩어져 없어지다.

무릇 장부의 기개를 떨치고 상류上流를 뛰어넘어 앞서고자 한다면 올바르게 손을 써서 얽매이지 않도록 해야 하고, 불러도 되돌아보지 말아야 합니다. 중생을 이롭게 하고 근기에 따라 응해 줘야 쇄쇄낙락하지 않은 것이 없습니다. 또한 풀 구덩이 속에서도 구르지 말고, 귀신 굴속에서도 도깨비짓을 하지 말아야 합니다. 현묘한 이성理性으로 눈썹을 치켜 올리고 눈을 깜빡이며 손을 들고 다리를 움직이면서 합당한 말(合頭語)만 해야 합니다. 실법實法으로 세상의 남녀를 얽어매고 한 맹인이 여러 맹인을 이끌 듯하면, 어떻게 방편이 되겠습니까!

❀

旣已據位稱師 固不可容易. 只自己分上 滴水滴凍 孤逈危峭. 如師子兒遨遊 意氣驚群 出沒縱擒 卒難測度. 驀然踞地返擲 百獸奔馳喪膽 豈非殊勝奇特耶 還是與麽人 三千里外 已審端倪了也. 是故 巖頭道 "如水上按葫蘆子相似 等閑蕩蕩地拘牽惹絆不得 觸著捺著 則蓋天

蓋地"

※遨遊(오유): 재미있고 즐겁게 놂.

※絆(얽어맬 반): 얽어매다. 묶다. 묶어 놓다. 견제하다. 올가미.

※捺(누를 날): 누르다. 문지르다. 비비다. 파임.

이미 자리를 차지하고 선지식이라 불리면 정말로 쉽게 생각해서는 안 됩니다. 다만 자기 본분 상에서 한 방울의 물이 한 방울의 얼음이 되듯 빈틈이 없어야 하고, 아주 고고하면서도 대단히 엄해야 합니다. 마치 사자가 노닐 때 그 의기意氣가 뭇 짐승을 놀라게 하는 것처럼 하면서, 나왔다 들어갔다(出沒)·잡았다 놓았다(縱擒) 하는 것을 끝내 헤아리기 어렵게 해야 합니다. 맥연히 웅크리고 있다가 되돌아 뛰어오르면 온갖 짐승들이 급히 달아나면서 간담이 서늘해지는데, 이것이 어찌 수승하고 대단할 뿐만 아니라, 삼천리 밖에서 이미 일의 본말과 시초를 살핀 사람이 아니겠습니까! 이런 까닭에 암두巖頭가[7] 이르기를 "마치 물에서 호로병을 누르는 것과 같아, 무심하고 탕탕한 경지는 잡을 수도 끌 수도 당길 수도 얽어맬 수도 없다. 부딪치고 누르는 대로 곧 하늘을 덮고 땅을 덮게 된다"고 하였던 것입니다.

❀

長養履踐 得到此地 始可與靈山少室 分一線路. 黃檗臨濟 巖頭雪峰 互爲賓主 風行草偃. 亦不虛出頭 播揚三十二十年. 他家自有同流 共

---

7 巖頭(암두전활)에 관해서는 본서 '1. 화장 명 수좌에게' 편의 註35를 참조.

證明 通人相將護也. 誰言卞璧無人鑒. 我道 "驪珠到處晶"

오래도록 잘 기르고 실천해서 이 경지에 이르러야, 비로소 영산(靈山, 석가와 가섭)·소실(少室, 달마와 혜가)과 함께 한 가닥의 길을 나눈다고 할 수 있습니다. 황벽과 임제, 암두와 설봉[8]은 서로 손님과 주인이 되어 바람이 불면 풀이 눕듯(風行草偃)[9] 했습니다. 또한 세상에 나와서는 헛되지 않고 30년, 20년 법을 펼쳤습니다. 저 집안에는 나름 같은 유풍이 있어 함께 증명하고 통달한 사람들(通人)끼리 받들고 보호해 주었던 것입니다.

누가 변화의 옥(卞璧)[10]은 어떤 사람도 감정할 수 없다고 말합니까?

저는 말합니다.

"여주(驪珠, 여의주)[11]는 이르는 곳마다 맑다!"

---

8 黃蘗(황벽)에 관해서는 본서 '7. 충 장로께' 편의 註10을, 臨濟(임제), 雪峰(설봉)에 관해서는 본서 '1. 화장 명 수좌에게' 편의 註44와 34를 참조.

9 논어 '안연' 편에 다음과 같이 기술하고 있다.

君子之德風 小人之德草. 草上之風必偃.

군자의 덕이 바람과 같다면 소인의 덕은 풀과 같은 것이라. 풀 위에 바람이 불면 풀은 쏠리기 마련이다.(남회근 저 송찬문 역, 논어강의 下, p.802, 2012, 마하연)

10 卞璧(변벽): 초楚나라 사람으로, 옥玉을 감정하는 사람인 변화卞和가 초산楚山에서 모은 옥돌을 여왕厲王에게 바쳤으나 그 진가를 알아보지 못하고 임금을 속였다는 죄목으로 월형(刖刑, 발뒤꿈치를 베는 형벌)까지 받았다. 뒤에 문왕文王 때에 이르러 그 진가가 판명되었다는 보옥寶玉, 화옥和玉을 뜻한다.

11 驪珠(여주): 흑룡黑龍의 턱 밑에 있다는 값진 구슬(如意珠). 목숨을 걸고 구하지 않으면 얻지 못하는 데서 연유하여, 모험하여 큰 이익을 얻음을 비유함.

# 11. 융 장로께(示 隆長老)[1]

開聖堂頭隆老 政和中 相從於湘西道林. 膠漆相投 箭鋒相直 由是深器之. 旣而復相聚於鍾阜 大鑪鞴中 禁得鉗鎚 了此段因緣 日近日親.

※堂頭(당두): 절의 주지, 또는 주지가 있는 방. 그 자리. 그곳.

※政和(정화): 북송北宋 휘종徽宗 조길(趙佶, 在位 1100~1125)의 네 번째 연호로, 1111년~1118년까지 8년간 사용되었다.

※相從(상종): 서로 따르며 친하게 지냄.

※膠漆(교칠): 사귀는 사이가 친밀하여 서로 떨어질 수 없음.

※旣而(기이): 얼마 안 있어. 이윽고. 곧. 잠깐 후에.

※相聚(상취): 모이다.

※鑪(화로 로): 화로. 향로. 풀무. 목로. 뙤약볕.

※鞴(풀무 배): 말 채비하다. 허풍선. 풀무.

개성사 주지 융隆 스님과는 정화(政和, 1111~1118) 연간에 상서현 도림사에서 서로 따르며 친하게 지냈습니다. 아교와 옻이 화합하고 화살 끝이 서로 맞닿듯 했는데, 이로 인해 큰 그릇이라 여기게 되었습니다. 얼마 안 있어 다시 종부鍾阜 땅에 모여 큰 화로와 풀무 속 집게와

1 원문에서는 '개성사 융 장로께(示 開聖隆長老)'로 기술하고 있다.

쇠망치질을 견뎌내며 이 일대사의 인연(此段因緣)[2]을 요달하고는, 나날이 더욱 가깝고 친해지게 되었습니다.

❀

向從上來 乃佛乃祖 越格超宗 萬千人羅籠不住處. 毛頭針竅間 廓徹虛通 包容百千萬億 無邊香水刹海. 拄杖點發 列聖命脉 吹毛刃上 截斷路布. 據曲彔木床 與人拔楔抽釘 解黏去縛 得大自在. 仍來夷門 分座共相扶立 久之 況箇一著臨濟正法眼藏綿綿 到慈明楊岐.

※曲彔(곡록): 승려용 의자. 두 다리가 교차되고 뒤쪽으로 굽은 등받이가 있으며 아래쪽에는 발을 놓을 수 있도록 횡목을 대었음.

※仍(인할 잉): 인하다(어떤 사실로 말미암다). 그대로 따르다. 기대다. 따르다. 좇다. 거듭하다. 슬퍼하다. 거듭. 자주. 누차. 이에. 오히려.

※況(황): 상황. 정황. 형편. 모양. 종소리의 형용. 하물며. 더군다나. 게다가. 더욱. 더욱더. 때마침. 우연히. 곧. 이에. 견주다. 비교하다. 비유하다. 추측하다. 주다. 하사하다. 멍하다.

(스님께서는) 예로부터 내려오는 불조佛祖의 격식과 종파를 초월했고, 천만의 사람들이 쳐놓은 그물에도 머물지 않았습니다. 또한 털끝이나 바늘구멍 사이에도 텅 비듯 통해서 백천만억의 가없는 향수찰해香水刹海를 포용했습니다. 주장자를 가지고 대대로 내려오는 성인들의 명맥을 하나하나 점검해 드러냈고, 취모검(吹毛劍) 위에서 주의, 주장(路布)을 모두 끊어버렸습니다. 또한 곡록목상(曲彔木床, 선상)에 앉아

---

2 此段因緣(一大事因緣)에 관해서는 본서 '3. 장 선무 상공께' 편의 註1을 참조.

사람들에게 쐐기와 못을 뽑아주고 끈끈한 것을 떼어주고 결박을 풀어주어 대자재大自在를 얻게 했습니다. 거듭 이문夷門 땅에 와서는 함께 자리를 나누고 서로 도운 지가 오래되었으니, 비유하면 임제臨濟[3]의 정법안장正法眼藏 하나가 끊임없이 계속 이어지다가 자명慈明[4]과 양기楊岐[5]에게 이른 것과도 같습니다.

❀

須風吹不入 水灑不著底剸利漢 負殺人不眨眼氣槩 高提正印. 罵祖呵佛 猶是餘事. 直令盡大地人 通頂透底 絶死生窠窟 灑灑落落 到無爲無事大達之場 乃爲種草.

모름지기 바람을 불어도 들어가지 않고 물을 뿌려도 적셔지지 않는 영리한 놈이라야 사람을 죽이고도 눈 하나 깜짝하지 않는 기개를 짊어지고 정인正印을 높이 들 수 있습니다. 부처를 꾸짖고 조사를 욕하는 것(罵祖呵佛)은 그다지 중요하지 않은 일(餘事)입니다. 곧바로 모든 사람들로 하여금 머리끝에서 발끝까지 철저하게 꿰뚫고 생사의 고정된 틀에서 벗어나 쇄쇄낙락灑灑落落하게 하고, 무위무사無爲無事의 크게 통달한 경지에 이르도록 해야 법손(種草)이라 할 수 있는 것입니다.

---

3 臨濟(임제)에 관해서는 본서 '1. 화장 명 수좌에게' 편의 註44를 참조.

4 자명慈明은 석상초원(986~1040)을 뜻한다.(스님에 관해서는 본서 '4. 원 수좌에게' 편의 註19를 참조.)

5 楊岐(양기)에 관해서는 본서 '4. 원 수좌에게' 편의 註22를 참조.

# 12. 문 장로께(示 文長老)[1]

佛祖以心傳心 蓋彼彼穎悟透脫 如兩鏡相照 非言象所拘 高超格量. 箭鋒相拄 初無異緣 乃受道妙 嗣祖繼燈. 絶意路 出思惟 脫情識 到蕩蕩然寬通自在處. 逗到擇人付囑 亦要氣異羽毛 頭角體裁全具 然後不墜家聲 得從上爪牙 方相應副. 所以 數百年紹續 愈久愈光顯 所謂源流深長也. 今則頗失故步多 擅家風 存窠窟 作路布. 自旣不出徹轉以爲人 則如老鼠入牛角 漸漸尖小. 安得宏綱不委于地哉.

※穎悟(영오): 남보다 뛰어나게 영리하고 슬기로움. 이해하다. 깨닫다.
※羽毛(우모): 새의 깃과 짐승의 털. 사람의 명예.
※頭角(두각): 머리에 있는 뿔. 머리나 머리 끝. 뛰어난 학식이나 재능.
※體裁(체재): 생기거나 이루어진 형식 또는 됨됨이. 체제體制.
※爪牙(조아): 손톱과 어금니. 매우 쓸모가 있는 사람이나 물건의 비유.

부처와 조사의 이심전심은 서로 서로 깨달아 벗어났기 때문에, 마치 두 개의 거울이 서로 비추는 것처럼 말이나 형상에 구애되지 않고 격식과 분별(格量)을 높이 뛰어넘은 것입니다. 그러므로 화살 끝이

1 원문에서는 '보현사 문 장로께(示 普賢文長老)'로 기술하고 있다.

서로 맞닿듯 하면서 처음부터 다른 인연이 없어야 도道의 오묘함을 전수받아 조사를 잇고 법등을 계승할 수 있는 것입니다. 또한 의로意路가 끊어지고 사유思惟와 정식情識을 벗어나야 호호탕탕하게(蕩蕩, 浩浩蕩蕩) 통하는 자재한 곳(自在處)에 이를 수 있는 것입니다.

사람을 택해 법을 부촉함에 이르러서도 또한 남다른 기상과 풍모, 재능과 됨됨이가 완전히 갖춰져야, 그런 다음 집안의 명성을 떨어뜨리지 않고 예로부터 쓸모 있는 사람을 얻어 서로 다음을 이을 수 있는 것입니다. 그래서 수백 년 동안 계속해서 이어지면서도 시간이 지나면 지날수록 더욱 빛이 났던 것이니, 이른바 '근원이 깊어야 그 흐름도 길다(源流深長)'고 하는 것입니다.

하지만 요즘에는 자못 제자리걸음만 하면서(故步, 故步自封) 많은 것들을 잃고, 가풍을 제멋대로 하면서 자기가 만든 틀 속(窠窟)에 들어앉아 자신의 주장(路布)을 내세우곤 합니다. 자신도 철저하게 전신轉身하지 못했으면서 다른 사람을 위한다면, 마치 쥐가 소의 뿔로 들어가는 것과 같아서, 들어가면 들어갈수록 점점 더 좁아지게 되는데, 어찌 광대한 강령(綱)이 땅에 떨어지지 않을 수 있겠습니까!

❀

老漢昔初見老師 吐呈所得 皆眼裏耳裏機鋒語句上 悉是佛法心性玄妙. 只被此老子 擧乾曝曝兩句云 "有句無句如藤倚樹" 初則擺撼用伎倆 次則立論說道理 後乃無所不至. 拈出悉皆約下 遂不覺泣下. 然終莫能入得. 再四懇提耳 乃垂示云 "你但盡你見解作計較 待一時蕩盡自然省也" 隨後云 "我早爲你說了也 去去" 向衣單下 體究了無縫罅

因入室 信口胡道 乃責云"你胡道作麼" 卽心服 眞明眼人 透見我胸中事. 然竟未入得 尋下山越二載回. 始於頻呼小玉元無事處 桶底子脫纔始覷見 前時所示眞藥石也. 自是迷時透不得 將知眞實諦當處. 如良遂道"諸人知處 良遂總知 良遂知處 諸人不知" 誠哉是言也.

※擺(열 파): 열다. 벌여놓다. 흔들다. 털다. 옷의 아랫단.
※撼(흔들 감): 흔들다. 흔들리다. 움직이다. 요동시키다.
※向衣單下(향의단하): 三條椽下 七尺單前(삼조연하 칠척단전)과 같은 말.
※體究(체구): 도리를 참구함.
※信口胡道(신구호도): 입에다 맞기고 마음대로 이야기함.
※藥石(약석): 약과 침. 약석지언藥石之言의 준말.

저는(老漢) 지난날 저의 스승이신 오조법연五祖法演[2] 스님을 처음 뵙고 그동안 얻은(공부한) 바를 털어놓았는데, 모두가 제 눈으로 보고 귀로 들은 기봉機鋒의 어구들이었으며, 그 어구들은 모두 불법佛法과 심성心性의 현묘함에 관한 것들이었습니다. 하지만 이 노장(老子)은 단지 무미건조한 두 구절을 들어 말씀하시기를 "유구와 무구가 마치 등나무 덩굴이 나무에 기댄 것과 같다(有句無句 如藤倚樹)"고 하셨습니다.

그래서 처음엔 기량伎倆을 써서 흔들어도 봤고, 다음에는 비유를 들어 도리道理를 말해 보기도 했으며, 나중에는 해보지 않은 것이 없었습니다. 그러나 드러내 보이기만 하면 모두 하나로 묶어 물리치셨으니, 마침내 저도 모르게 눈물이 났습니다. 하지만 끝내 깨달아 들어갈

2 五祖法演(오조법연) 스님에 관해서는 본서 '6. 융 지장에게' 편의 註12를 참조.

수가 없었습니다.

재삼재사 간절하게 귀를 끌어당겨 면전에서 가르치면서(提耳, 提耳面命) 이내 말씀하시기를 "너는 다만 너의 견해가 다하도록 계교를 부려라. 그러다가 일시에 없어지면 자연히 살피는 바가 있을 것이다"고 하셨습니다. 그리고는 또 이어서 말씀하시기를 "나는 이미 너를 위해 다 말해주었다. 가라, 가!"라고 하셨습니다.

그리하여 홀로 자리에 앉아, 꿰맬 틈도 없는 도리를 몸소 참구했습니다. 그리고는 방장실에 들어가 입에서 나오는 대로 어지럽게 말씀드렸더니, 책망하며 말씀하시기를 "너는 횡설수설해서 어쩌자는 것이냐!"고 하셨습니다. 저는 즉시 마음으로 기꺼이 복종했는데, 이는 참으로 눈 밝은 스승께서 저의 가슴속 일을 꿰뚫어 보았던 것이었습니다.

하지만 결국에는 깨달음에 들어가지 못하고 산을 내려와 찾다가 2년이 넘어서 다시 돌아왔습니다. 그러다가 '소옥이를 자주 부른 것에는 원래 별일이 없었다(頻呼小玉 元無事)'[3]는 곳에서야 비로소 통 밑이 쑥 빠진 듯하고는, 마침내 전에 보여주셨던 것이 진실로 약석藥石이었다는 것을 엿보게 되었습니다. 이리하여 미혹할 때에 꿰뚫지 못했던 것을 꿰뚫어, 진실하게 살핀 그 당처當處를 알게 되었습니다.[4] 이는

---

3 '頻乎小玉元無事 只要檀郎認得聲(자꾸 소옥을 불러대지만 원래 아무 일도 없으니, 단지 단랑에게 목소리를 들려주려 함이다.)' 이것은 당나라 사람이 쓴 '곽소옥전霍小玉傳'에 나오는 향염체香艶體의 시로, 옛날에는 아가씨가 마음에 둔 남자한테 뭔가를 전하려 해도 기회가 없었습니다. 일부러 방 안에서 계집종 이름을 불러대니 실은 사랑하는 남자한테 들리도록 하기 위해서 입니다. 내가 여기 있음을 알리는 것입니다.(남회근 저, 신원봉 역, 『불교수행법 강의』, p.455, 2010, 부키)

4 하루는 원오극근에게 기회가 왔습니다. 거사인 어떤 제형提刑이 오조법연을

---

찾아와서 불법의 요점을 물었는데, 오조법연 선사가 그에게 말했습니다.

“그대는 이전에 향염체 시를 읽어 본 적이 있겠지? 당나라 사람이 쓴 시가 있네. ‘자꾸 소옥을 불러대지만 원래 아무 일도 없으니 단지 단랑에게 목소리를 들려주려 함이다(頻乎小玉元無事 只要檀郎認得聲)’라는 시인데, 이건 무얼 말한 것인가? 한번 대답해 보게!”

제형은 이 두 구절을 듣고 곧 깨달았습니다.

오조법연 스님이 그에게 말했습니다.

“여기까지 왔어도 그대는 여전히 자세히 살펴야 하네.”

바로 이 말을 할 때 원오극근 스님이 들어왔습니다. 스님이 들어와서 보니 사부가 다른 사람과 이야기를 하고 있어서 놓치지 않고 옆에서 들었습니다. 다 듣고 나서 사부에게 물었습니다.

“저 제형께서는 그렇게 해서 깨달은 것입니까?”

오조법연 스님이 대답했습니다.

“그 역시 소리를 알아들은 것에 불과하네.”

원오극근 스님이 다시 물었습니다.

“사부님, 단지 마음에 둔 남자에게 자기 소리를 알아듣게 하기 위해서였다면 남자가 이미 알아들었는데도 아직 제대로 되지 않은 것이 있단 말입니까?”

오조법연 스님이 눈을 부릅뜨고는 원오극근 스님에게 물었습니다.

“조사께서 서쪽에서 오신 뜻이 뭔가? 뜰 앞의 잣나무다. 할!”

원오 스님은 이것을 듣고서 잠시 혼이 빠졌다가 다시 정신을 차려 달리기 시작했습니다. 아주 묘한 상황이었습니다. 공부를 해 왔지만 이런 경험을 한 적이 없었습니다. 참으로 망망해 육체조차 잊어버렸습니다. 정신이 돌아오자 뛰기 시작했는데 그 길로 산문 바깥까지 달려 나갔습니다. 산문 바깥에는 꿩 한 무리가 울타리에 앉아 있었는데 원오 스님이 우당탕 달려 나오니, 그 소리에 놀라서 날개를 푸드득거리며 날아올랐습니다. 꿩들이 날개 치는 소리를 듣자 원오 스님이 진정으로 깨닫고는 이렇게 말했습니다.

“이 어찌 소리가 아닌가!”

원오 스님이 오도송悟道頌 한 수를 지어 법연 스님에게 바쳤습니다.

마치 양수良遂가 말한 "그대들이 아는 곳을 나는 다 알지만, 내가 아는 곳을 그대들은 모른다"[5]고 한 것과 같았으니, 정말입니다. 이 말은!

❀

雪峰問德山 "從上宗乘中事 學人還有分也無" 德山以杖擊之云 "你道什麽"峰云 "我在德山棒下 似脫却千重萬重貼肉汗衫" 臨濟被黃檗三擊之 到大愚問有過無過. 愚云 "黃檗與麽老婆 你更來覓過在" 濟猛省不覺云 "元來黃檗佛法無多子" 此二老 皆叢林傑出者 並於棒下發明後來 大振此宗 爲世梯航. 學者宜回思之. 豈是麤淺邪. 而近世有謂 "以杖接人 皆墮機境" 直須究了心性 談極玄妙. 向時中 綿綿密密 有針有線 方可入細.

※猛省(맹성): 깊이 반성함. 갑자기 깨닫다. 문득 정신이 들다. 문득 생각이 나다.

※梯航(제항): 산에 오르는 사닥다리와 바다를 건너는 배 따위를 통틀어 이르는 말.

---

金鴨香銷錦繡幃　금압향 물씬한 비단 휘장 속에서
笙歌叢裏醉扶歸　생황과 노랫가락에 젖어 비틀비틀 돌아오니
少年一段風流事　소년의 한 차례 풍류야
只許佳人獨自知　그저 가인佳人만 홀로 알 뿐이네.

법연 스님이 기뻐하며 말했습니다.

"극근아! 성불하여 조사가 되는 것은 큰일로써 근기가 부족한 사람이 말할 수 있는 것이 아니다. 오늘 네가 이러하니 내가 더 기쁘다."(전게서, p.455~458)

5 양수와 마곡에 관해서는 본서 '1. 화장 명 수좌에게' 편의 본문과 註7을 참조.

※麤(거칠 추): 거칠다. 굵다. 섞이다. 추하다.

설봉雪峰이 덕산德山에게[6] 물었습니다.

"예로부터 내려오는 종승의 일을 저 같은 놈도 감당할 만한 자격이 있겠습니까?"

덕산이 주장자로 치고는, 말했습니다.

"그대는 무슨 말을 하는 것인가?"

(후에) 설봉이 말했습니다.

"나는 덕산의 방(棒) 아래서 마치 천 겹 만 겹 살에 달라붙은 속적삼을 벗어버린 것과 같았다."

임제臨濟가 황벽黃檗에게 세 번 맞고 대우大愚에게 이르러 자신에게 허물이 있는지 허물이 없는지를 물었습니다.[7]

대우가 말했습니다.

"황벽이 이렇게 노파심이 간절했는데, 너는 또 와서 허물을 찾는 것이냐?"

임제가 갑자기 깨닫고는 자기도 모르게 말했습니다.

---

6 설봉과 덕산에 관해서는 본서 '1. 화장 명 수좌에게' 편의 본문과 註34와 22를 참조.

7 임제에 관해서는 본서 '1. 화장 명 수좌에게' 편의 註44를 참조.
황벽에 관해서는 본서 '7. 충 장로께' 편의 註10을 참조.
高安大愚(고안대우, 생몰연대 미상): 당대의 스님. 마조 문하. 고안은 주석 지명. 귀종지상의 법을 이었으며 홍주 고안에 은거함. 임제의현을 깨달음으로 이끈 선승.(선학사전, p.43)

"원래 황벽의 불법에는 많은 것이 없구나!"[8]

---

8 경덕전등록 제12권, '진주 임제의현 선사' 편에 다음과 같이 기술하고 있다. 初在黃蘗隨衆參侍. 時堂中第一座勉令問話 師乃問 "如何是祖師西來的的意" 黃蘗便打. 如是三問三遭打 遂告辭. 第一座云 "早承激勸問話 唯蒙和尙賜棒 所恨愚魯 且往諸方行脚去" 上座遂告黃蘗云 "義玄雖是後生 却甚奇特 來辭時願和尙 更垂提誘" 來日師辭黃蘗 黃蘗指往大愚. 師遂參大愚 愚問曰 "什麽處來" 曰 "黃蘗來" 愚曰 "黃蘗有何言教" 曰 "義玄親問西來的的意 蒙和尙便打 如是三問 三轉被打 不知過在什麽" 愚曰 "黃蘗恁麽老婆 爲汝得徹困 猶覓過在" 師於是大悟云 "佛法也無多子" 愚乃搊師衣領云 "適來道我不會 而今又道 無多子 是多少來是多少來" 師向愚肋下打一拳 愚托開 云 "汝師黃蘗 非干我事" 師却返黃蘗 黃蘗問云 "汝迴太速生" 師云 "只爲老婆心切" 黃蘗云 "遮大愚老漢待見與打一頓" 師云 "說什麽待見 卽今便打" 遂鼓黃蘗一掌 黃蘗哈哈大笑.

(임제는) 처음에 황벽에 있었는데, (하루는) 대중을 따라 모시고 있었다. 그때 제1좌(수좌)가 (황벽 스님께) 물을 것을 권하자, 선사(임제)가 물었다.
"어떤 것이 조사가 서쪽에서 온 적적한 뜻입니까?"
(그러자) 황벽이 바로 쳤다.
이렇게 세 번 묻고 세 번 얻어맞자, (선사가) 마침내 (제1좌에게) 떠나겠다고 하면서 말했다.
"일찍이 묻는 것을 격려하고 권해서 따랐는데, 오직 화상의 몽둥이를 맞았을 뿐입니다. 저의 우둔함을 한탄할 따름이니, 제방으로 행각이나 하러 떠나겠습니다."
상좌가 황벽에게 (이 사실을) 알리고는 말했다.
"의현(義玄, 임제)이 비록 나이는 어리지만, 아주 기특합니다. 하직인사를 하러 오거든, 원컨대 화상께서 다시 이끌어 가르쳐주십시오."
이튿날 선사가 황벽에게 하직인사를 하자, 황벽이 대우에게 가라고 지시했다.
선사가 마침내 대우를 참례하자, 대우가 물었다.
"어디서 오는가?"
"황벽에서 왔습니다."

이 두 노장(설봉과 임제)은 모두 총림叢林에서 걸출한 분들로 두 분 모두 방(棒) 아래서 깨닫고, 뒤에 이 종지를 크게 떨쳐 세상 사람들의 사다리와 배가 되었습니다.

학인들은 마땅히 이 일을 돌이켜 생각해봐야 합니다. 이것이 어찌 거칠고 천박한 것이겠습니까! 그런데 최근에 어떤 이가 말하기를

---

"황벽이 어떤 말로 가르치던가?"

"제가 몸소 조사가 서쪽에서 온 적적한 뜻을 물었는데, 화상께 바로 맞았습니다. 이렇게 세 번 묻고 세 번 맞았는데, 허물이 어디에 있는지 모르겠습니다."

대우가 말했다.

"황벽이 그렇게 노파심으로 그대를 위해 철저하게 애를 썼거늘, 오히려 허물을 찾는가?"

선사가 여기서 크게 깨닫고는 말했다.

"(황벽의) 불법이야말로 많은 것이 없구나(간단명료한 것이었구나)."

대우가 스님의 옷깃을 붙잡고 말했다.

"좀 전엔 모른다고 말하더니, 이젠 다시 많은 것이 없다(간단명료하다)고 말하는군. 그래, 이것이 얼마나 되는가, 얼마나 되는가?"

선사가 대우의 옆구리를 주먹으로 한 대 치자, 대우가 확 밀치면서 말했다.

"그대의 스승은 황벽이다. 나와는 관계없다."

선사가 황벽에게 돌아오자, 황벽이 말했다.

"네가 아주 빨리 돌아왔구나."

선사가 말했다.

"노파심이 간절하기 때문입니다."

황벽이 말했다

"대우 노인네를 보면 한 대 쳐야겠구나."

스님이 말했다.

"무슨 보면 치겠다는 그런 말씀을 하십니까? 바로 지금 치시지요."

그리고는 황벽을 손바닥으로 한 대 후려갈기자, 황벽이 '하하!' 하며 크게 웃었다.

"주장자로 학인을 제접하는 것은 모두 기경機境에 떨어진 것이다"고 하는데, 반드시 심성心性을 참구하고 나서 지극히 현묘함을 이야기해야 합니다. 하루 종일 끊임없고 빈틈없이 해서 바늘 가는 데 실 가듯 해야, 세밀한 곳에 들어갈 수 있습니다.

❀

只如 一大藏教五教三宗析微 發隱剖露 至眞實際 徹佛地理性 豈不爲細 何假祖師西來. 將知法流既久 多生異見 不得眞傳 乃將醍醐 而作毒藥 豈德山雪峰黃檗臨濟之咎哉. 諺曰 索短不到深泉.

※剖露(부로): 쪼개어 드러내다. 드러내어 밝히다.

그건 그렇고, 일대장교一大藏教에 대한 5교五教와 3종三宗의 정교한 분석으로 은밀한 것을 드러내 밝힌 것이 불지佛地의 이理와 성性을 철저히 해서 진실한 경지에 이른 것이라면, 이것이 어찌 세밀하다 하지 않을 수 있으며, 어찌 조사서래의祖師西來意를 빌린 것이 아니겠습니까! 무릇 법法이 오랫동안 흐르다 보니 다른 견해가 많이 생겨서 참되게 전해지지 못하였다는 것을 알아야 합니다. 이에 제호醍醐를 가지고 독약毒藥으로 만들었던 것이니, 이것이 어찌 덕산과 설봉, 황벽과 임제의 허물이겠습니까! 속담에 '두레박줄이 짧으면 깊은 샘에 이르지 못한다'는 말이 있습니다.

❀

魯祖見僧只面壁 南泉云 "我有時向道 直須向父母未生已前究取 尚不

得一箇半箇 他恁麼驢年去" 二老並躅齊眉 不是不知有 因甚却恁麼地說話. 還究到魯祖節文處麼. 若究到則見南泉 如水入水. 若不諳此乃分疎魯祖 僻執南泉 圓轉隨他語脉路布 卒摸索不著在.

※躅(머뭇거릴 촉, 지취 탁): 머뭇거리다. 밟다. 자취(탁).

※齊眉(제미): 음식을 눈썹 있는 데까지 받들어 올린다는 뜻으로, 부부가 서로 깊이 경애함을 일컫는 말. 거안제미擧案齊眉.

※分疎(분소): 조목조목 나누어 설명함.

노조魯祖는[9] 납승들을 보면 다만 면벽을 했을 뿐입니다. 그런데 남전南泉[10]이 (이것을 전해 듣고는) 이르기를 "내가 어떤 때 말하기를 '부모미생전(父母未生已前)을 참구해서 얻었다 해도 오히려 하나나 반개도 얻지 못한 것이다'고 했는데, 그가 이렇게 참구하면 나귀해(驢年)까지 해야 할 것이다"[11]고 했습니다.

---

9 魯祖寶雲(노조보운, 생몰연대 미상): 당대의 스님. 남악의 문하. 노조는 주석 산명. 마조도일의 법을 이음.(전게서, p.111)

10 南泉普願(남전보원, 748~834): 당대의 스님. 남악 문하. 남전은 주석 산명. 마조도일에게 참학하여 그의 법을 이음. 남전산에 머물며 사립簑笠을 쓰고 소를 치며 산에 올라 나무를 하고 밭을 일구며 선풍을 펼침. 스스로 왕 노사王老師라고 칭하면서 30년간 한 번도 하산하지 않음. 조주종심, 장사경잠, 자호이종 등 많은 제자를 배출함.(전게서, p.103)

11 경덕전등록 제7권, '지주 노조산 보운 선사' 편에 보면 다음과 같이 기술하고 있다.

師尋常見僧來便面壁. 南泉聞云 "我尋常向僧道 '向佛未出世時會取 尚不得一箇半箇' 他恁麼地驢年去" (玄覺云 "爲復唱和語不肯語" 保福問長慶 "只如魯祖節文

두 노장은 자취를 함께 하고 눈썹을 나란히 해서 지유知有를 모르는 분들이 아니었는데, 무엇 때문에 이렇게 말씀하셨을까요? 모름지기

---

在什麽處 被南泉恁麽道" 長慶云 "退己讓於人 萬中無一箇" 羅山云 "陳老師 當時若見 背上與五火抄 何故如此 爲伊解放不解收" 玄沙云 "我當時若見也與五火抄" 雲居錫云 "羅山玄沙總恁麽道 爲復一般別有道理若擇得出 許上坐佛法有去處" 玄覺云 "且道 玄沙五火抄 打伊著不著")

선사(노조보운)는 늘 어떤 스님이 오는 것을 보면 바로 면벽을 했다. 남전이 (노조의 이 같은 일을) 듣고는 말했다.

"내가 항상 스님들에게 말하기를, '부처가 세상에 나오기 전을 알았다 해도 오히려 하나나 반도 얻지 못한 것이다'고 했는데, 그가 이런 경지라면, 당나귀 해까지 갈 것이다."

〔현각玄覺이 말했다.

"화답한 말이 긍정한 말인가?"

보복保福이 장경長慶에게 물었다.

"그렇다면 노조의 절문(節文, 언어 문자를 없앤 곳)이 어디에 있기에, 남전에게 이런 말을 하게 했는가?"

장경이 말했다.

"자기를 물려서 다른 사람에게 양보하는 이는 만 명 중에 한 명도 없다."

나산羅山이 말했다.

"진 노장(陳老師)을 당시에 봤더라면 등에다 뜸을 다섯 방을 떠주었을 것이다. 왜냐하면 이처럼 그가 놓아줄 줄만 알았지, 거두어들일 줄은 몰랐기 때문이다."

현사玄沙가 말했다.

"내가 당시에 보았어도 침을 다섯 방 떠주었을 것이다."

운거 석雲居錫이 말했다.

"나산과 현사 모두 그렇게 말한 것이 같은 도리인지 다른 도리인지 가려낸다면 상좌의 불법은 이른 곳이 있다고 인정하리라."

현각玄覺이 말했다.

"자, 말해 보라! 현사의 뜸 다섯 방을 뜬 것이 그를 친 것인가, 치지 않은 것인가?"〕

노조의 절문처(節文處, 언어문자를 없앤 곳, 면벽한 곳)를 참구해서 알아냈습니까? 만약 알아냈다면 물을 물에 붓는 것처럼(如水入水) 남전을 친견하게 될 것입니다. 하지만 만약 알지 못했다면 노조에 대해서 이러쿵저러쿵 말하고 남전을 편벽되게 집착하면서, 그들의 말과 주장을 따라 빙빙 돌기만 할 뿐, 끝내 찾지 못하게 될 것입니다.

❀

石鞏彎弓發箭 祕魔擎杈驗人 俱胝只竪一指 無業唯言莫妄想 禾山打鼓 雪峰輥毬 趙州喫茶 玄沙蹉過 佛法豈有如許耶. 若一一作方便 下合頭語 便論劫千生也 未夢見在. 若眞實蹋著 曹溪正路 則坐觀成敗 覷見這一隊漏逗也.

석공은 활을 당겨 화살을 쏘았고(彎弓發箭),[12] 비마는 나뭇가지를 들어 사람을 시험했습니다(擎杈驗人).[13] 구지는 다만 손가락 하나를 세웠을 뿐이고(只竪一指),[14] 무업은 오직 망상 피우지 말라(莫妄想)[15]고 했습니

12 石鞏慧藏(석공혜장, 생몰연대 미상): 당대의 스님. 석공은 주석 산명. 원래 수렵을 업으로 했는데, 어느 날 사슴을 쫓다가 마조도일을 만나서 설법을 듣고는 활을 버리고 출가하여 참학한 뒤 그의 법을 이음.(전게서, p.352)
석공의 '彎弓發箭(만궁발전)'에 관해서는 본서 '93. 조 선인에게' 편에서 다루고 있으므로 함께 참조하기 바란다.

13 비마와 '擎杈驗人(경차험인)'에 관해서는 본서 '5. 유 서기에게' 편의 註14를 참조.

14 구지와 '竪一指(수일지)'에 관해서는 본서 '5. 유 서기에게' 편의 註15와 본서 '26. 재 선인에게' 편의 註1과 3을 참조.

15 汾州無業(분주무업, 760~821): 당대의 스님. 남악 문하. 분주는 주석 지명. 속성은

다. 화산은 북을 쳤고(打鼓),[16] 설봉은 공을 굴렸습니다(輥毬).[17] 조주는 '차나 마시게(喫茶)[18]'라고 했고, 현사는 빗나갔다(蹉)[19]고 했는데, 불법佛法이 어찌 이 정도밖에 없겠습니까! 만약 낱낱이 방편을 써서 맞는 말(合頭語)을 한다면 천생만겁토록 꿈에도 다 볼 수 없을 것입니다. 하지만 만약 진실로 조계의 바른 길(曹溪正路)을 밟는다면, 앉아서도 일의 성패를 다 관하면서 이 한 무리(앞에서 예로 들었던 공안들)의

---

두杜씨. 9세에 개원사에서 수학하고 12세에 삭발, 20세에 수계함. 4분율에 뛰어나고 대반열반경을 강의함. 마조도일에게 배우고 심인을 받음. 오대산에서 대장경을 열람함.(전게서, p.301)

경덕전등록 제8권, '분주 무업 선사' 편에 다음과 같이 기술하고 있다.

繇是雨大法雨垂二十載 (廣語具別錄) 幷汾緇白無不嚮化. 凡學者致問 師多答之 "莫妄想"

큰 법비를 두루 뿌리기를 20여 년을 계속하니, 병주와 분주 지방의 스님들과 속인들이 감화를 받지 않은 이가 없었다. 무릇 배우는 자들이 와서 물으면, 스님은 단지 이르기를 "망상을 피우지 말라"고 했다.

16 화산과 '打鼓(타고)'에 관해서는 본서 '5. 유 서기에게' 편의 註17을 참조.

17 설봉과 '輥毬(곤구)'에 관해서는 본서 '5. 유 서기에게' 편의 註16을 참조.

18 趙州喫茶(조주끽다)에 관해서는 본서 '5. 유 서기에게' 편의 註18을 참조.

19 玄沙(현사)에 관해서는 본서 '5. 유 서기에게' 편의 註8을 참조.

또한 '蹉過(차과)'에 관해서 경덕전등록 제18권, '복주 현사종일 선사' 편에 다음과 같이 기술하고 있다.

"我今問汝諸人 且承得箇什麽事 在何世界安身立命 還辨得麽. 若辨不得 恰似捏目生華 見事便差. 知麽."

"내가 이제 그대들 여러분에게 묻노니, 어떤 일을 이어받았으며, 어느 세계에 안심입명하겠는가? 판별할 수 있겠는가? 만약 판별하지 못한다면 마치 눈을 비벼서 허공에 꽃이 나는 것과 같으니, 일을 보면 바로 어긋난다. 알겠는가?"

허물을 엿볼 수 있게 될 것입니다.

❀

子文監寺留此軸 今數年矣. 近退院稍閑 因爲出此 所有蓋天蓋地 絶出聖賢一著子. 公久參 自如良遂知之矣. 建炎三年 閏八月十一日 雲居東堂 書.

※監寺(감사): 선종에서 절의 사무를 도맡아 보는 사람.

※軸(굴대 축): 굴대(한가운데에 뚫린 구멍에 끼우는 긴 나무 막대나 쇠막대). 북. 자리. 축. 두루마리의 심목. 나아가다. 앓다. 책력을 묶어 세는 단위.

스님께서 감사監寺로 계실 때 이 두루마리(편지)를 남기셨는데, 이제 여러 해가 되었습니다. 최근에 절 소임에서 물러나 점차 한가로워져 이것을 꺼내보니, 이른바 천지를 뒤덮고 성현을 뛰어넘는 한 말씀이었습니다. 스님께서는 오랫동안 참구하셨기에 자연 양수가 안 것과 같으실 것입니다.

건염 3년(建炎, 1129년) 윤 8월 11일

운거산 동당에서 씀.

# 13. 정 장로께(示 靜長老)[1]

長老道林相從 迺宿昔有大緣. 撥轉上頭關 一語便契 圓照無遺 從上來莫不皆以是大機大用. 龍象蹴蹋 非驢所堪 若不具此手段 云何與人解黏去縛 抽釘拔楔. 此本分事也 但只一向操持 驅耕奪飢 迺活句也. 一切語言機要事理 明暗語默 擒縱殺活 皆在下文 不消一捏.

장로께서 도림道林과 서로 따르며 친하게 지내신 것은 곧 숙세의 큰 인연이십니다. 또한 향상向上의 관문을 돌려 한마디에 바로 계합해 남김없이 두루 비추신 것은 모두가 예로부터 내려오는 대기大機와 대용大用이 아닌 것이 없으셨습니다. 용이 차고 코끼리가 밟는 것(龍象蹴蹋)[2]은 당나귀가 감당할 바가 아니니, 만약 이런 솜씨를 갖추지

---

1 원문에서는 '정주 덕산사 정 장로께(示 鼎州 德山 靜長老)'로 기술하고 있다.

2 龍象蹴蹋(용상축답): 『유마경』 제2권, 부사의품不思議品에 다음과 같이 기술하고 있으니 참조하기 바란다.

爾時維摩詰語大迦葉 "仁者 十方無量阿僧祇世界中作魔王者多 是住不可思議解脫菩薩 以方便力 教化衆生 現作魔王. 又 迦葉 十方無量菩薩 或有人從乞手足耳鼻 頭目髓腦 血肉皮骨 聚落城邑 妻子奴婢 象馬車乘 金銀琉璃 車磲馬碯 珊瑚琥珀 眞珠珂貝 衣服飮食 如此乞者多 是住不可思議解脫菩薩 以方便力 而往試之 令其堅固. 所以者何 住不可思議解脫菩薩 有威德力 故現行逼迫 示諸衆生

못했다면 어떻게 다른 사람들에게서 끈끈함을 떼어주고 결박을 풀어주며 못과 쐐기를 뽑아줄 수 있으셨겠습니까! 이러한 본분사本分事야말로 다만 밭 가는 이의 소를 쫓아버리고, 주린 이의 밥을 빼앗는 수완을 한결같이 주관하는 것이니, 이것이 '활구活句'입니다. 일체의 말(言語)과 기요機要, 이理와 사事, 밝음(明)과 어둠(暗), 말(語)과 침묵(默),

---

如 是難事. 凡夫下劣 無有力勢 不能如是逼迫菩薩. 譬如龍象蹴踏 非驢所堪 是名住不可思議解脫菩薩智慧方便之門"

그때 유마힐이 대가섭에게 말했다.
"어진이여! 시방의 헤아릴 수 없는 아승기 세계에서 마왕이 된 이들이 많은데, 이는 불가사의해탈에 머무는 보살들로써, 방편력으로 중생들을 교화하면서 마왕이 되어 드러내는 것입니다.
또한 가섭이여! 시방의 헤아릴 수 없이 많은 보살들이 혹 어떤 사람에게 손, 발, 귀, 코, 머리, 눈, 골수, 피, 살, 피부, 뼈, 취락, 성읍, 처자, 노비, 코끼리, 말, 수레, 금, 은, 유리, 차거, 마노, 산호, 호박, 진주, 조개, 의복, 음식, 이와 같은 것을 비는 것이 많이 있는데, 이는 불가사의해탈에 머무는 보살들로써, 방편력으로 머물면서 그들을 시험해서 그들로 하여금 견고토록 하는 것입니다. 왜냐하면 불가사의해탈에 머무는 보살은 위덕의 힘이 있기 때문에 핍박을 드러내서 모든 중생에게 이와 같은 어려운 일을 보이는 것입니다. 범부는 하열해서 힘이 없기 때문에 이와 같이 보살을 핍박할 수가 없는 것입니다. 비유하면 용과 코끼리가 차고 밟는 것(龍象蹴踏)은 나귀가 감당 할 수 있는 것이 아닌 것과 같으니, 이를 일러 '불가사의 해탈에 머무는 보살의 지혜와 방편의 문'이라고 하는 것 입니다."

또한 영가현각의 증도가에 다음과 같이 기술하고 있다.
龍象蹴踏潤無邊　　용상이 차고 밟음에 윤택함이 그지없으니,
三乘五性皆惺悟　　삼승과 오성에 모두 깨치는도다.(『고경』, p.704)

잡음(擒)과 놔줌(縱), 죽임(殺)과 살림(活), 이 모두는 다음 글에 있으니, 거론하지 않겠습니다.

❀

唯黃檗臨濟 睦州雲門 潙仰雪峰玄沙 尤得妙也. 山僧室中 不曾蹋著此關 斷定不放過. 付授之際 尤在牢實. 切忌依稀便骨董也. 寧可無人承當. 有則須是箇中人始得.

오로지 황벽黃檗[3]·임제臨濟[4]·목주睦州[5]·운문雲門[6]·위앙潙仰[7]·설봉雪峰[8]·현사玄沙[9] 등이 더욱 두드러지게 오묘함을 얻었을 뿐입니다. 그래서 산승의 방에서는 일찍이 이 관문을 밟지 않으면 결정코 그냥 지나치도록 한 적이 없었습니다. 또한 부촉을 할 경우에는 더욱 견고하고 참되게 하였습니다.

---

3 黃檗(황벽)에 관해서는 본서 '7. 충 장로께' 편의 註10을 참조.

4 臨濟(임제)에 관해서는 본서 '1. 화장 명 수좌에게' 편의 註44를 참조.

5 睦州道明(목주도명, 생몰연대 미상): 당대의 스님. 남악의 문하. 목주는 주석지명. 도종道蹤·진존숙陳尊宿·진포혜陳蒲鞋라고도 함. 속성은 진陳씨이며 황벽희운의 제자. 목주 용흥사에 주석하며 1천여 명을 모아 종풍을 펼쳤기 때문에 '진존숙'이라 하고, 짚신을 팔아 어머니를 모셨으므로 '진포혜'라고 함.(선학사전, p.210)

6 雲門(운문)에 관해서는 본서 '1. 화장 명 수좌에게' 편의 註24를 참조.

7 潙仰(위앙)은 潙山(위산)과 仰山(앙산)을 뜻하며, 두 스님에 관해서는 본서 '7. 충 장로께' 편의 註9를 참조.

8 雪峰(설봉)에 관해서는 본서 '1. 화장 명 수좌에게' 편의 註34를 참조.

9 玄沙(현사)에 관해서는 본서 '5. 유 서기에게' 편의 註8을 참조.

희귀한 것에는 절대로 의지하지 않아야 합니다. 쓸데없는 짓입니다. 차라리 이을 만한 사람이 없는 편이 더 낫습니다. 있다면 모름지기 반드시 그 사람(箇中人)[10]이어야 합니다.

10 기중인其中人=그 사람(箇中人)에 관해서는 본서 '1. 화장 명 수좌에게' 편의 註47을 참조.

# 14. 지도 각 장로께(示 智度覺長老)[1]

至道簡易而淵奧 初不立階梯 壁立萬仞 謂之本分草料. 是故 摩竭掩室行正令毗耶杜詞揭本宗. 尙有作家漢未放過 何況涉妙窮玄 說心論性. 被貼肉汗衫子黏著脫拆不下 則轉見郎當爾. 少室曹溪風範逈殊. 臨濟德山 作略剔脫 龍馳虎驟 地轉天旋. 不妨慶快人 了不拖泥水.

※掩(가릴 엄): 가리다. 숨기다. 엄습하다. (문을) 닫다. 그치다. 그만두다. 쏟다.

※汗衫(한삼): 예복을 갖출 때에 손을 가리기 위하여 두루마기나 여자의 저고리 소매 끝에 흰 헝겊으로 길게 덧대는 소매. 백수白袖. 속적삼의 궁중말.

※郎當(랑당): 피로함. (옷이 커서 몸에) 어울리지 않게 맞지 않음. 낭패.

※拆(터질 탁): 터지다. 갈라지다. 부수다. 분해하다. 포개다.

지극한 도(至道)는 간단하고 쉬우며 깊고 오묘해서 애초부터 순서나 절차도 세우지 않고 만 길 절벽처럼 우뚝 서 있으니, 이를 일러 '본분초료本分草料'[2]라고 합니다. 이런 까닭에 마갈타에서는 방문을 닫아 바른

---

1 원문에서는 '담주의 지도 각 장로께(示潭州智度覺長老)'로 기술하고 있다.

2 本分草料(본분초료): 인간 본래의 모습으로 되돌아가게끔 하는데 쓰이는 먹이. 학인을 우마牛馬에 스승의 지도를 여물(草料)에 비유한 말.(선학사전, p.292)

법령을 시행했고,[3] 비야리에서는 침묵(杜詞)으로 근본 종지를 높이 들었던 것[4]입니다. 하지만 본분작가本分作家가 있었더라면 더욱이 그

---

관련하여 다음과 같은 단어들을 사전에서 설명하고 있으니 참고하기 바란다.
本分家風(본분가풍): 본래부터 타고난 가풍.
本分手脚(본분수각): 본래부터 타고난 솜씨. 또는 그런 지도 방법.
本分人(본분인): 자기 본래의 모습으로 되돌아간 사람.
本分作家(본분작가): 본래면목을 체득한 사람.
本分宗師(본분종사): 본래의 면목에 계합하여 학도인學道人을 지도할 수 있는 역량을 가진 선사.(전게서, p.292)

3 지월록指月錄과 선문염송 염송설화에서 다음과 같이 기술하고 있다.
世尊一日 因文殊在門外立 乃曰 "文殊文殊 何不入門來" 文殊曰 "我不見一法在門外 何以教我入門"

세존이 어느 날 문수가 문 밖에 서 있는 것을 보고 말했다.
"문수여, 문수여! 어찌하여 문안으로 들어오지 않는가?"
문수가 말했다.
"저는 한 법도 문 밖에 있는 것을 보지 못했는데, 무슨 까닭으로 저를 문 안으로 들어오라 하시는 것입니까?"

4 유마경 제9, 입불이법문품入不二法門品에 의하면 다음과 같이 기술하고 있다.
그 때에 유마힐이 여러 보살들에게 이렇게 말했다.
"여러분 보살이 불이不二에 들어가는 법문에 대하여 각자가 즐겨하는 대로 설명해 보시오."(중략, 32보살이 저마다 불이법문을 이야기함.)
이와 같이 여러 보살들이 각각 그 나름대로 '입불이법문入不二法門'을 설하고 나서 문수사리에게 물었다.
"문수사리님, 당신의 '입불이법문'은 어떤 것입니까?"
"내 생각 같아서는 일체법에 대하여 말없이 설하지 않고 제시하는 바도 없고 무언가를 식별하지도 않으며 또 갖가지 문답도 않고 가만히 있는 것이 '입불이법문'이 될 것 같소"(일체법에 말로 설명할 수 없고 보일 수도 없고 알 수도 없어서

냥 지나치지 않았을 것인데, 하물며 어떻게 오묘하고 그윽한 것을 다 겪고 나서 마음을 말하고 성性을 논하겠습니까! 살에 달라붙은 속적삼을 입고 끈끈하게 달라붙은 것을 벗어서 떼어내지 못한다면 더더욱 낭패를 보게 될 뿐입니다. 이것은 소실少室과 조계曹溪의 가풍이나 규범과는 아주 다른 것입니다. 임제와 덕산의 기량(作略)[5]은 뼈를 발라내는 듯하고, 용이 날고 범이 달리듯 하며, 땅이 구르고 하늘이 돌 듯했습니다. 또한 이들은 대단히 경쾌한 사람들이어서 결코 진흙탕을 끌지 않았습니다.

❀

從上來 大達大悟 纔信徹極致處 卽如快鷹俊鶻 迷風曜日 背摩靑霄 直下透脫使二六時中 無纖毫障隔 八達七通 卷舒擒縱. 聖位尙不居 豈肯處凡流. 胸次蕩然 該今括古 拈一莖草 作丈六金身 拈丈六金身

---

모든 문답을 떠난 것이 바로 이 불이법문에 들어가는 것입니다. 譯註) 하였다.
이때 문수사리가 유마힐에게 물었다.
"우리들은 각자가 나름대로 다 설했습니다. 거사님, 당신이 설할 차례요. 무엇을 보살의 '입불이법문'이라 하겠소."
그때에 유마힐이 묵연히 아무 말 없이 침묵을 지켰다.(침묵했다. 譯註)
문수사리가 감탄을 하며 말하기를,
"과연 옳습니다. 옳습니다. 문자와 말과 설명 그런 것, 모두 다 없는 것이 진짜 불이不二에 들어가는 법문입니다. (옳습니다. 옳습니다. 언어문자로 설명할 수 없는 것이 바로 진정 불이법문에 들어가는 것입니다. 譯註)"(이기영 역, 유마힐소설경 pp.256~275)

5 임제臨濟와 덕산德山의 기량(作略)은 임제의 '할'과 덕산의 '방'을 뜻한다.(두 스님에 관해서는 본서 '1. 화장 명 수좌에게' 편의 註44와 22를 참조.)

作一莖草.

※蕩然(탕연): 공허한 모양. 방자한 모양.

예로부터 크게 통달하고 크게 깨달은 사람은 극치처(極致處, 지극한 곳, 최고의 경지)를 확실하게 꿰뚫자마자, 마치 날쌔고 수려한 매가 바람을 유혹하고 해를 번뜩이며, 등으로 푸른 하늘을 문지르며 나는 것처럼, 바로 그 자리에서 꿰뚫고 벗어나 하루 종일 털끝만큼이라도 막히거나 간격이 없이 말고 펴고·잡고 놓아주기를 자유자재로(七通八達) 하였습니다. 또한 성인의 지위에는 더욱이 머무르려고도 하지 않았는데, 어찌 범부에 처하려 했겠습니까! 가슴속을 텅 비워 고금을 포용하고 받아들였고, 한 줄기 풀을 장육금신丈六金身으로 쓰고 장육금신을 한 줄기 풀로 쓰기도 했습니다.[6]

---

6 丈六金身(장육금신): 신장이 1장丈 6척尺이고 피부색이 자마금색紫磨金色인 석존의 몸. 신장과 피부색으로 석존의 초인성을 표현하는 말.(선학사전, p.559) 從容錄第四則曰 世尊與衆行次 以手指地云 "此處宜建梵刹" 帝釋將一莖草 揷於地上云 "建梵刹已竟" 世尊微笑. 又趙州語錄曰 "此事如明珠在掌 胡來胡現 漢來漢現. 老僧把一莖草 作丈六金身用 把丈六金身 作一莖草用. 佛卽是煩惱 煩惱卽是佛. 是漏心佛不二 物我一如之消息也."(정복보, 불학사전)

종용록從容錄 제4칙에서 (다음과 같이) 말하고 있다.

세존이 대중들과 함께 행차하다가 손으로 땅을 가리키며 말했다.

"이곳에 마땅히 절을 세워라."

제석이 한 줄기 풀을 땅 위에 꽂고는 말했다.

"한 줄기 풀로 이미 끝냈습니다(=사찰을 만들었습니다)."

세존이 미소 지었다.

❀

初無勝劣取舍 惟在當機 活卓卓地. 有時奪人不奪境 有時奪境不奪人 有時人境俱奪俱不奪 出格超宗十成蕭灑. 豈是只貴籠罩人. 蓋覆移換走作人 要當撲實頭 顯示 無依倚 無爲無事 大解脫 各各本分事. 所以 古人風塵草動 便先照了 纔出毫芒 卽與剗斷.

※當機(당기): 상대의 능력 소질에 따라 이끎.

※十成(십성): 꼭. 반드시. 틀림없이. 완전함. 1등.

※籠罩(농조): 덮어씌우다. 뒤덮다. 휩싸이다. 자욱하다.

※走作(주작): 본래의 규범에서 벗어나다. 원래의 모양을 바꾸다. 뜻밖의 사고가 일어나다.

(예로부터 크게 통달하고 크게 깨달은 사람들은) 애초부터 뛰어나거나 열악함(勝劣)·취하거나 버림(取舍)이 없이, 오직 활발하고 뛰어나게 상대방의 능력에 따라 이끄는 것에만 참여했습니다. 그래서 어떤 때는 사람은 빼앗되 경계는 빼앗지 않고(奪人不奪境), 어떤 때는 경계는 빼앗되 사람을 빼앗지 않으며(奪境不奪人), 또 어떤 때는 사람과 경계 모두 빼앗거나(人境俱奪), 모두 빼앗지 않으면서(俱不奪),[7] 격식과 종

---

또 『조주어록趙州語錄』에서 (다음과 같이) 말하고 있다.

"이 일은 마치 명주明珠가 손에 있는 것과 같아서 오랑캐가 오면 오랑캐가 나타나고 한족이 오면 한족이 나타난다. 노승이 한 줄기 풀을 장육금신으로 쓰고, 장육금신을 한 줄기 풀로 쓴다. 부처는 곧 번뇌요, 번뇌는 곧 부처다. 번뇌와 부처는 둘이 아니며, 물아일여의 소식이니라."

7 임제의 4료간에 관해서는 본서 '9. 고 서기에게' 편의 註7을 참조.

지를 뛰어넘어 완전히 산뜻하고 깨끗한 경지를 이루었던 것입니다. 그런데 이것이 어찌 단지 사람을 덮어씌우는 것만을 귀하게 여긴 것이겠습니까! 밖으로 치달리던 사람들을 엎어뜨리고, 바로 확실하게 두드려서 의지할 것도 기댈 것도 없는 무위무사無爲無事의 대해탈로 각각의 본분사本分事를 드러내 보이려는 것이었습니다. 그래서 고인古人은 티끌 같은 바람에 풀이 움직여도 그에 앞서 먼저 알았고, 털끝만큼이라도 나오기만 하면 바로 베어버렸던 것입니다.

❀

尙不得一半 豈可彼此草裏輥 相牽相拽. 機關語句上 論量揀擇 作窠臼埋沒人家男女 軒知是開眼尿牀. 他明眼人 終不做箇般路布. 大丈夫意氣驚群 須圖正紹臨際本宗 一喝一棒 一機一境 當陽勦絶. 豈不見道"吹毛用了急還磨"

※勦(노곤할 초, 끊을 초): 노곤하다. 괴로워하다. 괴롭히다. 표절하다. 날래다. 끊다.

그런데 아직 하나나 반도 얻지 못했으면서, 어찌 피차간에 풀 속(草裏, 번뇌 망상)에서 구르면서 서로를 이끌어 줄 수 있겠습니까! 기관機關[8]을 이리저리 따지고 가려내서 고정된 틀(窠臼, 고정관념)을 만드는 것은 세상 사람들(人家男女)을 매몰시키는 것이며, 눈을 뜨고 침상에 오줌을 싸는 짓임을 분명히 알아야 합니다. 눈 밝은 사람은 결코 이런 주장을

8 機關(기관)에 관해서는 본서 '6. 융 지장에게' 편의 註2를 참조.

하지 않습니다. 대장부의 의기(意氣, 의지와 기개)는 무리들을 놀라게 하니, 모름지기 임제의 근본종지를 바르게 이어서 일할(一喝)과 일방(一棒), 일기一機와 일경一境에 분명히 끊어버려야 합니다.

보지 못했습니까!
"취모검吹毛劍을 다 썼으면 급히 갈아두라"[9]고 한 것을!

9 吹毛(취모)와 '취모검을 다 썼으면 급히 갈아두라'고 한 것에 관해서는 본서 '1. 화장 명 수좌에게' 편의 註45를 참조.

# 15. 축봉 장로께(示 鷲峰長老)[1]

多子塔前曾分半座 葱嶺西畔隻履獨攜. 臨濟以瞎驢命惠然 夾嶠因青山委洛浦.雖源分派別 要一脉出自曹溪 擇大器利根 俾掃蹤滅跡. 是故 從上來 龍馳虎驟 換斗移星 閃電中別殽訛 石火裏分皁白. 不論懵底 惟務俊流. 懸肘後符 廓頂門眼 立起綱宗 單提正令.

※攜(이끌 휴): 이끌다. 끌다. 가지다. 들다. 휴대하다.
※俾(더할 비): (문어) ~하게 하다.
※殽(섞일 효): 섞이다. 섞다. 어지럽다. 본받다. 배우다.
※訛(그릇될 와): 그릇되다. 잘못되다. 거짓되다. 속이다. 이상야릇하다.
※皁白(조백): 잘잘못. 흑백.

부처는 다자탑多子塔 앞에서 일찍이 자리를 반으로 나눴고,[2] 달마는 총령葱嶺의 서쪽으로 한 짝의 신을 들고 홀로 갔습니다.[3] 또한 임제

---

1 원문에서는 '촉중의 축봉 장로께(蜀中鷲峰長老)'로 기술하고 있다.

2 '多子塔前分半座(다자탑전분반좌)'에 관해서는 본서 '8. 법제 선사께' 편의 註2를 참조.

3 경덕전등록 제3권, '제28조 보리달마' 편에 다음과 같이 기술하고 있다.
其年十二月二十八日 葬熊耳山 起塔於定林寺. 後三歲魏宋雲奉使西域迴 遇師于

臨濟는 눈 먼 나귀를 가지고 혜연惠然에게 분부했고,[4] 협고夾嶠는 청산

---

葱嶺 見手携隻履翩翩獨逝. 雲問 "師何往" 師曰 "西天去" 又謂雲曰 "汝主已厭世" 雲聞之茫然 別師東邁 暨復命 卽明帝已登遐矣 而孝莊卽位. 雲具奏其事 帝令啓壙. 唯空棺一隻革履存焉.

(중략) 그해 12월 28일 웅이산에 장사지내고 정림사에 탑을 세웠다. 그 뒤 3년 후에 위나라의 송운宋雲이라는 이가 서역에 사신으로 갔다가 돌아오는 길에 총령에서 스님을 만났는데, 손에 신 한 짝을 들고 훌훌히 혼자 가고 있었다. 송운이 물었다.

"대사님, 어디로 가십니까?"

대사가 말했다.

"서역으로 돌아가오."

그리고는 다시 송운에게 말했다.

"그대의 군주는 이미 세상을 뜨셨소."

송운은 이 말을 듣고 아찔함을 느꼈다.

대사와 작별하고 동쪽으로 나아가 복명을 하려고 했는데, 과연 명제明帝는 이미 승하하고 효장제孝莊帝가 즉위했다. 송운이 위의 사실을 자세히 보고하자, 황제가 대사의 무덤을 열어 보게 했다.

관은 비고 신 한 짝만이 남아 있을 뿐이었다.

4 임제에 관해서는 본서 '1. 화장 명 수좌에게' 편의 註44를 참조.

惠然(혜연)은 삼성혜연(三聖慧然) 스님을 뜻한다.(본서 '9. 고 서기에게' 편의 註12를 참조.)

임제록에 다음과 같이 기술하고 있다.

師臨遷化時據坐云 "吾滅後不得滅却 吾正法眼藏" 三聖出云 "爭敢滅却和尙正法眼藏" 師云 "已後有人問爾 向他道什麽" 三聖便喝 師云. "誰知吾正法眼藏 向這瞎驢邊滅却" 言訖 端然示寂.

선사(임제)가 열반할 때 자리에 앉아 말했다.

"내가 멸도한 후에 나의 정법안장이 없어지지 않도록 하여라."

삼성三聖이 나와서 말했다.

을 의지해 낙포洛浦에게 맡겼습니다.[5] (이후에) 비록 근원이 나뉘고 갈래가 나뉘어졌지만, 조계曹溪로부터 나온 한 맥이 크고 날카로운 근기를 택해 자취를 쓸어버리고 흔적을 소멸코자 했습니다. 이런 까닭에 예로부터 용과 호랑이가 달리고, 북두를 돌리고 별들을 이동케

---

"어찌 감히 큰 스님의 정법안장을 없앨 수 있겠습니까?"
선사가 말했다
"이후에 누가 그대에게 물으면 무어라고 말해 주겠느냐?"
삼성이 할을 하자, 선사가 말했다.
"나의 정법안장이 이 눈 먼 나귀한테서 없어질 줄 누가 알았겠는가?"
말을 마치고는 단정하게 앉아 열반하였다.

5 협교夾嶠는 협산선회를 뜻한다.
夾山善會(협산선회, 805~881): 당대唐代의 스님. 청원靑原 스님 문하. 성은 요寥씨. 광주廣州 출신. 어려서 호남성 담주 용아산으로 출가. 선자덕성船子德誠의 법을 이어받고 예주 석문현 협산에 영천원靈泉院을 개설하여 제1세가 됨. 시호는 전명傳明대사.(선학사전, p.725)
낙포洛浦는 낙포원안을 뜻한다(본서 '6. 융 지장에게' 편의 註17을 참조하기 바란다).
경덕전등록 제16권, '예주 악보산 원안 선사' 편에 보면 다음과 같이 기술하고 있다.
夾山將示滅 垂語於衆日 "石頭一枝看看卽滅矣" 師對日 "不然" 夾山日 "何也" 日 "自有靑山在" 夾山日 "苟如是卽吾道不墜矣"
협산이 입멸하려 할 적에 대중에게 말했다.
"석두의 한 가지(一枝)를 살피고 살펴라. 그러면 곧 사라지리라."
선사(낙포원안)가 대답했다.
"그렇지 않습니다."
"어째서?"
"스스로 청산이 있기 때문입니다."
"만약 그렇다면 나의 도는 무너지지 않으리라."

하듯 번뜩이는 번개 속에서 그릇된 것을 가려내고, 돌을 부딪쳐 내는 불꽃 속에서도 흑백을 나눴던 것입니다. 눈 먼 놈은 거론하지도 않고 오직 뛰어난 부류에게만 힘을 썼습니다. 또한 팔꿈치 뒤에 부적을 달고 정수리의 눈(頂門眼)을 넓혀 강령을 세우고 종지를 일으키며 홀로 정령正令을 드러냈습니다.

❀

源不深則流不長 功不積則用不妙. 是以西河弄師子 要超宗越格 而楊岐呑栗棘蓬 取奔流度刃. 旣入箇選佛場 闡向上關捩子. 應須一滴水一滴凍 硬著鐵脊梁 荷擔此大任.

※闡(밝힐 천): 밝히다. 밝혀지다. 분명하다. 열다. 넓히다. 크게 하다.
※脊梁(척량): 등골뼈.

근원이 깊지 않으면 흐름 또한 멀지 못하고, 공이 쌓이지 못하면 쓰임 또한 오묘하지 않습니다. 그래서 서하西河는 사자를 가지고 놀면서 종지와 격식을 뛰어넘고자 했고,[6] 양기楊岐는 밤송이(栗棘蓬, 율극봉)를 삼켜, 치달리는 번뇌 망상을 칼로 바로 베어버렸습니다.[7]

---

6 서하는 분양선소를 뜻한다.(스님에 관해서는 본서 '4. 원 수좌에게' 편의 註20을 참조.)

'서하가 사자를 희롱한다(西河弄師子)'에 관해서는 본서 '9. 고 서기에게' 편의 註4를 참조.

7 『양기록楊岐錄』에는 다음과 같이 기술하고 있다.

"上堂雲蓋 是事不如說禪 似呑栗蒲. 若向此處會得 佛法天地懸殊"(백련선서간행

이왕 선불장選佛場[8]에 들어왔다면 향상向上의 관려자(關捩子, 향상의

---

회, 양기록·황룡록, 원문부록 p.18)

상당하여 말씀하셨다.

"나의 이 일은 밤송이나 부들을 삼키듯 선을 설명하는 것과 다르다. 여기에서 알아냈다면 불법이 천지처럼 현격하게 다르리라."(전게서, p.34)

한편, 역자는 위의 양기록 원문을 다음과 같이 해석하였다.

운개산雲蓋山 해회사海會寺에서 상당上堂하기를,

"이 일은 선禪을 설하는 것과 같지 않아 마치 밤이나 부들(蒲, 창포)을 삼키는 것과 같으니, 여기서 안다면 불법佛法은 천지처럼 현격하게 다르리라."

8 경덕전등록 제14권, '등주 단하 천연 선사' 편에 보면 選佛場(선불장)에 관련하여 다음과 같이 기술하고 있다.

初習儒學將入長安應擧 方宿於逆旅 忽夢白光滿室 占者曰 "解空之祥也" 偶一禪客問曰 "仁者何往" 曰 "選官去" 禪客曰 "選官何如選佛" 曰 "選佛當往何所" 禪客曰 "今江西馬大師出世 是選佛之場 仁者可往" 遂直造江西 才見馬大師 以手托幞頭額 馬顧視良久曰 "南嶽石頭是汝師也" 遽抵南嶽還以前意投之 石頭曰 "著槽廠去" 師禮謝入行者房 隨次執爨役凡三年.

(단하천연이) 처음에는 유교를 배워서 과거를 보러 장안으로 들어갔는데, 여관에서 쉬다가 홀연히 흰 광명이 방안에 가득한 꿈을 꾸었다. 이에 점치는 사람이 "공空을 터득할 상서로움이라"고 해석했다.

때마침 어떤 선객이 물었다.

"당신은 어디로 가십니까?"

천연이 말했다.

"관리로 뽑히기 위해서 과거 보러 갑니다."

선객이 말했다.

"관리로 뽑히는 것이 부처로 뽑히는 것만 하겠습니까?"

천연이 말했다.

"부처로 뽑히려면 어디로 가야 합니까?"

문빗장과 술대)를 천명해야 합니다. 또한 모름지기 한 방울의 물이 한 방울의 얼음이 되는 것처럼 빈틈없이 해서, 무쇠 같이 견고한 척추로 이런 큰 임무를 짊어져야 합니다.

❀

己躬下諦實 爲人處無偏. 纔落世緣 便涉滲逗. 祖峰老師橫點頭 白雲祖翁渾圇呑棗 常爲警策. 如臨深履薄 便可以向百尺竿頭 進千百步 懸崖上跳萬億遭. 迺眞皮可漏方驗 撲不破 蓋大雄的的種草也. 愼之.

※點頭(점두): 승낙하거나 옳다는 뜻으로 머리를 약간 끄덕임.

※圇(둥글 란): 둥글다.

※棗(대추 조) 대추. 대추나무.

※遭(만날 조): 만나다. 당하다. 두르다. 둘레. 번(횟수).

자기는 몸소 진실로 자세하게 살피면서 다른 사람을 위해서는 치우침

---

선객이 대답했다.

"지금 강서에는 마 대사가 세상에 나타나셨는데, 거기가 부처를 뽑는 도량입니다. 당신도 그리로 가시오."

그 길로 강서로 가서 마 대사를 보자마자 손으로 복두幞頭를 올렸다.

마 대사가 돌아보고는, 양구良久하고 말했다.

"남악南嶽의 석두石頭가 그대의 스승이다."

바로 남악으로 가서 앞의 뜻으로 귀의하자, 석두가 말했다.

"방앗간에나 가거라."

선사(단하천연)가 절을 하고 물러나서 행자들의 방으로 들어가서는, 절차에 따라 공양간 일을 3년 동안 계속했다.

이 없어야 합니다. 세속의 인연에 떨어지면 바로 허물을 겪게 됩니다. 그렇기 때문에 오조법연(祖峰)[9]은 가로로 머리를 흔들고, 백운白雲은 대추를 통째로 삼키면서 항상 경책을 했던 것입니다.[10] 그러므로 마치 깊은 못에 임한 듯하고 얇은 얼음을 밟듯 하면서 백척간두에서 백 걸음 천 걸음 나아가고,[11] 벼랑에서 억만 번 뛰어넘을 수 있어야 합니다.

---

9 오조법연에 관해서는 본서 '6. 융 지장에게' 편의 註12를 참조.

10 백운수단에 관해서는 본서 '8. 법제 선사께' 편의 註9를 참조.

11 경덕전등록 제10권, '호남 장사 경잠초현 대사' 편에 다음과 같이 기술하고 있다.

師遣一僧去 問同參會和尙云 "和尙見南泉後如何" 會默然. 僧云 "和尙未見南泉已前作麽生" 會云 "不可更別有也" 僧迴擧似師 師示一偈曰 "百丈竿頭不動人 雖然得入未爲眞 百丈竿頭須進步 十方世界是全身" 僧問 "只如 百丈竿頭如何進步" 師云 "朗州山澧州水" 僧云 "請師道" 師云 "四海五湖皇化裏"

대사(장사경잠)가 한 스님을 보내 도반인 회會 화상和尙에게 다음과 같이 묻도록 했다.

"화상께서 남전南泉을 뵙고 난 뒤에는 어떠했습니까?"

회 화상이 침묵했다.

그러자 그 스님이 말했다.

"화상께서 남전을 뵙기 전에는 어떠하셨습니까?"

회 화상이 대답했다.

"다시 다른 것이 있을 수 없다."

그 스님이 돌아와 대사에게 앞의 일을 이야기하자, 대사가 게송 하나를 지었다.

百丈竿頭不動人　백 길 장대 끝에서 움직이지 않는 사람은
雖然得入未爲眞　비록 깨달음에 들어갔을지라도 아직은 참되지 않으니,
百丈竿頭須進步　백 길 장대 끝에서 모름지기 한 걸음 나아가야
十方世界是全身　시방세계가 온 몸인 것이니라.

이에 가죽이 새는지 아닌지를 진실로 시험해서 쳐도 부서지지 않아야, 모두가 부처의 확실한 법손(種草)인 것입니다. 삼가십시오!

---

스님이 물었다.

"그렇다면, 백 길 장대 끝에서 어떻게 한 걸음 나아가야 합니까?"

대사가 말했다.

"낭주의 산이요, 예주의 물이니라."

스님이 말했다.

"청컨대, 스님께서 말씀해 주십시오."

대사가 말했다.

"사해四海와 오호五湖가 모두 황제의 덕화 속에 있느니라."

# 16. 현 상인께(示 顯上人)[1]

見處通透 用處明白 當旋機電卷 結角羅紋 槃錯縱橫 自能回轉無凝滞. 亦不立見 亦不存機 滔滔地風行草偃 蓋根脚悟入時 徹淵源. 修證得無回互 會尙不可得 豈況不會. 二六時中 只恁無繫無絆. 初不存能所我人 何有於佛法哉.此無心無爲無事境界 豈世間聰明利智 辯慧多聞 無根本人 能測量耶.

※通透(통투): 완전히 이해하다. 훤하게 꿰뚫다. 통달하다. 똑똑히 알다.

※滔滔(도도): 물이 그득 퍼져 흐르는 모양이 막힘이 없고 기운차다. 말하는 모양이 거침이 없다. 유행이나 사조, 세력 따위가 바짝 성행하여 걷잡을 수 없음.

견처를 훤하게 꿰뚫고 용처가 명백하면 기봉機鋒을 돌리기를 번개 치듯 하고, 모진 곳을 비단 문양으로 맺으며, 쟁반에 섞여도 자유자재하고, 스스로 능히 회전할 수 있어 막히거나 걸리는 것이 없습니다. 또한 견해도 세우지 않고 어떤 기機도 남기지 않으면서 도도하게

1 원문에서는 '현'상인을 '소주의 곤산에 주석하고 있는 혜암(住蘇州山惠嚴)'이라고 기술하고 있다.

上人(상인): 지덕智德이 갖추어져 있는 불제자, 승려를 높여 일컫는 말이다.

바람이 불면 풀이 눕 듯 하는 것(風行草偃)[2]은 근원을 깨달아 들어갈 때 연원에 사무쳤기 때문입니다. 닦아서 증득함에는 회호回互[3]가 없고, 앎도 오히려 얻을 수 없는데, 어찌 알지 못함이겠습니까! 하루 종일 다만 이렇게 얽어맬 것도 없고, 얽어 매일 것도 없을 뿐입니다. 애초부터 주관(能)이니 객관(所)이니, 나(我)니 너(人)니 하는 것도 없는데, 불법에 또 무엇이 있겠습니까! 이러한 무심無心과 무위無爲와 무사無事의 경계를 어찌 세간의 총명하고 영리한 지혜와 사리에 밝은 말과 많이 듣는 것으로 근본 없는 사람이 헤아릴 수 있는 것이겠습니까!

❀

達磨西來 豈將得此法來. 他惟直指各各當人本有之性 令出徹明淨 不爲如許惡知惡覺 妄想計較所染汚. 參須實參. 得眞正道師 不引入草

2 '風行草偃(풍행초언)'에 관해서는 본서 '10. 정 장로께' 편의 註9를 참조.

3 回互(회호): 상즉상융相卽相融의 의미로 대립하는 두 존재, 혹은 존재 일체가 서로 밀접한 관계를 가지고 융화하는 것. 상호전환相互轉換.(선학사전, p.754) 한편, 석두희천의 『참동계參同契』에서는 回互(회호)를 다음과 같이 기술하고 있다.

靈源明皎潔　신령스런 근원은 밝기가 마치 달처럼 밝고도 맑아
枝派暗流注　가지에 나뉘어 암암리에 흘러들어가네.
執事元是迷　사事에 집착하는 것은 원래 미혹한 것이요,
契理亦非悟　이理에 계합하는 것 또한 깨달음이 아니네.

門門一切境　문마다 일체의 경계는
迴互不迴互　회호하기도 하고 회호하지 않기도 하니,
迴而更相涉　회호하면 다시 서로 교섭하지만
不爾依位住　회호하지 않으면 자리를 의지해 머무네.

窠裏 直截契證. 脫却貼肉汗衫子 令胸次虛豁 無一毫凡情聖量 亦不向外馳求.

달마가 서쪽에서 왔을 때 어찌 이 법을 가지고 왔겠습니까! 그는 오직 각각의 바로 그 사람들이 본래 가지고 있는 성품을 바로 가리켜 보이고, 밝고 깨끗한 것을 철저하게 드러내도록 해서 저와 같은 악지惡知와 악각惡覺, 망상妄想과 계교計較에 오염되지 않게 했을 뿐입니다. 참구하려면 모름지기 실답게 참구해야 합니다. 그리고 진실 되고 바른 스승을 만나, 풀 구덩이 속으로 끌려 들어가지 않고 바로 끊고 계합해서 증득해야 합니다. 살에 달라붙은 속적삼을 벗어버리고 가슴 속을 텅 비우도록 해서 털끝만큼이라도 범부니 성인이니 하는 생각이 없어야 하고, 또한 밖으로 치달려 구해서도 안 됩니다.

❀

湛然眞實 千聖莫能排遣. 得一片淨倮倮田地 透出空劫那邊 威音王猶是兒孫 何況更從他覓. 有祖以來 作家漢莫不如是. 且如六祖新州一鬻薪人 目不體字. 逗至於大滿相見一面 披襟著著透脫. 雖則聖賢混迹 要以方便顯示. 此段不隔賢愚 皆已本有.

※鬻(죽 죽, 팔 육): 죽(=粥). 팔다(육). 값을 받고 물건을 주다.

※薪(섶 신): 섶. 땔감용 나무. 잡초. 봉급. (땔감으로) 만들다. 나무를 하다.

※混迹(혼적): (신분을 숨기거나 가짜 자격으로) 끼어들어 섞이다. 섞여 들어가다.

맑고 진실하면 일천의 성인들도 쫓아내지 못하게 됩니다. 또한 한 조각 정나나淨倮倮한 경지를 얻어 공겁空劫 저쪽으로 꿰뚫어 벗어나면 위음왕威音王도 오히려 자손이 되는데, 하물며 어떻게 또 다시 남을 좇아 찾으려 하겠습니까! 조사(달마)가 온 이래로 작가종사들(作家漢) 또한 이와 같지 않음이 없었습니다. 6조(혜능)의 경우, 신주新州에서 나무를 팔아 하루 죽을 먹는 사람이었으며, 또한 눈으로 글자를 체득하지도 못했습니다. 하지만 대만(大滿, 5祖)을 한 번 만나고는 가슴을 풀어헤치고 착착 꿰뚫어 벗어났습니다.[4] 비록 성현이 신분을 감추고 세간에 섞여들어 그 자취를 묻어버렸지만, 이것도 역시 방편으로 드러내 보이고자 한 것이었습니다. 이 일은 현명하고 어리석음에 관계없이 모두가 본래 갖고 있는 것입니다.

今旣厠跡禪流 日逐冥心體究. 知此大緣 不從人得 只在猛利擔荷增進. 日損日益如精金百煉千煅. 出塵之要 利生之本 尤須七穿八穴 到無疑安穩 得大機大用之處. 此工夫正在密作用中. 只日於萬緣交參紅塵擾攘 順違得失 摐然羅列 於中出沒 不被他所轉 能轉於他 活鱍鱍地 水灑不著. 乃是自己力量.

---

4 6조 혜능 스님에 관해서는 본서 '6. 융 지장에게' 편의 註10을 참조.
大滿(대만)은 5조 홍인 대사에게 당 대종(代宗)이 내린 시호이다.
五祖弘忍(5조홍인, 594~674): 당대의 스님. 중국 선종의 5조. 오조는 주석 산명. 호북성 기주 황매 출신. 4조 도신의 제자가 되어 오랫동안 그의 회하에서 수행하고 법을 이음.(선학사전, p.477)

※厠(뒷간 측): 뒷간. 돼지우리. 물가. 곁. 섞다. 섞이다.

※日逐(일축): (문어) 매일.

※擾攘(요양): 한꺼번에 떠들어 어수선함.

이제 참선하는 부류에 자취를 섞은 이상, 매일매일 마음을 그윽하게 하고 몸소 참구해야 합니다. 이 대인연(此大緣, 일대사인연)은 다른 사람으로부터 얻는 것이 아니니, 다만 용맹스럽고 날카롭게 걸머지고 더욱 더 나아가는 데 있다는 것을 알아야 합니다. 하루 망상을 덜면 하루 지혜가 더해지게 되니, 마치 금을 정제할 때 백천 번을 단련하는 것과 같습니다.

티끌세상을 벗어나는 요점과 중생을 이롭게 하는 근본은 모름지기 한층 더 일곱 번 뚫고 여덟 번 뚫어 의심이 없는 안온한 곳에 이르러 대기대용의 경지를 얻는 것입니다. 이 공부는 바로 은밀하게 작용하는 데 있습니다. 다만 하루에도 만 가지 인연들이 서로 오고 가며, 세속의 번뇌는 시끄럽고 어수선해서 위순違順과 득실得失이 어지럽게 죽 늘어서 있지만, 그 속에 출몰하면서도 그것들에 굴림을 당하지 않고 그것들을 활발발하게 굴릴 수 있어야 물을 뿌려도 젖지 않게 됩니다. 이것이 곧 자기의 역량입니다.

❀

至於靜嘿虛凝 亦非兩種. 乃至奇言妙句 險機絶境 亦只一槩平之 了無得失皆爲我用. 似此磨琢久之 生死之際脫然 視世間閑名破利 如風過游塵 夢幻空花耳 翛然度世 豈非出塵大阿羅漢耶. 骨剉和尙 一生有問只以骨剉也酬之 如鐵彈子 不妨緊峭. 若善體究 眞祖師門下師子兒.

※鐵彈子(철탄자): 화포에 넣어 쏘기 위하여 만든 무쇠 탄알.

정묵허응(靜嘿虛凝, 아무 말 없이 고요하고, 텅 비어 엉김)한 곳에 이르더라도 이 또한 두 가지가 아닙니다. 기묘한 언구와 경계가 끊어진 험준한 기機에 이를지라도, 다만 공평해서 득실得失이 전혀 없으면 모두가 내가 쓰는 것(我用, 나의 작용)이 됩니다. 이와 같이 오랫동안 갈고 닦으면 생사의 경계에서 벗어나 세간의 명예를 등한시 하고 이익을 깨뜨리기를 마치 바람이 불면 일어나는 먼지, 꿈이나 허깨비, 허공 꽃처럼 보면서 자유자재하게 세간을 제도하게 됩니다. 이것이 어찌 티끌세계를 벗어난 대아라한이 아니겠습니까! 골좌骨剉는 평생 누가 물으면, 다만 "골좌(骨剉, 뼈가 부서졌다)"로 응대하였으니,[5] 이는

---

5 경덕전등록 제12권에 다음과 같이 기술하고 있다.

杭州羅漢院宗徹禪師湖州吳興縣人也. 姓吳氏 幼歲出家依年受具. 巡方參禮 依黃檗希運禪師法席 黃檗一見便深器之. 入室領旨 後至杭州 州牧劉彦慕其道 立精舍於府西號羅漢院. 化徒三百 師有時上堂僧問 "如何是西來意" 師曰 "骨剉也"(師對機多用此語 故時人因號骨剉和尚)

항주 나한원의 종철宗徹 선사는 호주 오흥현 사람이다. 속성은 오吳씨며, 어릴 때 출가해서 나이가 돼서 구족계를 받았다. 제방을 다니며 참례하다가 황벽희운 선사의 법회에 의지하게 되었는데, 황벽이 한 번 보고는 바로 큰 그릇이라고 여겼다.

입실해서 종지를 깨닫고는 후에 항주에 이르렀는데, 항주 목사 유언이 그의 도를 흠모해서 관청 서쪽에 절을 세워 나한원이라 불렀다. 제자 300명을 교화했다.

선사(종철)가 어느 때 상당하자, 어떤 스님이 물었다.

"어떤 것이 조사가 서쪽에서 온 뜻입니까?"

마치 철탄자鐵彈子와 같아서 매우 긴박하고 엄했습니다. 그러므로 만약 이를 잘 체득한다면 진실로 조사 문하의 사자(師子, 獅子)라 할 것입니다.

忠國師問本淨禪師 "汝見一切奇言妙句時如何" 淨云 "無一念心愛" 國師云 "是汝屋裏事 參學到此 乃是淨潔乾嚗嚗地 不受人瞞者" 只山僧恁麽道 "也合與本分草料"

혜충 국사慧忠國師[6]가 본정 선사本淨禪師[7]에게 물었습니다.

"그대는 일체의 기묘한 언구를 볼 때 어떠한가?"

본정 선사가 말했습니다.

"한 생각도 좋아하는 마음이 없습니다."

혜충 국사가 말했습니다.

---

"뼈가 부서졌다(骨剉)."

〔선사는 학인의 물음에 답을 할 때 자주 이 말을 썼기 때문에 사람들이 골좌화상骨剉和尙이라고 불렀다.〕

6 南陽慧忠(남양혜충, 忠國師, ?~775): 당대의 스님. 남양은 주석 지명. 어려서 6조 혜능에게 수학하고 법을 이음. 혜능 입멸 후, 하남성 남양의 백애산 당자곡으로 들어가 40년간 산문을 나오지 않음. 당 숙종이 명성을 알고 승려의 예를 올림. 천복사에 머물다가 대종이 초청하여 광택사에 머묾. 혜충은 남악회양, 청원행사, 하택신회, 영가현각과 더불어 혜능 문하의 5대 종장임.(전게서, p.101)

7 司空本淨(사공본정, 667~762): 당대의 스님. 혜능의 문하. 사공은 주석 산명. 어린 시절에 출가하여 6조 혜능에게 참학하여 인가를 받고 사공산 무상사에 머물면서 여러 종파의 학자들과 법의를 논의함.(전게서, p.317)

"이것은 그대의 집안일이다. 참구해서 여기에 이르면 맑고 깨끗하고 마른 경지가 되니 다른 사람에게 속지는 않을 것이다."

다만 산승山僧은 이렇게 말하겠습니다.

"본분초료本分草料[8]를 주는 것이 맞다."

8 본분초료本分草料에 관해서는 본서 '14. 지도 각 장로께' 편의 본문 서두에 원오 스님이 그 정의를 내리고 있으며, 또한 사전적인 의미는 註2를 참조하기 바란다.

# 17. 간 장로께(示 諫長老)[1]

趙州云"我在南方三十年 除粥飯二時 是雜用心處" 將知古德爲此箇事不將作等閑 直是鄭重. 所以 操修覰捕 到徹底分明. 於一機一境一句一言 悉不落虛. 是故 世法佛法 打成一片.

조주趙州[2]가 이르기를 "내가 남방에 30년 있을 때, 죽 먹고 밥 먹는 두 때를 제외하고는 잡되게 마음을 쓰지 않았다(我在南方三十年 除粥飯二時 是雜用心處)"[3]고 했습니다. 무릇 옛 어른 스님들은 이 일(此箇事)[4]을

---

1 원문에서는 '간' 노스님은 '촉의 무위산에 주석하고 있다(住蜀中無爲山)'고 기술하고 있다.

2 趙州(조주)에 관해서는 본서 '1. 화장 명 수좌에게' 편의 註25를 참조.

3 조주록에 다음과 같이 기술하고 있다.
師上堂云"兄弟 莫久立 有事商量 無事向衣缽下坐 窮理好 老僧行脚時 除二時齋粥是雜用心力處 餘外更無別用心處也 若不如此 出家大遠在"

선사(조주종심)가 상당해서 말했다.
"형제들이여! 오래 서 있지 말라. 일이 있으면 상량하고(商量, 헤아려보라), 일이 없으면 의발을 내려놓은 자리에서 이치를 궁구하라! 노승이 행각할 때 밥 먹고 죽 먹는 두 때를 제외하고는 잡되게 마음을 쓰지 않았다. 그밖에는 달리 마음을 쓴 곳이 없었으니, 만약 이와 같지 않다면 출가는 아주 멀리 있는 것이다."

위해 이유 없이 행하려 하지 않고 곧장 정중(鄭重, 신중)했다는 것을 알아야 합니다. 그래서 조심스럽게 수행하면서(操修, 操心修行) 자세히 살피고 사로잡아(覰捕, 도적을 추적하여 사로잡듯 사물을 파악함) 철저하고 분명한 곳에 이르렀던 것입니다. 또한 일기一機와 일경一境·일언一言과 일구一句가 모두 헛된 곳에 떨어지지 않았던 것입니다. 이런 까닭에 세간법(世法)과 불법(佛法)이 모두 한 덩어리가 되었던 것입니다.

❀

今時要湊泊著實 須是猛利奮發 倒腸換肚. 莫取惡知惡見 莫雜毒食. 一味純正 眞淨妙明 直下蹋著本地風光. 到安穩大解脫之地 坐斷報化佛頭 凜凜孤危風吹不入 水灑不著. 正體現成 日用有力量 聞聲見色不生取舍 著著有出身之路.

※出身之路(출신지로): 속세에서 벗어남. 번뇌 망상의 고리를 벗어버림.

지금 확실히 이르려면 모름지기 맹렬하고 날카롭게 분발해서 창자를 뒤집고 위장을 바꿔버려야 합니다. 악지惡知와 악견惡見을 취하지도 말고, 가지가지 독이 되는 것들은 먹지도 말아야 합니다. 일미순정하고(一味純正, 한결같이 순수하고 바름) 진정묘명한(眞淨妙明, 참되고 청정하며 오묘하고 밝음) 본지풍광本地風光[5]을 바로 그 자리에서 밟아야 합니

---

4 이 일(此箇事)=일대사인연一大事因緣은 본서 '3. 장 선문 상공께' 편의 註1을 참조.

5 本地風光(본지풍광): 자신이 본디 지니고 있는 천연 그대로의 심성. 태어나면서부

다. 그리하여 안온한 대해탈大解脫의 경지에 이르면 보신불報身佛과 화신불化身佛의 머리를 꺾어버리고[6] 늠름하게 홀로 높이 솟아, 바람을 불어도 들어가지 않고 물을 뿌려도 젖지 않게 됩니다. 또한 바른 몸이 있는 그대로 이루어지고, 일상에서도 역량이 갖춰져 소리를 듣고 형상을 보더라도 취하거나 버리겠다는 마음을 내지 않고 착착 몸을 벗어나는 길(出身之路)이 있게 됩니다.

❀

豈不見 僧問九峰 "見說和尙親見延壽 是否" 峰云 "山前麥熟也未" 識得渠親切近處 便見衲僧巴鼻. 所謂 殺人刀活人劍. 但請長時自著眼看. 到出格時 自然知落處也.

어찌 보지 못했습니까!

어떤 스님이 구봉九峰[7]에게 물었습니다.

"듣자 하니, 스님께서 연수延壽[8]를 친견하셨다고 하던데, 그렇습니

---

터 지니고 있는 부처의 성품. 어떠한 미혹도 없는 부처의 경지.(시공 불교사전) 본서 '64. 호 상서께' 편의 본문 서두에 원오 스님의 정의가 있으니 참조하기 바란다.

6 '坐斷(좌단)'은 '挫斷(좌단, 꺾어버리다)'으로 해석하였다.

7 九峰(구봉)은 '귀종도존'을 뜻한다.
歸宗道詮(귀종도전, 930~985): 5대말 송초의 스님. 청원 문하. 귀종은 주석 사명. 담주의 연수사에서 혜륜 스님에게 참학하고 법을 이음.(선학사전, p.73)

8 延壽(연수)는 혜륜(慧輪, 5대10국 시절의 승려로서 '담주의 연수 혜륜이라 불리며, 보복종전의 법을 이음) 화상을 뜻한다. 영명연수 스님과 혼돈해서는 안 된다.

까?"

구봉이 말했습니다.

"산 아래에 보리가 익었느냐?"[9]

---

9 경덕전등록 제24권, '여산 귀종 도전 선사' 편에 보면 다음과 같이 문답을 기술하고 있다.

道詮禪師吉州安福人也 姓劉氏. 生惡葷血 髫齔禮本州思和尙受業. 聞慧輪和尙化被長沙 時馬氏竊據 荊楚與建康接壤. 師年二十五結友冒險遠來參尋 會馬氏滅劉言有其他 以王逵代劉言領其事. 逵疑師江 表諜者 乃令捕執將沈于江. 師怡然無怖逵異之 且詢輪和尙. 輪曰"斯皆爲法忘軀之人也 聞老僧虛譽 故來決擇耳" 逵悅而釋之 仍加禮重. 師棲泊延壽經十稔 輪和尙歸寂 乃迴廬山開先駐錫. 乾德初於山東 南牛首峯下 結茆爲室. 開寶五年 洪帥林仁肇 請居筠陽九峯 隆濟院闡揚宗旨. 本國賜大沙門號. 僧問"承聞和尙親見延壽來是否" 師曰"山前麥熟也未" 問"九峯山中還有佛法也無" 師曰"有" 曰"如何是九峯山中佛法" 師曰"山中石頭大底大小底小"

도전道詮 선사는 길주 안복 사람이며, 성은 유씨다. 나서부터 훈채(맵거나 냄새나는 채소)와 육류를 싫어했으며, 유년에 본주(本州, 고향)의 사思 화상을 공경하며 가르침을 받았다.
혜륜慧輪 화상이 장사에서 교화한다는 말을 들었는데, 그때 마馬씨가 형초와 건강의 접경지대를 절취해서 근거지로 삼고 있었다.
선사는 25세에 도반을 맺어 위험을 무릅쓰고 멀리 와서 찾아뵈었는데, 마씨가 유언이 다른 생각이 있어 멸망시키고, 왕규王逵로 하여금 유언劉言의 일을 대신해서 하도록 하려는 것을 알고 있었다. 이에 왕규가 선사를 강표의 간첩으로 의심하고, 체포해서 강에다 던지게 했다. 하지만 선사는 두려움 없이 태연하자, 왕규가 이상히 여기고 혜륜 화상에게 물었다. 이에 혜륜 화상이 대답했다.
"이는 모두 불법을 위해 몸을 버린 사람이다. 나의 헛된 이름을 듣고 멀리서 물으러 왔을 뿐이오."
왕규가 기뻐하면서 풀어준 뒤에 더욱 존경했다.

그의 친절하고도 가까운 곳을 알면 바로 납승의 진면목을 보게 될 것입니다. 그래서 '살인도 활인검殺人刀活人劍'이라고 말하는 것입니다.

다만 바라노니, 오래 동안 스스로 착안著眼해 보십시오. 격식을 벗어난 곳에 이르면 자연히 낙처(落處, 핵심)를 알게 될 것입니다.

---

선사가 연수에서 머문 지 10여 년 만에 혜륜 화상이 입적하자, 다시 여산의 개선으로 돌아가 주석했다.

건덕(송 태조의 두 번째 연호, 964~968) 초에 산동의 남우수봉 아래 띠를 이어 집으로 삼고 살았다. 개보 5년(972년)에 대장군 임인조가 균양의 구봉 융제원에 머물 것을 청해서 종지를 떨쳤다. 본국에서는 대사문이라는 호칭을 하사했다.

어떤 스님이 물었다.

"듣건대 화상께서는 연수를 친견하고 오셨다는데, 맞습니까?"

선사가 대답했다.

"산 아래 보리가 익었는가?"

스님이 물었다.

"구봉산에도 불법이 있습니까?"

선사가 말했다.

"있다."

스님이 물었다.

"어떤 것이 구봉산의 불법입니까?"

선사가 말했다.

"산속에 있는 돌이 큰 것은 크고, 작은 것은 작느니라."

# 18. 원 선객에게(示 元禪客)[1]

趙州道 "佛之一字 吾不喜聞" 且道 他爲甚如此. 莫是佛爲一切智人渠不喜聞耶. 軒知不是這箇道理. 旣不如此 何以不喜聞之. 若是明眼人聊聞便知落處.請問 落在什麼處. 試吐露看.

조주趙州가 이르기를 "불佛이라는 한 글자를 나는 듣기를 좋아하지 않는다"[2]고 했다. 자, 말해 보라! 그는 무엇 때문에 이와 같이 말한

---

1 원문에서는 '원 선객'이 '성도부의 광효사에 주석하였다(住成都府廣孝)'고 기술하고 있다.

2 조주록에 다음과 같이 기술하고 있다.
師示衆云 "佛之一字吾不喜聞" 問 "和尙還爲人也無" 師云 "爲人" 學云 "如何爲人" 師云 "不識玄旨 徒勞念靜" 學云 "旣是玄作麽生是旨" 師云 "我不把本" 學云 "者箇是玄 如何是旨" 師云 "答你是旨"

선사(조주종심)가 대중에게 말했다.
"불佛이라는 한 글자를 나는 듣기를 좋아하지 않는다."
물었다.
"화상께서도 사람을 위하지 않으십니까?"
선사가 말했다.
"사람을 위한다."
학인이 말했다.

것인가? '부처는 일체지一切智를 얻은 사람이다'라는 말을 그가 듣기 좋아하지 않은 것은 아닌가? 이런 뜻이 아니라는 것을 분명히 알아야 한다.

이와 같지 않다면 무엇 때문에 듣는 것을 좋아하지 않는 것인가? 만약 눈 밝은 이라면 듣자마자 바로 그 낙처를 알 것이다. 묻건대, 낙처가 어디에 있는가? 시험 삼아 드러내 봐라!

❀

魯祖見僧來 便面壁 是爲人不爲人. 節文在什麽處. 若要與他投機 作何趣向卽得. 百丈大智 每上堂說法竟 復召大衆 衆回首 丈云 "是什麽" 藥山自云 "百丈下堂句" 且道 用接何人. 如何領覽.

노조魯祖가 스님이 오는 것을 보면 바로 면벽面壁[3]했던 것이 사람을

---

"어떻게 사람을 위하십니까?"
선사가 말했다.
"현묘한 종지를 알지 못하면 고요히 생각하는 것도 헛수고다."
학인이 말했다.
"이미 현묘하거늘, 어떤 것이 현묘한 것입니까?"
선사가 말했다.
"나는 근본을 잡지 않는다."
학인이 말했다.
"그것은 현묘입니다. 어떤 것이 종지입니까?"
선사가 말했다.
"그대에게 답한 것이 종지다."

3 '魯祖見僧來 便面壁(노조견승래 변면벽)'에 관해서는 본서 '12. 문 장로께' 편의

위한 것인가, 사람을 위하지 않은 것인가? 핵심(節文)이 어디에 있는가? 만약 노조와 기연에 투합하려면 어떻게 나아가야 되겠는가?

백장대지百丈大智[4]는 매번 상당설법을 마치고는, 다시 대중을 부르곤 했다. 대중들이 고개를 돌리면, 백장은 "이것이 무엇인가(是什麽)?"라고 했다. (이에) 약산藥山[5]이 스스로 말하기를 "백장의 하당구(百丈下堂句)다"[6]고 했다. 자, 말해 봐라! 누구를 제접하기 위한 것인가? 어떻게 알아차려야 하겠는가?

---

본문과 註9를 함께 참조.

4 百丈大智(백장대지)는 '백장회해'를 뜻하며, '大智'는 백장의 시호다.(스님에 관해서는 본서 '7. 충 장로께' 편의 註16을 참조.)

5 藥山惟儼(약산유엄)에 관해서는 본서 '5. 유 서기에게' 편의 註13을 참조.

6 경덕전등록 제6권 '홍주 백장산 회해 선사' 편에서는 다음과 같이 기술하고 있다.

師有時說法竟 大衆下堂. 乃召之 大衆迴首. 師云 "是什麽"(藥山目之 爲百丈下堂句)

선사(백장회해)가 어느 때 설법을 마치자 대중이 법당에서 나갔다. 그리고는 곧 그들을 불렀는데, 대중이 고개를 돌렸다.
선사가 말했다.
"이것이 무엇인가(是什麽)?"
〔약산藥山이 일컫기를, '백장의 하당구下堂句'라고 하였다.〕

# 19. 고 선인에게(示 杲禪人)[1]

杲衲子 根性猛利. 負笈海上 徧訪宗匠 受知於舊相無盡公 深器重之. 負俊邁之氣不肯碌碌小了 標誠相從. 一言投機 頓脫向來羈鞅. 雖未倒底領略 要是昂藏不受人抑勒快漢. 原其所自 蓋由傅公殿撰發渠本因. 遂冒嚴凝 躄之咸平來告行 且乞法語 予因示之.

※笈(책 상자 급): 책 상자. 길마(소나 말의 등에 얹는 안장).

※受知(수지): 지우知遇를 얻다. 남의 눈에 들다. 남의 중시를 받다. 남의 찬양을 받다.

※俊邁(준매): 재지才智가 몹시 뛰어남. 또는 그런 사람.

※碌碌(녹록): 하잘것없음. 보잘것없음. 만만하고 호락호락함.

※羈(굴레 기): 굴레. 말고삐. 나그네. 객지살이.

※鞅(가슴걸이 앙): 가슴걸이. 지다(물건을 등에 짐). 원망하다.

※昂藏(앙장): 위풍당당하다. 기상이 늠름하다.

※抑勒(억륵): 고삐를 졸라매다. 억제하다.

---

1 원문에서는 고 선인이 당시 항주의 경산사에 주석(住杭州徑山)하고 있는 것으로 기술하고 있다. 여기서 고 선인은 '대혜종고'를 뜻하며, 원오가 대혜종고에게 쓴 또 다른 편지가 있는데, 본서 '9. 고 서기에게'가 그것이다.

고 납자(杲衲子, 대혜종고)는 근기와 성품이 맹렬하고 날카롭다. 책상자를 짊어지고 종장들을 두루 찾아다니다가, 지난날 재상이었던 무진 공無盡公[2]의 눈에 들어 그릇이 매우 큰 것으로 여겨졌다. 뛰어난 재지의 기운에 힘입어 보잘 것 없이 작은 것은 조금도 긍정하지 않으면서도 성의를 다해 서로 따르며 친하게 지냈다. (그러다가) 한마디 말에 기연이 투합해 단박에 지난날의 굴레와 속박에서 벗어났는데, 비록 밑바닥까지 철저하게 깨달은 것은 아닐지라도, 만약 위풍당당하다면 다른 사람의 억눌림을 받지 않는 상쾌한 사람(快漢)일 것이다. 그 내력을 찾아보면 어쩌면 부공(傅公, 無盡公)의 집에서 그를 가려 뽑은 것이 근본 원인인 것 같다.

혹독한 추위를 무릅쓰고 잠시 함평에 왔다가 다시 떠날 것을 알리면서 법어를 청하기에, 내가 이 글을 보인다.

❀

衲子當痛以死生爲事 務消知見解礙 徹證佛祖所傳付大因緣. 勿好名聞 退步就實 竢行解道德充實. 愈潛遁而愈不可匿 諸聖天龍 將推出人爾. 況以歲月淹練琢磨待 如鐘在扣 如谷應聲 如精金出萬煅鑪冶 萬世不易 萬年一念. 向上巴鼻在掌握中 草偃風行 豈不綽綽然餘裕哉. 仍持此紙似傅翁 相與作證.履踐貴長久不變耶.

※竢(기다릴 사): 기다리다. 대기하다. 떼 지어 가다.

※遁(숨을 둔): 숨다. 달아나다. 피하다. 도망치다. 회피하다.

---

2 장상영張商英에 관해서는 본서 '2. 장 선무 상공께' 편의 註1을 참조.

※匿(숨길 닉): 숨기다. 감추다. 감추고 나타내지 아니하다. 도피하다.
※淹(담글 엄): 담그다. 머무르다. 오래되다. 적시다.

납자衲子라면 마땅히 생사를 큰 일로 삼아 있는 힘을 다하고, 지견의 장애를 녹이는 데 힘을 써서, 불조가 전하고 부촉한 대인연(大因緣, 일대사인연)을 철저하게 깨치도록 해야 한다. 또한 이름이 나는 것을 좋아하지 말고, 한 걸음 뒤로 물러나 실다움을 취해서, 행行과 해解, 도道와 덕德이 충실하기를 기다려야 한다.[3] 그러면 이런 사람은 숨으면 숨을수록 숨겨질 수 없으니, (그때 가서는) 모든 성인들과 천룡팔부가 그 사람을 세상으로 밀어낼 것이다.

더욱이 세월에 묻혀 단련하고 탁마하면 종을 치는 대로 소리가 나는 것과 같고, 소리를 지르는 대로 골짜기가 응하는 것과 같으며, 수없는 단련과 풀무질로 나온 정제된 금과 같아서 영원히 변치 않을 것인데, 만년萬年이 일념一念인 경지야 말해 무엇 하겠는가! 향상向上의 파비巴鼻가 손바닥 안에 있으면 바람이 불면 풀이 눕듯 하게 되는데, 어찌 여유작작餘裕綽綽[4]하지 않겠는가!

이 편지를 부옹(傅翁, 無盡公)에게 주어 서로 증명을 삼으라. 수행은 오래도록 변치 않음이 중요하느니라.

---

3 본서 '1. 화장 명 수좌에게' 편의 註2(달마 대사와 양현지의 대화)를 참조.

4 綽綽然有餘裕(작작연유여유): 맹자 '공손추하' 편에, '언행과 태도에 여유가 있으며 일을 당하여도 놀라거나 당황하지 않고 침착하다'고 하였다.

# 20. 온초 감사에게(示 蘊初監寺)[1]

只道與你說一句子 早是著惡水潑人. 何況更瞬目揚眉 敲床豎拂是什麽. 下喝行棒 軒知是平地上骨堆. 更有不識好惡底 問佛問法 問禪問道 請相爲乞相接 求向上向下佛法知見語句道理 是乃泥裏洗土 土裏洗泥 幾時得脫灑去.

단지 그대에게 일구(一句子)를 설해주겠다고 말하는 것만으로도 이미 더러운 물을 사람들에게 뿌린 격이다. 더욱이 다시 눈을 깜빡거리고, 눈썹을 치켜뜨며, 선상禪床을 치고, 불자拂子를 세우는 것은 무엇인가? 할(喝)을 하고 방(棒)을 하는 것이 평지에다가 뼈를 쌓는 것임을 분명히 알아야 한다. 좋고 싫은 것도 모르는 사람들이 부처를 묻고 법을 물으며 선禪을 묻고 도道를 물으면서 자기를 지도해 달라고 청하고, 향상향하向上向下의 불법지견佛法知見과 어구語句와 도리道理를 구하는데, 이는 곧 진흙 속에서 흙을 씻고 흙 속에서 진흙을 씻는 것이니,

---

1 원문에서는 '온초 감사가 소주의 명인사에 주석하고 있는 것(住蘇州明因)'으로 기술하고 있다.

監寺(감사): 감원監院, 선원에서 주지를 보좌하여 절의 서무 일체를 총괄하는 소임.(선학사전, p.11)

어느 시절에야 말쑥하고 깨끗해질 수 있겠는가!

❀

有般底聞與麽道 便作計較云 "我會也 佛法本來無事 人人無不具足 終日喫飯著衣 何曾欠少來" 便向無事平常界裏打住. 殊不知豈有恁麽事來. 故知須是本分其中人 方諳從上宗乘本分.

어떤 이들은 이런 말을 듣고는 바로 헤아려 말하기를 "나는 알았다. 불법佛法은 본래 아무 일이 없다. 사람마다 각각 갖추지 않은 것이 없으니, 종일 밥 먹고 옷 입는 것에 어찌 부족한 적이 있었겠는가!" 라고 한다. 그리고는 바로 일 없는 일상의 경계(無事平常界) 속에 주저앉아 버리는데, 이는 '이런 일(恁麽事)'이 있다는 것을 전혀 모르는 것이다. 그렇기 때문에 모름지기 본분本分의 그 사람(其中人)[2]이어야 한다는 것을 알아야, 예로부터 내려오는 종승宗乘의 본분을 알 수 있는 것이다.

❀

若實有悟入處 識起倒 知進退 別休咎 離滲漏. 日近日親 轉更豹變 不守窟宅跳出圈圚 不疑天下老漢舌頭. 一似生鐵鑄就 正好著力 修行供養. 然後 可以然無盡燈 行無間道 舍身舍命 撈攎群生. 令他各出樊籠去執縛 佛病祖病俱痊 解脫深坑已出. 作箇無爲無事快活道人去.

※休咎(휴구): 길吉한 것과 흉凶한 것. 또는 복福과 화禍.
※豹變(표변): 표범의 무늬가 가을이 되면 뚜렷하고 아름다워진다는 뜻.

---

2 그 사람(其中人)에 관해서는 본서 1, '화장 명 수좌에게' 편의 註47을 참조.

허물을 고쳐 말과 행동이 뚜렷이 전과 달리 착해지는 일. 마음과 행동이 분명히 달라지는 일.

※攎(흔들 록): 흔들다. 진동시키다.

※樊籠(번롱): 번뇌에 묶여 자유롭지 못함.

※瘥(병이 나을 채): 병이 낫다.

만약 진실로 깨달아 들어간 곳이 있으면 일어남과 넘어짐(起倒)을 알고, 나아감과 물러남(進退)을 알며, 길함과 흉함(休咎)을 구별해서 번뇌(滲漏)를 여의게 된다. 또한 하루 가까워지면 하루 친숙하고, 한층 더 마음과 행동이 분명히 전과 달라져, 고정관념의 소굴(窟宅)도 지키지 않고 올가미에서도 완전히 벗어나 천하 노화상들의 혀끝(舌頭, 말씀)을 의심하지 않게 된다. 그러므로 마치 쇠를 불려 이루는 것처럼 딱 맞게 힘써 수행하고 공양해야 한다. 그런 다음에야 다함없는 법등을 밝히고, 끊임이 없는 도(無間道)를 행하며, 신명을 다해 중생을 건질 수 있다. 또한 그들로 하여금 각자 번뇌의 새장(樊籠)에서 벗어나 집착의 결박을 풀게 해서, 부처니 조사니 하는 집착의 병이 함께 치유되고 해탈이라는 깊은 구덩이에서도 벗어나도록 해야 한다. 그래야 무위무사無爲無事의 쾌활한 도인道人이 되는 것이다.

❀

然自旣得度 須不廢行願. 思度一切 忍苦捍勞 向薩婆若海 爲舟爲航 始有少分相應. 愼勿做骨羸錐 露柱燈籠. 打淨潔毬子 自了得 濟甚事. 是故 古德須勉人行箇一條路 堪報不報之恩.

※捍(막을 한): 막다. 방어하다. 저지하다. 항거하다. 거역하다. 사납다.
※羸(파리할 이): 핏기가 전혀 없다. 고달프다. 지치다. 엎지르다. 약하다.
※露柱燈籠(노주등롱): 법당 앞의 큰 돌기둥과 석등.

하지만 자신이 이미 득도得度했더라도 모름지기 행원行願을 버리지 않아야 한다. 일체 중생을 제도하겠다는 생각을 하고, 괴로움을 참고 고달픔을 이겨내 살바야(薩婆若, 一切智)[3]의 바다에 배가 되어야, 비로소 약간의 상응함이 있을 것이다. 부디 뼈를 핏기가 전혀 없는 송곳처럼 만들지 말고, 법당 앞의 돌기둥이나 석등처럼 되게 하지 말라! 또한 공(毬子)을 정결하게 하는 것처럼 자기만 일을 마친다면 중생제도가 무슨 일이 되겠는가! 이런 까닭에 옛 어른 스님들(古德)은 모름지기 사람들에게 하나의 길을 가면서 감히 갚을 수 없는 은혜(不報之恩)[4]를 갚도록 권하였던 것이다.

❀

如今諸方 多有靈利衲子 要直透得徹. 有底探頭太過要易會. 纔知些趣向 便欲出頭. 又是一等蹉過 有推而不出 亦未圓通. 知時節因緣而不失機會 乃通方之士也.

요즘 제방에 정기가 날카로운 납자들이 많이 있는데, 그들은 당장에

3 薩婆若(살바야): 산스크리트어 sarva-jña의 음사. 일체지一切智라고 번역. 모든 것의 안팎을 깨달은 부처의 지혜.(시공 불교사전)

4 堪報不報之恩(갚을 수 없는 은혜=부처님의 은혜)에 관해서는 본서 '4. 원 수좌에게' 편의 註9를 참조.

깨달으려 한다. 또 어떤 사람은 지나치게 쉽게 알고자 한다. 그리하여 조금이라도 이 길의 나아가는 방향을 알기만 하면 바로 세상에 나오고 싶어 한다. 그리고 또 하나의 잘못된 무리들이 있는데, 어떤 사람이 세상에 나서라고 밀어주어도 나오지를 않으니, 이 또한 원만하게 통달하지 못한 것이다. 시절인연을 알고 기회機會를 잃지 않아야, 이것이 곧 모든 것에 통달한 사람(通方之士)인 것이다.

# 21. 일 서기에게(示 一書記)[1]

英靈衲子 蘊卓識奇姿 慷慨隳冠 視身世浮名 如游塵浮雲谷響. 以宿昔大根器 知有此段 超生出死 絶聖越凡. 乃三世如來所證 金剛正體 歷代祖師 單傳妙心 跂步蹴蹋.

※慷慨(강개): 의롭지 못한 것을 보고 정의심이 복받쳐 슬퍼하고 한탄함. 비분강개. 후하게 대하다. 아끼지 않다. 후하다. 강개하다. 감정이나 정서가 격앙되다.

※隳(무너뜨릴 휴, 떨어질 타): 무너뜨리다. 훼손하다. 황폐해지다. 버려지다. (실어)보내다. 떨어지다(타). 떨어뜨리다(타). 낙하하다(타). 빠지다. 탈락하다(타). 게으르다.

뛰어난 납자는 탁월한 식견과 남다른 모습을 쌓아 벼슬 버리는 것을 아까워하지 않고, 자기 자신의 몸과 세간의 들뜬 명예 보기를 마치 떠도는 티끌이나 뜬 구름, 골짜기의 메아리처럼 한다. 또한 숙세의 대근기로 이것이 있다는 것을 알고, 생사를 벗어나 성인을 끊고 범부를 뛰어넘는다. 이것이 바로 삼세의 여래가 증득한 금강정체金剛正體와

1 원문에서는 일 서기가 '住四明雪竇(사명의 설보산에 주석하고 있다)'라고 기술하고 있다.(서기에 관해서는 본서 '9. 고 서기에게' 편의 註1을 참조.)

역대 조사들의 단전묘심單傳妙心을 한 걸음 더 발돋움해서 밟는 것이다.

❀

作香象金翅 要馳驟飛騰 於億千萬類之上 截流摩霄. 豈肯爲鴻鵠燕雀局促於高低勝負 較目前電光石火間 被轉利害耶. 是故 古之大達 不記細故 不圖淺近. 發志便欲高超佛祖 荷擔一切所不能承當重任 普津濟四生九類 拔苦與安.

※馳驟(치취): 썩 빠름. 몹시 빠름. 내달리다. 활약하다.
※飛騰(비등): 날아오름. 공중으로 높이 떠오름.
※鴻鵠(홍곡): 큰 기러기와 고니, 큰 인물을 비유하는 말.
※燕雀(연작): 제비와 참새. 도량이 좁은 사람. 작은 인물.
※局促(국촉): 몸을 움츠림. 두려워하는 모양.
※細故(세고): 자그마한 탈. 시시한 일.

향상香象과 금시조金翅鳥가 되어 내달리고 날아오르고자 하면 억천만의 부류 위에서 흐름을 끊고 하늘을 문지르듯 해야 한다. 그런데 어찌 기러기나 고니가 되어 제비나 참새 따위를 긍정하고 고저승부高低勝負에 몸을 움츠리며,[2] 전광석화 간에도 눈앞의 이해관계 때문에

---

2 燕雀安知鴻鵠之志(연작안지홍곡지지): 제비나 참새 따위가 어찌 기러기나 고니의 뜻을 알겠는가, 하는 뜻이다.
『사기史記』 진섭세가陳涉世家 편에 다음과 같이 술하고 있다.
진승陳勝은 양성陽城 사람으로 자를 섭이라고 했는데, 젊었을 때에는 사람들과 함께 남의 집에서 품팔이를 했다. 언젠가 일을 마치고 언덕으로 올라가 쉬며 주인을 돌아보며 말했다.

따지고 휘둘려서야 되겠는가! 이런 까닭에 크게 통달한 옛사람들은 시시한 일은 기억하지 않았고, 깊숙한 맛이 없이 얕은 것은 도모하지도 않았다. 뜻을 세우고는 바로 불조를 높이 뛰어넘고, 감당할 수 없는 무거운 책임을 짊어져, 널리 사생의 구류(四生九類)[3]들을 나루터에서 건져 괴로움을 뽑아주고 편안케 하고자 하였다.

❀

破障道愚昧 折無明顚狂毒箭 拈出法眼見刺 使本地風光澄霽 空劫已前 面目明顯. 悉心竭力 不憚寒暑 刻意尙行 向三條椽下 死却心猿 殺却意馬 直使如枯木朽株相似 驀地穿透 豈從他得.

※霽(비 갤 제): 비가 개다. 노여움이 풀리다. 풀리게 하다.

※三條椽下 七尺單前(삼조연하 칠척단전): 각자 좌선하는 자리(조는 폭, 척은

---

"우리 다 같이 이 뒷날 부귀하게 되거든, 오늘의 이 정리를 잊지 않기로 합시다."
주인이 웃으며 대답했다.
"품팔이 하는 신세에 대체 부귀가 무슨 놈의 부귀인가?"
말한 본전도 못 찾게 된 진승은 크게 한숨을 내쉬며 말했다.
"제비나 참새가 어찌 큰 기러기의 마음을 알겠는가."
이는 '멀리 하늘을 날아오를 포부를 가지고 있는 영웅호걸의 큰 뜻을 평범한 사람들이 어떻게 이해할 수 있겠느냐' 하는 비유로 쓰인다.
진나라 제국을 멸망으로 몰고 가는 첫 봉화를 올린 것이 진승이고, 진승이 탄식하며 한 말이 바로 '연작안지홍곡지지燕雀安知鴻鵠之志'이다.(조기형·이상억 저, 『한자성어·고사명언 구사전』, 2011, 이담북스)

3 사생구류四生九類: 사생은 태란습화胎卵濕化를 뜻한다. 구류九類는 금강경을 근거로 할 때 태란습화 사생에 유색有色, 무색無色, 유상有想, 무상無想, 비유상비무상非有想非無想을 더한 것을 말한다.

길이).

※枯木朽株(고목후주): 마른 나무와 썩은 등걸이.

도를 가로막는 어리석음을 타파하고, 무명으로 전도된 미친 독화살을 꺾어버리며, 법안法眼으로 견해의 가시를 뽑아 본지풍광本地風光[4]을 맑게 하면 공겁空劫 이전의 본래면목本來面目[5]이 밝게 드러나게 된다. 또한 마음을 다하고 힘을 다하며, 추위와 더위를 고달파 하지 않고 마음을 날카롭게 새기고 행동을 고상하게 하며(刻意尙行),[6] 3조 연하 7척 단전(三條椽下 七尺單前, 선상)에서 원숭이 같은 마음을 죽이고 말 같은 의식 죽이기를 곧장 마른 나무나 썩은 나무 그루터기 같도록 하면 맥연히 꿰뚫게 되는데, 이것이 어찌 다른 사람으로부터 얻는 것이겠는가!

❀

發覆藏然 暗室明燈 擬觪航於津 要證大解脫 不起一念 頓成正覺. 且通箇入理之門 然後 升普光明場 踞無漏淸淨 殊勝偉特 法空之座 口海瀾翻

4 본지풍광本地風光: 본서 '64. 호 상서께' 편의 본문 서두에 원오 스님의 정의가 있으니 참조하기 바란다.

5 본래면목本來面目: 본서 '74. 장 중우 선교께' 편의 본문 서두에 원오 스님의 정의가 있으니 참조하기 바란다.

6 刻意尙行(각의상행): 『장자莊子』 외편外篇에 나오는 말이다.

"刻意常行 離世異俗 高論怨誹 爲亢而已矣."

마음을 날카롭게 새기고 행동을 고상히 하며, 세상과 동떨어져 사람들과 다르게 살며 고답적인 이론으로 세상을 원망하고 비난하는 것은 높은 자세로 처신하려는 것이다.

奮無礙四辯才.

※밑줄 친 부분의 '䏲'은 '梯(사다리 제)'로 해석하였다.

※梯航(제항): 사다리를 타고 산에 오르고, 배를 타고 바다를 건넌다는 뜻.

가려지고 숨겨졌던 것을 분명히 드러내고, 어두운 방에 밝은 등을 켜며, 나루터에서 중생을 건네주는 배가 되어 대해탈을 증득하고자 하면, 한 생각도 일으키지 않고 단박에 바른 깨달음을 이루어야 한다. 진리에 들어가는 문(入理之門)을 통과하고 그런 다음 보광명장普光明場에 오르면, 새는 것이 없는(無漏, 번뇌가 없는) 청정하고 수승하며 뛰어난 법공法空의 자리에 당당하게 앉아, 바다 같은 입으로 물결치듯 걸림 없는 네 가지 변재(無礙四辯才, 四無碍辯)[7]를 떨치게 된다.

❀

立一機垂一句 現一勝相 普使凡聖有情無情俱 仰威光受庇庥 尙未是絶功勳處. 更轉那頭 千聖羅籠不住 萬靈景仰無門. 諸天無路捧花魔外那能旁覷. 放却知見 卸却玄妙 颺却作用 惟飢餐渴飮而已.

※庇(덮을 비): 덮다. 감싸다. 보호하다. 의탁하다. 의지하다.

7 四無碍辯(4무애변): 법무애, 의무애, 사무애, 요설무애를 뜻한다.

①法無碍(법무애): 온갖 교법에 통달한 것.

②義無碍(의무애): 온갖 교법의 요의를 아는 것.

③辭無碍(사무애): 여러 가지 말을 알아 통달치 못함이 없는 것.

④樂說無碍(요설무애): 온갖 교법을 알아 기류機類가 듣기 좋아하는 것을 말하는 데 자재한 것.(불교사전, p.362)

※庥(그늘 휴): 그늘. 나무 그늘. 쉬다. (휴식을) 취하다. 가리다. 덮다.
※卸(풀 사): (짐을) 풀다. (짐을) 부리다. 낙하하다. 떨어지다.
※颺(날릴 양): 날리다. 일다. 버리다. 풍채가 빼어나다. 높이다.

하지만 하나의 기연機緣을 세우고 한 마디를 하며, 하나의 뛰어난 모습을 드러내 널리 범부와 성인, 유정과 무정 모두로 하여금 위엄 있는 광채를 우러르게 하고 그늘을 덮어주더라도, 아직은 절공훈처絶功勳處[8]가 아니다. 그러므로 다시 저쪽으로 나아가야 일천의 성인(千聖)이 가두어도 가둘 수 없고, 만령萬靈이 우러러보고자 해도 들어갈 문이 없게 된다. 또한 모든 하늘이 꽃으로 받들려고 해도 받들 길이 없는데, 어떻게 마군 외도가 옆에서 엿볼 수 있겠는가! 지견知見을 놓아버리고 현묘함을 풀어버리며 작용을 날려버리니, 오직 배고프면 밥 먹고 목마르면 물 마실 뿐이다.

---

8 功勳五位(공훈오위): 동산양개洞山良价 스님이 제창한 교설. 선의 수행을 다섯 단계로 나누어 설한 것이다.
①向(향): 불법을 최고의 종교로써 명쾌히 인식하는 것.
②奉(봉): 轉迷開悟(전미개오)를 위하여 참선학도 하는 것.
③功(공): 참선학도의 공으로 모든 것에 두루 하여 평등한 진여를 투철히 보고 일체를 평등하게 부처 그 자체로 보는 것.
④共功(공공): 일체를 동등히 부처 그 자체로 봄과 동시에 산은 산, 물은 물로써 일체를 있는 그대로 수행하는 것.
⑤功功(공공): 평등(功)도 차별(共功)도 부처도 중생도 미혹도 깨침도 전혀 의식치 않고 완전히 허심虛心한 것.(선학사전, p.48)

❀

初不知有心無心得念失念 何況更戀著 從前學解玄妙 理性分劑 名相桎梏知見 佛見法見 動地掀天 世智辯聰. 自纏自縛 入海筭沙 有何所靠耶. 等是大丈夫應務 敵勝驚群 滿自己本志願. 乃爲本分大心大見大解脫 無爲無事眞道人也.

※分劑(분제): 약을 조제할 때 약재의 가감정도.

※桎梏(질곡): 차꼬와 수갑으로, 즉 속박이라는 뜻.

애초부터 유심有心이니 무심無心이니, 득념(得念, 정념을 얻음)이니 실념(失念, 정념을 잃음)이니를 알지 못하는데, 하물며 어떻게 다시 종전에 배워서 알게 된 현과 묘(玄妙), 이와 사(理事), 성과 상(性相)의 가감(分劑), 명과 상(名相)에 속박된 지견知見, 부처에 대한 견해(佛見), 법에 대한 견해(法見), 땅을 움직이고 하늘을 흔드는 세간의 지혜와 총명한 말들을 연모하고 집착하겠는가! 스스로를 얽어매고 바다에 들어가 모래를 헤아린들 어찌 의지할 바가 있겠는가! 대장부라면 마땅히 힘써 적을 이기고 무리를 놀라게 하며, 스스로 본래의 의지와 원력을 가득 채우는 데 힘써야 한다. 그래야 본분本分의 큰마음(大心)과 큰 견해(大見)로 대해탈을 이룬 무위무사無爲無事의 참 도인이라 할 수 있게 된다.

# 22. 일 서기에게(跋 一書記法語)[1]

予政和末抵瑯邪 會一師若故舊 喜其志道不群 因作前偈. 及應詔大梁 遂得游 從日以此段 咨扣益勤 數百衆中 乃肯斆力 復示以後語. 建炎元祀 將之東南 因爲重書 而復系之以跋 爲他日再會之識 且以相分. 雖道人本分 相知千萬里外 不隔毫末.

※瑯琊(낭야): 중국 산동성山東省 청주부淸州府 제성현諸城縣 근방에 위치함. 한漢나라 때부터 화려한 왕도정치의 중심지로 유명함.

※不群(불군): 다른 사람들과는 비할 바 없이 매우 뛰어남. 견줄 데 없이 아주 뛰어남.

※大梁山(대량산): 중국 산시성에 있으며 해발 1,874m임.

※斆(가르칠 효): 가르치다. 교도하다. 교육하다. 배우다. 본받다. 학교.

※建炎(건염): 남송南宋 고종高宗의 첫 번째 연호(1127~1130년).

1 跋(=跋文, 발문): 책의 끝에 본문 내용의 대강大綱이나 간행 경위에 관한 사항을 간략하게 적은 글.
본서는 제목과 본문 서두로 미루어 볼 때, 원오 스님이 전에 만났던 어떤 스님에게 해준 게송과 후어를 가지고 장문의 법어를 한 또 다른 편지가 있다는 것을 짐작할 수 있다.

나는 정화(政和, 1111~1118) 말기에 낭야(瑯琊, 瑯邪)에 이르러 옛 친구 같은 한 스님을 만났었는데, 그가 뜻하는 도가 견줄 데 없이 뛰어난 것이 좋아 앞의 게송을 지었던 것이다. 그리고 대량산에 주석하라는 조서에 응해 가는 데도 종일 이 문제에 대해서 묻기를 더욱 열심히 하고, 수백의 대중 가운데에서도 힘써 배우고자 했기에, 다시 후어後語를 주었던 것이다.

건염建炎 원년에 동남쪽으로 가고자 해서 거듭 글을 쓰고, 다시 발문을 붙여 다른 날 다시 만날 것을 기약하며 서로 헤어졌다. 하지만 도인의 본분(道人本分)은 천리만리 밖이라도 털끝만큼의 간격도 없다는 것을 서로 잘 알고 있었다.

❀

而古者多於此時節行正令 趙州云 "有佛處不得住 無佛處急走過" 石室云 "莫一向去 已後却來我邊" 洞山萬里無寸草 大慈帶取老僧去 歸宗時寒途中善爲 曹山去亦不變異 悟本飛猿嶺峻好看 皆直截不覆藏. 唯務百川明宗 當陽領略. 則南州北縣 何處不逢渠. 末後 慇懃未免重拈一遍 且作麽生是諦當處. "楖栗橫擔不顧人 直入千峰萬峰去"

옛날, 이런 시절(서로 헤어지며 다시 만날 것을 기약하거나 당부하는 시절)에 행한 바른 법령(正令)이 많았는데, (예를 들면) 조주趙州는 "부처가 있는 곳에서는 머물지 말고 부처가 없는 곳에서는 빨리 지나가라"[2]고 했고, 석실石室[3]은 "한쪽으로만 가지 말고 이후에 내 곁으로

---

2 조주록에 다음과 같이 기술하고 있다.

돌아오라"[4]고 했다. 또한 동산洞山[5]의 "만리무촌처(萬里無寸草, 만 리를

問 "學人擬向南方學些子佛法去 如何" 師云 "你去南方 見有佛處 急走過 無佛處不得住" 云 "與麽則學人無依也" 師云 "柳絮柳絮"

물었다.

"제가 남쪽으로 가서 약간의 불법의 배우고자 하는데, 어떻겠습니까?"

선사(조주종심)가 말했다.

"그대가 남쪽에 가서 부처가 있는 곳을 보면 빨리 지나가고, 부처가 없는 곳에서는 머물지도 말라."

말했다.

"그렇다면 제가 의지할 곳이 없겠습니다."

선사가 말했다

"버들개지, 버들개지(柳絮柳絮)!"

또한 원오는 벽암록 95칙, 수시에서 아래와 같이 인용하고 있으니 참고하기 바란다.

垂示云 "有佛處不得住 住著頭角生. 無佛處急走過 不走過 草深一丈"

부처가 있는 곳에 머물지 말라. 머물면 머리에 뿔이 난다. 부처가 없는 곳에서는 빨리 지나가라. 달아나지 않으면 풀이 한 길이나 깊게 된다.

3 石室(석실)은 木平善道(목평선도)를 뜻한다.

목평선도(木平善道, 생몰연대 미상): 당대의 스님. 청원 문하. 석두희천의 제자.(선학사전, p.211)

4 경덕전등록 제14권, '담주 석실 선도 화상' 편에 다음과 같이 기술하고 있다.

師一夕與仰山翫月 仰山問曰 "遮箇月尖時 圓相什麽處去 圓時尖相 又什麽處去" 師曰 "尖時圓相隱 圓時尖相在"(雲巖云 "尖時圓相在 圓時無尖相" 道吾云 "尖時亦不尖 圓時亦不圓") 仰山辭師送出門 乃召曰 "闍梨" 仰山應諾 師曰 "莫一向去 却迴遮邊來"

회상(석실선도)이 어느 날 저녁, 앙산仰山과 달구경을 하고 있었다.

가더라도 풀 한 포기 없는 곳으로 가라)"[6]·대자大慈의 "대취노승거(帶取老

앙산이 물었다.

"저 달이 뾰족할 때 둥근 모습(圓相)은 어디로 갔으며, 둥글 때 뾰족한 모습은 또 어디로 갔습니까?"

스님이 말했다

"뾰족할 때는 둥근 모습이 숨지만, 둥글 때는 뾰족한 모습이 있다."

〔운암雲巖이 말했다.

"뾰족할 때는 원상에 있지만, 둥글 때는 뾰족한 모습이 없다."

도오道吾가 말했다.

"뾰족할 때도 뾰족하지 않고, 둥글 때도 둥글지 않다."〕

앙산이 하직인사를 하자, 화상이 문밖까지 전송을 나왔다가 "스님!" 하고 불렀다. 앙산이 "네!" 하고 대답을 하자, 화상이 말했다.

"한쪽으로만 가지 말고 이쪽으로 돌아오라!"

5 洞山良价(동산양개, 807~869): 당대의 스님. 조동종. 동산은 주석 산명. 속성은 유兪씨. 회계 출신. 어려서 출가하여 영묵靈默에게 사사한 다음, 20세에 숭산에서 구족계를 받음. 남전보원, 위산영우에게 참학하고, 다시 운암담성에게 참학하여 대오, 그의 법을 이어받음. 광동 신풍산 및 강서 동산 보리원에 머물면서 세밀한 선풍을 고취함. 시호는 오본悟本대사. 문하에 운거도응, 조산본적, 소산광인 등 27인이 있으며, 후에 조산과 연칭하여 5가의 일파인 조동종의 고조로 추앙됨. (전게서, p.180)

6 만리무촌처萬里無寸草와 관련하여 동산록에서는 두 가지 내용을 다음과 같이 기술하고 있다.

師示衆云 "兄弟 秋初夏末 東去西去 直須向萬里無寸草處去始得" 良久云 "祇如萬里無寸草處 作麼生去" 後有擧似石霜 石霜云 "何不道 出門便是草" 師聞乃云 "大唐國裏 能有幾人"

선사(동산양개)가 대중에게 말했다.

"형제들이여, 하안거가 끝나는 초가을에 동쪽으로도 가고 서쪽으로도 가되, 곧장 만 리에 한 치의 풀도 없는 곳으로 가라."

僧去, 노승을 데리고 가라)"[7]·귀종歸宗[8]의 "시한도중선위(時寒途中善爲,

---

양구하고는, 말했다.
"그렇다면 저 만 리에 한 치의 풀도 없는 곳을 어떻게 갈 것인가?"
뒤에 어떤 이가 이것을 석상경저(石霜)에게 이야기했더니, 석상이 말했다.
"어째서 말하지 않는 것인가? '문을 나서면 그대로가 풀이다'라고."
선사가 이 말을 전해 듣고 말했다.
"당나라 안에 그런 이가 몇이나 될까?"

華嚴休靜問師 "學人無箇理路 未免情識運爲" 師云 "汝還見有理路也無" 華嚴云 "見無理路" 師云 "甚處得情識來" 華嚴云 "學人實問" 師云 "恁麽則直須向 萬里無寸草處去" 華嚴云 "萬里無寸草處 還許某甲去也無" 師云 "直須恁麽去"

화엄휴정華嚴休靜이 선사에게 물었다.
"학인에게는 이치의 길이 없어 정식의 끄달림을 면치 못합니다."
선사가 말했다.
"그대는 이치의 길을 보았는가?"
화엄이 말했다.
"이치의 길이 없음을 봅니다."
선사가 말했다.
"어디서 정식을 얻었는가?"
화엄이 말했다.
"학인이 실재로 묻고 있는 것입니다."
선사가 말했다.
"그렇다면 바로 만 리에 풀이 없는 곳으로 가야 한다."
화엄이 말했다.
"만 리에 풀이 없는 곳에 제가 가는 것을 인정하시겠습니까?"
선사가 말했다.
"바로 그렇게 가야 한다."

7 경덕전등록 제9권, '항주 대자산 환중 선사' 편에 다음과 같이 기술하고 있다.

杭州大慈山寰中禪師蒲坂人也 姓盧氏. 頂骨圓聳其聲如鍾. 少丁母憂廬于墓所服闋 思報罔極. 於并州童子寺出家 嵩嶽登戒習諸律學 後參百丈受心印 辭往南嶽常樂寺結茅于山頂.

항주 대자산 환중寰中 선사는 포판 사람으로 성은 노씨다. 정수리뼈가 둥글게 솟았고, 음성이 종소리 같았다. 어릴 때 부모를 잃자 무덤 곁에 초막을 짓고 상복을 입은 채 망극한 은혜에 보답하려고 했다.
병주 동자사에서 출가하고, 숭악에서 계를 받았으며 여러 율학을 배웠다. 후에 백장을 참례하여 심인을 받았다. 하직을 하고 남악 상주사로 가서, 산꼭대기에 띠집을 지었다.

有僧辨 師云 "去什麽處" 僧云 "暫去江西" 師云 "我勞汝一段事得否" 僧云 "和尙有什麽事" 師云 "將取老僧去" 僧云 "更有過於和尙者 亦不能將得去" 師便休. 其僧後擧似洞山 洞山云 "闍梨爭合恁麽道" 僧云 "和尙作麽生" 洞山云 "得"(法眼別云 "和尙若去某甲提笠子") 洞山又問其僧 "大慈別有什麽言句" 僧云 "有時示衆云 '說得一丈不如行取一尺 說得一尺不如行取一寸'" 洞山云 "我不恁麽道" 僧云 "作麽生" 洞山云 "說取行不得底 行取說不得底" (雲居云 "行時無說路 說時無行路 不說不行時合行什麽路" 樂普云 "行說俱到卽本事無 行說俱不到卽本事在")

어떤 스님을 감변하려고, 선사(대자환중)가 말했다.
"어디로 가는가?"
"잠시 강서로 갑니다."
"내가 그대에게 한 가지 수고를 끼쳐야겠는데, 그래도 되겠는가?"
"화상께서 무슨 일이 있으십니까?"
"노승을 데리고 가라!"
"다시 화상을 뛰어넘는 자가 있어도 모시고 갈 수가 없습니다."
선사가 바로 쉬었다.

그 스님이 동산에게 이 이야기를 하자, 동산이 말했다.

날씨가 추우니 가는 길에 조심하라)"[9]·조산曹山[10]의 "거역불변이(去亦不

---

"스님이 어찌 그런 말로 대답을 했는가?"

"화상께서는 어떻게 하시겠습니까?"

"얻었다(得, 갈 수 있다)."

〔법안이 따로 말했다.

"화상께서 가시면 제가 삿갓을 들겠습니다."〕

동산이 또 그 스님에게 물었다.

"대자에게 따로 무슨 말이 있던가?"

"어떤 때 대중에게 이르기를 '한 장丈을 말하는 것이 한 자(尺)를 행하는 것만 못하고, 한 자를 말하는 것은 한 치(寸)를 말하는 것만 못하다'고 했습니다."

동산이 말했다.

"나는 그렇게 말하지 않겠다."

"어떻게 하시겠습니까?"

"말을 하면 행해도 얻을 것이 없고, 행하면 말을 해도 얻을 것이 없다."

〔운거雲居가 말했다.

"행할 때 말할 길이 없고 말할 때 행할 길이 없는데, 말하지도 않고 행하지도 않을 때 어느 길로 가는 것이 맞는가?"

낙포(樂普)가 말했다.

"행과 말이 함께 이르면 곧 본래 일이 없는 것이고, 행과 말이 함께 이르지 못하면 곧 본래 일이 있는 것이다."〕

8 歸宗智常(귀종지상, 생몰연대 미상): 당대의 스님. 남악 문하. 귀종은 주석 사명. 마조도일에게 법을 이어받음.(전게서, p.73)

9 경덕전등록 제7권, '여산 귀종사 지상 선사' 편에 다음과 같이 기술하고 있다.
有僧辭去 師喚"近前來 吾爲汝說佛法" 僧近前 師云"汝諸人盡有事在 汝異時却來遮裏無人識汝 時寒途中善爲去"

어떤 스님이 하직하고 물러가자, 선사(귀종지상)가 불렀다.

"가까이 와라! 내가 그대를 위해 불법을 말해 주리라."

그 스님이 가까이 오자, 선사가 말했다.

變異, 가는 것도 역시 변함이 없습니다)"[11]·오본悟本[12]의 "비원령준험호간

---

"그대와 여러 사람들이 다 일이 있을 터이니, 그대는 다른 때 와라. 이 속에서는 아무도 그대를 알지 못할 것이다. 날씨가 추우니 가는 길에 조심하라."

10 曹山本寂(조산본적, 840~901): 당대의 스님. 조동종. 조산은 주석 산명. 탐장耽章이라고도 함. 19세에 출가하여 25세에 구족계를 받음. 동산양개 스님에게 참학하여 그의 종지를 이어받음.(전게서, p.592)

11 경덕전등록 제17권, '무주 조산 본적' 편에 다음과 같이 기술하고 있다.
洞山問 "闍梨名什麽" 對曰 "本寂" 曰 "向上更道" 師曰 "不道" 曰 "爲什麽不道" 師曰 "不名本寂" 洞山深器之. 師自此入室 密印所解 盤桓數載. 乃辭洞山 洞山問 "什麽處去" 曰 "不變異處去" 洞山云 "不變異豈有去耶" 師曰 "去亦不變異" 遂辭去 隨緣放曠.
동산이 물었다.
"스님의 이름이 무엇인가?"
"본적本寂입니다."
"향상向上으로(또는 향상사로) 바로 말하라!"
"말할 수 없습니다."
"어째서 말하지 못하는가?"
"본적이라고 이름 할 수 없기 때문입니다."
동산이 그를 큰 그릇으로 여겼다.
선사(조산본적)가 이로부터 입실해서 이해한 바를 은밀히 인가 받고도 머물기를 여러 해 했다.
동산에게 하직인사를 하자 동산이 물었다.
"어디로 가려는가?"
"변하지 않는 곳으로 갑니다."
"변하지 않는데 어찌 가는 것이 있겠는가?"
"가는 것 또한 변하지 않습니다."
그리고는 마침내 하직을 했는데, 인연을 따르면서도 언행에 거리낌이 없었다.

(飛猿嶺峻好看, 비원령은 험준하니 잘 살펴라!)"[13] 등, 이 모두가 가리거나

12 오본悟本은 동산양개의 시호다.

13 동산록에는 다음과 같이 기술하고 있다.

雪峯辭師 師云 "子甚處去" 雪峯云 "歸嶺中去" 師云 "當時從甚麽路出" 雪峯云 "從飛猿嶺出" 師云 "今回向甚麽路去" 雪峯云 "從飛猿嶺去" 師云 "有一人不從飛猿嶺去 子還識麽" 雪峯云 "不識" 師云 "爲甚麽不識" 雪峯云 "他無面目" 師云 "子旣不識 爭知無面目" 雪峯無對(瑯琊覺云 "心麤者失")

설봉이 스님에게 하직을 하자, 선사(동산양개)가 말했다.

"그대는 어디로 가는가?"

설봉이 말했다.

"영남으로 갑니다."

선사가 말했다.

"당시에 어느 길로 왔는가?"

설봉이 말했다.

"비원령에서 왔습니다."

선사가 말했다.

"이제 어느 길로 돌아갈 것인가?"

설봉이 말했다.

"비원령을 따라 갈 것입니다."

선사가 말했다.

"비원령을 따라 가지 않은 한 사람이 있는데, 그대는 아는가?"

설봉이 말했다.

"모릅니다."

선사가 말했다.

"어째서 모르는가?"

설봉이 말했다.

"그에게 면목이 없습니다."

선사가 말했다.

숨김이 없이 바로 끊어 보여준 것이었다. 그러므로 오로지 수백 갈래의 근본을 밝히는 데만 힘을 써서 그 자리에서 당연히 깨달아야 한다. 그러면 남쪽 고을 북쪽 지방 어디에선들 그를 만나지 못하겠는가! 끝으로 은근히 거듭 한마디를 더하지 않을 수 없구나!

자, 어떤 것이 진실한 곳(諦當處)인가?

"주장자(楖栗)를 가로 메고 사람도 돌아보지 않은 채,
천봉 만봉千峰萬峰 속으로 바로 들어간다."[14]

---

"그대가 알지 못하는데 어찌 면목이 없다는 것을 아는가?"
설봉이 대답이 없었다.
〔낭야 혜각(瑯琊覺)이 말했다.
"마음이 거친 자는 잃게 된다."〕

14 벽암록 제25칙에서는 다음과 같이 기술하고 있다.
蓮花峰庵主 拈拄杖示衆云 "古人到這裏 爲什麽不肯住" 自代云 "爲他途路不得力" 復云 "畢竟如何" 又自代云 "楖栗橫擔不顧人 直入千峰萬峰去"

연화봉 암주가 주장자를 들고 대중에게 말했다.
"고인古人이 여기에 이르러서는 어째서 머무는 것을 긍정하지 않은 것인가?"
스스로 대답했다.
"이 길에서는 힘이 되어 주지를 못하기 때문이다."
다시 말했다.
"필경 어떠한가?"
다시 스스로 말했다.
"주장자를 가로 메고 사람도 둘러보지 않고 천봉만봉 속으로 바로 들어간다."

# 23. 종각 선인에게(示 宗覺禪人)

宗門接利根上智 提持 出生死 絶知見 離言說 越聖凡道妙. 豈淺識小見理道 機境解路上 作活計者 所能擬議. 要須如龍似虎 殺人不眨眼漢用瞥脫快利力量 聊聞擧著 剔起便行. 外棄世間縛著 內捨聖凡情量直得孤逈逈峭巍巍. 不依倚絲毫 當陽廓透 全身擔荷 佛來也 炫惑不動況祖師宗匠 語句機鋒. 一刀截斷 更不顧藉 自餘諸雜甚 譬如 閑方可攀上流 少分相應也.

※巍巍(외외): 뛰어나게 높고 우뚝 솟은 모양. 인격이 높고 뛰어남.

영리한 근기의 뛰어난 지혜를 갖춘 이를 제접하는 종문(宗門, 선종)에서는 생사를 벗어나 지견을 끊고 언설을 떠나며 성인과 범부를 뛰어넘는 도道의 오묘함을 제지한다(提持).[1] 그런데 이것이 어찌 천박한 지식과 좁은 소견으로 도리를 따지고 기연機緣과 경계境界에서 활발하게 계교부리는 자가 헤아릴 수 있는 것이겠는가! 모름지기 용이나 호랑이처럼 사람을 죽이고도 눈 하나 깜짝하지 않는 놈이 힐끗만 보고도 벗어나는 날카로운 역량을 써서, 거론하는 것을 듣자마자 높이 쳐들고 바로

1 提持(제지)에 관해서는 본서 '1. 화장 명 수좌에게' 편의 註6을 참조.

가버려야 한다. 또한 밖으로는 세간의 결박과 집착을 버리고 안으로는 성인과 범부의 정량情量을 버려서, 바로 홀로 아득하고 가파르며 뛰어나게 우뚝 솟아야 한다. 실 끝만큼도 의지하지 않고 바로 그 자리에서 꿰뚫고 온몸으로 짊어져, 부처가 와도 현혹되거나 동요하지 않아야 하는데, 하물며 조사나 종장의 어구語句나 기봉機鋒이겠는가! 한 칼에 끊어버리고 다시는 돌아보지 말며, 스스로 그 밖의 잡다한 것들로부터 여유로워야 하니, 비유하면 힘 안 들이고 뛰어난 무리를 더위잡아 오를 수 있어야, 비로소 조금이나마 상응하는 바가 있는 것과 같은 것이다.

❀

不見 永嘉纔跨曹溪 便師子吼 丹霞聞馬師示選佛場 當下決破 逗到二師之前 逆流投契. 亮坐主 四十二本經論 言下冰消 德山吹紙燭 便燒疏鈔 臨濟六十棒後乃翻擲 並皆透脫. 不知曾入室幾回 請益幾次.

보지 못했는가! 영가永嘉는 조계의 문턱을 넘자마자 바로 사자후師子吼를 했고,[2] 단하丹霞는 마조가 선불장選佛場[3]을 보여준다는 것을 듣고는

---

2 영가현각에 관해서는 본서 '3. 장 선무 상공께' 편의 註8을 참조.
경덕전등록 제5권, '온주 영가 현각 선사' 편에 다음과 같이 기술하고 있다.
溫州永嘉玄覺禪師者永嘉人也 姓戴氏. 丱歲出家遍探三藏 精天台止觀圓妙法門 於四威儀中常冥禪觀. 後因左谿朗禪師激勵. 與東陽策禪師同詣曹谿. 初到振錫携瓶 繞祖三匝. 祖曰 "夫沙門者具三千威儀八萬細行 大德自何方而來生大我慢" 師曰 "生死事大無常迅速" 祖曰 "何不體取無生了無速乎" 曰 "體卽無生 了本無速" 祖曰 "如是如是" 于時大衆無不愕然. 師方具威儀參禮 須臾告辭 祖曰 "返太速乎"

바로 그 자리에서 분명히 부숴버린 것을.[4] 이들은 두 스승 앞에 이르러

---

師曰 "本自非動 豈有速耶" 祖曰 "誰知非動" 曰 "仁者自生分別" 祖曰 "汝甚得無生之意" 曰 "無生豈有意耶" 祖曰 "無意誰當分別" 曰 "分別亦非意" 祖歎曰 "善哉善哉 少留一宿" 時謂一宿覺矣.

온주 영가현각 선사는 영가 사람이며, 성은 대씨다. 어려서 출가해서 삼장을 두루 탐구하고 천태지관의 원묘법문에 정통해서 4위의(四威儀, 행주좌와) 중에 늘 선관에 잠겼다. 후에 좌계랑 선사의 격려를 받고, 동양책 선사와 함께 조계에 이르렀다.

처음 이르러 석장을 떨치고는 손에 병을 들고 조사(6조 혜능)를 세 번 돌았다. 조사가 말했다.

"무릇 사문이란 모름지기 3천 가지 위의와 8만 가지 세행을 갖추어야 하는데, 대덕은 어디서 왔기에 대아만大我慢을 내는가?"

"생사의 일이 크고 무상은 신속합니다."

"어찌하여 무생無生을 체득해서 신속함이 없음을 깨닫지 못하는가?"

"체體에는 생이 없고, 깨달음(了)에는 본래 신속함이 없습니다."

"그렇지, 그렇지!"

이때에 대중이 놀라지 않은 사람이 없었다.

선사가 그때야 비로소 위의를 갖추고 절을 하고는 이내 하직을 고하였다. 조사가 말했다.

"돌아감이 너무 빠르지 않은가?"

"본래 스스로 움직임이 없거늘, 어찌 빠름이 있겠습니까?"

"누가 움직이지 않음을 아는가?"

"스님께서 스스로 분별을 내십니다."

"그대는 무생의 뜻을 깊이 터득했구나."

"무생에 어찌 뜻이 있겠습니까?"

"뜻이 없다면 누가 분별하는가?"

"분별하더라도 역시 뜻이 아닙니다."

조사가 탄복하면서 말했다.

흐름을 거슬러 계합하였던 것이다. 또한 양 좌주는 사십이본경론四十二本經論이 언하言下에 얼음 녹듯 했고,[5] 덕산은 종이로 만든 촛불을

---

"훌륭하다. 훌륭해! 하룻밤 쉬어가라."

3 選佛場(선불장)에 관하여 본서 '15. 축봉 장로께' 편의 註8을 참조.

4 丹霞天然(단하천연, 739~824): 당대의 스님. 청원문하. 단하는 주석 산명. 일찍이 유학을 배우고 과거에 응시하기 위해 장안으로 가던 중, 한 선승으로부터 관리가 되기 위한 과거보다는 부처가 되기 위한 과거가 훌륭하다는 이야기를 듣고, 마조도일을 친견하고 석두희천 문하에서 3년 동안 참학함. 다시 마조 문하에 이르러 수행하던 어느 날, 법당에 들어가 성상의 목에 걸터앉았다. 대중이 크게 놀라 마조에게 고하자, 마조가 법당에 들어가 보고 "천연하도다(天然)"라고 말하자, 바로 내려와 예배드리며 "스님께서 주신 법호 감사합니다"라고 말했다. 이로부터 천연이라고 칭해짐. 천태산 화정봉에 머물기를 3년, 경산도흠을 친견하고 원화 연중에 낙동의 용문 향산에서 복우자재伏牛自在와 사귐. 후에 단하산에 주석하자, 곧 300여 명이 운집하여 대원을 이룸. 시호는 지통智通선사.(선학사전, pp.123~124)

5 경덕전등록 제8권, '양 좌주(홍주서산)' 편에 다음과 같이 기술하고 있다.

亮主(洪州西山)本蜀人也 頗講經論. 因參馬祖 祖問曰 "見說座主大講得經論是否" 亮云 "不敢" 祖云 "將什麽講" 亮云 "將心講" 祖云 "心如工伎兒 意如和伎者爭解講得經" 亮抗聲云 "心旣講不得 虛空莫講得麽" 祖云 "却是虛空講得" 亮不肯便出將下階 祖召云 "座主" 亮迴首 豁然大悟禮拜. 祖云 "遮鈍根阿師禮拜作麽" 亮歸寺告聽衆云 "某甲所講經論 謂無人及得 今日被馬大師一問 平生功夫氷釋而已" 乃隱西山更無消息.

양 좌주(홍주 서산)는 본래 촉군 사람으로 경론을 아주 잘 강의했다.
마조를 참례하자, 마조가 물었다.
"듣자하니, 좌주는 경론을 잘 강의한다는데, 맞는가?"
"외람됩니다."
"무엇으로 강의하는가?"

입으로 불자마자 바로 금강경소초金剛經疏鈔를 모두 태워버렸으며,[6]

---

"마음으로 강의합니다."

"마음은 공기工伎와 같고 뜻은 화기和伎와 같다고 했는데, 어찌 경을 강설하겠는가?"

양 좌주가 소리를 지르며 말했다.

"마음이 강의를 못한다면 허공이 강의를 할 수 있다는 것입니까?"

"도리어 허공은 강의를 할 수 있지!"

양 좌주가 수긍하지 못하고 문득 나가서 계단을 내려가는데, 마조가 불렀다.

"좌주여!"

양 좌주가 머리를 돌리자, 활연대오豁然大悟하고는 절을 했다.

마조가 말했다.

"이 둔한 스님아! 절은 해서 무엇 하겠는가?"

양 좌주가 절로 돌아와, 대중에게 말했다.

"내가 강의한 경론은 누구도 이를 수 없다고 여겼는데, 오늘 마 대사에게 질문 하나를 당하고는 평생의 공부가 얼음 녹듯 다했다."

그리고는 서산西山에 숨어, 다시는 소식이 없었다.

6 경덕전등록 제15권, '낭주 덕산 선감 선사' 편에 다음과 같이 기술하고 있다.
丱歲出家 依年受具 精究律藏. 於性相諸經貫通旨趣. 常講金剛般若 時謂之周金剛. 厥後訪尋禪宗 因謂同學曰 "一毛呑海 海性無虧 纖芥投鋒 鋒利不動 學與無學 唯我知焉" 因造龍潭信禪師 問答皆一語而已(前章出之) 師卽時辭去 龍潭留之 一夕於室外默坐 龍問 "何不歸來" 師對曰 "黑" 龍乃點燭與師 師擬接 龍便吹滅. 師乃禮拜 龍曰 "見什麽" 曰 "從今向去不疑天下老和尙舌頭也" 至明日便發 龍潭謂諸徒曰 "可中有一箇漢 牙如劍樹 口似血盆 一棒打不迴頭 他時向孤峯頂上立吾道在"

어린 나이에 출가해서 나이가 차자 구족계를 받고는 율장을 세밀하게 연구했다. 또 성종性宗과 상종相宗의 여러 경전의 깊은 뜻을 꿰뚫어 통했다. 늘 금강반야를 강의했는데, 그때 사람들이 그를 주금강周金剛이라 불렀다.

그 뒤 선종禪宗을 찾아다니다가 동학(도반)에게 말하기를 "한 가닥의 털이 바다를 임제는 60 방망이를 맞은 후에 뒤집어 던져버렸으니,[7] 모두 다 꿰뚫어 벗어난 것이었다. 하지만 일찍이 몇 차례나 방장실에 들어갔고, 몇 번이나 법문을 청하였는지 알지 못한다.

❀

近時學道之士 不道他不用工夫 多只是記憶公案 論量古今 持擇言句 打葛藤學路布 幾時得休歇. 如斯只贏得一場骨董. 推源窮本 蓋上梢 不遇作家 自己不負大丈夫志氣. 曾不退步就已 打辦精神 放下從前 已後勝妙知見直截獨脫 領取本分大事因緣. 是故 半前落後 不分不曉

---

삼켜도 바다의 성품은 이지러지지 않고, 겨자씨를 칼끝에 던져도 칼끝의 날카로움은 움직이지 않나니, 배움과 배우지 않음은 오직 나만이 알 뿐이다"고 했다.

용담숭신(龍潭信) 선사를 만났는데, 문답을 모두 한 마디로 끝내버렸다. 선사가 바로 하직하고 떠나려 했는데, 용담이 머물게 했다.
어느 날 밤, 방 밖에서 말없이 앉아 있는데, 용담이 물었다.
"어째서 돌아가지 않는가?"
"어둡습니다."
용담이 촛불을 켜서 스님에게 건네는데 스님이 받으려고 하자, 용담이 바로 불어서 꺼버렸다. 이에 선사가 절을 하자, 용담이 물었다.
"무엇을 보았는가?"
"이제부터 천하 노화상의 혀끝을 의심하지 않겠습니다."
그리고는 이튿날 바로 떠나려는데, 용담이 모든 대중에게 말했다.
"여기 어떤 사람이 하나 있는데, 어금니는 검수와 같고 입은 피 사발과 같다. 한 방망이를 때려도 고개도 돌리지 않으니, 훗날 고봉정상에서 나의 도를 세우리라."

7 임제가 60방을 맞은 것에 대해서는 本書 '12. 문 장로께'의 註8을 참조.

若只恁麼 縱一生勤苦 亦未夢見在.

※贏(남을 영): 남다. 돈을 벌다. 성하다. 넘치다. 가득 차다.

※撥(칠 살): 치다. 손바닥으로 후려갈기다. 지우다. 지워 없애다. 뒤섞이다.

※塗(칠할 도): 칠하다. 칠하여 없애다. 지우다. 더럽히다. 길. 도로. 진흙(탕).

※糊(풀칠할 호): 풀칠하다. 바르다. 입에 풀칠하다. 죽을 먹다. 모호하다.

요즘 도를 배우는 학인들이 공부를 하지 않는다고 말하는 것은 아니지만, 많은 이들이 단지 공안公案만 기억해서 고금古今을 논하고, 언구言句를 골라 말하면서 주의주장(路布)만을 배울 뿐이니, 어느 시절에야 쉴 수가 있겠는가! 이와 같으면 단지 한바탕 때 묻은 골동품만 가득하게 될 뿐이다. 그렇게 된 궁극적인 원인을 추정해 보면, 처음에 작가(作家, 선지식)를 만나지 못한 것이고, 스스로도 대장부의 뜻과 기개를 갖지 못하였기 때문이다. 또한 일찍이 한 발 물러서서 자기를 돌아보고 정신을 차려 지금까지의 승묘한 지견(勝妙知見)을 내려놓고 바로 끊고 홀로 벗어나 본분대사本分大事[8]의 인연을 깨닫지 못했기 때문이다. 이런 까닭에 처음에는 정성껏 하다가 중도에 그만두어 이루지 못하거나, 구분하지도 못하고 깨닫지도 못하는 것이니, 만약 단지 이렇게만 한다면 설사 일생토록 고생할지라도 꿈에서조차 볼 수 없게 될 것이다.

❀

是故 昔人云"菩提離言說 從來無得人" 德山道"我宗無語句 亦無一法與人" 趙州道"佛之一字吾不喜聞" 看他 早是撥土塗糊人了也 若更於

8 本分大事因緣(一大事因緣)에 관해서는 본서 '3. 장 선무 상공께' 편의 註1을 참조.

棒頭求玄 喝下覓妙 瞠眉努眼 擧手動足 展轉落野狐窠窟去也.

이런 까닭에 옛사람이 말하기를 "보리(菩提, 깨달음)는 말을 여의었으니, 예로부터 얻은 사람이 없다"[9]고 한 것이다. 또한 덕산德山은 이르기

---

9 부 대사傅大士가 금강경 제7, 무득무설분無得無說分에 송을 한 내용의 한 부분이다.
須菩提 於意云何 如來得阿耨多羅三藐三菩提耶. 如來有所說法耶. 須菩提言 "如我解佛所說義 無有定法名阿耨多羅三藐三菩提 亦無有定法 如來可說 何以故 如來所說法 皆不可取 不可說 非法 非非法.
彌勒頌曰 "菩提離言說 從來無得人 須依二空理 當證法王身 有心俱是妄 無執乃名眞 若悟非非法 逍遙出六塵"
"수보리여! 어떻게 생각하느냐? 여래가 아뇩다라삼먁삼보리를 얻었느냐? 여래가 설한 법이 있느냐?"
수보리가 말했다.
"제가 부처님께서 말씀하신 뜻을 이해하기로는, 정해진 법이 없는 것(無有定法)을 '아뇩다라삼먁삼보리'라 이름하며, 또한 여래께서 말씀하신 정해진 법(定法)도 없습니다. 왜냐하면 여래께서 말씀하신 법은 모두 취할 수 없고, 말할 수 없으며, 법도 아니고 법 아닌 것도 아니기 때문입니다."

미륵(부 대사)이 송으로 말했다.
菩提離言說　보리는 말을 떠나 있어
從來無得人　예로부터 얻은 사람이 없나니
須依二空理　모름지기 두 가지 공의 이치에 의지하면
當證法王身　마땅히 법왕신을 증득하리라.
有心俱是妄　마음이 있다는 것은 모두 거짓이요,
無執乃名眞　집착함이 없는 것을 참이라 하네.
若悟非非法　만약 법 아닌 것이 아님을 깨달으면
逍遙出六塵　육진을 벗어나 소요하리라.

를 "나의 종宗에는 말도 없고, 건네줄 한 법法도 없다"고 했고, 조주는 "불佛이라는 한 글자를 나는 듣기를 좋아하지 않는다"[10]고 했던 것이다. 하지만 저것들도 보면 이미 흙을 뿌려 사람들을 호도해 버린 것이니, 만약 다시 방망이(棒) 끝에서 현묘함을 구하고 할(喝) 아래서 오묘함을 찾으며, 눈을 부릅뜨고 손을 들고 발을 움직인다면, 하면 할수록 더욱 여우의 소굴에 떨어지게 될 것이다.

❀

此宗惟貴悟明 到銀山鐵壁 萬仞孤峭 擊石火閃電光 擬不擬 便墮坑落穽. 所以 從上護惜箇一著子 同到同證 無你撮摸處 旣能辦心 能舍緣累修行依知識. 若更不耐心 向千難萬難 不可湊泊處 放下身心 體究敎徹底 誠爲可惜.

※穽(함정 정): 함정. 허방다리. 구덩이.
※撮(모을 촬): 모으다. 취합하다. 사진을 찍다. 빼내다. 골라내다.
※緣累(연루): 남이 저지른 죄에 함께 걸림(관계가 됨). 또는 그런 일.

이 종宗은 오직 밝게 깨닫는 것을 귀하게 여길 뿐이니, 은산철벽銀山鐵壁의 만 길 가파른 벼랑 끝에 이르러도 전광석화(擊石火 閃電光)와 같아야지, 이럴까 저럴까 하면 구덩이에 떨어지고 함정에 떨어지게 된다. 그렇기 때문에 예로부터 아끼고 보호했던 이 일착자一著子에 함께 이르고 함께 증득하려면 그대가 취합하거나 찾을 것이 없는 곳에서

---

10 본서 '18. 원 선객에게' 편의 본문과 註2를 참조.

능히 마음을 다할 뿐만 아니라, 능히 (마음에) 연루된 것들을 버리고 선지식에 의지해 수행해야 한다. 그런데 만약 또 다시 천 가지 만 가지 어려움을 참아내지 못하고, 머물고 있는 곳에서 몸과 마음을 내려놓고 철저하도록 몸소 참구할 수 없다면, 정말로 애석한 것이다.

❀

只如 千生百劫到今 還有間斷也無. 旣無間斷 疑箇甚生死去來. 軒知屬緣於本分事 了無交涉. 五祖老師常說 "我在此五十年 見却千千萬萬禪和 到禪床角頭 只是覓佛做說佛法並 不曾見箇本分衲子" 誠哉. 看却今時只說佛法底也難得 何況更求本分人. 時節澆季. 去聖愈遠 大唐國裏 胡種看看滅也. 或得一箇半箇有操持 不敢望似已前龍象.

※澆季(요계): 도덕이 쇠하고 인정이 야박한 시대. 부패한 세상.

그건 그렇고, 천생백겁에서 지금에 이르도록 잠깐이라도 끊어짐이 있었는가? 끊어짐이 없다면 무슨 생사의 오고감을 의심하겠는가! 인연에 속하는 것은 본분사本分事와는 전혀 관계가 없음을 분명히 알아야 한다. 오조五祖[11] 노스님께서 늘 말씀하시기를 "나는 여기에 50년을 있으면서 천천만만千千萬萬의 납자들을 보았는데, 선상 언저리에 앉아 단지 부처나 찾고 불법이나 말하는 놈들뿐이었지, 일찍이 본분납자本分衲子를 본 적이 없다"고 하셨는데, 참으로 맞는 말이다.

살펴보면 요즘에는 단지 불법을 말하는 자도 얻기 어려운데, 하물며

11 五祖法演(오조법연)에 관해서는 본서 '6. 융 지장에게' 편의 註12를 참조.

또 어떻게 본분인本分人을 찾을 수 있겠는가! 시절이 말세라! 성인이 가신 지는 점점 멀어지고,[12] 대 당국大唐國에서 부처의 종족(胡種)을 살피고 또 살펴도 모두 없어졌다. 혹 한 명이나 반 명 지조 있는 자를 얻더라도, 감히 이전의 용상龍象과 같은 납자를 바랄 수가 없다.

❀

但只知履踐趣向 頭正尾正 早是火中出蓮 切宜撥退諸緣. 便能識破古來大達大悟底蘊 隨處休歇 行密行. 諸天無路捧花 魔外覓行蹤不見 是眞出家 了徹自己. 如有福報因緣 出來垂一隻手 亦不爲分外. 但辦肯心 必不相賺 只老僧恁麽 也是普州人送賊.

※普州人(보주인): 지금의 사천성 안악현. 도둑이 많이 모여 살던 곳. 보주 사람이라면 곧 도둑을 뜻함.

다만 실천해 나아갈 바를 알아 처음도 바르고 끝도 바르면, 이미 불 속에서 연꽃이 피어나는 격(火中出蓮)[13]이라 할 것이니, 부디 모든 인연을 버려라! 그러면 바로 예로부터 크게 통달하고 깨달은 이의 속내를 알아, 가는 곳마다 쉬게 되고 행하는 것마다 모두 은밀한

---

12 영가현각의 증도가에 다음과 같은 구절이 있으니 참고하기 바란다.
去聖遠兮邪見深　성인이 가신 지 오래여! 사견이 깊어짐이여!
魔强法弱多怨害　마구니는 강하고 법은 약하니, 원해가 많구나.

13 영가현각의 증도가에 다음과 같은 구절이 있으니 참고하기 바란다.
在欲行禪知見力　욕망 속에서 참선하는 지견의 힘이여!
火中生蓮終不壞　불 속에서 연꽃 피나니, 끝내 시들지 않는구나.

행을 하게 될 것이다.

모든 하늘이 꽃으로 받들려 해도 받들 길이 없고, 마군 외도가 그 행한 자취를 찾아도 볼 수 없는 것이 참된 출가이며, 철저하게 자기를 아는 것이다. 또한 만약 복을 갚을 인연이 있으면 세상에 나와 한 손을 드리워도 분수를 넘는 일이 아닐 것이다. 다만 힘써 마음을 긍정한다면 결코 서로 속이는 일이 없을 것이니(但辦肯心 必不相賺),[14] 노승이 이렇게 말하는 것도 보주 사람(普州人)이 도적놈을 호송하는 격이다.

---

14 장로종색長蘆宗賾의 『좌선의坐禪儀』에 다음과 같이 기술하고 있다.

若善得此意 則自然四大輕安 精神爽利 正念分明 法味資神 寂然淸樂. 若已有發明者 可謂如龍得水. 似虎靠山. 若未有發明者 亦乃因風吹火 用力不多 但辦肯心 必不相賺.

만약 이 뜻을 잘 체득하면 곧 자연히 사대가 경안하고(四大輕安, 몸이 가볍고 편안하고), 정신이 상쾌하고 예리하며, 밝은 생각이 분명하고, 법의 맛이 정신을 도와 고요히 맑고 즐거울 것이다.
만약 분명하게 일어나는 것이 있으면, 마치 용이 물을 얻은 것과 같고, 호랑이가 산을 의지한 것과 같다고 할 수 있다.
만약 아직 분명하게 일어나는 것이 없더라도 또한 이내 바람으로 불길이 퍼뜨리듯 힘쓸 것이 많지 않을 것이니, 다만 힘써 하고자 하는 마음만 있으면, 결코 속이지 못할 것이다.

# 24. 광 선인에게(示 光禪人)

欲得親切 第一不用求. 求而得之 已落解會. 況此大寶藏 亘古亘今 歷歷虛明 從無始劫來 爲自己根本. 擧動施爲 全承他力 唯是休歇.

간절히 몸소 얻고자 한다면(欲得親切)[1] 무엇보다도 먼저 구하려고 하지 말라! 구해서 얻었더라도 이미 해회(解會, 이치로 따져 앎)에 떨어진 것이다. 더욱이 이 거대한 보배창고는 예로부터 지금에 이르기까지 역력하게 텅 비고 밝으며, 무시겁 이래로 자기의 근본이 되는 것이다. 거동시위(擧動施爲, 동작과 행위)가 모두 저 힘을 이어받은 것이니,

---

1 선문염송 염송설화 고칙 1328에 수산성념(首山省念, 926~993)의 말씀으로 다음과 같이 기술하고 있으니 참조하기 바란다.

首山示衆云 "要得親切 第一莫將問來問. 還會麽 問在答處 答在問處. 你若將問來問 老僧在你脚底 你若擬議 則沒交涉" 時有僧出禮拜 師便打.

수산首山이 대중에게 말했다.

"몸소 간절히 얻고자 하면 무엇보다 물음을 가지고 묻지 말라. 알겠는가? 물음 속에 답이 있고 답 속에 물음이 있다. 그대가 만약 물음을 가지고 묻는다면 노승은 그대의 발밑에 있을 것이고, 그대가 만약 머뭇거리면 전혀 관계가 없게 될 것이다."

그때 한 스님이 나와 절을 하자, 선사가 바로 쳤다.

오로지 쉬어야(休歇) 할 뿐이다.

❀

到一念不生處 則便透脫 不墮情塵 不居意想. 逈然超絶 則徧界不藏 物物頭頭 渾成大用 一一皆從自己胸襟流出. 古人謂之 運出家財 一得永得 受用豈有窮極耶 但患體究處根脚不牢 不能徹證.

한 생각도 일어나지 않는 곳에 이르면 바로 꿰뚫고 벗어나 분별심(情塵)에도 떨어지지 않고 생각(意想)에도 머물지 않게 된다. 또한 아주 뛰어나면 온 세상에 두루 하여 감추어지지 않고, 두두물물頭頭物物이 모두 대용大用을 이루어 하나하나 모두가 자기의 흉금으로부터 흘러나오게 된다.[2] 고인古人은 이를 일러 "집안의 재물을 꺼내 쓴다"고 했고,

---

2 '一一皆從自己胸襟流出(하나하나 모두가 자기의 흉금으로부터 흘러나오게 된다)'에 관해서 원오는 벽암록 제22칙, 평창에서 설봉과 암두의 대화를 다음과 소개하고 있다.

爾若平展 一任平展 爾若打破 一任打破. 雪峰與巖頭欽山同行 凡三到投子九上洞山. 後參德山 方打破漆桶. 一日率巖頭訪欽山 至鰲山店上阻雪 巖頭每日只是打睡 雪峰一向坐禪. 巖頭喝云 "瞳眠去 每日床上 恰似七村裏土地相似. 他時後日魔魅人家男女去在" 峰自點胸云 "某甲這裏未穩在 不敢自瞞" 頭云 "我將謂 爾已後向孤峰頂上 盤結草庵 播揚大敎 猶作這箇語話" 峰云 "某甲實未穩在" 頭云 "爾若實如此 據爾見處 一一通來 是處我與爾證明 不是處與爾鏟卻" 峰遂擧 "見鹽官上堂擧色空義 得箇入處" 頭云 "此去三十年 切忌擧著" 峰又擧 "見洞山過水頌 得箇入處" 頭云 "若與麼 自救不了" "後到德山問 從上宗乘中事 學人還有分也無 山打一棒 '道什麼' 我當時如桶底脫相似" 頭遂喝云 "爾不聞道 '從門入者 不是家珍'" 峰云 "他後 如何卽是" 頭云 "他日若欲播揚大敎 一一從自己胸襟流出將來 與我蓋天蓋地去" 峰於言下大悟 便禮拜起來 連聲叫云 "今日始是鰲山成道"

그대들이 만약 평전平展을 하고자 하면 평전을 하도록 놔둘 것이고, 만약 타파하고자 하면 타파하도록 둘 것이다.

설봉이 암두, 흠산과 함께 행각하면서 세 번 투자投子에 이르고, 아홉 번 동산洞山에 올랐다. 후에 덕산을 참례하고서야 칠통漆桶을 타파해 버릴 수 있었다. 어느 날 암두와 함께 흠산을 찾아가다 오산에 있는 주막에 이르렀는데, 눈에 가로막혔다. 암두는 매일 잠만 자고 있는데, 설봉은 한결같이 좌선만 하고 있었다. 암두가 큰 소리로 말했다.

"잠 좀 자시오. 매일 침상에 앉아있는 꼴이 흡사 일곱 촌락에서 합동으로 모시는 토지신 같소! 훗날 분명히 젊은 남녀들을 홀릴 것이오."

설봉이 스스로 가슴을 치며 말했다.

"내가 이 속이 편치 않네. 감히 스스로 속이지는 못하지."

암두가 말했다.

"나는 그대가 이후에 고봉정상에 암자를 짓고 큰 가르침을 드날리리라 여겼는데, 오히려 이런 말을 하시오."

설봉이 말했다.

"내가 정말 편치가 않네."

암두가 말했다.

"그대가 만약 실로 이와 같다면, 그대의 견처見處를 낱낱이 털어놔보시오. 옳은 곳은 내가 그대에게 증명해주고, 옳지 못한 곳은 잘라버리겠소."

설봉이 드디어 말했다.

"염관鹽官 선사가 상당해서 색色과 공空의 뜻에 대해서 말하는 것을 보고서 입처(入處, 깨달음에 들어가는 곳)를 얻었네."

암두가 말했다.

"(그렇다면) 앞으로 삼십 년은 더 공부해야 하니, 그런 말은 절대로 하지 마시오."

설봉이 또 말했다.

"동산의 과수송(洞山過水頌)을 보고, 입처入處를 얻었네."

암두가 말했다.

"만약 그렇다면 자신조차도 구제하지 못하오."

"한 번 얻으면 영원히 얻는다(一得永得)"고 했으니, 받아씀(受用)에 어찌 다함이 있겠는가! 다만 몸소 참구한 곳의 기초가 견고하지 못해 철저히 증득할 수 없음을 근심할 뿐이다.

❀

直須猛截諸緣 令無纖毫依倚. 放身捨命 直下承當 無第二箇 縱使千聖出來 亦不移易. 隨時任運 喫飯著衣 長養聖胎 不存知解 可不是省要徑截 殊勝法門耶.

※可不是(가불시): 그래도 ~은 아니다. 어찌 ~이 아닌가. 정말 ~이 아닌가. 왜 아니겠나. 그렇지, 그렇고 말고요.

---

설봉이 말했다.
"후에 덕산에게 가서, '예로부터 전해오는 종승중사(宗乘中事, 깨달아 부처의 혜명을 잇는 일)를 저도 할 수 있겠습니까?'라고 하자, 덕산이 한 대 치고는 '무슨 말을 하는 것인가?'라고 했는데, 나는 그때 통 밑이 쑥 빠지는 것 같았네."
암두가 마침내 할(喝) 하고, 말했다.
"그대는 듣지 못했소, '문으로 들어온 것은 내 보배가 아니다'고 한 것을."
설봉이 말했다.
"그 후엔 어떻게 해야 옳은가?"
암두가 말했다.
"훗날 큰 가르침을 드날리고자 한다면, 낱낱이 자기 가슴속에서 흘러나와 하늘을 덮고 땅을 덮도록 해야 하오."
설봉이 언하에 대오했다.
그리고는 곧 (암두에게) 절하고 일어나, 계속해서 외쳤다.
"오늘에야 비로소 오산에서 도를 이루었다."

곧바로 모름지기 모든 인연을 맹렬히 끊고 털끝만큼이라도 의지하거나 기대지 않도록 해야 한다. 몸과 목숨을 놓아버리고 바로 그 자리에서 깨달아 두 번째의 것이 없으면, 설사 일천 성인이 세상에 나올지라도 옮기거나 바꾸지 못하게 된다.

때에 따라 일이 되어가는 대로 하고(隨時任運), 밥 먹고 옷 입으며(喫飯著衣), 오래도록 성태를 기르면서(長養聖胎)[3] 지해知解를 남기지 않는

---

3 長養聖胎(장양성태)는 원래 도교에서 주로 사용되어온 말이다.
경덕전등록 제6권, '강서 도일 선사' 편에 다음과 같이 기술하고 있으니 참고하기 바란다.

一日謂衆曰 "汝等諸人各信自心是佛 此心卽是佛心. 達磨大師 從南天竺國來 躬至中華 傳上乘一心之法 令汝等開悟 又引楞伽經文 以印衆生心地 恐汝顚倒 不自信 此心之法 各各有之 故楞伽經云 佛語心爲宗 無門爲法門" 又云 "夫求法者 應無所求 心外無別佛 佛外無別心 不取善不捨惡 淨穢兩邊 俱不依怙 達罪性空 念念不可得 無自性故 故三界唯心 森羅萬象 一法之所印 凡所見色 皆是見心 心不自心 因色故有 汝但隨時言說 卽事卽理 都無所礙 菩提道果 亦復如是 於心所生 卽名爲色 知色空故 生卽不生 若了此心 乃可隨時 著衣喫飯 長養聖胎 任運過時 更有何事 汝受吾教" 聽吾偈曰 "心地隨時說 菩提亦只寧 事理俱無礙 當生卽不生"

어느 날 대중에게 말했다.

"그대들 여러분은 각자 자신의 마음이 부처이고, 이 마음이 바로 부처의 마음이다는 것을 믿어라. 달마 대사가 남천축국서 와서 몸소 중화에 이르러 상승의 한 마음 법을 전해서 그대들로 하여금 깨달음이 열리도록 하였다. 또한 능가경의 문장을 인용해서 중생의 마음자리에 도장을 찍어주었다. 하지만 그대들이 전도되어 스스로를 믿지 않을까 염려스럽다. 이 마음 법은 각각에게 있는 것이니, 그래서 능가경楞伽經에 이르기를 '부처님께서 말씀하신 마음을 종지로 삼고 무문으로 법을 삼는다(佛語心爲宗 無門爲法門)'고 하신 것이다."

또 말했다.

"무릇 법을 구하는 사람은 마땅히 구하는 바가 없어야 한다. 마음밖에 따로

것[4]이 어찌 수고를 더는 지름길(省要徑截=요지를 깨닫는 지름길)이고, 뛰어난 법문이 아니겠는가!

---

부처가 없고, 부처밖에 따로 마음이 없다. 선도 취하지 말고, 악도 취하지 말며, 깨끗함과 더러움의 양변에 모두 의지하거나 기대지 말라! 죄의 성품이 공함을 통달하면 생각 생각에 얻을 것이 없다. 자성이 없기 때문이니, 그래서 삼계는 오직 마음뿐인 것이며(三界唯心), 삼라만상이 한 법으로 도장 찍힌 것이다. 무릇 보이는 색은 모두 마음에서 보이는 것이고, 마음은 스스로 마음이 아니고 색으로 인해 있는 것이기 때문에 있는 것이다. 그러므로 그대들이 다만 때에 따라 말을 하면 사事에도 즉하고 이理에도 즉해서 전혀 걸릴 것이 없게 될 것이니, 보리도과(菩提道果) 또한 이와 같은 것이다. 마음에 일어나는 것을 색이라고 이름 하는 것이니, 색이 공하다는 알기 때문에 생하는 것이 바로 생하지 않는 것이다. 만약 이 마음을 요달하면 곧 때에 따라 옷을 입고 밥을 먹으면서 성인의 태를 기르고(長養聖胎) 일이 되어가는 대로 세월을 보내게 될 것이니, 그밖에 다시 무슨 일이 있겠는가. 그대들은 나의 가르침을 잘 받아들여라. 나의 게송을 들어라."

心地隨時說　마음자리를 때에 따라 말하면
菩提亦只寧　보리 또한 다만 편안할 뿐이네,
事理俱無礙　사事와 이理 모두 걸림이 없으면
當生卽不生　마땅히 생하는 것은 곧 생하는 것이 아니네.

4 경덕전등록 제9권, '천태산 평전 보원 선사' 편에 다음과 같이 기술하고 있다.
神光不昧　신령스런 광명 어둡지 않아
萬古徽猷　만고에 빛나니,
入此門內　이 문에 들어오면
莫存知解　지해(知解, 알음알이)를 두지 말라.

# 25. 민 선인에게(示 民禪人)

先聖一麻一麥 古德攻苦食淡 潔志於此. 廢寢忘餐 體究專確 要求實證 豈計所謂四事豐饒者哉. 及至道不及古 便有 法輪未轉 食輪先轉之議. 由是 叢林呼長老爲粥飯頭得 非與古 一倍相返耶. 然 隨緣變異門 且行第二段 北山延接方來 道人惟仰南畝. 今秋 適會大稔 覺民禪 客覰收刈. 臨行乞言 因示以前段因緣貴崇本及末. 乃爲兼利並照 圓悟通達之人本分事也 勉行之乃善.

※攻苦食淡(공고식담): 힘들게 생활함을 이르는 말.

※廢寢忘餐(폐침망찬): 침식을 잊고 일에 심혈을 기울임.

※四事(4사): 의복. 음식. 침구. 의약.

※畝(이랑 묘): 이랑. 밭 넓이. 밭두둑.

※延接(연접): 손님을 맞아서 대접함.

※稔(여물 임): 여물다. (곡식이) 익다. 쌓다. 쌓이다. 해. 벼가 익는 동안(1년).

※刈(벨 예): 베다. 자르다. 베어 죽이다. 없애다.

옛 성인은 삼씨 하나 보리 한 톨로 살았고, 옛 어른 스님들은 힘들게 생활하면서도 깨끗하게 '이것(此)'에만 뜻을 두었다. 침식을 잊고 심혈을 기울여 몸소 참구만을 홀로 굳게 하면서 진실로 깨닫고자 했으니,

어찌 소위 사사공양(四事, 四事供養)이 풍요롭기를 바랐겠는가![1] 도道가 옛날(古)에 미치지 못하게 되자, '법륜法輪은 구르지도 않는데, 식륜食輪이 먼저 구른다'는 말(譏, 책망)이 있게 되었다. 이로 말미암아 총림에서는 장로長老를 죽반두粥飯頭라고 부르게 되었는데, 옛날과 비교하면 한층 상반되지 않는가! 그렇기는 하지만 인연에 따라 변화하는 곳에서는 두 번째 단계라도 시행해야 하는데, 북쪽 산에 앉아 제방에서 찾아오는 납자들을 제접하면서도 도인道人은 오직 남쪽 이랑만 우러러볼 뿐이다.

이번 가을 때마침 곡식이 아주 잘 익었으니, 부디 각민覺民 선객은 곡식이 여문 것을 보고 베도록 하라! 떠날 때 법문을 부탁하기에 앞의 인연(이야기)을 보인 것이니, 본과 말을 귀하게 여기고 숭상하라! 아울러 예리함과 관조를 겸비하게 되면 원만히 깨달아 통달한 사람의 본분사本分事인 것이니, 성실히 실천하면 좋으리라!

❀

大凡學道探玄 須以大信根 深信此事不在 言語文字一切萬境之上 確實惟於自己根脚. 放下從前 作知作解 狂妄之心 直令絲毫不掛念. 向本淨無垢 寂滅圓妙 本性之中 徹底承當 能所雙忘 言思路絶 廓然明見本來面目 使一得永得 堅固不動. 然後 換步移身 出言吐氣 不落陰魔境界 則一切佛法 端坐現前.

---

1 영가현각의 증도가에 다음과 같이 기술하고 있다.

四事供養敢辭勞　　네 가지 공양을 감히 수고롭다 사양하랴.

萬兩黃金亦銷得　　만량 황금이라도 녹일 수 있도다.(전게서, p.708)

무릇 도를 배우고 현묘함을 찾고자 하면 모름지기 큰 믿음(大信根)으로 이 일이 언어문자言語文字와 일체만경一切萬境에 있지 않다는 것을 깊게 믿고, 오직 자기의 기초만을 확실하게 해야 한다. 이전에 지었던 지해知解와 미치고 허망한 마음을 내려놓고, 곧 바로 실 끝만큼도 마음에 걸리지 않도록 해야 한다. 본래 청정무구하고 고요하고 원만하며 오묘한 본래 성품에서 철저히 알아차리면, 마땅히 주관과 객관(能所) 둘 다를 모두 잊고 언어와 사고를 끊어 확연히 본래면목을 밝게 볼 수 있게 된다.

한 번 얻으면 영원히 얻어(一得永得) 견고하고 흔들리지 않도록 해야 한다. 그런 다음 걸음을 바꾸고 몸을 옮기며 말을 하고 숨을 내뱉어야, 모든 것이 음마경계(陰魔境界, 5음의 마군 경계)에 떨어지지 않고, 바로 일체의 불법이 앉은 그 자리에서 바로 드러나게 된다.

❀

遂契行坐皆禪 脫去生死根本 永離一切蓋纏 成箇灑灑 無事道人. 何須向紙上 尋他死語. 百草頭上有祖師 夾山指出 令人薦 寬平田中有大義 百丈展手 要人知. 若能顆粒圓成 卽是單傳心印 更或彌望但然 使證第一聖諦 且出草一句 作麽生道. 滿船明月載將歸.

※蓋纏(개전): 번뇌를 달리 이르는 말.

※顆粒(과립): 둥글고 잔 알갱이.

※彌望(미망): 멀리 넓게 바라 봄. 또는 멀고 넓은 조망.

※밑줄 친 부분 가운데 '但(단)'은 '坦(탄)'의 誤字다.

※坦然(탄연): 마음이 편안한 모양. 마음이 안정되어 있는 모양.

(그렇게 되면) 마침내 가고 앉는 것이 모두 선禪에 계합해서 생사의 근본을 벗어버리고 일체의 번뇌(蓋纏)를 영원히 여의어, 깨끗하고 깨끗한 일 없는 도인(無事道人)이 된다. 그런데 어찌하여 종이 위에서 죽은 말들을 찾겠는가! "모든 풀끝마다 조사의 뜻이 있다"[2]는 말씀을 협산夾山이 끌어내 사람들을 깨닫게 했고,[3] 밭을 일구는 데 큰 뜻이 있음을 백장百丈[4]이 손을 내밀어 사람들이 알도록 했다.[5] 만약 알갱이가

---

2 "모든 풀끝마다 조사의 뜻이 있다(百草頭上有祖師)"는 말을 『방거사어록』에서도 거사의 딸 영조가 다음과 같이 인용하고 있다.

龐居士渾家向火 居士驀云 "難難 十石油麻樹上攤" 龐婆云 "易易 百草頭上祖師意" 靈照云 "也不難也不易 飢來喫飯困來睡"

방 거사의 식구들이 모두 화롯가에서 불을 쬐고 있었다.
방 거사가 갑자기 말했다.
"어렵다, 어려워! 열 섬의 참깨를 나무 위에 널기가!"
방 거사의 부인이 말했다.
"쉽다, 쉬워(易易)! 모든 풀끝마다 조사의 뜻이 있다."
영조가 말했다.
"어렵지도 않고 쉽지도 않다! 배고프면 밥 먹고 피곤하면 잔다."

3 협산이 대중법문을 하였다.
"대궐에서 천자를 알아보고 선상에서 노승을 알아보는 것은 좋은 솜씨가 아니다. 시끄러운 저자에서 천자를 알아보고 모든 사물에서 노승을 알아보아야 하리라."
(장경각, 원오심요 상권 註, p.83)

4 여기서 백장百丈은 백장회해가 아니고, 홍주洪州 백장산百丈山 유정惟政 선사다. 경덕전등록 제9권, '홍주 백장산 유정 선사' 편에 다음과 같이 기술하고 있다.
洪州百丈山惟政禪師(此傳 舊在第六卷馬祖法嗣中大珠和尙之次 今以機緣推之 卽移入此 卷百丈海禪師法嗣中 作百丈涅槃和尙機緣也. 按唐柳公權書 武翊黃所撰涅槃和尙碑云 師諱法正 以其善講涅槃經 故以涅槃爲稱 今師本章中有云 汝與

---

我開田 吾爲汝說大義 則知其爲涅槃和尙明矣 又稱南泉爲師伯 則知其嗣百丈海公亦明矣 雖然惟政法正二名不同 蓋傳寫之訛耳 又覺範林間錄亦謂舊本之誤 及觀正宗記則有惟政法正之名 然百丈第代可數 明教但見其名不同 不能辨而俱存之 今當以碑爲正也 而又卿公事苑乃云 百丈涅槃和尙是潙山嗣子而海公之孫 此尤大謬也 不足取矣)

홍주洪州 백장산百丈山 유정惟政 선사禪師.

〔이 전기는 예전에는 제6권, 마조의 법사 가운데 대주 화상 다음에 있었는데, 지금 기연을 추정을 해서, 바로 이 권으로 옮겨 백장회해(百丈海) 선사의 법사法嗣 가운데 백장열반百丈涅槃 화상의 기연으로 삼는다.

당의 유공권이 쓰고 무익황이 지은 열반 화상의 비에 의하면, "스님의 휘는 법정法正이고, 그가 열반경을 잘 강의하였기 때문에 열반으로 칭하게 되었다"고 말하고 있으니, 이제 스님이 본장에서 말하는 "그대가 내게 밭을 일궈주면 내가 그대를 위해 큰 뜻을 말해주리라"고 한 것은 곧 그가 열반 화상이라는 것이 분명함을 알 수 있는 것이다. 또한 남전을 사형이라고 하였으니, 곧 그가 백장회해 공의 법을 이었음이 분명하다는 것을 알 수 있다.

비록 유정과 법정 두 사람의 이름이 서로 같지는 않을지라도 아마 베낌의 잘못일 것이다. 또한 각범覺範의 임간록林間錄에서도 구본의 잘못을 말하고 있고, 정종기正宗記에도 '유정과 법정의 이름이 있지만, 백장百丈은 대를 셀 수 있다'고 보고 있다.

분명한 가르침은 다만 그 이름이 다르다는 것일 뿐, 능히 분별해서 함께 지닐 수 없으니, 이제 비碑를 바른 것으로 삼는 것이 당연하다. 그리고 또 경공사원卿公事苑에서 말하기를 "백장열반 화상은 위산의 사자(제자)이고 해공(백장회해)의 손자다"고 했는데, 이는 더욱이 큰 오류로 족히 취할 것이 아니다.〕

5 경덕전등록 제9권, '홍주 백장산 유정 선사' 편에 다음과 같이 기술하고 있다.

一日謂僧曰 "汝與我開田了 我爲汝說大義" 僧開田了 歸請師說大義 師乃展開兩手.

어느 날 한 스님에게 말했다.

"그대가 내게 밭을 일궈 주면 내가 그대를 위해 큰 뜻을 말해 주리라."

원만히 익었다면 바로 단전심인單傳心印하겠지만, 다시 또 마음이 편안하기를 바라보면서 제일성제第一聖諦를 증득케 하려면 번뇌 망상을 벗어난 일구는 어떻게 말해야겠는가?

"한 배 가득히 밝은 달을 싣고 돌아온다(滿船明月載將歸)."[6]

---

그 스님이 밭을 일구고 돌아와서 큰 뜻을 말씀해 달라고 청하자, 선사가 두 손을 폈다.

6 선자덕성船子德成의 게송에 다음과 같은 것이 있으니 참고하기 바란다.

千尺絲綸直下垂　천 자 낚시 줄을 곧게 드리우니,
一波才動萬波隨　한 물결이 일자 만 물결이 따라 움직인다.
夜靜水寒漁不食　고요한 밤, 물은 차고 고기는 물지 않는데,
滿船空載明月歸　빈 배 가득 달빛만 싣고 온다.

# 26. 재 선인에게(示 才禪人)

俱胝見僧及答問 惟竪一指. 蓋通上徹下 契證無疑 瘥病不假驢駝藥也. 後人不諳來脉 隨例竪箇指頭漫 不分皂白 大似將醍醐作毒藥 良可憐愍. 若是眞的見透底 始知鄭重 終不作等閑 所謂 千鈞之弩 不爲鼷鼠發機. 是故須具頂顊上眼 方可入作.

※瘥(병 앓을 차, 병 나을 채): 병을 앓다(차). 병이 낫다(채).
※漫(흩어질 만): 흩어지다. 방종하다. 가득 차다. 넓다. 넘치다. 더럽다. 함부로.
※皂白(조백): 검은 색과 흰 색. 옳고 그름. 좋고 나쁨.
※千鈞(천균): 매우 무거운 무게 또는 물건을 비유적으로 이르는 말(균은 무게의 단위. 1균은 30근).
※弩(쇠뇌 노): 쇠뇌(여러 개의 화살이나 돌을 잇따라 쏘는 큰 활).
※鼷鼠(혜서): 생쥐.
※밑줄 친 부분 가운데 '顊'은 '顚(이마 전)'으로 해석하였다.

구지俱胝는 스님들과 만나 문답을 할 때 오직 한 손가락만을 세워 보였을 뿐이다.[1] 이는 위아래로 철저히 통달해서 의심 없이 계합해

---

1 경덕전등록 제11권, '무주 금화산 구지 화상' 편에 다음과 같이 기술하고 있다.

증득한 것이니, 병이 낫는 데는 당나귀에 실을 만큼의 약이 필요치

---

婺州金華山俱胝和尙初住庵. 有尼名實際到庵 戴笠子執錫繞師三匝云 "道得卽拈下笠子" 三問 師皆無對. 尼便去 師曰 "日勢稍晩且留一宿" 尼曰 "道得卽宿" 師又無對 尼去後歎曰 "我雖處丈夫之形 而無丈夫之氣" 擬棄庵往諸方參尋 其夜山神告曰 "不須離此山 將有大菩薩來爲和尙說法也" 果旬日天龍和尙到庵. 師乃迎禮具陳前事 天龍竪一指而示之 師當下大悟. 自此凡有參學僧到 師唯擧一指無別提唱. 有一童子於外被人詰曰 "和尙說何法要" 童子竪起指頭. 歸而擧似師 師以刀斷其指頭. 童子叫喚走出 師召一聲. 童子回首 師却竪起指頭 童子豁然領解. 師將順世 謂衆曰 "吾得天龍一指頭禪 一生用不盡" 言訖示滅(長慶代衆云 "美食不中飽人喫" 玄沙云 "我當時若見 拗折指頭" 玄覺云 "且道 玄沙恁麽道意作麽生" 雲居錫云 "只如玄沙恁麽道 肯伊不肯伊 若肯何言拗折指頭 若不肯俱胝過在什麽處" 先曹山云 "俱胝承當處鹵莽 只認得一機一境一種 是拍手拊掌是他西園奇怪" 玄覺又云 "且道俱胝還悟也未 若悟爲什麽道承當處莽鹵 若不悟又道用 一指頭禪不盡且道曹山意旨在什麽處).

무주 금화산 구지 화상은 처음에 암자에 살고 있었다. 실제라고 불리는 비구니가 암자에 왔는데, 삿갓을 쓰고 석장을 집고는 스님 주위를 세 번 돌고 말하기를 "제대로 말하면 삿갓을 벗겠습니다"고 했다.

(이렇게) 세 번을 물었지만, 화상이 모두 대답을 하지 못했다.

비구니가 바로 가려고 하자, 화상이 말했다.

"해가 이미 저물었으니, 하룻밤 묵어가시오."

비구니가 말했다.

"제대로 말하면 묵겠습니다."

화상이 또 대답을 못했다.

비구니가 떠난 후에 화상이 탄식하며 말했다.

"나는 비록 대장부의 형체를 갖추었지만, 대장부의 기개가 없구나!"

그리고는 암자를 버리고 제방을 참례하려고 했다.

그날 밤 산신이 나타나 말하기를 "이 산을 떠나지 마시오. 오래지 않아 큰 보살이 와서 화상께 설법을 해주실 것이오."라고 했는데, 과연 열흘 뒤 천룡天龍 화상이

암자에 왔다.

화상이 맞이해서 절을 하고 앞의 일을 모두 말하자, 천룡이 한 손가락을 세워 보였는데, 화상이 바로 그 자리에서 깨달았다.

이로부터 배우는 스님이 오면 스님은 오직 한 손가락만을 세울 뿐, 따로 법을 제창하는 일이 없었다.

동자童子 한 사람이 있었는데, 밖에서 사람들에게 "화상께서는 어떻게 법의 요체를 말씀하십니까?"라는 물음을 받았다.

동자가 손가락을 세웠다.

돌아와 앞의 일을 화상에게 말하자, 화상이 칼로 그의 손가락을 끊어버렸다.

동자가 소리를 지르며 달려 나가자, 화상이 불렀다.

동자가 머리를 돌리자 화상이 손가락을 세웠는데, 동자가 활연히 깨달았다.

화상이 세상을 떠나려 할 때 대중에게 말했다.

"내가 천룡의 일지두선一指頭禪을 얻어 일생동안 썼지만 다 쓰지 못했다."

말을 마치고는 세상을 떠났다.

〔장경長慶이 대신해서 대중에게 말했다.

"맛있는 음식도 배부른 사람이 먹기에는 적합하지 않다."

현사玄沙가 말했다.

"내가 당시에 보았다면 손가락을 꺾어버렸을 것이다."

현각玄覺이 말했다.

"자, 말해보라! 현사가 이렇게 말한 뜻이 무엇인가?"

운거 석雲居錫이 말했다.

"그렇다면 현사가 이렇게 말한 것이 그를 긍정한 것인가, 긍정하지 않은 것인가? 만약 긍정했다면 어째서 손가락을 꺾어버리겠다고 했으며, 만약 긍정하지 않았다면 구지의 허물이 어디에 있는가?"

선 조산先曹山이 말했다.

"구지가 안 곳은 거칠어서 단지 일기·일경을 알았을 뿐이다. 손뼉을 친 것은 않기 때문이다. 그런데 뒷사람들이 본뜻을 모르고 전례만을 따라 제멋대로 손가락을 세우고 흑백을 분별하지 못하니, 마치 제호醍醐를 가지고 독약을 만드는 것과 같아 참으로 불쌍하다. 만약 참된 견해로 꿰뚫은 사람이라면 정중함을 알아 끝내 예사롭게 여기지 않을 것이니, 이른바 '천균의 노(천균이나 되는 아주 무거운 활)는 생쥐를 잡는 데 쓰지 않는다'[2]고 하는 것이다. 이런 까닭에 모름지기 정수리에 눈을 갖춰야 비로소 작용할 수 있는 것이다.

❀

後來玄沙拈曰"俱胝承當處莽鹵 只認得一機一境" 有般拍盲底 隨語作解 便抑屈俱胝 以謂實然 殊不知焦塼打著連底凍 到這裏 直須子細切忌顢頇. 只俱胝臨化去自言"我得天龍一指頭禪 一生用不盡" 豈徒然哉.

※莽鹵(망로): 함부로 함. 되는 대로 마구 함. 경솔함.(시공불교사전)
※顢(얼굴 클 만): 얼굴이 크다. 얼굴이 큰 모양.
※頇(얼굴 클 한): 대머리. 관을 뒤로 젖혀 쓰다. 얼굴이 크다.
※徒然(도연): 헛되이. 공연히. 쓸데없이.

---

서원西園이 기괴하다."
현각이 또 말했다.
"자, 말해 보라! 구지가 깨달았는가, 그렇지 않은가? 만약 깨달았다면 어째서 안 곳이 거칠다고 말하고, 만약 깨닫지 못했다면 또 일지두선을 다 하지 못했다고 말하는 것인가? 자, 말해 보라! 조산의 뜻이 무엇인가?」

2 사마광의 『자치통감』에 나오는 말로써 수나라 양제 때 좌광록대부 곽영이라는 신하가 황제에게 간한 말이다.

뒷날 조산(曹山, 현사를 조산으로 바꿔야 한다)[3]이 이 이야기를 들어

---

3 선문염송 염송설화 552칙에서는 다음과 같이 기술하고 있다.

務州金華山俱胝和尙 凡有詰問 只竪一指 師將順世 謂衆曰 "吾得天龍一指頭禪 一生用不盡 言訖示滅"

무주 금화산 구지 화상은 질문을 받으면 단지 한 손가락을 세웠을 뿐이다. 화상이 세상을 떠날 때 대중에게 말했다.
"나는 천룡의 일지두선을 얻었는데, 평생 다 쓰지 못했다."
말을 마치고 세상을 떠났다.

南嶽西園藏禪師因自燒浴 僧問 "和尙不使沙彌童行 何得自燒浴" 師拊掌三下. 後僧擧似曹山 山云 "一等是拍手拊掌 就中西園奇怪 俱胝一指頭禪 蓋爲承當處不諦"(一本云莽鹵) 僧却問曹山 "西園拊掌 豈不是奴兒婢子邊事" 山云 "是" 僧云 "向上更有事也無" 山云 "有" 云 "如何是向上事" 山叱云 "這奴兒婢子" 玄沙云 "我當時若見 拗折指頭"

남악 서원장(西園藏, 서원담장=마조의 제자) 선사가 스스로 목욕물을 데우고 있는데, 어떤 스님이 물었다.
"화상께서는 사미 동행에게 시키지 않고, 어째서 스스로 목욕물을 데우십니까?"
선사가 손으로 세 번 쳤다.
후에 그 스님이 앞의 일을 조산曹山에게 말하자, 조산이 말했다.
"한결같이 박수를 치지만, 그 가운데 서원이 기괴하구나. 구지의 일지두선은 알아야 할 곳에서 알지 못한 것이다. [어떤 본에서는 망로莽鹵라고 한다.]"
그 스님이 조산에게 물었다.
"서원이 손바닥을 친 것이 어찌 노비의 일이 아니겠습니까?"
조산이 말했다.
"그렇다."
스님이 말했다.
"향상에 다시 일이 있습니까, 없습니까?"
조산이 말했다.

이르기를 "구지가 알아차린 곳은 거칠어서(莽鹵)[4] 단지 일기一機·일경

---

"있다."

스님이 말했다.

"어떤 것이 향상사입니까?"

조산이 꾸짖으며 말했다.

"이 노비야!"

현사玄沙가 말했다.

"내가 당시에 보았다면 손가락을 부러뜨렸을 것이다."

圜悟勤擧此話云 "俱胝凡見僧來 及答問 惟竪一指 蓋通上徹下 契證無疑差 病不假驢駝藥也. 後代不諳來脉 隨例竪箇指頭 謾人不分皂白 大似將醍醐作毒藥 良可憐愍. 若是眞的見透底 始知鄭重 終不將作等閑. 所謂 千鈞之弩不爲鼷鼠發機. 是故須具頂顠上眼 方可入作. 後來曹山云 '俱胝承當處莽鹵 只認得一機一境' 有般拍盲底 隨語生解 便抑屈俱胝 以謂實然 殊不知焦塼打著連底凍 到這裏 直須子細切忌顢頇. 只俱胝臨遷化去 自言 '我得天龍一指頭禪 一生用不盡' 豈徒然哉." (상기 원문과 같아서 번역은 생략한다).

앞의 註(경덕전등록)와 마찬가지로 여기서도 밑줄 친 바와 같이 조산이 말한 것으로 기술하고 있으며, 원오 또한 조산의 말로 기술하고 있으므로 본서의 '後來玄沙拈曰'은 원오의 착오이거나 또는 편저자의 실수인 듯하다.

4 莽鹵(망로)라는 단어는 寒山(한산)의 시에서는 다음과 같이 쓰이고 있으니 참고하기 바란다.

男兒大丈夫　사내대장부라면

作事莫莽鹵　일을 하되, 경솔하지 말라!

勁挺鐵石心　철석같은 굳고 곧은 마음으로

直取菩提路　곧바로 깨달음의 길을 행하라!

邪路不用行　삿된 길은 가지 말지니

一境을 안 것뿐이다"고 했다. 그런데 어떤 눈 먼 놈이 말을 따라 이해하고는, 구지를 억누르며 이를 일러 '실답다'고 하는데, 구운 벽돌이 밑바닥까지 얼어붙었음을 정말 모르는 것이다. 여기에 이르러서는 반드시 자세히 살펴야지 바보짓은 금물이다. 구지가 천화遷化함에 이르러 스스로 말하기를 "나는 천룡天龍[5]의 일지두선一指頭禪을 얻어 일생동안 썼지만 다 쓰지 못했다"고 했는데, 이것이 어찌 헛된 것이겠는가!

❀

曹溪大鑑微時 乃新州鬻樵人也. 碌碌數十年 一旦聞客誦經 發其本願 棄母出鄉 遠謁黃梅. 纔見數語間投機 隱迹碓坊八箇月. 暨與秀師呈偈 始露鋒鋩 黃梅尋舉衣盂授之. 是時 群衆趂逐競欲奪取. 而蒙山先及於庾嶺 舉之不勝 方悟非可以力爭 稽首乞發藥. 大鑒示以 不思善惡處 本來面目 卽便知歸.

※微時(미시): 아직 유명하지 않아 사회적 지위가 낮던 때.

※鬻(죽 죽, 팔 육, 어릴 육): 죽粥. 묽은 죽. 팔다. 값을 받고 물건을 주다. 속이다. 기만하다. (자랑하여) 뽐내다(육).

※樵(나무할 초): 나무하다. 불사르다. 불태우다. 땔나무. 장작. 나무꾼.

※碌碌(녹록): 하잘것없음. 보잘것없음. 만만하고 호락호락함.

---

行之枉辛苦 가면 헛되이 고생만 하리라.
不要求佛果 불과佛果를 구하려하지 말고
識取心王主 마음(心王)의 주인임을 알라!

5 杭州天龍(항주천룡, 생몰연대 미상): 당대의 스님. 남악의 문하. 항주는 주석지명. 대매법상의 법을 이음. 천룡일지두선天龍一指頭禪으로 알려져 있음.(전게서, p.707)

※碓(방아 대): 방아. 디딜방아. 망치. 방망이.

※坊(동네 방): 동네. 집. 거처하는 방. 저자. 가게. 공무의 집행 장소. 사찰.

※曁(미칠 기): 미치다. 닿다. 이르다. 도달하다.

조계대감(六祖慧能)은 신분이 미천했을 때, 신주新州에서 나무를 팔아 죽이나 끓여 먹던 사람이었다.[6] 하잘것없이 세월을 보내다가 어느 날 아침 나그네가 경(금강경) 읽는 것을 듣고는 본원本願을 세워,[7] 어머니를 돌보지 않고 고향을 떠나 멀리 황매(黃梅, 五祖弘忍)를 뵈었다. 보자마자 몇 차례 대화에 기연機緣이 맞았는데,[8] 자취를 숨기고

6 돈황본 『단경』에는 다음과 같이 기술하고 있다.
"혜능의 아버지의 본관은 범양인데, 좌천되어 영남의 신주 백성으로 옮겨 살았고 혜능은 어려서 아버지를 일찍 여의었다. 늙은 어머니와 외로운 아들은 남해로 옮겨와서 가난에 시달리며 장터에서 땔나무를 팔았더니라."(성철 편역, 고경 p.61)

7 돈황본 단경에는 다음과 같이 기술하고 있다.
어느 날 한 손님이 땔나무를 샀다. 혜능을 데리고 관숙사官宿舍에 이르러 손님은 나무를 가져갔고, 혜능은 값을 받고서 문을 나서려 하는데 문득 한 손님이 금강경 읽는 것을 보았다. 혜능은 한 번 들음에 마음이 밝아서 문득 깨치고, 이내 손님에게 물었다.
"어느 곳에서 오셨기에 이 경전을 가지고 읽습니까?"
"나는 기주 황매현 동빙무산에서 오조 홍인 화상을 예배하였는데, 지금 그곳에는 문인 이천여 명이 넘습니다. 나는 그곳에서 오조 대사가 승려와 속인들에게 다만 금강경 한 권만 지니고 읽으면 곧 자성을 보아 바로 부처를 이루게 된다고 권하는 것을 들었습니다."(전게서, p.61)

8 돈황본 단경에는 다음과 같이 기술하고 있다.
홍인 화상이 혜능에게 물었다.
"너는 어느 곳 사람인데 이 산에까지 와서 나를 예배하며, 이제 나에게서 새삼스레

8개월을 방앗간에서 방아를 찧었다.[9]

신수神秀와 함께 게송을 바치고서야 비로소 칼끝을 드러내게 되었는데,[10] 황매(홍인)가 찾아내 의발衣盂을 전수했다. 이때 대중들이 쫓아가 다투어 빼앗으려고 했다. 몽산蒙山[11]이 먼저 대유령(庾嶺)에 도착해

---

구하는 것이 무엇이냐?"
"제자는 영남 사람으로 신주의 백성입니다. 지금 짐짓 멀리서 와서 큰스님을 예배하는 것은 다른 것을 구함이 아니옵고 오직 부처 되는 법을 구할 뿐입니다."
"너는 영남 사람이요, 또한 오랑캐거니 어떻게 부처가 될 수 있단 말이냐?"
"사람에게는 남북이 있으나 부처의 성품은 남북이 없습니다. 오랑캐의 몸은 스님과 같지 않사오나 부처의 성품에 무슨 차별이 있겠습니까?"(전게서, p.62)

9 돈황본 단경에는 다음과 같이 기술하고 있다.
오조 스님은 함께 더 이야기하시고 싶었으나, 좌우에 사람들이 둘러서 있는 것을 보시고 다시는 더 말씀하지 않았다. 그리고 혜능을 내보내어 대중을 따라 일하게 하시니, 그때 혜능은 한 행자가 이끄는 대로 방앗간으로 가서 여덟 달 남짓 방아를 찧었다.(전게서, p.62)

10

| 신수 | 혜능 |
|---|---|
| 身是菩提樹 心如明鏡臺<br>時時勤拂拭 莫使有塵埃 | 菩提本無樹 明鏡亦無臺<br>佛性常淸淨 何處有塵埃 |
| 몸은 보리의 나무요<br>마음은 밝은 거울과 같나니,<br>때때로 부지런히 털고 닦아서<br>티끌과 먼지 묻지 않게 하라. | 보리는 본래 나무가 없고<br>밝은 거울 또한 받침대 없네.<br>부처의 성품은 항상 깨끗하니<br>어느 곳에 티끌과 먼지 있으리오. |

11 蒙山道明(몽산도명, 생몰 연대 미상): 진대陳代의 스님. 몽산은 주석 산명. 원래의 법호는 혜명慧明. 속성은 진陳씨. 강서성 파양 출신. 송 고승전과 경덕전등록에서는 진陳 선제宣帝의 자손으로서 장군 또는 4품장군四品將軍이라 함. 어려서

의발을 들려고 했지만 들지 못하고, 힘으로 다툴 수 있는 것이 아님을 알고는 머리를 숙여 약을 내려 주기를 빌었다. 대감大鑒이 "선도 생각하지 않고 악도 생각하지 말라. 바로 그때 상좌의 본래면목이 무엇이냐(不思善惡處 本來面目)?" 하고 묻자, 바로 귀착점을 알게 되었다.[12]

❀

以時未至 復遁於四會獵人中久之 然後出番禺 吐風幡心動之語 印宗伸師禮爲之 落髮登具 卽開大法要 董二千衆. 聲徹九重 命貴近降紫泥 確然不應. 度龍象數十人 皆大宗師 何其韙哉. 雖聖賢應世 存亡進退 擧照無遺 然步驟趣向 從微至著. 攷之 不斷世緣 而示妙規 百世之下

---

영창사永昌寺에서 출가하고 황매산의 5조 홍인에게 참학, 보리달마의 가사가 6조 혜능에게 전해졌다는 소식을 듣고 혜능을 쫓아갔다가, 대유령에서 혜능의 설시에 의하여 개오함. 혜능과 헤어져 여산의 포수대에 머물기를 3년, 후에 원주袁州 몽산에 머묾. 혜능의 혜慧자를 피하여 도명道明이라고 개명함. 전등록에서는 홍인의 제자라고 했지만, 분명하지 않음.(전게서, p.212)

12 돈황본 단경에는 다음과 같이 기술하고 있다.
혜능은 오조스님을 하직하고 곧 떠나서 남쪽으로 갔다. 두 달 가량 되어서 대유령에 이르렀는데, 뒤에서 수백 명의 사람들이 쫓아와서 혜능을 해치고 가사와 법을 빼앗고자 하다가 반쯤 와서 다들 돌아간 것을 몰랐었다. 오직 한 스님만이 돌아가지 않았는데 성은 진陳이요, 이름은 혜명慧明이며, 선조는 삼품장군으로, 성품과 행동이 거칠고 포악하여 바로 고갯마루까지 쫓아 올라와서 덮치려 하였다. 혜능이 곧 가사를 돌려주었으나 또한 받으려 하지 않고, "제가 짐짓 멀리 온 것은 법을 구함이요 그 가사는 필요치 않습니다" 하였다. 혜능이 고갯마루에서 문득 법을 혜명에게 전하니 혜명이 법문을 듣고 말끝에 마음이 열리었으므로 혜능은 혜명으로 하여금 "곧 북쪽으로 돌아가서 사람들을 교화하라"고 하셨다.(전게서, p.72~73)

無與爲等 到今徧寰海 皆其子孫. 每仰洪範 輒欲擬其毫末 亦不可得. 欲望後進有力量者勉之 聊述梗槩耳.

※四會(사회): 중국 광동성廣東省 자오칭肇慶에 있는 시市.
※龍象(용상): 고덕 석학高德碩學하고 뚜렷한 행적이 있는 승려.
※韙(옳을 위): 옳다. 바르다. 좋다.
※攷(살필 고): '考'의 古字. 살피다. 헤아리다. 관찰하다. 시험하다.
※輒(문득 첩): 문득. 쉽게. 번번이. 오로지. 늘. 언제나.
※寰海(환해): 광대한 바다. 천하.

시절인연이 아직 이르지 않아, 다시 사회四會의 사냥꾼 속에 숨어 오랫동안 머물다가, 번우番禺로 나와 '풍번심동지어風幡心動之語'를 토로했다.[13] 인종印宗[14]이 대감大鑒에게 스승의 예를 표하고, 머리를

---

13 경덕전등록 제5권, '33조 혜능 대사' 편에 다음과 같이 기술하고 있다.

師寓止廊廡間 暮夜風颺刹幡 聞二僧對論. 一云 "幡動" 一云 "風動" 往復酬答 未曾契理. 師曰 "可容俗流輒預高論否 直以風幡非動 動自心耳" 印宗竊聆此語 竦然異之. 翌日邀師入室 徵風幡之義 師具以理告 印宗不覺起立云 "行者定非常人 師爲是誰" 師更無所隱直敘得法因由 於是印宗執弟子之禮請受禪要 乃告四衆曰 "印宗具足凡夫 今遇肉身菩薩" 卽指坐下盧居士云 "卽此是也" 因請出 所傳信衣 悉令瞻禮.

대사가 낭무(廊廡, 바깥 복도)에 서 있었다. 늦은 밤, 바람에 절 깃발이 나부끼는데, 두 스님이 대론하는 것을 들었다.
한 스님은 '깃발이 움직인다(幡動)'고 하고, 한 명은 '바람이 움직인다(風動)'고 하니, 주고받는 대답이 전혀 이치에 맞지 않았다.
대사가 말했다.
"속인이 문득 고론(高論, 두 스님의 말씀)에 참여해도 되겠습니까? 바른 것은

깎아주고 구족계具足戒를 주었으며, 바로 큰 법요식(大法要)을 열어 2천의 대중들이 감동하였다. 명성이 궁궐까지 알려지자, 천자가 가까운 신하에게 명령하여 자니紫泥[15]를 하사했는데, 끝내 받지 않았다. 수십 명의 용상龍象들을 제도해서 모두 대종사大宗師가 되었으니, 얼마나 위대한가! 비록 성현이 세간에 나와 산다고는 하지만, 존망과

---

바람이나 깃발이 움직이는 것이 아니고, 마음이 움직이는 것일 뿐입니다."
인종이 이 말을 몰래 듣고는 온몸의 털과 뼈가 오싹해지면서 이상하게 생각했다. 이튿날 대사를 방으로 불러들여 바람과 깃발의 뜻을 묻자, 대사가 이치를 갖추어서 말했는데, 인종이 자기도 모르는 사이에 일어나 말했다.
"행자는 분명 보통 사람이 아닌데, 스승이 누구입니까?"
대사가 숨기는 것 없이 바로 법을 얻은 연유를 자세히 말하자, 이에 인종이 제자의 예를 갖추고, 선의 요체를 물었다.
그리고는 바로 사부대중에게 고하기를 "인종은 구족한 범부인데, 이제야 육신보살을 만났다"고 하고는, 자리 아래의 노 거사(혜능)를 가리키면서 말했다.
"바로 이 분이다."
전해 받은 신의信衣를 보여 달라고 하고, 모두가 보고 절하도록 했다.

14 印宗(인종): 당나라 때의 승려. 오군(吳郡, 江蘇 吳縣) 사람이다. 함형咸亨 원년(670) 경사京師에 와서 황명으로 대경애사大敬愛寺에 머물게 되었는데, 간절히 사양했지만 받아들여지지 않자 기춘蘄春에 가서 홍인 대사弘忍大師를 참알參謁했다. 나중에 광주廣州 법성사法性寺에서 '열반경涅槃經'을 강했는데, 육조혜능六祖慧能을 만나 비로소 현리玄理를 깨우치고, 혜능을 전법사傳法師로 삼았다.
양梁나라 때부터 당나라 때까지 여러 지역의 현달賢達한 사람들의 말을 모아 '심요집心要集'을 만든 것이 전한다. 선천先天 2년 2월 회계산會稽山 묘희사妙喜寺에서 입적했고, 세수世壽 87세다.(중국역대불교인명사전)

15 자줏빛 진흙. 중국에서 임금의 조서는 무도武都에서 나는 자니로 봉했음.(『한시어사전』, 2007, 국학자료원)

진퇴를 모두 비춰 빠짐이 없게 하고, 걷고 달려서 나아가고자 하는 바가 미천한 곳에서 지극한 곳에까지 이르게 했던 것이다. 곰곰이 생각해보니, 세상의 인연을 끊지 않고도 오묘한 풍규를 보였던 것이 오랜 세월이 지나도 비교할 것이 없으니, 지금에 이르기까지도 온 세상이 모두 그의 자손이다. 매번 천지의 모범이 되는 큰 규범을 우러러볼 때마다 오로지 털끝만큼이라도 그대로 해보고자 했지만, 역시 할 수가 없었다. 역량 있는 후진들이 힘쓸 것을 바라면서 대강을 기술한다.

❀

現定見聞覺知是法 法離見聞覺知. 若著見聞覺知 卽是見聞覺知 非達法也.大凡達法之士 超出見聞覺知 受用見聞覺知 不住見聞覺知 直下透脫 渾是本法. 此法非有非無 非語非默. 而能現有現現語現默. 長時亘然 不變不異. 是故 雲門云"不可 說時便有 不說時 便無去也 思量時便有 不思量時 便無去也"

드러난 견문각지見聞覺知도 법이지만, 법은 견문각지를 여읜 것이다. 만약 견문각지에 집착한다면 이는 단지 견문각지일 뿐이지, 법을 통달한 것이 아니다. 무릇 법을 통달한 사람은 견문각지를 뛰어넘어 견문각지를 수용하고, 견문각지에 머물지도 않고 바로 그 자리에서 꿰뚫어 벗어나니, 전부가 다 근본이 되는 법(本法, 본래의 법)이다. 이 법은 있는 것(有)도 아니고 없는 것(無)도 아니며, 말(語)도 아니고 침묵(默)도 아니다. 그러나 능히 있음으로도 나타내고 없음으로도 나타내며, 말로도 나타내고 침묵으로도 나타낼 수 있는 것이다. 오랜 세월에 걸쳐 변하지도 않고 다르지도 않은 것이다. 이런 까닭에 운문雲門[16]이 이르기를 "말할 때는 있다가 말하지 않을 때는 없고, 생각할 때는 있다가 생각하지 않을 때는 없다고 해서는 안 된다"고 하였던 것이다.

❀

直須妙達此法 令得大用 長時語默縱橫 悉令般若現前. 何必更論 在善知 識身邊爲親 在田野間作爲是疎. 一往直前 自然觸處逢渠也. 乃佛乃祖 仰重此一端的事 布在群機之中 高低貴賤 未嘗向背 百種千頭 作爲天眞歷 落圓陁陁地. 若特地作佛法玄妙見則虧 儻能不起見 只麽淨倮倮却全彰. 所以道 "入林不動草 入水不動波"

※陁(비탈질 타): 비탈지다. 험하다. 짐을 싣다. 무너지다. 벼랑.
※虧(이지러질 휴): 이지러지다. 부족하다. 줄어들다. 기울다.

모름지기 곧바로 이 법을 오묘하게 통달해서 대용大用을 얻도록 하려면 오랫동안 말하고 침묵하는 것이 자유자재해서 모두 반야般若가 드러나도록 해야 한다. 그런데 어찌 선지식에게는 가까이 있지만, 밭과 들에서 일하는 이에게는 멀리 있다고 하며 논할 필요가 있겠는가! 한 번 곧장 앞으로 나아가면 자연 닿는 곳마다 그를 만나게 될 것이다. 부처와 조사는 이 하나의 단적인 일을 우러러 소중히 하였고, 대중들

16 운문雲門에 관해서는 본서 '1. 화장 명 수좌에게' 편의 註24를 참조.

속에서 신분의 높고 낮음·귀하고 천함을 일찍이 구별하지 않고 베풀었으며, 모든 것에서 천진하고 분명하며 원만하게 했다. 만약 특별히 '불법佛法은 현묘하다'는 견해를 낸다면 잘못이겠지만, 견해를 일으키지 않으면 다만 정나나淨倮倮하게 다 드러나게 된다. 그래서 이르기를 "숲에 들어가도 풀을 건드리지 않고, 물에 들어가도 물결을 일으키지 않는다(入林不動草 入水不動波)"고 하였던 것이다.

❀

山是山水是水 僧是僧俗是俗. 見拄杖子 只喚作拄杖子 謂之覿體. 若向箇裏覿得透 從朝至暮 從暮至朝 無絲毫透漏 全爲我用 一一非分外渾是本分事. 脚跟下 未得諦當 亦不移易絲毫許 豈非端的現成機要耶. 直截省要 只消箇現成公案. 浩浩作爲自晝及夜 縱橫十字喧靜語默 全體運用 一時覿破從頭與批判將去 不妨快哉.

※覿(볼 적): 보다. 만나다. 눈이 밝다. 멀리 바라보다.

※透漏(투루): 몰래 도망침. 새다. 누설하다. 폭로하다. 드러내다.

※作爲(작위): 적극적인 행위, 동작 또는 거동. 사실은 그렇지 않은데도 그렇게 보이려고 갖가지 수단을 취함.

"산은 산이고 물은 물이며, 승은 승이고 속은 속이다"[17]고 했고, "주장자를 보면 다만 주장자라고 부를 뿐이다"[18]고 했는데, 이를 일러 '적체(覿

17 본서 '6. 융 지장에게' 편의 註13을 참조.

18 『古尊宿語錄(고존숙어록)』 권 46, '낭야산 각 화상 어록' 편에 다음과 같이 기술하고 있다.

體, 체를 본다)'라고 하는 것이다. 만약 여기서 꿰뚫어 보게 되면 아침부터 저녁까지 저녁부터 아침까지 실 끝만큼도 새는 것(透漏, 번뇌)이 없이 모두가 나의 용用이 되고, 하나하나 분수 밖이 아닌, 모두가 본분사本分事가 될 것이다. 하지만 서 있는 그 자리에서 아직 체득하지 못했다면 실 끝만큼도 옮기거나 바꿔서는 안 되니, 어찌 단적으로 드러난 기요機要가 아니겠는가! 바로 끊어 요지를 깨닫는 데는 다만 현성공안現成公案[19]을 사용할 뿐이다. 밤낮으로 드넓게 행하면서 자유자재로 십자가두에서 떠들기도 하고 고요하기도 하며 말하기도 하고 침묵하기도 하다가, 온몸을 써서 일시에 엿본 것을 타파하고 다시금

---

上堂云"彼我無差 色心不二" 遂拈拄杖云"你若喚作拄杖子 有眼如盲 若不喚作拄杖子 還同避溺而投火 你若脫體會去. 但知喚作拄杖子" 卓拄杖一下. 便下座.

낭야 혜각이 상당하여 말했다.
"너와 나는 다른 것이 없고 색과 마음은 둘이 아니다."
그리고는 주장자를 들고 말했다.
"그대들이 만약 주장자라고 부른다면 눈이 있어도 눈 먼 것과 같고, 주장자라고 부르지 않으면 물에 빠지는 것을 피하려다가 불 속에 뛰어드는 것과 같다. 그대들이 벗어나 알게 되면 단지 주장자라고 불릴 뿐이라는 것을 알게 될 것이다."
바로 주장자를 한 번 치고는 내려왔다.

瑯琊慧覺(낭야혜각, 생몰연대 미상): 송대의 스님. 낭야는 주석 산명. 분양선소의 법을 이음. 설두중현과 함께 당시 세인들에게 2대 감로문이라고 불림.(전게서, p.108)

19 現成公案(현성공안): 현성은 있는 그대로의 모습이라는 뜻으로, 있는 그대로 우리 앞에 드러나 있는 공안이라는 취지.(전게서, p.722)

옳고 그름을 가리어 판단해 간다면, 대단히 통쾌할 것이다.

❀

此事若在言語裏 則合一句語便殺定 更不移改也. 云何千句萬句終無窮竭. 將知不在言語裏 要假語句以顯發此事. 靈利漢 當須直體此意超證透語句底 使活鱍鱍地. 便能將一句 作百千句用 將百千句作一句用也 更疑甚麽. 卽心卽佛 非心非佛 不是心不是佛亦不是物 以至心不是 佛智不是道 東山水上行 日午打三更 後園驢喫草 北斗裏藏身 一串穿却.

이 일이 만약 언어 속에 있다면 합당한 일구의 말(合一句語)이 아주 고정적이어서 결코 바꾸거나 고치지 못하게 될 것이다. 하지만 천 마디 만 마디로 끝내 다 할 수 없음을 어찌하겠는가! 무릇 이 일이 언어 속에 있는 것이 아니지만, 어구語句를 빌려 이 일을 드러내고자 하는 것임을 알아야 한다. 영리한 자는 모름지기 이 뜻을 곧장 알고 어구의 뜻을 뛰어넘어 증득해서 활발발하도록 해야 한다. 그러면 바로 일구一句를 가지고 백천구百千句로 쓸 수도 있고, 백천구를 가지고 일구로 쓸 수 있게 되는데, 다시 무엇을 의심하겠는가! '마음이 부처다(卽心卽佛)', '마음도 아니고 부처도 아니다(非心非佛)',[20] '마음도 아니

20 '卽心卽佛'과 '非心非佛'에 관하여 『馬祖錄(마조록)』에 다음과 같이 기술하고 있다.

大梅山法常禪師 初參祖問 "如何是佛" 祖云 "卽心是佛" 常卽大悟. 後居大梅山 祖聞師住山 乃令一僧到問云 "和尚見馬師 得箇什麽 便住此山" 常云 "馬師向我道 '卽心是佛' 我便向這裏住" 僧云 "馬師近日佛法又別" 常云 "作麽生別" 僧云 "近日

고 부처도 아니고 그 어떠한 것도 아니다(不是心 不是佛 亦不是物)',[21]

---

又道 '非心非佛'" 常云 "這老漢惑亂人 未有了日 任汝非心非佛 我只管卽心卽佛 其僧回擧似祖. 祖云 "梅子熟也"

대매산 법상 선사가 처음 마조를 참례하고 물었다.
"어떤 것이 부처입니까?"
마조가 말했다.
"바로 마음이 부처다(卽心是佛)."
법상이 바로 깨달았다.
후에 대매산에 살았는데, 마조가 법상이 대매산에 주석하고 있다는 것을 듣고는 한 스님에게 찾아가 묻도록 했다.
"화상께서는 마조 스님을 뵙고 무엇을 얻으셨기에 바로 이 산에 주석하십니까?"
법상이 말했다.
"마조가 내게 이르기를, '바로 마음이 부처다'고 했기에, 내가 바로 여기에 주석하고 있는 것이네."
스님이 말했다.
"마조께서는 요즘 불법이 또 달라졌습니다."
법상이 말했다.
"어떻게 달라졌는데?"
스님이 말했다.
"요즘은 또 말씀하시기를 '마음도 아니고 부처도 아니다'고 하십니다."
법상이 말했다.
"저 노장이 사람들을 미혹하고 어지럽게 하는 것이 마칠 날이 없구나. 마음대로 그대가 비심비불非心非佛을 하더라도, 나는 다만 즉심즉불卽心卽佛일 뿐이다."
그 스님이 돌아가 마조에게 말하자, 마조가 말했다.
"매실이 익었구나!"

21 경덕전등록 제8권, '지주 남전 보원 선사' 편에 다음과 같이 기술하고 있다. 師有時云 "江西馬祖說 '卽心卽佛' 王老師不恁麽道 '不是心不是佛不是物' 恁麽道還有過麽" 趙州禮拜而出. 時有一僧隨問趙州云 "上座禮拜了 便出意作麽生" 趙

州云 "汝却問取和尙" 僧上問曰 "適來諗上座意作麽生" 師云 "他却領得老僧意旨"

선사(남전보원)가 어느 때 말했다.

"강서의 마조는 말하기를 '바로 마음이 곧 부처다'고 하는데, 왕노사王老師는 그렇게 말하지 않겠다. '마음도 아니고, 부처도 아니며, 어떤 것도 아니다'라고, 이렇게 말하면 허물이 있겠는가?"

조주趙州가 절을 하고 나갔다.

그때 어떤 스님이 조주를 따라 나와서 물었다.

"상좌께서 절을 하고 나온 뜻이 무엇입니까?"

"그대는 화상께 가서 물어라."

그 스님이 올라와서 물었다.

"좀 전에 종심 상좌(諗上座)의 뜻이 무엇입니까?"

선사(남전)가 말했다.

"그가 노승의 뜻을 알아차렸기 때문이다."

또한 마조록에는 다음과 같이 기술하고 있다.

僧問 "和尙爲甚麽說卽心卽佛" 祖曰 "爲止小兒啼" 曰 "啼止時如何" 祖曰 "非心非佛" 曰 "除此二種人來 如何指示" 祖曰 "向伊道不是物" 曰 "忽遇其中人來時如何" 祖曰 "且敎伊體會大道"

어떤 스님이 물었다.

"화상께서는 무엇 때문에 '즉심즉불卽心卽佛'이라고 말하십니까?"

마조가 말했다.

"어린아이의 울음을 멈추게 하려는 것이다."

스님이 말했다.

"울음을 그쳤을 때는 어떻습니까?"

마조가 말했다.

"마음도 아니고 부처도 아니네."

스님이 말했다.

나아가 '마음은 부처가 아니고 지혜는 도가 아니다(心不是佛 智不是道)',[22] '동쪽 산이 물위로 간다(東山水上行)',[23] '한 낮에 삼경의 종을

"이 두 사람(우는 아이와 울음을 그치게 하는 사람)을 제외하고 다른 사람이 오면 어떻게 가리켜 보이시겠습니까?"

마조가 말했다.

"그에겐 아무것도 아니라고 말해주겠네."

스님이 말했다.

"홀연히 기중인(其中人)이 오면 어떻게 하시겠습니까?"

마조가 말했다.

"그로 하여금 대도大道를 몸소 알도록 해주겠네."

22 경덕전등록 제7권, '호남 동사 여회 선사' 편에 다음과 같이 기술하고 있다.
湖南東寺如會禪師者 始興曲江人也. 初謁徑山 後參大寂. 學徒旣衆 僧堂內床榻爲之陷折. 時稱折床會也. 自大寂去世 師常患門徒 以卽心卽佛之譚誦憶不已 且謂佛於何住而曰卽心 心如畫師而云卽佛 遂示衆曰 "心不是佛 智不是道 劍去遠矣 爾方刻舟"

호남 동사 여회 선사는 시흥 곡강 사람이다. 처음에 경산을 뵙고, 후에 대적(大寂, 마조)을 참례했다. 배우는 무리들이 이미 많아 승당 안의 상탑(床榻, 침상)이 움푹 파여 부러지자, 그때 절상회라고 칭하게 되었다.

대적이 세상을 떠나자, 선사는 문도들이 즉심즉불의 이야기를 외우고 기억하는데 그치지 않고, 또 '부처가 어디에 머무는가?'라고 하면 '바로 마음이다'고 하며, '마음은 화가와 같다'고 하면서 '바로 부처다'고 하는 것을 늘 걱정했다. 그리하여 마침내 대중에게 말했다.

"마음은 부처가 아니고, 지혜도 도가 아니다. 칼을 잃어버린 지 오래인데, 그대들은 이제야 뱃전에다 표시를 하고 있구나!"

23 『운문록』에 다음과 같이 기술하고 있다.
問 "如何是諸佛出身處" 師云 "東山水上行"

물었다.

친다(日午打三更)',[24] '후원에서 나귀가 풀을 먹는다(後園驢喫草)',[25] '북두칠성 안에 몸을 숨긴다(北斗裏藏身)'[26]고 하는 말들이 하나로 관통하

---

"어떤 것이 제불의 출신처입니까?"

선사(운문문언)가 말했다.

"동산이 물위로 간다(東山水上行)."

24 자명(석상초원) 스님의 게송에 다음과 같은 것이 있으니 참고하기 바란다.

一喝分賓主　일할(一喝)에 손님과 주인을 나누고

照用一時用　조照와 용用을 일시에 쓴다.

會得介中意　이 뜻을 알게 되면

日午打三更　한낮에 삼경을 치리라.

25 경덕전등록 제16권 '악주 암두 전활 선사' 편에 다음과 같이 기술하고 있다.

問 "如何是道" 師曰 "破草鞋與抛向湖裏著" 問 "萬丈井中如何得倒底" 師曰 "吽" 僧再問 師曰 "脚下過也" 問 "古帆不掛時如何" 師曰 "後園驢喫草"

물었다.

"어떤 것이 도입니까?"

선사(암두전활)가 말했다.

"해진 짚신을 호수에 던진다."

물었다.

"만 길 우물 속에서 어떻게 해야 바닥까지 도달할 수 있습니까?"

선사가 말했다.

"훔(吽)!"

스님이 다시 묻자, 선사가 말했다.

"발밑으로 지나갔다."

물었다.

"옛 돛을 달지 않았을 때에는 어떠합니까?"

선사가 말했다.

"후원에서 나귀가 풀을 먹는다."

게 될 것이다.

❀

嚴陽尊者問趙州 "一物不將來時如何" 州云 "放下著" 進云 "某甲一物不將來 未審教放下箇什麽" 州云 "看汝放不下" 言下大悟. 後來黃龍頌 "一物不將來 兩肩擔不起 明眼人難謾 言下忽知非 退步墮深坑 心中無限喜 如貧得寶 毒惡旣忘懷沒交涉 蛇虎爲知己 異類等解 寥寥千百年 淸風猶未已 放下著" 若以常情論之 他道一物不將來 云何却向道 放下著. 將知法眼照於細微 爲他拈出大病 令他知羞慚去. 他尙不覺 更復進問 再與點過 直得瓦解冰消 方始倒底一時脫去 遂至伏猛虎馴毒蛇 豈非內感外應耶.

※羞慚(수참): 몹시 부끄러움.

※馴(길들일 순, 가르칠 훈): 길들이다. 익숙하다. 따르다. 순하다. 좇다. 옳다. 가르치다(훈).

엄양존자嚴陽尊者[27]가 조주趙州에게 물었다.

---

26 경덕전등록 제19권, '소주 운문산 문언 선사' 편에 다음과 같이 기술하고 있다.
問 "如何是透法身句" 師曰 "北斗裏藏身"

물었다.
"어떤 것이 법신을 꿰뚫는 것입니까?"
선사(운문문언)가 말했다.
"북두北斗에 몸을 감춘다."

27 경덕전등록 제11권에 의하면 엄양 존자는 조주종심의 법손으로 홍주洪州 무녕현武寧縣의 신흥사新興에 주석한 것으로 기술하고 있으며, 자세한 약력은 알 수가

“한 물건도 가지고 오지 않을 땐 어떻게 합니까?”

조주가 말했다.

“내려놓아라(放下著)!”

다시 말했다.

“저는 한 물건도 가져 오지 않았는데 무엇을 내려놓으라 하시는지 모르겠습니다.”

조주가 말했다.

“보아하니, 내려놓지를 못했구나!”

이 말에 크게 깨달았다.

뒷날, 황룡黃龍[28]이 송頌을 했다.

“한 물건도 가져오지 않았는데도
양 어깨에 걸머지고 일어나질 못하네.
눈 밝은 이(明眼人) 속이기 어려우니
언하言下에 홀연히 아님을 알아도
뒷걸음에 깊은 수렁에 떨어지네.
마음 가운데 무한한 기쁨이 있나니
가난한 이 보배를 얻는 것과 같아
독악을 잊어 전혀 관계치 않으면
뱀과 호랑이 친구가 되고

---

없다.

28 황룡혜남을 말한다.

이류異類가 같음을 아네.
쓸쓸한 천 백년에
맑은 바람이 아직 그치지 않는구나!
내려놓아라."

만약 상식적으로 이것을 논한다면, 그가 '한 물건도 가지고 오질 않았다'고 했는데, 어째서 도리어 '내려놓아라(放下著)'라고 하였을까? 이것은 법안法眼으로 미세한 곳을 비춰서, 그를 위해 큰 병통을 끄집어 내어 그로 하여금 부끄러움을 알도록 한 것임을 알아야 한다. 또한 그가 아직 깨닫지 못해 다시 나아가 질문을 하고 재차 점검해주자, 곧바로 기와가 부서지고 얼음이 녹듯 하고 나서야, 비로소 밑바닥을 뒤집고 일시에 벗어나게 되었던 것이다. 그리고는 마침내 사나운 호랑이를 조복 받고 독사를 길들이는 데 이르게 되었던 것이니,[29] 이것이 어찌 안팎으로 감응함이 아니겠는가!

❀

龐居士渾家向火 居士驀云"難難 十石油麻樹上攤" 龐婆云"易易 百草頭上祖師意" 靈照云"也不難也不易 飢來喫飯困來睡" 尋常擧向人 多是愛靈 照道得省力 嫌龐翁龐婆說難說易. 只是作隨語解 殊不本其宗

29 경덕전등록 제11권에 다음과 같은 기술이 있다.

師常有一蛇一虎 隨從左右 手中與食.

스님(엄양존자)에겐 늘 한 마리 뱀과 한 마리 호랑이가 있었다. 좌우에서 따라 손으로 먹이를 주었다.

猷. 所以言迹之興 異途之所由生也. 若能忘言體意 方見此三人各出一手 共提箇沒底藍兒 撈蝦攤蜆 著著有殺人之機 處處有出身之路.

※向火(향화): 선사禪寺에서 '화롯가에서 불을 쬠'을 이르는 말.

※攤(펼 탄): 펴다. 펼치다. 헤치다. 벼르다. 노름.

※蜆(도롱이벌레 현): 도롱이벌레(골뱅이의 하나). 바지락.

방 거사龐居士[30]의 식구들이 모두 화롯가에서 불을 쬐고 있었다.

방 거사가 맥연히 말했다.

"어렵구나, 어려워! 열 섬의 참깨를 나무 위에 널기가."

방 거사의 부인이 말했다.

"쉽구나, 쉬워! 모든 풀끝마다 조사의 뜻이 있다네."

영조靈照가 말했다.

"어렵지도 않고 쉽지도 않다네! 배고프면 밥 먹고 피곤하면 잔다네."

일반적으로 사람들에게 이 공안公安을 거량하면, 영조가 한 말이 힘을 던 것이라고 말하기를 좋아하고, 방 거사와 그의 부인이 어렵다고 말한 것이나 쉽다고 말한 것을 싫어하는 사람들이 많다. 이는 단지

---

30 龐蘊(방온, 방 거사, ?~808): 마조도일의 문하. 자는 도현道玄. 호남성 형양 출신. 대대로 유학을 업으로 했지만 진로塵勞를 싫어하여 호북성 양양으로 이사한 후 대바구니를 팔아 생계를 유지했다고 함. 석두희천을 뵙고 선지를 얻은 다음, 마조도일에게 2년간 참학함. 일생을 승려가 아닌 거사로 마쳤지만 독자적인 깨달음의 경지를 얻어 진단震丹의 유마 거사로 불림. 양주 자사 우적于頔을 만나 입적할 때도 그의 무릎을 베고 입적했다고 함.(전게서, p.252)

말을 따라 이해한 것일 뿐, 그 근본 도리(宗猷)를 전혀 모르는 것이다. 그렇기 때문에 말의 자취(言迹)가 가지가지로 일어나면 다른 길들이 그로 말미암아 생기게 되는 것이다. 만약 말을 잊고 뜻을 체득할 수 있다면, 비로소 이 세 사람이 각각 한 솜씨를 내어 함께 밑 빠진 대바구니를 들고 새우를 건지고 조개를 캐는 것이며, 한 수 한 수에 사람을 죽이는 기機가 있고, 곳곳마다 몸을 벗어나는 길(出身之路)이 있다는 것을 체득하게 될 것이다.

# 27. 찬 상인께(示 璨上人)

達磨西來 不立文字語句 唯直指人心. 若論直指 只人人本有 無明殼子裏 全體應現. 與從上諸聖 不移易絲毫許 所謂 天眞自性 本淨明妙 含吐十虛 獨脫根塵. 一片田地 惟離念絶情 逈超常格. 大根大智 以本分力量 直下就自根 脚下承當. 如萬仞懸崖 撒手放身 更無顧藉 教知見解礙倒底脫去 似大死人 已絶氣息.

※殼(껍질 각): 껍질. 허물. (거북의) 등껍데기. 씨. 바탕. 내려치다.
※應現(응현): 부처나 보살이 중생을 구제하기 위하여 여러 가지 형태로 이 세상에 나타나는 일.
※撒(뿌릴 살): 뿌리다. 흩뜨리다. 흩어져 떨어지다. 놓다. 놓아주다. 펼치다.

달마는 서쪽에서 와서 문자나 어구를 세우지 않고 오직 사람의 마음을 바로 가리켰을 뿐입니다. 만약 직지(直指, 바로 가리킨 것)를 논한다면, 이것은 다만 사람마다 본래 갖고 있는 무명無明의 껍데기 속에서 전체를 여러 가지 형태로 이 세상에 드러내야 할 것입니다. 하지만 예로부터 모든 성인들과 실 끝만큼도 다르지 않기에, 이를 일러 "천진한 자성自性은 본래 깨끗하고 밝고 오묘해서 시방의 허공을 머금기도 하고 토하기도 하며 6근根과 6진塵을 홀로 벗어난 것이다"고 하는 것입니다.

일편전지(一片田地, 마음의 경지)는 오직 생각을 여의고 정해精解를 끊어 일상적인 격식을 멀리 뛰어넘은 것이기에, 대단한 근기와 지혜를 갖춘 이가 본분의 역량(本分力量)으로 바로 그 자리에서 자신의 근본을 취해 알아차리는 것입니다. 또한 이는 마치 만 길 절벽에서 손을 놓고 몸을 놓아 다시는 돌아보지 않는 것처럼, 지견知見과 알음알이(解礙)를 밑바닥까지 뒤집도록 해서 벗어나는 것이어서, 마치 완전히 죽은 사람이 호흡이 끊어진 것과 같은 것입니다.

❀

到本地上 大休大歇 口鼻眼耳 初不相知 識見情想 皆不相到. 然後向死火寒灰上 頭頭上明 枯木朽株間 物物斯照 乃契合孤逈逈峭巍巍. 更不須覓心覓佛 築著磕著 元非外得. 古來悟達百種千端 只這便是. 是心不必更求心 是佛何勞更覓佛. 儻於言句上 作路布境物上 生解會則墮在骨董袋中 卒撈摸不著. 此忘懷絶照 眞諦境界也.

※不須(불수): ~할 필요가 없다.

※悟達(오달): 완전히 깨달음.

※撈(건질 로): 건지다. 잡다.

본래의 자리(本地)에 이르면 크게 쉬고 쉬어서 입과 코, 눈과 귀가 처음부터 서로 알지 못하고, 식견(識見, 학식과 견문)과 정상(情想, 감정과 생각)이 모두 서로 도달하지 못하게 됩니다. 그런 다음 꺼진 불과 찬 재에서 낱낱이 밝히고, 마른 나무와 썩은 나무 그루터기에서 사물 하나하나를 비추게 되면, 홀로 아득하고 우뚝 솟아 뛰어난 곳에 계합하게 됩니다. 그러면 다시는 마음을 찾거나 부처를 찾을 필요도 없이 착착 맞아떨어지게 되는데, 이는 원래 밖에서 얻은 것이 아닙니다. 예로부터 완전히 깨달았다(悟達)는 백천 가지 사례들도 다만 이것일 뿐입니다.

이 마음으로 다시 마음을 구할 필요가 없는데, 이 부처로 어찌 다시 부처를 찾는 수고를 하겠습니까! (그럴 리는 없겠지만) 만약에 언구 상에서 주의 주장(路布)을 하고 경계와 대상에서 이해해서 안다면, 골동품 포대에 떨어져 끝내 잡아 건져볼 수도 없고 더듬어 찾을 수도 없게 될 것입니다. 그러므로 바로 이 생각도 잊고 비춤도 끊는 것이 진제眞諦의 경계인 것입니다.

❀

荒田不揀 信手拈來 明明百草頭 明明祖師意. 何況靑靑翠竹 鬱鬱黃花 墻壁瓦礫 以無情說法 水鳥樹林 演苦空無我. 是由依一實際 發無緣慈 於寂滅大寶光 顯無作勝妙力.

※瓦礫(와력): 깨진 기와 조각. 기와와 자갈. 하찮은 것의 비유.

거친 밭에서 가리지 않고 손가는 대로 집어 드니[1], 밝고 밝은 온갖

---

1 '荒田不揀 信手拈來'는 법등(청량 태흠) 스님의 말이다.
入荒田不揀 信手拈來草 觸目未嘗無 臨機何不道.
거친 밭에 들어가 가리지 않고 손 가는 대로 풀을 집어 드니, 눈에 닿는 대로 일찍이 없었던 것이 아니거늘, 때가 되었는데 어째서 말하지 않는가!
본서 '30. 상 선인에게' 편의 본문 말미에서 원오 스님이 인용하고 있으니 참조하기

풀마다 밝고 밝은 조사의 뜻이 분명합니다.[2] 그런데 하물며 푸르고 푸른 대나무와 울창하고 무성한 국화,[3] 그리고 담·벽·기와·자갈이 무정설법無情說法을 하고,[4] 물새가 숲속에서 고苦와 공空, 무아無我를

---

바란다.

清涼泰欽(청량태흠, ?~795): 당대의 스님. 법안종. 청량은 주석 산명. 법등 선사라고도 함. 법안문익의 법을 이어 받았으며, 인도에서 건너온 운납雲衲들에게 법을 설하면서 종풍을 널리 선양함.(선학사전, pp.653~654)

2 방거사어록에 다음과 같이 기술하고 있다.

居士一日坐次 問靈照曰 "古人道 明明百草頭 明明祖師意 如何會" 照曰 "老老大大 作這箇語話" 士曰 "你作麽生" 照曰 "明明百草頭 明明祖師意" 士乃笑.

거사가 하루는 좌선을 하다가 딸 영조에게 물었다.

"고인이 이르기를 '명명백초두 명명조사의(明明百草頭 明明祖師意, 밝고 밝은 온갖 풀마다 밝고 밝은 조사의 뜻이 분명하다)'라고 했는데, 그 마음을 어떻게 생각하니?"

영조가 말했다.

"노장이 그런 말씀을 하셨어요!"

거사가 말했다.

"너는 어떻게 하겠느냐?"

영조가 말했다.

"명명백초두 명명조사의明明百草頭 明明祖師意!"

거사가 웃었다.

3 道生(도생)의 말씀이다.

青青翠竹　푸르고 푸른 대나무는
盡是眞如　모두가 진여이며,
鬱鬱黃花　무성한 국화는
無非般若　반야 아닌 것이 없다.

4 위산 스님을 참례하고 동산 스님이 물었다.

"지난 번 남양 혜충 국사께서 '무정無情도 설법을 한다고 하시는 말씀을 들었습니다. 저는 그 깊은 뜻을 알지 못하겠습니다."

위산 스님이 말했다.

"그대는 그 이야기를 기억하고 있는가?"

동산 스님이 말했다.

"기억합니다."

위산 스님이 말했다.

"그럼 우선 한 번 시험 삼아 이야기해 보게."

그리하여 동산 스님은 이야기를 소개하게 되었다.

〈어떤 스님이 묻기를, "무엇이 옛 부처의 마음입니까?"라고 하였더니 국사가 대답했다.

"담장, 벽, 기와 자갈돌 같은 것이다."

어떤 스님이 말했다.

"담장, 벽, 기와, 자갈돌은 무정無情이지 않습니까?"

국사가 대답했다. "그렇다."

그 스님이 말했다 "그런데도 설법을 할 줄 안다는 말씀입니까?"

국사가 말했다. "활활 타는 불꽃처럼 쉬지 않고 설법한다."

그 스님이 말했다. "그렇다면 저는 어째서 듣지를 못합니까?"

국사가 대답했다. "그대가 스스로 듣지 못할 뿐이다. 저들이 듣는 것을 방해하지 말지어다."

그 스님이 말했다 "어떤 사람이 듣는지 잘 모르겠습니다."

국사가 말했다. "모든 성인들이 듣는다."

그 스님이 말했다. "스님께서도 듣는지요."

국사가 대답했다. "나는 듣지 못한다."

그 스님이 말했다. "스님께서도 이미 듣질 못하는데, 어찌 무정이 법을 설하는 것을 알 수 있습니까?"

국사가 대답했다. "내가 듣지 못해서이지, 내가 듣는다면 모든 성인과 같아져서 그대가 나의 설법을 듣지 못할 것이다."
그 스님이 말했다. "그렇다면 중생에게는 들을 자격(分)이 없겠군요."
국사가 말했다. "나는 중생을 위해서 설법을 하지, 성인을 위해서 설법하진 않는다."
그 스님이 말했다. "중생들이 들은 뒤에는 어떻습니까?"
국사가 말했다. "그렇다면 중생이 아니지."
그 스님이 말했다. "무정이 설법한다고 하셨는데 어떤 경전에 근거하셨는지요?"
국사가 대답했다. "그렇지. 경전에 근거하지 않는 말은 군자(수행자)가 논할 바가 아니다. 어찌 너는 보지도 못하였는가. 화엄경에 이르되, 세계가 설하고, 중생이 설하며, 삼세 일체가 법을 설한다 했거늘."〉

동산 스님이 이야기를 끝내자 위산 스님은 말하였다.
"여기 내게도 있긴 하네만, 그런 사람을 만나기가 힘들 뿐이네."
동산 스님이 말했다.
"저는 알지 못하겠사오니 스님께서 가르쳐 주십시오."
위산 스님이 불자를 일으켜 세우면서 말하였다.
"알겠느냐?"
동산 스님이 대답했다.
"모르겠습니다. 스님께서 설명해 주십시오."
위산 스님이 말했다.
"부모가 낳아주신 이 입으로는 끝내 그대를 위해 설하지 못하겠다."
동산 스님이 말했다.
"스님과 함께 도를 흠모하던 분이 있습니까?"
위산 스님이 말했다.
"여기서 예능 유현으로 가면 석실石室이 연이어져 있는데 운암도인雲岩道人이란 분이 있다. 풀섶을 헤치고 종문의 가풍을 우러러볼 수 있다면 반드시 그대에게 소중한 분이 될 걸세."
동산 스님이 말했다.

연설하는 경우야 말해 무엇 하겠습니까! 이것은 하나의 실제實際에 의거함으로 말미암아 인연 없는 자비(無緣慈悲)를 드러낸 것이고, 적멸寂滅의 큰 보배광명에서 함이 없는(無作) 뛰어나고 오묘한 힘을 드러낸 것입니다.

❀

長慶云 "撞著道伴交肩過 一生參學事畢" 南塔云 "我拈片木葉入城 便是移一坐仰山去也" 故香嚴擊竹 靈雲見桃花 資福刹竿頭 道吾神杖子 大仰揷鍬 地藏種田無非發揚箇金剛正體. 使當人不動步 參見大解脫眞善知識 行不言化 得無礙辯.

장경長慶[5]은 말하기를 "도반을 만나 어깨를 스치며 지나가는 사이에 일생동안 참학할 일을 마쳤다"고 했고, 남탑南塔[6]은 말하기를 "내가

---

"알지 못하겠습니다. 이 분은 어떤 분입니까?"
위산 스님이 말했다.
"그가 한 번은 내게 이런 질문을 한 적이 있었다. '제가 스님을 받들고 싶을 땐 어찌해야 합니까?' 하기에 이렇게 답을 해 주었네. '당장에라도 번뇌를 끊기만 하면 되지.' '도리어 스님의 종지에 어긋나지 않을런지요?' '무엇보다도 내가 여기 있다고 말하지 말라.'"(양관 역주, 동산양개화상어록, pp.46~49, 동국역경원)

5 長慶慧稜(장경혜릉, 854~932): 당말 오대의 스님. 설봉 문하. 장경은 주석 사명. 영운지근, 설봉의존, 현사사비 등을 참례하고 후에 설봉의 법을 이음.(전게서, p.558)

6 南塔光涌(남탑광용, 850~938): 당말 오대의 스님. 위앙종. 남탑은 주석 사명. 유년부터 유교 경전과 불교 경전을 공부하고 출가. 앙산 혜적에게 참학 후 심인을 얻음.(전게서, p.106)

한 조각 나뭇잎을 들고 성城에 들어가는 것이 앙산仰山을 옮기는 것이다"고 했습니다. 그렇기 때문에 향엄의 격죽擊竹,[7] 영운의 견도화見桃

---

7 香嚴智閑(향엄지한, ?~898): 당대의 스님. 남악 문하. 향엄은 주석 산명. 어린 시절에 백장회해 선사에게 출가하고 위산영우에게 참학함. 남양 무당산에 있는 남양혜충 국사의 도량에서 은거하던 어느 날, 뜰을 청소하다가 돌이 대나무에 부딪치는 소리를 듣고 홀연히 깨달아 위산의 법을 이어받음. 그 후 향엄산에 머물면서 위산의 종풍을 널리 선양함. 시호는 습등襲燈대사.(전게서, pp.716~717) 경덕전등록 제11권, '등주 향엄 지한 선사' 편에 다음과 같이 기술하고 있다.
鄧州香嚴智閑禪師青州人也. 厭俗辭親觀方慕道 依潙山禪會. 祐和尚知其法器 欲激發 智光 一日謂之曰"吾不問汝平生學解及經卷冊子上記得者. 汝未出胞胎未辨東西時本分事 試道一句來. 吾要記汝"師懵然無對 沈吟久之 進數語陳其所解 祐皆不許. 師曰"却請和尚爲說"祐曰"吾說得是吾之見解 於汝眼目何有益乎"師遂歸堂 遍 檢所集諸方語句 無一言可將酬對. 乃自歎曰"畫餅不可充飢"於是盡焚之曰"此生不學佛法也 且作箇長行粥飯僧免役心神"遂泣辭潙山而去. 抵南陽覩忠國師遺迹遂憩止焉. 一日因山中芟除草木 以瓦礫擊竹作聲 俄失笑間廓然惺悟 遽歸沐浴焚香遙禮潙山. 贊云"和尚大悲恩逾父母 當時若爲我說却 何有今日事也"仍述一偈云"一擊忘所知 更不假修治 動容揚古路 不墮悄然機 (動容揚古路 不墮悄然機 此句舊本並 福邵本並無 今以通明集爲據) 處處無踪迹 聲色外威儀 諸方達道者 咸言上上機"

등주 향엄지한香嚴智閑 선사는 청주 사람이다. 속세를 싫어해서 부모를 하직하고 사방을 다니며 도를 흠모하다가 위산의 선회(潙山禪會)에 의지했다. 영우靈祐 화상이 그가 법기임을 알고 지혜의 광명을 빠르게 일깨워 주려고 어느 날 이렇게 말했다.
"나는 그대가 평생 배운 견해와 경전이나 책에서 기억해 가진 것을 묻지 않겠다. 그대가 아직 태(胞胎)에서 나오지 않아 동쪽과 서쪽을 분간하지 못할 때의 본분사本分事를 시험 삼아 한 마디 말해보라! 내가 그대에게 수기하겠다."
선사(향엄지한)가 알지 못해 대답을 못했다.
오랫동안 깊이 생각을 하고는 나아가 그 이해한 바를 몇 마디 말했는데, 영우가

花,[8] 자복의 찰간두刹竿頭,[9] 도오의 신장자神杖子,[10] 대앙의 삽초揷鍬,[11]

모두 인정하지 않았다.

선사가 말했다.

"화상께서 말씀해 주십시오."

영우가 말했다.

"내가 말한 것은 나의 견해일 뿐, 그대의 안목에 무슨 도움이 되겠는가?"

선사가 승당으로 돌아가서 수집해 놓은 제방의 어구들을 모두 찾아보았지만, 한마디도 대꾸할 만한 것이 없었다. 이에 선사는 스스로 탄식해서 말했다.

"그림의 떡으로 굶주림을 채울 수 없구나."

그리고는 모두 태워버리고, 말했다.

"금생에 불법을 배우지 못할 바에는 먼 길을 떠나 죽이나 밥을 먹어치우는 중이 되어서 심신의 부림을 면하리라."

그리고는 울면서 위산을 하직하고 가버렸다.

남양南陽에 이르러, 충 국사(忠國師)의 옛터를 구경하다가 그곳에 머물게 되었다. 하루는 산에서 풀과 나무를 베다가 깨진 기와로 대나무를 치자 소리가 났는데, 갑자기 자기도 모르게 웃음이 터져 나오는 사이에 확연히 깨달았다. 급히 돌아와 목욕을 하고, 향을 피우고 멀리 위산을 향해 절을 하고는, 찬탄하며 말했다.

"화상의 대비하신 은혜는 부모보다 높습니다. 당시에 만약 저를 위해 말씀하셨다면, 어찌 오늘의 일이 있겠습니까?"

그리고는 게송 하나를 지었다.

一擊忘所知　한 번 침에 아는 바를 잊으니
更不假修治　다시는 닦고 다스림을 빌리지 않게 되었네.
動容揚古路　거동과 차림새(動容)가 옛 길을 떨치니
不墮悄然機　초연기(悄然機, 윤회하는 기)에 떨어지지 않네.

〔끝의 두 문구(動容揚古路 不墮悄然機)는 구본舊本과 복소본福邵本에는 모두 없는데, 통명집通明集에 근거한 것이다.〕

處處無踪迹　곳곳에 종적이 없고

聲色外威儀　소리와 빛깔은 위의 밖이니
諸方達道者　제방의 도를 통달한 이들
咸言上上機　모두 상상기라 말하네.

참고로 『위산록』에서는 위산영우가 다음과 같이 물은 것으로 기술하고 있다.
스님께서 하루는 향엄 스님에게 물으셨다.
"그대는 백장 스님의 처소에 살면서, 하나를 물으면 열을 대답하고 열을 물으면 백을 대답했다고 하던데 이는 그대가 총명하고 영리하여 이해력이 뛰어났기 때문인 줄 안다. 그러나 바로 이것이 생사의 근본이다. 부모가 낳아주기 전 그대의 본래 면목에 대해 한마디 말해 보아라."
이하 내용은 상기 전등록과 같다.(백련선서간행회, 『위앙록』, p.53, 1991, 장경각)

8 영운지근에 관해서는 본서 '5. 유 서기에게' 편의 註9를 참조.

9 資福如寶(자복여보, 생몰연대 미상): 앙산 제2조. 자복은 주석 사명. 서탑광목의 법을 이어 받고 길주 자복원에 머묾.(전게서, p.551)
'資福刹竿頭(자복의 찰간두)'에 관한 정확한 출처를 찾기 어렵다. 하지만 경덕전등록 제12권, '길주 자복여보 선사' 편에 다음의 공안이 있으니 참고하기 바란다.
僧問 "如何是應機之句" 師默然. 問 "如何是玄旨" 師曰 "汝與我掩却門"

어떤 스님이 물었다.
"어떤 것이 근기에 응하는 말입니까?"
선사(자복어보)가 말이 없었다.
또 물었다.
"어떤 것이 현묘한 종지입니까?"
선사가 말했다.
"그대는 나를 위해 문을 닫아주게."

10 '道吾의 神杖子'에 관한 정확한 출처를 찾기 어렵다. 하지만 경덕전등록 제11권, '양주 관남도오 선사' 편에 다음의 공안이 있으니 참고하기 바란다.
師有時執木劍横在肩上作舞 僧問 "手中劍什麽處得來" 師擲於地. 僧却置師手中

지장의 종전種田[12]이 모두 금강정체金剛正體를 펼쳐 일으키지 않은

---

師曰 "什麽處得來" 僧無對 師曰 "容汝三日內下取一語" 其僧亦無對 師自代拈劍肩上作舞云 "恁麽始得"

선사(관남도오)가 어느 때 목검을 쥐고는 어깨에 가로로 메고 춤을 추자, 어떤 스님이 물었다.

"손에 있는 검은 어디서 얻은 것입니까?"

선사가 땅에 던져버렸다.

스님이 다시 선사의 손에 놓자, 선사가 말했다

"어디서 얻었는가?"

스님이 대답이 없자, 선사가 말했다.

"그대가 3일 안에 한마디를 하면 인정해주겠다."

그 스님이 역시 말이 없자, 선사가 스스로 대신하여 검을 어깨에 메고 춤을 추면서 말했다.

"이렇게 해야 한다."

11 대앙의 삽초揷鍬에 관해서는 본서 '143. 종각 대사께' 편의 註6을 참조.

12 羅漢桂琛(나한계침=지장계침, 867~928): 당말 오대의 스님. 청원 문하. 나한은 주석 사명. 현사사비의 법을 이음. 제자로 법안문익이 있음.(전게서, p.93)

장주 나한원 계침 선사가 수 산주(修 山主)에 물었다.

"어디서 오는가?"

"남방에서 옵니다."

"남방의 불법이 요즘 어떠한가?"

"분별이 끝없습니다."

"내가 여기서 씨앗을 심어 밥을 먹는 것만 하겠는가?"

수 산주가 말했다.

"3계三界는 어찌하시렵니까?"

"그대는 무엇을 일러 3계라 하는가?(전게서, p.623 종용록 12와 선문염송 염송설화 1207을 참조한 것이다.)

것이 없습니다. 바로 그 사람으로 하여금 한 걸음도 움직이지 않고, 대해탈을 이룬 참 선지식을 참례토록 해서, 말없이 교화하는 걸림 없는 변재를 얻게 한 것입니다.

❁

則森羅萬象 百草顚頭 長時徧參 無不普攝圓融法界. 坐斷報化佛頭 坐臥行藏 超證徧行三昧. 何必 覺城東際樓閣門前 熊耳曹源 陞堂入室 然後 爲親近傳證耶. "惠超咨和尙 如何是佛" 法眼云 "汝是惠超" 超乃省悟 所謂出乎爾者反乎爾者也.

※'坐'는 '挫(꺾을 좌)'로 바꿔서 해석을 하였다.

그러므로 삼라만상과 모든 풀끝에서 오랫동안 두루 참구하면 원융한 법계를 널리 포섭하지 않음이 없게 됩니다. 또한 보신불報身佛과 화신불化身佛의 머리를 꺾어 버리고, 앉고 눕고 나아가고 숨으면서 변행삼매徧行三昧를 초연히 증득하게 됩니다. 그런데 하필 각성覺城의 동쪽 누각 문 앞[13]과 웅이산과 조계의 개울에서[14] 승당입실陞堂入室한 연후에야 몸소 전하고 증득한다 하겠습니까!

"혜초惠超가 화상에게 묻습니다. 어떤 것이 부처입니까?" 라고 하자, 법안法眼이 말하기를 "네가 혜초다"고 했습니다. 그러자 혜초가 바로 깨쳤는데,[15] 이른바 이것을 일러 '너에게서 나온 것이 너에게로 되돌아

---

13 覺城東際(각성동제)는 석가가 정각을 이룬 도성, 즉 마가다국의 가야성을 뜻한다.

14 熊耳山(웅이산)은 달마 스님, 曹源(조원)은 혜능 스님을 상징한다.

15 원오는 '慧超問佛(혜초문불)' 공안을 벽암록 제7칙에서 자세히 다루고 있으니

간다(出乎爾者 反乎爾者也)'[16]고 하는 것입니다.

❀

唐朝古德英禪師 微時事. 田運槌擊塊次 見一大土塊 戲以槌猛擊之 應時粉碎 驀地大悟. 自此散誕 爲不測人 頗彰神異. 有老宿拈云"山河大地 被這僧一擊 百雜碎 獻佛不假香多" 誠哉 是言.

당나라 때 옛 어른 스님인 '영英' 선사[17]가 이름이 덜 났을 때였습니다. 밭일을 하면서 망치로 흙덩이를 부수다가 큰 흙덩이 하나를 보고는 장난삼아 망치로 매섭게 치자 바로 부서졌는데, 맥연히 크게 깨닫게 되었습니다. 이로부터 한가로움이 생기고, 사람들이 헤아릴 수 없는 몹시 신이함을 드러내게 되었습니다. 어떤 노장(老宿)이 이것을 염拈해서 말하기를 "산하대지가 이 스님에게 일격을 당하자 모두 부서졌다. 부처에게 공양하는 데 많은 향香이 필요치 않다"고 했습니다. 참으로 맞습니다. 이 말씀!

---

참고하기 바란다.

16 맹자 '양혜왕장구하' 편에 나오는 曾子(증자)의 말이다.

17 英禪師(영선사)는 당나라 법민(579~645)의 스승으로, 자세한 사항은 알 수가 없다.

# 28. 찬 상인께(示 璨上人)

依無住本 立一切法 無住之本 本乎無住. 若能徹證 則萬法一如 求其分毫住相不可得 只今現定作爲 全是無住. 根本旣明 如人有目 日光明照見種種色 豈非般若關捩乎. 永嘉云"不離當處常湛然" 親切無過此語. "覓則知君不可見" 但於當處湛然 二邊坐斷 使平穩 切忌作知解求覓. 纔求卽如捕影也.

※分毫(분호): (중국식 도량형 제도에서의) '分(푼·분)'과 '毫(호)', 극히 적은 분량. 아주 미세한 양. 아주 조금.

"머물지 않음을 근본으로 일체법이 세워진 것이니,
머물지 않음의 근본은 본래 머묾이 없네."[1]

---

1 譯者는 원오가 유마경 제7, 관중생품觀衆生品을 인용해서 게송을 지은 것으로 이해했다.

又問 "虛妄分別熟爲本" 答曰 "顚倒想爲本" 又問 "顚倒想熟爲本" 答曰 "無住爲本" 又問 "無住熟爲本" 答曰 "無住則無本 文殊師利 從無住本 入一切法"

또 물었다.
"허망분별은 무엇을 근본으로 삼는 것입니까?"
답했다.

만약 철저히 깨치면 만법이 일여一如해서 털끝만큼의 머무는 상相도 구할 수 없게 되고, 단지 지금 드러난 행위도 모두 머무는 바가 없게 됩니다. 근본은 명백해서 사람들의 눈에 햇빛이 밝게 비춰 갖가지 색(色, 형상)이 보이는 것과 같은데,[2] 이것이 어찌 반야般若의 핵심(關捩, 문빗장과 술대)이 아니겠습니까!

영가永嘉가 이르기를 "그 자리를 떠나지 않고 늘 맑다"[3]고 했는데, 이 말보다 친절한 것은 없습니다. 영가는 또 이르기를 "찾은 즉 그대를

---

"전도상(顚倒想, 전도망상)을 근본으로 삼습니다."

또 물었다.

"전도상은 무엇을 근본으로 삼습니까?"

답했다.

"무주(無住, 머물지 않음)를 근본으로 삼습니다."

또 물었다.

"무주는 무엇을 근본으로 삼습니까?"

답했다.

"무주는 근본이 없습니다. 문수사리여! 무주를 근본으로 해서 일체법이 세워지는 것입니다."

2 『금강경』 제14, 이상적멸분離相寂滅分에 나오는 말이다.

若菩薩心不住法 而行布施 如人有目 日光明照 見種種色.

만약 보살의 마음이 법에 머물지 않고 보시를 행하면 마치 사람의 눈에 햇빛이 밝게 비춰 갖가지 색이 보이는 것과 같느니라.

3 영가현각의 증도가證道歌에 나오는 말이다.

不離當處常湛然　그 자리를 떠나지 않고 늘 담연하니,
覓則知君不可見　찾은 즉 그대를 아나 볼 수가 없도다.
取不得捨不得　가질 수도 없고 버릴 수도 없으니,
不可得中只麽得　얻을 수 없는 가운데 다만 이렇게 얻을 뿐이도다.

아나, 볼 수가 없도다"라고 했는데, 이는 다만 밝은 바로 그 자리에서 양변을 꺾어 평온케 하는 것이니, 절대로 지해知解를 내어 구하지도 찾지도 말아야 합니다. 조금이라도 구하는 것이 있으면 마치 그림자를 잡는 것과 같은 것입니다.

❀

"不與萬法爲侶是什麽人" 回光自照看. "待汝一口吸盡西江水 卽向汝道" 八角磨盤空裏走. 參得透 目前萬法平沉 無始妄想蕩盡. 德山隔江招扇 使有人承當 鳥窠吹布毛 尋有人省悟. 得非此段大因緣時至 根苗自生耶. 抑機感相投有地耶, 抑當人密運無間 借師門發揮也. 何峭絶如 此之難 而超證如此之易. 古人'以輥芥投針'爲況 良不虛矣. 信得心及 見得性徹 於日用中無絲毫透漏.

※根苗(근묘): 뿌리와 싹. 근원. 유래. 내력. 원인 후손. 자손.
※透漏(투루): 새다. 누설하다. 폭로하다. 알려지다. 드러내다.

"만법과 짝하지 않는 사람은 어떤 사람입니까(不與萬法爲侶是什麽人)?"[4]라고 했는데, 회광반조回光返照해 보십시오. 또 "그대가 한 입에 서강의 물을 다 마시면 바로 그대에게 말해주리라(待汝一口吸盡西江水 卽向汝道)"[5]고도 했는데, 팔각의 맷돌이 허공에서 도는 것 같습니다(八角磨盤空裏走).[6] 이를 참구해서 꿰뚫어 알면 눈앞에서 만법이 고루

4 '不與萬法爲侶是什麽人'은 방 거사가 마조에게 질문한 것이다.
5 '待汝一口吸盡西江水 卽向汝道'는 마조가 방 거사에게 답한 것이다.
6 八角磨盤空裏走(팔각마반공리주)는 고대 인도의 신화에 보이는 무기의 하나로

가라앉아 버리고, 무시이래의 망상이 모두 없어지게 될 것입니다.

덕산德山이 강 너머서 부채로 부르자 어떤 사람은 알아차렸고,[7] 조과鳥窠가 옷에서 실오라기 하나를 뽑아 훅 하고 불자 어떤 사람은 깨달아 버렸습니다.[8] 이러한 큰 인연은 시절이 도래해야 얻는 것이니,

---

여덟 군데의 뾰족한 모서리가 있는 글라인더(연마반)가 공중을 선회하며 일체의 것을 파괴한다. 무시무시한 파괴력을 비유하는 말이다.

다음과 같은 양억(앙내한)의 게송이 있으니 참고하기 바란다.

八角磨盤空裏走　팔각의 맷돌 판이 허공 속을 달리니,
金毛師子喚作狗　금모사자를 개라고 부르는구나.
擬欲翻身北斗藏　몸을 뒤집어 북두성에 감추고자 하면,
應須合掌南辰後　마땅히 남극성 뒤에 합장하라.

7 경덕전등록 제16권, '양주 고정 간 선사' 편에 다음과 같이 기술하고 있다.
初隔江見德山 遙合掌呼云 "不審" 德山以手中扇子再招之 師忽開悟 乃橫趨而去 更不迴顧. 後於襄州開法 嗣德山.

처음에 강을 사이에 두고 덕산을 뵈었는데, 멀리서 합장하고 큰 소리로 말했다.
"안녕하십니까!"
덕산이 손에 든 부채로 재차 그를 부르자, 선사(고정 간)가 홀연히 깨닫고는 옆으로 달리면서 다시는 돌아보지 않았다.
뒤에 양주에서 법을 열고, 덕산의 법을 이었다.

8 경덕전등록 제4권, '항주 조과 도림 선사' 편에 다음과 같이 기술하고 있다.
有侍者會通 忽一日欲辭去 師問曰 "汝今何往" 對曰 "會通爲法出家 以和尙不垂慈誨 今往諸方學佛法去" 師曰 "若是佛法 吾此間亦有少許" 曰 "如何是和尙佛法" 師於身上拈起布毛吹之 會通遂領悟玄旨.

회통會通이라는 시자가 있었는데 홀연히 어느 날 하직을 하려고 하자, 선사(도림조과)가 물었다.
"너는 지금 어디로 가려는 것인가?"

뿌리에서 싹이 스스로 난 것이 아니고 무엇이겠습니까! 아니면 기연機緣과 감응이 서로 맞아 떨어진 자리가 아니겠습니까! 아니면 바로 그 사람이 쉴 새 없이 은밀히 공부해 나아가다 스승의 문호를 빌려 발휘한 것이 아니겠습니까!

어떻게 이와 같은 어려운 것을 가차 없이 끊어서 이와 같이 쉽게 증득하였을까요? 고인古人이 '겨자씨를 던져서 바늘을 맞춘다'는 비유를 했는데, 진실로 헛되지 않습니다. 그러므로 마음을 믿고 철저히 성품을 보면 매일 씀에 실 끝만큼도 새는 것이 없게 될 것입니다.

❀

全世法卽佛法 全佛法卽世法 平等一如 豈有說時便有 不說時便無 思量時便有 不思量時便無. 如此卽 正在妄想情解間 何曾徹證. 直得心心念念 照了無遺. 世法佛法 初不間斷 則自然純熟 左右逢原矣. 有問隨問便對 無問亦湛然常寂 豈非著實透脫生死要綱也. 末後一句 都通穿過 有言無言 向上向下 權實照用 卷舒與奪 不消箇勘破了也. 誰識趙

---

시자가 대답했다

"저(會通)는 법을 위해 출가했지만, 화상의 자비로운 가르침을 받지 못했습니다. 그래서 이제 제방을 다니며 불법을 배우러 갑니다."

선사가 말했다.

"불법이라면 나의 이곳에도 조금은 있다."

시자가 말했다.

"어떤 것이 화상의 불법입니까?"

선사가 몸(옷)에서 실오라기 하나를 뽑아 불자, 회통이 마침내 현묘한 종지를 깨달았다.

州這巴鼻. 須是吾家種草始得.

모든 세간법(世法)이 곧 불법佛法이고, 모든 불법이 곧 세간법이어서 평등하고 한결같은데, 어찌 말할 때는 있다가 말하지 않을 때는 없으며, 생각할 때는 있다가 생각하지 않을 때는 없는 것이겠습니까! 이와 같다면 지금 한창 망상妄想과 정해情解 사이에 있는 것인데, 언제 철저히 깨달은 적이 있었겠습니까! 바로 마음과 마음, 생각과 생각을 모두 비춰 남김이 없어야 합니다. 세간법과 불법이 애초에 사이가 없으면 자연히 순일하게 익어 좌우 어디에서나 근원을 만날 수 있게 됩니다. 질문이 있으면 질문에 따라 바로 대답하고, 질문이 없으면 맑고 늘 고요하니, 이것이 어찌 실제로 생사를 꿰뚫어 벗어나는 요점이 아니겠습니까!

말후일구末後一句[9]를 모두 꿰뚫어 버리면 유언有言과 무언無言·향상向上과 향하向下·방편(權)과 실재(實)·조照와 용用·말고(卷) 펌(舒)·줌(與)과 뺏음(奪)을 감파할 필요가 없게 되는데, 누가 저 조주趙州의 이 핵심(巴鼻)을 알겠습니까! 모름지기 우리 집안의 자손이어야 합니다.[10]

9 말후일구末後一句에 관해서는 본서 '41. 용 도자에게' 편의 註7을 참조.

10 본서 '140. 선인에게' 편은 "末後一句~吾家種草始得"까지가 선인에게 주는 하나의 편지로 이루어져 있다. 참고하기 바란다.

# 29. 영 부사에게(示 寧副寺)[1]

古人爲此大因緣 若師弟子相見 未嘗不以是擊揚 至於食寢閑曠 靡不攝念於此. 是故 一言一句 迺杖迺喝 瞬揚擧動 悉可投機. 蓋誠心專一無許多 惡知惡見汚染 直截承當 似不難.

※瞬揚擧動: '揚眉瞬目 擧足動念(양미순목 거족동념)'의 줄임말.

※投機(투기): 선종禪宗에서, 수행자가 불조佛祖의 가르침의 요체要諦를 이루어 대오大悟하는 일. 또는 학인의 기機와 스승의 기가 일치하는 일.

고인古人은 이 대인연大因緣[2] 때문에 스승과 제자가 서로 만나면 이것으로 쳐서 밝혀주지 않은 적이 없었고, 밥 먹고 잠자며 한가하고 텅 빈 때에 이르러서도 널리 이것(此)에 마음을 두지 않은 것이 없었다. 이런 까닭에 일언일구와 주장자로 치고(棒) 할(喝)을 하며, 눈을 깜짝이고 눈썹을 치켜세우며(揚眉瞬目), 발을 들고 생각을 움직이는 것(擧足動念)[3]이 모두 기연에 투합했던 것이다. 이는 진실한 마음으로 하나에

---

1 副寺(부사): 선원의 6지사知事 중 하나. 고두庫頭, 부원副院이라고도 함. 감원 또는 도사를 보좌하여 선원의 경제를 담당하는 직책. 주로 곡식·천·금전 따위의 출입을 관장함.(선학사전, p.296)

2 一段大因緣處(一段大因緣)에 관해서는 본서 '3. 장 선무 상공께' 편의 註1을 참조.

만 집중해서 많은 악지악견惡知惡見에 오염되지 않고 바로 끊어 알아버렸기 때문에, 마치 어렵지 않은 것처럼 보이는 것이다.

❀

今之兄弟 根性差鈍 而復駁雜. 雖參尋知識 薰炙日久 尙懷猶豫 不能一往徹證 病在不純一長久. 儻能不捨晝夜 廢寢忘餐 矻矻在道 不患不如古人矣.

※駁(논박할 박): 논박하다. 얼룩얼룩하다. 섞이다. 순수하지 않다. 어긋나다.
※薰炙(훈자): 어떤 스승이나 지도자로부터 교화를 받음.
※矻矻(골골): 부지런히 애쓰는 모양.

---

3 擧足動念(거족동념)은 지장경 제7, 이익존망품利益存亡品에서는 다음과 같이 기술하고 있다.

爾時 地藏菩薩摩訶薩白佛言 "世尊 我觀是閻浮衆生 擧足動念 無非是罪. 脫獲善利 多退初心 若遇惡緣 念念增益 是等輩人 如履泥塗 負於重石 漸困漸重 足步深邃. 若得遇知識 替與減負 或全與負 是知識有大力故. 復相扶助 勸令牢脚 若達平地 須省惡路 無再經歷.

그때 지장보살마하살이 부처님께 말씀드렸다.
"세존이시여, 제가 이 염부제의 중생들을 보니, 발을 들고 생각을 움직이는 것(擧足動念)이 죄가 아닌 것이 없습니다. 혹 좋은 이익을 얻으면 처음에 낸 마음이 많이 물러나기도 하고, 혹 나쁜 인연을 만나면 생각 생각이 더욱 늘어나기도 하는데, 이러한 사람들은 마치 무서운 돌을 지고 진흙 길을 밟는 것처럼 점점 지치고 더욱 무거워지며 발걸음은 더욱 깊게 됩니다. 하지만 만약 선지식을 만나게 되면 대신해서 짐을 덜어주거나, 혹은 전부를 짊어주는데, 이는 선지식에게는 큰 힘이 있기 때문입니다. 또한 서로 도와 다리를 굳건하도록 해서 평지에 도달하게 되면 모름지기 나쁜 길을 살펴서 다시는 겪지 않게 권해야 합니다.

요즘 사중의 형제들은 다소 근성이 둔하고 또한 순수하지도 못하고 잡다하다. 비록 선지식을 뵙고 공부하면서 오랫동안 교화를 받을지라도, 여전히 마음속에서 결단내지 못하고 한 번에 철저히 깨닫지 못하는 것은 그 병통이 오래도록 순일하지 않은 데 있다. 그러므로 만약 밤낮을 가리지 않고 침식을 잊은 채 심혈을 기울여 도를 닦을 수 있다면 고인古人과 같지 못할까 걱정하지 않아도 될 것이다.

# 30. 상 선인에게(示 詳禪人)

立志辨道之士 於二六時中 自照自了 念茲在茲 知有自己脚跟下 一段大因緣處. 聖不增居凡不減 獨脫根塵 逈超物表. 凡所作爲 不立方所 寂湛凝然. 惟萬變千化 初不動搖 應緣而彰 遇事便發 靡不圓成. 惟要虛靜一切超然. 主本旣明 無幽不燭 萬年一念 一念萬年.

※念茲在茲(염자재자): 그 자리에 앉힐 사람으로는 적임자임.(고사성어) / 자나 깨나 생각하다. 늘 생각하며 잊지 않다.

뜻을 세워 도에 힘쓰는 사람은 하루 종일 스스로 관조하고 스스로 알며, 자나 깨나 늘 생각하며 잊지 않고(念茲在茲)[1] 자기가 서 있는

---

1 『서경書經』 우서虞書 대우모大禹謨 편에 다음과 같이 기술하고 있다.

帝曰 "格 汝禹 朕宅帝位三十有三載 耄期 倦于勤 汝惟不怠 總朕師" 禹曰 "朕德罔克 民不依 皐陶邁種德 德乃降黎民懷之 帝念哉 念茲在茲 釋茲在茲 名言 茲在茲 允出茲在茲 惟帝念功"

제순이 말씀하셨다.

"오라! 너 우여! 내가 제위에 있은 지 삼십삼 년이니, 아흔 살이 넘고 백 살에 가까워 부지런히 해야 할 일에 게으르다. 네가 게을리 하지 말고 나의 무리를 거느려라."

그 자리에 이 일대사의 인연처(一段大因緣處)[2]가 있다는 것을 알아야 한다. (이 일대사의 인연처는) 성인이라 해서 더 늘지도 않고, 범부凡夫라 해서 더 줄지도 않으며, 홀로 6근六根과 6진六塵을 벗어나서 만물의 경계를 멀리 초월한 것이다. 무릇 그것이 작용할 때는 방향과 장소를 세우지 않고, 고요하고 맑으며 단정하고 진중하다. 다만 천 가지 만 가지 변화를 하더라도, 애초부터 흔들리지 않고 인연 따라 드러나고 일을 만나면 바로 드러내니, 원만하게 성취되지 않는 것이 없다. 그러므로 오직 텅 비고 고요해서 일체로부터 초연해야 주된 근본이 밝혀질 뿐만 아니라 밝히지 못할 어둠이 없게 되어, 만년萬年이 일념一念이고 일념이 만년이 되는 것이다.

透頂透底 全機大用 譬如 壯士屈伸臂頃不借他力 則生死幻翳永消 金剛正體獨露 一得永得 無有間斷. 古今言敎 機緣公案 問答作用並全明此 若脫灑履踐得 日久歲深 自然左右逢原 打成一片. 豈不見 法燈道 "入荒田不揀 信手拈來草 觸目未嘗無 臨機何不道" 無根兮得活 離地兮不倒 日用尙不知 更向何處討 切宜消息之.

---

우가 말했다.
"저의 덕이 능하지 못한 까닭에 백성이 의지하지 않습니다. 고요는 힘을 써서 덕을 펴서, 덕이 이에 내려가 백성들이 그를 생각하고 있습니다. 제께서는 생각하소서. 이를 생각하여도 이에 있으며 이를 놓아도 이에 있으며, 이름하여 말하여도 이에 있으며, 진실로 마음속에서 나오는 것도 이에 있을 것이니, 제께서는 그의 공을 생각하소서."(유교문화연구소 옮김, 『서경』, pp.60~61, 성균관대 출판부)

2 一段大因緣處(一大事因緣)에 관해서는 본서 '3. 장 선무 상공께' 편의 註1을 참조.

머리끝에서 발끝까지 꿰뚫어 전기대용全機大用 하면, 비유하면 장사가 팔을 굽히고 펼 때 다른 사람의 힘을 빌리지 않는 것과 같아서, 생사의 허깨비가 영원히 소멸하고 금강정체金剛正體가 홀로 들어나, 한 번 얻으면 영원히 얻어 끊어짐이 없게 된다.

고금의 말씀(言敎)·기연機緣·공안公案·문답問答·작용作用은 모두 이것을 온전히 밝힌 것이니, 만약 속된 것에서 벗어나 실천하기를 날이 가고 세월이 깊어지도록 한다면, 자연히 좌우 어디에서나 근원을 만나 한 덩어리를 이루게 된다.

어찌 보지 못했는가! 법등法燈[3]이 말했다.

"거친 밭에 들어가 가리지 않고 손 가는 대로 풀을 집어 드니, 눈에 닿는 대로 일찍이 없었던 것이 아니거늘, 때가 되었는데 어째서 말하지 않는가!"

"뿌리 없음에 살았네!
땅을 떠나도 넘어지지 않았네!
매일 쓰면서도 알지 못하니,
다시 어디서 찾으리오."[4]

이 소식이 간절하고 마땅하도다.

---

3 법등法燈은 淸凉泰欽(청량태흠)이다. 본서 '27. 찬 상인께' 편의 註1을 참조.

4 譯者는 이것을 앞의 청량태흠(법등)의 게송에 대한 원오의 답송으로 이해하였다.

# 31. 혜 선인에게(示 慧禪人)

水潦參馬祖問 "佛法的的大意" 馬祖與一蹋 遂大悟乃曰 "百千法門無量妙義 只向一毫頭上 識得根源 豈不快哉" 卽呵呵大笑. 以至平生示衆長云 "自從一喫馬師蹋 直至如今笑未休" 又復呵呵大笑. 蓋是存誠堅確正覓 入頭處未得 驀然遭蹋 便徹底承當擔荷 透脫無疑. 尋吐出胸中 所證亦不復以別事.

※存誠(존성): 선한 마음을 가짐. 閑邪存誠(한사존성, 악한 마음은 버리고 선한 마음을 가짐을 이르는 말).
※堅確(견확): 확고하다. 확고부동하다.
※吐出(토출): 먹은 것을 게움. 속에 품은 뜻을 털어놓고 말함.

수료水潦[1]가 마조馬祖를 참례하고 물었다.

---

1 수료水潦는 홍주수로洪州水老를 뜻한다.
洪州水老(홍주수로, 생몰연대 미상): 당대의 스님. 홍주는 주석 지명. 마조도일의 제자. 경덕전등록 제8권에 마조도일과의 상량이 실려 있다.(선학사전, p.739) 마조록에서는 상기의 내용을 다음과 같이 기술하고 있으니 참고하기 바란다. 洪州水老和尙初參祖問 "如何是西來的的意" 祖云 "禮拜著" 老纔禮拜 祖便與一蹋 老大悟 起來撫掌呵呵大笑云 "也大奇 也大奇 百千三昧 無量妙義 只向一毛頭上

"불법의 명백한 대의가 무엇입니까?"

마조가 한 번 밟아버리자, 크게 깨닫고는 말했다.

"백천 법문의 한량없는 오묘한 뜻을 다만 하나의 털끝에서 그 근원을 알았으니, 어찌 기쁘지 아니한가!"

그리고는 가가대소呵呵大笑했다.

그 후 평생토록 대중들에게 법문하면서 늘 말했다.

"나는 마조에게 한 번 밟히고 나서부터 지금까지 웃음이 그치질 않았다."

그리고는 또 가가대소했다.

이는 확고부동하게 선한 마음으로 올바르게 구했지만, 깨달음으로 들어가는 곳을 얻지 못하다가, 맥연히 한 번 밟히고는 바로 철저히 걸머진 짐을 알고는 꿰뚫고 벗어나 아무런 의심이 없게 되었기 때문이

---

便識得根源去" 便禮拜而退. 後告衆云 "自從一喫馬師蹋 直至如今笑不休"

홍주수로 화상이 처음 마조를 참례하고는 물었다.

"어떤 것이 (조사가) 서쪽에서 온 분명한 뜻입니까?"

마조가 말했다.

"절을 하라!"

수로가 절을 하자, 마조가 발로 밟아버렸다.

수로가 크게 깨닫고는 일어나 손뼉을 치면서 가가대소하고 말했다.

"대단히 기이하고 대단히 기이하구나! 백천삼매百千三昧의 무량묘의無量妙義를 다만 한 털끝에서 바로 근원을 알아버렸네."

그리고는 바로 절을 하고 물러갔다.

후에 대중들에게 말했다.

"마조에게 한 번 밟히고 나서부터 지금까지 웃음이 그치질 않는구나."

다. 또한 평소 가슴속에 있던 것을 털어놓고 말한 것이며, 증득한 것 또한 특별한 일도 아니다.

❀

如今參學 若果諦實 宗師以一語一言一機一境投之 撥著便轉 豈有難事. 但患根浮識淺. 飄然似風過樹頭 千回萬度提持 亦未能便契 何況更被作情解者 指爲無如是悟入之事. 馬師水潦 亦只如是一期建立 如此則 直到驢年也 未夢見在. 是故 學道唯尙諦信.

※飄然(표연): 바람에 가볍게 팔랑 나부끼는 모양. 훌쩍 나타나거나 떠나가는 모양.

요즘 참선하는 학인들이 만약 과연 진실로 자세히 살펴서 종사들의 일언一言·일어一語와 일기一機·일경一境에 뛰어들어 그 뜻을 가지고 놀면서 부린다면, 여기에 어찌 어려운 일이 있겠는가! 다만 근본이 들뜨고 식견이 천박함을 근심할 뿐이다. 바람에 날려 마치 바람이 나뭇가지 끝을 스치듯 수행을 하면, 천 번이고 만 번이고 종사들의 기연을 제지提持하더라도 바로 계합할 수 없게 되는데, 하물며 다시 정식情識으로 이해하는 자가 이와 같은 깨달음에 들어가는 일이 없다고 지적하는 경우야 말해 무엇 하겠는가! 마조와 수료 또한 '다만 이와 같이 한 번 세웠을 뿐이다'라고 이와 같이 한다면, 나귀해에 이르기까지 수행하더라도 꿈에서조차 볼 수 없을 것이다. 이런 까닭에 도를 배우는 것은 오로지 확실하게 살피는 것을 숭상할 뿐이다.

❀

慧禪人 操履甚專 聊出此 以示方便耳. 若論此事 如擊石火 似閃電光 明得明不得 未免喪身失命. 只如 明不得喪身失命則 固是明得 因什麽 也喪身失命. 多少人到此疑著 殊不知 及得盡方到命根斷處 換却心肝 五臟 與向上齊等. 所以道 "直下似懸崖撒手" 然後 乃生鐵鑄就 喚作透 出荊棘林. 不疑天下老漢舌頭 信有眞的參學分.

※操履(조리): 소행. 품행. 마음으로 지키는 지조와 몸으로 행하는 행실.
※齊等(제등): 동등하다. 같다.

혜 선인의 품행이 몹시 전일해서 잠시 이 이야기를 끄집어내 방편으로 보였을 뿐이다. 하지만 만약 이 일을 논한다면 전광석화와 같아서, 밝게 알았거나 밝게 알지 못하였거나 목숨을 잃는 것을 면치 못할 것이다. 다만 밝게 알지 못하면 목숨을 잃는다는 것은 맞다 하더라도, 밝게 알았는데 무엇 때문에 목숨을 잃는다는 것인가? 많은 사람들이 여기에 이르러 의심을 하게 되는데, 분별심이 다해서 목숨이 끊어진 곳에 이르러야 심장과 간장 등 오장 육부가 바뀌어 향상向上과 같아진다는 것을 정말 모르는 것이다. 그래서 이르기를 "바로 그 자리에서 마치 절벽에서 손을 놓아버리는 것처럼 하라"[2]고 하였던 것이다. 그런

---

2 경덕전등록 제20권, '소주 영광원 진 선사' 편에 다음과 같이 기술하고 있다.
上堂謂衆曰 "言鋒若差 鄕關萬里 直須懸崖撒手 自肯承當. 絶後再蘇 欺君不得 非常之旨 人焉庾哉"

상당하여 대중에게 말했다.

다음 생철을 부어 만든 놈이 되어야 가시덤불을 꿰뚫고 나왔다고 부를 수 있는 것이다. 또한 천하 노장들의 말씀을 의심하지 않아야, 확실히 진정으로 참구하고 배울 만한 자격이 있는 것이다.

---

"말끝이 어긋나면 고향은 만 리이니, 모름지기 곧장 낭떠러지에서 손을 놓고 스스로 알아야 한다. 죽었다가 깨어나면 그대를 속일 수 없으니, 비상한 종지를 어떤 사람이 숨기겠는가."

# 32. 약허 암주에게(示 若虛庵主修道者)[1]

學道之士 初有信向 厭世煩溷 長恐不能得箇入路. 旣逢師指 或因自己直下發明 從本已來 元目具足 妙圓眞心. 觸境遇緣 自知落著 便乃守住患不能出得. 遂作窠臼 向機境上 立照立用 下咄下拍 努眼揚眉 一場特地.

※밑줄 친 부분 가운데 '目(목)'은 '自(자)'의 誤字다.
※溷(어지러울 혼): 어지럽다. 흐리다. 더럽다. 뒷간. 울다.

도를 배우는 사람들이 처음에는 확실한 목적(信向)이 있어 세상의 번거로움과 어지러움을 싫어하면서 깨달음의 길로 들어가지 못하는 것을 늘 걱정하고는 한다. 그러다가 스승의 가르침을 받거나 자기 자신으로 인해 바로 그 자리에서 본래부터 스스로 원만하게 갖추고 있는 묘원진심妙圓眞心을 밝히고는 한다. 하지만 경계나 인연을 만나면 저절로 일이 해결된 것(落著)으로 알고는 머물게 되는데, 거기서 벗어나지 못할까 걱정스럽다. 그리고는 마침내 고정된 틀(窠臼)을 만들어 기경機境에서 조照를 세우고 용用을 세우며, 돌(咄, 쯧쯧!)을 하고

1 원문에서는 '약허 암주'를 비구니로 기록하고 있다.

손뺵을 치며, 눈에다 힘을 주고 눈썹을 치켜 올리는 등 한바탕 난리를 친다.

❀

更遇本色宗匠 盡與拈却如許知解 直下契證本來無爲 無事無心境界 然後識羞慚知休歇. 一向冥然 諸聖尙覓他起處不得 況其餘耶. 所以巖頭道 "他得底入 只守閑閑地 二六時中無欲無依" 可不是安樂法門.

※밑줄 친 부분 가운데 '入(입)'은 '人(인)'의 誤字다.

그러다가 다시 본색의 종장(本色宗匠)을 만나 허다한 지해知解를 모두 집어 들어 물리쳐주면, 바로 그 자리에서 본래의 함도 없고 일도 없는(無爲無事)의 무심無心의 경계를 계합해 증득하게 되는데, 그런 다음에야 몹시 부끄러운 줄을 알고 쉴 줄을 알게 된다. 언제나 한결같이 그윽한 것은 모든 성현들 또한 그것이 일어난 곳을 찾지 못하는데, 하물며 나머지야 말해 무엇 하겠는가! 그래서 암두巖頭[2]가 이르기를 "저 체득한 사람(得底人)은 다만 조용하고 한가로운 경지를 지킬 뿐, 하루 종일 하고자 함도 없고 의지함도 없다"고 했던 것이니, 이것이야말로 안락법문安樂法門이 아니겠는가!

❀

昔 灌溪往末山 山問 "近離甚處" 溪云 "路口" 山 "云何不蓋却" 溪無語. 次日致問 "如何是末山境" 山云 "不露頂" "如何是山中人" 云 "非男女等

2 암두전활에 관해서는 본서 '1. 화장 명 수좌에게' 편의 註35를 참조.

相" 溪云 "何不變去" 山云 "不是神不是鬼變箇什麽" 如此豈不是脚蹋實地 到壁立萬仞處. 所以道 "末後一句 始到牢關 把斷要津 不通凡聖" 古人旣爾 今人豈少欠耶. 幸有金剛王寶劒 當須遇著知音 可以拈出.

옛날, 관계灌溪[3]가 말산末山[4]에 갔는데, 말산이 물었다.

---

3 관계지한(灌溪志閑, ?~895): 당대의 임제종 스님. 관계는 주석 지명. 속성은 사史씨. 임제의현의 법을 이음.(선학사전, p.49)

4 末山了然(말산요연): 경덕전등록 제11권, '균주 말산 니尼 요연' 편에서 고안대우高安大愚 선사의 법손으로 소개하고 있다.

말산요연과 관계지한과의 대화를 경덕전등록 제11권에서는 다음과 같이 기술하고 있다.

筠州末山尼了然 灌溪閑和尙 遊方時到山先云 "若相當卽住 不然則推倒禪床" 乃入堂內 然遣侍者 問 "上座遊山來 爲佛法來" 閑云 "爲佛法來" 然乃升座 閑上參 然問 "上座今日離何處" 閑云 "離路口" 然云 "何不蓋却" 閑無對 (禾山代云 "爭得到遮裏") 始禮拜問 "如何是末山" 然云 "不露頂" 閑云 "如何是末山主" 然云 "非男女相" 閑乃喝云 "何不變去" 然云 "不是神不是鬼變箇什麽" 閑於是服膺作園頭三載.

'균주筠州 말산末山 비구니(尼) 요연了然' 편,
관계 지한(灌溪閑) 화상이 제방을 다니다가 이 산에 이르러 먼저 말했다.
"만약 맞게 대답하면 머무르겠지만, 그렇지 않으면 선상을 뒤집어엎겠소."
그리고는 법당으로 들어가니, 요연비구니가 시자를 보내 물었다.
"상좌는 산 구경을 온 것입니까, 불법을 위해 온 것입니까?"
지한이 말했다.
"불법을 위해서 왔소."

요연了然이 법상에 오르자, 지한이 법당에 올랐다.
요연이 물었다.
"상좌는 오늘 어디서 왔습니까?"

"어디서 왔습니까?"

관계가 말했다.

"길 어귀에서 왔소."

말산이 말했다.

"어째서 덮어버리지 못하는 것이오?"

관계가 말을 하지 못했다.

다음 날, 물었다.

"어떤 것이 말산의 경계입니까?"

---

"길 어귀에서 떠났소."

"어째서 덮어버리지 못하는 것이오?"

지한이 대답을 하지 못했다.

〔화산禾山이 대신 말했다. "어찌 여기에 이르렀는가?"〕

그제야 절을 하고 물었다.

"어떤 것이 말산입니까?"

요연이 말했다.

"산꼭대기를 드러내지 않는다."

지한이 말했다.

"어떤 것이 말산의 주인입니까?"

요연이 말했다.

"남녀의 모습이 아니다."

지한이 "할!" 하고는 말했다.

"어째서 변하지 않습니까?"

요연이 말했다.

"신神도 아니고 귀鬼도 아닌데, 무엇이 변하겠는가?"

지한이 이것을 가슴에 품고, 3년 동안 원두園頭를 맡았다.

말산이 말했다.

"산꼭대기를 드러내지 않습니다."

"어떤 것이 산중인山中人입니까?"

말산이 말했다.

"남자나 여자와 같은 모습이 아닙니다."

관계가 말했다.

"어째서 변하지 않습니까?"

말산이 말했다.

"신神도 아니고 귀鬼도 아닌데 무엇이 변하겠습니까!"

이와 같은 것이 어찌 실제로 밟아, 만 길 절벽과 같이 우뚝 선 곳에 이른 것이 아니겠는가! 그래서 이르기를 "말후일구末後一句가 뇌관에 이르렀으니, 요긴한 곳을 꽉 잡아 성인도 범부도 통과하지 못하게 하라"[5]고 하였던 것이다. 고인古人도 이미 그러하였는데, 요즘 사람들이 어찌 부족함이 없겠는가!

다행히도 금강왕보검金剛王寶劍이 있으니, 모름지기 지음인(知音, 知音人)을 만나야 드러낼 수 있는 것이다.

5 낙포원안의 말씀이다. 이에 대해서는 본서 '6. 융 지장에게' 편의 註17을 참조.

# 33. 양 노두 선인에게(示 良蘆頭禪人)[1]

金色頭陀雞足峰論劫打坐 達磨少林面壁九年 曹溪四會縣看獵. 大潙深山卓庵十載 大梅一住絶人迹 無業閱大藏. 古聖 翹足七晝夜贊底沙 常啼經月鬻心肝 長慶坐破七箇蒲團. 是皆爲此一段大因緣 其志可尙 終古作後昆標準.

※翹(뛰어날 교): 뛰어나다. 우뚝하다. 들다. 발돋움하다.

※鬻(죽 죽, 팔 육, 어릴 육): 죽(粥). 묽은 죽. 팔다(육). 값을 받고 물건을 주다(육). 속이다(육). 기만하다. 자랑하여 뽐내다(육).

금색金色의 두타(頭陀, 가섭)는 계족산에 오랜 겁 동안 앉아 있고, 달마는 소림에서 9년을 면벽했으며, 조계(曹溪, 6조 혜능)는 사회현에서 사냥하는 것을 지켜보았다. 대위大潙는 깊은 산에 암자를 세우고 10년을 보냈고,[2] 대매大梅는 한 번 안주하고는 인적을 끊어버렸으며,[3]

---

1 상기의 蘆頭(노두)는 爐頭(노두, 절의 소임 중에 하나)의 誤字이거나, 蘆와 爐가 발음상 같기에 편리상 쓰였을 수도 있다.

爐頭(노두): 화롯불을 담당하는 스님. 선가에서는 매년 음력 10월 1일부터 화로에 불을 피워 이듬해 2월 1일에 끄게 되는데, 이 화로에 불이 꺼지지 않도록 관리하는 선승을 이르는 말이다.

무업無業은 대장경을 열람했다.[4] 또한 옛 성인은 7일 밤낮을 발돋움을

---

2 대위는 위산영우를 뜻하며, 백장회해가 위산으로 보내 그곳에 머문 것을 뜻한다. 경덕전등록 제9권에 다음과 같이 기술하고 있다.

百丈是夜召師入室 囑云 "吾化緣在此 潙山勝境 汝當居之 嗣續吾宗 廣度後學" 時華林聞之曰 "某甲忝居上首 祐公何得住持" 百丈云 "若能對衆下得一語出格 當與住持" 卽指淨瓶問云 "不得喚作淨瓶 汝喚作什麽" 華林云 "不可喚作木(木*突)也" 百丈不肯 乃問師 師踢倒淨瓶. 百丈笑云 "第一坐輸 却山子也" 遂遣師往潙山. 是山峭絶敻無人煙 師猿猱爲伍橡栗充食. 山下居民稍稍知之 帥衆共營梵宇.

백장이 밤에 선사(위산영우)를 불렀다. 방장실에 들어오자, 부촉하며 말했다.

"나의 교화 인연은 여기에 있다. 위산이 뛰어난 경계이니, 그대가 거기에 머물면서 나의 종지를 이어 후학들을 널리 제도하라."

그때 화림華林이 듣고는 말했다.

"제가 부끄럽지만 상수(上首=第一坐, 맨 위의 수좌)의 자리에 있거늘, 우(영우) 스님이 어떻게 주지를 합니까?"

백장이 말했다.

"만약 능히 대중에게 격을 뛰어넘는 한 마디를 한다면, 당연히 주지를 허락하겠다."

그리고는 바로 정병淨瓶을 가리키며 물었다.

"정병이라고 부르지 않으면 그대는 뭐라고 부르겠는가?"

화림이 말했다.

"나무토막이라고 불러서는 안 됩니다."

백장이 긍정하지 않고, 선사에게 묻자, 선사가 정병을 차서 넘어뜨렸다.

백장이 웃으면서 말했다.

"제1좌第一坐가 위산에게 깨졌구나."

그리고는 마침내 선사를 위산으로 보냈다.

이 산은 원래 험준하고 아득해서 인가의 연기조차도 없었는데, 선사가 원숭이들을 벗 삼고 도토리와 밤으로 끼니를 채웠다.

산 아래 사는 사람들이 점점 알게 되었고, 대중들이 모여 들자 함께 절을 지어

하면서 부처님을 찬탄했고, 상제常啼보살은 달을 넘겨 심장과 간을 팔았으며,[5] 장경長慶은 일곱 개의 좌복을 앉아서 뚫었다.[6] 이는 모두가

---

이끌어갔다.

위산영우에 대해서는 본서 '7. 충 장로께' 편의 註9를 참조.

3 大梅法常(대매법상, 752~839): 당대 남악 스님의 문하. 대매는 주석 산명. 속성은 정鄭씨. 형주 옥천사에서 출가. 경론에 통한 후, 마조도일 회하에서 돈오발명하고, 대매산에서 30년간 은거함.(선학사전, p.137)

4 汾州無業(분주무업)을 뜻하며 오대산에서 대장경을 열람하였다고 함.(분주무업에 대해서는 본서 '12. 문 장로께' 편의 註15를 참조.)

5 중생을 근심하고 염려하여 늘 울고 있는 보살이다.
산스크리트어로는 사다프라(Sadaprarudita)를 음역하여 살타파륜薩陀波倫이라 하고, 의역하여 상제보살常啼菩薩이라 한다. 보자보살普慈菩薩·상비보살常悲菩薩이라고도 한다.(두산백과)

저 옛날 부처님이 없는 시대에 살타파륜은 태어났다. 그때는 성인도 경전도 얻어 볼 길 없고, 사회는 어둡고 악이 충만하여 크게 어지러웠다. 살타파륜보살은 이 속에서 진리와 정의를 구하며 항상 울며 지냈다. 그러나 어느 날 꿈에 부처님을 만났다. 영법무예왕여래라 하는 과거불이 출현하시어 법을 설했다. 그는 일체 소유를 버리고 오직 부처님을 만나 법문을 들을 것만을 간절히 구하며 끝없이 슬퍼했다. 그때에 공중에서 소리가 들려왔다.
"울지 마라. 살타파륜이여. 대반야바라밀이 있어 과거·현재·미래 모든 부처님이 부처님이 되었다. 그대로 이 법을 수행하면 위없는 깨달음을 얻게 된다."
그때에 살타파륜은 하늘을 우러러 물었다.
"누구에 의지하여 그 법을 배우리까? 어떤 방법으로 어느 나라에 가리까? 그리고 스승님의 이름은 무엇이라 하나이까?"
공중에서 소리가 들려왔다.
"선남자여, 그대는 동쪽으로 가거라. 거기서 반야바라밀의 법문을 들을 것이다.

몸의 피로를 생각하지 마라. 졸음이나 음식에 관심하지 말고 밤낮을 가리지 말고 춥고 더움에 마음 팔리지 말고 앞으로 가라. 자아가 있다든가 신체가 있다는 생각에 흔들리지 말고, 심신 어느 요소에도 마음을 빼앗기지 마라. 그렇게 하지 않으면 부처님 가르침에서 어긋나고, 생사에 빠지면 반야바라밀을 얻을 수 없다. 나쁜 벗을 피하고 착한 벗을 친근하라. 그리고 또한 진실한 도리를 관찰하라. 온갖 것은 더럽지도 않고 깨끗하지도 않을 것이다. 왜냐하면 모든 것의 본성은 공이기 때문이다."

살타파륜보살은 동쪽으로 출발하였다. 어디까지 갈지 길을 몰라서 또 슬피 울부짖었다. 반야바라밀 법문을 듣기 전에는 7일 동안이라도 그 자리에 서 있기를 결심했다. 오직 반야바라밀 법문을 구했다. 그때에 흔연히 부처님이 나타나셨다. 그리고 그를 칭찬하며 말씀하셨다.

"여기에서 동쪽으로 오백 유순을 가면 건타월이라는 도시가 있다. 거기에 담무갈보살이 있으니 바로 너의 선지식이며 스승이다. 너는 그에게서 반야바라밀 법문을 들을 것이다."

이 말씀을 들은 보살은 걷잡을 수 없는 감동을 받았다. 마치 독화살을 맞은 사람이 언제나 명의가 와서 나를 치료해 줄까 하는 생각만을 하듯이, 나는 언제 반야바라밀을 말씀하시는 스승님을 만날까만을 생각하고 도무지 다른 생각이 없었다. 그때에 그는 삼매 속에서 담무갈보살의 설법을 들었다. 또한 삼매 속에서 담무갈보살의 설법을 들었다. 또한 삼매 속에서 시방제불이 반야바라밀을 말씀하시고 또한 그에게 이렇게 말씀하는 것을 들었다.

"선남자여, 여래들도 보살수행 시절에 반야바라밀 법문을 구하던 중 지금 네가 들은 거와 같은 삼매에 들어 마침내 아뇩다라삼먁삼보리를 얻었다. 너도 담무갈을 스승으로 하여 그 은혜를 가슴에 새기고 온갖 공양구를 갖추어 받들고 섬겨 법문을 듣는다면 그의 도움으로 반야바라밀을 깨달을 것이다" 하였다.

보살은 자리에서 일어나 담무갈보살을 찾아 뵈오려 일어났다. 그는 매우 가난했다. 가진 것이란 별로 없었다. 무엇으로 공양구를 장만하여 담무갈보살을 찾아갈 것인가 걱정이 됐다. 그는 길을 가는 중에 생각이 들었다.

"옳지, 내 몸을 팔자. 나는 지난 세상에 애욕 때문에 얼마나 많은 몸을 없앴던가.

나는 한 번도 담무갈보살과 같은 위대한 스승 앞에 법문을 위하여 몸을 버린 적이 없지 않은가. 옳지! 이 몸을 팔아서 공양구를 장만하자."

이렇게 생각이 든 그는 시장 복판에서 연거푸 소리를 질렀다.

"사람을 사십시오. 누가 사람을 살 사람이 없습니까?"

그때에 악마는 그의 구도를 방해하기 위하여 지나가는 사람들의 귀를 막아 버렸다. 그러므로 보살은 끝내 자기 몸을 살 사람을 찾지 못하고 울며 탄식했다.

그때에 제석천은 그의 구도의 뜻을 시험하고자 사람 몸으로 나투어 그의 곁으로 갔다.

"나는 사람은 필요 없으나 사람의 심장과 피, 골수가 필요합니다. 제사에 써야겠습니다."

살타파륜은 칼을 들어 팔을 찔렀다. 또한 허벅다리를 베고 뼈를 끊으려고 벽에 기대었다.

그곳은 마침 큰 장자의 정자 밑이었다. 정자에서 장자의 딸이 이 광경을 지켜보고 있다가 너무 참혹한 정경을 보고 놀라 이유를 들었다. 살타파륜의 피를 판 돈으로 보살에 공양하고 반야바라밀을 배워 위없는 깨달음을 이루어서 일체 중생을 제도하겠다는 설명을 듣고 감격하였다.

그는 말하였다.

"공양구는 내가 장만하겠습니다. 그리고 나와 함께 담무갈성자에 갑시다."

이때에 제석천이 본신을 나타내어 보살을 찬탄하고, "필요한 물건이라면 내가 다 하겠습니다." 하고 나섰다.

살타파륜은 말하기를 "나는 무상법을 구합니다"고 하였다.

"그것은 내가 할 수 없는 것입니다."

이때에 보살은 맹세하기를 "내가 무상보리를 이루고 나의 구도가 진실한 것이라면 그 증명으로 이 몸이 본래대로 회복되어지리다." 하니, 순간에 부처님의 위신력으로 그의 몸은 말끔히 회복되었다. 이때에 이를 지켜보던 제석천도 악마도 멋쩍어서 자취를 감추었다.(불광교학부 엮음, 『대반야경의 세계』, pp.213~214, 1995, 불광출판부)

上記의 註를 볼 때 譯者가 원오의 원문을 근거로 "성인(古聖)은 7일 밤낮을 하나의 대인연(一段大因緣, 一大事因緣)을 위한 것이었으니, 그 뜻이 가히 숭고해서 영원토록 후손들에게 표준이 될 만하다.

❀

便使致身 在長連床上 亦不過冥心體究. 但令心念澄靜 紛紛擾擾處 正好作工夫當作工夫時 透頂透底 無絲毫遺漏. 全體現成 更不自他處起 惟此一大機 阿轆轆地轉. 更說甚世諦佛法.

※阿轆轆地(아녹록지): 막힌 데가 없어 걸림이 없는 경지.

(그들은) 편하게 몸을 긴 선상(長連床, 禪床)에 두도록 해도 그윽한 마음으로 몸소 참구하는 것에서 벗어나지 않고, 다만 마음과 생각을 맑고 고요하게 할 뿐이었다. 또한 어지럽고 시끄러운 곳에서도 훌륭하게 공부했으니, 당연히 공부할 때는 머리끝에서 발끝까지 꿰뚫어 털끝만큼도 새는 것이 없었다. 전체가 그대로 드러나, 다시는 나니 남이니 하는 곳을 일으키지 않고, 오로지 이 하나의 큰 기연機緣으로 막힌 데가 없고 걸림이 없는 경지를 운용하였다. 그런데 다시 무슨 세제世諦니 불법佛法이니를 말하겠는가!

---

발돋움을 하면서 부처님을 찬탄하였고, 상제常啼보살은 달을 넘겨 심장과 간을 팔았으며"라고 번역은 했지만, '성인'과 '상제보살'이 둘이 아님을 알 수 있다. 또한 원문을 직역해서 '달을 넘겨 심장과 간을 팔았다'고 번역을 했지만, '경월(經月, 달을 넘겨)'에 너무 집착해서 읽을 필요는 없다.

6 장경혜릉에 관해서는 본서 '27. 찬 상인께' 편의 註5를 참조.

❀

<u>一搸平持</u> 日久歲深 自然脚跟下 實確確地 只是箇良上座 直下契證. 如水入水 如金博金 平等一如 湛然眞純 是解作活計. 但一念不生 放教玲瓏 纔有是非彼我得失 勿隨他去. 乃是終日竟夜 親參自家眞善知識 何憂此事不辦. 切須自看.

※밑줄 친 부분 가운데 '搸'은 '様(모양 양)'자로 해석하였다.
※愽(넓을 박=博): 넓다. 많다. 크다. 노름하다. 넓이. 노름.
※博(넓을 박): 넓다. 깊다. 많다. 크다. 얻다. 바꾸다. 무역하다. 노름하다.

오랜 세월 한결 같은 모양으로 고르게 지니면 자연히 자기가 있는 자리가 진실하고 더욱 확고하게 될 것이니, 다만 이것이 '양' 상좌가 바로 그 자리에서 계합해서 증득해야 하는 것이다. 마치 물에 물을 붓고 금으로 금을 바꾸듯 평등일여平等一如하고 잠연진순(湛然眞純, 맑고 진실하며 순수)하면, 자연 살아나갈 방도를 알게 될 것이다.

다만 한 생각도 일으키지 않고 놓아버려 영롱하도록 해야 한다. 옳고 그름(是非)·너와 나(彼我)·얻음과 잃음(得失)이라는 생각이 일어나면 그것을 따라가지 말라! 그러면 이것이 낮이 다하고 밤이 다할 때까지 몸소 자기의 참 선지식을 참구하는 것이니, 어찌 이 일에 힘쓰지 못할까 근심하겠는가!

간절히 바라건대, 스스로 살펴라!

# 34. 허 봉의께(示 許奉議)[1]

此箇事在利根上智之人 一聞千悟不爲難. 要須脚跟牢 實諦當徹 信把得定作得主. 於一切違順境界 差別因緣 打成一片 如太虛空 無纖毫障隔 湛湛虛明 無有轉變. 雖百劫千生 始終如一 方得平穩.

※諦當(체당): 정확하다. 알맞다. 적절하다. 자세하고 확실하다.

이 일은 영리한 근기의 지혜가 뛰어난 사람에게 있는 것이니, 하나를 듣고서 천을 깨닫는 것은 어려운 것이 아닙니다. 하지만 모름지기 서 있는 자리를 굳건히 하고, 진실로 자세하고 확실하게 꿰뚫어서 확실히 꽉 잡아 주인이 되어야 합니다. 일체의 거스르고 맞는 경계(違順境界)와 여러 가지 인연(差別因緣)을 한 덩어리로 만들어, 마치 태허공太虛空이 털끝만큼의 장애나 간격이 없는 것처럼, 맑고 맑으며 텅 비고 밝아 전변轉變하는 것이 없어야 합니다. 설사 백겁천생百劫千生일지라도 시종 한결같아야, 고요하고 안온함을 얻을 수 있습니다.

---

1 奉議(봉의): 관직명이나 정확한 임무는 알 수 없다. 또한 원문의 제목 옆에 '庭圭(정규)'라고 표기하고 있으나, 그 뜻을 알 수 없다.

❀

多見 聰俊明敏 根浮脚淺 便向言句上 認得轉變 卽以世間 無可過尙. 遂增長見刺 逞能逞解 趂語言快利 將爲佛法只如此. 及至境界緣生 透脫不行 因成進退 良可痛惜也. 故古人直是千魔萬難 悉皆嘗遍 雖七處割截 亦不動念. 一往操心 猶如鐵石 以至透脫生死 渾不費力 豈不是大丈夫 超情慷慨所存也.

※聰俊明敏(총준명민)은 총명聰明과 준민(俊敏, 재주와 슬기가 뛰어나서 밝음)을 뜻한다.

※趂(좇을 진): 좇다. 뒤좇다. 따르다. 달려가다. 틈을 타다. 편승하다.

총명하고 재주가 뛰어나지만 근본이 얕고 가벼워 문득 언구에서 전변을 얻은 것으로 여기고는 바로 세간에서는 더 이상 높을 것이 없다고 하는 것을 많이 보게 됩니다. 그리고는 마침내 견해의 가시를 증장시켜 재능을 뽐내고 아는 것을 뽐내며, 재빠르게 언어만을 좇으면서 불법은 단지 이와 같은 것일 뿐이라고 여깁니다. 그리고 경계를 연해서 생하는 것이 있게 되면 이를 꿰뚫어 벗어나지 못하고 그로 인해 진퇴를 하게 되니, 참으로 몹시 애석할 따름입니다. 그렇기 때문에 고인古人은 바로 일천의 마군과 만 가지 어려움(千魔萬難)을 모두 다 두루 맛보았던 것이고, 설사 일곱 곳이 잘릴지라도 생각이 움직이지 않았던 것입니다.[2] 한 번 마음을 잡으면 마치 철석鐵石과도 같았고, 생사를 꿰뚫어

---

2 금강경 14, 이상적멸분離相寂滅分에 다음과 같이 기술하고 있다.

何以故 須菩提 如我昔爲歌利王割截身體 我於爾時 無我相無人相無衆生相無壽

벗어남에 이르기까지 조금도 힘을 들이지 않았으니, 이것이 어찌 정식情識을 뛰어넘어 강개한 뜻을 가진 대장부가 아니겠습니까!

❀

在家菩薩修出家行 如火中出蓮 蓋名位權實意氣 卒難調伏. 況火宅煩擾 煎熬百端千緒. 除非自己直下 本眞妙圓 到大寂定休歇之場 尤能放下 廓爾平常. 徹證無心 觀一切法 如夢如幻.

※意氣(의기): 포부와 성격. 의지와 기개. 치우친 감정.

※煎熬(전오): 기름에 지지고, 물에 넣고 졸이다. 시달리다. 괴로움을 당하다.

재가보살在家菩薩이 출가인의 행을 닦는 것이 마치 불 속에서 연꽃이 피어나는 것과 같은 것은 명예와 지위(名位)·방편과 실재(權實)·의와 기(意氣, 포부와 성격)를 조복받기가 끝내 어렵기 때문입니다. 더욱이 삼계화택三界火宅의 번거롭고 시끄러움이 백천 갈래로 지지고 볶는 데야 어찌 하겠습니까! 오직 자기가 바로 그 자리에서 본진묘원(本眞妙圓, 본래 참되고 오묘하며 원만함)해야 한바탕 크게 쉬어버린 대적정大寂定의 경지에 이르게 되고, 더욱이 그것마저 확실히 놓아버릴 수 있어야 텅 비어 늘 항상하게 됩니다. 철저하게 무심을 증득해야 일체법이

---

者相. 何以故 我於往昔節節支解時 若有我相人相衆生相壽者相 應生瞋恨.

왜냐하면 수보리야! 내가 옛날에 가리왕에게 몸이 잘렸는데, 나에게는 그때 아상·인상·중생상·수자상이 없었기 때문이니라. 왜냐하면 내가 지난 옛날 마디마디가 잘릴 때 아상·인상·중생상·수자상이 있었다면 마땅히 화를 내거나 원한을 내었을 것이기 때문이니라.

꿈과 같고 허깨비와 같음을 관하게 됩니다.

❀

空豁豁地 隨時應節 消遣將去 卽與維摩詰 傅大士 裴相國 楊內翰 諸在家勝士 同其正因. 隨自己力量 轉化未悟 同入無爲無事法性海中 則出來南閻浮提打一遭 不爲折本矣.

※消遣(소견):=消日(소일).

텅 비고 확 트여 시절인연에 따라 응하면서 세월을 보내다보면, 유마힐維摩詰·부대사傅大士[3]·배상국裴相國[4]·양내한楊內翰[5] 등과 같은 모든

3 傅大士(부대사, 497~569): 양梁·진陳의 거사. 절강성浙江省 동양東陽 출신. 성姓은 부傅, 이름은 흡翕, 자字는 현풍玄風, 호는 선혜善慧. 쌍림대사雙林大士·동양대사東陽大士라고도 함. 16세에 혼인하여 두 아들을 두었으나, 24세에 서역西域의 승려 숭두타嵩頭陀에게 감화되어 동양東陽 송산松山에 은거하여 수행함. 534년에 입궐하여 무제武帝에게 설법하고, 칙명으로 종산鍾山 정림사定林寺에 머무르니 학인들이 운집함. 540년에 송산에 쌍림사雙林寺를 창건하고 머물면서 수차례에 걸쳐 대법회大法會를 개설하고, 대장경을 넣어 두는 윤장輪藏을 처음으로 제작함. 어록으로 『선혜대사어록善慧大士語錄』이 있다.(시공 불교사전)

4 裴相國(배상국, 배휴, 791~870): 『신당서新唐書』 권107의 전기에 따르면 맹주孟州 제원濟源에서 출생하였고, 자는 공미公美이다. 진사시험을 치러 현량방정賢良方正에 뽑힌 뒤 여러 관직을 거쳐 병부시랑 영제도염철전운사, 중서문하평장사, 선무군절도사 등을 역임하였으며, 소의昭義·하동河東 등 여러 곳의 절도사로 일하였다. 74세에 죽고 태위太尉에 봉해졌다. 문장과 글씨를 잘 썼는데, 글씨는 특히 해서체에 능하였다. 교양이 깊고 성품이 온화하며, 특히 불교를 공부하여 술과 고기를 멀리하고 책을 편찬하고 어록과 서문을 많이 썼다. 이처럼 배휴는

재가의 뛰어난 수행자들과 그 정인正因을 함께 할 것입니다. 또한 자기의 역량에 따라 아직 깨닫지 못한 이를 깨닫게 하고, 함께 무위무사無爲無事의 법성의 바다(法性海)에 들어간다면, 바로 남염부제를 한 번 치고 나오는 것이 본전을 손해 보지는 않을 것입니다.

❀

佛法無多子. 如俱胝竪一指 打地只打地 鳥窠吹布毛 無業莫妄想 中邑哆哆和和 古堤無佛性 骨剉一生只道箇骨剉. 只爲信得及 所以 一生受用不盡. 若疑著便有異見差別 有向上有向下 豈能坐得斷. 所以 貴久長 乃難得人也.

※哆(입 딱 벌릴 치): 입 딱 벌리다. 크다. 많다. 흩어지다. 방탕하다.

---

학문과 행정능력을 두루 갖춘 인물이면서도 불교에 귀의한 불교신자였다. 특히 선종의 귀의자로 유명하여 여러 선사들의 어록에 일화를 남겼다. 규봉종밀(圭峰宗密, 780~841)과 황벽희운(黃檗希運, ?~850)에게 사사하여 두 고승의 저작에 서문을 쓰고 황벽희운의 법어집인 『전심법요傳心法要』를 편찬하였다.

당 무종武宗이 일으킨 회창(會昌, 841~846)의 폐불사건 때는 속세에 숨어사는 위앙종의 개조 위산영우(靈祐, 771~853)를 찾아내 위산 동경사同慶寺에 모시기도 하였다. 경덕전등록 권12에 배휴가 황벽희운을 만나는 일화가 전하는데, 이 일화는 '황벽형의黃檗形儀'라는 화두가 되어 『선문염송집禪門拈頌集』 등 여러 화두집에 수록되어 있다.(두산백과사전)

5 楊內翰(양내한, 양문공, 974~1020): 송대의 거사. 자는 대년大年, 양억 거사라고도 함. 송의 저명한 관리로 처음에 유교를 공부하다가 여주에서 광혜원련 스님을 만나 선 수행을 하였고 오랜 참학 끝에 수산성념 스님을 만나 성오함. 이유, 왕노와 함께 경덕전등록을 재정하고 서문을 씀.(선학사전, p.447)

불법에는 대단하다고 할 것(=많은 것)이 없습니다. 그래서 구지俱胝는 한 손가락을 세웠고(竪一指),[6] 타지打地는 다만 땅을 쳤으며(打地),[7] 조과鳥窠는 옷의 털 한 오라기를 불었고(吹布毛),[8] 무업無業은 "망상 피우지 말라(莫妄想)!"[9]고 했으며, 중읍中邑은 어린 아기처럼 옹알거렸

6 俱胝(구지)의 '竪一指'는 본서 '5. 유 서기에게' 편의 註15와 '26. 재 선인에게' 편의 註1을 참조.

7 打地(타지)에 관한 자세한 약력을 알 수는 없으나 경덕전등록 제8권, '흔주 타지 화상' 편에 다음과 같이 기술하고 있으니 참고하기 바란다.

自江西領旨 自晦其名. 凡學者致問 惟以棒打地而示之 時謂之打地和尙. 一日被僧 藏却棒然後問 師但張其口. 僧問門人曰 "只如 和尙每有人問 便打地 意旨如何" 門人卽於竈底取柴一片擲在釜中.

강서에서 종지를 깨치고는 스스로 그 이름을 감추었다. 무릇 배우는 이들이 와서 물으면 오직 방망이로 땅을 쳐서 보였는데, 그때 사람들이 '타지 화상打地和尙'이라고 불렀다.

하루는 어떤 스님이 방망이를 숨긴 다음에 묻자, 화상(흔주타지)은 다만 입을 내밀 뿐이었다.

그 스님이 문인(門人, 타지 스님의 문도)에게 물었다.

"그건 그렇고, 화상께서는 매번 어떤 사람이 묻기만 하면 바로 땅을 치는데, 뜻이 무엇입니까?"

문인이 바로 부엌 바닥에 있던 땔나무 하나를 들어 솥에다 던져버렸다.

8 鳥窠道林(조과도림, 741~824): 당대의 스님. 우두종. 경산법흠의 법사法嗣. 진망산에 살면서 늘 소나무 가지에서 좌선을 하였으므로 조과 선사라고 함.(전게서, p.589)

鳥窠吹布毛(조과취포미)에 관해서는 본서 '28. 찬 상인께' 편의 註8을 참조.

9 無業(무업)에 관해서는 본서 '12. 문 장로께' 편의 註15를 참조.

'莫妄想(막망상)'에 관해서는 경덕전등록 제8권, '분주무업 선사' 편에 다음과 같이 기술하고 있다.

고(哆哆和和),[10] 고제古堤는 "불성이 없다(無佛性)"[11]고 했으며, 골좌骨

凡學者致問 師多答之云 "莫妄想"

무릇 배우는 이들이 와서 물으면 선사는 다만 답해서 말했다.

"망상 떨지 말라(莫妄想)!"

10 中邑洪恩(중읍홍은, 생몰연대 미상): 당대의 스님. 남악의 문하. 중읍은 주석지명. 마조도일의 법을 이어받고 호남성 낭주 중읍에 머묾.(전게서, p.615) 경덕전등록 제6권, '낭주 중읍 홍은 선사' 편에 다음과 같이 기술하고 있다.

仰山初領新戒到謝戒 師見來於禪床上拍手云 "和和" 仰山卽東邊立 又西邊立. 又於中心立. 然後謝戒了却退後立 師云 "什麽處得此三昧" 仰云 "於曹谿脫印子學來" 師云 "汝道曹谿用此三昧接什麽人" 仰云 "接一宿覺用此三昧" 仰云 "和尙什麽處得此三昧來" 師云 "某甲於馬大師處學此三昧" 問 "如何得見性" 師云 "譬如有屋 屋有六窓 內有一獮猴 東邊喚 山山山山 應如是六窓俱喚俱應" 仰山禮謝起云 "所蒙和尙譬喩無不了知 更有一事 只如 內獮猴困睡 外獮猴欲與 相見如何" 師下 繩床執仰 山手作舞云 "山山與汝相見了 譬如蟭螟蟲 在蚊子眼睫上作窠向十字街頭叫喚云 土曠人稀相逢者少"(雲居錫云 "中邑當時若不得 山遮一句語何處有中邑也" 崇壽稠云 "還有人定得此道理麽 若定不得 只是箇弄精魂脚手 佛性義在什麽處" 玄覺云 "若不是仰山 爭得見中邑 且道 什麽處是 仰山得見中邑處)

앙산仰山이 처음에 사미계(新戒)를 받고 사계謝戒의 예를 하러 왔는데, 선사(중읍홍은)가 앙산이 오는 것을 보고는, 선상에서 손뼉을 치며 말했다.

"화화(和和, 갓난아이가 옹알이하는 소리)!"

앙산이 바로 동쪽으로 가서 섰다가 또 서쪽으로 가서 섰다. 그리고는 또 가운데로 가서 섰다. 그런 다음에 사계의 예를 하고는 뒤로 물러나 섰다.

선사가 물었다.

"어디서 이런 삼매를 얻었는가?"

앙산이 말했다.

"인가를 벗어난 조계로부터 배웠습니다."

선사가 말했다.

"그대는 말해 보라! 조계가 이 삼매를 써서 어떤 사람을 제접하였는가?"

앙산이 말했다.

"일숙각一宿覺을 제접할 때 이런 삼매를 썼습니다."

그리고는 앙산이 도리어 물었다.

"화상께서는 어디서 이런 삼매를 얻으셨습니까?"

선사가 말했다.

"나는 마 대사의 처소에서 이 삼매를 배웠다."

물었다.

"어떻게 성품을 봅니까?"

선사가 말했다.

"비유하면 어떤 집에 그 집에 창문이 여섯 개가 있고, 그 안에는 원숭이 한 마리가 있는데, 동쪽에서 '산산아, 산산아(山山: 원숭이를 부르는 소리)!' 하고 부르면, 이와 같이 여섯 창문에서 동시에 '예!' 하며 응하는 것과 같은 것이다."

앙산이 감사의 절을 하고는 일어나 말했다.

"화상의 비유에 힘입어 알지 못할 것이 없게 되었습니다. (하지만) 다시 한 가지 일이 있습니다. 그건 그렇고, 안의 원숭이가 피곤해서 자고 있는데 밖의 원숭이가 만나자고 하면 어떻게 해야 합니까?"

선사가 승상에서 내려와 앙산의 손을 잡고는 춤을 추면서 말했다.

"산산(원숭이)과 그대가 만났으니, 비유하면 초명 벌레가 모기 눈썹 위에 둥지를 짓고 십자가두에서 외치기를 '땅은 넓지만 사람은 드무니, 만날 이가 거의 없구나'라고 하는 것과 같다."

[운거 석雲居錫이 말했다.

"중읍이 당시에 앙산의 일구어를 막지 못했다면 어느 곳에 중읍이 있겠는가!"

숭수 조崇壽稠가 말했다.

"어떤 사람이 결정코 이 도리를 얻었는가? 결정코 얻지 못했다면 단지 귀신의 손발에 놀아날 뿐이다. 불성佛性의 뜻이 어디에 있는가?"

현각玄覺이 말했다.

"앙산이 아니었더라면 어찌 중읍을 볼 수 있었겠는가? 자, 말해 보라! 어디가 앙산이 중읍을 본 곳인가?"]

剉는 일생 동안 다만 말하기를 "뼈가 부셔졌다(骨剉)"[12]고 했던 것입니다. 이것은 다만 확실하게 이르렀기 때문에 그래서 일생 동안 써도 다 쓸 수가 없는 것입니다. 하지만 만약 의심하게 되면 다른 견해의 차별이 있게 되고, 향상向上이니 향하向下니 하는 것이 있게 되는데, 이를 어찌 꺾어버릴 수가 있겠습니까! 그렇기 때문에 길고 오랜 것을 중히 여기는 것이고, 그래서 사람을 얻기가 어려운 것입니다.

---

11 古堤(고제)에 관한 자세한 약력은 알 수 없으나, 경덕전등록에 의하면 장경회운의 법손으로 기록되어 있다. 또한 경덕전등록 제9권, '낭주 고제 화상' 편에 보면 다음과 같이 기술하고 있다.

朗州古堤和尙尋常見僧來每云 "去 汝無佛性" 僧無對 或有對者 莫契其旨. 一日仰山慧寂到參 師云 "去 汝無佛性" 寂叉手近前應諾 師笑曰 "子什麽處得此三昧" 寂曰 "我從潙山得" 寂問曰 "和尙從誰得" 師曰 "我從章敬得"

낭주의 고제古堤 화상은 평소에 스님이 오는 것을 보면 매번 말했다.
"가라! 그대에겐 불성이 없다."
스님이 대답을 하건 혹은 대답을 하지 않건, 모두 그의 뜻에 계합하지 못했다.
어느 날 앙산혜적仰山慧寂이 와서 참례하자, 화상이 또 말했다.
"가라! 그대에겐 불성이 없다."
혜적이 차수를 하고 가까이 와서 "예!" 하자, 화상이 웃으면서 말했다.
"그대는 어디서 이런 삼매를 얻었는가?"
혜적이 말했다.
"저는 위산에서 얻었습니다."
혜적이 물었다.
"화상께서는 누구에게서 얻으셨습니까?"
화상이 말했다.
"나는 장경으로부터 얻었다."

12 骨剉(골좌)에 관해서는 본서 '16. 현 상인께' 편의 註5를 참조.

❀

旣趣向得入 根脚洞明 當令脫灑 特立孤危 壁立萬仞. 佛病祖病去 玄妙理性遣. 等閑蕩蕩地 百不知百不會 一如三家村裏人 初無殊異. 養來養去 日久歲深 朴實頭大安穩 方得安樂. 終不肯 露出自己 作聰明顯作略 衒耀知見 趂口頭禪. 所以道 "十語九中 不如一嘿也" 又道 "我見千百人只是覓作佛底 於中求一箇無心道人難得"

※蕩蕩(탕탕): 썩 큰 모양. 넓고 아득한 모양. 평탄한 모양. 마음이 유연한 모양. 사사로운 마음이 없는 모양. 관대한 모양. 수세水勢가 세찬 모양.
※譯者는 밑줄 친 부분 가운데 '朴(박)'은 '赴(다다를 부)'의 誤字로 이해했다.
※衒耀(현요): 명예를 얻으려고 거짓 뽐내는 일.

나아가고자 하는 방향으로 들어가서 근본이 막힘이 없이 트이고 밝아졌다면, 마땅히 세속의 기풍을 벗어나서 말쑥하고 깨끗하게 해서 홀로 높이 서고, 만 길 벼랑처럼 우뚝 서야 합니다. 또한 부처병(佛病)과 조사병(祖病)을 버리고, 현묘한 이치니 성품이니 하는 것도 버려야 합니다. 마음에 두지 않고 예사로 여기는 것이 넓고 아득해서, 도무지 알지도 못하고 할 줄도 모르는 마치 세 집밖에 없는 궁벽한 시골 사람처럼, 애초부터 다를 바가 없어야 합니다.

오랜 세월 이렇게 기르고 길러 가면 틀림없이 대안온大安穩에 이르러 안락安樂을 얻게 될 것이고, 끝내 자기를 드러내 총명한 척하거나 계략을 짓거나 거짓으로 지견을 뽐내려 하거나 구두선口頭禪을 좇으려 하는 것을 좋아하지 않게 될 것입니다. 그래서 이르기를 "열 번 말해서 아홉 번 들어맞아도 한 번 말 없는 것만 못하다"[13]고 하였던 것입니다. 또한 "내가 보기에는 백천의 사람들이 단지 부처를 구하는 놈들일 뿐, 그 가운데 한 명의 무심도인을 구하는 사람은 얻기 어려웠다"[14]고

---

13 조주의 말씀이다.

14 조주록에 다음과 같이 기술하고 있다.

師上堂示衆 "金佛不度爐 木佛不度火 泥佛不度水 眞佛內裏坐 菩提涅槃 眞如佛性盡是貼體衣服亦名煩惱. 不問卽無煩惱 實際理地什麽處著. 一心不生 萬法無咎 但究理而坐二三十年. 若不會 截取老僧頭去. 夢幻空花徒勞把促 心若不異萬法亦然. 旣不從外得 更拘什麽. 如羊相似 更亂拾物 安口中作麽. 老僧見藥山和尙道 '有人問著但交合取狗口' 老僧亦道 '合取狗口' 取我是垢 不取我是淨 一似獵狗相似 專欲得物喫. 佛法向什麽處著. 一千人萬人 盡是覓佛漢子 覓一箇道人無. 若與空王爲弟子 莫敎心病 最難醫. 未有世界 早有此性 世界壞時 此性不壞. 從一見老僧後 更不是別人. 只是箇主人公 者箇更向外覓作麽. 與麽時 莫轉頭換面. 卽失卻也"

선사(조주종심)가 상당하여 대중에게 말했다.

"금불金佛은 화로를 건너지 못하고, 목불木佛은 불을 건너지 못하며, 니불泥佛은 물을 건너지 못한다. 진불眞佛은 안에 앉아 있으니 보리와 열반, 진여와 불성이 모두 몸에 붙은 옷이고, 또한 번뇌라고 이름하는 것이다. 묻지 않으면 번뇌가 없는데 실제의 이치 자리를 어디에 붙일 것인가?

일심一心이 생하지 않으면 만법에 허물이 없으니, 다만 이치를 참구하며 20년, 30년 앉아 있어라. 만약 (그리하여) 알지 못한다면, 노승의 머리를 잘라라. 꿈·환·허공꽃은 잡아도 헛수고이니, 마음이 만약 다르지 않으면 만법 또한 그러할 것이다. 밖으로부터 얻는 것이 아니면 다시 무엇을 구속하겠는가? 마치 양과 같이 다시 어지럽게 물건을 주어서 입속에 넣어 뭘 하겠는가?

노승이 약산藥山을 뵈었을 때, 화상이 말하기를 '어떤 사람이 물으면 다만 개주둥이 닥쳐라'라고 한다고 하자, 노승 또한 말하기를 '개주둥이 닥쳐라'라고 하였다. 나를 취하는 것은 더러움이고 나를 취하지 않으면 깨끗함이니, 마치 사냥개처럼

하였던 것입니다.

❀

此事最要行持 而於行持 不著相不居德 是名 無相眞修. 香象渡河 截流而過. 如此行持 滴水滴凍 尙不留於胸中 何況特地起心 作諸罪惡. 旣已如是保護 亦如是轉勸未悟 便於此箇上 調直純信 無爲無事 豈不快哉.

※行持(행지): 불도를 닦아 가짐. 게으름 없이 불도를 수행함.

※旣~又: ~할 뿐만 아니라.

이 일의 가장 중요한 것은 불도를 수행하는 것(行持)이며, 불도를 수행하면서 상에도 집착하지 않고 덕에도 머물지 않아야, 이를 일러 '상이 없는 참된 수행(無相眞修)'이라 하는 것입니다. 향상香象은 강을 건널 때 물결을 끊고 지나갑니다. 이와 같이 꾸준히 수행하면 한 방울의 물이 한 방울씩 어는 것과 같게 되고, 더욱이 가슴 속에 남는 것이 없게 되는데, 하물며 어떻게 특별히 마음을 일으켜 모든 죄악을

---

오로지 상대를 먹으려고만 해야 한다.

불법佛法이 어디에 있는가? 천인만인이 모두 부처를 구하는 놈들일 뿐, 한 명의 도인을 구하는 사람이 없다. 만약 공왕空王의 제자가 되려고 하면 마음에 병이 없게 하라. 가장 고치기 어려운 것이다. 세계가 있지 않았을 때에도 이미 이 성품(性)은 있었고, 세계가 파괴될 때에도 이 성품은 파괴되지 않는다. 한 번 노승을 보고나서부터는 다시는 다른 사람이 아니다. 다만 하나의 주인공일 뿐이니, 이것을 다시 밖에서 찾아서 무엇 하겠는가? 그럴 때 머리를 돌리고 얼굴을 바꾸지 말라. 그러면 잃게 된다.

짓겠습니까! 이와 같이 보호할 뿐만 아니라, 이와 같이 깨닫지 못한 사람에게도 권해준다면, 바로 여기에서 곧게 조복되고 확실히 순일하게 되어 함도 없고 일도 없게 될 것이니(無爲無事), 어찌 기쁘지 않겠습니까!

# 35. 해 지욕에게(示 諧知浴)[1]

此箇大法 三世諸佛同證 歷代祖師共傳 一印印定. 直指人心 見性成佛 不立文字語句 謂之教外別行 單傳心印. 若涉言詮路布 立階立梯 論量格外格內 則失却本宗 辜負先聖. 要須最初入作 便遇本分人 直截根源 退步就己.

이 대법大法은 삼세의 제불이 함께 깨달은 것이고, 역대의 조사들이 함께 전한 것이며, 하나의 도장(印)으로 인가한 것이다. 그래서 '직지인심(直指人心, 사람의 마음을 바로 가리키고), 견성성불(見性成佛, 성품을 보고 부처를 이루게 하며), 불립문자어구(不立文字語句, 문자와 어구를 세우지 않은 것)'를 일러 '교외별행(教外別行, 교밖에 달리 행하고)하고 단전심인(單傳心印, 홑으로 심인을 전함)한 것'이라고 하는 것이다. 그런데 만약 언전(言詮, 언어로 불법의 진리를 이해)을 섭렵해서 주장을 하고, 단계를 세워 격외格外니 격내格內니를 논한다면, 근본 종지를 잃고 옛 성현을 저버리게 된다. 그러므로 모름지기 맨 처음 들어와서는 바로 본분인本分人을 만나 근원을 알고, 한걸음 물러나 자기에게로

---

1 知浴(지욕): 욕실을 담당하는 스님을 뜻한다.

나아가야 한다.

❀

以鐵石心 將從前妄想見解 世智辯聰 彼我得失倒底 一時放却. 直下如枯木死灰 情盡見除 到淨倮倮赤灑灑處 豁然契證 與從上諸聖 不移易一絲毫許. 諦信得及 明見得徹 此始爲入理之門 更須敎一念萬年 萬年一念 二六時中 純一無雜. 纔有纖塵起滅 則落二十五有 無出離之期 抵死謾生咬敎斷.

철석같은 마음으로 종전의 망상妄想과 견해見解·세간의 지혜(世智)와 총명辯聰·너와 나(彼我)·얻음과 잃음(得失)을 밑바닥까지 엎어버리고 일시에 놓아버려야 한다. 그리하여 바로 그 자리에서 마른나무와 불 꺼진 재와 같이 정견情見이 다하고 없어져, 정나나淨倮倮하고 적쇄쇄赤灑灑한 곳에 이르러 활연히 계합하여 깨닫게 되면, 옛 성현들과 실 끝만큼도 차이가 나지 않게 될 것이다.

자세히 살펴 확실하게 이르고 밝게 보는 것이 철저해야 이것을 비로소 '진리에 들어가는 문(入理之門)'이라고 하는 것이니, 가일층 모름지기 일념一念이 만년萬年이 되고 만년이 일념이 되도록, 하루 종일 순일하고 잡됨이 없어야 한다. 만약 아주 자디잔 티끌이라도 일어나거나 사라짐이 있으면, 바로 25유二十五有[2]에 떨어져 빠져나올 기약이 없게 될 것이니, 죽기 살기로 물어뜯어 끊어버려야 한다.

---

2 二十五有(25유): 중생의 업인 때문에 생긴 결과로서 생사윤회의 세계를 25종으로 분류한 것.

❀

然後 田地穩密 聖凡位中收攝不得 始是如鳥出籠 自休自了處得坐披衣. 眞金百煉 擧動施爲 等閑蕩蕩地 根塵生死 境智玄妙 如湯沃雪. 遂自知時 更無分外底 名爲無心道人. 以此修證 轉開未悟 令如是履踐 豈不爲要道哉.

그런 다음 경지가 안온하고 빈틈이 없어 성인이니 범부니 하는 지위로 거둬들일 수 없는 정도가 되어야, 비로소 새가 새장을 벗어나는 것처럼 스스로 쉬고 스스로 일을 마친 곳에 앉아 옷을 입게 된다(得坐披衣).[3]

---

3 得坐披衣(득좌피의)는 법화경 제10권, '법사품法師品'에 다음과 같이 기술하고 있다.

"약왕이여, 만약 선남자·선여인이 여래가 열반하신 뒤, 사부대중을 위하여 이 법화경을 설할 때는 어떻게 설해야 하겠는가? 이 선남자·선여인은 여래의 방에 들어가 여래의 옷을 입고, 여래의 자리에 앉아 사부 대중을 위하여 이 경을 널리 설할지니, 여래의 방은 일체중생 가운데 대자비심이요, 여래의 옷은 부드럽고 화평하고 욕됨을 참는 마음이며, 여래의 자리는 일체의 빈 법(法空)이니, 이런 가운데 편안히 머물러 있으면서 게으르지 않는 마음으로 여러 보살과 사부대중을 위하여 이 법화경을 널리 설할지니라."(운허 역, 법화경, p.225)

또한 得坐披衣(득좌피의)에 관하여 앙산혜적은 다음과 같이 인용하고 있으니 참고하기 바란다.

경덕전등록 제11권, '원주 앙산 혜적 선사' 편에 다음과 같이 기술하고 있다.

僧問 "禪宗頓悟 畢竟入門的意如何" 師曰 "此意極難 若是祖宗門下上根上智 一聞千悟得大總持 此根人難得 其有根微智劣 所以古德道 '若不安禪靜慮 到遮裏總須茫然'" 僧曰 "除此格外 還別有方便 令學人得入也無" 師曰 "別有別無 令汝心不安

또한 백 번을 단련한 순금처럼 일거일동이 한가롭고 관대해야, 6근六根

---

汝是什麽處人" 曰 "幽州人" 師曰 "汝還思彼處否" 曰 "常思" 師曰 "彼處樓臺林苑人馬騈闐 汝返思底 還有許多般也無" 僧曰 "某甲到遮裏 一切不見有" 師曰 "汝解猶在境 信位卽是 人位卽不是 據汝所解 只得一玄 得坐披衣 向後自看" 其僧禮謝而去.

어떤 스님이 물었다.

"선종에서는 단박에 깨닫는다고 하는데, 필경 문에 들어가는 분명한 뜻은 어떻습니까?"

선사(앙산혜적)가 말했다.

"이 뜻은 지극히 어렵다. 만약 조종祖宗 문하의 상근상지上根上智라면 하나를 듣고 천을 깨달아 대총지(大總持, 대다라니)를 얻겠지만, 이런 근기의 사람은 얻기 어렵다. 근기가 미약하고 지혜가 얕은 이가 있기에, 그래서 고덕古德이 말하기를, '선의 정려에 편안하지 못하면 여기에 이르러서는 모두 모름지기 아득해진다'고 한 것이다."

스님이 물었다.

"이러한 격외格外를 제외하고, 따로 학인들로 하여금 득입(得入, 깨달음에 들어감)하게 하는 방편이 있습니까?"

선사가 말했다.

"따로 있거나 따로 없거나 그대의 마음을 편안치 못하게 한다. 그대는 어디 사람인가?"

스님이 말했다.

"유주幽州 사람입니다."

선사가 말했다.

"그대는 그곳을 생각한 일이 있는가?"

스님이 말했다.

"항상 생각합니다."

선사가 말했다.

"그곳에는 누각·궁전·숲·동산·사람·말 따위가 들끓는데, 그대가 돌이켜 생각해봐도 많은 일이 있지 않겠는가?"

6진六塵의 생사와 지혜 경계의 현묘함이 마치 끓는 물에 눈을 붓는 것과 같게 된다. 그리하여 마침내 스스로 시절을 알아 다시는 본분을 벗어나지 않게 되면, 이를 일러 '무심도인無心道人'이라고 하는 것이다. 이렇게 닦아 증득하고, 또 나아가서 깨닫지 못한 이를 가르쳐 이와 같이 실천토록 하면, 어찌 도를 닦는 요점이 되지 않겠는가!

❀

古人爲此一段因緣 豈止忘餐廢寢. 至捨頭目髓腦 斷臂負舂 動是三二十年. 只如 巖頭雪峰欽山 雖同歷涉叢林 各執一務効勤. 九度洞山 三到投子 凡所至處 未嘗放過 一宵一霎. 必遞相擧較 互相切瑳 遂契新豐 豁存領旨. 德嶠觀其跂步體裁 可謂法門龍象. 後學之人 可以仰其陳躅 無使虛棄光陰 有忝昔賢耳.

※躅(머뭇거릴 촉, 자취 탁): 머뭇거리다. 밟다. 자취(탁).

고인古人이 이 하나의 인연(一段因緣)[4]을 위했던 것이 어찌 밥을 잊고 잠 못 자는 것에만 그치겠는가! 머리·눈·골수를 버리고, 팔을 끊고,

---

스님이 말했다.

"저는 여기에 이르러 일체가 있다는 것을 보지 못합니다."

선사가 말했다.

"그대의 견해는 아직 경계에 있으니, 신위信位는 그렇더라도 인위人位는 그렇지 못하다. 그대의 견해에 의거하면, 단지 하나의 현묘함만을 얻었을 뿐이니, 자리에 앉아 옷을 입고 그런 다음에 스스로 살펴라!"

그 스님이 감사의 절을 하고 물러갔다.

4 此一段因緣(一大事因緣)에 관해서는 본서 '3. 장 선무 상공께' 편의 註1을 참조.

방아를 찧으면서, 한 번 했다 하면 30년, 20년을 지냈다. 예를 들면, 암두巖頭와 설봉雪峰 그리고 흠산欽山[5]이 비록 총림叢林을 함께 다녔어도, 각자 한 가지 일을 맡아 부지런히 노력하였다.[6] (그 가운데 설봉은) 아홉 번 동산을 찾아갔고 세 번 투자를 찾아뵈었는데, 무릇 이르렀던 곳에서 하룻밤 한 순간도 그냥 지나친 적이 없었다. 반드시 번갈아 서로 거량하고 비교하며 상호간에 절차탁마해서, 신풍新豐에서 깊이 계합하고 활연히 종지를 깨달았다. 또한 덕교(德嶠, 덕산)[7]의 걸음걸이와 체재(體裁)를 보면 불법문중의 용상龍象이라 할 만하다. 그러므로 후학들은 저 나열한 자취들을 우러러야지, 세월을 헛되이 보내 옛 성현들을 욕되게 해서는 안 된다.

❀

昔天台韶國師 少負俊才. 游叢林 所至投機 已領師席. 最後 抵金陵清涼大法眼禪師會下 已倦咨參 唯勉進隨侍之者 摳衣籌室. 一日隨衆僧參 有問 "如何是曹源一滴水" 答云 "是曹源一滴水" 師聞之 前之證解渙若冰釋 方爲得大安穩. <u>是知學解因人</u> <u>所領十言一句一機一境</u> 只益多聞. 到究竟至實之處 須是桶底子脫始得. 此事斷定不在言句中. 若執

---

5 암두전활과 설봉의존에 관해서는 본서 '1. 화장 명 수좌에게' 편의 註35와 34를 참조.

欽山文邃(흠산문수, 생몰 연대 미상): 당대의 스님. 흠산은 주석 산명. 덕산선감, 동산양개 등에게 참학한 후, 동산의 법을 이어받음.(선학사전, p.756)

6 암두는 괭이, 설봉은 조리, 흠산은 바늘과 실을 가지고 다니면서 항상 대중을 위했다고 한다.

7 덕산에 관해서는 본서 '1. 화장 명 수좌에게' 편의 註22를 참조.

著記憶 以爲已見 如畫餠豈可充飢.

※摳衣(구의): 옷자락을 들어 올려서 경의를 표하다.

※籌室(주실): 불법수행이 철저하고 교리에 통달하며 선리에 밝아 덕망이 높은 사람. 불도를 배우는 사람을 교화하고 지도하는 주지.

※渙(흩어질 환, 물 이름 회): 흩어지다. 풀리다. 찬란하다. 빛나다. 호령號令을 발포하다. 물이 많고 세찬 모양. 괘의 이름. 물 이름(회).

※밑줄 친 부분 가운데 '因(인)'은 '困(곤)'의 誤字다.

※밑줄 친 부분 가운데 '十(십)'은 '一(일)'의 誤字다.

지난날, 천태 소天台韶 국사國師[8]가 어려서부터 자질이 준수했다. 총림을 다니면서 이르는 곳마다 기연이 맞아, 스승의 대접을 받았다. 마지막으로 금릉의 청량淸涼 대법안大法眼 선사[9] 회상에 이르렀는데, 묻고 참례하는 것은 게을리 하고, 오직 시자의 일만 열심히 하면서 방장실에서 옷자락을 들어 경의를 표하고 있었다(摳衣籌室).

하루는 대중을 따라 참례하였는데, 어떤 스님이 물었다.

"어떤 것이 조계근원의 한 방울 물입니까?"

---

8 天台 韶 國師(천태 소 국사)는 천태덕소를 뜻한다.
天台德韶(천태덕소, 891~972): 당말 송초의 스님. 법안종. 천태는 주석 산명. 17세에 출가하여 50여 선사들에게 역참한 후 법안문익의 법을 이음. 천태산에 들어가 천태지자 스님의 도량 수십 곳을 부흥함.(선학사전, p.648)

9 淸涼大法眼禪師(청량대법안선사)는 법안문익을 뜻한다.
法眼文益(법안문익, 885~958): 당말 오대의 스님. 7세에 출가, 장경혜릉에게 참학하고 나한계침에게 수년을 참구하고 그의 법을 이음. 선교불이禪敎不二의 입장을 주장한 법안종의 개조.(전게서, p.272)

법안이 말했다.

"이것이 조계근원의 한 방울 물이다."

국사가 이 말을 듣고는, 전에 증득했다고 여겼던 것들이 풀리기를 마치 얼음이 녹듯 해서, 비로소 대안온大安穩을 얻게 되었다.

배워서 이해하는 것은 사람을 피곤하게 하는 것이고, 일언一言과 일구一句·일기一機와 일경一境에서 알았다는 것은 단지 많이 들음을 더하는 것일 뿐이라는 것을 알아야 한다. 구경究竟의 지극히 실다운 자리에 이르고자 한다면, 반드시 통 밑바닥이 쑥 빠져버리듯 해야 한다. 이 일은 단정컨대, 언구에 있지 않다. 그렇기 때문에 집착하고 기억한 것을 자기의 견해로 삼는다면 마치 그림 속 떡과 같은 것이니, 어찌 배를 채울 수 있겠는가!

❀

然大達之士超證諦實. 及至投機 於語句間迥出塗轍 機境筌蹄籠羅他不. 只如石頭問藥山 "你在此 作什麽" 對云 "一 物不爲" 頭云 "如此則閑坐也" 對云 "閑坐則爲也" 石頭又問 "子道不爲不爲箇什麽" 對云 "千聖亦不識" 石頭乃以頌贊云 "從來共住不知名 任運相將只麽行 自古上賢猶不識 造次凡流豈可明" 似此豈不是徹證底人語話. 機量言句 何曾拘束得他. 若理地不明胸次有物間著 如氈上拽猫兒. 是故 祖師道 "心隨萬境轉 轉處實能幽 隨流認得性 無喜亦無憂"

※筌蹄(전제): 고기를 잡는 통발과 토끼를 잡는 올가미란 뜻. 목적을 위한 방편을 이르는 말.

하지만 크게 통달한 사람은 진실한 이치를 뛰어넘어 증득한다. 또한 기연機緣에 투합하게 되면 어구 상에 있으면서도 그 자취를 멀리 벗어나, 기경機境의 올가미나 그물로도 그를 잡아둘 수 없게 된다.

석두石頭[10]가 약산藥山[11]에게 물었다.
"그대는 여기서 무엇을 하는가?"
"아무것도 하지 않습니다."
석두가 말했다.
"이와 같으면 한가로이 앉아 있는 것이군."
"한가로이 앉은 것도 하는 것입니다."
석두가 다시 물었다.
"그대는 하지 않는다고 말했는데, 하지 않는 것이 무엇인가?"
"모든 성현들도 모릅니다."
석두가 이에 게송으로 찬탄하며 말했다.

"지금까지 함께 머물면서 이름도 모르지만,
운행하는 대로 서로 그렇게 행할 뿐이다.
예로부터 성현들도 오히려 알지 못했는데,
그 짧은 시간에 범부가 어찌 밝힐 수 있으리오."

---

10 石頭(석두)는 석두희천을 뜻하며, 스님에 관해서는 본서 '1. 화장 명 수좌에게' 편의 註23을 참조.

11 藥山(약산)은 약산유엄을 뜻하며, 스님에 관해서는 본서 '5.유 서기에게' 편의 註13을 참조.

이 같은 것이 어찌 철저하게 증득한 이의 말이 아니겠는가! 또한 기연을 헤아리는 언구(機量言句)로 그를 어떻게 구속할 수 있었겠는가! 만약 이치를 밝히지 못했다면 가슴 속에 무엇인가가 남아 있는 듯해서, 물어도 마치 모포에서 고양이를 질질 끄는 것과 같을 것이다. 이런 까닭에 조사가 말하기를 "마음은 모든 경계를 따라 움직이나 구르는 곳마다 실로 그윽하구나. 흐름을 따라 성품을 아니, 기쁨도 없고 근심도 없도다"[12]라고 하였던 것이다.

---

12 서천 22조 마나라摩拏羅 존자가 23조 학륵나鶴勒那에게 한 전법게다. 경덕전등록 제2권에 다음과 같이 기술하고 있다.

鶴勒那問尊者曰 "我止林間已經九白(印度以一年爲一白). 有弟子龍子者 幼而聰慧 我於三世推窮莫知其本" 尊者曰 "此子於第五劫中 生妙喜國婆羅門家 曾以旃檀施於佛宇 作槌撞鐘 受報聰敏爲衆欽仰" 又問 "我有何緣而感鶴衆" 尊者曰 "汝第四劫中 嘗爲比丘 當赴會龍宮 汝諸弟子咸欲隨從. 汝觀五百衆中 無有一人堪任妙供" 時諸子曰 '師常說法 於食等者 於法亦等 今旣不然 何聖之有' 汝卽令赴會. 自汝捨生趣生轉化諸國 其五百弟子 以福微德薄 生於羽族 今感汝之惠故爲鶴衆相隨" 鶴勒那聞語曰 "以何方便令彼解脫" 尊者曰 "我有無上法寶 汝當聽受化未來際" 而說偈曰 "心隨萬境轉 轉處實能幽 隨流認得性 無喜復無憂" 時鶴衆聞偈飛鳴而去.

학륵나가 (마나라)존자에게 물었다.

"제가 숲속에 머문 것이 벌써 9년이 지났습니다. 〔인도에서는 1년을 백白이라고 한다.〕 용자龍子라는 제자가 있는데, 어리지만 총명하고 지혜롭습니다. (하지만) 제가 3세三世를 미루어 궁구해 보아도 그의 근본을 알 수가 없습니다."

존자가 말했다.

"이 아이는 다섯째 겁에 묘희국妙喜國의 바라문 집에 태어났는데, 일찍이 전단旃檀을 절에 보시하여 (그것으로) 망치를 만들어서 종을 치게 했다. 그 과보로 총명하고 명민해서 대중이 존경하여 우러르는 것이다."

❀

叢林兄弟參問 最初的有正因. 於善知識邊 自陳生死事大己事未明 推此所言豈是汎汎爲名爲位 爲我能我勝. 若始終一貫常持此心 不憂己事不明. 及更親近稍久 自己分上未有毫末相應處 便論量如之若何 彼

---

또 물었다.

"저는 무슨 인연이 있어서 학鶴의 무리가 감응하는 것입니까?"

"그대는 넷째 겁에 비구가 되어서 용궁에 가야 했는데, 그대의 여러 제자들이 모두 다 따라가려고 하였다. 그러나 그대가 500의 대중 가운데 한 사람도 묘한 공양을 감당할 만한 이가 없다는 것을 관하였다. 그때 제자들이 말하기를 '스님께서 항상 설법하시길, 음식에 동등하면 법에도 동등하다고 하셨는데, 이제 그렇지 않다고 하신다면 어찌 성인이라 하겠습니까?'라고 하였다. 그래서 그대는 그들을 데리고 갔었다. 이로부터 죽고 태어나면서 여러 나라를 다니며 교화하는 동안에도 그 5백 명의 제자들은 복이 미약하고 덕이 얇아서 새의 종족으로 태어났고, 지금도 그대의 은혜에 감동되었기 때문에 학의 무리가 되어서 따르는 것이다."

학륵나가 듣고서 말했다.

"어떤 방편을 써야 그들을 해탈케 할 수 있습니까?"

존자가 말했다.

"나에게 위없는 법보가 있으니, 그대는 잘 들었다가 미래의 중생을 교화하라. 나의 게송을 들어라."

心隨萬境轉　마음은 만 가지 경계를 따라 구르나
轉處實能幽　구르는 곳마다 실로 그윽하구나.
隨流認得性　흐름을 따라 성품을 아니,
無喜復無憂　기쁨도 없고 다시 근심도 없도다.

이때 학의 무리들이 이 게송을 듣고 울면서 날아갔다.

見解長短 增長我見 覓箇出頭處 他時 一瓣香 不敢辜負和尙 殊不知失却元初正因 却墮在魔界去. 古人道 "設有眷屬莊嚴 不來自至" 旣是一等蹋破草鞋 宜應了却初心 期脫透生死最爲至要. 時不待人 各宜勉力.

※推(밀 추, 밀 퇴): 밀다. 옮다. 변천하다. 천거하다. 추천하다. 넓히다. 확충하다. 헤아리다. 추측하다. (공경하여 높이) 받들다. 꾸미지 아니하다.

※汎汎(범범): 물 위에 뜨는 모양. 물이 넓게 흐르는 모양.

※瓣(외씨 판): 외씨. 꽃잎. 과일조각. 오이의 씨.

총림의 형제들이 참례해서 물을 때, 맨 처음에는 분명히 정인正因이 있다. 그래서 선지식이 있는 곳에서 생사의 일이 큰 데도 자기의 일을 밝히지 못한 것을 스스로 고백하게 되는데, 꾸밈없이 이렇게 말하는 것이 어찌 물위에 떠 있는 명예를 위하고 지위를 위하며, 나의 능력이나 나의 뛰어남을 위한 것이겠는가! 만약 처음부터 끝까지 항상 이 마음을 갖는다면 자기 일을 밝히지 못함을 걱정하지 않을 것이다.

하지만 가까이한 것이 아주 오래되었는데도 자기 분상에 털끝만큼도 상응하는 곳이 아직까지도 있지 않으면, 바로 상대방 견해의 장점과 단점이 이러니 어떠니 논하고 따지면서 아견我見을 증장하며 빠져나올 곳을 찾게 된다. 이는 다른 날 한 줄기 향으로 감히 화상을 저버리는 것은 아니지만, 원래 맨 처음의 정인을 잃어버리고 마군의 경계에 떨어진 것임을 전혀 모르는 것이다.

고인古人이 이르기를 "설사 권속의 장엄이 있더라도 스스로 이르게 하지 말라(設有眷屬莊嚴 不來自至)"[13]고 했다. 이미 모두들 행각을 해서 짚신이 다 닳아버린 사람들이라면 마땅히 초심初心을 깨달아서 생사를 꿰뚫어 벗어나는 것을 기약하는 것이 지극히 중요하다.

세월은 사람을 기다려주지 않으니, 각자 마땅히 힘써라!

---

13 경덕전등록 제28권, '제방광어 12인 견록諸方廣語一十二人見錄 분주 대달 무업 국사의 말씀(汾州大達無業國師語)' 편에 다음과 같이 기술하고 있다.

(중략) 祖師觀此土衆生有大乘根性 唯傳心印指示迷情. 得之者卽不揀凡之與聖愚之與智. 且多虛不如少實 大丈夫兒 如今直下便休歇去 頓息萬緣 越生死流 迥出常格. 靈光獨照 物累不拘 巍巍堂堂三界獨步. 何必身長丈六紫磨金輝 項佩圓光 廣長舌相. 若以色見我 是行邪道 設有眷屬莊嚴 不求自得. 山河大地 不礙眼光. 得大總持 一聞千悟 都不希求一餐之直.

조사(보리달마)가 이 땅의 중생들에게 대승의 근기가 있음을 관하고는 오직 심인心印만을 전하여 미혹한 유정에게 가리켜 보였다. (그러므로) 얻는 자는 바로 범부와 성인, 어리석음과 지혜로움을 분별하지 않게 된다. 또한 많은 허물은 진실이 없는 것만 못하니, 대장부는 지금 바로 그 자리에서 바로 쉬어서, 단박에 만 가지 인연을 쉬고 생사의 흐름을 뛰어넘어, 일상적인 격식으로부터 멀리 벗어나야 한다.

신령스러운 광명이 홀로 비춰 물루(物累, 몸을 얽매는 세상의 온갖 괴로운 일)에도 구속되지 않고, 외외당당하게 삼계를 홀로 걷는데, 어째서 신장이 6척이고, 자마금紫磨金으로 빛나며, 목에 둥근 빛을 두르고, 혀가 넓고 길어야 할 필요가 있겠는가! 만약 색으로 나를 본다면 이것은 삿된 도를 행하는 것이니, 설사 권속의 장엄이 있더라도 스스로 얻음을 구하지 말라(設有眷屬莊嚴 不求自得)! 산하대지는 안광을 방해하지 않으니, 대총지를 얻어 하나를 듣고 천을 깨닫게 되면 한 끼의 값어치도 전혀 바라지 않게 된다.

# 36. 인 선인에게(示 印禪人)

道由悟達 立志爲先. 自博地具縛凡夫 便欲跂步超證 直入聖域 豈小因緣哉. 固宜操鐵石心 截生死流 承當本來正性. 不見纖塵中外有法 使胸次湯然 了無罣礙施爲作用 悉從根本中出. 根本旣牢實 能轉一切物是謂 金剛正體. 一得永得豈假外求. 是故 古德云"此宗難得其妙 切須子細用心 可中頓悟正因 便是出塵階塹"

※具縛(구박): 번뇌를 갖추고 있어 생사에 속박됨.
※牢實(뇌실): (만듦새가) 튼튼하다. (사람이) 믿음직하다. (일을 처리하는 것이) 실수 없다. 단단하다. 든든하다.
※塹(구덩이 참): 구덩이. 해자(성 밖을 둘러싼 못). 파다. 빠지다.

도道는 깨달아 통달함에 있는 것이니, 뜻을 세우는 것이 우선이 되어야 한다. 많은 번뇌를 갖추고 있어 생사에 속박된 범부로부터 바로 뛰어넘고 깨달아 성현의 영역에 바로 들어가고자 하는 것이 어찌 작은 인연이겠는가! 반드시 철석같은 마음으로 단련해서 생사의 흐름을 끊고 본래의 바른 성품을 알아야 한다. 티끌만큼도 안과 밖에 법法이 있음을 보지 말고 가슴속을 텅 비워 조금도 걸림이 없도록 하면, 하는 작용 모두가 근본에서 나오게 된다. 근본이 단단해서 능히 일체의 사물을 굴릴 수 있으면, 이를 일러 '금강정체金剛正體'라고 한다. 또한 한 번 얻으면 영원히 얻는 것인데, 어찌 밖에서 구할 것이 있겠는가! 이런 까닭에 옛 어른 스님이 이르기를 "이 종지宗旨는 그 오묘함을 얻기가 어려우니, 부디 반드시 자세히 마음을 쓰고, 쓰는 가운데 정인正因을 단박에 깨달아 티끌세상의 단계와 구덩이(階塹)에서 벗어나기를 바란다"[1]고 하였던 것이다.

❀

古德隔江招扇 吹布毛 便有發機處. 至於驀口塑 劈脊棒 亦解桶底子脫. 蓋緣專一久之 一旦瞥地 豈外得之. 皆由自證自悟耶. 大梅諮馬師受箇卽心卽佛. 便深入閫奧 自去住山 後聞非心非佛之語便云 "這老漢鼓弄人家男女 有甚了期. 你但非心非佛, 我只卽心卽佛也" 豈不是有逆水之波覰破馬師漏逗耶. 藥山示衆云 "我有一句子 待犢牛生兒卽向你道" 當時若不放過 但向伊道 "和坐子敗缺"

---

1 위산영우의 『위산경책潙山警策』에서는 다음과 같이 기술하고 있다.
"마음을 씻고 덕을 길러 자취와 명성을 숨기고, 정신을 깨끗하게 길러서 마음에 시끄러운 경계를 끊어야 한다. 만약 참선으로 도를 익혀 방편을 단박에 초월하려 하면, 마음을 현묘한 나루터에 두고서 정밀하고 묘함을 끝까지 파고들어야 한다. 심오한 뜻을 결택하여 참 근원을 깨닫도록 해야 하며, 선지식에게 널리 묻고 좋은 도반을 가까이 해야 한다. 이 참선은 그 묘한 도리를 깨닫기 어려우니 정말로 빈틈없이 마음을 써야 한다. 만약 그러던 중에 본심(正因)을 단박에 깨달으면 그대로 티끌세상과 수행점차(階級漸次, 티끌세상의 단계와 구덩이, 譯註)를 벗어나니, 이것이 곧 3계 25유를 타파하는 것이다.(선림고경총서, 위앙록, p.82, 1998, 장경각)

※밑줄 친 부분 가운데 塑은 '塞(막힐 색)'으로 해석하였다.

※鼓弄(고농): 가지고 놀다. 주무르다.

※犢牛(독우): 송아지.

옛 어른 스님은 강 너머에서 부채를 흔들어 부르고(隔江招扇)[2], 옷의 털 한 오라기를 분 것(吹布毛)[3]이 그대로 깨치는 계기가 되기도 했다. 갑자기 입을 틀어 막아버리고, 주장자로 등판때기를 후려치는 것도 또한 통 밑바닥이 쑥 빠지는 것이었다(桶底子脫). 이는 오래도록 전일專一했기 때문에 한 번에 별안간 깨달은 것이지, 어찌 밖에서 얻은 것이겠는가! 모두가 스스로 증득하고 깨친 것이다.

대매大梅가 마 대사(馬師)에게 물었는데[4], '마음이 곧 부처다(卽心卽佛)'라는 말을 듣고는 바로 깨달음의 문지방 속으로 깊이 들어갔다. 이로부터 산에 머물게 되었는데, 뒤에 '마음도 아니고 부처도 아니다(非心非佛)'라는 말을 듣고는, "이 늙은이가 사람들을 가지고 놀기를 어느 시절에야 마칠 것인가? 그는 마음도 아니고 부처도 아니지만(非心非佛), 나는 단지 마음이 곧 부처(卽心卽佛)일 뿐이다"고 했다. 그런데 이것이 어찌 되받아 역습해서 마 대사의 허물을 간파한 것이 아니겠는가!

약산藥山이 대중에게 말했다.

---

2 隔江招扇(격강초선)은 본서 '28. 찬 상인께' 편의 註7을 참조.

3 吹布毛(취포미)는 조과도림과 관련된 것으로 본서 '28. 찬 상인께' 편의 註8을 참조하기 바란다.

4 마조도일과 대매법상의 상기 내용에 관해서는 본서 '26. 재 선인에게' 편의 註20을 참조하고, 대매법상에 관해서는 본서 33, '양 노두에게' 편의 註3을 참조.

"내게 한마디가 있는데, 송아지가 새끼를 낳으면 그대에게 말해 주리라(我有一句子 待犢牛生兒 卽向你道)."[5]

당시에 만약 그대로 지나치지 않았다면, 단지 그를 향해 "선지식(和坐子)이 낭패로구나!"라고 말해 주었을 것이다.

---

5 약산유엄에 관해서는 본서 5, '유 서기에게' 편의 註13을 참조하기 바란다. 상기의 내용과 관련하여 경덕전등록에서 기술하고 있는 내용은 본서 '5. 유 서기에게' 편의 註13에 소개하였다. 다만 犢牛(독우, 송아지)를 특우(特牛, 수소)로 기술하고 있는 차이점이 있다.

# 37. 신 시자에게(示 信侍者)

學道之要 在深根固蔕 於二六時中 照了自己根脚. 當大起念 百不干懷時 圓融無際 脫體虛凝 一切所爲 曾無疑間 謂之 現成本分事. 及至纔起一毫頭見解 欲承當作主宰 便落在陰界裏. 被見聞覺知 得失是非籠罩 半醉半醒 打疊不辨.

※打疊(타첩): 정리(정돈)하다. 처리하다. 수습하다. 준비하다. 꾸리다.

도道를 배우는 요지는 근본을 깊고 견고하게 하는 데 있으니, 하루 종일 자기의 근본을 비춰야 한다. 한 생각이 갑자기 크게 일어나더라도 전혀 마음속에 관여치 않으면, 원융해서 끝이 없고, 몸을 벗어나 텅 비어 엉긴 듯하며(脫體虛凝), 하는 바 일체에 대해 일찍이 의심할 틈이 없게 되는데, 이를 일러 '현성본분사(現成本分事, 지금 있는 그대로의 본분사)'라고 한다. 하지만 털끝 하나라도 견해를 일으켜서 그 주재자를 알고자 하면 바로 음계陰界에 떨어지게 된다. 또한 견문각지見聞覺知와 득실시비得失是非의 그물에 걸려 반은 취하고 반은 깨어 있으면(半醉半醒), 수습하려 해도 처리하지 못하게 된다.

❀

的實而論 但於鬧鬨鬨中 管帶得行 如無一事相似. 透頂透底 直下圓成了無形相 不費工用 不妨作爲. 語默起倒 終不是別人 稍覺纖毫滞礙悉是妄想. 直敎灑灑落落 如大虛空 如明鏡當臺 如杲日麗天.

※鬧(시끄러울 뇨): 시끄럽다. 지껄이다. 흐트러지다. 난만하다. 함부로.
※鬨(싸울 홍): (무기를 가지고) 싸우다. 싸우는 소리.

(도를 배우는 요지를) 분명하고 확실하게 따져보면, 다만 시끄럽게 싸우는 곳에서 이 일을 지니고 다녀도 마치 아무 일도 없는 것과 같아야 한다. 또한 머리끝에서 발끝까지 꿰뚫고 바로 그 자리에서 원만하게 성취해서 어떠한 형상도 없어야 힘들일 필요도 없고 행하는 데도 거리끼지 않게 된다. 말을 하거나 말이 없거나 일어나거나 넘어지거나 하는 것이 결코 다른 사람 때문이 아니니, 문득 털끝만큼이라도 막히거나 걸리는 것을 느끼면 이는 모두 망상(妄想, 허망한 생각)이다. 그러므로 바로 쇄쇄낙락토록 해서, 마치 태허공大虛空과 같고, 밝은 거울이 경대에 걸린 것과 같으며, 해는 밝고 하늘은 맑은 것처럼 해야 한다.

❀

一動一靜一去一來 不從外得 放敎自由自在. 不被法縛 不求法脫. 盡始盡終 打成一片 何處離佛法外 別有世法 離世法外 別有佛法也. 是故祖師直指人心 金剛般若貴人離相 譬如 壯士屈伸臂頃 不借他力.

한 번 움직이고 한 번 고요하며, 한 번 가고 한 번 오는 것이 밖에서 오는 것이 아니니, 자유자재 하도록 놓아버려라! 법에 속박당하지도 않고 법을 벗어나 구하지도 않으면 처음부터 끝까지 한 덩어리를 이루는데, 어디 불법 밖에 따로 세간법이 있고, 세간법 밖에 따로 불법이 있겠는가! 이런 까닭에 조사는 직지인심直指人心하였고, 금강반야金剛般若는 사람이 상相을 떠나는 것을 소중하게 여기는 것이니, 비유하면 장사가 팔을 펴고 굽힐 때 다른 사람의 힘이 필요치 않은 것과 같다.

❀

如此省要好長時 自退步體究. 令有箇落著 諦實證悟之地 卽是念念徧參無邊無量大善知識也. 切切諦信 勉力作工夫. 乃善之善也.

이와 같이 오랫동안 요지를 잘 살피면서 스스로 한 걸음 물러나 몸소 참구하라! 진실로 살펴서 깨달은 경지에 이르도록 하면, 바로 이것이 생각생각 헤아릴 수 없는 대선지식을 두루 참례하는 것이다.

부디 진실로 자세히 살피고 힘써 공부하라! 그러면 훌륭한 것 중에서도 가장 훌륭한 일이 될 것이다.

# 38. 조인 사미에게(示 祖印沙彌)

永嘉道“不離當處常湛然 覓卽知君不可見”只於當處湛然 二邊坐斷 使平穩 切忌作知解求覓. 纔求卽 如捕影也.

영가永嘉가 말했다.

“당처當處를 떠나지 않고 항상 잠연하니,
찾은 즉 그대를 아나, 볼 수는 없도다.”[1]

다만 잠연한(맑고 고요한) 바로 그 자리에서 양변을 꺾어 조용하고 평안토록 하고, 부디 지해知解를 내어 구하거나 찾는 것을 삼가라! 조금이라도 구하기만 하면 바로 그림자를 잡는 것과 같다.

---

1 영가현각의 증도가에 나오는 말이다.

| | |
|---|---|
| 不可毁不可讚 | 훼방도 할 수 없고, 칭찬도 할 수 없음이여! |
| 體若虛空勿涯岸 | 본체는 허공과 같아서 한계가 없도다. |
| 不離當處常湛然 | 당처를 떠나지 않고 항상 담연하니, |
| 覓卽知君不可見 | 찾은 즉 그대를 아나, 볼 수는 없도다. |
| 取不得捨不得 | 가질 수도 없고 버릴 수도 없나니, |
| 不可得中只麽得 | 얻을 수 없는 가운데 이렇게 얻을 뿐이로다.(고경 p.704~705) |

영가현각에 관해서는 본서 ‘3. 장 선무 상공께’ 편의 註8을 참조.

❀

馬祖云 "卽心卽佛" 又云 "非心非佛" 又云 "不是心不是佛不是物" 東寺云 "心不是佛 智不是道 劒去久矣 爾方刻舟" 若各隨語去 豈有定論. 若忘言契證 雖更宣演百千億句 亦不過一實. 且什麽是實處.

마조馬祖[2]가 이르기를 "마음이 바로 부처다(卽心卽佛)"고 했고, 또 "마음도 아니고 부처도 아니다(非心非佛)"라고도 했다. 또 이르기를 "마음도 아니고 부처도 아니며 어떤 것도 아니다(不是心不是佛不是物)"라고도 했다. 동사東寺[3]는 이르기를 "마음은 부처가 아니고, 지혜는 도가 아니다. 칼이 떨어진 지 오래인데, 그대는 이제야 뱃전에다 칼 떨어진 자리를 새기는구나!"라고 했다.[4]

만약 각각의 말을 따른다면 어찌 결론이 나겠는가! 말을 잊고 계합해 증득하면, 비록 백천억 구句를 연설할지라도 하나의 참다움에 지나지 않을 것이다. 자, 어느 곳이 참다운 자리(實處)이겠는가!

❀

如大梅云 "你但非心非佛 我則卽心卽佛也" 豈不實耶. 要徹底信得及

---

2 마조도일에 관해서는 본서 '4. 원 수좌에게' 편의 註10을 참조.

3 동사여회(東寺如會, 744~823): 당대의 스님. 남악의 문하. 동사는 주석 사명. 소주의 시흥 출신. 마조도일에게 참학하여 법을 이음. 호남 동사에 머물며 마조의 종풍을 널리 선양함. 시호는 전명傳明대사.(선학사전, p.177)

4 본서 '26. 재 선인에게' 편의 註20과 21에서 '卽心卽佛', '非心非佛', '不是心不是佛不是物'에 관하여 자세히 기록하였으므로 참고하기 바란다.

須是 親證親見. 自然不受人謾也.

대매大梅[5]가 말하기를 "그대는 다만 '마음도 아니고 부처도 아니다'고 해라. 나는 그래도 '바로 마음이 곧 부처다'고 말하리라"고 했는데, 이것이 어찌 참되지 않겠는가!

철저하고 확실하게 이르러야 하고, 모름지기 몸소 깨닫고 몸소 보아야만 한다. 그러면 자연히 다른 사람들에게 속지 않게 될 것이다.

---

5 대매법상에 관해서는 본서 '33. 양 노두에게' 편의 註3을 참조.

# 39. 민 지고에게(示 民知庫)[1]

民禪錦官大慈傳法昭律師之法孫. 纔披削卽習家業 學四分毗尼 旣而掐布巾欲離法自淨. 乃肩錫南游 訪西來宗旨. 抵夾山因相從 住道林久之. 老僧領蔣山 參扣愈堅確. 其於領略 能自擺撥知解 要全機直透 每應緣酬唱 一往直截 頗有蘊藉 爲可喜也. 然以此根器 更効勤息志到極深處. 無深極妙處 無妙 大休歇大安穩 不動纖塵 只守閑閑地 聖凡莫能測. 萬德不將來 然後 可以分付鉢袋子也.

※傳法師(전법사): 제자에게 법맥을 전해 준 스승. 부처의 가르침을 전파하는 사람.(시공 불교사전)

※掐(꺼낼 도): 꺼내다. 퍼내다. 치다. 때리다. 뽑다. 뽑아내다.

※參扣(참고): 스승을 찾아가 가르침을 청하기 위해 그의 문을 두드림.

※蘊藉(온자): (언어·문자·표정에) 함축성이 있다. 마음이 너그럽고 온화하다. (인물이) 고상하고 멋이 있다. 풍아風雅하다. 교양이 있고 도량이 크며 얌전하다.

민 선인民禪人은 금관 대자사의 전법사인 소昭 율사의 법손이다. 머리를 깎자마자 바로 가업을 익히며 사분율(四分毗尼, 四分律)을 배웠는데,

1 知庫(지고): 선사禪寺에서 주로 금전의 출납을 맡은 소임을 뜻한다.

얼마 안 있어 포건布巾을 던지고 계율법을 벗어나 스스로 청정코자 했다. 이에 석장을 어깨에 걸머지고 남쪽을 다니면서 서쪽에서 온 종지를 탐구했다. 협산夾山에 이르러 서로 따르면서 친하게 지내게 되었고, 함께 도림사(道林)에 오랫동안 머물렀다.

내가 장산蔣山의 주지를 맡았을 때, 참례하여 묻는 것이 더욱 견고하고 확실해졌다. 깨달음(領略)에 대한 참고參扣는 능히 스스로 지해知解를 떨쳐버리고 온전한 기機로 바로 꿰뚫어야 하는 것인데, 매번 인연에 따라 서로 주고받을 때마다 한 번에 바로 끊어버려 자못 공부가 쌓였으니, 어찌 기쁘지 않았겠는가! 그렇지만 이 근기로 더욱 부지런히 힘을 쓰고 마음을 쉬어 더 없이 깊은 곳에 이르러야 한다.

더 없이 깊고 오묘한 곳도 없고 오묘한 것도 없으면, 크게 쉬고 크게 안온하여(大休歇大安穩) 털끝만큼도 움직이지 않고 다만 한가로운 곳을 지킬 뿐이니, 성인도 범부도 헤아릴 수 없게 된다. 또한 만덕(萬德, 많은 선행이나 덕행)도 가져오지 않아야, 그런 다음 발우 주머니를 맡길 수 있다.

❀

巖頭云 "却物爲上 逐物爲下" 萬境萬緣 以至古今言教 臨機應變 若自己根脚 虛靜圓明寂照 凡來干我 能以金剛王寶劍 當鋒斬斷. 則凜然神威 坐斷一切 不待却而自退 豈不綽綽然有餘裕哉. 儻立本不明 稍涉遲疑 則被牽引 酌然分疎不下 豈免隨他所轉. 旣隨他去 卒無自由分.

※綽綽(작작) = 작연(綽然): 침착하고 여유 있는 모양.

※遲疑(지의): 의심하고 주저함.

※分疎(분소): 조목조목 나누어 설명함.

암두巖頭[2]가 이르기를 "경계(物)를 물리치는 것이 상上이요, 경계를 좇는 것은 하下다"고 했다. 그러므로 모든 경계와 모든 인연, 나아가 고금의 가르침과 임기응변에 이르기까지, 만약 자기 근본이 텅 비어 고요하고 두루 밝아 고요히 비춘다면, 나를 간섭하는 어떤 것이 있더라도 금강왕보검金剛王寶劍으로 바로 베어버릴 수 있다.

늠름하고 신령스러운 위엄으로 일체를 꺾어버리면 물리치지 않아도 스스로 물러나게 되니, 어찌 침착하고 또 여유롭지 않겠는가! 하지만 만약 근본을 세워 밝히지 못하고 조금이라도 의심하고 주저한다면 바로 끌려다니게 되어 짐짓 아무 말도 할 수 없게 되는데, 어찌 남의 말에 끌려다니는 것을 면할 수 있겠는가! 남에게 끌려다니게 되면 끝내 자유로울 수가 없다.

❀

至道簡易 唯却與逐. 善體道者 宜深思之. 古人爲此一段事 直得捨全身 立雪負舂 賣心肝然兩臂. 投猛火聚 七處割截 飼虎 救鴿 捨頭 施目 百種千端蓋不艱苦 則不深到. 有志之士 固宜以古爲儔 晞顏慕藺也.

지극한 도는 간단하고 쉬우니(至道簡易), 오로지 물리치느냐 좇아가느냐에 달려 있을 뿐이다. 그러므로 도를 잘 체험하고자 하면 마땅히 깊이 생각해야 한다. 고인古人은 이 하나의 일(此一段事)을 위해 바로

---

2 암두전활에 관해서는 본서 '1. 화장 명 수좌에게' 편의 註35를 참조.

온 몸을 버리기도 하고, 눈 속에 서 있기도 하며, 방아를 찧기도 하고, 심장과 간을 팔기도 하며, 두 팔뚝을 태우기도 했다. 또한 맹렬한 불 속에 몸을 던지기도 하고, 일곱 곳이 잘리기도 하며, 호랑이에게 밥으로 주기도 하고, 비둘기를 구하기도 하고, 머리를 바치기도 하며, 눈을 보시하는 등, 백 가지 천 가지의 경우가 있었으니, 어렵게 고생하지 않으면 깊이 도달하지 못할 것이다. 그러므로 뜻이 있는 사람이라면 원래 옛사람으로 짝을 삼아 안자顔子[3]처럼 되기를 바라고, 인상여(藺)[4]를 흠모하는 것이 좋을 것이다.

❀

圓湛虛凝道體也 展縮殺活妙用也. 善游刃能操守 如珠走盤 如盤走珠

---

3 顔子(안자): 공자의 수제자首弟子인 안회(顔回, BC. 513~482). 학덕이 뛰어나고 덕행이 첫째여서 아성亞聖으로도 불림. 가난을 괴롭게 여기지 않았고 무슨 일에도 성내지 않았으며 잘못은 두 번 다시 저지르지 않았다 함. 29세에 백발이 되었고 32세에 사망했음.(한시어사전, 2007, 국학자료원)

4 藺相如(인상여): 전국시대 조 혜문왕趙惠文王의 신하. 본디 환관宦官의 우두머리인 목현繆賢의 부하였으나 진왕秦王이 요구한 화씨의 구슬(화씨지벽, 和氏之璧)을 무사히 보전해 돌아와 상대부上大夫가 되었음. 조왕이 진왕과 민지澠池에서 주연을 베풀 때 진왕의 강요로 조왕이 비파를 타니, 인상여가 격분하여 진왕에게 장구 치기를 청한 바, 진왕이 즐겨 치지 않으므로 상여가 왕이 장구를 치지 않으면 신이 5걸음 안에서 목을 찔러 피를 왕에게 뿌리겠다고 하여, 진왕이 할 수 없이 장구를 쳤음. 민지에서 돌아온 조왕은 상여에게 염파廉頗 장군보다 높은 벼슬을 주니, 염파가 불평하다가 후에 상여의 도량에 감복했음. 사기史記 염파인상여열전廉頗藺相如列傳에 의하면 한漢의 사마상여司馬相如는 이름이 견자犬子였으나, 인상여를 사모하여 이름을 상여로 고쳤다고 한다.(전게서)

無頃刻落虛. 亦不分世法佛法 直下打成一片. 所謂 觸處逢渠. 出沒縱横 初無外物 淨倮倮阿轆轆 以本分事印定 頭頭上明 物物上了 何處更有得失是非好惡長短來. 但恐自己正眼未得洞明. 是致落在二邊 則沒交涉也. 豈不見 永嘉道 "上士一決一切了 中下多聞多不信"

※洞明(통명): 통찰하다. 잘 알다. 분명히 이해하다. 명확히 알다. 매우 밝다.

원만하고 맑으며 텅 비어 엉긴 것이 도의 체(道體)이고, 늘이고 줄이며 죽이고 살리는 것이 오묘한 작용(妙用)이다. 훌륭한 솜씨로 칼을 휘두르면서도 능히 조심히 지켜야 하니, 마치 구슬이 쟁반에 구르듯 쟁반이 구슬을 굴리듯 해야 잠시도 허망함에 떨어지지 않게 된다. 또한 세간법과 불법을 구분하지 않고 바로 그 자리에서 한 덩어리를 이루어야 한다. 그래서 이르기를 '닿는 곳마다 그를 만난다(觸處逢渠)'[5]고 하였던 것이다.

종횡으로 나타났다 사라지기도 하는 것이 처음부터 밖에 있는 어떤

5 동산양개의 과수송過水頌에서는 다음과 같이 기술하고 있다.

切忌從他覓　부디 남에게서 찾지 말라!
迢迢與我踈　점점 나와는 멀어질 뿐이다.
我今獨自往　내 이제 홀로 가노니
處處得逢渠　가는 곳마다 그를 만난다.
渠今正是我　그가 지금 바로 나지만
我今不是渠　나는 지금 그가 아니네.
應須恁麼會　모름지기 이렇게 알아야
方得契如如　여여함에 계합하리라.

것도 아니고, 정나나淨倮倮하고 아녹록阿轆轆한 것이 본분사本分事로써 도장을 찍듯 두두물물에 분명한 것인데, 어디서 다시 득실得失·시비是非·호오好惡·장단長短이 있겠는가! 다만 자기의 바른 안목이 훤하게 밝지 못함을 염려할 뿐이다. 이렇게 되면 양변에 떨어지게 돼서 전혀 관계가 없게 된다. 어찌 보지 못했는가? 영가永嘉가 이르기를 "상근기는 한 번 결단해서 일체를 깨치고, 중근기와 하근기는 많이 들을수록 더 믿지를 않는다(上士一決一切了 中下多聞多不信)"[6]고 했던 것을!

❀

佛祖言教筌罤耳 藉之以爲入理之門 旣廓然明悟承當得 則正體上一切圓具. 觀佛祖言教皆影響邊事 終不向頂顲上戴却. 近世參學多不本宗猷 唯持擇言句 論親疎辨得失 浮漚上作實解是誇. 善淘汰得多少公案 解問諸方 五家宗派語 一向沒溺情識 迷却正體 良可憐愍.

※罤(토끼그물 제): 토끼그물(산토끼를 잡는 데에 쓰는 그물).
※밑줄 친 부분 가운데 '顲'은 '顚(전)'으로 해석하였다.
※淘汰(도태): 물에 일고 씻어서 깨끗하게 한다는 뜻으로, 쓸데없거나 적당하지 않은 것이 줄어 없어지거나 줄어서 없어지게 함.

부처와 조사의 말씀은 통발과 그물일 뿐이니, 이를 의지해서 진리에 들어가는 문으로 삼아 확연히 밝게 깨달아 알면, 본래 모습(正體)에서 일체가 원만히 갖춰지게 된다. 부처와 조사의 말씀을 모두 그림자나 메아리 쪽의 일로 봐야지, 결코 머리에 이고 다니지 말아야 한다.

---

6 영가현각의 증도가에 나오는 말이다.

그런데 요즘에 참선하는 많은 납자들은 종지(宗猷)에는 바탕을 두지 않고, 오직 언구만을 간택해서 친근함과 소원함(親疎, 또는 멀고 가까움)을 논하고 득실을 따지면서, 떠다니는 거품 같은 것을 참된 견해라 여기며 이를 과시할 뿐이다. 또한 여러 공안들을 잘도 골라내서 제방의 5가 종파五家宗派의 말을 해석하고 묻지만, 한결같이 정식情識에 빠져 바른 모습을 미혹하니, 참으로 가히 불쌍하고 슬프구나!

❀

有眞正宗師 不惜眉毛 勸令離却 如上惡知惡見 却返謂之 心行移換 擺撼煅煉 展轉入荊棘林中. 所謂"打底不遇作家 到老只成骨董" 省要處不消一箚. 皮下有血知落處 苟或躊躕 則失却鼻頭也.

※擺(열 파): 열다. 벌여놓다. 흔들다. 털다.
※撼(흔들 감): 흔들다. 흔들리다. 움직이다. 요동시키다.

진정한 종사가 눈썹을 아끼지 않고 위와 같은 악지악견惡知惡見에서 떠나라고 하면, 오히려 거꾸로 '마음 씀이 바뀌었다'고 하면서 단련받기를 그만두고 점점 더 가시덤불 속으로 들어간다. 그래서 이르기를 "작가作家를 만나지 못하면 늙을 때까지 단지 쓸모없는 사람이나 될 뿐이다"[7]고 하였던 것이니, 성요처(省要處, 요지를 살펴야 할 곳)에서

7 동산수초의 말씀으로 聯燈會要(연등회요) 권 제26에 다음과 같이 기술하고 있다. 示衆云. 明機自昧 息慮迷源 萬法同塵 語默難顯 不是情中法. 莫生種種心 離此章句 別有商量. 且道 離卻作麽生商量. 還有委悉者麽. 明明地揀破 明明地顯示 明明地擧唱 明明地歌詠 更無囊藏被蓋. 純說乾爆爆地禪 若是靈利漢 纔聞擧著

便合眼卓朔地 知箇落處. 豈不是自家具眼 其柰罕遇其人. 蓋緣洞山這裏 言無味食無味法無味 無味之句 塞斷人口. 兄弟 到這裏 難爲湊泊. 若向這裏 覷得分明天下尊宿 到與不到 徹與不徹 總被你驗破. 何故 智有邪正 道有眞僞. 多只是心機意識 認得箇門頭屋後底 學得路布葛藤 一堆一擔 蘊在胸襟 道我會禪會道 還夢見禪道也未. 喚作打底不遇作家 驀箚地 踏著正脈 省前所行履處 方始羞見本命元辰.

대중에게 말했다.

"명백한 심기를 스스로 어두워서 보지 못하고 (공연히) 사려를 쉬고 근원에 미혹해서 만법이 티끌과 같아 어묵語默을 드러내기 어려우니, 이것은 정중법이 아니다. 그러므로 가지가지 마음을 내지 말고 글귀를 벗어나서 다르게 생각해야 할 것이다.

자 말해 보라! 무엇을 떠나서 생각해야 하는가? 이것을 자세히 아는 자가 있느냐? 분명하고 분명하게 간파하고 분명하고 분명하게 드러내 보이고 분명하고 분명하게 거론하고 분명하고 분명하게 노력해서 다시는 주머니 속에 감추거나 덮이지 말아야 한다. 순전히 아주 말라버린 선(乾爆爆地禪)을 말해야 하니, 만약 영리한 놈이라면 곧 눈을 감고 뛰어나게 그 낙처를 알 것이다. 이것이 어찌 스스로에게 갖춰진 안목이 아니겠으며, 그 사람(선지식)을 거의 만나지 않은 것이겠는가. 동산의 여기에는 말도 맛이 없으며 음식도 맛이 없고 법도 맛이 없으며 글귀도 맛이 없어 사람들의 입을 틀어막고 있다.

형제들이여! 여기에 이르러서는 가까이 하기가 어려우니, 만약 여기를 분명하게 보면 천하 권속들의 이르고 이르지 못함과 철저하고 철저하지 못했음을 모두 그대에 의해서 시험당할 것이다. 왜냐하면 지혜엔 사邪와 정正이 있고 도에는 진짜와 가짜가 있기 때문이다. 이것이 단지 심·의·식(心意識)뿐이거나, 문 앞이나 집 뒤에 있는 것을 알았다고 하거나 어떤 주장이나 문자만을 배워 한 무더기를 쌓아 짊어져 가슴속에 쌓아놓고 나는 선을 안다느니, 나는 도를 안다느니 하면, 꿈속에서도 선도禪道를 보지 못한 것이다. 이를 일러, '작가를 만나지 못하면 늙을 때까지 단지 쓸모없는 사람이나 될 것이다'고 하는 것이다.

내일 아침 다른 날에 이르러 맥연히 찔러 정맥正脈을 실제로 밟게 되면 지난날의 힘 한 번 써보지도 못하는 것이다. 살가죽 아래 피가 흐르는 사람(皮下有血)[8]이라면 낙처落處를 알겠지만, 잠시라도 머뭇머뭇하면 핵심을 잃어

---

행리처行履處를 살피고 바야흐로 비로소 자신의 타고난 운명과 12간지를 잘 볼 수 있을 것이다.

8 경덕전등록 제19권, '소주 운문산 문언 선사' 편에 다음과 같이 기술하고 있다. 更有一般底 才聞人說箇休歇處 便向陰界裏 閉眉合眼 老鼠孔裏作活計 黑山下坐鬼趣裏體當 便道得箇入頭路 夢見麼. 似遮般底殺一萬箇 有什麼罪過. 喚作打底不遇作家 至竟只是箇掠虛漢. 爾若實有箇見處 試捻來看 共爾商量. 莫空不識好惡 矻矻地聚頭說閑葛藤 莫教老漢見. 捉來勘不相當搥折脚. 莫道不道. 爾還皮下有血麼 以拄杖一時趁下.

(중략) 또 한 부류의 사람들은 휴헐처休歇處를 말하는 것을 듣기만 하면 바로 음계陰界에서 눈을 감아버리거나, 쥐구멍 속에서 활발하게 계교를 부리거나, 흑산 아래 앉아 귀신 세상에서 체험한 것으로 바로 말하기를 '들어갈 길을 얻었다'고 하니, 꿈속에선들 보겠는가! 이런 부류의 사람들은 만 명이라도 때려죽인들 무슨 죄가 있겠는가! 친 사람을 불러도 작가를 만나지 못한다면 결국에는 단지 사기꾼일 뿐이다.

그대들이 만약 실제로 본 곳이 있다면 시험 삼아 들어서 가지고 와보라. 그대들과 함께 헤아려 주리라. 쓸데없이 좋고 나쁜 것도 모르면서 몹시 경박하면서도 큰 소리로 머리를 맞대고 말하지도 말고, 노승에게 보이지도 말라! 잡아다가 따져서 서로 맞지 않으면 나무망치로 허리를 꺾어버리겠다. (내가) 말해주지 않았다고 말하지 말라! 그대들 가죽 아래도 피가 흐르고 있는가?

〔이르는 곳마다 스스로 굴욕을 받고자 하는가? 이런 오랑캐의 씨를 멸하는 놈들아! 모두가 여우의 무리들이다. 모두들 여기서 무엇을 하고 있는 것인가?(到處自欲受屈作麼 這滅胡種 盡是野狐群隊 總在這裏作麼)? (이 부분은 역자가 저본으로 하고 있는 경덕전등록(전산 본)에서는 기술하고 있지 않아, 역자가 운문록을 참조하여 첨가했다.)〕

그리고는 주장자로 한꺼번에 쫓아냈다.

버리게 된다.

❀

七佛已前便與麽. 直須硬糾糾緊著頭皮 分明歷落 薦取這一片田地 穩密長時. 乃自會退步 終不道 我有見處 我有妙解. 何故 箇中若立一絲毫能所見刺 則重過山嶽 從上來決不相許. 是故 釋迦文 於然燈佛 以無法得授記 盧老於黃梅 以本來無物 親付衣鉢.

(그러면) 7불七佛 이전에는 또 어떠했는가? 곧장 모름지기 두피頭皮에 단단히 얽어매고 분명하고 역력하게 이 한 조각 마음자리를 깨달아, 오랫동안 안온하면서도 빈틈이 없게 하였다. 그리고는 스스로 알고 물러서서 끝내 '나는 견처가 있다'거나, '나는 오묘한 이해가 있다'고 말하지 않았다. 왜냐하면 그 가운데 하나의 실 끝만큼이라도 능(能, 주관)과 소(所, 객관)의 견해의 가시를 세우면 그 무게가 산보다 크게 되기 때문에 예로부터 결정코 인정하지 않았던 것이다. 이런 까닭에 석가모니는 연등불에게 무법無法으로 수기를 받았고, 노盧노인(혜능)은 황매산에서 '본래 한 물건도 없다(本來無物)'는 말로 친히 의발을 전수 받았던 것이다.

❀

至於生死之際 纔自擔荷 則如靈龜曳尾 應須淨穢二邊 都不依怙. 有心無心 有見無見 似紅鑪著一點雪. 二六時中 透頂透底 灑灑落落 遊此千聖不同途處 直下令純熟. 自然成就得箇 絶學無爲 千人萬人羅籠不住底眞實人也.

※依怙(의호): 한 편만 역성을 들거나 함.

생사의 경계에 이르러 조금이라도 스스로 짐을 짊어지는 것이 있으면, 마치 신령스런 거북이가 꼬리를 끄는 것(靈龜曳尾)과 같으니, 마땅히 깨끗하니 더럽다니 하는 양변에 절대로 의지하지 말아야 한다. 마음이 있느니 마음이 없느니, 견해가 있느니 견해가 없느니 하는 것은 마치 벌겋게 타는 화로에 한 점의 눈이 떨어지는 것과 같은 것이다. 그러므로 하루 종일 머리끝에서 발끝까지 꿰뚫고 쇄쇄낙락해서 일천 성인도 함께하지 않는 길에서 노닐고, 바로 그 자리에서 순일하게 익어지도록 해야 한다. 그러면 자연히 절학무위絶學無爲를 성취해서 천 사람 만 사람이 쳐놓은 그물에도 걸리지 않는 진실인眞實人이 될 것이다.

❀

趙州和尙見僧 喚云"近前來"僧近前 州云"去"多少省力 若薦得乃是十成 若作如之若何 則知見生也. 古人有具大慈悲 見人當面不自承當 方便撥正 通箇入路. 如古堤見僧來 便云"退後退後 汝無佛性"後來只有箇仰山 能知渠端的. 如今拈問學者 十箇有五雙茫然 爲向伊句下死了 所以無瞥地分. 若據活處 如何吐露. 切忌隨他語句好.

조주趙州 화상이 어떤 스님을 보고 불러서 말했다.

"가까이 오라!"

납승이 가까이 오자 말했다.

"가라!"

다소 힘을 덜어 깨달으면 다 아는 것(十成)이지만, 만약 이러쿵저러쿵하면 지견知見만 일어나게 된다. 그래서 대자비를 갖춘 고인古人은 사람들이 그 자리에서 스스로 알지 못하는 것을 보면, 방편으로 바르게 잡아 깨달아 들어가는 길을 열어 주었던 것이다. 예를 들어, 고제古堤[9]는 납승이 오는 것을 보고는 말하기를 "물러가라, 물러가라! 너는 불성佛性이 없다"고 했는데, 뒤에 저 앙산仰山[10]만이 그의 단적인 뜻을 알았다. 그런데 요즘 참학자들에게 이를 들어서 물으면, 열이면 열 모두가 서로 망연해서 저 말 속에서 모두 죽어버리니, 단박에 깨칠 만한 능력이 없기 때문이다. 만약 활처活處를 거론하면 어떻게 말해야 겠는가? 부디 남의 말을 따르지 마라!

❀

靈雲作頌悟桃花 玄沙言渠未徹. 老婆臺山指路 趙州歸來 說勘破. 叢林中作種種論量 只贏得鬧 殊不知古人如敲門瓦子相似. 只貴得入門 既入得門了 安可執却瓦子 作奇特事. 謂諦當直截顯露 落在甚處. 還委悉麼. 毫氂有差 天地懸隔.

영운靈雲이 복숭아꽃을 보고 깨쳐 게송을 지었는데, 현사玄沙가 (이에 대해 평하기를) "그는 아직 철저하게 깨치지 못했다(渠未徹)"고 했다.[11]

---

9 古堤(고제)의 '無佛性'에 관해서는 본서 '34. 허 봉의께' 편의 註11을 참조.

10 앙산에 관해서는 본서 '7. 충 장로께' 편의 註9를 참조.

11 본서 '5.유 서기에게' 편의 註10을 참조. 영운지근과 현사사비에 관해서는 본서 5, '유 서기에게' 편의 註9와 8을 참조.

또 어떤 노파가 오대산 가는 길을 가르쳐주었는데, 조주趙州가 돌아와서 "감파했다(勘破)"[12]고 말했다. 총림에서 (이를 가지고) 갖가지로 논의하고 헤아려도 단지 시끄러움만 남을 뿐이니, 어찌 옛 고인古人이 '문을 두드리는 기와 조각'과 같다고 한 것을 모르는가! 다만 깨달아 문에 들어감을 중히 여길 뿐, 들어가면 그만인데, 어찌 기와 조각에 집착해서 그것이 그렇게 대단하다고 하는 것인가! 자세히 살펴서 바로 끊고 드러내야 한다고 하는데, 귀착점이 어디인가? 자세히 알겠는가? 털끝만큼이라도 어긋나면 하늘과 땅만큼 차이가 나게 된다(毫釐有差 天地懸隔).[13]

---

12 조주록에 다음과 같이 기술하고 있다.

臺山路上 有一婆子 要問僧. 僧問 "臺山路向什麽處去" 云 "驀直去" 僧才行 婆云 "又與麽去也" 師聞後便去問 "臺山路向什麽處去" 云 "驀直去" 師才行 婆云 "又與麽去也" 師便歸擧似大衆云 "婆子今日被老僧勘破了也"

오대산 가는 길에 한 노파가 있었는데, 스님들과 문답하기를 원했다.
어떤 스님이 물었다.
"오대산 가는 길은 어느 쪽으로 갑니까?"
"곧장 똑바로 가십시오."
그 스님이 가자마자 노파가 말했다.
"또 그렇게 가는군."
선사(조주종심)가 (이 이야기) 들은 후에 바로 가서 물었다.
"오대산 가는 길은 어느 쪽으로 갑니까?"
"곧장 똑바로 가십시오."
선사가 가자마자 노파가 말하였다.
"또 그렇게 가는군."
선사가 돌아와 대중에게 이 이야기를 들려주면서 말했다.
"노파가 오늘 내게 감파당했다."

❀

入荒田不揀 信手拈來草 其柰亦能殺人亦能活人. 苟或著得眼 正下得手親 則一莖草可使作 丈六金身 況其他變化乎. 根本旣明 於日用中 鋤田墾土春種秋收 無非與夾山老子 親唱酬地藏阿師展演同一梵行. 踐履純熟 高據毗盧 傳此正法 豈不妙哉.

※鋤(호미 서): 호미. 김매다. 없애다. 어긋나다.
※墾(개간할 간): 개간하다. 따비질하다. 김매다. 힘써 일하다.

거친 밭에 들어가 가리지 않고 손 가는 대로 풀을 집더라도,[14] 그것이 사람을 살리기도 하고 죽이기도 하는 데야 어찌 하겠는가! 또한 진실로 안목을 갖추고 바르게 몸소 손을 쓰면 한 줄기 풀로도 장육금신을 만들 수 있는데,[15] 하물며 다른 변화야 말해 무엇 하겠는가!

이미 근본을 밝혔다면 일상생활 가운데 밭을 매고 땅을 개간하며 봄에 씨 뿌리고 가을에 거두는 것들이 모두 나, 협산노자夾山老子와 친히 주고받음이 아닌 것이 없을 것이고, 지장地藏[16]이 보인 것과 동일한

---

13 3조승찬의 신심명에 나오는 말이다.

14 청량태흠(법등)의 말씀이다.
손 가는 대로 풀을 집어 드니 눈에 닿는 대로 일찍이 없었던 것이 아니거늘, 때가 되었는데 어째서 말하지 않는가(入荒田不揀 信手拈來草 觸目未嘗無 臨機何不道).
본서 '30. 상 선인에게' 편의 본문 하단에서 원오 스님이 인용하고 있다.

15 '一莖草 可使作丈六金身(일경초 가사장육금신)'에 관해서는 본서 '14. 지도 각 장로께' 편의 註6을 참조.

범행梵行이 될 것이다. 오랫동안 실천해서 완전히 익어지면 비로봉에 높이 앉아 이 정법正法을 전하게 되는데, 어찌 오묘하지 않겠는가!

---

16 지장(나한)계침을 뜻한다. 스님에 관해서는 본서 '27. 찬 상인께' 편의 註12를 참조.

# 40. 자문 거사께(送 自聞居士)[1]

何處蹋著來. 若是移舟 諳水勢 擧棹別波瀾 何消抵死叮嚀. 自可一揮便了. 所以 風馳電閃 擬議則千里萬里去也. 只接俊流 不管懵底 是故垂鉤四海 只釣獰龍 格外玄機爲尋知識.

※抵死(저사): 죽도록 저항함. 저사위한抵死爲限의 준말.

※叮嚀(정녕): 틀림없이 꼭. 일에 정성을 다함. 고구정녕苦口叮嚀의 준말.

어느 곳에서 오셨습니까? 만약 배로 이동한 것이라면 당연히 물의 흐름을 알고 노를 들어 물결을 갈랐을 터인데, 어찌 죽을힘을 다해 간곡하게 할 필요가 있겠습니까! 한 번 젓는 것으로 바로 알 터인데요. 그렇기 때문에 바람이 불고 번개가 치듯 해야지, 망설이면 천리만리 차이가 나게 됩니다. 그러므로 다만 빼어난 부류만을 제접할 뿐, 어리석은 자들을 상대하지 않는 것이니, 이런 까닭에 "사해에 낚싯바늘을 내리는 것은 단지 영악한 용을 낚고자 함이요, 격외의 현기는 아는 이를 찾기 위한 것이다(垂鉤四海 只釣獰龍 格外玄機 爲尋知識)"[2]고 하였던

1 원문에는 '서울을 떠나는 자문 거사를 보내며(送自聞居士出京)'라고 기술하고 있다.

것입니다.

❀

旣達此宗 觀一切世出世間 曾不移易 一一透頂透底 便解放身捨命. 於萬別千差境界 恬然不動 縱遇風刀恒坦坦 假饒毒藥也閑閑. 儻不踐履長養安能揭日月 大通大明 自在出沒. 此地從來無向背 直須撥轉上頭關.

이 종지를 통달하면 일체의 세간과 출세간이 일찍이 다르지 않다는 것을 관하게 되고, 하나하나 머리끝에서 발끝까지 꿰뚫게 되면 바로 몸과 목숨을 버릴 줄 알게 될 것입니다. 또한 천차만별의 경계에도 태연해서 움직이지 않으면(恬然不動) 설사 바람 같은 칼날을 만날지라도 항시 꿈쩍도 않고, 가령 독약을 마신다 하더라도 한가하고 한가할 것입니다(縱遇風刀恒坦坦 假饒毒藥也閑閑).[3] 하지만 만약 실천해서 오랫동안 기르지 않는다면 어찌 해와 달을 걸 수 있으며, 크게 통하고 크게 밝아 자재하게 출몰할 수 있겠습니까! 이 경지는 본래 앞과 뒤(向背)가 없으니, 반드시 향상向上의 문빗장(關)을 열어젖혀야 합니다.

---

2 벽암록 38칙, 풍혈철우기風穴鐵牛機에서 원오는 "垂鉤四海 只釣獰龍 格外玄機 爲尋知己"를 운문문언의 말로 기술하고 있다.

3 영가현각의 증도가證道歌에서는 다음과 같이 기술하고 있다.

縱遇鋒刀常坦坦 설사 칼날을 만날지라도 항상 꿈쩍도 하지 않으며,
假饒毒藥也閑閑 가령 독약을 마신다 하더라도 한가하고 한가하다.

# 41. 용 도자에게(示 湧道者)[1]

古人爲此大法 捐軀捨命 歷無邊無量辛懃. 及至洞明奧旨 鄭重如至寶保護如眼睛. 造次動轉 不令輕觸 纔起一毫勝解知見 卽若雲翳靑天塵昏鏡面. 故趙州道"我在南方三十年 除粥飯二時是雜用心處" 曹山指人保任"此事如經蠱毒之鄕 水也不得沾他一滴始得"

※奧旨(오지): 어떤 사물이나 현상이 지니고 있는 깊은 뜻.
※造次(조차): 잠깐 사이. 분주할 때. 급작스럽다. 황망하다. 총망하다.
※蠱(뱃속벌레 고): 뱃속벌레. 기생충. 곡식벌레. 악기惡氣.
※蠱毒(고독): 뱀·지네·두꺼비 등의 독. 그 독으로 사람을 해침.

고인古人은 이 대법大法을 위해 몸과 목숨을 버렸고, 끝도 없고 헤아릴 수도 없는 어려움을 겪었다. 깊은 종지(奧旨)를 통찰할 때는 지극한 보배처럼 소중하게 여기고 눈동자처럼 보호했다. 잠시 잠깐 움직여도 경솔하게 행동하지 않았고, 털끝만큼이라도 수승하다는 지견이 일어나면 바로 푸른 하늘에 구름이 끼듯 때가 거울에 끼듯 여겼다. 그렇기 때문에 조주趙州[2]가 이르기를 "내가 남방에 30년 있을 때 죽 먹고

1 원문에서 '湧 道者(용 도자)'는 비구니로 기술하고 있다.

밥 먹는 두 때를 제외하고는 잡되게 마음을 쓰지 않았다"[3]고 하였던 것이다. 또한 조산曹山[4]은 납자들에게 보임保任[5]을 가리키기를 "이 일은 마치 독이 뿌려진 마을을 지나는 것처럼 한 방울의 물에도 젖지 않아야 한다"고 하였던 것이다.[6]

---

2 조주종심에 관해서는 본서 '1. 화장 명 수좌에게' 편의 註25를 참조.

3 본서 '17. 간 장로께' 편의 註3을 참조.

4 曹山本寂(조산본적, 840~901): 당대의 스님. 조동종. 조산은 주석 산명. 탐장耽章이라고도 함. 19세에 출가하여 25세에 구족계를 받음. 동산양개 스님에게 참학하여 그의 종지를 이어받음.(선학사전, p.592)

5 보임保任에 관하여 법화경 제2권, '비유품'에 다음과 같이 기술하고 있다.(보임과 관련하여 '104, 월 선인에게' 편의 註5를 함께 참조.)

汝等莫得樂住三界火宅. 勿貪麤弊色聲香味觸也. 若貪著生愛則爲所燒 汝等速出三界 當得三乘 聲聞 辟支佛佛乘. 我今爲汝 保任此事 終不虛也. 汝等但當勤修精進. 如來以是方便 誘進衆生.

그대들은 삼계의 불타는 집에 머무는 것을 좋아하지 말라. 추하고 나쁜 색·성·향·미·촉을 탐내지 말라. 만약 탐내고 집착해서 애愛를 내게 되면 불에 타게 되니, 그대들은 속히 삼계에서 벗어나 마땅히 3승의 성문·벽지불·불승을 얻어야 하느니라.

내 이제 그대들을 위해 이 일을 보임保任하노니, 끝내 헛되이 하지 말라. 그대들은 다만 부지런히 정진하라. 여래는 이러한 방편으로 중생들을 권유하느니라.

6 조산록에서는 다음과 같이 기술하고 있다.

僧問 "學人十二時中 如何保任" 師曰 "如經蠱毒之鄉 水不得沾著一滴"

어떤 스님이 물었다.

"학인이 하루 종일 어떻게 보임해야 합니까?"

선사(조산본적)가 말했다.

"마치 독이 뿌려진 마을을 지나는 것처럼 한 방울의 물에도 젖지 않아야 한다."

❀

以忘心絶照踐履 到如如實際 無事於心 於心無事 平澹無爲 超然獨運. 自旣脚蹋實地 方可爲人 解去黏縛 度盡一切人. 實無人可度 直須用取最後句 物物頭頭 有出身之地也.

※平澹(평담): (탐욕이 없어서 마음이) 고요하고 편안하며 의욕이 없음.

마음을 잊고 비춤을 끊는 것으로 실천을 삼아 여여如如하고 참된 경계에 이르면 일이 마음에 없고(無事於心) 마음에 일이 없으며(於心無事),[7] 고요하고 편안해서 함도 없이 초연히 홀로 움직이게 된다. 또한 자신이 실제로 밟아야 다른 사람의 결박을 풀어주고 끈끈하게 붙어 있는 것을 없애주며 일체의 모든 사람을 다 제도할 수 있는 것이다. 하지만 실로 제도할 사람도 없으니, 반드시 최후구最後句[8]를 얻어야만 두두물물 모든 것에서 몸을 벗어나는 경지가 있게 된다.

---

7 원오 스님은 본서 '85. 원빈께' 편과 '138. 장지만 조봉께' 편에서 덕산의 말씀으로 다음과 같이 소개하고 있다.

汝但無事於心 於心無事 則虛而靈寂而照 若毫端許 言之本末者 皆爲自欺

그대들이 다만 일이 마음에 없고 마음에 일이 없으면 텅 비어 신령스럽고 고요하고 비추게 된다. 하지만 만약 털끝만큼이라도 본말本末을 말하는 자는 모두 자기를 속이는 것이 된다.

8 最後句(최후구=末後句, 末後一句): 깨달음의 경계에 대해서 기술한 언구. 말후는 참선 학도의 최후, 즉 깨닫고 그 깨달음마저 초탈한 깨달음의 경지. 임종 때 남기는 최후의 일구.(전게서, p.201)

# 42. 실 상인께(示 實上人)

古人念此大事 雖處深山幽谷村落間 未嘗斯須違背. 遇境逢緣 若色若聲 動作施爲 無不回轉 令就自己分上 與從上來 透徹之士 所履踐 無二無別. 所以根本牢强 不隨境界風轉. 靜然安閑 不落聖凡情量 直下大休大歇 得坐披衣.

※斯須(사수): 잠시. 잠깐.

고인古人은 이 대사大事[1]를 생각함에 심산유곡에 있거나 마을에 있거나 잠시도 이 일을 거스르거나 등진 적이 없었습니다. 경계를 만나고 인연을 만나면, 색色이든 성聲이든 움직이고 행위 하는 것을 모두 돌려 자기 몫으로 취하도록 했으니, 예로부터 철저히 꿰뚫은 사람이 실천했던 바와 둘도 아니고 다름도 없었습니다. 그래서 근본이 굳고 강해서 경계에 바람 따라 구르듯 하지 않았던 것입니다. 또한 고요하고 편안하며 한가로워 성인이니 범부니 하는 알음알이(情量)에도 떨어지지 않고 바로 그 자리에서 크게 쉬고 또 쉬어, 자리를 얻고 옷을 입었던 것입니다(得坐披衣).[2]

---

1 大事(一大事因緣)에 관해서는 본서 '3. 장 선무 상공께' 편의 註1을 참조.

❀

今汝旣還鄕井 能如昔人覰捕 使無間. 然與鐘山方丈 搥拂之下 以至三條椽下 七尺單前 何以異哉. 若稍違背及有間斷 打入沒交涉處. 臨岐切記斯言 異時 前程不可逆料矣.

※逆料(역료): 예측하다. 예상하다. 예견하다.

지금 그대는 고향으로 돌아갔지만, 능히 옛사람처럼 자세히 살피고 사로잡을 수 있으니, 끊어지지 않도록 하십시오! 그러면 종산鐘山 방장 스님이 백추白搥를 치고 불자拂子를 휘두르는 것과 3조 연하 7척 단전(三條椽下 七尺單前, 선상)에 앉아 있는 것에 이르기까지 무엇이 다르겠습니까! 하지만 만약 조금이라도 위배하거나 끊어짐이 있으면, 전혀 관계없는 곳으로 들어가게 될 것입니다.

갈림길에 이르면 부디 이 말을 기억하고, 다른 날 앞의 일을 예측하지 마십시오!

---

2 得坐披衣(득좌피의)에 관해서는 본서 '35. 해 지욕에게' 편의 註3을 참조.

# 43. 추 선인에게(示 樞禪人)

玄學之士 見性悟理 踐佛階梯 是家常茶飯. 須知佛祖頂顙上 有換骨妙致 方可越格超宗 作向上人擧措 使德山臨濟 無施作用處. 平時只守閑閑地 初不立伎倆 似三家村裏人 頑然癡兀 直得諸天捧花無路 魔外潛覰不見. 漠然不露毫芒圭角 如居萬億寶貨深藏牢鎖. 土面灰頭與傭保雜作 口亦不言 心亦不念 一世人莫測 而神意泰然. 豈非有道無爲無作眞無事人耶.

※玄學(현학): 이론이 깊어 깨치기 어려운 학문. 도교의 학문.

※밑줄 친 부분 가운데 '顙'은 '顚(이마 전)으로 해석하였다.

※擧措(거조): 거동. 조취.

※圭角(규각): 물건이 서로 들어맞지 않은 모양. 말이나 행동이나 뜻이 남과 서로 맞지 않고 두드러지게 드러나는 모양.

※傭(품팔 용): 품팔이하다. 품 살다. 품팔이꾼. 품삯.

현학玄學하던 사람이 성품을 보고 이치를 깨달으며 부처로 나아가는 단계를 밟는 것은 일상적인 다반사다. 하지만 모름지기 부처와 조사의 정수리 위에 뼈를 바꿀 수 있는 오묘한 이치(換骨妙致)[1]가 있다는 것을 알아야, 격식을 넘고 종지를 뛰어넘는 향상인向上人의 거동을 할 수

1 경덕전등록 제3권, '제29조 혜가 대사' 편에 다음과 같이 기술하고 있다.

第二十九祖慧可大師者武牢人也. 姓姬氏 父寂. 未有子時 嘗自念言 "我家崇善 豈無令子 禱之旣久" 一夕感異光照室. 其母因而懷妊. 及長遂以照室之瑞. 名之曰光. 自幼志氣不群 博涉詩書. 尤精玄理 而不事家產好遊山水. 後覽佛書 超然自得 卽抵洛陽龍門香山. 依寶靜禪師出家 受具於永穆寺. 浮游講肆 遍學大小乘義. 年三十二 却返香山 終日宴坐 又經八載. 於寂默中 倏見一神人 謂曰 "將欲受果 何滯此耶 大道匪遙 汝其南矣" 光知神助因改名神光. 翌日覺頭痛如刺. 其師欲治之 空中有聲曰 "此乃換骨非常痛也" 光遂以見神事白於師. 師視其頂骨 卽如五峯秀出矣. 乃曰 "汝相吉祥 當有所證 神令汝南者 斯則少林達磨大士 必汝之師也"

제29조 혜가 대사는 무뢰인武牢人이다. 성은 희姬씨고, 아버지는 적寂이다. 자식이 없었을 때 스스로 생각하기를 "우리 집안은 선을 숭상하였거늘 어째서 자식이 없는 것인가?" 하고는 했다. 그리고는 기도하면서 오랜 세월이 지냈다.

어느 날 저녁 이상한 빛이 방안을 비추는 것을 느꼈는데, 그의 어머니가 그로 인해 아이를 갖게 되었다. 성장해서는 마침내 방을 비춘 상서로움으로, 이름을 광光이라고 하였다. 어려서부터 뜻과 기개가 남달랐으며, 시서詩書를 두루 보았다. 더욱이 현리(玄理, 노장의 도)에 정통하였으며, 집안의 재산을 돌보지 않고 산수山水를 돌아다니기를 좋아했다.

후에 불서佛書를 보다가 초연히 얻은 바가 있어서 즉시 낙양 용문龍門의 향산香山으로 갔다. 보정寶靜 선사를 의지해서 출가하고, 영목사永穆寺에서 구족계를 받았다. 강원을 떠돌아다니며 대승과 소승의 뜻을 두루 배웠다.

32세가 되는 해에 다시 향산으로 돌아와서 종일토록 연좌했는데, 또 8년이 지났다. 적묵(寂默, 고요하게 앉아 말없이 깊이 생각함) 속에 문득 한 신인神人을 만났는데, 그가 이렇게 말했다.

"무릇 과果를 얻고자 하면서 어찌 여기에 머물러 있는가? 대도大道는 먼 곳에 있지 않으니, 그대는 남쪽으로 가라."

광光은 신인의 도움임을 알고는 신광神光으로 이름을 고쳤다.

이튿날 머리가 쑤시듯 아팠다. 그의 스승이 치료하려고 하는데, 공중에서 소리가 들렸다.

있는 것이고, 설사 덕산이나 임제라고 해도 작용을 베풀 곳(방을 하고 할을 하며 학인을 제접하는 것)이 없게 된다. 평소엔 다만 조용하고 한가로운 경지(閑閑地)만을 지키면서 애초부터 재주를 부리지 않으니, 마치 마을에 세 집밖에 없는 궁벽한 촌에 사는 사람처럼 미련하고 어리석기가 그지없으며, 모든 하늘이 꽃을 바치려 해도 바칠 길이 없고 마군 외도가 엿보려 해도 엿볼 수가 없다. 조금도 마음에 두지 않고(漠然, 漠然置之) 털끝만큼의 모서리도 드러내지 않으니, 마치 만억의 보화 더미 속에 살면서도 깊게 숨기고 쇠사슬로 잠근 듯하다. 얼굴에는 흙을 바르고 머리에는 재를 뿌린 채 품팔이로 이것저것 잡된 일을 하고 살면서 입으로도 말하지 않고 마음으로도 생각하지 않아, 온 세상 사람들이 헤아리지는 못해도 신령스런 뜻은 태연하다. 그러므로 이것이 어찌 무위무작無爲無作의 도가 있는 참된 무사인無事人이 아니겠는가!

❀

解語非干舌 能言不在詞 明知古人舌頭語言 不是依仗處. 則古人半句一言 其意唯要人 直下契證 本來大事因緣. 所以 修多羅教 如標月指 祖師言句 是敲門瓦子 知是般事便休 行履處綿密 受用處寬通. 日久歲

---

"이는 뼈를 바꾸는 것으로 예사로운 아픔이 아니다(此乃換骨 非常痛也)."
신광이 마침내 신인을 본 사실을 스승에게 말씀드렸다. 스승이 정수리뼈를 살펴보니, 마치 다섯 봉우리가 솟아난 것 같았다. 그가 말했다.
"네 상호가 길상하니, 반드시 증득하는 바가 있을 것이다. 신인이 너를 남쪽으로 가라고 한 것은 이는 바로 소림사의 달마 대사가 반드시 그대의 스승이어야 한다는 뜻이다."

深 不移易 拈弄收放得熟 小小境界 悉皆照破割斷 不留朕迹. 及至死生之際 結角羅紋 不相參雜 湛然不動. 翛然出離 此臘月三十日涅槃堂裏禪.

※參雜(참잡): 서로 얽히다. 뒤섞이다. 혼합되다.
※翛然(수연): 얽매이지 않는 모양. 자유자재인 모양.

말하는 것은 혀와 관계가 없고, 말 잘하는 것은 문장에 있는 것이 아니니, 고인古人이 혀끝으로 말한 것은 의지하거나 기댈 곳이 아님을 분명히 알아야 한다. 고인의 일언반구는 그 뜻이 오직 사람들로 하여금 바로 그 자리에서 본래의 일대사 인연(大事因緣)[2]을 계합해서 깨닫게 하는 데 있을 뿐이다. 그렇기 때문에 경전의 가르침이 달을 가리키는 손가락과 같은 것처럼 조사의 언구는 문 두드리는 기와 조각과 같은 것이니 이런 일을 알아야 바로 쉬게 되고, 행리처行履處가 자세하고 빈틈이 없어야 수용처受用處가 널리 통하게 되는 것이다.

날이 가고 세월이 깊도록 해서 옮기거나 바꾸지 않고 파주와 방행(收放)으로 집어 들어 마음대로 다루는 것이 익으면, 아주 조그마한 경계까지도 모두 다 관조해서 끊어버리고 조짐이나 자취도 남기지 않게 된다. 나아가 생사의 경계에 이르러 모서리를 비단 그물로 맺는 것(結角羅紋, 깨달음)이 서로 얽히지 않고 가득 차 흔들리지 않게 된다. 얽매임 없이 벗어나는 것, 이것이 납월 30일 열반당涅槃堂의 선이다.

---

2 大事因緣(대사인연)에 관해서는 본서 '3. 장 선무 상공께' 편의 註1을 참조.

# 44. 실 선노께(示 實禪老)

威音已前 無師自悟 一往超證 千聖同途. 放得行把得住 作得主 渾圝成現 不須煅煉 而自純熟. 及至威音已後 雖自有超卓處 直下承當 到無疑之地 要須依師決擇印可 使成法器. 不爾 必有魔孽 壞破正因. 是故有祖以來 資授師傳 最貴師法.

※圝(둥글 란): 둥글다.
※超卓(초탁): (남보다) 훨씬 뛰어남.
※決擇(결택): 도리의 옳고 그름을 판단하여 결정함. 의심을 끊고 이치를 분별함.
※孽(서자 얼): 서자. 첩의 소생. 재앙. 근심. 천민.
※師法(사법): 스승으로 본받다. 본보기로 하다. 모범으로 삼다.

위음왕불威音王佛[1] 이전에는 스승 없이 스스로 깨닫고 한 번에 뛰어넘어

1 과거 대겁인 장엄겁 이전, 공겁空劫 때의 부처이다. 당당한 위풍과 장중한 음성으로 법화경을 설하고 왕의 위풍을 가지고 있어 위음왕불威音王佛이라 한다. 법화경 상불경보살품에 나오는 부처로, 상불경보살은 위음왕불 상법시대 말경에 출현하여 법화경을 창唱한 보살이다. 위음왕불이 출현하였을 당시의 겁명은 이쇠離衰, 나라이름은 대성大成이었는데, 이 부처는 그곳에서 모든 중생을 위하여

증득해서 일천 성인과 길을 함께 했습니다. 또한 방행放行과 파주把住[2]에 주인이 되어 온통 둥글게 이루어져 드러났으니, 단련할 필요도 없이 저절로 순일하게 익었습니다. 하지만 위음왕불 이후에 이르러서는 비록 자신에게 남보다 뛰어난 곳이 있어 바로 그 자리에서 깨달아 의심할 것이 없는 곳에 이를지라도 모름지기 스승을 의지해 결택決擇하고 인가를 받아 법기를 이루도록 해야 합니다. 그렇지 않으면 반드시 마군의 재앙이 있어 정인正因이 파괴될 것입니다. 이런 까닭에 조사 이래로 스승이 전하고 제자가 받는 것(資授師傳)을 최고의 사법師法으로 귀하게 여기게 되었던 것입니다.

何況此箇事 非世智辯聰所了 非聞見覺知所拘. 苟不操勇猛大丈夫志

설법하였다. 성문聲聞을 구하는 자에게는 4제四諦를 설하여 열반에 이르게 하고, 벽지불을 구하는 자에게는 12인연의 법을 설하였으며, 보살을 위하여는 아뇩다라 삼먁삼보리에 의해 그에 합당한 육바라밀의 법을 설하여 부처의 깨달음을 얻게 하였다 한다.

위음왕불의 수명은 40만억 나유타 항하사겁이다. 이 부처가 입멸한 후 염부주(閻浮州: 우리가 사는 세상)의 티끌과 같은 겁의 정법正法, 사천하四天下의 가는 티끌과 같은 상법시대를 거치고 다시 입멸하는 과정을 되풀이하면서 20만억이나 되는 무수한 부처가 차례로 출현하는데, 그 모든 부처를 다 위음왕불이라 한다. 선종에서는 이 부처를 요원한 고대古代의 비유로 사용하여 인간의 순수하고 진정한 정신적 세계를 가리킬 때, '위음왕불 이전의 소식'·'하늘과 땅이 나뉘기 전'·'부모미생전父母未生前' 등으로 말한다.(두산백과사전)

2 파주와 방행에 관해서는 본서 '1. 화장 명 수좌에게' 편의 註6 '제지提持'와 평전平展을 참고하기 바란다.

氣 能擇眞正善友知識 截生死流 破無明殼. 孜孜參扣 久之專一 時節緣稔 驀地桶底子脫 廓然省悟. 然後 投誠決擇證據 自然 如下水船 不勞篙棹 乃爲針芥相投.

※孜孜(자자): 부지런히 일에 힘쓰는 모양.

더군다나 이 일은 세상의 지혜나 언변, 총명으로 알 수 있는 것이 아니며, 견문각지見聞覺知에 구애될 일도 아닙니다. 만약 용맹스런 대장부의 뜻과 기상을 갖추지 못했다면, 참되고 바른 선우나 선지식을 만나 생사의 흐름을 끊고 무명의 껍데기를 깨뜨려야 합니다. 부지런히 참례해서 묻고 오랫동안 한결같이 해서 시절인연이 익어야 맥연히 통 밑바닥이 쏙 빠져버리듯 확연히 깨닫게 됩니다. 그런 다음 정성스럽게 결택決擇해서 깨달은 것을 인증 받게 되면, 자연히 흐르는 물을 따라 배가 가는데 노 젓는 수고를 하지 않는 것처럼, 그래야 바늘과 겨자씨가 서로 만나는 것(針芥相投)[3]과 같게 되는 것입니다.

---

3 천축天竺 삼장三藏 담무참曇無讖이 번역한 『대반열반경(大般涅槃經, 40권본)』 권제2, 수명품壽命品에 다음과 같이 게송을 기술하고 있다.

快哉獲己利　　기쁘도다! 이미 이익을 얻어
善得於人身　　인간의 몸을 잘 받았으니
蠲除貪恚等　　탐냄과 성냄 등을 버려
永離三惡道　　삼악도에서 영원히 벗어나리라.

快哉獲己利　　기쁘도다! 이미 이익을 얻어
遇得金寶聚　　금의 보배덩이를 얻고

| | |
|---|---|
| 値遇調御師 | 조어사(부처님)를 뵈니 |
| 不懼墮畜生 | 축생에 떨어지는 것 두렵지 않네. |
| | |
| 佛如優曇花 | 부처님은 우담바라 꽃과 같아서 |
| 値遇生信難 | 만나서 신심 내기 어렵지만 |
| 遇已種善根 | 만나서 이미 선근을 심었으니 |
| 永離餓鬼苦 | 아귀의 고통 영원히 벗어나리라. |
| 亦復能損減 | 또한 능히 |
| 阿修羅種類 | 아수라도 벗어나리라. |
| | |
| 芥子投針鋒 | 겨자를 바늘 끝에 던져 맞히는 것처럼 |
| 佛出難於是 | 부처님 세상에 나오심 이보다 어려운데 |
| 我以具足檀 | 나는 보시바라밀을 구족해서 |
| 度人天生死 | 인천人天의 생사를 뛰어넘었네. |
| | |
| 佛不染世法 | 세간법에 물들지 않는 부처님! |
| 如蓮花處水 | 마치 연꽃의 물처럼 |
| 善斷有頂種 | 유정(有頂, 비상비비상처천)의 종자를 잘 끊으셔서 |
| 永度生死流 | 생사의 흐름을 영원히 벗어나셨네. |
| | |
| 生世爲人難 | 세상에 사람으로 태어나는 것 어렵고 |
| 値佛世亦難 | 부처님 만나는 것 더욱 어려우니 |
| 猶如大海中 | 마치 대해에서 |
| 盲龜遇浮孔 | 눈 먼 거북이가 구멍 뚫린 나무 판때기 만나는 것 같네. |
| | |
| 我今所奉食 | 내가 지금 베푼 음식으로 |
| 願得無上報 | 원컨대, 위없는 과보(無上報) 얻고 |
| 一切煩惱結 | 일체의 번뇌(煩惱結) |

❀

既得旨之後 綿綿相續管帶 令無間斷 長養聖胎. 縱逢境界惡緣 能以正知見 定力融攝之 使成一片. 則生死大變 不足動自己. 胸次養得歲深成箇無爲無 事大解脫人 豈不是能事已辦 行脚事畢耶.

※管帶(관대): 몸과 마음에 지니어 잊지 않음. 부처와의 인연을 몸과 마음으로 늘 소중하게 보호하여 지님.

※能事(능사): (어떤 방면에) 뛰어난 능력.

종지를 체득한 다음에는 끊임없이 계속 이어서 몸과 마음으로 늘 소중하게 보호하고 지니며, 끊어짐이 없도록 성태를 오랫동안 잘 길러야 합니다(長養聖胎).[4] 설사 경계나 악연을 만나더라도 능히 바른 지견과 정력定力으로 원융하게 거두어 한 덩어리가 되도록 해야 합니다. 그러면 생사의 큰 변화도 자기를 움직이기에는 부족하게 될 것입니다. 가슴속에 오래도록 기르다 보면 무위무사無爲無事의 대해탈인이 될 것이니, 이것이 어찌 뛰어난 능력을 다한 것이고 행각하는 일을 다 끝낸 것이 아니겠습니까!

---

| | |
|---|---|
| 摧破不堅牢 | 끊어, 단단해서 부서지지 않는 것 없으리라. |
| 我今於此處 | 내가 지금 이곳에서 |
| 不求天人身 | 하늘 인간의 몸 구하지 않으리니, |
| 設使得之者 | 설사 얻을지라도 |
| 心亦不甘樂 | 마음 또한 달게 즐거워하지 않으리라. |

4 장양성태長養聖胎에 관해서는 본서 '24. 광 서인에게' 편의 註3을 참조.

# 45. 영 상인께(示 瑛上人)

此事在當人快利 旣承當擔荷 知有自己根脚 尤宜卓卓特立獨行. 須絶情離照 俾廓然空寂 無一法可得. 截斷諸緣 令灑灑落落 到大安穩之地 綿密無滲漏 所謂 壁立萬仞 峭巍巍地. 然後 却回來 涉世應物.

※涉世(섭세): 세상을 살아나감.

이 일(此事)[1]은 당사자의 빠르고 날카로움에 달려 있으니, 짊어진 것이 무엇인지를 알았다면 자기에게도 근본이 있다는 것을 알고 더욱 당당하게 우뚝 서서 홀로 가야 합니다. 모름지기 정견情見를 끊고 비춤(照)도 떠나 확연히 텅 비고 고요해서 한 법一法도 얻을 것이 없어야 합니다. 모든 인연을 끊고 쇄쇄낙락토록 해서 대안온大安穩의 경지에 이르면 면면밀밀(綿綿密密, 자세하고 빈틈이 없음)해서 새는 것(滲漏)[2]이 없게 되니, 이를 일러 '만 길 절벽처럼 우뚝 선, 높고 크고 웅장한 경지(壁立萬仞 峭巍巍地)'라고 하는 것입니다. 그런 다음 다시 돌아와 세상에 살면서 중생에 응해야 합니다.

---

1 이 일(此事)은 일대사인연으로 본서 '3. 장 선무 상공께' 편의 註1을 참조.

2 삼루滲漏에 관해서는 본서 '6. 융 지장에게' 편의 註14를 참조.

❀

初無我相 豈有聲色順違 魔佛境界耶. 最難是等閑不作意處 驀地被牽轉 便漏逗也. 應須相續管帶 使勿走作. 久之 打成一片 乃爲歇場 更須會取向上行履始得. 古德云 "得坐披衣 向後自看"

※作意(작의): 마음을 일깨워 대상으로 향하게 하는 마음 작용.

애초부터 '나'라고 하는 상(我相)이 없는데, 어찌 성색聲色을 거스르거나 따르는 경계가 있으며, 부처니 마군이니 하는 경계가 있겠습니까! 가장 어려운 것은 무심히 대상을 향하는 마음 작용이 없는(不作意) 곳에 있다가 맥연히 끌려 들어가 휘둘리는 것이니, 그렇게 되면 바로 낭패를 보게 될 것입니다. 그러므로 반드시 계속해서 몸과 마음에 지니어 잊지 말고, 치달리지도 않게 하십시오. 오래 하면 한 덩어리를 이루어 이내 쉬게 될 것이니, 더욱 모름지기 향상向上의 행동거지를 알아야 합니다.

옛 어른 스님(古德)이 말했습니다.

"자리에 앉아 옷을 입고, 그런 다음 스스로 살펴라(得坐披衣 向後自看)!"[3]

---

3 得坐披衣 向後自看(득좌피의 향후자간)에 관해서는 본서 '35. 해 지욕에게' 편의 註3을 참조.

# 46. 천 상인께(示 泉上人)

參問要見性悟理. 直下忘情絶照 胸襟蕩然 如癡似兀 不較得失 不爭勝劣. 凡有順違 悉皆截斷 令不相續. 悠久自然 到無爲無事處. 纔有毫髮要無事早是事生也. 一波纔動衆波隨 豈有了期. 它時 死生到來 脚忙手亂 只爲不脫灑 但以此爲確實. 自然鬧市裏 亦靜如水 豈憂已事不辦耶.

참문(參問, 참례하여 묻는 것)에는 성품을 보고 이치를 깨닫는 것이 중요합니다. 바로 그 자리에서 정식情識을 잊고 비춤도 끊어 가슴이 텅 비어 마치 어리석고 무지한 듯해야 하며, 득과 실을 비교하지 말고 이기고 짐을 다투지 않아야 합니다. 무릇 따르거나 거스르는 것이 있으면 모두 다 끊어버려 이어지지 않도록 해야 합니다.[1] 오래

1 三祖僧璨(3조승찬)의 신심명에 다음과 같은 구절이 있으니 참고하기 바란다.

| | |
|---|---|
| 毫釐有差 | 털끝만큼이라도 차이가 있으면 |
| 天地懸隔 | 하늘과 땅만큼 현격하게 멀어지게 되니 |
| 欲得現前 | 도가 바로 앞에 드러나길 바라거든 |
| 莫存順逆 | 따름과 거스름을 두지 말라. |
| 違順相爭 | 어긋남과 따름이 서로 다투면 |

하면 자연히 무위무사의 경지(無爲無事處)에 이르게 될 것입니다.

털끝만큼도 일이 없기를 바라면 벌써 일이 생긴 것입니다. 한 물결이 일어나면 여러 물결이 따라서 일어나게 되는데, 어찌 끝날 날을 기약하겠습니까! 그때 죽음이 닥쳐 손과 발을 허둥대더라도 다만 깨끗하게 벗어나지 못하게 될 뿐이니, 다만 이것으로 확실하게 해야 합니다. 그러면 자연히 시끄러운 시장 속에서도 물과 같이 고요할 것이니, 어찌 자기의 일에 힘쓰지 못할까 근심하겠습니까!

❀

纔有是非 紛然失心 只這一句 驚動多少人作計較. 若當頭坐斷 透出威音王那邊 若隨此語轉 特地紛然. 應自回光返照始得. 如來禪祖師禪豈有兩種. 未免媕 含各分皁白 特地乖張. 事理機鋒 一時坐斷 是打淨潔毬子. 還知著實諦當處麼. 放下看取.

※媕(머뭇거릴 암, 아름다울 엄): 머뭇거리다. 결단치 못하다. 연모하여 따르는 모양. 아름답다(엄). (새가) 지저귀다(엄). 우물쭈물하며 남이 하는 대로 하다. 줏대가 없다.

'잠깐이라도 옳고 그름이 있게 되면 어지러이 마음을 잃게 된다(纔有是非 紛然失心)'[2]는 이 일구一句가 많은 사람들을 놀라게도 하고, 서로

---

是爲心病　　이는 마음의 병이 되는 것이니,
不識玄旨　　현묘한 뜻(玄旨)도 알지 못하면서
徒勞念靜　　헛되이 수고롭게 생각을 고요히 하는 것이네.(譯者 註)

2 3조승찬의 신심명信心銘에 나오는 말이다.

견주어 살피게도 합니다. 만약 처음부터 꺾어버리면 위음왕불 저쪽으로 꿰뚫어 벗어나겠지만, 이 말을 따라 끌려가게 되면 정말로 어지러워질 것입니다. 그러므로 마땅히 스스로 회광반조回光返照해야 합니다. 여래선如來禪[3]과 조사선祖師禪[4]에 어찌 두 가지가 있겠습니까! 우물쭈

---

3 여래선如來禪: 불교 선종의 삼종선三種禪 가운데 하나.
삼종선은 의리선義理禪·조사선祖師禪·여래선如來禪으로, 불경에서 밝힌 여래선과 선종에서 밝힌 여래선에는 차이가 있다. 능가경楞伽經에서는 선을 4종으로 분류한 가운데 여래선이 포함되어 있는데, 이때의 여래선은 부처의 경지에 머물면서 중생을 위하여 부사의不思議한 일을 하는 것을 의미한다. 그리고 선종 가운데서도 하택荷澤 계통에서는 "자성의 공적空寂을 보아 무념無念이 되면 곧 일념一念이고 일념이 곧 일체지一切智이며 반야바라밀般若波羅蜜이니, 그것이 곧 여래선"이라고 하였다.
그러나 우리나라 선종의 주류를 형성한 임제종 계통에서는 말의 자취와 생각의 길이 함께 끊어져서 이치나 일에 걸림이 없는 것을 조사선이라 정의하고, 이 조사선 우위의 설에 따라 여래선을 생각과 알음알이가 아주 끊어지지 않아서 말의 자취가 있고 이치의 길이 남아 있는 것이라고 정의하였다. 그리고 우리나라에서는 선종의 5파 가운데 임제종과 운문종만이 조사선을 주창하고, 조동종曹洞宗·위앙종潙仰宗·법안종法眼宗은 여래선 계통이라고 하여 중요시하지 않는 경우가 많았다.(『한국민족문화대백과』, 한국학중앙연구원)

4 조사선祖師禪: 불교 선종의 삼종선三種禪 가운데 하나. 조사인 달마達磨가 바로 전한 선禪이라는 의미.
불립문자不立文字·교외별전敎外別傳·직지인심直指人心·견성성불見性成佛을 표방하는 육조 혜능慧能 하의 남종계의 선, 즉 남종선南宗禪을 말한다. 이 조사선은 일반적으로 중국선을 가리키는 대명사로도 쓰이고 있는데, 조사祖師란 선종에서 불佛에 대신하는 이상적인 인격자이다.
조사선이라는 호칭이 정착하게 된 것은, 조사선의 계보라고 할 수 있는 보림전寶林傳(801)이 등장한 뒤의 일이다. 조사선이라는 말을 최초로 사용한 이는 혜적慧寂

물하면서 남이 하는 대로 하는 것을 면치 못하고, 입에 머금은 것을 각기 흑과 백으로 나눈다면 정말로 어긋남만 늘어날 것입니다. 이理와 사事의 기봉機鋒을 일시에 꺾어버리는 것이 바로 정결한 공(淨潔毬子)을 치는 것입니다.

확실히 살핀 바로 그곳(著實諦當處)을 아시겠습니까?

내려놓고 보십시오(放下看取)!

---

으로 추정되고 있다. 혜적은 동문인 지한智閑에게 "자네는 다만 여래선을 얻었을 뿐, 아직 조사선을 체득하지는 못했다(汝兄得如來禪, 未得祖師禪)."(景德傳燈錄 11, 仰山慧寂)고 하였다.

종밀宗密은 선을 오종으로 나누어 외도선外道禪·범부선凡夫禪·소승선小乘禪·대승선大乘禪·여래청정선(如來淸淨禪, 如來禪)이라 하고, 이 중 여래청정선이 달마가 전한 것으로 최상선最上禪이라고 하였다. 그러나 후세의 선자禪者는 종밀의 여래선도 또한 이理에 매달려서 참된 선을 보인 것은 아니라 하고, 진선眞禪을 전한 남종선을 조사선이라고 이름하며 이를 여래선의 위에 놓은 것이다. 마조馬祖의 즉심시불卽心是佛과 평상심시도平常心是道는 조사선의 기본 사상이 되며, 임제에 이르러 조사선의 전성시대를 이루었다.

이러한 조사선은 우리나라에서도 크게 융성하였다. 신라 말 고려 초에 개산된 구산선문九山禪門도 거의 남돈선南頓禪 계통이다. 조사인 진귀眞歸가 석존의 스승이라는 진귀조사설眞歸祖師說까지 있으며, 천책天頙의 선문보장록禪門寶藏錄는 조사선사상을 크게 부각시키는 데 공헌하였다. 그 뒤 선교양종 속에 서 격외선格外禪 중심의 조사선풍이 차츰 자리 잡게 된 것이다.

조선 후기에는 선을 의리선義理禪·여래선如來禪·조사선祖師禪의 삼종선으로 구분하고 선문의 시비가 일기도 하여, 조사선이 한국의 선풍임을 다시 한 번 확인하는 계기가 되었다.(전게서)

# 47. 사 선인에게(示 思禪人)

一切萬法 皆與自己 無違無背. 直下透脫成一片 從無始以來 只恁麽. 但恐當人自相違背. 强生取捨 無事生事 所以 不快活. 若能外絶攀緣 內忘已見卽物是我 卽我是物. 物我一如 洞然無際 則二六時中 四威儀內 一一皆壁立萬仞 何處有如許勞攘來. 每見久參凝神澄照旣多時. 雖然有箇入處 驀地便認一機一境 硬把住 不受撥剔 此正大病也. 要須銷融放下 自得大休歇處始得.

일체만법은 모두 자기와 더불어 거스름도 없고 등짐도 없다. 바로 그 자리에서 꿰뚫어 벗어나 한 덩어리를 이루고 있기에, 무시이래로 다만 이러할 뿐이다. 다만 당사자 스스로 거스르거나 등질까 염려스러울 뿐이다. 억지로 취사取捨하는 마음을 내면 일 없는데 일을 만드는 것이니, 그렇기 때문에 쾌활하지 못한 것이다.

만약 밖으로는 반연攀緣을 끊고 안으로는 자기 견해를 잊을 수 있으면 바로 물(物, 대상)이 나(我)요, 내가 바로 물物인 것이다. 대상과 내가 하나여서 막힘없이 확 트여 경계가 없으면, 하루 종일 행주좌와(四威儀, 行住坐臥) 안에서 하나하나가 모두 만 길 절벽과 같이 우뚝 서게 될 것인데, 어느 곳에 저와 같은 힘들여 물리칠 것이 있겠는가!

종종 구참久參들이 정신을 집중해서 맑게 비춘 것이 이미 오랜 시간인 것을 보게 된다. 하지만 비록 들어간 곳이 있을지라도 맥연히 일기일경一機一境이라고 여기면서 굳게 쥐고는 베어 없애지 않으니, 이것이야말로 바로 큰 병이다. 모름지기 녹이고 놓아버려 스스로 크게 쉬는 곳을 얻어야 한다.

# 48. 걸 상인께(示 傑上人)

行脚參請 旣依附知識 於大叢林 陪淸高雅衆 久矣. 一旦以親緣 須著略歸 動是數百里遠行 要須以自力量 不忘履踐. 直教行處不生塵 況此段事不道 在知識身邊時便有 居鄕井便無也. 所謂 蹔時不在 如同死人. 正當在時 亦不起模畫樣.

※行脚(행각): 선승이 참선문법參禪問法하기 위해 방방곡곡을 여행하는 것.

※參請(참청): 참학청익參學請益의 준말. 학인이 스승에게 사사하여 질문을 하고 스승의 가르침을 받는 것.

※依附(의부): ＝倚附(의부). 의지하여 따름.

(상인께서) 행각行脚을 하고 참청(參請, 참례하여 청익함)을 하면서 선지식을 의지해 따른 것뿐만 아니라, 대총림大叢林에서 맑고 고아한 대중을 모신 것이 오래되었습니다. 그런데 어느 날 갑자기 부모와의 인연으로 잠시 집으로 돌아가야 한다고 하는데, 움직였다 하면 수백 리 먼 길을 가는 것이니, 모름지기 (이 일은) 자기의 역량으로 실천하는 것임을 잊지 마십시오.

가는 곳마다 티끌(塵, 번뇌)이 일어나지 않도록 하고, 더욱이 이 일이 선지식 주변에 있을 때는 있고, 고향 마을에 살 때는 없는 것이라 말하지 마십시오! 그래서 "잠시라도 (도에 대한 생각이) 있지 않으면 죽은 사람과 같다"[1]고 하였던 것입니다. 또한 바로 (도에 대한 생각이) 있다고 해도, 또한 그림을 본뜨는 시늉이나 내서는 안 됩니다.

---

1 『선림승보전』 권 제6, 운거 굉각 응 선사(雲居宏覺膺禪師, 운거도응) 편에 다음과 같이 기술하고 있다.

又曰 "欲體此事 直似一息不來底人 方與那箇人相應. 若體得這箇人意 方有少許說話分 方有少許行李分 暫時不在 如同死人. 豈況如今 論年論月. 不在如人長在愁什麽家事不辦. 欲知久遠事 祗在如今 如今若得 久遠亦得 如人千鄕 萬里歸家行到卽是 是卽一切總是 不是卽一切總不是. 直得頂上光燄生 亦不是能爲一切一切不爲道 終日貪前頭事 失却背後事 若見背後事 失却前頭事 如人不前後有什麽事.

또 말했다.

"이 일을 체득하고자 하면 바로 한 번의 숨도 쉬지 않는 사람과 같아야 저쪽 사람과 상응하게 된다. 만약 이런 사람의 뜻을 체득하면 조금이라도 말할 것이 있고, 조금이라도 쓸 몫이 있게 되지만, 잠시도 그곳에 있지 않으면 마치 죽은 사람과 같은 것이다(暫時不在 如同死人). 그런데 하물며 어찌 지금 해를 논하고 달을 논하겠는가. 그곳에 없다면 마치 어떤 사람이 오래도록 어떤 집안일을 근심하면서도 힘을 쓰지 않는 것과 같은 것이다.

구원사(久遠事, 아주 오래된 일)를 알고자 하면 단지 지금에 있을 뿐이니, 지금을 얻는다면 구원 또한 얻을 것이니, 마치 어떤 사람이 먼 곳에서 집으로 돌아오는 것과 같은 것이다.

행해서 이르는 것이 바로 옳은 것이니, 옳은 것은 일체가 모두 옳은 것이고, 옳지 않으면 일체가 모두 옳지 않은 것이다. 머리 위에서 빛이 나게 되어도, 또한 옳은 것이 아니니, 일체를 할 수 있어도 일체를 말하지 않아야 한다. 종일토록 전두사(前頭事, 바로 앞의 일)를 탐하게 되면 배후사(背後事, 등 뒤의 일)을 잃게 되고, 배후사를 보게 되면 전두사를 잃게 된다. 어떤 사람이 앞뒤가 없다면 무슨 일이 있겠는가!

❀

雖則平常 而滴水滴凍 卓然絶識 成箇無爲無事無心事業. 表裏洞然無際 不與萬法爲侶 不與千聖同途. 深根固蔕 只守閑閑地 養來養去 不憂不徹. 但盡凡情 作自己工夫 勿管外緣 勿逐名利起我見競勝負. 是故古德道 "任運猶如癡兀人" 他家自有通人愛. 傑禪人 倏來告別求警策因書此語授之.

※倏(갑자기 숙): 갑자기. 문득. 매우 짧은 시간. 빨리 달리다. 빛나다.

비록 평상시라도 한 방울의 물이 한 방울씩 얼 듯 뛰어나게 알음알이(識)를 끊고, 무위무사無爲無事의 무심사업無心事業을 이루어야 합니다. 또한 겉과 속이 툭 트이면 경계가 없게 되니, 만법과 더불어 짝이 되려고도 하지 말고, 일천 성인과도 길을 함께하지 않아야 합니다. 뿌리를 깊고 단단히 하면서 다만 한가롭게 지키고 길러 가면, 철저하지 못할까 걱정하지 않아도 됩니다. 그러므로 다만 범부의 정을 다하고 자기 공부를 할 뿐, 바깥 인연에 관여하지 말고, 명리를 쫓아 아견을 일으키고 승부를 다투지 마십시오! 이런 까닭에 옛 어른 스님이 이르기를 "인연에 맞기고, 마치 어리석고 무지한 사람처럼 하라(任運猶如癡兀人)"[2]고 하였던 것이니, 저 분들은 사람들이 스스로 툭 터져 통하게

---

2 지공 화상誌公和尙의 12시가十二時歌 가운데 여치올인如癡兀人과 관련해서 다음과 같은 구절이 있다. 『연등회요』(권 제30)와 『전등록』(괄호로 표기함)에서 기술하고 있는 것이 차이가 있으니, 비교 바란다.

人定亥 　　사람의 통행을 금하는 시간, 해시亥時

하는 것을 좋아했기 때문입니다.

걸傑 선인禪人께서 갑자기 와, 이별을 알리며 경책을 구하기에 이 말을 써드립니다.

---

| | |
|---|---|
| 勇猛精進成懈怠 | 용맹정진 한다는 것이 게으름이 되니 |
| 不起纖毫修學心 | 털끝만큼도 닦고 배우려는 마음을 내지 않으면, |
| 無相光中常自在 | 형상 없는 빛(無相光) 속에서 항상 자재하게 된다. |
| 超釋迦 越祖代 | 석가를 뛰어넘고 역대 조사를 뛰어넘으면서 |
| 心有微塵還窒礙 | 마음에 작은 티끌이라도 있으면 장애가 되니, |
| 放蕩長如癡兀人 | 방탕이 오래되기를 마치 어리석고 무지한 사람처럼 하면 |
| (廓然無事頓淸閑) | (확 트여 일 없이 단박에 맑고 한가해야, 전등록) |
| 他家自有通人愛 | 저 집엔 사람과 통하는 사랑이 있게 된다. |

상기의 내용은 본서 '141. 한 조의께' 편 註5에서 한 번 더 다루었으니 참조하기 바란다.

# 49. 성 수조에게(示 成修造)[1]

蔣山門下 無禪可說 無道可傳. 雖聚半千衲子 唯以箇金剛圈栗棘蓬 跳者著力跳 呑者用意呑. 莫怪沒滋味太險峻. 或若驀地體得 如晝錦還鄕 千人萬人只仰羨得. 要且覓他所從來不得 所謂 人人本分事也.

※怪(괴이할 괴): 괴이하다. 기이하다. 괴상하다. 의심하다. 도깨비. 유령.
※滋味(자미): 자양분이 많고 좋은 맛, 또는 그러한 음식.
※晝錦(주금): 비단옷을 입고 낮에 다닌다는 뜻으로, 출세하여 고향에 돌아감을 비유하여 이르는 말.
※仰羨(앙선): 우러러 부러워함. 사모하고 동경함.
※所從來(소종래): 지내온 내력. 근본 내력.

나(蔣山)[2]의 문하엔 설명할 선禪도 없고 전해 줄 도道도 없다. 비록 500의 납자가 모였지만, 오직 금강권金剛圈과 율극봉栗棘蓬만 있을 뿐이니,[3] 뛰어넘으려는 자는 힘껏 뛰어넘고 삼킬 자는 뜻을 다해 삼켜

---

1 修造(수조): 당우堂宇의 수리 등 사찰의 토목공사를 맡는 소임.(장경각, 원오심요주, p.127)

2 원오가 금릉金陵의 장산(蔣山, 오늘날 남경지역) 태평흥국사太平興國寺 주지로 있을 때를 말하는 것이다.

라! 아무 맛이 없다거나, 매우 험하다고 해서 괴이하게 여기지도 말라! 혹 맥연히 체득하게 되면, 마치 대낮에 비단 옷을 입고 고향으로 돌아가듯 천인만인이 우러르게 될 것이다. 중요한 것은 오랫동안 그것의 근본 내력을 찾지 못하고 있는 것이니, 이른바 '사람마다 누구나에게 있는 본분사(人人本分事)'라고 하는 것이다.

❀

纔生心動念 承當擔荷 早是不本分了也. 直得萬機休罷 千聖不攜 柰猶有依 倚在. 快須攎撥 透脫那邊去始得. 所以道 "但有纖毫卽是塵 擧意便遭魔所撓"

※休罷(휴파)=罷休(파휴): 포기하다. 중도에서 그만두다. 손을 놓다. 중지하다.

마음이 일어나고 생각이 움직이자마자 짊어지고 있는 짐을 알아차려도 일찌감치 본분사本分事를 요달한 것이 아니다.[4] 곧바로 모든 기연을

---

3 양기 스님의 맥을 잇는다는 뜻이다.

4 황벽희운의 완릉록宛陵錄에서는 다음과 같이 기술하고 있다.

問 "如何是佛" 師云 "卽心是佛 無心是道. 但無生心動念 有無長短 彼我能所等心 心本是佛 佛本是心. 心如虛空. 所以 云 '佛眞法身猶若虛空' 不用別求 有求皆苦. 設使恒沙劫行 六度萬行 得佛菩提 亦非究竟. 何以故 爲屬因緣造作之故. 因緣若盡 還歸無常 所以云 '報化非眞佛 亦非說法者' 但識自心 無我無人 本來是佛.

물었다.

"어떤 것이 부처입니까?"

선사(황벽희운)가 말했다.

놓아버리고 일천의 성인에게도 이끌리지 않아야 하는데, 어찌 의지하고 기댐이 있겠는가! 결정코 모름지기 뿌리쳐서 저쪽으로 꿰뚫어 벗어나야만 한다. 그래서 이르기를 "털끝만큼이라도 있으면 바로 티끌이 된다(但有纖毫卽是塵)"[5]고 한 것이고, "뜻을 일으키면 바로 마구니에

---

"바로 마음이 부처요, 무심이 도다. 다만 마음을 내서 생각이 움직이거나, 있음과 없음·길고 짧음·너와 나·주관과 객관 등의 마음이 없으면 마음이 본래 부처요, 부처가 본래 마음인 것이다.

마음은 마치 허공과 같다. 그렇기 때문에 이르기를 '부처의 참된 법신은 허공과 같다'고 한 것이니, 따로 구할 필요가 없는 것이다. 구하는 것이 있으면 모두가 괴로움(苦)이다. 설사 항사겁(恒沙劫, 항하의 모래 수만큼 많은 날들)에 6도 만행(六度萬行, 6바라밀)을 행하고 부처의 보리를 얻을지라도 또한 구경이 아니다. 왜냐하면 인연의 조작에 속하는 것이기 때문이다. 인연이 다하면 무상으로 돌아가게 된다. 그래서 이르기를 '보신과 화신은 진불도 아니며, 또한 설법자도 아니다'고 한 것이다. 그러므로 다만 자기의 마음을 알면 나도 없고 남도 없으며 본래가 부처인 것이다."

5 '但有纖毫卽是塵'은 지공 화상의 12시가十二時歌 가운데 '평단인(平旦寅)'에 나오는 말이다.

| | |
|---|---|
| 平旦寅 | 동이 트는 인시寅時 |
| 狂機內有道人身 | 광기 안에 도인의 몸이 있어서 |
| 窮苦枉經無數劫 | 더할 수 없는 괴로움으로 부질없이 헤아릴 수 없는 시간을 보내니, |
| 不信常擎如意珍 | 늘 여의주를 들고 있는 것을 믿지 않네. |
| 若捉物入迷津 | 만약 어떤 것이라도 사로잡으면 미혹의 나루에 들게 되니, |
| 但有纖毫卽是塵 | 털끝만큼이라도 있으면 바로 티끌이 되네. |
| 不住舊時無相貌 | 지난날 모양 없음에도 머물지 말고 |
| 外尋知識也非眞 | 밖으로 선지식을 찾는 것도 참됨이 아니네. |

게 휘둘리게 된다(擧意便遭魔所撓)"[6]고 하였던 것이다.

❀

成就一切 總只由他 破壞一切 亦只由他. 奇特殊勝緣 恒沙功德藏 無量妙莊嚴 超世希有事 皆所成就 慳貪憎妬 情識執著 有爲有漏 垢染雜亂 解路名相 知見妄情 所破壞也. 唯它能轉一切物 一切物不能轉它. 雖無形段面目 而包括十虛舍凡育聖 若作相取 取之卽墮見刺 卒摸㨝不著.

※밑줄 친 부분 가운데 '㨝'은 '索(찾을 색)'으로 해석하였다.

일체를 성취하는 것도 모두 다만 그것(他)으로 말미암을 뿐이고, 일체를 파괴하는 것 또한 다만 그것으로 말미암을 뿐이다. 그래서 기특하고 수승한 인연·항하의 모래만큼 많은 공덕장·헤아릴 수 없는 오묘한 장엄·세간을 뛰어넘는 희유한 일이 모두 성취되는 것이고, 인색과 탐냄(慳貪)·미움과 시샘(憎妬)·정식情識과 집착執著·유위有爲와 유

6 '擧意便遭魔所撓'는 지공 화상의 12시가 가운데 '일출묘日出卯'에 나오는 말이다.

| | |
|---|---|
| 日出卯 | 해 뜨는 묘시卯時 |
| 用處不須生善巧 | 용처用處에서는 모름지기 잔꾀를 부려서는 안 되니 |
| 縱使神光照有無 | 설사 신령스런 광명이 유무를 비출지라도 |
| 起意便遭魔事撓 | 뜻을 일으키면 바로 마구니 경계에 휘둘리게 된다. |
| 若施功終不了 | 만약 공을 베풀면 끝내 알 수가 없고 |
| 日夜被他人我拗 | 밤낮으로 저 나와 남에 억눌리게 되네. |
| 不用安排只麽從 | 안배를 쓰지 않고 단지 따르기만 하면 |
| 何曾心地生煩惱 | 언제 마음자리에 번뇌가 생긴 적이 있겠는가. |

루有漏·오염(垢染)과 잡됨(雜亂)·알음알이(解路)와 명상名相·지견知見과 망정妄情이 파괴되는 것이다. 오직 그것만이 일체 만물을 움직일 수 있으나, 일체 만물은 그것을 움직일 수 없다. 비록 형체나 모습은 없지만, 시방의 허공을 포괄하고 범부와 성인을 기르는 것이니, 만약 상을 만들거나 취하면 견해의 가시에 떨어지게 되어, 끝내 어찌 해 볼 도리가 없게 된다.

❀

諸佛開示 祖師直指 唯此妙心. 徑捷承當 不起一念 透頂透底 無不現成. 於現成際 不勞心力 任運逍遙 了無取捨 乃眞密印也. 佩此密印 如暗藏燈 游戲世間 不懷欣怖. 盡是我大解脫場 永劫窮年 曾無間斷. 所以道 "丈六金身作一莖草用 一莖草作丈六金身用" 豈有他哉.

제불諸佛이 열어 보이고 조사祖師가 바로 가리킨 것은 오직 이 오묘한 마음뿐이다. 그러므로 곧바로 빨리 알아차려 한 생각도 일어나지 않고 머리끝에서 발끝까지 꿰뚫어야, 드러나지 않는 것이 없게 된다. 또한 드러난 경계에 대해 힘들게 마음 쓰지 않고, 인연에 맡겨 소요逍遙하며, 버리고 취함이 전혀 없어야 참된 밀인密印이다.

이 밀인을 차면 마치 어둠 속에 등불을 숨긴 것과 같아서, 세간에 유희하면서도 기쁘거나 두려움을 품지 않게 된다. 또한 모든 것이 다 나의 대해탈 마당이 되어 영겁永劫이 다하도록 일찍이 끊어짐이 없게 된다. 그래서 이르기를 "장육금신을 한 줄기 풀로 쓰고, 한 줄기 풀을 장육금신으로 쓴다"[7]고 하였던 것이다. 그런데 여기에 어찌 다른 것이 있겠는가!

❀

雪峰道是什麼 雲門道須彌山 洞山道麻三斤 趙州道喫茶去 巖頭噓 投子噁 臨濟喝 德山棒 擎杈擧指 打鼓拽磨 一一顯向上宗風 頭頭示本分草料. 大達之士 一覰便透 一擧知落處 堪紹宗風 懵底數沙 當面蹉却. 是故 須得俊流 乃作種草.

설봉雪峰은 '이것이 무엇인가(是什麽)?'[8]라고 했고, 운문雲門은 '수미산須彌山'[9]이라고 했으며, 동산洞山은 '마 삼근麻三斤'[10]이라고 했고, 조주

---

7 본서 '14. 지도 각 장로께' 편의 註6을 참조하기 바란다.

8 한 스님이 물었다.
"무엇이 얼굴을 마주보는 일입니까?"
"이것은 무엇이냐?"(장경각, 설봉록 p.54)

한 스님이 물었다.
"어떤 것이 눈에 부딪치는 일입니까?"
"이것은 무엇이냐?"(전게서, p.58)

9 "한 생각도 일으키지 않아도 허물이 됩니까?"
"허물이 수미산 만큼이다."(장경각, 운문록上, p.43)

10 원오는 벽암록 12칙에서 동산의 마 삼근을 주제로 다루고 있다. 본칙과 착어(괄호 '〔 〕')는 다음과 같으니 참고하기 바란다.
擧 僧問洞山 "如何是佛" (鐵蒺藜 天下衲僧跳不出) 山云 "麻三斤" (灼然 破草鞋 指槐 樹罵柳樹 爲秤鎚)

어떤 스님이 동산에게 물었다.
"어떤 것이 부처입니까?"

趙州는 '차나 마시게(喫茶去)!'[11]라고 했다. 암두巖頭는 '허嘘!'[12]라고

〔무쇠로 만든 질려다(鐵蒺藜, 옴짝달싹할 수 없다). 천하 납승들이 여기서 벗어날 수 없다.〕

동산이 말했다.

"마 삼근이니라."

〔분명하다. 신발만 다 닳아 떨어졌군. 느티나무를 가리켜 버드나무라고 우기면서 욕하고 있다. 저울추로 삼고 있다.〕

평창에서 다음과 같이 설명하고 있다.

這箇公案 多少人錯會 直是難咬嚼 無爾下口處. 何故淡而無味. 古人有多少答佛話 或云 "殿裏底" 或云 "三十二相" 或云 "杖林山下竹筋鞭" 及至洞山 卻道 "麻三斤" 不妨截斷古人舌頭. 人多作話會道 "洞山是時在庫下 秤麻 有僧問 所以如此答" 有底道 "洞山問東答西" 有底道 "爾是佛 更去問佛 所以 洞山遶路答之" 死漢更有一般道 "只這麻三斤便是佛" 且得沒交涉. 爾若恁麼去洞山句下尋討 參到彌勒佛下生 也未夢見在. 何故 言語只是載道之器 殊不知古人意 只管去句中求 有什麼巴鼻. 不見 古人道 "道本無言 因言顯道 見道卽忘言" 若到這裏 還我第一機來始得. 只這麻三斤 一似長安大路一條相似 擧足下足 無有不是. 這箇話 與雲門餬餠話 是一般 不妨難會. 五祖先師頌云 "賤賣擔板漢 貼秤麻三斤 千百年滯貨 無處著渾身" 爾但打疊得情塵意想 計較得失是非 一時淨盡 自然會去.

이 공안을 많은 사람들이 잘못 알고 있어 바로 음미하기도 어렵고, 그대가 말하기도 어렵다. 왜냐하면 담백해서 아무 맛도 없기 때문이다. 고인은 "어떤 것이 부처냐?"는 물음에 여러 가지로 답을 했는데, 혹은 "전리저(殿裏底, 법당에 있다)"라고 말하기도 하고, 혹은 "삼십이상"이라고 말하기도 하고, 혹은 "장림산하 죽근편(杖林山下 竹筋鞭, 장림산 아래 대나무 뿌리로 만든 채찍)"이라고도 하였다. 동산에 이르러서는 "마삼근麻三斤"이라고 하였으니, 이 대답은 고인의 혀를 아주 끊어버린 것이다. 그런데 사람들이 이 말에 대해 잘못 알고 말하기를, "동산이 그때 마침 창고에서 마를 저울에 달고 있었는데, 어떤 스님이 물었기에 이렇게 답한 것이다"고 하고, 또 어떤 이는 "동산 스님이 동문서답을 했다"고

---

하며, 또 어떤 이는 "그대 자신이 부처인데, 다시 가서 부처를 물었기에 이렇게 우회적으로 빙 둘러서 답한 것이다"고 하고, 또한 멍청한 친구들은 일반적으로 말하기를 "다만 이 마삼근이야말로 바로 부처다"고 하는데, 전혀 관계없는 말이다.

그대가 만약 이런 식으로 동산의 말에서 그 뜻을 찾으면 미륵불이 하생할 때까지(56억 7천만년 후) 참구하더라도 꿈에도 볼 수 없을 것이다. 왜냐하면 언어는 단지 도를 담는 그릇일 뿐인데, 고인의 뜻을 전혀 알지 못하고 단지 언구 중에서 찾고 있으니, (거기에) 무슨 핵심이 있겠는가? 보지 못했는가! 고인古人이 말했다.

"도는 본래 말이 없으나 말로 인해서 도가 드러나니, 도를 봤으면 말을 잊으라!"고 하였던 것을. 만약 여기에 이르렀다면 반드시 제1기(第一機, 향상)의 답을 해야 하는데, 다만 이 마삼근은 장안으로 통하는 하나의 큰 길과 같아서, 발을 들고 내림에 옳지 아니한 바가 없다. 또한 이 공안은 '운문의 호병화餬餅話'와 같아서 알기가 대단히 어렵다. 오조 선사五祖先師가 이 공안에 대해 송을 했다.

"싸게만 팔려고 하는 담판한(擔板漢)이
마 세근을 저울에 달아
천백 년 재고품을 모두 팔아
실 한 오라기도 없네."

그대가 다만 정진情塵, 의상意想, 계교計較, 득실得失, 시비是非를 쳐서 일시에 다 깨끗이 없애버리면 자연히 이 뜻을 알 수 있을 것이다.

11 喫茶去(끽다거)에 관해서는 본서 '5. 유 서기에게' 편의 註18을 참조.

12 전등록 제16권, '악주 암두 전활 선사' 편에 다음과 같이 기술하고 있다.
夾山會下一僧到石霜 入門便道 "不審" 石霜曰 "不必 闍梨" 僧曰 "恁麽卽珍重" 又到巖頭 如前道 "不審" 師曰 "噓" 僧曰 "恁麽卽珍重" 方迴步. 師曰 "雖是後生亦能管帶" 其僧歸擧似夾山 夾山曰 "大衆還會麽" 衆無對 夾山曰 "若無人道老僧不惜 兩莖眉毛道去也" 乃曰 "石霜雖有殺人刀 且無活人劍"

했고, 투자投子는 '악(噁)!'[13]이라고 했으며, 임제臨濟는 '할(喝)'을 했

협산夾山의 회상에 있던 한 스님이 석상石霜에 이르렀는데, 문에 들어와서 바로 말했다.

"안녕하십니까?"

석상이 말했다.

"(안녕!) 그런 거 필요 없다. 스님!"

그 스님이 말했다.

"그러면 안녕히 계십시오."

다시 암두巖頭에 이르러 앞에서처럼 말했다.

"안녕하십니까?"

"허허!"

그 스님이 말했다.

"그러면 안녕히 계십시오."

그리고는 발길을 돌리려 하자, 이에 선사가 말했다.

"비록 후생(後生, 나이는 어리지만)일지라도 능히 지니고 있구나."

그 스님이 돌아가 앞의 일을 협산에게 이야기하자, 협산이 말했다.

"대중은 알겠는가?"

대중이 대답이 없자, 협산이 말했다.

"아무도 말을 하지 않는다면, 내가 두 눈썹이 빠질 것을 아까워하지 않고 말하리라."

그리고는 이어서 말했다.

"석상에게 비록 살인도殺人刀는 있을지언정, 활인검活人劍은 없다."

13 投子大同(투자대동, 819~914): 당대의 스님. 청원문하. 투자는 주석 산명. 취미무학에게 참학하여 심인을 얻고 제방을 편력한 후 투자산에 은거함.(선학사전, p.682)

경덕전등록 제15권, '서주 투자산 대동 선사' 편에 다음과 같이 기술하고 있다.

고, 덕산德山은 방망이로 쳤다(棒). 또한 나뭇가지를 들고(擎杈),[14] 손가락을 세우며(擧指),[15] 북을 치고(打鼓),[16] 연자방아를 끄는 것(拽磨)[17] 등은 하나하나가 향상向上의 종풍을 드러낸 것이며, 두두물물이 본분의 소식(本分草料)을 보인 것이다.

크게 통달한 사람은 한 번 보면 바로 꿰뚫고, 한 번 들면 낙처를 알아 종풍을 이을 수 있지만, 어리석은 자는 마치 모래알을 세는 것 같이 바로 빗나가게 된다. 이런 까닭에 뛰어난 부류를 얻어야, 법손(種草)으로 삼을 수 있는 것이다.

---

問 "如何是無情說法" 師曰 "惡"

물었다.

"어떤 것이 무정설법無情說法입니까?"

"악(惡)!"

14 비마의 '擎杈(경차)'에 관해서는 본서 '5. 유 서기에게' 편의 註14를 참조.

15 구지의 '一指頭(일지두)'에 관해서는 본서 '5. 유 서기에게' 편의 註15와 본서 '26. 재 선인에게' 편의 註1과 3을 참조.

16 화산의 '四打鼓(사타고)'에 관해서는 본서 '5. 유 서기에게' 편의 註17을 참조.

17 귀종의 '拽磨(예마)'에 관해서는 본서 '4. 원 수좌에게' 편의 註31을 참조.

# 50. 유 상인께(示 逾上人)

有志之士 欲決定信入 此箇大事 要須將從前 智慧聰明 所解所知 倒底放下. 令如癡兀 胸中空勞勞 百不知百不解 千休萬歇 萬歇千休. 驀然從本地風光上 倜儻透脫 前後際斷 徹證自得 契金剛正體 如斬一綟絲頓然齊了.

※倜(기개 있을 척, 어긋나게 뻗을 주): 기개 있다. 높이 들다. 소탈하다. 기괴하다. 얽어 매이지 않는 모양.

※倜儻(척당): 호방하다. 뜻이 크고 기개가 있다. 소탈하다.

뜻이 있는 사람이 결정코 이 하나의 큰 일(此箇大事)[1]에 확실히 들어가고자 한다면, 모름지기 지금까지 지혜와 총명으로 이해하고 알았던 것들을 밑바닥까지 뒤집어 내려놓아야 합니다. 또한 마치 어리석은 사람처럼 가슴속을 텅 비우고, 전혀 알지도 못하고 도무지 할 줄 아는 것도 없는 것처럼 하면서, 천 번을 쉬고 만 번을 쉬며 만 번을 쉬고 천 번을 쉬도록 해야 합니다(千休萬歇 萬歇千休). 그러다가 맥연히 본지풍광本地風光[2]을 따라 호방하게 꿰뚫어 벗어나면, 전후의 경계가

1 此箇大事(一大事因緣)에 관해서는 본서 '3. 장 선무 상공께' 편의 註1을 참조.

끊어져 철저히 깨닫고 스스로 얻어서 금강정체金剛正體에 계합하게 되는데, 마치 한 타래의 실을 끊어 단박에 가지런하게 하는 것과 같습니다.

❀

雖劫火洞然 初無變異 信得及 把得住 作得主 一爲一切爲 一了一切了. 餉間移身換步 萬種作爲 渾歸一體 更說甚世法佛法. 頭頭物物 觸處現成便與佛祖無殊 亦與群靈無異.

※餉間(향간)=一餉間(일향간): 얼마 안 되는 동안. 짧은 시간.

(금강정체에 계합하면) 비록 겁화劫火가 활활 탈지라도[3] 애초부터

---

2 본서 '64. 호 상서께' 편의 본문 서두에 원오 스님의 정의가 있으니 참조하기 바란다.

3 선문염송 염송설화 고칙 846에 다음과 같이 기술하고 있다.
益州大隨法眞 因僧問 "劫火洞然 大千俱壞 未審者箇還壞也無" 師云 "壞" 僧云 "恁麽則隨他去也" 師云 "隨他去也" 又問修山主如前 修云 "不壞" 云 "爲什麽不壞" 修云 "爲同大天"

익주 대수법진大隨法眞에게 어떤 스님이 물었다.
"겁화가 활활 타면 대천세계도 무너진다(劫火洞然 大千俱壞)는데, 이것도 무너지는지 잘 모르겠습니다."
선사가 말했다.
"무너진다."
스님이 말했다.
"그렇다면 그것을 따라가는 것이군요."
선사가 말했다.

변하거나 달라짐이 없으니, 확실히 꽉 잡아 주인이 되어야 하나를 하면 일체를 하고, 하나를 알면 모두를 알게 됩니다. 또한 짧은 시간에 몸을 옮기고 걸음을 바꾸는 온갖 행위도 모두 하나의 본체로 돌아가게 되는데, 다시 무슨 세간법이니 불법이니를 말하겠습니까! 두두물물이 닿는 대로 드러나니, 부처나 조사와 다를 것이 없고 뭇 생령(群靈)과도 다를 바가 없습니다.

❀

蓋根脚旣明 無幽不燭 信手拈 信步行 信口言 元非它 亦不從別處轉. 謂之大施門開. 百千妙用 縱橫十字 透頂透底 明證佛性 長時無間 一得得. 踐履純熟 豈不是省要得力處. 但恁麽信入 斷定不悞人.

※悞(그릇될 오): 그릇되다. 착오로 어떤 일을 저지르다. 속이다. 기만하다. 게으름을 피우다.

모든 근본이 밝을 뿐만 아니라, 밝히지 못할 어둠이 없기 때문에 손 가는 대로 들고 발 가는 대로 걸으며 입에서 나오는 대로 말을

---

"따라가는 것이다."

또 수 산주(修山主, 용제소수)에게 앞에처럼 묻자, 수 산주가 말했다.
"무너지지 않는다."
스님이 말했다.
"어째서 무너지지 않습니까?"
수 산주가 말했다.
"대천세계와 같기 때문이다.

해도 원래 다른 것이 아니고, 또한 다른 곳을 따라 움직이는 것도 아닙니다. 이를 일러 '크게 베푸는 문을 연다(大施門開)'[4]고 합니다. 백천 가지 오묘한 작용을 자유자재로 하면서 머리끝에서부터 발끝까지 꿰뚫어 불성을 밝게 증득해야 오래도록 끊임이 없고, 한 번 얻으면 영원히 얻게 되는 것입니다. 실천이 순일하게 익었는데, 어찌 요지를 살펴서 힘을 얻은 것이 아니겠습니까! 그러므로 다만 이렇게 믿고 들어가십시오. 단언컨대 분명히 남을 그르치지는 않을 것입니다.

❀

僧問雪峰"學人乍入叢林 乞師指箇入處"雪峰云"乍可碎身若微塵 終不瞎箇師僧眼"且古人恁麽意在甚處. 若善參詳 不妨回避不得 須有箇入路. 若只隨言逐義 則蹉過不少. 我早是不惜眉毛了也.

어떤 스님이 설봉雪峰[5]에게 물었습니다.

"저는 이제 막 총림에 들어왔습니다. 스님께서는 깨달아 들어갈 곳을 가리켜 주십시오."

설봉이 말했습니다.

"잠깐 동안이라도 몸을 티끌처럼 부술 수 있다면, 결코 스님의 눈을 멀지 않게 할 것이다."

---

4 영가현각의 증도가에 나오는 말이다.

| | |
|---|---|
| 默時說說時默 | 말 없을 때 말하고 말할 때 말 없음이여, |
| 大施門開無壅塞 | 크게 베푸는 문을 여니, 옹색함이 없도다. |

5 설봉의존에 관해서는 본서 '1. 화장 명 수좌에게' 편의 註34를 참조.

자, 고인古人의 이러한 뜻이 어디에 있는 것입니까? 상세히 잘 참구하면 정말로 회피하지 않고 모름지기 깨달아 들어가는 곳(入路)이 있게 될 것입니다. 하지만 만약 단지 말만 따르고 뜻이나 좇는다면 빗나감이 적지 않을 것입니다. 저 또한 이미 눈썹을 아끼지 않았습니다.

❀

僧問石頭 "如何是道" 頭云 "木頭" 又問 "如何是禪" 頭云 "碌塼" 奇怪. 古人忒晒直截 略不回互 所謂 親切太近. 有智見足計較底 如隔銀山鐵壁 不然則 認口頭言語便當宗乘 則轉更周遮. 是故 眞實道人 只務純朴 不生知見 直下承當. 只恁麽注解 已是土上加泥 數百重 不如還我石頭本分草料來. 三祖云 "要急相應 唯言不二" 若據山僧 "只箇不二 早是二了也" 參.

어떤 스님이 석두石頭[6]에게 물었습니다.

"어떤 것이 도道입니까?"

석두 스님이 말했습니다.

"나무토막(木頭)."

또 물었습니다.

"어떤 것이 선禪입니까?"

석두가 말했습니다.

"푸른 벽돌(碌塼)."

---

6 석두희천에 관해서는 본서 '1. 화장 명 수좌에게' 편의 註23을 참조.

기이하고 기이합니다! 고인古人은 매우 뛰어나서 바로 간단히 끊어버리고 회호回互하지 않았으니, 이를 일러 "몸소 절실하게 깨닫도록 그 깨달음에 가깝게 말해준 것(親切太近)"이라고 합니다. 지혜로운 자가 온갖 계교를 다 부리면 은산철벽銀山鐵壁에 막힌 것과 같고, 그렇지 않으면 입으로 말한 것을 종승宗乘으로 알아 더욱 더 말만 많아지게 됩니다. 이런 까닭에 참된 도인은 단지 순박함에만 힘쓰면서 지견을 내지 않고 바로 그 자리에서 알아차렸던 것입니다. 다만 이렇게 설명하는 것도 이미 수백 겹 흙 위에 진흙을 더하는 것이니, 제게 석두石頭의 본분소식(本分草料)을 돌려주는 것만 못합니다. 삼조(僧璨)가 이르기를 "급히 상응하고자 하면, 오직 둘이 아니라고 말할 뿐이다(要急相應 唯言不二)"[7]고 했는데, 만약 저 같으면 "단지 둘이 아니지만, 이미 둘이 되어버렸다"고 할 것입니다. 참구하십시오!

❀

趙州勘破婆子 叢林議論千萬 多作見解 殊不知 他古人自 在乾淨處立 看你向泥坑子裏 頭出頭沒. 馬師云 "待你一口吸盡西江水 卽向你道" 信此老踢殺天下人. 只等閑出一語 便令作無限知見 若有解截 這老漢葛藤 便請罷參.

※乾淨(건정): 깨끗하다. 청결하다. 말끔하다. (언행이나 행동이) 깔끔하다. 간결하다. 하나도 남지 않다. 완전히 없애다.

'조주가 노파를 감파했다(趙州勘破婆子)'[8]는 공안을 총림叢林에서 천만

7 신심명信心銘에 나오는 말이다.

가지로 논하며 많은 견해들을 내지만, 저 고인古人이 스스로 하나도 남지 않은 곳(乾淨處)에 서서, 그대가 진흙 구덩이에서 나왔다 들어갔다 하는 것을 보고 있다는 것을 전혀 모르는 것입니다. 마 대사(馬師)가 이르기를 "그대가 한 입에 서강의 물을 다 마시면 그대에게 말해 주겠다"[9]고 했는데, 이는 노장이 천하의 사람을 밟아 버린 것임을 믿어야 합니다. 단지 무심히 꺼낸 한마디가 다시 끝이 없는 지견知見을 만들게 하는데, 만약 이 노장의 말을 끊어버릴 줄 아는 사람이 있다면, 곧 그에게 '참구를 그만하라(罷參)'[10]고 청할 것입니다.

---

8 '趙州勘破婆子(조주감파파자)'에 관해서는 본서 '39. 민 지고에게' 편의 註12를 참조.

9 마조도일에 관해서는 본서 '4, 원 수좌에게' 편의 註10을 참조.

10 罷參齋(파참재): 참구를 끝내는 재, 의식을 뜻한다.

# 51. 정 선인에게(示 淨禪人)

淨道人因入室 遂請益所疑云 "此一段事 爲何宗師 多示人這邊那邊" 尋語之 據本分截斷 豈有如許. 然垂手方便 貴圖箇入路 乃强分之 意實無二種耳. 不見 僧問曹山 "古人提持那邊人 教學人如何趣向" 山云 "退步就己 萬不失一" 其僧有省. 所謂 識取鉤頭意 莫認定盤星.

※請益(청익): 수행자가 자신의 의문을 풀기 위해 스승을 찾아뵙고 질문하여 가르침을 청함.(시공 불교사전)

정 도인이 방장실에 들어와 청익請益해서 의심하고 있는 바를 말했다.

"이 일대사(一段事)[1]를 무엇 때문에 종사께서는 사람들에게 이쪽저쪽으로 많이 보이십니까?"

이 말을 살펴 본분에 의거해서 끊는다면, 어찌 저와 같은 것(如許, 이쪽저쪽으로 많이 보이는 것)이 있을 수 있겠는가! 하지만 방편을 써서 깨달아 들어가는 길을 도모하는 것을 귀하게 여긴 것이니, 억지로 나누기는 했어도 뜻은 실로 두 가지(二種, 這邊那邊)가 없다.

---

1 此一段事(一大事因緣)에 관해서는 본서 '3. 장 선무 상공께' 편의 註1을 참조.

보지 못했는가!

어떤 스님이 조산曹山[2]에게 물었다.

"고인은 저쪽 사람을 이끌어주셨는데, 제가 어떻게 나아가야 할지를 가르쳐주십시오."

조산이 말했다.

"뒤로 물러나 자기에게로 나아가라. 그러면 만에 하나라도 잃지 않을 것이다."

(그러자) 그 스님이 깨치는 바가 있었다.

이를 일러 "갈고리 끝의 뜻을 알아야지, 정반성으로 잘못 여기지 말라(識取鉤頭意 莫認定盤星)"[3]고 하는 것이다.

❀

只要及盡今時 便承當得向上事 且今時作麽生及得盡. 只在當人 快著精彩 擺撥緣塵. 直令胸中脫灑 不立纖毫 透頂透底 洞然虛寂. 切忌作勝量解會. 直待與本來相應 自然自悟自證 得大安穩之地也. 此豈紙上所能話會耶. 請自著眼看.

다만 지금을 다해야만 바로 향상사向上事를 알게 되는 것이니, 다시금 지금 어떻게 다함에 이를 것인가? 다만 당사자가 빨리 정신을 바짝

---

2 曹山(조산)은 조산본적曹山本寂을 뜻한다.(스님에 관해서는 본서 '41. 용 도자에게' 편의 註4를 참조.)

3 "갈고리 끝의 뜻을 알아야지, 정반성으로 잘못 여기지 말라(識取鉤頭意 莫認定盤星)"에 대해서는 본서 '1. 화장 명 수좌에게' 편의 註30을 참조.

차려 티끌 같은 반연 경계(緣塵, 攀緣境界)를 떨쳐 버리는 데 있을 뿐이다. 곧바로 가슴속을 깨끗하게 씻어버려 털끝만큼도 남겨두지 않고, 머리에서 발끝까지 꿰뚫어 확 트여 텅 비고 고요하게 해야 한다.

부디 지나치게 이치로 따져 알려고 하지 말라! 바로 본래면목本來面目과 상응하게 되면, 자연히 스스로 깨닫고 스스로 증득해서 대안온大安穩의 경지를 얻게 될 것이다. 이것이 어찌 종이 위에다가 쓴 말로 알 수 있는 것이겠는가! 바라건대, 스스로 착안著眼해 보라!

# 52. 견 도자에게(示 堅道者)[1]

佛祖妙道徑截 唯直指人心 務見性成佛爾. 但此心源 本來虛靜明妙 初無纖毫隔礙 而以妄想翳障 於無隔礙 自生染障 背本逐末 枉受輪迴. 若具大根器 更不外求 於自脚跟 脫然獨證. 惡覺浮翳旣消 本來正見圓妙 謂之 卽心卽佛. 從此一得永得 如桶底子脫 豁然契合 無一法當情.

불조佛祖의 오묘한 도의 지름길(徑截)[2]은 오직 '직지인심(直指人心, 사람의 마음을 바로 가리키는 것)'이니, 견성성불(見性成佛, 성품을 보아 부처를 이루는 것)[3]에 힘쓸 뿐이다. 다만 이 마음의 근원은 본래 텅

---

1 道者(도자): 도교道敎를 닦는 사람. 도사(도를 갈고닦는 사람). 동행(童行, 절에서 아직 승려가 되지 아니한 나이 어린 행자).

2 徑截門(경절문): 간결한 방법. 문자나 언어를 여의고 수행의 단계나 점차를 거치지 않고 바로 증과를 얻는 교법. 간화선의 한 방법.(선학사전, p.32)

3 경덕전등록 제4권, '천태산 운거 지智 선사' 편에 '견성성불'에 관하여 다음과 같이 기술하고 있으니 참고하기 바란다.

嘗有華嚴院僧繼宗 問 "見性成佛 其義云何" 師曰 "淸淨之性 本來湛然 無有動搖 不屬有無淨穢長短取捨 體自翛然 如是明見 乃名見性 性卽佛 佛卽性 故云見性成佛" 曰 "性旣淸淨不屬有無 因何有見" 師曰 "見無所見" 曰 "無所見因 何更有見" 師曰 "見處亦無" 曰 "如是見時是誰之見" 師曰 "無有能見者" 曰 "究竟其理如何"

師曰 "汝知否 妄計爲有卽有 能所乃得名迷 隨見生解 便墮生死 明見之人卽不然 終日見未嘗見 求見處體相不可得 能所俱絶 名爲見性" 曰 "此性遍一切處否" 師曰 "無處不遍" 曰 "凡夫具否" 師曰 "上言無處不遍 豈凡夫而不具乎" 曰 "因何諸佛菩薩不被生死所拘 而凡夫獨縈此苦 何曾得遍" 師曰 "凡夫於淸淨性中 計有能所卽墮生死 諸佛大士善知淸淨性中不屬有無 卽能所不立" 曰 "若如是說 卽有了不了人" 師曰 "了尙不可得 豈有能了人乎" 曰 "至理如何" 師曰 "我以要言之 汝卽應念 淸淨性中無有凡聖 亦無了人不了人 凡之與聖二俱是名 若隨名生解卽 墮生死 若知假名不實 卽無有當名者" 又曰 "此是極究竟處 若云我能了彼不能了卽是大病 見有淨穢凡聖 亦是大病 作無凡聖解又屬 撥無因果 見有淸淨性可棲止亦大病 作不棲止解亦大病 然淸淨性中 雖無動搖 具不壞方便應用 及興慈運悲 如是興運之處卽全淸淨之性 可謂見性成佛矣" 繼宗踊躍 禮謝而退.

일찍이 화엄원의 스님 계종繼宗이 물었다.

"견성성불見性成佛, 그 뜻이 무엇입니까?"

선사가 말했다.

"청정한 성품은 본래부터 잠연하여 동요가 없고, 유무有無·정예淨穢·장단長短·취사取捨에도 속하지 않으며, 체體 스스로 얽매이지 않으니, 이와 같이 밝게 보는 것을 견성見性이라고 하는 것이니라. 성품이 곧 부처이고, 부처가 곧 성품인 것이니. 그래서 이르기를 '견성성불見性成佛'이라고 하였던 것이다."

(계종이) 말했다.

"성품이 이미 청정해서 유무에 속하지 않는다면, 무엇을 인하여 보는 것이 있는 것입니까?"

선사가 말했다.

"보아도 보는 대상(=보이는 것)이 없느니라."

말했다.

"보는 대상이 없다면 무엇을 인하여 다시 보는 일이 있습니까?"

선사가 말했다.

"보는 것 또한 없느니라."

나 장애도 없지만, 망상으로 가려진 장애 때문에 아무런 장애가 없는

---

말했다.

“이렇게 볼 때는 누가 보는 것입니까?”

선사가 말했다.

“능히 보는 자도 없다.”

말했다.

“궁극의 이치는 무엇입니까?”

선사가 말했다.

“그대는 아는가? 허망하게 헤아려서 있는 것이 바로 있는 것이라고 한다면, 능(能, 주관)과 소(所, 객관)를 얻게 되어 미혹했다는 명칭을 얻게 된다. 보는 데 따라서 견해를 내면 바로 생사에 떨어지게 되지만, 밝게 보는 사람은 그렇지 않다. 종일 보아도 본 적이 없고, 본 곳을 구해도 그 체와 모습을 얻을 수 없으며, 능과 소를 함께 끊으니, 이를 이름하여 견성見性이라고 하는 것이다.”

말했다.

“이 성품은 일체의 처소에 두루합니까?”

선사가 말했다.

“두루 하지 않은 곳이 없다.”

말했다.

“범부에게도 갖추어 있습니까?”

선사가 말했다.

“위에서 ‘두루 하지 않은 곳이 없다’고 말했는데, 어찌 범부가 갖추지 못했겠는가?”

말했다.

“무슨 이유로 제불보살은 생사에 구속되지 않고, 범부만 홀로 이런 괴로움에 얽매이는 것입니까? 그런데 어찌 두루한 적이 있었겠습니까?”

선사가 말했다.

“범부는 청정한 성품 가운데서 능과 소가 있다고 헤아리기에 곧 생사에 떨어지는 것이지만, 제불과 보살은 청정한 성품은 유무에 속하지 않는다는 것을 잘 알아서 능과 소를 세우지 않는 것이다.”

곳에서 스스로 장애에 물들어, 근본을 등지고 지말을 쫓으면서 헛되이 윤회를 받는 것이다.

만약 대근기를 갖추었다면 다시는 바깥에서 구하지 말고 자기가 있는 곳에서 씻은 듯 벗어나 홀로 증득해야 한다. 잘못된 깨달음

---

말했다.

"만약 이와 같이 말씀하신다면, 바로 깨친 이와 깨치지 못한 사람이 있게 되는 것입니다."

선사가 말했다.

"깨달음도 얻을 것이 없는데, 어찌 능히 깨닫는 사람이 있을 수 있겠는가?"

말했다.

"지극한 이치는 어떠한 것입니까?"

선사가 말했다.

"내가 요점을 말하리니, 그대는 마땅히 기억해 두라. 청정한 성품에는 범부와 성인도 없고, 깨달은 이와 깨닫지 못한 사람도 없다. 범부와 성인은 둘 다 같은 이름이니, 만약 이름을 따라 소견을 내면 곧 생사에 빠지겠지만, 만약 이름을 빌린 것이고, 실재하는 것이 아니라는 것을 알면 바로 그 이름이라는 것은 없게 될 것이다."

또 말했다.

"이는 극구경처(極究竟處, 가장 궁극적인 경지)이니, 만약 말하기를 '나는 능히 깨달았지만, 다른 사람은 깨닫지 못했다'고 하면 곧 큰 병이고, 견해에 청정함과 더러움, 범부와 성인이 있어도 큰 병이다. 또한 범부와 성인이 모두 없다는 소견을 내어도 인과를 무시하는 것이고, 견해에 의지해 머물 수 있는 청정성이 있어도 큰 병이고, 의지해 머물지 못한다는 견해를 지어도 큰 병이다. 그러나 청정한 성품에 비록 동요가 없을지라도 파괴되지 않는 방편과 응용, 그리고 자비를 일으켜 운행함을 갖추어야 한다. 이와 같이 자비를 일으켜 운행하는 곳이 바로 온전한 청정한 성품으로 견성성불이라고 부를 수 있는 것이다."

계종은 뛸 듯이 기뻐하면서 절을 하고 물러갔다.

때문에 부풀려지고 가려진 것들이 다 없어져 본래의 바른 견해가 원만하고 오묘하게 되면, 이를 일러 '바로 마음이 곧 부처(卽心卽佛)'[4]라고 한다. 이것으로부터 한 번 얻으면 영원히 얻어 통 밑이 쑥 빠지듯 활연히 계합하면, 한 법도 분별(집착)이(一法當情) 없게 된다.

❀

覿體純靜 受用無疑 則一了一切了. 及至聞說 '非心非佛' 幷親臨違順好惡境界 則一印印定. 何有彼我異同 種種混雜知見耶. 是故 古德於一機一境一語一默 投誠入理 千門萬戶 了無差殊. 譬百千異流 同歸大海.

체를 보는 것(覿體)이 진실하고 깨끗해서 받아씀(受用)에 의심이 없으면, 하나를 알 때 일체를 알게 된다. 그리고 '마음도 아니고 부처도 아니다(非心非佛)'라는 말을 듣거나, 몸소 거스르거나 따르거나 좋아하거나 싫어하는 경계를 만남에 이르러서도, 곧 하나의 도장(一印)으로 다 찍어주게 된다. 그런데 어찌 너와 나(彼我)·다름과 같음(異同) 등의 갖가지 혼잡한 지견知見이 있겠는가! 이런 까닭에 옛 어른 스님들은 일기一機와 일경一境·일어一語와 일묵一默에 성의를 다해 진리에 들어갔던 것이니, 천 집 만 집 사람들이 모두 차이가 없는 것이다. 비유하면 백천의 다른 개울물이 대해大海로 모이는 것과 같다.

❀

自然居之旣安 用之透徹 作箇無爲無事絶學道人去也. 二六時中 不生別心 不起異見 隨時飮啖衣著 萬境萬緣 無不虛凝 雖千萬年 不移易一

4 '卽心卽佛'과 '非心非佛'에 관해서는 본서 '26. 재 선인에게' 편의 註20을 참조.

毫髮許 處此大定 豈非不可思議大解脫耶.

자연히 머무는 것이 편안할 뿐만 아니라 씀에도 투철하면 무위무사無爲無事의 배울 것이 없는 도인(絶學道人)이 된다. 하루 종일 다른 마음이 생기지 않고 다른 견해도 일어나지 않으며, 때 되면 먹고 마시며 옷 입으면서도 만 가지 경계와 만 가지 인연에 허응(虛凝, 텅 빈 듯하면서도 집중)하지 않는 것이 없으니, 설사 천만 년이 지날지라도 털끝만큼도 변하지 않고 이 대정大定[5]에 처하게 되는데, 이것이 어찌 불가사의한 대해탈大解脫이 아니겠는가!

❀

唯要長時無間斷 不墮內外中間有無染淨. 直下休歇去 見佛衆生等無差殊 乃是十成安樂之地也. 今旣已有趣向 只在長養 令純熟. 煅來煅去如百煉精金方成大法器也.

오로지 오랫동안 끊어짐이 없도록 해서 안팎과 중간·있음과 없음·더러움과 깨끗함에 떨어지지 않아야 한다. 바로 그 자리에서 쉬어, 부처와 중생이 같아서 차이가 없음을 보게 되면, 이내 안락의 경지를 완전히 이루게(十成) 된다.

지금 나아갈 바가 정해졌다면, 다만 오랫동안 길러서 순일하게 익어지도록 해야 한다. 단련하고 단련해서 마치 백 번 단련한 순금처럼 되어야, 바야흐로 대법기大法器를 이루게 될 것이다.

---

5 大定(대정)에 관해서는 본서 2, 장 선무 상공께' 편의 註2를 참조.

# 53. 상 선인에게(示 尙禪人)

幸自圓成 何須特地. 直饒以慈悲之故 信手拈來 也未免强生枝節 却返不如未露鋒鋩已前. 只如今恁麽 涉水拖泥不少 只得就裏分疎. 還委悉麽. 一粒之中藏世界 普天匝地 應時收.

다행히도 스스로 원만하게 이루었거늘, 어찌 특별한 것을 필요로 하겠는가! 설사 자비심으로 손 가는 대로 집어 줄지라도(信手拈來)[1] 억지로 곁가지를 내는 것을 면치 못할 것이니, 오히려 칼끝을 드러내기 이전만 못하다.

다만 지금 내가 이렇게 하는 것도 물을 건너면서 진흙을 끄는 꼴이 됨이 적지 않으니, 부득불 바로 그 속에서 알아야 한다. 자세히 잘 알겠는가(還委悉麽)? 한 알갱이 속에 세계를 품고 천지를 두루 다니면서, 시절인연에 응하여 거두어라!

---

1 '信手拈來'에 관해서는 원오 스님은 본서 '30. 상 선인에게' 편의 본문 하단에 다음과 같이 기술하고 있다.

入荒田不揀 信手拈來草 觸目未嘗無 臨機何不道.

거친 밭에 들어가 가리지 않고 손 가는 대로 풀을 집어 드니, 눈에 닿는 대로 일찍이 없었던 것이 아니거늘, 때가 되었는데 어째서 말하지 않는가!

# 54. 영 상인께(示 瑛上人)

道本無言 因言顯道 若眞體道之人 通之於心 明之於本 直下脫却 千重萬重 貼肉汗衫. 豁然契悟 本來眞淨明妙 冲虛寂淡 如如不動. 眞實正體到一念不生 前後際斷處 蹋著本地風光. 更無許多 惡覺知見 彼我是非生死垢心 拔白露淨信得及 與他從上來人 無二無別.

도는 본래 말이 없으나 말로써 도가 드러나니(道本無言 因言顯道),[1] 만약 진실로 도를 체득하고자 하는 사람이라면 마음을 통달하고 근본을 밝혀서 바로 그 자리에서 천 겹 만 겹으로 살에 달라붙은 속적삼을 벗어버려야 합니다. 본래의 진정명묘(眞淨明妙, 참되고 청정하며 밝고 오묘함)를 활연히 계합해서 깨닫게 되면 텅 비어 고요하고 담박해서 여여부동하게 됩니다. 또한 진실로 바르게 체득해서 한 생각도 일어나지 않고 앞뒤의 경계가 끊어진 곳에 이르면 본지풍광本地風光[2]을 밟게 됩니다. 그러면 다시는 많은 잘못된 깨달음과 지견·나와 남·옳고

---

1 청량 국사의 말씀으로 원오 스님은 벽암록 제12칙과 25칙에서도 인용하고 있다. 또한 치문경훈에서도 인용하고 있다.

2 본서 '64. 호 상서께' 편의 본문 서두에 원오 스님의 정의가 있으니 참조하기 바란다.

그름·생사의 때 묻은 마음이 없고, 밝고 깨끗한 믿음이 드러나서 저 옛사람과 더불어 둘도 아니고 다르지도 않게 됩니다.

❀

等閑 不作爲不確執 虛通自在 圓融無際. 隨時應節 喫飯著衣 契證平常 謂之 無爲無事 眞正道人. 蓋緣根本旣明 六根純靜 智理雙冥 境神俱會 無深可深 無妙可妙. 至於行履 自會融通 喚作 得坐披衣. 向後自看 終不肯只向言句中話路 古人公案間埋沒 鬼窟裏黑山下作活計.

무심해서 하고자 함도 없고 고집하지도 않으며, 텅 비어 통하고 자재하며, 원융해서 끝이 없으며, 시절인연에 따라 밥 먹고 옷 입으면서 평상심에 계합해 증득하면, 이를 일러 '무위무사無爲無事의 진정도인眞正道人'이라고 합니다. 이는 모든 인연의 근본이 밝혀졌을 뿐만 아니라 6근이 순일하고 고요해서 지혜와 이치가 쌍으로 그윽하고, 경계와 마음을 모두 깨달아 더 깊게 할 깊은 어떤 것도 없으며, 더 오묘하게 할 그 어떤 오묘한 것도 없기 때문입니다. 또한 실천에 관해서도 스스로 알아서 원융하게 통하게 되는데, 이를 일러 '자리를 얻고, 옷을 입는다(得坐披衣)'[3]고 부릅니다. 그 이후로는 스스로 살필 뿐, 끝내 언구 가운데서 말 길(話路)을 따르지도 않고, 고인古人의 공안公案에도 매몰되지 않으며, 흑산 아래 귀신굴 속에서 활발하게 계교를 부리지도 않습니다.

---

3 得坐披衣(득좌피의)는 법화경 법사품에 나오는 말이다.(본서 '35. 해 지욕에게' 편의 註3을 참조.)

❀

唯以悟入深證爲要 自然到至簡至易 平常無事處. 然亦終不肯 死殺坐却 墮在無事界裏. 是故 從上作家古德 行棒行喝 立宗旨 明與奪 設照用. 三要三玄 五位偏正 峻機電卷 言前格外 旁提正按 只貴當人活卓卓地. 千人萬人羅籠不住 知有向上宗乘 終不指注 定殺掘坑埋人.

오로지 깨달아 들어가서 깊이 증득하는 것으로 요지를 삼으면, 자연히 지극히 간단하고 지극히 쉬운(至簡至易) 평상의 일 없는 곳(平常無事處)에 이르게 됩니다. 하지만 또한 끝내 죽은 듯이 앉아서 일 없는 경계(無事界)에 떨어지는 것을 긍정해서는 안 됩니다. 이런 까닭에 예로부터 작가종사와 옛 어른 스님들은 '방'을 하고 '할'을 해서 종지를 세우고, 주고 뺏음을 분명히 하며, 조照와 용用을 시설했던 것입니다. 삼현三玄과 삼요三要,[4] 오위정편五位正偏[5]의 뛰어난 기機로 번개가 번뜩이듯

---

4 三玄三要(삼현삼요)에 관해서는 본서 '9. 고 서기에게' 편의 註6을 참조.

5 五位偏正(오위편정 또는 오위정편)은 동산 스님의 오위군신五位君臣을 뜻한다.

가. 正中偏(정중편)

三更初夜月明前　삼경초야에 달 밝기 전,
莫怪相逢不相識　서로 만나도 알아보지 못함을 괴이하게 여기지 말라.
隱隱猶懷舊日嫌　은은히 지난날의 미움을 품고 있다.

나. 偏中正(편중정)

失曉老婆逢古鏡　새벽에 노파가 옛 거울을 보니
分明赤面別無眞　분명 바로 보지만, 따로 참된 것 없네.
休更迷頭猶認影　다시는 미혹한 머리로 그림자로 알지 말라.

하고, 언어 이전의 격외도리(言前格外)를 파주 방행(旁提正按)하면서,[6] 다만 그 사람의 생기 있고 뛰어난 경지를 귀하게 여겼을 뿐입니다. 또한 천인만인의 그물에도 걸리지 않고, 향상의 종승(向上宗乘)이 있다는 것을 알면서도, 끝내 어떤 일을 지적해서 자의적으로 주석하거나 설명하지 않고, 반드시 죽이려 하거나 함정을 파서 사람을 묻어버리지 않았습니다.

❀

若有如此者 定是弄泥團 非慷慨透脫眞正具眼衲子. 所以 不喫人殘羹

---

다. 正中來(정중래)

無中有路隔塵埃　'무無'에서 티끌세상 벗어날 길이 있으니
但能不觸當今諱　지금 천자의 이름(當今諱)를 저촉하지 않으면
世勝前朝斷舌才　전 왕조에 혀 잘린 사람보다 뛰어나리.

라. 兼中至(겸중지)

兩刀交鋒不須避　두 칼날이 부딪칠 때 피하지 말라.
好手猶如火裏蓮　고수高手는 마치 불 속에 핀 연꽃과 같아
宛然自有沖天志　완연히 스스로 하늘 찌르는 뜻이 있다.

마. 兼中到(겸중도)

不落有無誰敢和　유무에 떨어지지 않는데, 누가 감히 상대를 하랴.
人人盡欲出常流　사람마다 범상한 무리에서 벗어나려 하지만,
折合還歸炭裏坐　단호하게 되돌아가 도탄 속에 앉아야 한다.

6 旁提正按(방제정안)=正按旁提(정안방제): 선사가 학인을 지도할 때 방편으로 쓰는 두 가지 태도. 정안正按은 검을 세우고 정면으로 상대방에게 육박하듯이 압박하는 것, 방제旁提는 옆에서 칼을 들고 갑자기 상대방에게 돌진하듯이 베푸는 방편. 정안은 파주, 방제는 방행.(선학사전, p.578)

餿飯 被繫驢橛子綴住. 唯埋沒宗風 抑亦自己透脫生死不得 況復展轉將路布窠窟解路 傳授與後學. 遂成一盲引衆盲 相將入火坑 豈是小禍. 復令正宗只見淡薄 祖佛綱紀委地 豈不痛哉.

만약 이런 사람(반드시 죽이려 하거나 함정을 파서 사람을 묻어버리려고 하는 사람)이 있다면 분명 진흙덩이나 가지고 장난하는 놈이지, 비분강개해서 꿰뚫어 벗어난 진정한 안목을 갖춘 납자가 아닙니다. 그렇기 때문에 (납자라면) 다른 사람이 먹다 남긴 국이나 쉰밥을 먹지 않고, 나귀 매는 말뚝에도 매여 머물지 않아야 합니다. 오직 종풍을 매몰시킬 뿐만 아니라 자기 자신도 생사를 꿰뚫어 벗어나지 못했는데, 하물며 더 나아가 자신의 주장이나 고정관념, 알음알이를 가지고 후학들에게 전수해 주는 것이야 더 말해 무엇 하겠습니까! 마침내 한 맹인이 여러 맹인을 이끌고 서로 불구덩이로 들어가는 것과 같으니, 어찌 재앙이 적다고 하겠습니까! 또한 바른 종풍(正宗)을 단지 천하고 얄팍하게 보아서 부처와 조사의 기강을 땅에 떨어뜨리는 것이니, 어찌 애통하지 않겠습니까!

❀

所以 學道先須擇正知正見師門. 然後放下複子 不論歲月 用做事 綿綿相續 不怕苦硬難入 參取管須徹去. 不見 睦州道 "未得箇入頭 須得箇入頭處. 若得箇入頭處 不得辜負老僧"

※用做(용주): ~(으)로 ~에 쓰이다. ~로써 ~을〔를〕 만들다.

그렇기 때문에 도를 배우려면 먼저 올바른 지견(正知正見)을 갖춘 스승(師門)을 택해야 합니다. 그런 다음 걸망을 내려놓고 세월을 따지지 않는 것으로 일을 삼아 끊임이 없이 이어지게 하고, 힘들고 단단해서 들어가기 어려운 것을 두려워 말고 철저하게 참구해야 합니다. 보지 못했습니까? 목주睦州[7]가 이르기를 "들어갈 곳을 찾지 못했다면 반드시 들어갈 곳을 찾아야 한다. 만약 들어갈 곳을 찾았다면 노승을 저버리지 말라"고 하였던 것을요!

❀

旣操誠日久 大經鉗鎚 洪鑪煅煉. 日近日親 田地穩密 只更辦悠久管帶 使如證如悟. 始終無間 世法佛法 打成一片 物物頭頭 有出身處 不墮塵機 不爲物轉. 鬧市裏十字街頭 活浩之中 正好著力也.

※밑줄 친 부분 가운데 '活浩'는 浩浩(호호)의 誤字다.

오래도록 조심스럽고 정성스럽게 하면서 겸추鉗鎚와 홍로洪鑪의 단련을 크게 거쳐야 합니다. 하루하루 가까이해서 경지(田地)가 평온하고 빈틈이 없으면, 다시 오래도록 몸과 마음에 지닌 것을 판별해서 여여하게 깨닫도록 해야 합니다. 처음부터 끝까지 끊어짐이 없이 세간법과 불법을 한 덩어리로 만들면, 두두물물에 출신처出身處가 있어 티끌 인연에 떨어지지 않고 경계에 끄달리지 않게 됩니다. 또한 시끄러운 저잣거리나, 드넓은 곳에서도 딱 맞게 힘을 쓰게 됩니다.

7 목주(睦州, 목주도명)에 관해서는 본서 '13. 정 장로께' 편의 註5를 참조.

❀

五祖老師 平昔爲人最捷徑. 每示徒多擧古德 有漏笊籬 無漏木杓 大乘井索 小乘錢貫 覿面相呈時如何 分付典座 如何是玄旨. 壁上掛錢財 謂學人 你若使與 麽會得徹底去 便可罷參. 所謂 唯此一事實 直得赤心片片 不隔一絲髮許. 若眞究得 到此田地 始堪提持綱宗 傳正法眼也.

※錢貫(전관): 엽전으로 한 관 안팎의 액수.
※赤心(적심): 정성스럽고 참된 마음.

오조 노스님(法演)께서는 평소 가장 빠른 길로 사람들을 지도했습니다. 매번 대중들에게 법문을 하면서, 옛 어른 스님의 새는 조리(有漏笊籬)·새지 않는 나무 국자(無漏木杓)·대승의 두레박줄(大乘井索)·소승의 엽전 꾸러미(小乘錢貫)·얼굴을 서로 마주할 때는 어떠합니까(覿面相呈時如何) 하자 전좌에게 분부했다(分付典座) 등[8] 여러 가지를 자주

8 '有漏笊籬 無漏木杓 大乘井索 小乘錢貫 覿面相呈時如何 分付典座如何是玄旨'는 경덕전등록 제15권, '악주 청평산 영준 선사' 편에 다음과 같이 기술하고 있다. 上堂曰 "諸上坐 夫出家人 須會佛意始得. 若會佛意不在僧俗男女貴賤 但隨家豐儉 安樂便得. 諸上坐 盡是久處叢林 遍參尊宿 且作麽生會佛意. 試出來大家商量 莫空氣高. 至後一事無成一生空度. 若未會佛意 直饒頭上出水足下出火燒身鍊臂 聰慧多辯 聚徒一千二千 說法如雲如雨 講得天華亂墜 只成箇邪說 爭競是非去佛法大遠在. 諸人幸値色身安健 不値諸難 何妨近前. 著些工夫體取佛意好." 時有僧問 "如何是大乘" 師曰 "麻索" 曰 "如何是小乘" 師曰 "錢貫" 問 "如何是淸平家風" 師曰 "一斗麵作三箇蒸餠" 問 "如何是禪" 師曰 "胡孫上樹尾連顚" 問 "如何是有漏" 師曰 "笊籬" 曰 "如何是無漏" 師曰 "木杓" 問 "覿面相呈時如何" 師曰 "分付與典坐"

거론했는데, 어떤 것이 현묘한 종지(玄旨)입니까?

---

상당하여 대중에게 말했다.

"여러 상좌들이여! 출가한 사람은 부처의 뜻을 알아야 한다. 만약 부처의 뜻이 승속과 남녀와 귀천에 있지 않다는 것을 알면, 다만 집안의 풍부함과 검소함에 따라서 안락을 얻게 될 것이다.

여러 상좌들은 모두 오랫동안 총림에 있으면서 여러 존숙을 두루 참배한 사람들인데, 어떻게 부처의 뜻을 알고 있는가? 시험 삼아 나와서 여럿이 토론해 볼 것이지 공연히 기고만장하지 말라. 뒤에 이르러 하나의 일도 이루지 못하면 일생을 헛되이 보내는 것일 뿐이다.

만약 부처의 뜻을 알지 못하면 설사 머리 위로 물을 내뿜고, 발밑으로 불을 내며, 몸을 태우고 팔을 지지며, 총명한 지혜와 말 재주로 권속을 1천 명, 2천 명 모으고, 설법을 구름처럼 비처럼 하면서 강의할 때 하늘에서 꽃이 어지럽게 떨어지더라도, 단지 삿된 말을 이루어 시비를 다툰다면 불법과는 너무도 먼 것이다.

여러분은 다행히 색신이 건강하여 온갖 어려움을 만나지 않았으니, 이 공부를 가까이 하는데 무슨 방해가 있겠는가? 조금이라도 공부를 해서 부처의 뜻을 체득해야 하는 것이다."

이때 어떤 스님이 나서서 말했다.

"어떤 것이 대승입니까?"

"삼으로 꼰 동아줄이다."

"어떤 것이 소승입니까?"

"엽전을 꿴 것이다."

"어떤 것이 청평의 가풍입니까?"

"한 말의 밀가루로 세 개의 전병을 만드는 것이다."

"어떤 것이 선입니까?"

"원숭이가 나무에 오르다가 꼬리가 연거푸 뒤집어진 것이다."

"어떤 것이 유루有漏입니까?"

"조리笊籬이니라."

또 벽에다 돈을 걸어놓고 학인들에게 "그대들이 이렇게 철저하게 알면 바로 참선을 마쳐도 될 것이다"고 했으니, 이른바 오직 이 하나의 사실만을 정성스럽고 진실하게 해서 털끝만큼도 간격이 없게 하라는 것이었습니다. 만약 진실하게 참구해서 이 경지에 이르면 비로소 강종綱宗을 제지하고 정법의 바른 눈(正法眼, 정법안장)을 전해 받을 수 있을 것입니다.

---

"어떤 것이 무루無漏입니까?"

"표주박(木杓)이니라."

"얼굴을 서로 맞댈(覿面相呈) 때는 어떠합니까?"

"전좌에게 분부했다(分付與典坐)."

청평영준淸平令遵에 관해서는 본서 '1. 화장 명 수좌에게' 편의 註26을 참조.

# 55. 승 선인에게(示 昇禪人)

參問之要在專一 不强作爲 只守本分. 須根脚有透脫處 明見本來面目 蹋著本地風光. 初不改移尋常行履 而表裏一如 任運施爲 不立奇特 與汎常人無以異. 喚作絶學無爲閑靜道人. 而自處之際 不露心迹 直得諸天捧花無路 魔外潛窺不見 始是朴實頭著實處也.

참례해서 묻는(參問)[1] 요점은 전일(專一, 마음을 오로지 한 곳에만 쓰는 것)에 있으니, 억지로 행하지 말고 다만 본분本分을 지켜야 한다. 모름지기 바로 발밑에 꿰뚫어 벗어날 곳이 있으니, 본래면목本來面目을 밝게 보고 본지풍광本地風光을 밟아야 한다.[2] 애초부터 일상의 행리처行履處를 바꾸지 않고 겉과 속을 한결같이 하며, 운행에 맡겨 되어가는

---

1 參問(참문): 參至師下而問道 曰參問(정복보, 불학대사전)
스승을 참례하여 도를 묻는 것을 참문이라고 한다.

2 本來面目(본래면목): 깨달은 경지에서 나타나는 자연 그대로의 심성. 가식이나 인위를 일체 더하지 않고 모든 사람들이 갖추고 있는 심성. 부모미생전면목父母未生前面目이라고도 하며, 본지풍광本地風光, 천진면목天眞面目, 법성法性, 실상實相, 열반야제涅槃若提라고도 한다.(전게서)
또한 본지풍광 본래면목에 관한 원오의 정의가 본서 '64. 호 상서께' 편의 본문 서두와 '74. 장 중우 선교께' 편의 본문 서두에 있으니 참조하기 바란다.

대로 하면서도 기이한 짓을 하지 않고, 보통사람과 조금도 다를 바가 없어야 한다. 그래야 '절학무위絶學無爲의 한가하고 고요한 도인(閑靜道人)'이라고 부르게 된다.

그리고 자기가 처한 곳에서 마음의 자취를 드러내지 않아, 모든 하늘이 꽃을 바치려 해도 바칠 길이 없고 마군과 외도가 엿보려 해도 엿보지 못해야, 비로소 이것이 순박하고 착실한 실제의 자리인 것이다.

❀

養來養去 日久歲深 世法佛法 打成一片 混融無際 力用現成 透脫死生 豈爲難事. 但患證入處不諦當. 胸中有物 則留礙也 要急相應 當須旋有旋消. 如紅鑪著雪相似 自然廓然安靜 得大解脫也. 但自退審 親附知識 不爲不久 所以 履踐處 還有端的落著也未. 若有落著 更疑箇甚麽.

날이 가고 해가 깊도록 기르고 기르면, 세간법과 불법이 한 덩어리가 되어 경계 없이 섞이게 되고, 힘과 작용이 있는 그대로 이루어져 생사를 꿰뚫어 벗어나게 되는데, 어찌 어렵다고 하겠는가! 다만 증득해 들어가는 곳(證入處)을 진실로 자세히 살피지 못할까 염려스러울 뿐이다. 가슴속에 무언가가 있으면 장애가 남은 것이니, 급히 상응하고자 하면 모르지기 돌릴 것이 있으면 돌려서 없애야 한다. 그러면 마치 활활 타오르는 화로에 한 점 눈이 떨어지는 것처럼, 자연히 툭 트여 편안하고 고요해서 대해탈大解脫을 얻게 될 것이다. 다만 스스로 뒤로 물러서서 "선지식을 가까이한 지가 오래되지 않은 것은 아닌데, 그 때문에 실천한 곳에 단적인 낙처(落著)가 있는가?" 하고 살펴보라!

만약 낙처가 있다면 다시 무엇을 의심하겠는가!

❀

直下不起一念 脫體承當 一處纔眞 千處萬處 豈更別也. 祖師只要人見性 諸佛只令人悟心. 心性旣眞純一無雜 則四大五蘊 六根六塵 一切萬有 無不皆是自己放身捨命處. 等閑蕩蕩地 如日普照 如虛空無邊量 豈以有限身心 返自拘局 令不快活耶. 古人十年二十年 只要參透 一透之後 便解作活計. 如今豈是欠闕. 但不起要情.

※欠闕(흠궐): 일정한 수량이나 정도에 차지 못하고 모자람.

바로 그 자리에서 한 생각도 일어나지 않으면 그대로 깨닫게 되니, 한 곳이 진실하면 천 곳 만 곳이 어찌 또 다르겠는가! 조사祖師는 다만 사람들이 견성見性하기를 원했고, 제불諸佛은 다만 사람들로 하여금 마음을 깨닫도록 했다. 심성心性이 진실로 순일하고 잡됨이 없으면 사대와 오온, 육근과 육진, 일체만유가 모두 자기의 몸과 목숨을 놓아버릴 곳이 아닌 곳이 없다.

호호탕탕하게(蕩蕩, 浩浩蕩蕩) 무심해서 해가 두루 비추는 것과 같고, 허공 끝을 헤아릴 수 없는 것과 같은데, 어찌 한계가 있는 몸과 마음으로 도리어 자신을 구속하고 국한해서 기쁘지 않도록 하는 것인가! 고인古人은 10년 20년을 참구해서 꿰뚫고자 했을 뿐이고, 한 번 꿰뚫은 다음에야 계책을 세울 줄 알았다. 그런데 요즘 사람은 어찌 그러지 못하는 것인가! 단지 하고자 하는 생각을 일으키지 않을 뿐이다.

❀

不生執著 隨力遇緣 靡不通徹 唯貴專一純靜. 雖幹事緣 亦非外物 攝歸自己 卽爲妙用 八萬塵勞 卽時化作八萬波羅蜜. 更不須別參知識. 於日用中 度無量數衆生 成就無量數佛事 歷涉無量數法門 皆從自己胸中流出 豈有他哉. 所謂 百尺竿頭須進步 大千沙界現全身.

집착하지 않고 능력에 따라 인연을 만나면 철저히 통하지 않는 것이 없으니, 오직 한결같이 순일하고 고요함만을 귀하게 여길 뿐이다. 비록 일을 맡아 처리하는 인연을 만나더라도 또한 외물(外物, 바깥 경계)이 아니니, 거두어서 자기에게 돌리면(攝歸自己)[3] 오묘한 작용이 된다. 8만의 번뇌가 곧바로 8만의 바라밀로 바뀌면 다시는 따로 선지식을 참례할 필요가 없다. 일상생활 가운데서 헤아릴 수 없이 많은 중생을 제도하고, 헤아릴 수 없이 많은 불사佛事를 성취하며, 헤아릴 수 없이 많은 법문을 두루 섭렵하는 것이 모두가 다 자기의 가슴속에서 흘러나오는데, 여기에 어찌 다른 것이 있겠는가! 그래서 이른바 "백척간두에서 한 걸음 더 나아가야 삼천대천세계에 온몸을 드러낸다(百尺竿頭須進步 大千沙界現全身)"[4]고 하였던 것이다.

---

3 백장회해의 말씀 가운데 다음과 같은 구절이 있으니 참고하기 바란다.
"경전을 읽고 교학을 공부하며 말씀을 배우는 것은 필연코 자기에게로 환원되어야 한다. 모든 말씀은 지금 이렇게 지각하는 자성을 밝힌 것이니, 다만 있다 없다는 등의 모든 경계에 휩쓸리지 않으면 된다."(고경, p.348)

4 경덕전등록 제10권, '호남 장사 경잠초현 대사' 편에 나오는 말로, 본서 '15, '축봉 장로께' 편의 註11을 참조하기 바란다.

# 56. 민 상인께(示 民上人)

學道深宜退步體究 但以死生爲念. 世諦無常 是身非堅久 一息不來便是異世他生. 或若論入異類 轉更千生萬劫 無出徹處. 幸而今富有春秋 正好著力念念趣向 心心不移 向根脚覷捕. 到一念不生 前後際斷處驀然透徹 如桶底子脫 有歡喜處. 極奧窮深 蹋著本地風光 明見本來面目 不疑天下老 和尙舌頭.

깊이 있게 도를 배우려면 마땅히 한 걸음 물러나 몸소 참구하되, 다만 나고 죽는 것(死生, 生死)만을 생각해야 합니다. 세속의 법(世諦)은 무상하고 이 몸은 견고하지도 오래가지도 않으니, 한 번 내쉰 숨이 돌아오지 않으면 이는 곧 다른 세상(異世), 다른 생(他生)입니다. 그런데 혹 이류異類에 들어가는 것[1]을 논한다면, 몸을 바꿔가며 천생만

1 異類中行(이류중행): 이류異類는 인간 이외의 생류生類를 말하는데, 수행자를 포함한 중생 일반이라고 해석하기도 함. 결국 이류중행이란 선사가 수행자나 일반인들과 함께 생활하면서 지도교화에 힘쓰는 일.
남전보원南泉普願이 대중에게 설법하되, "여여如如라고 불러도 벌써 변했다. 그러니 요새 사람들은 모름지기 이류異類 속에서 행하여야 하느니라." 했는데, 조주종심趙州從諗이 승당 밖에서 선사를 만나 얼른 묻되, "이異는 묻지 않겠거니와 어떤 것이 유類입니까?" 하였다. 이에 선사가 두 손으로 땅을 치거늘 조주가

겁을 지날지라도 전혀 벗어날 기약이 없습니다.

다행히도 지금 나이가 있으니, 바르게 힘을 쓰면서 생각 생각이 목표를 향해 나아가되, 마음 마음을 옮기지 말고 근본을 자세히 보고 사로잡으십시오! 한 생각도 일어나지 않고 앞뒤 경계가 끊어진 곳에 이르면 맥연히 꿰뚫게 되니, 마치 통 밑바닥이 쑥 빠져버린 것처럼 기뻐하는 곳이 있게 될 것입니다. 지극히 오묘한 것을 깊이 궁구해서 본지풍광本地風光을 밟고 본래면목本來面目을 밝게 보면,[2] 천하 노화상들의 혀끝을 의심하지 않게 될 것입니다.

❀

坐得斷 把得住 以無心無爲無事養之 二六時中 更無虛過底工夫. 心心不觸物 步步無處所 便是箇了事衲僧也. 不圖名不苟利 壁立萬仞 滴水滴凍 辦自己透脫生死事. 不管諸餘 不動聲色 不驚群衆 翛然獨脫 眞出塵羅漢也. 切宜信而履踐.

일체를 꺾어버리고 근본을 꽉 잡아 무심無心·무위無爲·무사無事로 기르면, 하루 종일 다시는 헛되게 흘려보낼 공부가 없게 됩니다. 마음과

---

한 번 발로 밟으니, 선사가 땅에 쓰러졌다. 조주가 연수당延壽堂으로 뛰어 들어가면서 외치되, "뉘우친다, 뉘우친다." 하니, 선사가 시자를 보내 묻되, "무엇을 뉘우치는가?" 하니, 조주가 대답하되, "다시 한 번 밟아주지 못한 것을 뉘우친다." 하였다(선문염송 219칙).(선학사전, p.526)

2 본지풍광 본래면목의 사전적인 의미는 본서 '55. 승 선인에게' 편의 註2를 참조하기 바란다. 또한 본서 '64. 호 상서께' 편과 '74. 장중우 선교께' 편의 본문 서두에 원오 스님의 정의가 있으니 참조하기 바란다.

마음이 경계에 닿지 않고 걸음과 걸음에 머물 곳이 없는 것이 바로 일을 마친 납승(了事衲僧)입니다.

명예도 도모하지 않고 이익도 바라지 않으면서 만 길 절벽처럼 우뚝 서서, 한 방울의 물이 한 방울의 얼음이 되듯 자기를 다스리면서 생사의 일을 꿰뚫어 벗어나야 합니다. 여러 가지 불필요한 일(諸餘, 多餘)에는 관여하지 않고, 성색聲色에도 흔들리지 않으며, 여러 대중을 놀라게 하지 않고 자연히 홀로 벗어나야, 진정으로 번뇌를 벗어난 아라한(出塵羅漢)인 것입니다. 바라건대, 간절히 믿고 실천하십시오!

❀

昔蒙山惠明道人 自黃梅趂逐盧老到大庾嶺 及之遂咨稟 "不爲衣鉢來 只爲法來" 盧乃令坐 於磐石冥心 因語之云 "汝但善惡都莫思量 正當恁麼時 一物不思 還我明上座本來面目來" 明依言 斂念尋 有省發 乃復問盧 "爲只這箇 爲當更別有密意" 盧云 "我若向你道 卽不密也. 只如上說 汝若會 卽密在汝邊矣" 蒙山乃了了無疑. 將知密意卽是密印. 若體得老僧所示 心地豁然 密印豈在別人邊. 密說顯證 皆只於刹那頃 纔生心動念 卽沒交涉也.

※斂(거둘 렴): 거두다. 넣다. 저장하다. 모으다. 감추다. 숨기다.

※磐石(반석): 넓고 편편한 바위, 너럭바위. 일 또는 사물이 매우 견고한 것을 비유. 아주 굳어서 든든한 사물이나 사상의 기초.

지난날 몽산蒙山 혜명惠明 도인[3]이 황매산에서부터 노 행자(盧老, 6조

3 몽산혜명蒙山惠明과 육조혜능六祖慧能에 관해서는 본서 '26. 재 선인에게' 편의

혜능)를 좇아 대유령에 도착했는데, 이르자마자 여쭀습니다.

"의발 때문에 온 것이 아니라, 법을 위해 왔습니다."

노 행자가 반석磐石에 앉아 마음을 가라앉게 하고는, 말했습니다.

"그대는 다만 선과 악을 모두 헤아리지 말라! 바로 그러할 때 어떤 것(一物)도 생각하지 않고, 나에게 명 상좌明上座의 본래면목을 가져와 봐라!"

혜명이 이 말에 의지해 생각을 거두어 찾으니 깨친 바가 있어, 다시 노 행자에게 물었습니다.

"단지 이것뿐입니까, 따로 비밀스런 뜻이 있습니까?"

노 행자가 말했습니다.

"내가 만약 그대에게 말해준다면 그것은 비밀이 아니다. 다만 앞에 말한 것처럼 그대가 만약 안다면 비밀은 그대에게 있는 것이다."

몽산이 이에 분명히 알고는 의심이 없었습니다.

비밀한 뜻(密意)이 바로 밀인密印임을 알아야 합니다. 만약 노승이 보여준 것을 몸소 체득해서 마음이 확 트이게 된다면, 밀인이 어찌 다른 사람에게 있는 것이겠습니까! 비밀한 말씀을 드러내 증득하는 것은 모두 단지 찰나에 있는 것이지만, 마음을 내고 생각을 움직이면(生心動念) 전혀 관계가 없게 됩니다.

---

註6, 7, 8, 11을 참조하기 바란다.

# 57. 심 도자에게(示 心道者)

有祖以來 直指此一段大因緣 政爲透脫生死. 須是上根利智 超言詮出情域 不以世緣彼我高低强弱衰榮爲意. 徑於自己根脚下了悟 取本來淸淨寂照 虛凝輝騰今古 逈絶知見底本分事. 便翛然獨立 萬象不能藏覆 千聖無以擬倫.

조사가 온 이래로 이 하나의 큰 인연(一段大因緣)[1]을 바로 가리킨 것은 확실히 생사를 꿰뚫어 벗어나게 하려는 것이었다. 그러므로 모름지기 뛰어난 근기의 영리한 지혜를 가진 자는 말(言詮)과 정식의 영역(情域)을 뛰어넘어 너와 나·높고 낮음·강함과 약함·번영과 쇠퇴와 같은 세속의 인연에 뜻을 두지 않아야 한다. 또한 곧장 자기의 근본 자리에서 분명히 깨달아, 본래 청정하고 적조寂照하며 텅 비어 고금에 빛나며 지견知見으로부터 멀리 끊어진 본분사本分事를 취해야 한다. 그러면 바로 얽매이지 않고 홀로 서게 되어, 삼라만상도 숨기거나 덮어버리지 못하고 일천 성인이라도 견줄 바가 없게 된다.

---

1 此一段大因緣(一大事因緣)에 관해서는 본서 '3. 장 선무 상공께' 편의 註1을 참조.

❀

等閑蕩蕩地 一物不思 一物不爲 自然無欲無依 超諸三昧 更說 甚建立門戶 差別作爲. 直下坐斷 壁立千仞 凡亦不拘 聖亦不管 方是了事衲僧. 身心如枯木朽株 寒灰死火 乃眞休歇也. 所以 從上來 只貴忘懷獨得.

무심히 호호탕탕하게 한 물건도 생각하지 않고, 어떠한 것도 행하지 않으면, 자연히 욕심도 없고 의지하는 것도 없이 모든 삼매를 뛰어넘게 되는데, 다시 무슨 문호門戶을 세우고 차별적인 행동을 한다고 말하겠는가! 바로 그 자리에서 꺾어버리고 천 길 절벽처럼 우뚝 서서 범부에도 구속되지 않고 성인에게도 간섭되지 않아야, 바야흐로 일을 마친 납승이라고 할 수 있는 것이다.

또한 몸과 마음을 마치 고목이나 썩은 나무 그루터기, 찬 재나 꺼진 불처럼 해야, 참으로 쉬는 것(休歇)[2]이다. 그렇기 때문에 예로부터

---

2 休歇(휴헐, 休去歇去)은 석상경저石霜慶諸 스님의 '7거七去'를 뜻한다. 원오는 본서 '78. 위 학사께' 편에서 '7거'에 관하여 기술하고 있으니, 함께 참조하기 바란다. 7거七去는 '① 쉬어라(休去). ② 또 쉬어라(歇去). ③ 입술에 곰팡이가 피도록 하라(直教唇皮上醭生去). ④ 한 가닥 흰 명주실처럼 하라(一條白練去). ⑤ 한 생각이 만년이 되게 하라(一念萬年去). ⑥ 차고 싸늘하게 하라(冷湫湫地去). ⑦ 옛 사당의 향로처럼 하라(古廟裏香爐去)'는 것을 뜻한다.

『종용록』 제96칙, '구봉불긍九峰不肯' 편 본칙本則에 다음과 같이 기술하고 있다. 擧 九峯在石霜作侍者 霜遷化後 衆欲請堂中首座接續住持 (便好學能無伎倆 不應如秀拂塵埃) 峯不肯乃云 待某甲問過 若會先師意 如先師侍奉 (路見不平) 遂問

先師道 休去歇去 (費力作麼) 一念萬年去 (忘前失後漢) 寒灰枯木去 (有甚氣息) 一條白練去 (切忌點污) 且道 明甚麼邊事 (只要無事) 座云 明一色邊事 (兩般了也) 峯云 恁麼則未會先師意在 (一朝權在手) 座云 爾不肯我 那裝香來 (果然不會) 座乃焚香云 我若不會先師意 香煙起處脫去不得 (氣急殺人) 言訖便坐脫 (這裏甚麼所在恁麼去) 峯乃撫其背云 坐脫立亡則不無 (出身猶可易) 先師意未夢見在 (脫體道應難)

구봉九峯이 석상石霜의 회상에서 시자 소임을 보았다. 석상이 입적한 후에 대중이 당중의 수좌(堂中首座)를 천거해서 주지의 소임을 잇고자 했다.
〔혜능의 기량 없음을 배우는 것은 좋겠으나, 신수의 먼지 터는 것과 같은 것은 하지 말아야 한다.〕
이에 구봉이 긍정치 않으면서 말했다.
"내가 물어봐서 선사의 뜻을 분명히 알았으면 선사에게 하던 대로 시봉을 하겠다."
〔길에서 공평하지 못한 일을 만났구나!〕
구봉이 석상회상의 수좌에게 물었다.
"선사께서 말씀하시기를 '쉬어 가고 쉬어 가며〔힘들여서 뭐하는가!〕, 한 생각이 만 년까지 이어가며〔이러지도 저러지도 못하는 친구로다.〕, 찬 재와 마른 나무같이 하며〔무슨 기색이 있던가?〕, 한 가닥 흰 실같이 하라〔한 점도 오염시키지 말라.〕'고 하셨는데, 말해 보라! 어떤 일을 밝힌 것인가?"〔단지 일 없기를 바랄 뿐이다.〕
"일색변사一色邊事를 밝힌 것이다."
〔두 쪽이 나 버렸다.〕
"그렇다면 선사의 뜻을 모르는 것이다."
〔하루아침에 권력이 손안에 들어왔다.〕
"그대가 나를 긍정치 않는다는 말이냐? 그럼 향을 꽂아라."
〔과연 모르는군.〕
수좌가 향을 피면서 말했다.
내가 만약 선사의 뜻을 알지 못했다면 향 연기 일어날 때 좌탈하지 못할 것이다."
〔놀라 죽겠다!〕

다만 품었던 생각을 잊고 홀로 체득하는 것을 중히 여겼던 것이다.

❀

既得之後 不立我見 不自貢高 任運縱橫 如癡似兀 始稱無爲無事道人行履. 設使三五十年 亦不變亦不異 至於千生萬劫 亦只如如 所謂 長久最難得人也. 若一往恁麼信得及透得徹 不憂不能度世. 跳煩惱生死坑 唯在當人諸根猛利. 超毗盧越祖代 亦不爲難 此眞大解脫門也.

체득한 다음에는 아견도 세우지 않고 스스로를 뽐내지도 않으며 종횡으로 임운등등任運騰騰하면서 마치 어리석고 무지한 사람 같아야, 비로소 무위무사無爲無事의 도인의 행동거지라고 부를 수 있다. 설령 30년, 50년을 지낼지라도 변하지도 않고 다르지도 않으며, 천생만겁에 이르더라도 다만 '여여如如'할 뿐이니, 그래서 이르기를 "오래도록 하는 사람을 얻기가 가장 어렵다"고 하였던 것이다.

만약 한결같이 이렇게 믿고 철저히 꿰뚫으면 세상을 제도하지 못할까 걱정하지 않게 된다. 번뇌와 생사의 구덩이를 뛰어넘는 것은 오직 당사자의 6근을 맹렬하고 날카롭게 하는 데 있을 뿐이다. 비로자나

---

이에 향 연기가 일어나자마자 바로 앉아서 숨을 거두었다.
〔여기에 무엇이 있다고 그렇게 떠나는가?〕
구봉이 그 수좌의 등을 어루만지면서 말했다.
"좌탈입망坐脫立亡은 없지 않지만,
〔깨닫는 것은 오히려 쉬우나.〕
선사의 도리는 꿈에도 보지 못했소."
〔그것을 그대로 말하기는 어렵다.〕

부처를 뛰어넘고 역대의 조사들을 초월하는 것도 또한 어렵지 않으니, 이것이야말로 참된 대해탈문大解脫門인 것이다.

❀

達磨祖師初來 少林九年面壁冷坐 深雪之中 得箇可祖. 洎勘證所得 只禮 三拜依位而立 此豈涉許多言詮耶. 要須直下領取 透頂透底 纖芥無違現成 撲不破 萬機莫能到. 然後 於無住本中 流出一切 融通無滯 百千作爲 皆我妙用 處處與人抽釘拔楔 令各安穩去 豈不省要哉.

달마조사가 처음 와서 소림에서 9년을 면벽하며 차갑게 앉아 있다가, 깊은 눈 속에서 혜가慧可 조사를 만났다. 그가 체득한 것을 헤아리고 증명함에 이르러서는 다만 세 번 절하고 제자리에 서 있을 뿐이었으니, 이것이 어찌 많은 말들이 오고 가야만 하는 것이겠는가!

모름지기 바로 그 자리에서 깨닫고 머리끝에서 발끝까지 꿰뚫어 털끝만큼이나 겨자씨만큼도(纖芥, 조금도) 어김이 없이 그대로 드러내야 하고, 쳐도 부서지지 않아야 하며, 만 가지 기략機略으로도 도달할 수 없어야 한다.

그런 다음 머묾 없는 근본 속(無住本)에서 일체가 흘러나와야 융통해서 걸림이 없는 것이고, 온갖 행위가 모두 나의 오묘한 작용인 것이며, 곳곳에서 사람들의 못을 뽑고 쐐기를 뽑아 각자 안온케 하는 것이니, 이것이 어찌 요체를 살핀 것이 아니겠는가!

❀

玄沙一日 見人舁屍過 指而示衆 "四箇死漢舁一箇活漢" 若隨情見却

是玄沙自相顚倒, 若以向上正眼 離見超情 乃知玄沙爲人極是親切. 是故 透脫須出他陰界. 不見 古德道 "白雲淡泞 水注滄溟 萬法本閑 而人自鬧" 果是眞實諦當. 聊聞擧著 便知落處 可以透脫生死 不在陰 界中窒礙 如鳥出籠 自由自在. 自餘一切機用言句 只一截便休 更不落 第二見也.

※밑줄 친 부분 가운데 '擧'은 '舁(여)'로 해석하였다.
※舁(마주들 여, 들 거): 마주 들다. 여럿이 맞들다. 메다. 들다.
※泞(맑을 저, 진창 녕): 맑다. 명아주. 맑고 깊다. 물이 괴다. 진창(녕). 흐름이 작은 모양(녕). 물이 끓는 모양(녕). 질척질척하다.

현사玄沙[3]가 하루는 시체를 메고 지나가는 사람을 보고, 그것을 가리키며 대중에게 이르기를 "죽은 놈 넷이 산 사람 하나를 메고 가는구나!"고 했다. 만약 정견情見을 따르면 현사가 스스로 전도된 것이지만, 향상의 바른 안목으로 정견을 떠나 본다면 바로 현사가 사람을 위해 지극히 친절했음을 알 것이다. 이런 까닭에 꿰뚫어 벗어나려면 모름지기 저 음계(5陰18界)를 벗어나야 하는 것이다. 보지 못했는가! 옛 어른 스님이 말했다.

"흰 구름 맑고 담담하게 흐르고,
물은 푸른 바다로 모여 드네.
만법萬法은 본래 한가하건만

3 玄沙師備(현사사비)에 관해서는 본서 '5. 유 서기에게' 편의 註8을 참조.

사람들이 스스로 시끄럽게 하는구나."[4]

과연 진실로 맞는 말씀이다.

거론하는 것을 듣자마자 바로 낙처落處를 알고, 가히 생사를 꿰뚫고 벗어나 음계陰界에 막히거나 걸리지 않아야, 마치 새가 새장을 벗어난 것처럼 자유자재하게 된다. 그 이외의 일체의 기용機用과 언구言句는 단지 한 번에 끊고 바로 쉴 뿐, 다시는 제2견에 떨어지지 않는다.

4 남양혜충의 말씀이다.

# 58. 조 도인에게(示 照道人)[1]

釋門奇特 徑截超證速 與般若相應 無出禪宗. 此乃如來最上乘清淨禪也. 自靈山拈花 金色頭陀微笑 迦文付授 涅槃妙心 正法眼藏 教外別行 單傳心印. 歷代四七至 達磨西來 直指人心 見性成佛. 無論凡聖久近 但根器相投 一念透脫 更不假三僧祇劫 便證本來圓成淨妙調御. 是故游泳此宗 資大法器 從初立志跂步 便要超卓.

석가 문중은 기이하고 대단해서 곧바로 끊고 빠르게 뛰어넘어 증득하니, 반야般若와 상응하는 것으로는 선종을 뛰어넘는 것이 없다. 이것이 곧 여래의 최상승의 청정선(如來最上乘清淨禪)이다. 영산회상에서 꽃을 들어 금색의 두타(가섭)가 미소 짓자, 석가모니가 열반묘심涅槃妙心·정법안장正法眼藏을 전한 이래로 교 밖에 따로 행하여(教外別行) 대대로 한 사람에게만 심인을 전하였다(單傳心印). 또한 28대에 이르러 달마가 서쪽에서 와서 직지인심直指人心·견성성불見性成佛하게 했다. 이것은 범부거나 성인이거나 오래 수행했거나 아니거나를 논할 것 없이 다만 근기가 서로 투합해서 한 생각 꿰뚫어 벗어나면, 다시는

---

1 원문에서 '조 도인照道人'은 비구니라고 밝히고 있다.

3아승기겁의 수행을 빌리지 않고도 본래 원만하게 이루어진 청정하고 오묘한 조어(調御, 조어장부, 부처)를 증득하게 되는 것이다. 이런 까닭에 이 종지宗旨에서 헤엄쳐 노닐려면, 대법기大法器를 바탕으로 처음 뜻을 세우고 한 걸음 내딛을 때부터 바로 탁월하게 뛰어나야 하는 것이다.

❀

所謂 立地成佛 蹔時斂念 便證無生 不立前後際 不從他得 惟是自己分上 猛利操修. 如斬一綟絲 一斬一切斬 性靈瞥脫 前念是凡 後念是聖. 擬不擬 凡聖一如 含吐十虛 更無方所. 永嘉道 "爭似無爲實相門 一超直入如來地"

※斂(거둘 렴): 거두다. 넣다. 저장하다. 모으다. 감추다. 숨기다. 염하다. 장사 지내다. 단속하다. 오므리다. 험하다. 거의. 대략. 줄잡아.

이른바 '선 자리에서 부처를 이루고', '잠깐 생각을 거두면 바로 무생無生을 증득하게 된다'고 하는 것은 전후 경계를 세우지도 않고, 다른 사람을 의지해서 얻는 것도 아니며, 오로지 자기 본분에서 맹렬하고 날카롭게 다루고 닦아야 한다는 것이다. 그러므로 마치 한 타래의 실을 자를 때 한 번 자름에 일체를 자르는 것처럼 성령性靈을 단박에 벗어나야, 앞생각은 범부지만 뒷생각은 성인인 것이다. 또한 헤아리거나 헤아리지 않거나 범부와 성인이 한결같아서, 시방의 허공을 삼키기도 하고 토해내기도 하면서 다시는 정해진 방향이나 장소가 없게 되는 것이다. 영가永嘉가 이르기를 "어찌 무위無爲의 실상문實相門에 한 번 뛰어 여래지如來地에 바로 들어감만 같으리오"[2]라고 했다.

❀

法華會上 龍女獻一珠 卽成正覺 豈非轉念便證妙果耶. 蓋此法天地不能覆載 虛空不可包容 蘊在一切含靈根脚 爲一切依倚. 長時淨倮倮無處不周. 但爲情識所拘聞見所隔 妄認緣影 爲心四大爲身 不能證得此正體. 所以諸聖以悲願力 指出示人 令一切群生 有根器者 回光返照單拈獨證去. 只如 龍女所獻之寶 卽今在甚處. 若纔擧著 便和坐子承當得 終不向語言中作解會 心機意想裏作窠窟 便與靈山無垢世界 無二無別也.

법화회상法華會上에서 용녀龍女가 구슬 하나를 바치고 바로 정각正覺을 이룬 것[3]이 어찌 생각을 돌이켜 오묘한 과위를 증득한 것이 아니겠는가!

---

2 영가현각의 증도가에 나오는 말이다.

3 법화경 제4권, 제바달다품에 다음과 같이 기술하고 있다.
(중략) 사리불이 용녀에게 말했다.
"네가 오래지 않아 위없이 높은 도를 얻겠다고 말하지만 그런 일은 믿을 수가 없다. 왜냐하면 여자의 몸은 때 묻고 깨끗하지 못하므로 법기가 아니기 때문이다. 그런데 어떻게 위없는 도를 능히 얻을 수 있다고 말하는가. 부처님의 도는 멀기 때문에 한량없는 겁 동안 부지런히 고행을 쌓고 모든 법도를 닦아 갖춘 뒤에 이루어지는 것이요, 또한 여자의 몸은 다섯 가지 장애가 있으니, 그 첫째는 범천왕이 될 수 없는 것이요, 둘째는 제석이며, 셋째는 마왕이요, 넷째는 전륜성왕이요, 다섯째는 불신佛身이니, 어떻게 여자의 몸으로 빨리 성불할 수 있다고 하느냐?"
그때 용녀에게 한 보배 구슬이 있으니, 그 값은 삼천대천세계와 같았다. 그것을 부처님께 받들어 올리니 부처님께서 곧 받으시거늘, 용녀가 지적보살과 존자이 법은 천지도 덮어버리거나 실을 수 없고, 허공이라도 포용할 수 없지만, 일체 중생의 근본자리에 있으면서 일체 중생의 의지처가 되는 것이다. 또한 항상 오랫동안 정나나淨倮倮해서 두루 하지 않는 곳이 없다. 그러나 단지 정식情識에 구속되고 견문각지見聞覺知에 막혀 인연의 그림자를 망령되게 마음이라 여기고, 4대四大를 자기 몸이라고 아는 까닭에, 정체正體를 증득할 수 없는 것이다. 그래서 모든 성인들이 자비원력으로 사람들에게 그것을 가리켜 보였던 것이고, 근기가 있는 일체중생에게 회광반조토록 해서 하나하나 들어 홀로 증득하게 했던 것이다.

그건 그렇고, 용녀가 바친 보배 구슬은 지금 어디에 있는가? 만약 거론하자마자 바로 앉은 자리에서 알아버리면 끝내 말 속에서 이치로 따져 알지 못하게 될 것이고, 마음(心機)과 생각(意想) 속에서 고정된 틀을 만들지 않으면 영산회상의 티 없는 세계와 둘도 아니고 다르지도 않게 될 것이다.

❀

從上來 唯貴最初一念最初一句. 念未生聲未發 直下截斷 千聖靈機

---

사리불에게 말하였다.
"내가 지금 보배 구슬을 세존께 받들어 올리니 곧 받으셨거늘 이 일이 빠르지 않나이까?"
그들이 빠르다고 대답하니, 용녀가 다시 말하였다.
"여러분들은 신통력으로 성불하는 것을 보시오. 이보다 더 빠른 것이 나이다."
그때 모인 대중이 모두 용녀를 보니, 홀연지간에 남자의 몸으로 변하여 보살행을 갖추고 남방의 청정한 세계에 가서 보배 연꽃에 앉아 등정각을 이루었다.(운허 역, 법화경, p.248)

萬靈印契 一時劃破 可不是脫灑自由 得大自在要妙處耶. 龐居士問馬大師 "不與萬法爲侶是什麽人" 馬師云 "待汝一口吸盡西江水 卽向汝道" 此箇公案 多有涉唇吻商量 作機境解會 殊不稟宗猷也. 要須是箇生鐵鑄就底 方能逆流超證 乃解翻却二老鐵船 始到壁立萬仞處 方知無許多事.

예로부터 오로지 최초의 한 생각(最初一念)과 최초의 한마디(最初一句)를 소중하게 여겼을 뿐이다. 그래서 한 생각이 나기 전, 소리로 드러나기 전에 바로 그 자리에서 끊어버렸던 것이고, 일천 성인들의 영기靈機와 만령萬靈의 깨달음의 표상(印契)을 일시에 깨뜨려버렸던 것이니, 이것이 세속으로부터 말끔히 벗어난 자유이며, 대자재의 중요하고 오묘한 경지를 얻은 것이 아니겠는가!

방 거사가 마조에게 물었다.[4]
"만법萬法과 짝하지 않는 사람은 어떤 사람입니까?"
마조가 말했다.
"그대가 한 입에 서강의 물을 다 마셔버리면 그대에게 말해 주리라."

이 공안을 많은 사람들이 입술로만 상량商量하고 기경機境으로 따져서 알고 있는데, 이는 결코 종지(宗猷)를 이어받은 것이 아니다. 반드시 생철을 부어 만들어진 놈이라야 번뇌의 흐름을 거슬러 증득하게 되고,

---

4 방 거사에 관해서는 본서 '26. 재 선인에게' 편의 註30을 참조.
마조도일에 관해서는 본서 '4. 원 수좌에게' 편의 註10을 참조.

두 노인네의 쇠로 만든 배를 엎어버릴 수 있는 것이니, 만 길 절벽처럼 우뚝 서야 많은 일이 없이 간단명료하다는 것을 알게 된다.

# 59. 윤 상인께(示 倫上人)

一切有心 天地懸隔酌然. 如今透關不得 只爲心多執重 若脫然摒 當到無心之地. 一切妄染情習俱盡 知見解礙都銷 更有甚事. 是故 南泉云 "平常心是道" 然纔起念 待要平常 早乖差了也 此最爲微細難湊處. 沒量大人 到箇裏踟躕 何況學地. 直須抵死謾生咬嚼教斷. 直似大死底人絶氣息 然後甦醒 始知廓同太虛 方到脚蹋實地.

※酌然(작연)은 灼然(작연)과 중국어 발음이 같기에 '명백하다, 분명하다'로 해석하였다.

※脫然(탈연): 자유롭고 구속받지 않다. 느긋하다. 병이 낫는 모양. 무거운 짐을 벗어던진 듯 경쾌하다. 느릿느릿하다.

※摒(제거할 병): 제거하다.

※踟躕(지주): 머뭇머뭇하다. 주저하다. 망설이다.

일체에 마음을 두면 하늘과 땅처럼 차이가 벌어지는 것은 분명합니다. 요즘 관문을 꿰뚫지 못하는 것은 단지 마음에 집착하는 것이 많기 때문이니, 만약 무거운 짐을 벗어버리듯 경쾌하게 제거하면 무심의 경지에 도달하게 될 것입니다. 일체의 허망하게 물든 정식情識과 습기習氣가 모두 없어지고, 지견知見과 알음알이의 장애(解礙)도 다 녹아지면, 다시 무슨 일이 또 있겠습니까! 이런 까닭에 남전南泉[1]이 이르기를 "평상심이 도다(平常心是道)"라고 하였던 것입니다.

그러나 한 생각이 일어날 때 평상심을 이루고자 하면 이미 어긋나거나 차이가 나게 되는데, 이것이 최고로 미세하기 때문에 다가가기가 어려운 것입니다. 또한 도량을 헤아릴 수 없는 대인(沒量大人)이라도 여기에 이르면 머뭇거리게 되는데, 하물며 배우는 자리에 있는 사람들은 어떠하겠습니까! 그러므로 모름지기 그저 죽어라 하고 물고 씹어서 끊어버려야 합니다. 완전히 죽은 사람처럼 호흡이 끊어졌다가 그런 다음 다시 되살아나야, 비로소 확 트이고 텅 빈 것을 알아 실제實際의 경지를 밟을 수 있게 됩니다.

❀

深證此事 明得徹 信得及 等閑蕩蕩地. 百不知百不會 纔至築著 便轉轆轆 更無拘制 亦無方所. 要用便用 要行卽行 更有甚得失是非. 通上徹下一時收攝 此無心境界 豈是容易 履踐湊泊. 要須是箇人始得. 若未如此 當須放下身心 教冥然地 無一毫許依倚. 覷來覷去 日久歲深 自然蓋天蓋地 觸處現成. 未有天生釋迦 自然彌勒 阿那箇在娘肚裏便會. 直應快著精彩. 時不待人 驀然一咬咬斷也 不柰你何. 大丈夫 須到自得自由自在處始得.

이 일을 깊이 증득해서 투철하게 밝히고 확실하게 이르면 무심히 호호탕탕하게 됩니다. 또한 아는 것도 전혀 없고 할 줄 아는 것도

---

1 남전南泉에 관해서는 본서 '12. 문 장로께' 편의 註10을 참조.

도무지 없지만, 만드는 대로 수레바퀴 구르듯 해서 다시는 구속할 제도도 없고 일정한 방향과 처소도 없게 됩니다. 쓰고자 하면 바로 쓰고 행하고자 하면 곧 행하게 되는데, 다시 무슨 득실시비得失是非가 있겠습니까! 위로도 통하고 아래로도 사무쳐 일시에 거두어들이는데, 이 무심경계無心境界가 어찌 쉽게 밟아서 다다를 수 있는 것이겠습니까! 그러므로 반드시 이러한 사람(是箇人)이어야 합니다.

만약 이와 같지 않다면 마땅히 몸과 마음을 내려놓고 그윽하게 해서 털끝만큼도 의지하거나 기대지 않아야 합니다. 또한 살피고 살피기를 날이 가고 해가 깊도록 오래도록 하면 자연히 하늘을 덮고 땅을 덮으며 닿는 곳마다 그대로 드러나 이루어지게 됩니다.

날 때부터 석가모니이거나 저절로 이루어진 미륵이 아닌데, 누가 어머니 뱃속에서부터 알았겠습니까! 그러니 마땅히 빨리 정신을 차려야 합니다. 세월은 사람을 기다려주지 않나니, 맥연히 한 번 묻고 또 물어서 끊어버리면 그대를 어찌 할 수 없을 것입니다. 대장부大丈夫라면 모름지기 스스로 자유자재한 경지에 이르러야 합니다.

# 60. 정 상인께(示 正上人)

參請固欲利根乘機便領 初無凝滯. 亦須深信純熟 取効長久 向衣單下作工夫 所謂休去歇去 唇上醭生去 如古廟香爐去. 蓋此乃透脫生死超凡情越彼岸 尤宜大忘人間雜務. 辯利聰明 未出世間 只增虛妄.

※醭(술 곡마지 복): 술 또는 초의 곡마지. 곰팡이의 총칭.

참례하여 청익하는 것(參請)은 분명코 영리한 근기를 가진 자(利根)가 기연機緣을 잡아타고 바로 알려고 하는 것이니, 애초부터 막히거나 걸림이 없어야 합니다. 또한 모름지기 깊은 믿음이 순일하게 익어야 하고, 오래도록 효험을 얻어가면서 옷 입고 자리에 앉아(向衣單下)[1] 공부해야 하는 것이니, 이른바 '쉬고 또 쉬고, 입술에 곰팡이가 피듯하며, 마치 옛 사당의 향로처럼 되어야 한다'[2]고 하는 것입니다.

이와 같아야 생사를 꿰뚫고 벗어나 범정凡情도 초월하고 피안도

---

1 向衣單下(향의단하)는 三條椽下 七尺單前(삼조연하 칠척단전)과 같은 뜻이다.

2 석상경저石霜慶諸의 '7거七去'를 뜻한다. 7거七去에 관해서는 본서 '57. 심 도자에게' 편의 註2를 참조하기 바란다. 또한 7거에 관해 원오 스님은 본서 '78. 위학사께' 편에서도 다루고 있으니, 함께 참조하기 바란다.

뛰어넘게 되는 것이니, 더욱이 세상의 잡다한 일은 마땅히 아주 잊어버려야 합니다. 말재주와 총명으로는 세간을 벗어나지 못하며, 단지 허망만을 증장시킬 뿐입니다.

❀

祖師西來 唱此一段 要人直下徹證. 了却無始無明住地 令淨盡無遺 明證本地風光 明見本來面目. 雖千聖萬聖出來 不移易絲毫許 謂之直指人心 見性成佛. 豈可只隨言逐句作機境 事路布 圖廣知見 待欲勝人 而取名利哉. 固非此理 旣是有志之士 一等蹋破草鞋 須究箇徹頭處.

조사가 서쪽에서 와서 이 하나(此一段)를 제창한 것은 사람들로 하여금 바로 그 자리에서 철저히 증득하도록 하였던 것입니다. 그러므로 시작도 없는 무명주지(無明住地, 무명으로 인해 머무는 곳)를 요달해서 남김없이 다 깨끗하도록 해야, 본지풍광本地風光을 분명히 증득하고 본래면목本來面目을 밝게 보게 됩니다.[3]

일천의 성인과 만 인의 성인들(千聖萬聖)이 세상에 나오더라도 실끝만큼도 옮기거나 바꾸지 않아야, '직지인심直指人心 견성성불見性成佛'이라고 하는 것입니다. 그런데 어찌 언구를 따르고 좇으면서 기경機境을 짓고, 주의 주장만을 일삼아 지견을 넓히려 도모하며, 남을 이겨 명리名利를 취하려 해서야 되겠습니까! 분명 이러한 이치가 아니니, 뜻이 있는 사람이라면 한결같이 짚신이 헤지도록 모름지기 철두철미한

---

3 본지풍광과 본래면목에 관해서는 '64. 호 상서께' 편과 '74. 장 중우 선교께' 편의 본문 서두에 원오 스님의 정의가 있으니 참조하기 바란다.

곳(徹頭處)을 참구해야 합니다.

❀

只如 僧問雲門 "如何是諸佛出身處" 對云 "東山水上行" 他豈不是徹了恁麽道. 一葉落合知秋 更待言句上生言句 知解上作知解 爭得徹去. 若體得雲門此意 古今言句 一時穿過 但辦肯心 與麽靠將去. 甕裏豈曾走鱉. 是故 古德云 "靈利漢 聊聞擧著 剔起便行"

어떤 스님이 운문雲門[4]에게 물었습니다.

"어떠한 것이 제불의 출신처입니까?"

운문이 대답했습니다.

"동산이 물 위로 간다."

저것이 어찌 철저하게 깨닫고 나서, 이렇게 말한 것이 아니겠습니까! 잎사귀 하나 떨어지면 가을이 온 것을 바로 아는데, 다시 언구言句에서 언구를 내고 지해知解에서 지해를 짓는다면, 어찌 철저하게 깨달을 수 있겠습니까! 만약 운문의 이 뜻을 체득한다면 고금의 언구가 일시에 뚫릴 것이니, 다만 힘써 긍정하는 마음으로 이것에 의지해 나아가십시오.

항아리(甕)에서 어찌 자라(鱉)가 뛰쳐나온 적이 있었겠습니까! 이런 까닭에 옛 어른 스님이 이르기를 "영리한 놈은 거론하는 것을 들으면 높이 쳐들고 일어나 바로 가버린다"고 하였던 것입니다.

---

4 운문문언에 관해서는 본서 '1. 화장 명 수좌에게' 편의 註24를 참조.

# 61. 성연 거사께(示 性然居士)

道山性與道合 喜恬靜 不尙藻飾. 宿蘊深信 尤慕玄學. 每宴寂通宵徹夕 冥默內照瑩徹 如冰壺玉鑑 表裏洞然. 而蔬食長齋 究向上宗乘 徧參知識 一以誠至探窮 有年歲矣. 始則循見 歷語句合頭窠窟 八穴七穿 游歷築底 其志愈確.

※藻飾(조식): 몸치장을 함. 아름다운 말과 훌륭한 말로 문장을 꾸밈.
※蔬(나물 소): 나물. 푸성귀. 날. 성기다.
※轡(고삐 비): 고삐(코뚜레, 굴레에 잡아매는 줄). 재갈. 굴레.

도산道山은 성품이 도에 부합해서 평안하고 고요한 것을 좋아했지, 화려한 문구로 수식하는 것을 숭상하지 않았습니다. 또한 평소 깊은 신심을 쌓으면서 한층 현묘한 가르침을 흠모했습니다. 매일 좌선(宴寂)으로 밤을 새면서 그윽하고 묵묵하게 안으로 비춰 밝게 사무쳤으니, 마치 얼음 항아리나 옥으로 만든 거울처럼 겉과 속이 확 트였습니다. 변변치 못한 음식을 먹고 오랫동안 재계하면서(蔬食長齋＝蔬食齋戒) 향상向上의 종승宗乘을 참구하고, 선지식을 두루 참례하면서 처음부터 끝까지 변하지 않고(一以, 一以貫之) 지극한 정성으로 찾고 연구한 것이 여러 해였습니다. 처음엔 바로 지견知見을 따라 어구 속 일정한 틀에서 세월을 보내며 여기도 찔러보고 저기도 찔러보았는데(七穿八穴), 두루 돌아다니며 바탕이 쌓이자 그 뜻이 갈수록 확실해졌습니다.

❀

驀地脫去 直徹佛祖心性淵源 深入理妙踐履 說宗二通 融攝涅槃生死 到身心一如勝淨之地. 機智增明 頓轡自樂久之. 猶不自已 圖就諸方 達道 上上大機碎佛見法見 大用明了.

(그러다가) 맥연히 벗어나 곧바로 불조佛祖의 심성의 연원을 꿰뚫고 오묘한 이치에 깊이 들어가 실천해서 설통說通과 종통宗通[1]을 모두 갖추고 생사와 열반을 원융하게 포섭해서 몸과 마음이 일여한 뛰어나고 청정한 경지에 이르렀습니다. 또한 기지機智는 더욱 밝아져 단박에 굴레를 벗어나 스스로 즐거워 한 것이 오래되었습니다. 하지만 오히려 스스로 거기에 그치지 않고 제방의 도를 통달한 최상의 대근기(上上大機)에게 나아가, 불견佛見과 법견法見을 부숴버리고 대용大用이 분명하기를 도모했습니다.

❀

上頭關捩展拓 烹煆鑪鞴 擺撥玄妙 擇摒廉纖 提持殺活綱宗 超脫聖賢閫域.正到辯邪正 識休咎 知進退 別機宜 誠實之地. 恰欲整安閑之車

---

1 說宗二通(설종이통-설통과 종통)에 관해서는 본서 '6. 융 지장에게' 편의 註11을 참조.

游虛寂之境.

※關捩(관려)＝관려자(關捩子): 향상관려자(向上關捩子)의 준말. 말로 미치지 못하고, 생각으로 이르지 못하는 오도(悟道)의 깊은 뜻을 비유한 것. 부처님이나 조사의 방속 살림살이를 가리킴.(불교사전)

※展拓(전척)＝拓展(척전): 넓히다. 확장하다. 개척하다.

(그리하여) 향상의 관려자(上頭關捩 向上關捩子)를 넓히고 화로와 풀무 속에서 삶고 단련해서, 현묘함도 없애버리고 미세한 것도 뽑아 제거했으며, 살활殺活의 요점을 제지提持해서 성현의 영역마저 뛰어넘었습니다. 옳고 그름(正邪)을 판별하고 길함과 흉함(休咎)을 식별하며 나아가고 물러남(進退)을 알고 시기와 형편(機宜)에 알맞음을 구별해서 진실한 경지에 올바르게 이른 것이, 마치 편안하고 한가한 수레를 잘 정돈해서 텅 비어 고요한 경지에서 노니는 것과 같았습니다.

❀

徑直湊無爲無事 羅籠不住 呼喚不回. 超毗盧 越釋迦 莊嚴淸淨自在大解脫之域 適以世緣 暫時挽綴 渠處之亦翛然. 有志之士 以無量阿僧祇爲頃刻 當亦綽然 遂本源爾. 乘凉相過 遇紙筆作此.

※徑直(경직): 곧장. 곧바로. 직접.

※挽(당길 만): 당기다. 끌다. 말다. 말아 올리다. 얽어매다.

※適(맞을 적): 마침.

(또한) 곧바로 함도 없고 일도 없는 곳으로 달려가, 어떤 그물에도 걸리지 않고 불러도 돌아오지 않았습니다. 비로자나부처를 뛰어넘고 석가를 초월해서 장엄하고 청정하며 자재한 대해탈에 거처하다가 마침 세상의 인연에 잠시 끌려서 엮였지만, 그곳에 살면서도 또한 유연했습니다.

뜻이 있는 사람이라면 헤아릴 수 없는 아승기겁을 눈 깜짝할 사이로 여기며 당연히 여유롭게 그 본래의 근원에 따라 살아 갈 뿐입니다.

시원하게 보내면서 마침 종이와 붓이 있어 이렇게 적습니다.

# 62. 혜공 지객에게(示 慧空知客)[1]

諸佛出世 祖師西來 鞠其旨歸斷 無他事. 唯以同體大悲 無緣等慈 揭示此段大因緣 圖利根上智 越格超宗 直下領略. 所謂 教外別行 單傳心印. 是故於十萬衆前拈花 只有迦葉特證 不覺微笑 由是釋尊付授. 而達麽游梁歷魏尋人 在少林面壁久之 獨得二祖深信. 立雪斷臂 一言之下安心 遂傳衣鉢 此豈小事哉. 蓋從上來 皆聖賢應世 主勝根强 龍象蹴蹋 源旣淵深 流不短淺.

※歸斷(귀단): 벌려 있던 일이 끝남.

※淵深(연심): (학문·책략 등이) 심후하다. 매우 깊다.

제불이 세상에 나온 일과 조사가 서쪽에서 온 뜻은 결론적으로 말하면 별 다른 일이 없다. 오직 동체대비同體大悲와 무연자비無緣等慈로 이 큰 인연(此段大因緣)[2]을 보여주고, 영리한 근기의 뛰어난 지혜를 가진 사람으로 하여금 격식과 종지를 뛰어넘어 바로 알게 하고자 하였을 뿐이다. 그래서 이른바 '교 밖에 따로 행하여(教外別行), 대대로 한

---

1 知客(지객): 절에서 오고가는 손님을 안내하는 소임을 맡은 승려를 뜻한다.

2 此段大因緣(一大事因緣)에 관해서는 본서 '3. 장 선무 상공께' 편의 註1을 참조.

사람에게 심인을 전한 것(單傳心印)'이라고 하는 것이다. 이런 까닭에 십만의 대중 앞에서 꽃을 든 것(拈花)을 다만 가섭이 홀로 증득해서 자기도 모르게 미소 지었고, 이것으로 말미암아 석존께서 법을 부촉하였던 것이다.

그리고 달마는 양나라를 거쳐 위나라로 가, 사람을 찾아 소림에서 오랫동안 면벽을 하다가, 깊은 신심을 가진 이조(慧可) 한 사람을 얻었다. 그가 눈 속에서 팔을 끊었는데(立雪斷臂),[3] 한 마디 말에 마음이 편안해져 마침내 의발을 전해 받았으니, 이것을 어찌 작은 일이라고 하겠는가! 예로부터 모든 성현들이 세상에 응해 나오면 전하는 사람도 뛰어나고 받는 이의 근기도 왕성하였으며, 용상이 차고 밟는(龍象蹴踏)[4] 근원은 매우 깊을 뿐만 아니라, 흐름 또한 짧지도 얕지도 않았다.

❀

自四七二三之後 間世英靈 相繼傑出. 如思護馬師石頭 寰中獨步. 德山爇疏鈔 臨濟燒禪板 藥嶠天皇 百丈黃蘗 及五家宗主 各立門風 如布縵天網 垂萬里鉤. 莫不透頂透底 有過千萬人作略 出沒卷舒擒縱照用權實 豈只守一途一轍一知一見 存窠臼立知解 死水裏浸殺 以實法繫綴人. 所以 徧寰海列刹 相望數百年 綱宗不墜 的的相承 源源相繼. 非單見淺聞 皮膚幽陋 所能負擔.

※間世(간세): 여러 세대를 통하여 드물게 남.

---

3 立雪斷臂(입설단비)에 관해서는 본서 '4. 원 수좌에게' 편의 註23을 참조.

4 龍象蹴踏(용상축답)에 관해서는 본서 '13. 정 장로께' 편의 註2를 참조.

※밑줄 친 부분 가운데 '護(호)'자는 '讓(양)'자의 誤字다.

※爇(불사를 설): 불사르다. 사르다. 불타다.

※縵(무늬 없는 비단 만): 무늬 없는 비단. 명주. 잡악雜樂.

※實法(실법): 인연에 의하여 생긴 영원불변의 실체적 존재. 불교에서는 모든 현상적 존재는 가법假法이며, 실법이라 여기는 것은 중생의 미집迷執이라 규정함.

※源源(원원): 근원이 깊어서 끊임이 없이.

※陋(더러울 루): 더럽다. 천하다. 못생기다. (신분이) 낮다. 볼품없다. 작다.

서천西天의 28조사와 동토東土의 6대 조사 이후로, 여러 세대를 통해 드물게 나온 영령들이 걸출하게 이어져 내려왔다. 예를 들어, 청원행사[5]·남악회양[6]·마조도일[7]·석두희천[8] 같은 분들은 세상에서 독보적이었다. 또한 덕산은 금강경의 주석서를 태웠고,[9] 임제는 선판을 태우려

---

5 青原行思(청원행사, ?~741): 당대의 스님. 청원은 주석 산명. 6조 혜능에게 법을 받아 남악회양과 함께 2대 제자로 불림. 청원산 정거사에 머물면서부터 문도가 운집함.(선학사전, p.656)

6 南嶽懷讓(남악회양)에 관해서는 본서 '7. 충 장로께' 편의 註6을 참조.

7 馬祖道一(마조도일)에 관해서는 본서 '4. 원 수좌에게' 편의 註10을 참조.

8 石頭希遷(석두희천)에 관해서는 본서 '1. 화장 명 수좌에게' 편의 註23을 참조.

9 원오는 벽암록 4칙에서 다음과 같이 기술하고 있다.

初到澧州 路上見一婆子賣油餈 遂放下疏鈔 且買點心喫. 婆云 "所載者是什麼" 德山云 "金剛經疏鈔" 婆云 "我有一問 爾若答得 布施油餈作點心 若答不得 別處買去" 德山云 "但問" 婆云 "金剛經 云 過去心不可得 現在心不可得 未來心不可得 上座欲點那箇心" 山無語 婆遂指令去參龍潭. 纔跨門 便問 "久嚮龍潭 及乎到來 潭又不見 龍又不現" 龍潭和尙 於屛風後 引身云 "子親到龍潭" 師乃設禮而退. 至夜間入室 侍立更深. 潭云 "何不下去" 山遂珍重 揭簾而出 見外面黑. 卻回云

고 했으며,[10] 약교[11]와 천황,[12] 백장[13]과 황벽,[14] 그리고 5가의 종주五家宗

---

"門外黑" 潭遂點紙燭度與山 山方接潭便吹滅 山豁然大悟 便禮拜. 潭云 "子見箇什麽 便禮拜" 山云 "某甲自今後 更不疑著天下老和尙舌頭" 至來日 潭上堂云 "可中有箇漢 牙如劍樹 口似血盆 一棒打不回頭 他時異日 向孤峰頂上 立吾道去在" 山遂取疏鈔 於法堂前 將火炬擧起云 "窮諸玄辯 若一毫置於太虛 竭世樞機 似一滴投於巨壑" 遂燒之.

(덕산이) 처음 예주에 이르러 길거리에서 인절미를 파는 노파를 보고 금강경소초金剛經疏鈔를 내려놓고 간식(點心)을 하려고 했다.

노파가 말했다.

"짊어진 것이 무엇입니까?"

덕산이 말했다.

"금강경소초입니다."

노파가 말했다.

"내게 질문이 하나 있는데, 스님이 만약 대답을 하면 이 인절미를 보시하여 간식으로 드리겠지만, 만약 대답을 잘 못하면 다른 곳에 가서 사먹도록 하시오."

덕산이 말했다.

"기탄없이 물어보시오."

노파가 말했다.

"금강경에 이르기를, '과거심 불가득, 현재심 불가득, 미래심 불가득'이라 했는데, 상좌는 어느 마음으로 간식을 먹고자 합니까?"

덕산이 대답을 못했다.

노파가 용담을 찾아가라고 했다.

(용담을 찾아간 덕산은) 문을 넘자마자 바로 물었다.

"오랫동안 용담을 흠모했는데 막상 와서 보니 연못(潭)도 보이지 않고 용龍도 나타나지 않습니다."

용담 화상이 병풍 뒤에서 몸을 내밀며 말했다.

"그대가 친히 용담에 이르렀네."

(그러자) 덕산이 곧 예의를 갖추고 물러나왔다.

主[15]들은 각각 종문의 가풍을 세웠으니, 마치 무늬 없는 비단을 펼쳐

---

저녁까지 용담의 방에 들어가 뫼시고 섰는데, 밤이 깊어졌다.
용담이 말했다.
"어째서 내려가지 않는가?"
그래서 덕산은 인사를 하고 발을 걷어 올리고 나와서 보니 밖이 캄캄했다.
다시 돌아와 말했다.
"문 밖이 어둡습니다."
용담이 지촉(紙燭: 기름먹인 종이로 만든 초)에 불을 붙여 덕산에게 건네주었다.
덕산이 막 받으려는 순간 용담은 훅! 하고 불어, 불을 꺼버렸다.
이에 덕산은 활연대오하고 절을 올렸다.
용담이 말했다.
"자네는 무엇을 보았기에 절을 하는가?"
덕산이 말했다.
"저는 지금 이후부터는 천하 노화상의 말씀을 의심하지 않겠습니다."
그 다음날 용담이 상당하여 말했다.
"이 중에 깨달은 놈이 하나 있다. 그의 이빨은 칼로 된 나무와 같고, 입은 피를 담은 동이와 같아서 한 방망이를 후려쳐도 뒤도 돌아보지 않을 것이다. 훗날 고봉정상에서 나의 도를 우뚝 세울 것이다."
다음날 덕산은 금강경소초를 법당 앞에서 가지고 가서 횃불을 들고 말했다.
"현묘한 변론을 다 하더라도 마치 태허공에 털 하나를 놓은 것 같고, 세상의 비밀한 것을 모두 안다 하더라도 큰 골짜기에 물 한 방울을 던지는 것과 같다."
말을 마치고 이를 태워버렸다.

상기의 註를 본서 23, '종각 선인에게' 편의 註6과 비교해서 보기를 바란다.

10 경덕전등록 제12권, '진주 임제 의현 선사' 편에 다음과 같이 기술하고 있다.
師一日辭黃檗 黃檗曰 "什麼處去" 曰 "不是河南 卽河北去" 黃檗拈起拄杖便打 捉住拄杖曰 "遮老漢 莫盲枷瞎棒 已後錯打人" 黃檗喚侍者 把將几案禪板來. 師曰 "侍者 把將火來" 黃檗曰 "不然 子但將去. 已後坐斷天下人舌頭在" 師卽便發去.

하늘을 덮고 만 리나 되는 낚싯바늘을 내리듯 하였다.

(또한 그들에게는) 머리끝에서 발끝까지 꿰뚫지 않은 것이 없었고, 천만 인을 능가하는 기량이 있었으니, 들고 나고(出沒)·펴고 말고(卷舒)·잡고 놔주고(擒縱)·조照와 용用·방편(權)과 실재(實)가 어찌 단지 한 길·한 궤적·하나의 앎·하나의 견해만을 고수하면서 고정된 틀을 만들고 지해를 세우며, 사람들을 죽은 물에 빠뜨려 죽이면서 참다운 법(實法)이라고 사람들을 얽어매었겠는가! 그렇기 때문에 온 천하에 사찰들이 줄을 지어 서로 바라보기를 수백 년 하면서도 강종綱宗

---

선사(임제의현)가 하루는 황벽에게 하직 인사를 하자, 황벽이 말했다.

"어디로 가려는가?"

"하남 아니면 하북으로 가겠습니다."

황벽이 주장자를 들어서 치자, 스님이 주장자를 잡고는 말했다.

"노장! 눈먼 칼과 눈 먼 방망이로 이후에 사람을 잘못 치지 마십시오."

황벽이 시자를 불러 궤안几案과 선판禪板을 가져오라고 했다.

(그러자) 스님이 말했다.

"시자여, 불도 가져와라!"

황벽이 말했다.

"태우지 말고 그대가 가져가라. 이후에 천하 사람의 혀끝을 끊으리라."

스님이 바로 떠났다.

11 藥嶠(약교)는 藥山惟儼(약산유엄)을 뜻하며, 본서 '5.유 서기에게' 편의 註13을 참조.

12 天皇道悟(천황도오)에 관해서는 본서 '1. 화장 명 수좌에게' 편의 註20을 참조.

13 百丈懷海(백장회해)에 관해서는 본서 '7. 충 장로께' 편의 註16을 참조.

14 黃蘗希運(황벽희운)에 관해서는 본서 '7. 충 장로께' 편의 註10을 참조.

15 五家(5가)에 관해서는 본서 '8. 법제 선사께' 편의 註5를 참조.

은 무너지지 않고 분명하고 분명하게 이어져 끊임없이 계승되었던 것이다. 그러므로 이것은 다만 견문이 낮고 피부가 검고 볼품없는 사람이 짊어질 수 있는 것이 아니다.

❀

要是蘊卓識奇姿跂步 越佛祖器量 蓋天蓋地 初出窠來 迥然殊絶 先了却 自己根脚 靠本色咬猪狗手段. 大達宗師 向順違境界透脫 辦粉骨碎身志見 圖大不圖細 圖遠不圖近. 於千艱萬苦 至難至嶮 如銀山鐵壁處 放身捨命 撒手那邊 承當此大事因緣 絶情離見 歇却狂機業識 闢大解脫門 了却自己生死大事 酬初發心志.

※闢(열 벽): 열다. 열리다. 개간하다. 개척하다. 일구다. 피하다. 배척하다. 반박하다.

중요한 것은 탁월한 식견과 빼어난 자태를 쌓아 발돋움해 나아가면서 불조의 기량을 뛰어넘고 하늘을 덮고 땅을 덮으며, 애초부터 고정된 틀에서 벗어나 멀리 끊어버려야 하는 것이다. 또한 먼저 자기의 근본을 요달하고, 돼지를 무는 개의 솜씨로 본색(本色, 本分宗師)에 의지해야 하는 것이다.

크게 통달한 종사는 맞고 거슬리는 경계로부터 꿰뚫고 벗어나 분골쇄신粉骨碎身[16]하는 뜻과 견해를 갖췄기에, 큰 것은 도모할지언정 세밀

16 분골쇄신에 관하여 '증도가 언기주證道歌 彦琪註'에서 다음과 같이 기술하고 있다.

'뼈를 가루를 낸다(粉骨)'는 것은 상제보살常啼菩薩이 향성香城에서 반야를 배울

한 것은 도모하지 않았고, 원대한 것은 도모할지언정 눈앞의 것은

---

때와 같은 것이다. 상제보살이 이미 법을 얻고서 세존에게 공양할 물건이 없음을 스스로 한탄하다가, 문득 성 안에서 호부 장자가 병이 나서 사람의 골수로 약을 만들려고 한다는 것을 만났다. 바로 그때 곧바로 뼈를 부수어 골수를 꺼내 장자에게 팔았다. 그 돈으로 갖가지 향과 꽃을 사서 부처님께 공양했으니, 그의 뜻과 정성을 알 만하다.

'쇄신(碎身)'이란 석가가 인행시(因中, 전생에 보살행을 닦을 때)에 전신을 보시하여 반 구절의 게송을 구한 것과 같다. 즉 내가 생각해 보니, 과거에 바라문이 되어 설산에서 보살행을 행하니, 그때는 부처가 세상에 나오지 않았고 또한 경법經法이 없었다. 당시 제석천왕이 무서운 형상으로 현신하여 친히 시험하였다. 나찰의 형상을 하고서 앞에 나타나 다음과 같이 반 구절의 게송을 말씀하였다.

諸行無常　　제행(諸行: 유위법)은 항상함이 없어서
是生滅法　　이는 생멸하는 법이다.

보살이 게송을 듣고 마음에 환희심을 내어 바로 자리에서 일어나 사방을 돌아보니 고요하여 보이는 것이 없고 오직 나찰만 보였다. 바로 묻기를 "성자여! 어디에서 이 반 구절의 게송을 얻었습니까? 이 반 구절의 게송은 곧 삼세 모든 부처님께서 도를 깨달으신 법입니다"라고 했다. 나찰이 대답하기를, "내가 굶은 지 이미 7일이 지나서 헛소리를 한 것이다"라고 했다. 그때 보살이 다시 "성자여! 그대가 나를 위해 이 게송을 끝까지 말해 준다면 나는 죽을 때까지 당신의 제자가 되겠습니다"라고 하니, 나찰이 "배가 너무 고파 말해 줄 수 없다"라고 대답했다. 보살이 다시 성자에게 "어떤 음식을 드십니까?"라고 하니 "내가 먹는 것은 오직 따뜻한 고기만 먹고, 내가 마시는 것은 오직 신선한 피만 마신다"라고 했다. 보살이 또 "성자여! 나를 위해 능히 수승한 게송을 말씀해 주시면 나는 몸을 버려 성자에게 공양 올리겠습니다"라고 하였다. 그때 나찰이 나머지 반 게송을 말했다.

生滅滅已　　생멸이 없어지면
寂滅爲樂　　적멸이 즐거움 되리.

도모하지 않았다. 천신만고의 지극히 어렵고 험준한 은산철벽과 같은 곳에서 몸과 목숨을 놓아버리고 저 편으로 손을 놓아 이 큰 인연(此大事因緣)[17]을 알았고, 정견情見을 끊고 미친 업식業識을 쉬어 대해탈문을 열었으며, 자기의 생사대사生死大事를 깨달아 처음 발심한 뜻에 보답하였다.

❀

視六根四大 五蘊十二處 十八界七大性 如虛空狂花 亂起亂滅. 唯全稟承 不思議乃祖乃佛所證 廓徹靈明 廣大虛寂 金剛正體 深根寧極. 餉間擧一毛一塵一機一句 靡不從根本中發. 雖謂之 大機大用 早是胡亂名摸了也 更向甚處 著心著性 著玄著妙 著理著事. 到箇裏 如紅鑪上一點雪 聞禪與道 削迹吞聲 猶未是極致. 況其餘光影色聲 山河大地 露柱燈籠 眼見耳聞 擔枷抱鎖.

※稟承(품승): 윗사람의 명령을 받다.

6근六根·4대四大·5온五蘊·12처十二處·18계十八界·7대七大[18]의 성품

---

보살이 게송을 듣고 나서 곧바로 길가에 있는 나무와 돌에 이 게송을 써놓고 바로 높은 나무로 올라가 몸을 던져 떨어뜨리니 땅에 떨어지기 전에 나찰이 다시 제석의 몸으로 되돌아와 공중에서 받아 평지에 놓고서 부끄러워하며 찬탄했다고 한다. 이러한 인연으로 12겁을 뛰어넘어 미륵보살보다 앞서 최상의 도를 이루었다. 그러므로 "한 구절에 분명히 깨달으면 백억 겁을 뛰어넘도다"라고 했다.(제월통광 현토 역주, 『證道歌 彦琪註』, pp.247~249, 2008, 불광출판사)

17 '此大事因緣(一大事因緣)'에 관해서는 본서 '3. 장 선무 상공께' 편의 註1을 참조.

18 7대七大: 모든 현상을 구성하고 있는 일곱 가지 요소.

을 마치 허공에서 광화狂花가 어지럽게 일어났다가 어지럽게 사라지는 것처럼 보아야 한다. 오로지 전적으로 부사의한 부처와 조사가 확연히 꿰뚫어 증득한 신령하고 밝으며 넓고 텅 비어 고요한 금강의 정체(金剛正體)를 이어받아 근본이 깊고 지극히 편안해야 한다. 그러면 짧은 시간 한 털(一毛)·한 티끌(一塵)·한 기(一機)·한 구절(一句)이 근본 속에서 발현되지 않는 것이 없게 된다.

하지만 그렇더라도 이를 대기대용大機大用이라고 말한다면, 어지럽게 이름만을 더듬어 찾는 것이 되는데, 다시 어느 곳에서 심心을 붙이고 성性을 붙이며, 현玄을 붙이고 묘妙를 붙이며, 이理를 붙이고 사事를 붙이겠는가! 여기에 이르러서는 마치 활활 타오르는 화로 속에 한 점 눈송이가 떨어지는 것처럼, 선禪과 도道를 듣고 흔적을 없애고 소리를 삼켜도, 아직은 극치極致가 아니다. 그런데 하물며 그 나머지 빛과 그림자·색과 소리·산하대지·노주등롱露柱燈籠을 눈으로 보고 귀로 들으며 스스로 칼을 쓰고 쇠사슬을 차는 것이야(擔枷帊鎖)[19] 말해

---

①지대地大: 견고한 성질.
②수대水大: 축축한 성질.
③화대火大: 따뜻한 성질.
④풍대風大: 움직이는 성질.
⑤공대空大: 공간. 허공.
⑥식대識大: 분별하는 마음 작용. 분별 작용. 인식 작용.
⑦근대根大: 감각하거나 의식하는 기관·기능.(시공 불교사전)
참고로, 능엄경에서 7대七大에 대한 설명을 하고 있다.

19 경덕전등록 제12권, '목주 진 존숙' 편에 다음과 같이 기술하고 있다.
師因晚參謂衆曰 "汝等諸人未得箇入頭 須得箇入頭. 若得箇入頭 已後不得孤負老僧" 時有僧出禮拜 曰 "某甲終不敢孤負和尙" 師曰 "早是孤負我了也" 師又曰

무엇 하겠는가!

❀

豈不見. 德山入門便棒 臨濟入門便喝 睦州現成公案 子細看來. 渠已是入泥入水 老婆心切. 所以道 "若一向擧揚宗教 法堂上須草深一丈" 自餘方便門 軒知是不得已 抑而爲之. 是皆從上來 大善知識 垂慈運悲 作異世標榜 使有志之 窮到撲不破處八面玲瓏. 匪唯自利亦以利人 傳

"老僧在此住持 不曾見箇無事人到來 汝等何不近前" 時有一僧方近前 師云 "維那不在 汝自領出去三門外 與二十棒" 僧云 "某甲過在什麽處" 師云 "枷上更著杻"

선사(목주도명)가 만참晩參 때, 대중에게 말했다.
"그대들 여러 사람들이 아직 들어갈 곳을 얻지 못했거든 모름지기 들어갈 곳을 찾아라. 만약 들어갈 곳을 얻으면 이후에 노승을 저버리지 말라."
그때 어떤 스님이 나와서 절을 하고는, 말했다.
"저는 끝내 화상을 저버리지 않겠습니다."
선사가 말했다.
"이미 나를 저버렸다."
선사가 또 말했다.
"노승이 여기에 주지로 있으면서 일찍이 한 명의 일 없는 사람(無事人)도 온 것을 본 적이 없다. 그대들은 어째서 가까이 오지 않는가?"
그때 어떤 스님이 막 가까이 오려고 하자, 선사가 말했다.
"유나維那가 없으니, 그대 스스로 삼문三門 밖으로 나가서 자신에게 20방망이를 쳐라."
그 스님이 말했다.
"저의 허물이 어디에 있습니까?"
선사가 말했다.
"칼에다 족쇄까지 찼구나."

無盡燈 續佛惠命.

※匪(비적 비): 비적(匪賊: 떼지어 다니는 도적). 문채. 채색. ~이 아니다.

어찌 보지 못했는가. 덕산德山은 문에 들어오면 바로 방망이로 쳤고, 임제臨濟는 문에 들어오면 바로 할을 했으며, 목주睦州는 바로 현성공안現成公案[20]을 자세히 살피라고 했던 것을! 그들이 진흙탕으로도 들어가고 물 속으로도 들어갔던 것은 노파심이 간절하였기 때문이다. 그래서 이르기를 "만약 한결같이 으뜸 되는 가르침만을 거양한다면 법당 앞에 풀이 한 길이나 우거지리라"[21]고 하였던 것이다. 그러므로

---

20 睦州道明(목주도명)에 관해서는 본서 '13. 정 장로께' 편의 註5를 참조.
現成公案(현성공안)에 관하여 경덕전등록 제12권, '목주 진 존숙' 편에 다음과 같이 기술하고 있다.
師見僧來云 "見成公案 放汝三十棒" 僧云 "某甲如是" 云 "三門金剛爲什麽擧拳" 僧云 "金剛尙乃如是" 師便打.
선사(목주도명)가 어떤 스님이 오는 것을 보고는 말했다.
"현성공안見成公案이다. 그대에게 삼십 방을 치리라."
스님이 말했다.
"저도 이와 같습니다."
선사가 말했다.
"삼문三門의 금강金剛은 어째서 주먹을 들고 있는가?"
스님이 말했다.
"금강도 이와 같습니다."
스님이 바로 쳤다.

21 경덕전등록 제10권, '호남 장사경잠 초연 선사' 편에 다음과 같이 기술하고 있다.

## 그 나머지 방편문方便門은 부득이하게 억지로 한 것임을 분명히 알아야

上堂曰 "我若一向擧揚宗教 法堂裏須草深一丈 我事不獲已. 所以向汝諸人道 '盡十方世界是沙門眼 盡十方世界是沙門全身 盡十方世界是自己光明 盡十方世界在自己光明裏 盡十方世界無一人不是自己' 我常向汝諸人道 '三世諸佛共盡法界衆生 是摩訶般若光' 光未發時汝等諸人 向什麽處委 光未發時 尙無佛無衆生消息 何處得山河國土來" 時有僧問 "如何是沙門眼" 師云 "長長出不得" 又云 "成佛成祖出不得 六道輪迴出不得" 僧云 "未審出箇什麽不得" 師云 "晝見日夜見星" 僧云 "學人不會" 師云 "妙高山色靑又靑"

상당하여 말했다.

"내가 만약 한결같이 종교(宗教, 으뜸 되는 가르침)를 거양하면 법당 앞에 모름지기 풀이 한 길이나 우거져 나의 일은 얻지도 못할 것이다. 그래서 그대들 모두에게 말하노니, 온 시방세계가 사문의 눈이고, 온 시방세계가 사문의 전신이며, 온 시방세계가 자기광명이고, 온 시방세계가 자기광명 속에 존재하며, 온 시방세계의 단 한 사람도 자기 아님이 없다.

내가 항상 그대들에게 말하기를, '3세의 모든 부처와 함께 온 법계의 중생들이 다 마하반야의 광명이다'라고 하였는데, 광명이 일어나지 않았을 때 그대들은 어디에 있었는가? 광명이 일어나지 않았을 때는 부처도 없고 중생의 소식도 없거늘, 산하와 국토는 어디서 얻겠는가?"

그때 어떤 스님이 물었다.

"어떤 것이 사문의 눈입니까?"

선사(장사경잠)가 대답했다.

"영원히 드러낼 수 없다."

또 말했다.

"부처를 이루고 조사를 이루어도 드러낼 수 없고, 육도를 윤회해도 드러낼 수 없다."

스님이 말했다.

"드러낼 수 없다는 것이 무엇입니까?"

선사가 말했다.

한다. 이 모든 것은 예로부터 대선지식이 자비를 베풀어 후세의 본보기로 삼은 것이고, 뜻이 있는 사람으로 하여금 쳐도 부서지지 않는 팔면이 영롱한 궁극에 이르도록 한 것이다. 또한 자기만을 이롭게 하는 것이 아니라, 남도 또한 이롭게 하는 것이며, 다함없는 법등法燈을 전해 부처의 혜명을 이은 것이다.

❀

自唐歷五季以至國初 負重望據祖位 龍馳虎驟 奔南走北 與人拔楔抽釘 解黏去縛者 何限. 近世不道無人. 求全材獨脫 奮本分鉗鎚 啓作家鑪鞴 誠不可多得. 蓋緣師因循淺陋 資又無深根固蔕 只圖易曉 便如膠漆 使祖宗無上道 妙高遠大 機或幾乎絶矣.

※五季(오계): 5代10國 時代(송나라 초기를 말함).
※重望(중망): 매우 두터운 명성名聲과 인망人望.

---

"낮에는 해를 보고 밤에는 별을 보는 것이다."
스님이 말했다.
"학인은 잘 모르겠습니다."
선사가 말했다.
"묘고산妙高山의 빛깔은 푸르고 또 푸르다."

長沙景岑(장사경잠, ?~868): 당대의 스님. 남악 문하. 장사는 주석 지명. 어려서 출가, 남전보원에게 참학하여 그의 법을 이음. 처음에는 녹원(鹿苑)에 머물렀지만 이후에는 한 곳에서 정주하지 않고 유랑하면서 한 생을 마침. 앙산혜적과의 문답에서 앙산을 차서 넘어뜨릴 정도의 기용을 지니고 있어 대호大虎, 초현招賢, 잠대충岑大蟲이라고 불림.(전게서, p.560)

※因循(인순): 옛 습관을 고치지 못하고 이에 따름. 진취력이 없어 우물쭈물함.
※膠漆(교칠): 아교와 옻칠. 떨어지기 어려운 극히 친밀한 사이의 비유.

당으로부터 5계(五季, 5대 10국)시대를 거쳐 국초(國初, 송나라 초기)에 이르기까지 두터운 명망을 걸머지고 조사의 지위에 올라 용과 호랑이가 달리듯 남북으로 달리면서, 사람들의 못과 쐐기를 뽑아주고 차지고 끈끈한 것을 없애준 사람들이 어찌 한정이 있겠는가! (또한 그렇다고) 근세에는 사람이 없다고 말하는 것은 아니지만, 모든 면에서 뛰어나 홀로 벗어날 수 있는 뛰어난 사람을 구해 본분本分의 집게와 망치를 휘둘러 작가作家의 화로와 풀무로 계도한 것이 정말로 많았다고 할 수는 없다. 이는 아마도 스승은 좁은 견문으로 낡은 습관을 그대로 따르고 제자 또한 뿌리가 깊지 못해, 단지 쉽게 아는 것만을 도모하면서 마치 아교나 옻칠처럼 친밀할 뿐, (타성에 얽매이고 형식만을 좇아) 조종祖宗의 위없는 도와 오묘하고 고원한 대기大機를 거의 끊어지게 만들어 버렸기 때문일 것이다.

❀

尙賴後昆有拔類離倫底 與古爲儔 不顧是非得喪彼我取捨 以鐵石心辦不可卷 不可移之志. 攻苦食淡 不怕艱難 向前體究 可以繼芳躅 續往世高風 爲人間明燭 作昏衢日月. 此私心常所渴望者也.

※拔類(발류): 여럿 가운데서 훨씬 뛰어남.
※攻苦食淡(공고식담): 힘들게 생활함을 이르는 말.
※芳躅(방촉): 옛사람이 남긴 훌륭한 행적.

※昏衢(혼구): 어둑어둑한 저녁의 거리.

다행히도 후손들 가운데 무리들을 뛰어넘어 견줄 수 없는 옛사람과 짝이 되는 이들이 있었기에, 옳고 그름(是非)·이익과 손해(得喪)·너와 나(彼我)·취함과 버림(取捨)을 돌보지 않고, 철석같은 마음으로 뜻을 굽히지도 않고 옮기지도 않도록 힘을 썼다. 또한 힘들게 생활하면서도 괴롭고 고생스러움을 두려워하지 않고 앞을 향해 몸소 참구했다. 그리하여 옛사람이 남긴 훌륭한 행적을 계승하고 지난 세상의 고상한 가풍을 이어, 인간 세상의 밝은 촛불이 되고 어두운 저녁거리의 해와 달이 될 수 있었던 것이다. 이것은 내가 혼자 마음속으로 늘 갈망하는 것이기도 하다.

❀

今旣憤悱圖起發 切在盡始盡終. 擇海上具殺人不眨眼手段宗師 圖取徹去. 則豈唯酬自己 超方本心 抑亦於佛法大海出一隻手. 矧此門絕人我 離愛憎 只貴正知正見 安在乎論誰家之子哉. 等是曹溪門下 何有彼宗此派 於其間也.

※憤悱(분비): 분하고 원통하게 여김.(=忿憤)
※抑亦(억역): 뿐만 아니라.

이제 분심을 내서 발심하려고 도모하였으니, 부디 처음부터 끝까지 간절해야 한다. 또한 사람을 죽이고도 눈 하나 깜짝하지 않는 수단을 갖춘 종사를 교해敎海에서 택해, 철저하게 깨닫는 것을 도모해야 한다.

그러면 이것이 어찌 오직 자기에게만 보답하는 것이겠는가! 방소(方)를 뛰어넘는 본래의 마음뿐만 아니라, 불법佛法의 대해大海에서 한쪽 손을 내미는 것이 된다. 하물며 이 문에서는 너와 나(人我)를 끊고 사랑과 미움을 떠나, 다만 바르게 알고 바르게 보는 것을 소중하게 여길 뿐인데, 어찌 누구 집 자식인가를 따지겠는가! 똑같은 조계曹溪의 문하인데, 어찌 이 종파니 저 종파니 하는 것이 그 사이에 있을 수 있겠는가!

# 63. 장 직전에게(示 張直殿)[1]

契證佛祖道妙 最宜上智利根 忘懷體究 不墮機境 直下拔萃超群. 虛心領略 直得圓明廣照 透地通天 徹生死根源. 出葛藤路布 胸中灑落 一念不生 前後際斷 一句當陽 脫去解會 諦實取證 了無疑惑.

※拔萃(발췌): 발췌하다. 재능이 특출하다. 특별히 뛰어나다.
※超群(초군): 뛰어나다. 발군하다. 여럿 속에서 뛰어나다.
※灑落(쇄락): (기분이나 몸이) 개운하고 깨끗함.

불조佛祖의 오묘한 도에 계합해 증득하고자 하면, 무엇보다 마땅히 영리한 근기의 뛰어난 지혜를 가진 자가 이제까지 품었던 지견知見을 잊고 몸소 참구해서, 기경機境에 떨어지지 않고 바로 그 자리에서 뛰어나고 뛰어나야 한다. 텅 빈 마음으로 깨달아 바로 두루 밝고 넓게 비추면 천지를 꿰뚫고 생사의 근원까지도 사무치게 된다. 또한 언어문자(葛藤)와 주의주장(路布)으로부터 벗어나 가슴속이 말끔해져 한 생각도 일어나지 않고, 앞과 뒤가 끊어지면 일구에 바로 알아차리고 해회(解會, 이치로 따져 아는 것)로부터 벗어나 진실로 살피고 증득해

1 直殿(직전): 불전 관리를 맡은 소임을 이르는 말이다.

서 조금도 의혹이 없게 된다.

❀

如 昔則老問青林 "如何是佛" 對云 "丙丁童子來求火" 渠便入語言作道理 便謂 "丙丁是火 更來求火 如我是佛 更去問佛" 及至法眼. 究窮撥正 他卽大不信 及翻然投誠. 法眼亦只如前云云 渠大悟 蓋當風證驗 始解回光. 更不作惡知惡解 當下 如暗得燈 如貧獲寶 此豈小事哉. 誠實諦信 千萬億劫 長得受用. 是故 道本無言 因言顯道.

※撥正(발정): 바로잡다. 정정하다. 고치다. 맞추다.

※翻然(번연): 갑자기 마음을 고치는 모양. 번연히. 불현듯이. 빨리. 철저히.

예를 들면, 지난날 현칙玄則이 청림青林에게 물었다.[2]

---

2 보은현칙(報恩玄則, 생몰 연대 미상): 5대 송초宋初의 스님. 법안종. 보은은 주석 사명. 청량원 법안문익의 법을 잇고, 금릉 보은원에 머묾.(선학사전, p.287) 청림사건(青林師虔, 생몰 연대 미상): 당대의 스님. 조동종. 청림은 주석 지명. 동산양개의 법을 이어받아 동산의 3조가 됨. 수주 청림 난야와 동산의 보리원에 머묾.(전게서, p.654)
법안문익法眼文益에 관해서는 본서 '35. 해 지욕에게' 편의 註9를 참조.
원오는 벽암록 제7칙에서 다음과 같이 상세히 기술하고 있다.
則監院在法眼會中 也不曾參請入室. 一日法眼問云 "則監院何不來入室" 則云 "和尚 豈不知 某甲於青林處 有箇入頭" 法眼云 "汝試爲我擧看" 則云 "某甲問 如何是佛 林云 丙丁童子來求火" 法眼云 "好語 恐爾錯會 可更說看" 則云 "丙丁屬火 以火求火 如某甲是佛 更去覓佛" 法眼云 "監院果然錯 會了也" 則不憤便起單渡江去. 法眼云 "此人若回可救 若不回救不得也" 則到中路自忖云 "他是五百人善知識 豈可賺我耶" 遂回再參. 法眼云 "爾但問我 我爲爾答" 則便問 "如何是佛" 法眼云 "丙丁童子來

## "어떤 것이 부처입니까?"

求火" 則於言下大悟. 如今有者 只管瞠眼作解會 所謂彼旣無瘡 勿傷之也 這般公案 久參者 一擧便知落處 法眼下謂之箭鋒相拄. 更不用五位君臣 四料簡 直論箭鋒相拄 是他家風. 如此 一句下便見 當陽便透 若向句下尋思 卒摸索不著.

칙 감원(玄則禪師)이 법안의 회상에 있을 때, 입실해서 법문을 청한 적이 없었다. 하루는 법안이 말했다.

"칙 감원은 어째서 입실을 하지 않는가?"

칙 감원이 말했다.

"화상께서는 어찌 모르셨습니까? 제가 청림의 처소에 있을 때 깨달은 바가 있었던 것을요."

법안이 말했다.

"그대가 시험 삼아 내게 거론해보라."

칙 감원이 말했다.

"제가 '어떤 것이 부처입니까?' 하고 물었더니, 청림이 말하길, '병정동자가 와서 불을 구하는구나'라고 했습니다."

법안이 말했다.

"멋진 말이다! 하지만 그대가 잘못 알고 있을까 염려되는구나. 다시 한 번 그 뜻을 말해보라."

칙 감원이 말했다.

"병정은 불에 속하니 불로써 불을 구하는 것입니다. 제가 부처인데 다시 어디를 가서 부처를 찾습니까?"

법안이 말했다.

"감원이 과연 잘못 알고 있구나."

칙 선사는 여기서 분발(憤發, 성을 냄)하고는 일어나, 홀로 강을 건너갔다.

법안이 말했다.

"이 친구가 만약 돌아온다면 구제할 수 있겠지만, 돌아오지 않으면 구제될 수 없을 것이다."

칙 감원이 길을 가다가 스스로 곰곰이 헤아려 보았다. '그는 오백인 선지식인데,

청림이 말했다.

"병정동자가 와서 불을 찾는구나!"

(그러자) 현칙이 바로 말속으로 들어가 도리道理를 짓고는 말했다.

"병정丙丁이 불인데 다시 불을 찾는 것은 마치 내가 바로 부처인데 다시 부처를 묻는 것과 같습니다."

---

어찌 나를 속이겠는가?' 하고, 다시 돌아와 법안을 뵈었다.

법안이 말했다.

"네가 물어라. 내가 대답해 주겠다."

"어떤 것이 부처입니까?"

법안이 말했다.

"병정동자가 와서 불을 구하는구나!"

칙 감원이 언하言下에 대오했다.

요즈음 어떤 이는 단지 눈을 똑바로 뜨고 뜻으로만 이해하니, 이른바 '종기가 없으니 괜히 상처를 내지 말라'는 것이다. 이런 공안은 구참자는 한번 거론하면 바로 그 낙처를 아는 것이니, 법안 문하에서는 이를 전봉상주라 한다.
동산의 오위군신이나 임제의 사료간을 쓰지 않고 바로 전봉상주를 논한 것이다. 법안의 가풍이 이와 같아서 일구에서 바로 보면 바로 그 자리에서 꿰뚫어버리지만, 만약 일구에서 생각으로 찾으려 하면 끝내 더듬어 찾을 수가 없을 것이다.

丙丁童子(병정동자): 원래 등불을 지키는 일을 하는 동자를 지칭하는 말이었다. 천간天干 중 병정丙丁은 오행의 배열에서 불(火)에 속하기에 병정丙丁은 불을 비유하는 뜻이다.
선어록에서 "병정동자내구화丙丁童子來求火"란 일구는 중생이 본래 본성을 갖추고 있으나 다시 밖으로 부처를 찾고 있는 것을 비유한다. 자신 스스로가 즉 불에 덮여 있으면서 밖으로 불을 구하고 자신의 본성을 잃어버리고 번잡한 우매한 행위를 하는 것을 말한다.(佛學大辭典)

그리고는 법안法眼에게 이르렀는데, 참구한 것을 바로잡아줘도 그가 전혀 믿지 못하다가, 불현듯 진실에 투합하게 되었다.

법안 또한 단지 앞에처럼 운운했을 뿐인데, 그가 크게 깨달은 것은 이 종풍을 증험했기 때문에 비로소 회광반조回光返照할 줄을 알았던 것이다. 그리하여 다시는 악지惡知와 악해惡解를 짓지 않고, 바로 그 자리에서 어둠 속에서 등불을 만난 듯, 가난한 자가 보배를 얻은 듯 하였던 것이니, 이것이 어찌 작은 일이겠는가! 성실하고 확실하게 살피면 천만억겁토록 오래 쓰고 누릴 수 있을 것이다. 이런 까닭에 "도는 본래 말이 없지만 말로 인하여 도가 드러난다(道本無言 因言顯道)"[3]고 하였던 것이다.

❀

若得此道 斷不在言句上 後番纔有言句 知得底裏 便七縱八橫. 顚來倒去 脚蹋實地 迺不隨語生解 遂能自在 出沒予奪 莫不窮源極本. 從上大達之士 無不經此場地. 琢磨煅煉 方堪行持. 但熟處放教生 生處弄令熟 悠久 得大機大用. 見一切萬變千化 皆卽識得破 信得及 把得住 作得主. 選甚放光動地 千百萬億佛來 也不消箇了字.

만약 이 도가 결단코 언구 상에 있지 않다는 것을 얻게 되면, 뒤에 어떤 언구가 있더라도 그 밑바닥까지 알고 바로 자유자재(七縱八橫)하게 된다. 또한 엎어지고 고꾸라져도 실제의 경지를 밟게 되니, 이에 말을 따라 지해를 내지 않으면 마침내 나타나고 사라지고 주고 뺏는

3 청량징관의 말씀이다.

것이 능히 자재하게 되어 연원과 근본을 궁구하지 못하는 것이 없게 된다. 예로부터 크게 통달한 사람은 이 경지를 거치지 않은 사람이 없었다. 그러므로 절차탁마하고 단련해야 불도를 닦아 지님을 감당할 수 있게 되는 것이다.

다만 익은 것(熟處)은 놓아서 설게 하고, 선 곳(生處)은 익어지도록 하기를 오래도록 하면 대기대용大機大用을 얻게 된다. 또한 일체의 만변천화萬變千化를 보면 모두 곧 알아버리고, 확실하게 이르러 꽉 잡아 주인이 된다. 그런데 무슨 광명을 놓고 대지를 흔드는 것을 분간하겠는가! 천백만억 부처가 오더라도 '요了'자를 쓸 필요가 없다.

❀

巖頭云"却物爲上 逐物爲下 若論戰也 箇箇力在轉處 唯向上轉 不落下風" 便是急著眼 處也. 擬議不來 便喚却眼睛也. 正宜快斷割取 久之純熟 與摩詰龐老無以異.

암두巖頭[4]가 이르기를 "경계를 물리치는 것이 상上이요, 경계를 좇는 것이 하下다. 만약 논전(論戰, 선문답)을 한다면 사람마다 전처轉處가 있을 것이니, 오직 향상만을 굴려야 하풍(下風, 向下, 第2義)에 떨어지지 않게 될 것이다"고 했다. 바로 이것이 급히 착안著眼해야 할 곳이다. 머뭇거리지 말고 바로 눈동자를 바꿔버려라! 바로 명쾌하게 끊어버리고 오랫동안 순일하게 익어야 유마힐이나 방 거사와 다름이 없을 것이다.

---

4 암두전활에 관해서는 본서 '1. 화장 명 수좌에게' 편의 註35를 참조.

# 64. 호 상서께(示 胡尙書)[1]

人人脚跟下 本有此段大光明 虛徹靈通 謂之 本地風光. 生佛未具 圓融無際在自己方寸中 爲四大五蘊之主. 初無汚染 本性凝寂. 但爲妄想倏起翳障之 束於六根六塵 爲根塵相對 黏膩執著 取一切境界 生一切妄念 汩沒生死塵勞 不得解脫. 是故 諸佛祖師 悟此眞源 洞達根本 憫諸沉淪 起大悲心 出興于世.

※밑줄 친 부분 가운데 '未(미)'는 '本(본)'의 誤字다.
※凝寂(응적): 대단히 고요하다. 매우 적막하다. 쥐 죽은 듯이 잠잠하다.
※倏(갑자기 숙): 갑자기. 문득. 매우 짧은 시간.
※膩(기름질 니): 기름지다. 매끄럽다. 물리다. 싫증나다. 반드르르하다. 때. 기름때.
※汩沒(골몰): 매몰되다. 파도소리.

사람마다 자기 발아래 이 한 덩어리의 대광명이 본래 있어, 텅 비어

1 원문에는 '호 상서가 본성을 깨치기를 권선하며 드립니다(示胡尙書悟性勸善文)'라고 되어 있다.
尙書(상서)는 천자와 신하 사이에 왕래하는 문서에 관한 일을 맡아보던 벼슬을 뜻한다.

신령스럽고 막힘없이 통하니, 이를 일러 '본지풍광本地風光'이라고 합니다. 이는 중생과 부처가 본래 갖추고 있는 것이고, 원융해서 끝이 없는 것이며, 자기의 마음속에 있으면서 4대와 5온의 주인이 되는 것입니다. 애초부터 더럽거나 물들지 않기에 본래의 성품은 대단히 고요한 것입니다. 다만 망상이 갑자기 일어나 본성을 가리고 막기 때문에 6근과 6진에 묶이는 것이고, 6근과 6진이 서로 상대해서 찰지고 기름지게 집착하기 때문에 일체의 경계를 취해 일체의 망념이 일어나는 것이며, 생사의 번뇌에 매몰되어 벗어나지 못하는 것입니다. 이런 까닭에 모든 부처와 조사들이 이러한 참된 근원을 깨닫고 근본을 통달해서 생사의 번뇌에 빠진 모든 중생(沉淪)을 가엾이 여기고 대비심을 내어 세상에 나왔던 것입니다.

❀

正爲此耳 達磨西來 教外別行 亦爲此耳. 只貴大根利智 回光返照 於一念不生處 明悟此心. 況此心能生 一切世出世間法 長時印定方寸 孤迥迥活鱍鱍 纔生心動念 卽昧却此本明也. 如今要直截易透 但放教身心空勞勞地 虛而靈寂而照. 內忘己見 外絶纖塵 內外洞然 唯一眞實.

바로 이것(此) 때문에 달마가 서쪽에서 온 것이고, 교 밖에 따로 전한 것 또한 이 때문입니다. (하지만 이것은) 다만 영리한 근기의 대단한 지혜를 가진 자가 회광반조回光返照해서, 한 생각도 일어나지 않는 곳에서 이 마음(此心)을 밝게 깨닫는 것만을 귀하게 여길 뿐입니다. 더욱이 이 마음은 능히 일체의 세간과 출세간의 법을 내고, 오랫동안 마음에 도장을 찍어 홀로 아득하고 활발발 하지만, 조금이라도 마음이 일어나고 생각이 움직이면 바로 이 본래의 밝음이 어두워지게 됩니다. 그러므로 지금 바로 끊고 쉽게 꿰뚫고자 하면, 다만 몸과 마음이 텅 비도록 내려놓아, 텅 비어 신령스럽고 고요하게 비춰야 합니다. 안으로는 자기의 견해를 잊고 밖으로는 미세한 티끌마저 끊어 안팎이 환하게 되면, 오직 하나의 진실(唯一眞實)만이 있게 됩니다.

❀

眼耳鼻舌身意 色聲香味觸法 皆依他建立 他能透脫超越得如許萬緣. 而如許萬緣 初無定相 唯仗此光轉變. 苟信得此一片田地及 則一了一切了 一明一切明 便能隨所作爲 皆是透頂透底 大解脫金剛正體也.

※透脫(투탈): 벗어난다는 뜻으로, 깨닫는 일을 이르는 말.

눈·귀·코·혀·몸·의식(眼耳鼻舌身意, 6근)과 색·소리·냄새·맛·촉감·법(色聲香味觸法, 6경)이 모두 그것(他)에 의지해 건립되었지만, 그것은 저 허다하게 많은 인연을 꿰뚫고 벗어나 뛰어넘을 수 있습니다. 하지만 저 허다하게 많은 인연들도 애초부터 정해진 상(定相)이 없고, 오직 이 광명(此光)을 의지해 전변轉變할 뿐입니다.

만약 진실로 이 한 조각 마음 밭에 이를 수 있으면, 바로 하나를 깨치면 일체를 깨치고 하나를 밝히면 일체를 밝히며 행하는 바대로 할 수 있게 되어, 모두가 머리끝에서 발끝까지 꿰뚫은 대해탈의 금강정체金剛正體인 것입니다.

❀

要須先悟了此心 然後修一切善. 豈不見 白樂天問鳥窠 "如何是道" 窠云 "諸惡莫作衆善奉行" 白云 "三歲孩兒也道得" 窠云 "三歲孩兒雖道得 八十老翁行不得" 故應探過 正要修行如目足相資.

모름지기 이 마음(此心)을 깨닫고, 그런 다음 일체의 선행(一切善)을 닦아야 합니다. 어찌 보지 못했습니까!

백낙천白樂天[2]이 조과鳥窠[3]에게 물었습니다.

"어떤 것이 도道입니까?"

조과가 말했습니다.

"모든 악행을 짓지 말고 뭇 착한 일을 받들어 행하는 것입니다."

---

2 白樂天(백낙천, 772~846): 당 중기의 대표적인 시인. 낙천은 자. 본명은 거이. 이백李白이 죽은 지 10년, 두보杜甫가 죽은 지 2년 후에 태어났으며, 같은 시대의 한유韓愈와 더불어 '이두한백李杜韓白'으로 병칭된다.
36세에 한림학사가 되었고, 이듬해에 좌습유左拾遺가 되어 유교적 이상주의의 입장에서 정치·사회의 결함을 비판하는 일군의 작품을 계속 써냈다. 40세 때 어머니를 여의고 이듬해에 어린 딸마저 잃자 인생에 있어 죽음의 문제를 깊이 생각하게 되었고 불교에 대한 관심이 커졌다. 58세가 되던 해 뤄양에 영주하기로 결심, 허난부河南府의 장관이 되었던 때도 있었으나 대개 태자보도관太子補導官이라는 명목만의 직책에 자족하면서 시와 술과 거문고를 삼우三友로 삼아 '취음선생'이란 호를 쓰며 유유자적하는 나날을 보냈다.
831년 원진 등 옛 친구들이 세상을 떠나자 인생의 황혼을 의식하고 뤄양 교외의 룽먼(龍門)의 여러 절을 자주 찾았고, 그곳 향산사香山寺를 보수 복원하여 '향산거사'라는 호를 쓰며 불교로 기울어졌다.(두산백과)

3 鳥窠道林(조과도림)에 관해서는 본서 '34. 허 봉의께' 편의 註8을 참조.

백낙천이 말했습니다.

"그런 것은 세 살 먹은 어린애도 말할 수 있는 것입니다."

조과가 말했습니다.

"세 살 먹은 어린애가 말할 수는 있어도, 팔십 먹은 노인네는 행하지 못할 것이오."

그렇기 때문에 마땅히 허물을 살펴서 올바르게 수행해야 하는 것이니, 마치 눈과 발이 서로 돕듯 해야 합니다.

❀

若能不作諸惡 精修衆善 只持五戒十善之人 亦可以不淪墜. 何況先悟妙明 眞心堅固正體 然後隨力修行. 作諸善行 令一切人不迷因果. 知地獄天堂之因 皆自本心作成 當平持此心 無我人 無愛憎 無取舍 無得失. 漸漸長養 三十二十年 逢順違境界 得不退轉. 到生死之際 自然翛然 無諸怖畏 所謂 理須頓悟 事要漸修.

만약 모든 악행을 짓지 않고 뭇 선을 정성스럽게 닦아 나아갈 수만 있다면, 단지 오계五戒와 십선十善만을 지키는 사람 또한 윤회에 떨어지지 않을 것입니다. 하물며 어떻게 먼저 오묘하고 밝은 진실한 마음의 견고한 정체를 깨닫고, 그런 다음에 힘닿는 대로 수행하는 것이겠습니까! 모든 선행을 하면서 일체의 사람들로 하여금 인과에 미혹되지 않도록 해야 합니다. 지옥과 천당의 원인이 모두 자기의 본래 마음으로 이루어지는 것임을 알고, 마땅히 이 마음을 평등하게 지녀서 나도 없고 너도 없으며 사랑도 없고 미움도 없으며 취할 것도 없고 버림도 없으며 얻을 것도 없고 잃을 것도 없어야 합니다. 점점 길러서 30년, 20년 하다보면 맞고 거슬리는 경계를 만나더라도 물러나지 않게 될 것입니다. 또한 생사의 경계에 이르러서도 자연히 얽매이지 않고 모든 두려움도 없게 해야 하는데, 이른바 "이理는 모름지기 단박에 깨달아야 하지만, 사事는 점차 닦음을 요한다(理須頓悟 事要漸修)"고 하는 것입니다.

❀

多見 學佛之儔 唯以世智辯聰 於佛祖言敎中 逴掠奇妙語句 以資譚柄 逞能逞解. 此非正見也 應當棄舍. 冥心靜坐 忘緣體究 逗到徹底玲瓏. 於自家無價無盡寶 藏中運出 何有不眞實者哉. 却須先悟了本來 明見卽心卽佛正體 離諸妄緣 翛然澄淨. 然後 奉行一切衆善 起大悲饒益有情. 隨所作爲 皆是平等 無我無著 妙智顯發 通徹本體 善行豈不妙哉. 所以道 "但辦肯心 必不相賺" 以悟爲則 莫嫌遲晚. 珍重.

※逴(멀 탁): 멀다. 아득하다. 넘다. 뛰어넘다. 비추다.
※掠(노략질할 략): 노략질하다. 매질하다. 볼기를 치다. 베다. 칼을 휘둘러 자르다.
※逞能(영능): 뽐내다. 잘난 척하다. 교만을 떨다. 거드럭거리다.

부처를 배우는 무리들 가운데 오직 세간의 지혜와 총명으로 부처와 조사의 말씀 중에 기묘한 어구(奇妙語句)만 훔쳐서, 제멋대로 이야깃거리로 삼아 잘난 척하는 경우를 자주 보게 됩니다. 이것은 올바른 견해가 아니니, 마땅히 버려야 합니다. 그윽한 마음으로 고요히 앉아 인연을 잊고 몸소 참구해서 철저하게 영롱玲瓏함을 자아내야 합니다. 그러면 값을 매길 수도 없고 다함도 없는 보배가 자기 자신의 창고에서 쏟아져 나오게 되는데, 어디에 진실하지 않은 것이 있겠습니까!

모름지기 먼저 본래면목[4]을 깨닫고, '바로 마음이 부처(卽心卽佛)'[5]인 그 정체正體를 밝게 보아, 모든 망령된 인연을 벗어나 얽매이지 않고 맑고 깨끗해져야 합니다. 그런 다음 일체의 뭇 선행을 받들어 행하고 대비심大悲心을 일으켜 중생을 이익 되게 해야 합니다. 하는 것마다 모두가 평등하고 나도 없고 집착도 없으면 오묘한 지혜가 드러나 본체를 꿰뚫어 통하게 되는데, 선행이 어찌 오묘하지 않겠습니까! 그래서 이르기를 "단지 힘써 하고자 하는 마음만 있으면 결코 속이지 못할 것이다(但辦肯心 必不相賺)"[6]고 하였던 것입니다.

깨달음으로 준칙을 삼되(以悟爲則),[7] 느리거나 더딤을 싫어하지 마십시오.

안녕히 계십시오.

---

4 본래면목本來面目에 관해서는 본서 '55. 승 선인에게' 편의 註2를 참조.

5 즉심즉불卽心卽佛에 관해서는 본서 '26.재 선인에게' 편의 註20, '79. 가중 현량께' 편의 註2, '83. 장 국태께' 편의 註6 등을 참조하기 바란다.

6 본서 '23. 종각선인에게' 편의 註14를 참조.

7 위산영우의 위산경책潙山警策에 나오는 말이다.

# 65. 장선기 학사께(示 張宣機學士)

從上大達之士 單提密傳 此最上獨脫一著子 極爲省要. 唯務利根上智機應相投 直下領略. 幾時有如許般次 向上向下 理性玄妙 正偏主賓語言作用. 纔生解會 卽被羈勒 更無自由分. 是故 本分作家 終不上人釣鉤 落人圈圚 唯自洞明照了 胸次不留毫髮 超然孤高. 不與萬法爲侶不與千聖同廛. 脫白露淨 湛然虛凝 至於涉緣應機 如飛劒輪 如聚猛火安可近傍.

※羈(굴레 기): 굴레. 말고삐. 구금하다. 억류하다. 얽매이다. 매다. 구속받다.

※勒(굴레 륵): 굴레. 재갈. 다스리다. 정돈하다. 강제하다. 억누르다. 묶다.

※廛(가게 전): 가게. 전방. 터. 집터. 밭. 묶음. 묶다.

예로부터 크게 통달한 사람은 홀로 들어 은밀히 전하였는데(單提密傳), 이것이야말로 최상의 홀로 벗어난 한 수이며, 지극히 힘을 던 요지(省要)입니다. 그러므로 오직 영리한 근기의 뛰어난 지혜를 가진 자는 기연에 투합해서 바로 그 자리에서 깨닫는 것에만 힘을 쓸 뿐입니다. 그런데 어느 시절에 향상向上과 향하向下·이理와 성性·현玄과 묘妙·정正과 편偏·주主와 빈賓 따위의 수많은 언어작용이 있겠습니까! 해회(解

會, 이치로 따져 아는 것)가 일어나면 바로 굴레가 되어 다시는 자유로움이 없게 됩니다. 이런 까닭에 본분작가는 결코 다른 사람의 낚싯바늘도 물지 않고, 다른 사람의 올가미에도 떨어지지 않으며, 오로지 스스로 환하게 비추어서 가슴속에 털끝만큼도 남기지 않고 초연히 홀로 높습니다. 또한 만법과도 짝하지도 않고 일천 성인들과도 자리를 함께 하지 않습니다. 탈백정로(脫白露淨, 분명하게 벗어나 청정함을 드러냄)하고, 잠연허응(湛然虛凝, 깊고 고요해서 텅 빈 듯 몰입함)하지만, 인연에 따르고 근기에 응할 때에 이르러서는 마치 칼 수레바퀴를 날리는 것 같고 불덩어리를 모으는 것 같으니, 어찌 곁에서 가까이할 수 있겠습니까!

❀

語默有無 動靜彼我 一併截斷. 是故道"末後一句 始到牢關 把斷要津 不通凡聖" 不得已 謂之 一句 謂之正位 謂之頂門 謂之金剛王. 纔得此意 歷落通透 情塵意想 見解勝智 自然銷融 時中寬廣 獲大自在. 以此修身行己 以此定國安邦 澤及生民 位望轉隆. 心術愈正 而能不居其功 不有其德.

어묵語默·유무有無·동정動靜·피아彼我를 한꺼번에 모두 끊어버려야 합니다. 이런 까닭에 "말후일구가 뇌관에 이르렀으니, 요긴한 곳을 꽉 잡아 성인도 범부도 통하지 못하게 하라(末後一句 始到牢關 把斷要津 不通凡聖)"[1]고 하였던 것입니다. 또한 부득이하게 이것을 일러 '일구一

---

1 낙포원안의 말씀이다(본서 '6. 융 지장에게' 편의 註17을 참조하기 바란다).

句'라고 하고, '정위正位'라고도 하며, '정문頂門'이라고도 하고, '금강왕金剛王'이라고도 했던 것입니다.

이 뜻을 알아 뛰어나게 꿰뚫어 통하면 정진情塵·의상意想·견해見解·승지勝智가 자연히 녹아서 융합되고, 때에 맞게 너그럽고 넓은 대자재大自在를 얻게 될 것입니다. 또한 이것으로 자신의 수행을 다하고, 이로써 나라를 바로 세워 편안케 하면, 그 은택이 백성들에게 미치고 지위와 덕망이 더욱 융성하게 될 것입니다. 그리고 마음 씀씀이는 더욱 바르게 되어 그 공功에도 머물지 않고 그 덕德도 가지려 하지 않을 것입니다.

❀

萬世一時 萬年一念. 十方猶目擊 造化握掌中. 只是箇轉物 回天易地 納須彌於芥中 擲大千於方外 豈難爲哉. 旣已深諦 更資淘煉 使轉有力量 而不勞神 泰然大定. 豈止窮此生. 盡未來際 罔不資此. 遇同道同證 不擧而知 不言而契 捨此置 而勿論可也. 傳曰"如來有密語 迦葉不覆藏 獨迦葉能不覆藏" 迺所以爲密爾.

만 세가 한 때이고, 만 년이 한 생각입니다(萬世一時 萬年一念). 시방세계도 오히려 눈 깜짝하는 사이에 있고, 조화造化도 손바닥 안에 있습니다. 다만 자유롭게 운용할 뿐이니, 하늘을 돌리고 땅을 바꾸며, 수미산을 겨자씨에 집어넣고(納須彌於芥中), 대천세계를 세상 밖으로 던져버리는 것(擲大千於方外)[2]이 어찌 어렵다고 하겠습니까! 이미 깊이 살폈

2 '納須彌於芥中 擲大千於方外'에 관해서는 본서 '2. 장 선무 상공께' 편의 註6과

으면, 다시 이것을 바탕으로 버릴 것은 버리고 단련해서, 더욱더 역량을 발휘토록 하되, 정신을 수고롭게 하지 않고 태연히 대정大定[3]에 머물도록 해야 합니다. 어찌 이번 생에서만 하고 그치겠습니까! 미래세가 다하도록 이를 바탕으로 하지 않으면 안 됩니다. 같은 길을 가고 같은 것을 증득한 이를 만나면 들어 보이지 않아도 알고 말하지 않고도 계합하게 되니, 이것을 내버려 두고 논하지는 마십시오! 전해 내려오는 말에, "여래의 은밀한 말을 가섭은 감추지 않았고, 가섭이 홀로 감출 수도 없다(如來有密語 迦葉不覆藏 獨迦葉能不覆藏)"[4]고 했습니다. 이것이

---

9를 참조.

3 대정大定에 관해서는 본서 '2. 장 선무 상공께' 편의 註2를 참조.

4 천축天竺 삼장三藏 담무참曇無讖이 번역한 대반열반경(大般涅槃經 40권본) 권 제5, 여래성품如來性品에 다음과 같이 기술하고 있다.

爾時迦葉菩薩白佛言 世尊 如佛所說 諸佛世尊有祕密藏 是義不然 何以故 諸佛世尊唯有密語 無有密藏 譬如幻主 機關木人 人雖覩見屈伸俯仰 莫知其內而使之. 然 佛法不爾 咸令衆生悉得知見 云何當言諸佛世尊有祕密藏.

그때 가섭보살이 부처님께 말씀드렸다.

"세존이시여! 부처님께서 말씀하시기를 '모든 불·세존에게는 비밀장(祕密藏, 비밀히 감추어두거나 간직함)이 있다'고 하셨는데, 이 뜻은 그렇지 않습니다. 왜냐하면 모든 불·세존께는 밀어密語만이 있을 뿐이지, 밀장密藏이 없기 때문입니다. 비유하면 환주幻主의 기관목인機關木人과 같아서 사람들이 비록 몸을 굽히고 펴며 아래를 굽어보고 위를 쳐다보는 것을 볼 수는 있어도, 그 안에서 부리는 것을 알지 못합니다. 하지만 불법은 그렇지 않아서 모든 중생으로 하여금 모두 지견을 얻도록 하는데, 어떻게 모든 불·세존께 비밀장이 있다고 하겠습니까?"

佛讚迦葉 善哉善哉 善男子 如汝所言 如來實無祕密之藏 何以故 如秋滿月 處空顯露 清淨無翳 人皆覩見 如來之言 亦復如是 開發顯露 清淨無翳 愚人不解謂之祕藏

智者了達 則不名藏 善男子 譬如有人 多積金銀至無量億 其心慳悋 不肯惠施拯濟貧窮 如是積聚乃名祕藏

부처님께서 가섭을 찬탄하셨다.

"훌륭하고 훌륭하구나, 선남자여! 그대가 말한 것처럼 여래는 진실로 비밀지장(祕密之藏, 비밀히 감추어두거나 숨긴 것)이 없느니라. 왜냐하면 마치 가을 보름달이 허공에 드러나, 청정해서 가리는 것이 없이 사람들 모두가 볼 수 있는 것과 같기 때문이니라. 여래의 말 또한 이와 같이 열고 밝혀서 드러내어 청정해서 가리는 것이 없는데, 어리석은 사람이 알지 못하고 비장이라고 하는 것이니, 지혜로운 사람이 분명히 통달하면 장(藏, 祕藏, 密藏)이라고 이름하지 않게 되느니라.

선남자여! 비유하면 헤아릴 수 없는 세월 많은 금과 은을 쌓아두고 그 마음으로 아끼고 아끼면서 가난한 자들을 구제하고 베풀지 않으면, 이와 같은 쌓임을 비장祕藏이라고 하는 것이니라.

如來不爾 於無邊劫 積聚無量 妙法珍寶 心無慳悋 常以惠施一切衆生 云何當言如來祕藏 善男子 譬如有人身根不具 或無一目 一手一足 以羞恥故 不令人見 人不見故 名爲祕藏 如來不爾 所有正法 具足無缺 令人覩見 云何當言如來祕藏 善男子 譬如貧人 多負人財 怖畏債主 隱不欲現 故名爲藏

여래는 그렇지 않으니, 헤아릴 수 없는 오랜 시간에 헤아릴 수 없이 많은 오묘하고 보배 같은 법을 쌓아 마음으로 아끼고 아끼는 것이 없이 항상 일체 중생에게 베풀어 주느니라. 그런데 어떻게 여래가 비장을 말하겠는가!

선남자여! 비유하면 어떤 사람이 신근을 (온전히) 갖추지 못해 혹 눈 하나나 손 한쪽, 발 한쪽이 없으면 수치심 때문에 사람들에게 보이지 않으려 해서 사람들이 보지 못하기 때문에 비장이라고 말하는 것과 같은 것이니라.

여래는 그렇지 않으니, 정법을 구족하여 부족함이 없이 사람들에게 보도록 하는데, 어떻게 여래의 비밀스런 숨김을 말하겠는가!

선남자여! 비유하면 가난한 사람이 남의 재물을 많이 빚져 빚 준 사람(債主)이 그래서 은밀한 것입니다.

---

무서우면 숨어서 드러내지 않으려고 하기 때문에 장藏이라고 하는 것과 같은 것이니라.

如來不爾 不負一切衆生世法 雖負衆生出世之法而亦不藏 何以故 恒於衆生 生一子想 而爲演說無上法故 善男子 譬如長者 多有財寶 唯有一子 心甚愛重 情無捨離 所有珍寶悉用示之 如來亦爾 視諸衆生同於一子 (중략)

여래는 그렇지 않으니, 일체중생의 세간법은 짊어지지 않고, 설사 중생의 세상을 벗어나는 법을 짊어질지라도 또한 숨기지 않느니라. 왜냐하면 항상 중생들에 대해 외아들이라는 생각을 내어 위없는 법을 연설하기 때문이니라.
선남자여! 비유하면 재물과 보배가 많은 장자가 오직 아들 하나만 있어 마음으로 깊이 애지중지하면서도 정을 버리지 않고 가지고 있는 보배들을 모두 다 쓰는 것과 같이, 여래 또한 그러해서 모든 중생 보기를 외아들과 같이 하는 것이니라."

# 66. 동감 거사께(示 同龕居士)[1]

學士大夫相見 多論理性 差近根本 郎廣知見. 該涉玄妙 通天人之際 會同三教 爲通儒以之著述 欲垂名異世. 頗顧踐履立節 退聽修賢業有至膚淺. 要涉獵以資談柄 尙口好勝 用伏同列 增長我見 皆非正因. 雖賢於拍盲 不知信向 任自己單見淺聞 而生毁訾 味果迷因 墮入流俗者. 然比之 眞實虛心潔已 刻苦退步 忘懷契證 脚蹋實地 透根塵絶伎倆 與古爲儔 如維摩大士 給孤長者之流 克證道果 超世出世.

※通儒(통유): 세상일에 통달하고 실행력이 있는 유학자. 박식한 학자.
※踐履(천리): 실천함. 몸소 이행함.
※膚淺(부천): 지식이나 말이 천박함. 생각이 얕음.
※涉獵(섭렵): 여러 가지 책을 널리 읽음.
※毁訾(훼자): 훼방하여 남을 헐뜯음. 헐뜯다. 비방하다.
※潔已(결기): 자기 몸을 깨끗이 함.

학사대부學士大夫들이 서로 만나 이理와 성性에 대해 논하는 경우가 많이 있는데, 조금이라도 근본에 가까워지면 지견知見을 넓히게 됩니

1 원문에는 '示同龕居士傳申之'로 되어 있다.

다. 겸해서 하늘과 인간의 경계를 꿰뚫는 현묘함을 경험하게 되면, 3교三教를 함께 모아 유학자들로 하여금 그것을 저술토록 해서 후대에까지 이름을 날리려고 합니다. 하지만 절개를 세우고 실천하는 것을 살펴보면, 퇴청해서 어진 업을 닦는 데는 지극히 얕은 바가 있습니다. 여러 가지 책을 널리 읽고 이야깃거리로 삼으면서 더욱이 입으로는 남을 이기기를 좋아하고 동료들을 굴복시키는 데 쓰면서 아견我見만을 증장하려는 것은 모두가 정인正因이 아닙니다. 비록 장님보다는 현명할지라도, 확실하게 나아갈 바도 모르면서 제멋대로 자기의 짧고 천박한 견문으로 남을 훼방하고 헐뜯는 것입니다. 또한 인과에도 어둡고 어리석어, 세속의 흐름에 떨어져 들어간 것입니다. 그러나 그런 사람들과 비교해서 ― 진실로 마음을 텅 비우고 몸을 깨끗이 해서 괴로움을 무릅쓰고 한 걸음 물러나 품었던 지해知解를 잊고 계합해 증득하고, 실제의 경지를 밟아 6근과 6진을 꿰뚫고 재주를 끊어 옛사람과 짝이 된 이들 ― 유마 대사維摩大士나 급고독 장자給孤長者와 같은 부류들은 도과道果를 증득하여 세간과 출세간을 뛰어넘었던 것입니다.

❀

只如 唐朝裴相國 陸亘大夫 陳操尙書 王敬常侍 于襄陽 李習之 鄭愚 韋宙莫不悉心體究 盡平生得受用我宗. 尤洞明出沒 窮深極奧 楊大年 內翰 李駙馬都尉 便可與龐居士並驅. 蓋具大力量 在仕路 不捨宰官 游方之外 提佛祖巴鼻 鉗鎚世人 操同事攝. 向鴛鷺行中 出作方面 與大宗師爲內外護 豈非夙昔承靈山記莂 發百劫千生 煉磨願行 而闡如是 機緣耶.

※仕路(사로): 벼슬 길.

※鴛(원앙 원): 원앙(鴛鴦: 오릿과의 물새). 원앙의 수컷.

※鷺(해오라기 로): 해오라기. 백로白鷺. 노우(옛날에 춤을 추는 자가 가지고 지휘하던 백로의 깃으로 만든 물건).

※方面(방면): 어떤 지역이 있는 방향. 또는, 그 일대. 어떤 전문 분야. 관찰사가 다스리던 행정 구역.

※莂(모종 낼 별): 모종내다. 부절(부절돌이나 대나무·옥 따위로 만들어 신표로 삼던 물건). 씨뿌리기. 볍씨를 모판에 뿌리다.

예를 들면, 당나라의 배상국裴相國[2]·육긍대부陸亘大夫[3]·진조상서陳操尙書[4]·왕경상시王敬常侍[5]·우양양于襄陽[6]·이습지李習之[7]·정우鄭愚[8]·

2 裴相國(배상국)에 관해서는 본서 '34. 허 봉의께' 편의 註4를 참조.

3 陸亘大夫(육긍대부, 생몰연대 미상): 어사대부御史大夫로서 선종에 입문함. 남전보원에게 사사함.(선학사전, p.517)

4 陳操尙書(진조상서, 생몰연대 미상): 당대의 거사. 관직은 상서에 이름. 목주에서 자사를 맡고 있을 때 용흥사의 목주도명을 만나 참학하다가 심요를 얻음.(전게서, p.631)

5 王敬初(왕경초, 생몰연대 미상): 당 중기의 거사. 위산영우에게 사사하여 깨달음을 얻음. 상시의 직무를 맡았으므로 왕상시라고 함.(전게서, p.481)

6 于襄陽(우양양)은 우적于頔상공을 뜻한다.

于頔(우적, ?~818): 당나라 하남河南 낙양洛陽 사람. 자는 윤원允元이다. 음서蔭敍로 벼슬길에 나서 호주湖州와 소주蘇州의 자사刺史를 역임하면서 음사淫祠를 없애고 하천을 준설하는 등 공적을 많이 세웠다. 덕종德宗 정원貞元 14년(789) 양주자사襄州刺史가 되어 산남동도 절도사(山南東道 節度使)에 충원되었다. 헌종憲宗이 즉위하자 입조入朝하여 사공司空에 올랐다. 일에 연루되었지만 황은으로 왕부王傅로 낮춰졌다가 태자빈객太子賓客으로 치사致仕했다. 시호는 여厲인데, 나중에 사思로 바뀌었다.(중국역대인명사전)

위주韋宙[9] 같은 사람들은 마음을 다해 몸소 참구하지 않은 사람들이

---

7 李習之(이습지)는 이발李渤을 뜻한다.

李渤(이발, 773~831): 당나라 귀종지상歸宗智常의 속가제자俗家弟子. 자는 준지濬之다. 정원貞元 연간에 여산廬山 오로봉五老峰 아래에 백록동白鹿洞을 열었고, 나중에 소실산少室山으로 옮겼다. 원화元和 초에 한유韓愈의 권유를 받아 관직에 나가 간의대부諫議大夫가 되었고, 여러 직책을 거쳤다. 보력寶曆 연간에 강주(江州, 江西 九江) 자사刺史에 올랐다. 나중에 다시 백록동으로 돌아와 백록선생으로 불린다.

지상이 서현사棲賢寺 주지로 있을 때 항상 가서 법法에 대해 물었다. 일찍이 수미입개자須彌入芥子에 대해 물었을 때 지상이 일진법계一塵法界와 만물상관萬物相關의 일치를 보여주었는데, 이를 '이발회의李渤懷疑' 공안公案이라 한다. 그의 주청으로 서당지장西堂智藏에게 대각선사大覺禪師란 시호가 내려졌다.

태화太和 5년에 죽었고, 세수世壽 59세였다.(중국역대불교인명사전)

8 鄭愚(정우): 자세한 인적사항은 알 수 없으나 경덕전등록 제11권, '원주 앙산혜적 선사' 편에 상공相公으로 기술하고 있다. 본서에서는 앙산과 정우의 대화를 소개하는 것으로 그의 약력을 대신한다.

鄭愚相公問 "不斷煩惱而入涅槃時如何" 師竪起拂子 公曰 "入之一字不要亦得" 師曰 "入之一字不爲相公"(法燈別云 "相公不用煩惱")

상공인 정우가 물었다.

"번뇌를 끊지 않고 열반에 들 때에는 어떠합니까?"

스님(앙산)이 불자를 세우자, 상공이 말했다.

"입入이라는 한 글자도 원하지 않습니다."

스님이 말했다.

"입이라는 한 글자는 상공을 위하지 않습니다."

9 韋宙(위주, 생몰연대 미상): 당대의 의학자. 위구르족 통치 계급의 소요를 진압하였으며, 북방에서도 사람 대신 소를 부려 경작하는 것을 촉진시켰으며, 개화 운동을 한 인물로, 12권으로 이루어진 집험독행방集驗獨行方의 저자. 이 책은 지금은 전하지 않는 의서임.(한국전통지식포탈)

없었으며, 평생토록 우리의 종지를 받아서 썼습니다. 더욱이 환하게 밝혀서 출몰자재하고 심오한 곳까지 궁구한 양대년(內翰 楊大年)[10]·이부마(都尉 李駙馬)[11]는 방 거사龐居士와 함께 나란히 말을 몰만 합니다. 모두들 대역량을 갖추었기 때문에 벼슬길에 있으면서 관직을 버리지 않고도 세상의 밖을 노닐며 부처와 조사의 핵심을 제창하였던 것이고, 세상 사람들을 단련하며 동사섭同事攝[12]을 행하였던 것입니다. 또한 조정에서나 지방에 관직을 맡아 나가는 경우에도 대종사大宗師와 함께 안과 밖에서 불법을 보호하였으니, 이것이 어찌 지난날 영산靈山에서 수기 받아(受記, 記莂) 백겁천생토록 연마하겠다는 원행願行을 일으켰기 때문에 이와 같이 기연機緣을 드러내 밝힌 것이 아니겠습니까!

❀

近世佛法雖澆漓 而衣冠貴胄 深信者極夥 殊有古風. 要是前三流中相半 儻有志乎此段 須攀上上大機 勿作中下體度. 則超凡出塵 得大解脫爲不難. 唯是專一久長 逢境界惡緣 直截撥斷 所謂 假使鐵輪頂上旋

10 楊大年(양대년)에 관해서는 본서 '34. 허 봉의께' 편의 註5를 참조.

11 李駙馬都尉(이부마도위)는 이준욱李遵勖을 뜻한다.(이준욱에 관해서는 본서 '3. 장 선무 상공께' 편의 註3을 참조.)

12 동사섭同事攝: 사섭법四攝法의 하나. 사섭법은 중생을 불법에 끌어들이기 위한 보살의 네 가지 행위를 말한다.

①보시布施: 부처의 가르침이나 재물을 베풂.

②애어愛語: 부드럽고 온화하게 말함.

③이행利行: 남을 이롭게 함.

④동사同事: 서로 협력하고 고락을 같이함.(시공 불교사전)

定慧圓明終不失.

※澆(물댈 요): 물을 대다. 경박하다. 엷다.

※漓(스며들 리): 스며들다. 엷다. 흐르는 모양.

※澆漓(요리): =천박淺薄. 경박하다. 야박하다.

※胄(자손 주): 자손. 맏아들. 핏줄. 계통. (뒤를) 잇다. 쫓다. 뒤쫓다.

※貴胄(귀주): 귀족의 자손.

※夥(많을 과, 화): 많다. 넉넉하다. 모이다. 동아리. 패거리. 아!(감탄사)

근래 들어 불법佛法이 비록 엷어졌지만, 관복을 입은 귀족 자손 가운데 깊이 믿는 사람들이 매우 많고, 유달리 예스런 모습(古風)도 있습니다. 만약 이 앞의 세 부류와 서로 짝을 이루거나 적어도 이것에 뜻이 있다면, 모름지기 최상의 대근기(上上大機)에 의지해야지, 중하中下의 체제와 법도에 의지해서는 안 됩니다. 그렇게 되면 범부를 뛰어넘고 번뇌를 벗어나 대해탈을 얻는 것이 그리 어렵지 않을 것입니다.

오로지 한결같이 오래하면 경계나 악연을 만나더라도 바로 끊어버리게 되니, 이른바 "설령 무쇠바퀴를 머리 위에서 돌릴지라도 정혜定慧가 원만하고 밝아 끝내 잃지 않는다(假使鐵輪頂上旋 定慧圓明終不失)"[13]고 하는 것입니다.

❀

李渤拾遺 出守九江 與拭眼歸宗 相値一面投契. 一日驀問. "教中道芥子納須彌 豈有是理耶" 歸宗云 "人傳公爲李萬卷是不" 對曰 "然" 宗云

13 영가현각의 증도가에 나오는 말이다.

"觀公身不滿三尺 萬卷書甚處著" 李卽領旨. 此豈可與著相執情 守見者論量哉. 要是因指見月 忘筌罤得魚兎者根器 乃可以不守 方便窠窟爾 直一擧便知落處. 然後穎脫 到七通八達之地 顯大受用矣.

※拾遺(습유): 남이 잃어버린 물건을 주움. 빠진 글을 뒤에 깁고 더함. 임금이 깨닫지 못하고 있는 과실을 들어 간함. 당나라의 벼슬이름.

※밑줄 친 부분 가운데 '拭'은 '赤'의 誤字다.

※筌(통발 전): 통발(대오리로 엮어 만든 고기를 잡는 제구).

※罤(토끼그물 제): 사뿐사뿐 걷다. 토끼그물. 경쾌하게 걷다.

이발 습유李渤拾遺는 구강九江에 부임해, 적안 귀종赤眼歸宗과 서로 한 번 만나 계합했습니다.[14]

---

14 귀종지상에 관해서는 본서 '22. 일 서기에게' 편의 註8을 참조.

귀종을 적안眼歸이라고 부르게 된 연유에 대해서 경덕전등록 제7권에 다음과 같이 기술하고 있다.

師以目有重瞳 遂將藥手按摩 以致目眥俱赤 世號赤眼歸宗焉.

스님은 눈이 겹 눈동자였다. 약 묻은 손으로 문지르다가 눈초리에 닿아 모두 붉어졌는데, 세상에서는 '붉은 눈의 귀종(赤眼歸宗)'이라고 불렀다.

또한 경덕전등록 제7권, '여산 귀종 지상 선사' 편에서는 여기의 내용을 다음과 같이 기술하고 있다.

江州刺史李渤問師曰 "教中所言 須彌納芥子 渤卽不疑 芥子納須彌 莫是妄譚否" 師曰 "人傳使君讀 萬卷書籍還是否" 李曰 "然" 師曰 "摩頂至踵 如椰子大 萬卷書向何處著" 李俛首而已. 李異日又問 云 "大藏教明得箇什麽邊事" 師擧拳示之云 "還會麽" 李云 "不會" 師云 "遮箇措大 拳頭也不識" 李云 "請師指示" 師云 "遇人卽途中授與 不遇卽世諦流布"

하루는 (이발이) 맥연히 물었습니다.

"교敎에서는 겨자씨가 수미산을 받아들인다고 하는데, 어찌 이런

---

강주 자사 이발이 선사(귀종지상)에게 물었다.

"교敎에서는 말하기를, '수미산이 겨자씨를 받아들인다'고 한 것을 저는 의심치 않지만, '겨자가 수미산을 받아들인다'고 하는 것은 헛된 이야기가 아니겠습니까?"

선사가 말했다.

"사람들이 말하기를 사군께서는 만 권의 책을 읽는다는데, 그렇지 않습니까?"

이발이 말했다.

"그렇습니다."

선사가 말했다.

"정수리로부터 발꿈치까지 기껏해야 야자열매만큼 클 뿐인데, 만 권의 서적은 어디에 둔 것입니까?"

이발이 머리를 숙이고 있을 뿐이었다.

이발이 다음날 또 물었다.

"대장경의 가르침은 무슨 일을 밝힌 것입니까?"

선사가 주먹을 들어 보이고는 말했다.

"알겠습니까?"

이발이 말했다.

"모르겠습니다."

선사가 말했다.

"이런 가난뱅이 선비가 주먹도 모르는구나!"

이발이 말했다.

"청컨대, 스님께서 가리켜 보여주십시오."

선사가 말했다.

"사람을 만나면 길에서도 전해주겠지만, 만나지 못한다면 세속의 진리나 유포될 것입니다."

이치가 있습니까?"

귀종이 말했습니다.

"사람들이 말하기를, 그대를 '이만권李萬卷'이라고 한다는데, 맞습니까?"

이발이 대답했습니다.

"그렇습니다."

귀종이 말했습니다.

"그대의 몸을 보아하니, 세 척尺도 되지 않는데, 만 권의 책은 어디에 있습니까?"

이발이 바로 그 뜻을 깨달았습니다.

이것이 어찌 상相에 집착하고 정情에 집착해서 자기의 견해를 지키는 자와 논의하고 헤아릴 수 있는 것이겠습니까! 만약 손가락으로 인해 달을 보고 통발과 그물을 잊고 물고기와 토끼를 얻는 근기라면, 방편과 틀을 지키지 않고 한 번 거량하면 바로 낙처落處를 알 것입니다. 그런 다음, 마치 송곳이 호주머니에 들어있더라도 삐져나오듯 재주를 숨기려고 해도 숨길 수 없이 드러나서 칠통팔달(七通八達, 자유자재)의 경지에 이르면 대수용大受用이 드러나게 될 것입니다.

❀

韓文公問大顚 "愈公務事繁 佛法省要處請師一言" 顚只據坐 公罔然. 是時三平侍立 卽撫禪床一下云 "侍郎 和尙道先以定動 後以智拔" 文公大喜曰 "禪師佛法峭峻 愈却於侍者 處有箇入處" 利根種性一撥便

轉. 看他師資互作方便 向不可名不可言處發揮. 非韓公俊快 安能領略. 所謂 揮斤者敏手 亦須受斤者 有不動之質. 然後 二俱入妙 不然則成 一場漏逗爾. 觀此那假日 日入室 朝朝咨參. 是故 昔人隔江招扇 渠便橫趨而領. 今恁麼形紙墨 迺知而故犯也.

한문공(한유)이 태전(또는 대전)[15]에게 물었습니다.

---

15 韓文公(한문공)은 韓愈(한유)를 뜻한다.

韓愈(한유, 768~824): 당나라 하남河南 하양河陽 사람. 자는 퇴지退之이고, 창려선생昌黎先生으로도 불린다.

덕종德宗 정원貞元 8년(792) 진사가 되었다. 어릴 때 고아가 되어 형수의 손에 길러졌다. 장성해서 육경六經을 다 암송하고 백가百家의 학문을 배웠다. 시문에 뛰어나 일가를 이루었다. 그의 손길을 거친 사람은 모두 한문제자韓門弟子로 불렸다.

동진董晉이 선무宣武에 있을 때 불러 순관巡官이 되었다. 변군汴軍이 어지러울 때 대책을 말하면서 전혀 거리낌이 없었다. 사문박사四門博士를 거쳐 9년(803) 감찰어사監察御史가 되었다. 이때 수도의 장관을 탄핵했다가 덕종德宗의 노여움을 사 양산령陽山令으로 좌천되었다. 국자박사國子博士와 중서사인中書舍人을 거쳐 원화元和 12년(817) 오원제吳元濟의 반란 평정에 공을 세워 형부시랑刑部侍郎이 되었지만, 14년(819) 헌종憲宗이 불골佛骨을 모신 것을 간하다가 조주자사潮州刺史로 좌천되었다. 원주袁州로 옮기고, 이듬해 소환되어 국자재주國子祭酒에 임명되고, 병부시랑兵符侍郎을 거쳐 나중에 이부시랑吏部侍郎과 경조윤京兆尹까지 올랐다.

시호가 문文이라, 한문공韓文公으로 불린다. 유가의 사상을 존중하고 도교와 불교를 배격했으며, 송나라 이후의 도학道學의 선구자가 되었다. 저서에 창려선생집昌黎先生集 40권과 외집外集 10권, 유문遺文 1권 등이 있다. '당송팔대가唐宋八大家' 가운데 한 사람이다.(중국역대인명사전, 2010, 이회문화사)

"제가 공적인 사무로 바쁘니, 불법의 성요처(佛法省要處, 불법의 핵심)를 한마디로 말씀해 주십시오."

대전이 다만 자리에 앉아 있을 뿐이니, 한문공이 얼떨떨해했습니다.

이때 삼평三平[16]이 모시고 서 있다가 즉시 선상禪床을 한 번 치면서 말했습니다.

"시랑! 화상의 도는 먼저 정定으로 움직이고, 뒤에 지혜(智)로 뽑습니다."

(그러자) 한문공이 크게 기뻐하며 말했습니다.

"선사의 불법이 높고도 준엄하군요. 저는 오히려 시자에게서 깨친 바가 있습니다."

영리한 근기를 가진 사람은 한 번 튕겨주면 바로 압니다. 그렇기 때문에 저 스승과 제자가 서로 방편을 쓴 것을 보면, 이름 붙일 수도 없고 말할 수도 없는 자리에서 발휘했던 것입니다.

한 문공이 빼어나지 않았다면 어떻게 알 수 있었겠습니까! 이른바 "도끼를 휘두르는 자도 손이 민첩해야 하고, 또한 도끼를 받는 자도 모름지기 움직이지 않는 자질이 있어야 한다"[17]고 하는 것입니다.

---

大顚寶通(태전보통, 732~824): 당대의 스님. 청원 문하. 석두희천의 법을 이어받아 조주 영산원에 머묾. 배불론자인 한유와의 교섭으로 잘 알려짐.(선학사전, p.151)

16 三平義忠(삼평의충, 781~872): 당대의 스님. 청원 문하. 삼평은 주석 산명. 처음에 석공혜장에게 참구하고, 후에 대전보통에게서 법을 이음.(전게서, p.342)

17 벽암록 48칙 평창에서 원오는 다음과 같이 기술하고 있으니 참고하기 바란다.

그런 다음에야 둘이 함께 오묘한 경지에 들어가게 되는 것이니, 만약 그렇지 못하면 한바탕 허물을 이룰 뿐입니다. 이렇게 보면 어느 겨를에 매일매일 입실入室해서 아침마다 묻고 참례하겠습니까! 이런 까닭에 옛사람은 강 너머서 부채를 흔들어 부르면 바로 가로질러 알았던 것입니다.[18]

지금 이렇게 종이와 먹으로 나타내는 것도, 알면서 고의로 범하는 것입니다.

---

"來問若成風 應機非善巧" 太傅問處 似運斤成風 此出 莊子 郢人泥壁 餘一少竅 遂圓泥擲補之 時有少泥 落在鼻端 傍有匠者云 公補竅甚巧 我運斤 爲爾取鼻端泥 其鼻端泥 若蠅子翼 使匠者斲之 匠者運斤 成風而斲之 盡其泥而不傷鼻郢人 立不失容 所謂二俱巧妙.

"물음이 바람과 같았으나 대답은 교묘하지 못했다(來問若成風 應機非善巧, 설두의 송)"고 했는데, 태부가 물은 곳은 마치 도끼를 휘둘러 바람을 일으킨 것과도 같다.
이 이야기는 장자莊子에서 나온 것이다. 영인郢人이 벽을 바르는데 조그만 구멍이 남았다. 진흙을 둥글게 뭉쳐 던져서 그 구멍을 메웠다. 작은 진흙이 튀겨 코끝에 떨어졌다. 곁에 있던 장자(장인)가 말하길 "공公이 구멍을 메운 것이 아주 뛰어나다. 내가 도끼를 휘둘러서 그대 코끝의 진흙을 떼어내겠다"고 했다. 코끝에 묻은 진흙이 파리날개만 했다. 장자가 진흙을 떼어내도록 했다. 장자가 도끼를 휘둘러 바람을 일으켜 코에 상처도 없이 떼어냈다. 영인은 선 채로 얼굴을 찡그리지도 않았으니 두 사람 모두 교묘하기 이를 데 없다.

18 '隔江招扇(격강소선)'에 관해서는 본서 '28. 찬 상인께' 편의 註7을 참조.

# 67. 황성숙께(示 黃聲叔)

相逢不拈出. 擧意便知有 子細點檢 已是涉水拖泥 況其餘周遮. 則通人分上 宜乎峭絶 豈容紛拏. 蓋此箇獨許灑灑落落 雖電卷星馳 未免蹉過. 只恁麽擧覺 過犯彌天. 如未相逢 未擧意時 直下領略 存乎其人 不可更敎形文彩 作知解去也. 珍重 珍重.

※宜乎(의호): 마땅히.
※紛拏(분나): 얼크러져 서로 침. 어지럽게 다툼.

서로 만나도 드러내 보이지 않아야 합니다. 또한 '뜻을 드러내면 바로 있음을 안다(擧意便知有)'고 하는 것도 자세히 점검해 보면, 이미 물에 들어가 진흙을 끄는 격인데, 하물며 그 나머지야 말해 무엇 하겠습니까! 만약 통달한 사람의 분상分上이라면 마땅히 깎아지른 산처럼 높이 솟아야 할 것인데, 어찌 어지럽게 다투는 것을 용납하겠습니까! 아마도 이것은 홀로 쇄쇄낙락한 것만을 인정하기 때문이니, 비록 번개가 말고 별똥별이 달리듯(電卷星馳) 할지라도 빗나감을 면치 못할 것입니다. 다만 이렇게 들쳐서 경각심을 주는 것만으로도 허물을 범하는 것이 하늘에 미치는 것 같습니다. 서로 만나기 이전, 뜻을 드러내기 이전, 바로 그 자리에서 깨달으면 (그것은 그대로) 그 사람에게 있는 것이니, 결코 언어문자의 화려함으로 드러내게 하거나 지해知解를 지어서는 안 됩니다.

부디 몸조심하십시오!

# 68. 증 대제께(示 曾待制)[1]

僧問趙州 "如何是祖師西來意" 州云 "庭前栢樹子" 天下參問以爲模範. 作異解者極多 唯直透. 不依倚 不作知見 便能痛領. 纔有毫髮見刺 則黑漫漫地. 豈不見 法眼擧問覺鐵觜 "趙州有箇庭前栢樹子話 是不" 覺云 "和尙莫謗先師 先師無此語" 但恁麽體究 便是古人直截處也.

어떤 스님이 조주趙州에게 물었습니다.

"어떤 것이 조사가 서쪽에서 온 뜻입니까?"

조주가 말했습니다.

"뜰 앞의 잣나무(庭前栢樹子)."

---

1 待制(대제): 중국의 전각에서 문필을 담당하던 관직 중의 하나. 전각은 궁중에 설치된 장서의 건물을 가리키는데, 여기에서 근무하는 학사는 천자의 고문의 지위에 있었다. 이 제도는 당唐나라 때 집현전학사에서 비롯되어 송宋나라 때 가장 성하여 관문전觀文殿·자정전資政殿·단명전端明殿·천장각天章閣 등 다수의 전각이 있었다. 이곳에는 학사·대제待制 등을 두었는데, 대개는 다른 관직을 겸하도록 하여 관직館職이라 하였다. 이는 가장 명예로운 직명으로서 재상급인 대신이 겸직할 때는 대학사大學士라고 칭하였다.(두산백과)
참고로 曾待制(증대제)에게 보낸 편지는 본서 142에 또 한 편이 있다.

이는 천하의 참문參問하는 사람들에게 모범이 되는 것입니다. 하지만 이것에 대해 달리 이해하는 사람들이 아주 많이 있는데, 이는 오로지 바로 꿰뚫어야 하는 것입니다. 또한 의지하거나 기대지 않고 지견도 내지 않아야, 바로 뼈저리게 알 수 있는 것입니다. 털끝만큼이라도 견해의 가시가 있으면 깜깜하게 됩니다.

어찌 보지 못했습니까!

법안法眼[2]이 각철취覺鐵觜[3]에게 물었습니다.

---

2 法眼文益(법안문익)에 관해서는 본서 '35. 해 지욕에게' 편의 註9를 참조. 光孝慧覺(광효혜각, 생몰 연대 미상): 당말唐末의 스님. 남악 문하. 광효는 주석 사명. 조주종심의 법손. 양주 광효원에 머묾. 민(閩, 복건성)의 상국相國 송제구宋齊丘와 담론함.(전게서, p.57)

3 종용록 47칙, 평창에 다음과 같이 기술하고 있다.

楊州城東光孝寺 慧覺禪師 到法眼處 眼問 "近離何處" 覺曰 "趙州" 眼曰 "承聞趙州有柏樹子話是否" 覺曰 "無" 眼曰 "往來皆謂 僧問如何是祖師西來意 州曰 庭前柏樹子 上座何得道無" 覺曰 "先師實無此語 和尚莫謗先師好" 諸方名爲覺鐵嘴.

양주 성동의 광효사 혜각慧覺 선사가 법안法眼에게 갔더니 법안이 물었다.

"어디에서 왔는가?"

혜각이 대답했다.

"조주에서 왔습니다."

법안이 다시 물었다.

"듣자하니, 조주에게 잣나무 화두가 있다고 하던데, 그러한가?"

혜각이 대답했다.

"그런 일 없습니다."

법안이 다시 물었다.

"오가는 사람들이 모두 이르기를, '어떤 승이 어떤 것이 조사께서 서쪽에서

"조주에게 '뜰 앞의 잣나무'라는 말씀이 있다던데, 그런가?"

각철취가 말했습니다.

"스님께서는 선사를 비방하지 마십시오. 선사에겐 이런 말이 없습니다."

다만 이렇게 몸소 참구하는 것이 고인이 바로 끊었던 곳인 것입니다.

❀

嚴陽尊者問趙州 "一物不將來時如何" 州云 "放下著" 者云 "一物不將來未審放下箇什麽" 州云 "看你放不下" 嚴陽遂大悟. 後來 南禪師有頌云 "一物不將來 兩肩擔不起 言下忽知非 心中無限喜 毒惡旣忘懷 蛇虎爲知己 寥寥千百年 淸風猶未已" 但試自頻擧 "一物不將來時如何" 州云 "放下著" 驀然便省也. 不難.

엄양존자嚴陽尊者[4]가 조주에게 물었습니다.

"한 물건도 가져오지 않았을 때는 어떻습니까?"

조주가 말했습니다.

---

오신 뜻이냐?'고 물으니, 조주가 '뜰 앞의 잣나무'라고 했다는데, 그대는 어찌하여 없다고 하는가?"

혜각이 대답했다.

"스님께서는 실로 그런 말씀을 하신 적이 없습니다. 화상께서는 우리 스승을 비방치 않으면 좋겠습니다."

제방에서는 그를 두고 각철취(覺鐵觜, 쇠부리 혜각)라 부르게 되었다.

4 엄양존자에 관해서는 본서 '26. 재 선인에게' 편의 註27을 참조.

"내려놓아라(放下著)!"

존자가 말했습니다.

"한 물건도 가져오지 않았는데 무엇을 내려놓아야 할지 잘 모르겠습니다."

조주가 말했습니다.

"보아하니 그대는 내려놓지 못했구나!"

엄양존자가 마침내 크게 깨달았습니다.

뒤에 남(慧南, 황룡혜남)[5] 선사가 게송으로 말했습니다.

"한 물건도 가져오지 않았지만,
양 어깨에 짊어지고 일어나질 못하네.
말끝에 홀연히 아님을 아니,
마음에 기쁨이 한이 없네.
악독毒惡이 이미 잊혀지니,
뱀과 호랑이가 친구가 되고
쓸쓸하고 고요한 천백 년에
맑은 바람 그치지 않네."

다만 시험 삼아 스스로 누차 "한 물건도 가져오지 않았을 때는 어떻습니까?"라고 했는데, 조주가 "내려놓아라!"라고 한 것을 들어보

5 황룡혜남에 관해서는 본서 '4. 원 수좌에게' 편의 註22를 참조.

십시오. 맥연히 바로 힘을 덜게 될 것입니다. 어렵지 않습니다.

❀

僧問雲門 "不起一念還有過也無" 門云 "須彌山" 此又直截省要也. 無事虛心靜慮 且下鈍工夫 只管擧看. 久之 當自有入處

어떤 스님이 운문雲門[6]에게 물었습니다.

"한 생각도 일으키지 않았는데 허물이 있습니까?"

운문이 말했습니다.

"수미산(須彌山)!"

이 또한 바로 끊어서 힘을 던 요지(直截省要)입니다.

일 없이 마음을 텅 비우고 생각을 고요히 하면서 둔한 듯 공부하되, 다만 이것을 들어보십시오! 오래 하다보면 당연히 저절로 깨달아 들어가는 곳이 있게 될 것입니다.

6 운문문언에 관해서는 본서 '1. 화장 명 수좌에게' 편의 註24를 참조.

# 69. 여 학사께(示 呂學士)[1]

初祖達麽 到梁見武帝 合下只用箇頂上一著子 而武帝不薦. 使人到今扼腕. 後來多少人 汨泥汨水去 它脚迹尋卜度 作百千異解.

※扼腕(액완): 분격憤激하여 팔짓을 함. 성나고 분하여 주먹을 쥠. (애석함·분발 등의 표시로) 한 손으로 다른 손의 손목을 불끈 쥐다.

초조 달마初祖達麽가 양나라에 이르러 무제帝帝[2]를 뵙고, 대답으로

1 學士(학사): 용도각龍圖閣이라는 관부官府의 관리로 태종太宗의 어서·어제문집·보록·보물 등을 관리함.(譯者 註)

2 梁武帝(양무제, 464~549): 소연蕭衍. 남조 양나라의 초대 황제(재위 502~549). 남난릉南蘭陵 사람으로, 자는 숙달叔達이며, 소자는 연아練兒고, 묘호는 고조高祖다. 박학하고 문무에 재질이 있었다. 제齊나라에서 벼슬하여 옹주자사雍州刺史가 되어 양양襄陽을 지켰다. 남제南齊의 경릉왕竟陵王 왕자량王子良의 집에서 심약沈約과 범운范雲 등 문인 귀족과 교유하여 팔우八友의 이름을 얻었다. 제나라 말인 영원永元 2년(500) 황실이 어지러워지자 동혼후東昏侯에 대한 타도군을 일으켜 도읍인 건강(建康, 南京)을 함락시킨 뒤 남제를 멸망시키고 정권을 장악하면서 양왕梁王에 봉해졌다. 이어 제나라 화제和帝를 폐위하고 제위에 올라 국호를 '양'이라 했다. 즉위한 뒤 유학儒學을 중흥시키고 백가보百家譜를 개정하면서 방목謗木을 설치하고 공헌貢獻을 폐지하는 등 괄목할 만한 정치를 펼쳤다. 나중에

다만 정수리 위의 한마디(一著子)를 썼을 뿐인데, 무제는 깨닫지 못했습니다.[3] 그리하여 이것이 사람들로 하여금 지금까지도 분발토록 하였

---

는 사족士族을 중용하고 불교를 신봉하여 사원을 대대적으로 건축하는 한편 세 번이나 동태사同泰寺에 몸을 바쳤다. 치세는 50년에 이르는데, 전반은 정치에 정진했지만 후반에는 불교신앙이 정치면에도 나타났다. 불교사상사의 황금시대를 이루었지만 조금씩 파국의 징조를 보이기 시작했다. 중대동中大同 2년(547) 동위東魏의 반장叛將 후경侯景이 투항했는데, 얼마 뒤 동위와 화친을 구하자 이를 의심한 후경이 다음 해 반란을 일으켜 수도 건강建康이 함락되고, 자신은 굶주림과 곤궁 속에 병사했다. 48년 동안 재위했다.(중국역대인명사전)

3 원오는 달마 대사와 양무제의 대화를 벽암록 제1칙에서 아래와 같이 다루고 있다. (〔 〕는 원오 스님의 著語, 즉 촌평을 해석한 것이다.)

梁武帝問達磨大師 (說 這不喞嚠漢) "如何是聖諦第一義" (是甚繫驢橛) 磨云 "廓然無聖" (將謂多少奇特 箭過新羅 可煞明白) 帝曰 "對朕者誰" (滿面慚惶 强惺惺果然 摸索不著) 磨云 "不識" (咄, 再來不直半文錢) 帝不契 (可惜許 卻較些子) 達磨遂渡江至魏 (這野狐精 不免一場懡㦬 從西過東 從東過西) 帝後擧問志公 (貧兒思舊債 傍人有眼) 志公云 "陛下還識此人否" (和志公趕出國始得 好與三十棒 達磨來也) 帝云 "不識" (卻是武帝承當得達磨公案) 志公云 "此是觀音大士傳佛心印" (胡亂指注 臂膊不向外曲) 帝悔 遂遣使去請 (果然把不住 向道不喞嚠) 志公云 "莫道陛下發使去取 (東家人死 西家人助哀 也好一時趕出國) 闔國人去他亦不回" (志公也好與三十棒 不知脚脚跟下放大光明)

양무제가 달마 대사에게 물었다.

〔이런 멍청한 놈!〕

"어떤 것이 성제제일의(聖諦第一義, 성스러운 진리의 궁극적인 뜻) 입니까?

〔이 무슨 나귀 매는 말뚝 같은 소리인가!〕

달마 스님이 말했다.

"확연무성(廓然無聖, 텅 비어 성스럽다 할 것도 없다)."

〔좀 괜찮은 줄 알았더니… 화살이 신라로 날아가 버렸다. 아주 명백하다.〕

---

무제가 말했다.
"짐을 대하고 있는 자는 누구입니까?"
〔얼굴엔 부끄러운 기색이 역력한데 억지로 총명한 척하고 있다. 과연 참뜻을 모르고 있군.〕
달마가 말했다.
"불식(不識, 모른다)."
〔쯧쯧, 두 번씩이나 문답을 했으나 반 푼어치의 가치도 없다.〕
무제가 계합하지 못했다.
〔애석하다! 그렇지만 그런대로 봐줄 만하다.〕
달마는 마침내 강을 건너 위나라로 갔다.
〔이 여우같은 놈. 부끄러움을 면할 수 없다. 서쪽에서 동쪽으로, 동쪽에서 서쪽으로 간다.〕
무제가 뒤에 지공에게 물었다.
〔가난뱅이가 묵은 빚을 생각하고 있다. 오히려 옆 사람이 안목을 갖췄네.〕
지공이 말했다.
"폐하, 이 사람이 누군지 아십니까?"
〔지공도 함께 쫓아버려야 한다. 삼십 방을 쳐라. 달마가 왔구먼.〕
무제가 말했다
"불식(不識, 모릅니다)."
〔도리어 무제가 달마의 공안을 알고 있다.〕
지공이 말했다.
"그는 관세음보살이며 부처님의 심인心印을 전하는 사람입니다."
〔어지럽게 주석을 하고 있군. 그러나 팔은 밖으로 굽지 않는다.〕
무제가 후회하고 사신을 보내 달마를 청하고자 하였다.
〔과연, 모셔올 수 없다. 내가 앞에서 멍청이라고 말하지 않았나!〕
지공이 말했다.
"폐하, 사신을 보내 달마를 모셔오라고 말씀하지 마십시오.
〔동쪽 집 사람이 죽었는데 오히려 서쪽 집 사람이 슬퍼한다. 같이 쫓아버려야

던 것입니다. 또한 이후로 많은 사람들이 진흙탕 속에 빠져 발자취를 찾고 헤아려 점치면서 백천 가지의 다른 견해를 내었던 것입니다.

❀

要且不曾夢見 只是機緣上生機緣 見解上起見解. 所以道 "劒去遠矣 爾方刻舟" 當時能截斷箇胡漢 則不到帶累人處. 所謂 '知恩方解報恩' 且作麽生截得它斷.

무엇보다 중요한 것은 일찍이 꿈속에서도 보지 못했으면서, 단지 기연機緣에서 기연을 내고 견해에서 견해를 일으키기만 할 뿐이라는 것입니다. 그래서 이르기를 "칼은 멀리 떠나갔는데 그대는 이제야 칼 떨어진 뱃전에 표시를 하는가!(劒去遠矣 爾方刻舟)"[4]라고 하였던 것입니다.

당시에 한 놈의 오랑캐(胡漢, 달마)를 절단내버릴 수 있었다면 다른 사람에게 누를 끼치는 곳에는 이르지 않았을 것입니다. 그래서 이르기를 "은혜를 알아야 은혜를 갚을 줄 안다"[5]고 하는 것입니다. 자! 어떻게 그를 절단내버리겠습니까?

---

한다.〕

온 나라 사람이 가더라도 달마는 오지 않을 것입니다."

〔지공도 삼십 방을 맞아야 한다. 발밑에서 큰 광명이 나는 것을 모르는군.〕

4 '刻舟求劒(각주구검)'은 여씨춘추呂氏春秋 '찰금' 편에 나오는 말로, 본서 '1. 화장명 수좌에게' 편의 註14를 참조하기 바란다.

5 '은혜를 알아야 은혜를 갚을 줄 안다(知恩方解報恩)'는 것과 관련해서는 본서 '4. 원 수좌에게' 편의 註9를 참조.

# 70. 소중호께(示 蘇仲虎)[1]

大法本平常 在利根精敏寬通. 不作聰明了之爲易入. 每患知見太多 遂汨此源 轉窮轉遠 莫能透徹. 若一切平心 心亦了不可得 泯然自盡 則本性圓明混成 不假造作. 截流深證 無過與不及處 乃造天眞機要 所謂 著手心頭 便判是也. 日用之間 常令成現 豈不泰定哉.

※精敏(정민): 정세하고 민첩하다. 총명하고 민첩하다. 기민하다.
※泯然(민연): 자취가 없다.

대법大法은 본래 평상平常하지만, 영리한 근기가 총명하고 민첩하게 관통하는 데 있습니다. 하지만 총명하게 안 것으로 쉽게 들어가려 해서도 안 됩니다. 늘 지견知見이 너무 많은 것이 걱정이니, 이 근원에 골몰해서 궁리하면 궁리할수록 점점 더 멀어져 철저하게 꿰뚫을 수 없습니다.

만약 일체에 평심이고(一切平心, 일체에 마음을 가라앉힘), 마음 또한

1 원문에는 '촉의 태수 소중호께 드립니다(寄蜀守蘇仲虎)'라고 되어 있다.
太守(태수): 중국 고대의 군郡의 장관. 뒤에 주제州制의 시행에 따라 자사刺史로 개칭. 송대宋代 이후는 지사知事의 아칭이 되었음.

(깨달아) 얻을 것도 없어 자취도 없이 저절로 사라지게 되면, 원만하고 밝은 본성本性이 뒤섞여 이루어져 있어도 조작造作을 빌리지 않게 됩니다. 또한 흐름(번뇌망상)을 끊고 깊이 증득하면 지나치거나 모자람이 없게 되고, 이에 천진한 기요(天眞機要)를 이루게 되니, 이것을 일러 '착수하는 마음에서 바로 결판을 낸다(著手心頭 便判是也)'[2]고 하는 것입니다. 그러므로 (평심이) 일상의 생활에서 늘 이루어지고 드러나도록 한다면 어찌 대단히 편안하지 않겠습니까!

❀

古人悟心 悟此心也 發機 發此機也. 自可萬世不移 只守閑閑地 超然獨得 更無對待. 若有對待 則成兩立 便有彼我得失 莫能脚蹋實地. 更進一步 一法不立. 然後怗妥 明見本來人. 去却胸中物 喪却目前機 脫體安穩 永離退轉 得無所畏方便 可以拯濟群靈政. 須長久相續無間乃善.

※怗(고요할 첩): 고요하다. 조용하다. 좇다. 따르다. 복종하다.
※妥(온당할 타): 온당하다. 마땅하다. 타당하다. 평온하다. 편안하다.
※拯(건질 증): 건지다. 구원하다. 돕다. 들어 올리다. 취하다. 받다.
※拯濟(증제): 건져 구제함.

고인古人이 마음을 깨달은 것도 바로 이 마음(此心=평심)을 깨달은 것이고, 기機를 발한 것도 바로 이 기를 발한 것입니다. 만 세萬世가 지나더라도 옮기지 않고 다만 조용하고 한가로운 경지(閑閑地)만을

---

2 '著手心頭 便判是也(착수심두 변판시야)'에 관해서는 본서'3. 장 선무 상공께' 편의 본문을 참조.

지킬 수 있다면, 초연히 홀로 얻어 다시는 상대할 것이 없습니다. 하지만 만약 상대할 것이 있으면 바로 양변(兩立, 兩邊)을 만들어 다시 너와 나·얻음과 잃음이 있게 되어 참된 경지(實地)를 밟을 수 없습니다. 그렇게 되면 다시 한 걸음 더 나아가 한 법(一法)도 세우지 않아야 합니다. 그런 다음 고요하고 편안해져야 본래인本來人을 밝게 보게 됩니다.

가슴속의 한 물건도 다 버리고, 눈앞의 기(目前機)도 없애버려야, 몸을 벗어나 안온해서 영원히 물러서지 않게 되고, 두려움 없는 방편(無所畏方便)을 얻어 뭇 중생들을 바르게 제도할 수 있습니다. 모름지기 오래도록 이어져 끊임이 없어야 잘하는 것입니다.

佛果圜悟眞覺禪師心要 卷上 終

(불과원오진각선사심요 상권 끝)

# 圜悟心要 下卷
## (원오심요 하권)

# 71. 황태위 검할께(示 黃太尉鈐轄)[1]

此道幽邃極 於天地未形 生佛未分 湛然凝寂 爲萬化之本. 初非有無 不落塵緣 煒煒爗爗 莫測涯際. 無眞可眞 無妙可妙. 超然居意象之表 無物可以比倫. 是故 至人獨證穎脫 泯然淨盡. 徹此淵源 以方便力 直下單提 接最上機 不立階級. 所以 謂之 宗乘 教外別行 以一印印定 遂撥轉關捩 不容擬議.

※幽邃(유수): 그윽하고 깊숙함. (의미가) 심원하다.

※涯際(애제): 한계. 끝. 바다, 강, 못 따위의 가장자리.

※至人(지인): 노장학에서 도덕이 극치에 이른 사람. 덕이 높은 사람. 진인 眞人.

※穎脫(영탈): 송곳이 주머니 속에서도 끝이 튀어나오듯이 재능이 출중하다. 뛰어나다.

이 도道는 지극히 심원해서 천지가 형성되기 전, 중생과 부처가 나뉘기 전부터 잠연응적(湛然凝寂, 맑고 대단히 고요함)하며, 모든 변화의 근본이 됩니다. 애초부터 있고 없음(有無)도 아니며, 티끌 인연에도 떨어지

---

1 太尉(태위): 옛날, 무관 중 제일 높은 벼슬. 또는 일반 무관에 대한 존칭이다. 한편 검할鈐轄은 무관의 직위 가운데 하나인 듯하다.

지 않고 찬란히 빛나 그 끝을 헤아릴 수 없습니다. 또한 가히 진실이라 할 만한 진실도 없고, 오묘하다고 할 만한 오묘함도 없습니다. 초연히 의식과 형상을 벗어나 있기에 비교할 만한 어떤 것도 없습니다. 이런 까닭에 지인至人은 뛰어나게 홀로 증득해서 흔적도 없이 모두 깨끗한 것입니다. 또한 이 연원을 꿰뚫고 방편의 힘으로 바로 그 자리에서 하나만을 들어(單提)[2] 최상의 근기를 제접하기에 단계(階級)를 세우지 않는 것입니다. 그래서 이르기를 "종승宗乘에서는 교외별행(教外別行, 교 밖에 달리 행함)"한다고 하는 것이며, 하나의 도장(印)으로 찍어서 관문의 문빗장을 열어젖히고 머뭇거림을 용납하지 않는 것입니다.

❀

至於拈花微笑 投針擧拂 植杖抵几 瞬目揚眉 悉出窠窟理道 語言路布 如擊石火似閃電光. 瞥然迅急 萬變千化 曾無依倚 透頂透底 截斷籠羅. 只許俊流 不論懵底. 正要具殺人不眨眼氣槩 一了一切了 一明一切明. 然後特達 絕死出生 超凡入聖.

※瞥然(별연): 갑자기 얼핏. 언뜻.

※槩(평미레 개): 평미레. 풍채. 절개. 대개. 평미레질하다. 달다. 느끼다.

염화미소拈花微笑를 하고, 바늘을 던지며(投針), 불자를 들고(擧拂),

---

2 單提(단제): 猶言單傳 禪家直指之旨也. 單提宗旨 不涉餘岐之義.(정복보, 불학대사전)

단전單傳을 말한다. 선가에서 그 종지宗旨를 바로 가리키는 것이다. 단지 종지 하나만을 들고 그 나머지 것에는 관계하지 않는다는 뜻이다.

주장자를 꽂으며(植杖), 궤안을 거절하고(抵几), 눈을 깜빡거리며(瞬目), 눈썹을 치켜 올린 것(揚眉)에 이르기까지, 모든 것이 관념의 틀과 이치의 길, 언어와 주의주장을 전광석화와 같이 벗어난 것입니다. 또한 갑자기 재빠르게 천변만화를 하더라도 일찍이 의지하거나 기대는 것 없이 머리끝에서 발끝까지 꿰뚫어 그물을 끊어버린 것입니다. 그렇기 때문에 다만 준수한 부류만을 인정할 뿐, 어리석은 놈은 거론할 필요도 없습니다. 바로 사람을 죽이고도 눈 깜짝하지 않는 기개(氣槩, 氣槪)를 갖춰야, 하나를 알면 일체를 알고 하나를 밝히면 일체를 밝히게 됩니다. 그런 다음 뛰어나게 통달해서 생사를 끊고 벗어나야, 범부를 뛰어넘어 성인의 경지에 들어가는 것입니다.

蘊遠見高識 居常不露鋒鋩 等閑突出 則驚群動衆 蓋深根固蒂. 覰破威音王已前 空劫那畔 與卽今日用 無異無別. 旣能行持 有力堪任重致遠. 得大自在 促三祇爲一念 衍七日作一劫 猶是小小作用 況擲大千於方外 納須彌於芥中 乃家常茶飯爾. 昔裴相國 得旨於黃檗 楊大年受印於廣慧 維摩手搏妙喜界 龐老一口吸西江 豈難事哉. 唯直領此大因緣而已.

※居常(거상): 보통 때.

※深根固蒂(심근고체): (성어, 비유) 뿌리가 깊다. 고질적이다. 깊이 뿌리박혀 있다.

※任重致遠(임중치원)=負重致遠(부중치원): 무거운 물건을 지고 먼 곳까지 간다는 뜻으로, 중요한 직책을 맡음을 이르는 말.

원대하고 높은 식견을 쌓으면서 평상시에는 칼끝만큼도 드러내지 않지만, 무심히 돌출하기만 해도 여러 사람들을 놀라게 하는 것은 뿌리가 깊기 때문입니다. 또한 위음왕불[3] 이전이나 공겁空劫[4]의 저쪽을 보았다 하더라도 지금의 일상생활과 다를 것도 없고 구분할 것도 없기 때문입니다.

불도를 닦아 지녀(行持) 막중한 임무를 감당할 수 있는 힘이 있으면, 대자재大自在를 얻어 3아승기겁을 줄여서 일념으로 하고, 7일을 늘려서 일겁으로 하는 것[5]도 오히려 별 것 아닌 일이거늘, 하물며 삼천대천세

---

3 위음왕威音王에 관해서는 본서 '44. 실 선노에게' 편의 註1을 참조.

4 공겁空劫은 세계가 없어질 때까지의 네 시기라는 사겁四劫의 하나를 뜻한다. 사겁四劫의 하나로 세계가 파괴되어 아무것도 없는 상태로 지속되는 지극히 긴 기간. 인간 수명 8만 세에서 100년에 한 살씩 줄어 10세에 이르고, 다시 10세에서 100년에 한 살씩 늘어 8만 세에 이르는 긴 시간을 중겁中劫이라 하는데, 공겁은 20중겁에 해당함.(시공 불교사전)

불교의 세계관에서는 삼천대천세계三千大千世界는 항상 성겁成劫·주겁住劫·괴겁壞劫·공겁空劫의 네 시기를 되풀이하고 있다고 말한다. 불교의 시간 단위로써 가장 짧은 것은 찰나刹那, 즉 75분의 1초이며, 계산할 수 없는 무한한 시간을 겁劫이라고 한다. 사겁은 우주의 생성·소멸의 과정을 시간의 단위로 설명하는 것이다. 우주는 네 단계를 1주기로 하는 변화를 영원히 되풀이한다. 어떠한 단계도 20소겁小劫으로 되어 있어 네 단계를 일주하는 데는 80겁이 걸린다. 그 네 단계는 인류가 생성하여 번성해 가는 시기(성겁), 생성되어 안주하는 시기(주겁), 온 세계가 괴멸해 가는 시기(괴겁), 소멸되어 공허로 돌아가는 시기(공겁)를 말한다. 이렇게 하여 우주의 성·주·괴·공의 1주기가 끝난다.(두산백과)

5 유마경 제6, '부사의품不思議品'에 다음과 같이 기술하고 있다.(본서 '2. 장 선무상공께' 편의 註9도 함께 참조하기 바란다.)

舍利弗 或有衆生 樂久住世 而可度者 菩薩卽延七日 以爲一劫 令彼衆生謂之一劫.

계를 세상 밖(方外)으로 던지고, 수미산을 겨자씨 속으로 집어넣는 것[6]도 일상적으로 차 마시고 밥 먹는 정도의 일일 뿐입니다.

지난날 배상국裵相國이 황벽黃檗에게 종지를 얻고,[7] 양대년楊大年이

---

或有衆生 不樂久住 而可度者 菩薩卽促一劫以爲七日 令彼衆生 謂之七日.

사리불이여! 어떤 중생이 세상에 오래 머무는 것을 좋아하지만 제도할 수 있는 사람이라면 보살이 바로 7일을 늘려서 일겁으로 하고 그 중생으로 하여금 일겁이라고 말하도록 합니다. 혹 어떤 중생이 오래도록 머무는 것을 좋아하지 않지만 제도할 수 있는 사람이라면 보살이 바로 일겁을 줄여서 7일로 하고 그 중생으로 하여금 7일이라고 말하도록 합니다.

6 '擲大千於方外 納須彌於芥中'은 유마경 제6, '부사의품'에 나오는 말로써, 본서 '2. 장 선무 상공께' 편의 註6과 9를 참조하기 바란다.

7 배상국(배휴)에 관해서는 본서 '34. 허 봉의께' 편의 註4를, 황벽에 관해서는 본서 '7. 충 장로께' 편의 註10을 참조하기 바란다.

경덕전등록 제12권, '배휴' 편에 다음과 같이 기술하고 있다.

屬運禪師 初於黃檗山 捨衆入大安精舍 混迹勞侶掃灑殿堂 公入寺燒香 主事祇接 因觀壁畫乃問 "是何圖相" 主事對曰 "高僧眞儀" 公曰 "眞儀可觀 高僧何在" 僧皆無對 公曰 "此間有禪人否" 曰 "近有一僧投寺執役 頗似禪者" 公曰 "可請來詢問得否" 於是遽尋運師 公覩之欣然曰 "休適有一問諸德吝辭 今請上人代酬一語" 師曰 "請相公垂 問" 公卽擧前問 師朗聲曰 "裴休" 公應諾 師曰 "在什麽處" 公當下知旨 如獲髻珠.

마침 운運 선사(황벽희운)가 처음으로 황벽산에서 대중을 돌보지 않고 대안정사에 들어가, 정체를 숨기고 승려들과 전당에서 먼지를 쓸고 물을 뿌리며(청소하고) 있었다. 배휴(公)가 절에 들어가 향을 피우는데, 주사主事가 마침 접대를 했다. 배휴가 벽화를 보고 물었다.

"이것은 누구를 그린 상입니까?"

주사가 대답했다

"고승의 초상입니다."

광혜廣慧에게 인가 받고,[8] 유마 거사가 묘희세계妙喜界를 한 손에 쥐고,[9]

---

배휴가 말했다.

"초상은 볼 수 있지만, 고승은 어디에 있습니까?"

스님들이 모두 대답을 못하자, 배휴가 물었다.

"여기에 선인禪人이 있습니까?"

말했다.

"최근에 한 스님이 절에 들어와 일을 맡겼는데, 자못 선자禪者 같습니다."

배휴가 말했다.

"오라고 청해서 물어 볼 수 있겠습니까?"

이에 급히 희운 선사를 찾았는데, 배휴가 보고는 기뻐하며 말했다.

"제가 좀 전에 한 가지 질문을 했는데, 여러 스님들이 말씀하시는 것을 아끼셨습니다. 지금 스님(上人)께서 대신 한마디로 대답해 주시겠습니까?"

선사가 말했다.

"상공께서 청하니, 물어보십시오."

공이 앞의 말을 되풀이해서 묻자, 선사가 소리 높이 말했다.

"배휴여!"

공이 "예!" 하고 대답하자, 선사가 말했다.

"어디에 있습니까?"

공이 바로 그 자리에서 뜻을 알았는데, 마치 계주(髻珠, 상투 안의 구슬)를 얻은 것과 같았다.

8 양대년(양억, 양문공)에 관해서는 본서 '34. 허 봉의께' 편의 註5를 참조.

光慧元蓮(광혜원련, 951~1036): 송대宋代의 스님. 임제종. 15세에 출가, 수산성념에 의하여 대오. 여주 광혜원에 머묾. 참정 왕서, 낭중 허식, 시랑 양 문공 등이 참문함.(전게서, p.56)

본서 '74. 장중우 선교께' 편에 다음과 같이 기술하고 있으니 참조하기 바란다.

楊大年參透廣慧老 有頌云 "八角磨盤空裏走 金毛師子喚作狗 擬欲翻身北斗藏 應須合掌南辰後"

방 거사가 한 입에 서강의 물을 마신 일[10]이 어찌 어려운 일이었겠습니까! 오직 이 대인연大因緣[11]을 바로 깨달아 마쳤을 뿐입니다.

---

양대년이 광혜 노스님에게 참구해서 꿰뚫고 송을 지어 말했다.

八角磨盤空裏走　팔각의 맷돌 판이 허공 속을 달리니,
金毛師子喚作狗　금모사자를 개라고 부르는구나.
擬欲翻身北斗藏　몸을 뒤집어 북두성에 감추고자 하면
應須合掌南辰後　마땅히 남극성 뒤에 합장 하라."

9 '維摩手搏妙喜界(유마수박묘희계)'에 관해서는 본서 '2. 장 선무 상공께' 편의 註5를 참조.

10 경덕전등록 제8권, '양주 방온 거사' 편에 다음과 같이 기술하고 있다.
後之江西參問馬祖云 "不與萬法爲侶者是什麽人"祖云 "待汝一口 吸盡西江水 卽向汝道" 居士言下頓領玄要 乃留駐參承 經涉二載. 有偈曰 "有男不婚 有女不嫁 大家團欒頭 共說無生話" 自爾機辯迅捷 諸方嚮之

후에 강서江西로 가서 마조馬祖를 뵙고, 물었다.
"만법과 짝하지 않는 자는 어떤 사람입니까?"
"그대가 한 입에 서강 물을 다 마시면, 바로 그대에게 말해 주리라."
거사가 그 말끝에 단박에 현묘한 요체를 깨달았다.
그리고는 곁에 머물면서 섬기고 참례하며 2년을 지냈다. 게송으로 말했다.

有男不婚　남자는 장가를 가지 않고
有女不嫁　여자도 시집을 가지 않는데,
大家團欒頭　온 집안이 단란하게 앉아서
共說無生話　함께 무생의 이야기(無生話)를 설하네.

이로부터 기지와 변재가 민첩한 것이 제방에 알려졌다.

11 大因緣(대인연, 一大事因緣)에 관해서는 본서 '3. 장 선무 상공께' 편의 註1을 참조.

❀

旣有此道之基本 時中能不聽人處分 略操勇猛. 向應酬指呼之際著眼運快機利智. 轉一切萬有回自己 掌握舒卷縱擒 則與上來大達 抱道蘊德 踐履純熟之士 豈有異耶. 但使源源相續 無間斷 便是長生路上快活人也.

이 도道의 기본을 갖추었다면 시의 적절하게 다른 사람의 처분을 듣지 않고도 용맹스럽게 빼앗아 장악할 수 있습니다. 또한 주고받고, 손짓해 부르는 사이에도 착안하여 날쌔고 영리한 기지를 쓰게 됩니다. 일체 만유一切萬有를 움직여 자기에게 돌리고, 말고 펴고(舒卷)·잡고 놔줌(縱擒)을 장악하면, 예로부터 크게 통달한 사람과 도를 품고 덕을 쌓으면서 몸소 이행하는 것이 순일하게 익은 사람이 어찌 다를 것이 있겠습니까! 다만 근원과 근원이 서로 이어져 끊어짐이 없도록 해야, 영원히 사는 길 위의 쾌활한 사람(快活人)인 것입니다.

❀

祖師云 "心隨萬境轉 轉處實能幽 隨流認得性 無喜亦無憂" 纔於轉變處 得幽深之旨 向流動時 徹見本性 超出二邊 不居中道. 安可更存違順憂喜愛憎 令罣礙自受用哉. 以心傳心 以性印性 如水入水 似金博金. 樂易平常無爲無事 遇境逢緣 不消一箚.

※樂易(낙이)=忠信樂易(충신낙이): 충후하고 정직하며 마음이 즐겁고 편안하다.

조사祖師가 이르기를 "마음은 만 가지 경계를 따라 구르지만, 구르는 곳마다 실로 그윽하다. 흐름을 따라 그 성품을 깨달으면 기쁨도 없고 근심도 없다"[12]고 했습니다. 전변하는 곳(轉變處)에서 그윽하고 깊은 종지를 얻고, 흐르고 움직일 때(流動時) 본래의 성품을 꿰뚫어 보면, 양변을 뛰어넘어 중도中道에도 머물지 않게 됩니다. 그런데 어찌 다시 위순違順·우희憂喜·애증愛憎이 있어 스스로 받고 씀에 걸림이 있게 할 수 있겠습니까! 마음으로 마음을 전하고 성품으로 성품에 도장을 찍으니, 마치 물이 물에 들어가고 금으로 금을 바꾸는 것과 같습니다. 또한 마음이 즐겁고 편안하며 일상적이고 무위무사無爲無事해서, 경계와 인연을 만나더라도 대응할 필요가 하나도 없습니다.

德山行棒 臨濟用喝 雲門睦州風旋電轉 何遠之有. 唯不徇情轉 蓋色騎聲 超今越古 向百草顚頭 快行劍刃上事. 所以道"撥開向上一竅 千聖齊立下風" 鳥窠吹布毛 俱胝一指頭 趙州三喫茶 禾山四打鼓 雲門須彌山 洞山麻三斤. 鎔瓶盤釵釧爲一金 攪酥酪醍醐爲一味. 不出至微至奥 無上道妙矣.

※鎔(쇠 녹일 용): 쇠를 녹이다. 주조하다. 녹이다. 녹다. 거푸집.

※釵(비녀 채): 비녀. 인동덩굴.

※釧(팔찌 천): 팔찌. 가락지.

※攪(흔들 교): 흔들다. 어지럽히다. 휘젓다. 고루 섞다. 반죽하다. 방해하다. 훼방을 놓다. 구하다. 만들다.

---

12 제22조 마나라摩拏羅 존자가 23조 학륵나鶴勒那 존자에게 설한 전법게傳法偈다.

덕산德山이 방을 하고, 임제臨濟가 할을 하며, 운문雲門과 목주睦州가 회오리바람 치듯 번개 치듯 한 것이 어찌 멀리 있는 것이겠습니까![13] 오직 정식情識을 따라 구르지 않고, 색色을 덮고 소리(聲)를 타서 고금을 초월해 백초百草 끝에서 칼날 위의 일(劍刃上事)을 날카롭게 행했던 것입니다. 그래서 이르기를 "향상向上의 한 구멍을 열어젖히면 일천의 성인들도 나란히 나의 아래에 서게 된다"고 하였던 것입니다. 조과鳥窠는 베옷의 털을 불었고(吹布毛),[14] 구지俱胝는 한 손가락을 들었습니다(一指頭).[15] 조주趙州는 세 차례나 '차나 마시게(喫茶)'[16]라고 했고, 화산禾山은 네 번이나 '북을 칠 줄 아는 군(打鼓)'[17]이라고 했습니다. 운문雲門은 '수미산須彌山'[18]이라 했고, 동산洞山은 '마 삼근麻三斤'[19]이라고 했습니다. 이는 마치 병과 소반, 비녀와 팔찌를 녹여서 하나의 금으로 만들고, 소락과 제호를 휘저어 한 맛으로 만든 것과 같습니다.

---

13 덕산, 임제, 운문에 관해서는 본서 '1. 화장 명 수좌에게' 편의 註22, 44, 24를, 목주에 관해서는 본서 '13. 정 장로께' 편의 註5를 참조하기 바란다.

14 '조과의 취포모(鳥窠吹布毛)'에 관해서는 본서 '28. '찬 상인께' 편의 註8을 참조.

15 '구지의 일지두(俱胝一指頭)'에 관해서는 본서 '26. 재 선인에게' 편의 註1과 3을 참조.

16 '조주의 끽다(趙州喫茶)'는 본서 '5. 유 서기에게' 편의 註18을 참조.

17 '화산의 사타고(禾山四打鼓)'에 관해서는 본서 '5. 유 서기에게' 편의 註17을 참조.

18 '운문의 수미산(雲門須彌山)'에 관해서는 본서 '49. 성 수조에게' 편의 註9를 참조.

19 '동산의 마삼근(洞山麻三斤)'에 관해서는 본서 '49. 성 수조에게' 편의 註10을 참조.

지극히 미묘하고 지극히 심오해서 위없는 도의 오묘함을 벗어나지 않습니다.

❀

嚴陽尊者問趙州 "一物不將來時如何" 州云 "放下著" 復徵 "旣一物不將來 敎某放下箇什麽" 州云 "看你放不下" 渠卽大悟 豈不是靈利 解言下返照. 直截透徹 忘懷絶念 大解脫根源 蹋著本地風光 契合本來面目. 以此一句證却 則千句萬句根塵俱謝 默契心宗 便非他物. 後來便伏毒蛇降猛虎 顯不可思議靈驗 豈不爲殊特哉.

※謝(사례할 사): 사례하다. 갚다. 보답하다. 양보하다. 사양하다. 물러나다. 그만두다. 면하다. 물리치다. 없애다. 쇠퇴하다. 시들다. 이울다.

엄양존자嚴陽尊者[20]가 조주에게 물었습니다.

"한 물건도 가지고 오지 않았을 때 어떻습니까?"

조주가 말했습니다.

"내려놓아라(放下著)!"

"한 물건도 가져오지 않았는데, 저에게 무엇을 내려놓으라고 하시는 것입니까?"

조주가 말했습니다.

"보아하니, 내려놓지 않았구나!"

(그러자) 그가 바로 크게 깨달았습니다.

---

20 엄양존자(嚴陽尊者)에 관해서는 본서 '26. 재 선인에게' 편의 註27을 참조.

이것이 어찌 신령스럽고 날카로운 이해로 말끝에 반조返照한 것이 아니겠습니까! 바로 끊고 투철하게 꿰뚫어서 마음에 품은 것을 잊고 생각을 끊은 대해탈의 근원이고, 본지풍광本地風光을 밟아 본래면목本來面目[21]에 계합한 것입니다. 이 일구一句를 증득함으로써 천 구와 만 구, 6근과 6진이 모두 사라져 심종心宗에 묵묵히 계합한 것이지, 다른 것이 아닙니다. 그런 뒤로 독사와 사나운 호랑이를 항복받아 불가사의한 영험이 드러난 것이니,[22] 어찌 빼어나게 뛰어난 것이 아니겠습니까!

---

21 본래면목 본지풍광(本來面目 本地風光)에 관해서는 본서 '64. 호 상서께' 편과 74. 장 중우 선교께' 편의 본문 서두에 나오는 원오 스님의 정의를 참조하기 바란다.

22 경덕전등록 제11권, '홍주 무녕현 신흥 엄양 존자' 편에 다음과 같이 기술하고 있다.

師常有一蛇一虎 隨從左右 手中與食.

존자(師)에게는 늘 뱀 한 마리와 호랑이 한 마리가 좌우를 따랐는데, 손으로 음식을 주었다."

# 72. 뇌공 달 교수께(送 雷公達教授)

靈山釋迦文 百萬億賢聖會集 龍象如林. 皆超群越衆 大器大根 可以迎風投契 隔嶽隔海領略 豈止聞一知十. 擧毛塵 徹見至微至隱底蘊 宜乎未明 先見不遺毫髮. 及至拈花 獨金色頭陀微笑 黃面老迺開懷展手了不覆藏 便道"吾有正法眼涅槃心分付之 令善護持"

※底蘊(저온): 상세한 내용. 온축. 내막. 오랜 연구로 깊이 쌓은 학식. 속사정.
※宜乎(의호): 마땅히. 이치로 보아 그렇게 되어야 옳음.

영산靈山회상의 석가모니(釋迦文)에게 백만 억의 성현들이 모였으니, 용상龍象이 마치 숲과 같았습니다. 모두가 무리들을 뛰어넘는 대근기(大器大根)였기에, 바람을 맞는 것처럼 계합해서 산 너머 바다 건너에서도 알아차렸으니, 어찌 하나를 들으면 열을 아는 것에 그치는 것이겠습니까! 털끝만큼만 들어도 지극히 미묘하고 은밀한 속내를 사무치게 보았으며, 당연히 (다른 사람들이) 밝혀 주지 않아도 먼저 보고 털끝만큼도 남기지 않았습니다. 그러나 꽃을 듦에 이르러서는 홀로 가섭(金色頭陀)만이 미소를 지으니, 석가(黃面老子)도 마음을 열고 손을 펴서 조금도 숨기지 않고 바로 이르기를 "나의 정법안장과 열반묘심을 부촉하노니, 잘 보호해서 지니도록 하라"[1]고 하였던 것입니다.

❀

厥後 果的傳二十八世雅 當開證初祖 到今流通 眞規不墜. 是時 文殊普賢彌勒金剛藏觀世音 悉拱默聽之 何也. 嘗鞠其至趣 蓋當授受之際

---

1 경덕전등록 제1권, '석가모니불' 편에 다음과 같이 기술하고 있다.

後告弟子摩訶迦葉 "吾以淸淨法眼 涅槃妙心 實相無相 微妙正法 將付於汝 汝當護持" 幷勅阿難 "副貳傳化 無令斷絶" 而說偈言 "法本法無法 無法法亦法 今付無法時 法法何曾法" 爾時世尊 說此偈已 復告迦葉 "吾將金縷僧伽梨衣 傳付於汝 轉授補處 至慈氏佛出世 勿令朽壞" 迦葉聞偈 頭面禮足曰 "善哉善哉 我當依勅 恭順佛故"

뒤에 제자 마하가섭에게 말씀하셨다.

"내가 청정법안·열반묘심·실상무상·미묘정법을 그대에게 부촉하니, 그대는 마땅히 잘 간직하라."

아울러 아난에게도 분부하셨다.

"전법교화를 도와 끊어짐이 없도록 하라."

그리고 게송으로 말씀하셨다.

法本法無法　법은 본래 법이라 할 법이 없으니
無法法亦法　법이 없다는 법도 또한 법일 뿐이네.
今付無法時　이제 법 없음을 부촉할 때에도
法法何曾法　법을 법이라 하나, 어찌 법인 적이 있으랴.

그때 세존께서 이 게송을 말씀하시고, 다시 가섭에게 말씀하셨다.

"내가 금란가사를 그대에게 전하니, 보처(미륵)에게 전하라. 자씨불(미륵)이 세상에 나올 때까지 썩거나 파괴되도록 하지 말라."

가섭이 게송을 듣고 머리를 발에 대어 예를 올리고, 말했다.

"훌륭하고 훌륭하십니다. 제가 마땅히 분부대로 하겠사오니, 부처님을 공경하고 따르기 때문입니다."

豈不愼許可而然哉. 雖以眼照眼 以聖繼聖 羽翰步驟體裁 莫不絶去蹊徑. 唯單提獨 用向上一著子 寔千聖不傳之妙 萬靈景仰之宗. 出格越情絶凡脫聖 輝天焯地 耀古騰今. 是故 歷二千年 渾如目擊.

※厥後(궐후): 그 이후. 그 뒤.
※拱(팔짱낄 공): 팔짱 끼다. (두 손을) 마주 잡다. 껴안다. 거두다.
※寔(이 식): 이. 이것. 참으로. 진실로. 방치하다. 두다.

그 뒤로 과연 분명하게 28대에 걸쳐 올바르게 전해졌고, 이것을 초조(달마)가 열어 증명했으며, 지금까지 유통되어 오면서도 참된 법은 조금도 손상되지 않았습니다. 이때 문수·보현·미륵·금강장·관세음보살이 모두 두 손을 마주 잡고 말없이 들었는데, 왜 그랬을까요? 시험 삼아 그 지극한 뜻을 한 번 찾아본다면, 주고받을 때를 만나 어찌 신중하게 인가해서 그런 것이 아니었겠습니까! 비록 눈으로 눈을 비추고 성聖으로 성을 계승하는 것이기는 하지만, (용상의) 날갯짓과 걸음걸이의 체재體裁는 샛길을 모두 끊어버리지 않은 것이 없었습니다. 오직 향상向上의 일착자一著子만을 바로 가리켜(單提)[2] 홀로 썼으니, 이것이야말로 일천의 성인들도 전하지 못하는 오묘함이고 모든 중생들이 우러르는 종지입니다. 또한 격식을 벗어나고 정식情識을 뛰어넘으며, 범부를 끊고 성인을 벗어나 천지에 빛나고 고금에 드날린 것입니다. 이런 까닭에 2,000년이 지나도 그 모든 것이 온통 눈으로 직접 보는 것과 같은 것입니다.

---

2 단제單提에 관해서는 본서 '71. 황 태위 검할께' 편의 註2를 참조.

❀

只阿難詢由來謂 "金襴之外別示何法" 迦葉遽呼 待渠應諾. 卽云 "倒却門前刹竿著" 此與向來拈花微笑何所異. 同則綿綿聯聯 初無二致. 傳燈錄寶林傳所載 靡不如水入水 似金博金. 所以 達磨唱云 "直指人心 敎外別行" 故不忝爾. 潙山云 "此宗難得其妙 切須子細用心" 可中頓悟正因 便是出塵堦塹.

※遽(급히 거): 급히. 분주히. 갑자기. 어찌. 역말(역참에 갖추어 둔 말). 곳. 거처. 술패랭이꽃. 군색하다. 절박하다. 갑작스럽다. 황급하다.

아난阿難이 법을 전해 받은 내력에 대해 물었습니다.

"금란가사 외에 따로 전하신 어떤 법이 있습니까?"

가섭迦葉이 갑자기 부르자, 그가 "예!" 하고 대답했습니다.

그러자 바로 말했습니다.

"문 앞의 찰간을 꺾어버려라!"[3]

이것이 종래의 염화미소拈花微笑와 어찌 다른 것이겠습니까! 같기 때문에 면면히 이어져 처음부터 두 길이 없는 것입니다. 이는 전등록傳燈錄과 보림전寶林傳[4]에 실려 있는 것으로, 물이 물에 들어가는 것과

3 '倒却門前刹竿著(도각문전찰간착)'에 관해서는 본서 '6. 융 지장에게' 편의 註4를 참조.

4 傳燈錄(전등록)=경덕전등록(景德傳燈錄): 송宋나라의 도원道源이 1004년에 지은 불서佛書. 30권. 과거칠불過去七佛에서 석가모니불을 거쳐 달마達磨에 이르는

같고 금으로 금을 바꾸는 것과 같은 것이 아닌 것이 없습니다. 그래서 달마가 제창하기를 "직지인심直指人心·교외별행教外別行"이라고 하였던 것입니다. 그렇기 때문에 이는 고인을 욕되게 하는 것이 아닙니다. 위산潙山[5]이 이르기를 "이 종宗은 그 오묘함을 얻기 어려우니, 부디 자세히 마음을 써야 한다"고 했습니다. 그러므로 그 속에서 정인正因을 단박에 깨달아야(頓悟), 바로 번뇌를 벗어나고 굴레에서 나오게 됩니다.

❀

著破布百衲 頭髼鬙 脚踉蹌 稠人中看之 不直半分文. 驀地打徹翻却無量生 業識種子 向百不知百不會處 信口道信手拈 不知有底 如鴨聽雷 只眨得眼. 後來楗頭便領千群萬衆 若固有之 往往大有道宗師 比比皆是.

※髼鬙(봉승): 머리가 흐트러져 있는 모양. 숲이나 풀이 무성한 모양. (머리가) 터부룩하다.

※踉蹌(낭창): 비틀거리며 걷는 모양.

---

인도 선종禪宗의 조사祖師들과, 달마 이후 법안法眼의 법제자들에 이르기까지의 중국의 전등법계傳燈法系를 밝힌 선종禪宗 승전.

寶林傳(보림전, 조계보림전): 10권. 당唐의 지거智炬 엮음. 석가모니가 입멸한 후 인도에서 불법佛法이 계승되어 온 차례를 기록한 저술로, 부법장인연전付法藏因緣傳의 23조祖에 바수밀婆須蜜·바사사다婆舍斯多·불여밀다不如密多·반야다라般若多羅·보리달마菩提達摩를 더하여 선종禪宗 28조祖를 처음으로 주장함. 10권이지만 제7권·제9권·제10권은 전하지 않음.(시공 불교사전)

5 위산영우에 관해서는 본서 '7. 충 장로께' 편의 註9를 참조.

※比比(비비): 반복하여. 어느 것이나 모두. 끊임없이. 곳곳에. 자주. 이것저것이다. 낱낱이. 흔히.

다 떨어져 백 번이나 기운 베옷을 입고 머리는 헝클어진 채 다리가 비틀거리는 것을 많은 사람들 속에서 보게 되면 반 푼어치의 가치도 없다 할 것입니다. 하지만 그런 사람이 맥연히 헤아릴 수 없이 많은 생을 일으키는 업식종자業識種子를 꿰뚫고 뒤집어, 도무지 알지도 못하고 전혀 할 줄도 모르는 곳에서 나오는 대로 말하고 마음대로 집어 들면, 있음을 모르는 자들(不知有底)은 마치 오리가 천둥소리를 듣는 것처럼 단지 눈만 깜빡이게 될 것입니다. 그 후로는 문빗장 앞에서 수많은 대중을 거느리게 되는데, 만약 확고히 그것을 갖고 있으면 왕왕 많은 사람들이 말하는 종사宗師가 되곤 하였으니, 종종 모두 그러했습니다.

❀

至如居貴勢作卿相 如裴相國 陳操尙書 白樂天 王常侍 本朝楊大年文公李都尉駙馬 驚群敵聖 信徹見透 受用無盡. 率皆稟奇謀異見 不蹈襲世間 而圖出世間津梁 迺如此.

※蹈襲(도습): 그대로 본받아 따라함.

※津梁(진량): 나루터와 다리라는 뜻으로, 물을 건널 수 있는 시설을 이르는 말. 계제階梯. 동분서주. 부처의 중생제도를 이르는 말.

고귀하고 권세가 있으면서 재상(卿相) 이 된 것으로 말할 것 같으면,

배상국[6]·진조상서[7]·백낙천[8]·왕상시[9]·본조本朝 송나라의 문공 양대년[10]·부마 이도위[11]와 같은 이들이 있는데, 이들은 대중을 놀라게 하고 성인에 필적하였으며, 진실로 철저하게 꿰뚫어 보았고 받아씀(受用)에 다함이 없었습니다. 대체로 모두들 기발한 지략과 남다른 견해를 이어받아 세간을 그대로 따르지 않고 출세간의 진량(津梁, 나루터와 다리)을 도모했기 때문에 이와 같았던 것입니다.

❀

山僧所稟寡昧 偶憤發 欲攀躋先哲所造詣. 殊無過人作略 但操守久之. 以微有信 因不善 晦出而爲人 蹉跎四十餘載. 每遇傑出英才 必傾倒羅列 隨所向任 機緣專一. 唯在箇中撥轉一句一言 透頂透底 明千聖頂上 得大自在解脫 力用而已.

※攀躋(반제): 높은 곳을 더위잡아 오르다.

※造詣(조예): 학문이나 기예가 깊은 경지까지 이름.

※操守(조수): 지조나 정조 따위를 굳건히 지킴.

※蹉跎(차타): 미끄러져 넘어짐. 시기를 놓침. 일을 이루지 못하고 나이가 많아짐.

※傾倒(경도): 기울어 넘어지는 것. 또는 넘어뜨리는 것. 어떤 일에 마음을

6 배상국에 관해서는 본서 '34. 허 봉의께' 편의 註4를 참조.

7 진조상서에 관해서는 본서 '66. 동감 거사께' 편의 註4를 참조.

8 백낙천에 관해서는 본서 '64. 호 상서께' 편의 註2를 참조.

9 왕상시에 관해서는 본서 '66. 동감 거사께' 편의 註5를 참조.

10 양대년 문공에 관해서는 본서 '34. 허 봉의께' 편의 註5를 참조.

11 이도위 부마, 이준욱에 관해서는 본서 '3. 장 선무 상공께' 편의 註3을 참조.

기울여 열중하는 것. 어떤 인물이나 사상에 감화되어 심취하는 것.

산승山僧은 천성적으로 모자라고 우매하지만, 뜻하지 않게 분발하여 선철先哲의 깊은 경지에 나아가고자 했습니다. 남달리 다른 사람을 능가하는 지략이 없기에 다만 오래도록 지조를 지켰을 뿐입니다. 또한 미약한 믿음에 뛰어나지도 못하면서 희미하게 드러내면서, 사람을 위한답시고 40여 년 세월을 그저 흘려보냈습니다.

하지만 매번 걸출한 영재를 만나면 반드시 마음을 기울여 안에 있는 것을 꺼내 나열하였고, 처하는 곳마다 기연에 맡기고 마음을 오로지 한 곳에만 쓰게 했습니다. 또한 오로지 저 일언一言·일구一句를 굴려서 머리끝에서 발끝까지 꿰뚫어 일천 성인들의 정수리를 밝히고 대자재해탈大自在解脫을 얻는 데 힘을 썼습니다.

❀

果能有濟度<u>盡六地</u>群靈 擧而置之 安樂無爲無事 穩密之地 則與迦文金色 下至六代祖 唐宋大達將相 豈有異耶. 源深流長 根牢蒂固. 不妄許與. 迺爲眞實 諦當英靈豪俊 解脫大士也.

※밑줄 친 부분 '盡六地'는 盡大地(진대지)의 誤字다.

※許與(허여): 허락하여 줌. 마음으로 허하여 칭찬함.

정말로 진대지盡六地의 군령들을 다 제도할 수 있고, 이들을 들어서 안락安樂하고 온밀穩密한 무위무사無爲無事의 경지에 둘 수만 있다면, 석가모니와 가섭(金色)[12]으로부터 6대 조사, 당나라와 송나라의 크게 통달한 장수와 재상에 이르기까지 어찌 차이가 있겠습니까! 근원이 깊으면 흐름이 길고(源深流長), 뿌리가 단단하면 줄기가 견고합니다(根牢蒂固). 허망하게 인가해 주지 않아야 합니다. 진실하게 깨달아야 신령하고 준수한 호걸이며, 해탈한 대인(解脫大士)인 것입니다.

12 가섭(金色)에 관해서는 본서 '8. 법제 선사'께 편의 註7을 참조.

# 73. 거제 요연 조봉에게(巨濟了然朝奉)[1]

根脚下 各具此段 惟宿植深厚之士 於世諦緣輕 有力量 能自擺撥 長時退步 孤運獨照. 潔淸三業 端坐參究 妙省明脫 向自己分上 離見絶情 壁立萬仞. 放舍無始劫來 深習惡覺 摧碎我山 枯竭愛見 直下承當 千聖

---

1 명칭에 다소 간의 문제가 있다. 뒤의 '조봉朝奉'을 어떻게 해석하는가에 따라 차이가 있을 수 있다. 먼저 요연을 승려의 법명으로 볼 때 시대적(원오와 동시대의 인물)으로 아래와 같은 스님이 아닐까 추측해 볼 수 있다. 또한 뒤에 붙은 조봉朝奉은 당시 황실 사찰에 거주하던 승려의 직책으로 볼 수도 있다.

了然(요연, 1077~1141): 송나라 때의 승려. 태주台州 임해臨海 사람이다. 속성俗姓은 설薛씨고, 호는 지용智涌이며, 세상에서는 호계존자虎溪尊者라 불렀다. 7살 때 출가해서 16살 때 구족계具足戒를 받고 안국혜사安國惠師를 좇아 천태교의天台教義를 배웠다. 나중에 태주 백련사白蓮寺에 있으면서 20여 년 동안 강연했는데, 배우는 사람들이 다투어 귀의했다. 저서에 지관원종기止觀圓宗記와 해십불이문추요解十不二門樞要, 호계전후집虎溪前後集 등이 있다.(중국역대불교인명사전)

조봉朝奉을 일반적인 관직으로 보면 '거제 요연'이라는 거사로 추측해 볼 수도 있다. 그 외에 朝奉(조봉)이라는 단어는 중국어 사전에 의하면 '부자', '전당포 주인' 또는 '점원'이라는 뜻도 있다.

譯者는 본서 143편 가운데 원오 스님이 거사들에게 보낸 편지는 모두 유마거사를 포함해서 불교에 귀의하여 개오한 거사들의 이야기를 예로 들어 기술하고 있는 것으로 보아, 본편은 '요연'이라는 황실 사찰에서 거주하던 제자에게 쓴 편지로 이해하고 번역을 했다.

莫能移易 萬象不可覆藏 輝天焯地.

※宿植(숙식): 전세에 선근을 심음. 곧 내세를 위하여 선행과 덕행을 행하는 것을 이른다.

※摧碎(최쇄): 쳐서 부숨.

발밑에 각자 이것(此段)을 갖추고 있지만, 오직 전생에 선근을 깊고 두텁게 쌓은 사람이 세제世諦의 인연을 가볍게 여기면서 스스로 떨쳐버릴 수 있는 역량이 있어야 하는 것이니, 오랫동안 뒤로 물러나서 홀로 운행하고 홀로 비춰야 한다. 삼업三業을 깨끗이 하고 단정히 앉아 참구해서 오묘하게 살피고 분명하게 벗어나면, 자기분상自己分上에서 견해와 정식情識을 버리고 만 길 절벽처럼 우뚝 서게 된다. 또한 시작을 알 수 없는 오랜 시간 깊게 익혀온 악각惡覺을 놓아버리고, 아산(我山, 아견)을 쳐부수고 애견愛見을 말려버려 바로 그 자리에서 깨달으면, 일천 성인들도 바꿀 수 없고 만상萬象도 덮거나 숨길 수 없어 천지에 밝게 빛나게 된다.

❀

乃佛乃祖 直指妙嚴清淨 本有金剛正體. 向百匝千重 不能辨別處 著得眼 八縱七橫 了無分割處 下得刃. 機出物先 言超意表 灑灑落落 湛湛澄澄 轉變自由 力用活脫. 於從上來 克證上流 同得同用 無異無別. 等閑地 只守靜默 初不露鋒鋩 似箇癡兀人. 隨緣放曠 飢餐渴飲 與常時無以異 所謂 不驚群動衆 密密顯用 發大機.

※活脫(활탈): (행동거지·태도·모습이) 신통하게 닮다. 매우 비슷하다. 흡사하다. 빼다. 반응이 빠르다. (육감이) 예민하다. 민감하다. 생기 넘치고 자연스럽다.

※放曠(방광): 대범하다. 호탕하다. 구애받지 않다. 거리낌 없다. 대범하다. 언행言行에서 거리낌이 없음.

부처와 조사는 묘엄청정妙嚴淸淨하고 본래 있는 금강정체金剛正體를 바로 가리켰다. 또한 백 겹 천 겹으로 둘러싸여 변별할 수 없는 곳에서도 바로 착안著眼해서 자유자재(八縱七橫) 했고, 분할할 수 없는 곳을 요달해서 칼을 휘둘렀다. 기機는 물物보다 앞서 나오고, 말은 생각을 뛰어넘어 쇄쇄낙락灑灑落落하고 맑고 맑았으며, 전변하는 것이 자유롭고 힘을 쓰는 것이 생기 넘치고 자연스러웠다.

또한 예로부터 깨달은 상류들은 함께 얻고 함께 쓰는 것이 차이도 없고 구별도 없었다. 무심하게 다만 고요히 침묵만을 지킬 뿐, 애초부터 칼끝도 드러내지 않아 마치 어리석고 무지한 사람과 같았다. 인연을 따르며 언행에 걸림이 없고(隨緣放曠), 배고프면 밥 먹고 목마르면 물 마시는 것이 평상시와 전혀 다를 것이 없었으니, 이른바 '여러 사람을 놀라게 하지 않으면서 빈틈없이 작용을 드러내어 대기大機를 발휘한다'고 하는 것이다.

❀

久之 到純熟安閑穩實之地 更有甚閑 東破西煩惱生死 可拘束得. 是故古之有道宿德 令人旣脫根塵 當弘密印 三十二十年 做冷寂寂地工夫. 纔有纖毫知見解路 隨卽掃摒 亦不留掃摒之迹. 撒手那邊 全身放下

硬糾糾地得大快活. 唯恐知有 如是作略. 知則禍事也. 始是眞實踐履也. 不見 三老師 趙州洞山投子 皆贊重 無心境界. 實欲後學也與麽去 若呈機關語言辯慧知解 正是染汚心田 卒未能可以入流.

※宿德(숙덕): 오래된 덕망. 전세에서 쌓은 복덕. 학덕이 높은 노인.
※밑줄 친 부분 三老師(삼노사)는 '왕노사(王老師, 남전 스님)'의 誤記다.

오랫동안 해서 순일하게 익은 편안하고 한가로우며 은밀한 실제의 경지에 도달하면, 다시 무슨 한가한 것이 있어 동쪽에서는 번뇌와 생사를 부숴버리고 서쪽에서는 번뇌와 생사에 구속되겠는가! 이런 까닭에 옛날에 도가 있는 어른들은 사람들로 하여금 6근과 6진을 벗어나 밀인密印을 널리 펴도록 30년 혹은 20년 차갑고 적막함 속에서 공부케 하였다. 털끝만큼이라도 지견知見과 해로解路가 일어나면 일어나는 대로 바로 쓸어버렸고, 쓸어버린 흔적마저도 남기지 않게 하였다. 또한 생사의 저쪽에서 손을 놓아 온몸을 내려놓게 해서 확고하게 대쾌활大快活을 얻게 하였다. 하지만 오직 이러한 책략이 있다는 것을 아는 것이 염려스러울 따름이다. 알면 화근이 되기 때문이다. 또한 이래야(=화근이 된다는 것을 알아야) 비로소 진실하게 실천하는 것이다. 보지 못했는가, 남전(王老師)[2]·조주[3]·동산[4]·투자[5]가 모두 무심경

---

2 남전南泉에 관해서는 본서 '12. 문 장로께' 편의 註10을 참조.

3 조주趙州에 관해서는 본서 '1. 화장 명 수좌에게' 편의 註25를 참조.

4 洞山良价(동산양개, 807~869): 당대의 스님. 조동종. 동산은 주석 산명. 어려서 출가하여 20세에 숭산에서 구족계를 받음. 위산영우에게 참학하고 운암담성에게 참학하여 대오, 그의 법을 이어받음. 시호는 오본悟本대사. 문하에 운거도응,

계無心境界를 거듭 찬탄하였다는 것을! 진실로 후학들이 이렇게 되기를 바라지만, 만약 기관機關·언어語言·변혜辯慧·지해知解를 드러낸다면 바로 마음자리를 더럽히는 것이어서 끝내 깨달아 들어갈 수 없게 될 것이다.

❀

靈山拈花 少林面壁 多少人穿鑿 不依本分 殊不知 將口頭聲色捫摸作用. 大似刺腦入膠盆 若是俊流 他應不爾. 已能探討 必意其遠者大者到結交頭驗諦實. 所以 得底人雪鼻涕 亦無工夫. 且道 他向甚處行履. 將知教外單傳 不是造次承當 望空搏邈. 一一透頂透底 蓋天蓋地 如師子兒 游戲自在. 軒豁時 直是軒豁 綿密處 直是綿密. 雖只是一段脚跟到究竟 須自著精采 乃爲實頭受用.

※穿鑿(천착): 구멍을 뚫음. 학문을 깊이 연구함.
※探討(탐토): 연구 토론하다. 탐구하다. 조사하다. 연구하다.
※結交(결교):교분을 맺음. 서로 교제함.
※邈(멀 막): (구름이) 흘러가다. 퍼지다. 아득하다. 근심하다. 업신여기다.
※軒豁(헌활): 훤히 터져 드넓은 모양.

영산에서 꽃을 들어 보이고(靈山拈花) 소림에서 면벽한 것(少林面壁)을 많은 사람들이 파고들면서도 본분에는 의지하지 않으니, 이것이 어찌 입을 가지고 성색聲色을 더듬어 찾는 것임을 모르는가! 이는 뇌腦를

---

조산본적 등이 있음.(선학사전, p.180)

5 투자投子에 관해서는 본서 '49. 성 수조에게' 편의 註13을 참조.

찔러 아교 동이를 붓는 것과 같으니, 만약 뛰어난 부류라면 마땅히 그러하지 않을 것이다. 탐구할 수 있으면 반드시 저 원대하고 큰 것을 생각하며 머리를 맞대고 실제를 살펴서 증험해야 한다. 그래서 "체득한 사람은 흐르는 콧물을 닦을 겨를(工夫)도 없다"[6]고 하는 것이다. 자, 말해보라! 그들은 어느 곳을 향해 실천하였던 것인가?

교외단전教外單傳을 알고자 하면 선불리 알아서 멀리 허공을 바라보고 허공을 뭉치듯 해서는 안 된다. 하나하나 머리끝에서 발끝까지

---

6 벽암록 34칙에서 원오는 다음과 같이 기술하고 있으니 참고하기 바란다.
懶瓚和尙 隱居衡山石室中 唐德宗聞其名 遣使召之. 使者至其室宣言 "天子有詔 尊者當起謝恩" 瓚方撥牛糞火 尋煨芋而食 寒涕垂頤未嘗答. 使者笑曰 "且勸尊者拭涕" 瓚曰 "我豈有工夫爲俗人拭涕耶" 竟不起. 使回奏 德宗甚欽嘆之. 似這般淸寥寥白的的 不受人處分. 直是把得定 如生鐵鑄就相似.

나찬懶瓚 화상이 형산衡山의 석실에 은거하고 있을 때, 당나라 덕종(德宗, 742~805)이 명성을 듣고 사자를 보내 그를 초청했다.
사자가 석실에 이르러 말했다.
"천자의 조칙이 있으니 존자는 마땅히 일어서서 성은에 감사를 드리시오."
나찬 화상이 쇠똥에 붙인 불을 뒤적이며, 재에 묻어 구운 토란을 찾아 먹고 있었는데, 차가운 눈물이 턱까지 흘러 미처 대답을 할 수 없었다.
사자가 웃으면 말했다.
"존자는 우선 눈물부터 닦으십시오."
나찬 화상이 말했다.
"내게 어찌 속인을 위해서 눈물을 닦을 겨를(工夫)이 있겠는가!"
그리고는, 끝내 일어나지 않았다.
사자가 돌아가 아뢰니, 덕종이 더욱 흠모하고 찬탄했다.
이렇듯 맑고 고요하고 꾸밈이 없고 담박하다면 남의 손에서 놀아나지 않고, 곧장 정定을 얻어, 마치 무쇠로 주조한 것처럼 견고할 것이다.

꿰뚫어 하늘을 덮고 땅을 덮는 것이 마치 사자가 유희游戲하듯 자재해야 한다. 또한 확 트일 때(軒豁時)는 바로 확 트이고, 면밀히 해야 할 곳(綿密處)에서는 바로 면밀해야 한다. 비록 이 하나(是一段)가 다만 발밑에 있지만, 구경究竟에 이르려면 스스로 정신(精采)을 차려야 실제로 수용하게 될 것이다.

# 74. 장중우 선교께(示 張仲友宣教)[1]

要探賾此箇大因緣 惟利根上智 終較省力. 然須用作一段緊要事 常時靜却己見 使胸中脫然. 回光覷捕 內外虛寂 湛然凝照 到一念不生處. 徹透淵源 翛然自得 體若虛空 莫窮邊量 亘古亘今 萬象籠羅不住 凡聖拘礙不得 淨倮倮赤灑灑. 謂之 本來面目 本地風光.

※賾(깊숙할 색): 깊숙하다. 심오하다. 도리.

이 하나의 대인연大因緣[2]을 깊게 탐구하려면 오로지 영리한 근기의 뛰어난 지혜를 가진 사람이어야, 마침내 조금이나마 힘을 덜게 될 것입니다. 하지만 모름지기 이 하나의 긴요한 일(緊要事)을 행하려면 항상 자기의 견해를 고요히 해서 가슴속이 무거운 짐을 벗어던지듯 경쾌하도록 해야 합니다. 빛을 돌이켜 자세히 살피고 사로잡아 안과 밖이 텅 비고 고요하며, 잠연응조(湛然凝照, 깊고 고요하게 정신을 집중해 비춤)해서 한 생각도 일어나지 않는 곳에 이르도록 해야 합니다. 연원을

---

1 宣教(선교): 포교사를 이르는 말.

2 大因緣(대인연)은 일대사인연을 뜻하며, 본서 '3. 장 선무 상공께' 편의 註1을 참조하기 바란다.

철저하게 꿰뚫으면 자연히 스스로 얻게 되는데, 그 체體는 마치 허공과 같아서 그 끝을 헤아릴 수 없고, 고금을 통해 만상萬象도 가두지 못하며, 범부나 성인에게도 구속되거나 거리낄 것이 없이 정나나淨倮倮하고 적쇄쇄赤灑灑합니다. 이를 일러 "본래면목·본지풍광"이라고 합니다.

❀

一得永得 盡未來際 更有甚生死 可爲滯礙. 至於小小 得失是非 榮枯寂亂 直下截斷 把得住作得主. 長養將去 一心不生 萬法無咎 只是切忌起見作承當. 便落彼我 必生愛憎 不能脫灑也. 此箇無心境界 無念眞宗 要猛利人 方能著實.

한 번 얻으면 영원히 얻는 것이니, 미래세가 다하도록 다시 무슨 생사가 있어 걸리고 막히겠습니까! 조그마한 얻고 잃음(得失)·옳고 그름(是非)·번영과 쇠락(榮枯)·고요함과 어지러움(寂亂)에 이르기까지도 바로 그 자리에서 끊고 꽉 잡아 주인이 됩니다. 오래도록 길러서 한 마음도 일어나지 않으면 만법에 허물이 없게 되니(一心不生 萬法無咎),[3] 다만 부디 견해를 일으켜 알려고 하지 마십시오! 피아(彼我, 나와 남의 분별)에 떨어지게 되면, 반드시 애증愛憎이 일어나 씻은 듯 벗어날 수 없습니다. 이 무심경계無心境界와 무념진종無念眞宗은 매섭고 영리한 사람이어야 확실할 수 있는 것입니다.

❀

祖師西來 只是直指人心 令人見性成佛 旣明信入此心 信得及 萬緣放

3 신심명信心銘에 나오는 말이다.

下 常令胸次 空勞勞地. 此長養聖胎 入眞正修行也. 若確實未有箇諦當處 時中逢境遇緣卽紛紛擾擾 易得隨一切物轉 長墮在生死纏縛中. 應須快著精彩 但念無常以生死爲大事. 向逐日日用之中 行時行時看取 坐時坐時看取 著衣時著衣時看取 喫飯時 喫飯時看取 直下脚跟有箇發明處.

※纏縛(전박): 번뇌는 중생의 몸과 마음을 얽어 묶어 자유롭지 못하게 한다는 뜻으로, 번뇌를 달리 이르는 말.

조사祖師가 서쪽에서 와서 다만 사람의 마음을 바로 가리키고(直指人心) 사람들로 하여금 견성성불見性成佛 하도록 하였던 것은 이 마음을 분명히 믿고 들어가서 모든 인연을 놓아버리고 항상 가슴을 텅 비도록 하는 데 확실히 이르렀기 때문입니다. 이 장양성태(長養聖胎, 오래도록 성태를 기르는 것)[4]가 진정한 수행으로 들어가는 것입니다.

그런데 만약 확실하게 깨달은 곳이 없으면 경계와 인연을 만날 때마다 어지럽고 시끄러워, 쉽게 일체의 사물에 따라 휘둘리게 되고 오래도록 생사번뇌(生死纏縛)에 떨어지게 될 것입니다. 그러므로 모름지기 정신을 바짝 차리고 다만 무상無常만을 생각하면서 생사를 큰 문제로 삼아야 합니다.

매일매일 살아가는 가운데, 길을 갈 때는 길을 갈 때를 살피고, 앉을 때는 앉을 때를 살피며, 옷 입을 때는 옷 입을 때를 살피고, 밥 먹을 때는 밥 먹을 때를 살펴야, 바로 발밑에서 분명하게 일어나는

4 長養聖胎(장양성태)에 관해서는 본서 '24. 광 선인에게' 편의 註3을 참조.

것이 있게 됩니다.

❀

深信此因緣 從空劫那邊 以至父母未生前 合下圓明. 朗照只如卽今日用之中 又何曾虧欠. 一處透得 千處百處無遺. 所謂 處處眞 處處眞 塵塵盡是本來人 眞實說時 聲不現 正體堂堂沒却身. 則一塵纔擧大地全收 遍法界都盧是箇自己 更向何處 著眼耳鼻舌身意. 軒知無二無別 如水入水 如金博金 眞如如實際大解脫也.

※朗照(랑조): 밝게 비추다. (사물을) 똑똑히 살피다.
※虧欠(휴흠): 일정한 수효에서 부족이 생김.
※都盧(도로): 전부, 모두라는 뜻으로, 하나도 남은 것이 없음을 이르는 말.

이 대사大事의 인연을 깊게 믿으면 공겁 저편으로부터 부모가 낳아주기 전(父母未生前)에 이르기까지 그 자리에서 모두 원만하고 밝게 됩니다. 밝게 비추면 다만 바로 지금처럼 날마다 쓰는 가운데 있을 뿐이니, 또 무슨 부족한 적이 있었겠습니까! 한 곳을 꿰뚫으면 백 곳 천 곳이 남김없이 뚫어지게 됩니다. 그래서 이르기를 "곳곳마다 참되면, 곳곳이 모두 참되어 티끌이 모두 다하게 된다. 이것이 본래인本來人이니, 진실을 말할 때 소리는 드러나지 않아도, 바른 모습은 당당하면서도 몸이 없는 것이다"고 하였던 것입니다. 한 티끌을 들자마자 대지 전체를 거두어들이면 온 법계가 모두 나인 것인데, 다시 어느 곳에다가 안이비설신의眼耳鼻舌身意를 붙이겠습니까! 둘도 아니고 다르지도 않다는 것을 분명히 알아야 합니다. 그러면 물에 물을 붓고 금으로 금을 바꾸는 것처럼 참으로 여여如如한 실제實際의 대해탈인 것입니다.

❀

昔 于頔相公 裴休相國 本朝楊億內翰 李遵明大尉 皆稟利根種智 長與方外老宿 辨心參究 悉有契證. 不失爲賢達 蓋根性非於一世薰炙也. 于公見紫玉問"佛" 紫玉呼渠應喏. 玉云"只這是" 裴公問黃蘗"高僧" 蘗云"更莫別求" 楊大年參透廣慧老 有頌云"八角磨盤空裏走 金毛師子喚作狗 擬欲翻身北斗藏 應須合掌南辰後" 李都尉見石門大悟 有頌"學道須是鐵漢 著手心頭便拌 直趣無上菩提 一切是非莫管" 四公所謂豈有異耶. 但發明心地 直透本根. 旣爾諦實 隨所作用 無別道理也.

※薰炙(훈자): 어떤 스승이나 지도자로부터 교화를 받음.

옛날 우적상공于頔相公[5]·배휴상국裴休相國[6]·본조(本朝, 宋나라)의 내한 양억內翰楊億[7]·태위 이준명大尉李遵明[8]은 모두 날카로운 근기와 지혜를 받고 태어나, 오랫동안 방외(方外, 세속 밖)의 노숙老宿들과 함께 힘써 마음을 참구하고, 모두 계합해 증득하였습니다. (또한 그들이) 현인달사賢人達士가 되는 것을 잃지 않았던 것은 근본적인 성품이 한 세상에서만 교화 받은 것(薰炙)이 아니었기 때문입니다.

5 于頔相公(우적상공)에 관해서는 본서 '66. 동감 거사께' 편의 註6을 참조.

6 裴休相國(배휴 상국, 배휴)에 관해서는 본서 '34. 허 봉의께' 편의 註4를 참조.

7 本朝楊億內翰(본조 양억 내한)에 관해서는 본서 '34. 허 봉의께' 편의 註5를 참조.

8 李遵明大尉(이준명 대위)에 관해서는 본서 '3. 장 선무 상공께' 편의 註3을 참조.

우공于公이 자옥紫玉[9]을 뵙고, '부처'를 물었습니다.

---

9 '紫玉(자옥)에 관하여 경덕전등록에 다음과 같이 기술하고 있다.

唐州紫玉山道通禪師者廬江人也. 姓何氏 幼隨父守官 泉州南安縣 因而出家. 唐天寶初 馬祖闡化建陽 居佛迹巖 師往謁之. 尋遷於南康龔公山 師亦隨之. 貞元四年二月初 馬祖將歸寂 謂師曰"夫玉石潤山秀麗 益汝道業 遇可居之" 師不曉其言. 是秋與伏牛山 自在禪師 同遊洛陽. 迴至唐州西見一山 四面懸絶 峯巒秀異 因詢鄉人 云是紫玉山 師乃陟山頂見 有石方正 瑩然紫色. 歎曰"此其紫玉也" 始念先師之言乃懸記耳. 遂剪茆構舍而居焉 後學徒四集.

당주 자옥산紫玉山 도통道通 선사는 여강 사람이다. 성은 하씨다. 어릴 때 아버지의 벼슬길을 따라 천주의 남안현에 갔다가 출가하였다. 당唐 천보天寶 초에 마조馬祖가 건양에서 교화하면서 불적암佛迹巖에 머물고 있었는데, 선사(자옥)가 가서 뵈었다. 이어서 남강의 공공산으로 옮기자, 선사도 따랐다.

정원 4년 2월 마조가 입적하면서 스님에게 말했다.

"무릇 옥석이 윤택하고 산수가 깨끗하면 그대의 도업에 이익이 될 것이니, (그런 곳을) 만나게 되면 머물러도 좋으리라."

선사가 그 말을 깨닫지 못했다.

그해 가을 복우산伏牛山 자재自在 선사와 낙양을 다녔다. 돌아가다가 당주唐州 서쪽의 한 산을 보았는데, 사면이 아주 깎아지른 듯했고 봉우리 끝이 빼어났다. 마을 사람에게 물어보자, '자옥산'이라고 했다. 선사가 산 정상에 올라가 보니, 네모지고 반듯한 돌이 있었는데 자줏빛으로 밝게 불타고 있었다.

감탄해서 말했다.

"이것이 그 자옥이었구나!"

그리고는 비로소 선사(마조)의 말이 현기(懸記, 예언)임을 생각하게 되었다. 마침내 풀을 베어 집을 만들고 살았는데, 후에 배우는 무리들이 사방에서 모여들었다.

上記의 자옥과 우적의 대화를 경덕전등록에서는 다음과 같이 기술하고 있다.(내용에 차이가 있다.)

자옥이 그를 부르자, "예!" 하고 답을 했습니다.

---

于頔相公問 "如何是黑風吹其船舫 漂墮羅刹鬼國" 師云 "于頔客作漢 問恁麽事怎麽" 于公失色 師乃指云 "遮箇是漂墮羅刹鬼國" 于又問 "如何是佛" 師喚于頔 頔應諾 師云 "更莫別求" (有僧擧似藥山 藥山云 "縛殺遮漢也" 僧云 "和尙如何" 藥山亦喚云 "某甲" 僧應諾 藥山云 "是什麽")

우적상공이 물었다.
"어떤 것이 흑풍(黑風, 회오리바람)이 저 배에 불어 나찰귀의 나라에 떠내려가 떨어지게 하는 것입니까?"
선사(師, 자옥)가 말했다.
"우적 같이 남에게 품삯을 받고 일하는 사람이 그런 일은 물어서 무엇 하리오?"
우적이 놀라서 얼굴빛이 바뀌자, 선사가 (손으로) 가리키며 말했다.
"이것이 나찰귀의 나라에 떠내려가 떨어지는 것입니다."
우적이 또 물었다.
"어떤 것이 부처입니까?"
선사가 우적을 부르자, 우적이 "예!" 하고 대답을 했다.
(그러자) 선사가 말했다.
"다시는 다른 것을 구하지 말라(更莫別求)!"

〔어떤 스님이 위의 이야기를 약산(藥山, 약산유엄)에게 거론하자, 약산이 말했다.
"그놈을 묶어서 죽였어야 한다."
그 스님이 말했다.
"화상께서는 어떻게 하시겠습니까?"
약산 또한 "○○ 스님(某甲)!" 하고 부르자, 그 스님이 "예!" 하고 대답했다.
약산이 말했다.
"이것이 무엇인가(是什麽)?"〕

한편 상기의 물음 '어떤 것이 흑풍이 저 배에 불어 나찰귀의 나라에 떠내려가 떨어지게 하는 것입니까(如何是黑風吹其船舫 漂墮羅刹鬼國)?'는 법화경 관세음보살

자옥이 말했습니다.
"다만 이것뿐이다(只這是)."

배공(裴公, 배휴)이 황벽[10]에게 '고승'을 묻자, 황벽이 말했습니다.
"다시 따로 구하지 말라!"

양대년이 광혜廣慧노인[11]에게 참구해서 꿰뚫고, 송을 지었습니다.

"팔각의 맷돌 판이 허공 속을 달리니,
금모사자金毛師子를 개라고 부르는구나.
몸을 뒤집어 북두성에 감추고자 하면,
마땅히 남극성 뒤를 향해 합장하라."

이도위李都尉[12]는 석문石門[13]을 뵙고 크게 깨달아, 송을 했습니다.

---

보문품에 나오는 말로, 본서 '85. 원빈께' 편의 註10을 참조하기 바란다.

10 황벽희운에 관해서는 본서 '7. 충 장로께' 편의 註10 참조. 또한 황벽과 배휴의 대화는 본서 '71. 황 태위 검할께' 편의 註7에서 다루었으니 참고하기 바란다. 한편, 경덕전등록을 기준으로 할 때 원오는 상기 우적과 자옥의 대화와 배휴와 황벽의 대화를 서술함에 약간의 오류(본질에서는 벗어나지 않음)를 범하고 있는 듯하다.

11 廣慧元蓮(광혜원련, 951~1036): 송대의 스님. 임제종. 15세에 출가. 수산성념에 의하여 대오. 여주 광혜원에 머묾. 시호는 진혜眞慧.(선학사전, p.56)

12 都尉(도위): 관직 이름. 진秦나라는 전국을 36개 군郡으로 나누고 각 군마다 군위郡尉를 두어 군수郡守를 보좌하게 하는 동시에 전군全郡의 군사 업무를

"도를 배우려면 반드시 무쇠 같은 놈이어야 하니,
착수하는 그 자리에서 바로 결판내버려라.
위없는 보리(無上菩提)에 바로 나아가려면
일체의 시비是非에 관여치 말라."

네 사람의 마음에 이른바 어찌 다른 것이 있겠습니까! 다만 마음자리를 밝게 드러내, 근본을 바로 꿰뚫었을 뿐입니다. 이미 진실을 살피고 나면 작용하는 바를 따를 뿐, 다른 도리는 없습니다.

❀

五祖老師常問"過去心不可得 見在心不可得 未來心不可得 三心旣不可得 畢竟心在什麽處" 山僧常時示參衆"龐居士問馬大師'不與萬法爲侶底是什麽人' 馬師云'待汝一口吸盡 西江水卽向汝道' 若體究得畢竟心落處 卽領略得一口吸盡西江水 纔生異見起一念疑心 卽沒交涉也" 要須放下諸緣 離知離解令淨盡 到無計較處. 驀爾得入 卽打開自己庫藏 運出自己家財也.

오조 노스님(五祖法演)[14]은 항상 묻기를, "(금강경에 이르기를) '과거의

---

맡아 보게 했음. 서한西漢 경제景帝 때에 와서 군위를 도위로 개칭함.(『문화원형 용어사전』)

13 石門(석문)은 곡온온총을 뜻하며, 본서 '3. 장 선무 상공께' 편의 註4를 참조하기 바란다.

14 五祖老師(오조노사, 五祖法演)에 관해서는 본서 '6. 융 지장에게' 편의 註12를 참조.

마음도 얻을 수 없고, 현재의 마음도 얻을 수 없으며, 미래의 마음도 얻을 수 없다'고 했는데, 이 세 마음을 얻을 수 없다면 필경 마음은 어디에 있는 것인가?"라고 했습니다.

또한 산승山僧은 평상시에 참구하는 대중들에게 말하기를 "방 거사가 마조에게 묻기를, '만법과 짝하지 않는 사람은 어떤 사람입니까?'라고 하자, 마조가 말하기를 '그대가 서강의 물을 한 입에 다 마시면 말해주리라'고 했다. 만약 몸소 참구해서 필경에 마음의 낙처落處를 얻으면 '한 입에 서강의 물을 다 마신다'는 것을 알게 되지만, 다른 견해를 일으켜 한 생각이라도 의심이 일어나면 전혀 관계가 없게 된다"고 했습니다.

모름지기 모든 인연을 내려놓고 잡다한 지해知解를 모두 깨끗하도록 해서 헤아림이 없는 곳에 이르러야 합니다. 맥연히 들어가면 자기의 보배 창고를 열어 자기의 재물을 꺼내 쓰게 됩니다.

# 75. 덕문 거사께(示 德文居士)

樸實頭脚跟著地修行 淨意是大便宜. 所謂 說得一丈不如行取一尺. 然見性悟理 情念俱捐 胸次廓然 離一切相 融徹虛通. 然後 透頂透底 物我一如 生與死齊 佛與衆生等. 至於動靜語默 觸處逢原 擧一毫一塵 靡不該收. 然後日用之中 如踞地師子 誰敢當前. 乃一相一行 得徧行三昧 根機旣脫 一出無心.

※樸實(박실): 소박하다. 정성스럽다. 검소하다. 성실하다. 꾸밈이 없다.
※丈(장): 길이의 단위. 한 장은 10자(尺).

성실하게 발로 땅을 밟고 수행해서 생각을 깨끗이 하는 것이 가장 잘하는 것입니다. 그래서 이르기를 "한 장(一丈)을 말하는 것이 한 자(一尺)를 행하는 것만 못하다"[1]고 하였던 것입니다. 하지만 성품을 보고 이치를 깨달으면 정념情念을 모두 버리고 가슴속이 확 트여, 일체의 상相으로부터 벗어나서 원융하고 철저하게 텅 비어 통하게 됩니다. 그런 다음 머리끝에서 발끝까지 꿰뚫으면 물아物我가 일여一如

1 '한 장(一丈)을 말하는 것이 한 자(一尺)를 행하는 것만 못하다(說得一丈 不如行取一尺)'는 것에 관해서는 본서 '22. 일 서기에게' 편의 註7을 참조.

하고, 생사가 같으며, 부처와 중생이 평등하게 됩니다. 또한 어묵동정語默動靜 어디에서든 닿는 대로 곳곳마다 근원을 만나 한 털·한 티끌을 들어도 모두 거두어들이지 않는 것이 없게 됩니다. 그런 다음에는 일상의 생활 속에서 마치 앞발을 세우고 앉은 사자와 같게 되는데, 누가 감히 당당하게 앞에 있을 수 있겠습니까! 하나의 모습(一相), 하나의 행동(一行)에서 변행삼매(徧行三昧, 두루 행하는 삼매)를 얻어 6근의 작용을 벗어날 뿐만 아니라, 단번에 무심無心이 드러나게 됩니다.

❀

纔有纖微 悉皆截斷 方是向上人行履. 所以 古老貴參玄之士 先悟妙心 行無修之修 證無證之證. 不用向外馳求 只自回光便了. 不見古人投機. 隔江招扇 倒却刹竿 竪指 吹毛 見桃花 聞擊竹 皆是契證處. 佛法豈有許多來. 正要絶伎倆 當陽便承當 卽是安樂修證之地也.

털끝만큼의 미세한 것이라도 일어나면 모두 다 끊어버려야 향상인向上人[2]의 행동거지(行履)라고 할 수 있습니다. 그렇기 때문에 옛 노장들은 현묘함을 참구하는 사람이라면 무엇보다 오묘한 마음을 깨닫고 닦는 바 없이 닦으며 증득하는 바 없이 증득하는 것을 귀하게 여겼던 것입니다. 또한 밖을 향해 치달리지도 않고 다만 스스로 빛을 돌이켜 바로 아는 것을 귀하게 여겼던 것입니다.

고인古人이 기연에 투합했던 것(投機, 展事投機)을 보지 못했습니까!

---

2 '향상', 또는 '향상인'에 관해서는 본서 '1. 화장 명 수좌에게' 편의 註3을 참조.

강 건너서 부채를 흔들어 부른 것(隔江招扇),[3] '찰간을 거꾸러뜨려라(倒却刹竿)'[4]라고 하였던 것, 손가락을 세운 것(竪指),[5] 털을 분 것(吹毛),[6] 복숭아꽃을 보았던 것(見桃花),[7] 대나무에 부딪치는 소리를 들었던 것(聞擊竹),[8] 모두가 계합해 증득한 것입니다. 하지만 불법에 어찌 그리 많은 것이 있겠습니까! 바로 재주를 끊고 그 자리에서 바로 깨치면, 이것이 곧 안락수증安樂修證의 경지인 것입니다.

---

3 '隔江招扇(격강소선)'에 관해서는 본서 '28. 찬 상인께' 편의 註7을 참조.

4 '倒却刹竿(도각찰간 또는 도찰간)'에 관해서는 본서 '6. 융 지장에게' 편의 註4를 참조.

5 '竪指(견지)'는 구지의 '惟竪一指'로, 본서 '26. 재 선인에게' 편의 본문과 註1, 3을 참조하기 바란다.

6 조과의 '吹毛(취모)'에 관해서는 본서 '28. 찬 상인께' 편의 註8을 참조.

7 '見桃花(견도화)'는 영운지근과 관련된 것으로 본서 '5. 유 서기에게' 편의 註9와 10을 참조하기 바란다.

8 향엄과 '聞擊竹(문격죽)'에 관해서는 본서 '27. 찬 상인께' 편의 註7을 참조.

# 76. 홍조 거사께(示 興祖居士)

脫虛妄纏縛 破生死窠窟 第一要根器猛利軒豁. 次辦長久 不退之心 俾力量洪深. 境界魔緣 撓括不動 而以佛祖大法 印定本心. 此心乃眞淨明妙 卓然獨存. 虛空世界有成壞 此段初無改移. 直下專一操存探究 令透頂透底 物我一如 徹下通上.

※軒豁(헌활): 훤히 터져 드넓은 모양.

※操存(조존): 마음을 다잡아 가짐.

허망한 번뇌(纏縛)를 벗어버리고 생사의 틀(窠窟, 고정관념)을 깨뜨리려면, 먼저 맹렬하고 날카로운 근기가 확 트여야 합니다. 그 다음으로는 오래도록 힘을 써서 불퇴전의 마음으로 역량을 넓고 깊게 해야 합니다. 또한 경계나 마군의 인연에 어지럽게 묶이거나 흔들려서는 안 되며, 불조佛祖의 대법大法으로 본래의 마음(本心)에 도장을 찍어야 합니다. 이 마음은 진정명묘(眞淨明妙, 진실로 깨끗하고 밝고 오묘함)해서 탁월하게 홀로 존재하는 것입니다. 허공세계는 이루어짐과 무너짐이 있지만, 이것은 애초부터 변하는 것이 없습니다. 바로 그 자리에서 한결같이 마음을 다잡아 갖고 탐구해서 머리끝에서 발끝까지 꿰뚫어 물아일여物

我一如가 되면 철저히 위와 아래가 통하게 될 것입니다.

❀

只箇金剛正體了了 無毫髮遺漏 瑩徹玲瓏 萬年一念. 初縱未全 抵死擺撥 日近日親. 絲來線去 養得純熟 向二六時 一切境中 著著有出塵之意出身之路. 持淸淨戒 而無執戒之念 浩浩修行 而不存功用 一往不留蹤跡. 自然與古來得 道之士同儔. 是故 耆宿論悟入修證 得坐披衣 向後自看. 正要人作 無間道中工夫也 況生死事大.

※絲來線去(사래선거): (일 따위가) 끊임없이 얽히고설키다. 일이 얽히고설키거나 더욱 번거로워짐.

※耆宿(기숙): 사회적으로 명망이 높은 노인. 나이가 많아 덕망이 높고 경험이 풍부한 사람. 늙어서 덕망과 경험이 많은 사람. 노성老成한 사람.

다만 이 금강정체金剛正體는 분명하고 분명해서 털끝만큼도 새는 것이 없고 사무치게 밝고 영롱해서 만 년이 한 생각입니다. 그러므로 처음엔 설사 완전하지 못하더라도 죽음을 무릅쓰고 떨쳐버리면 하루하루 친근하게 될 것입니다. 또한 얽히고설켜도 잘 길러서 순일하게 익으면 하루 종일 모든 경계 속에서 한 수 한 수(著著) 번뇌로부터 벗어날 의식과 몸을 벗어날 길이 있게 될 것입니다.

청정계淸淨戒를 지키되 계를 지킨다는 생각에도 집착하지 않고, 넓게 수행하되 수행한다는 생각도 두지 않으면서 한결같이 자취를 남기지 않아야 합니다. 그러면 자연히 예로부터 도를 얻은 사람들(得道之士)[1]과 짝이 될 것입니다. 이런 까닭에 노장들이 오입(悟入, 깨달아 들어감)과 수증(修證, 닦아 증득함)을 논할 때, 자리를 얻고 옷을 입은(得坐披衣)[2] 다음에도 스스로 살피라고 하였던 것입니다. 이는 바로 사람들에게 끊임없이 도중공부(道中工夫)를 하도록 하였던 것이니, 더욱이 생사와 같은 큰 일(生死事大)은 말해 무엇 하겠습니까!

❀

多少人 臘月三十日 脚忙手亂. 大率在平時安穩 一往麤浮 隨塵緣輥了 逗到時節到來 臨渴掘井 豈做得辦也. 人生一世 不早回頭 百劫千生 等閑蹉過. 今旣知有此段 只在堅固向前 損諸知見 撥棄妄緣. 長敎胸

---

1 경덕전등록 제9권 '담주 위산영우 선사' 편에 '득도지사(得道之士, 도를 체득한 사람)'와 관련하여 다음과 같이 기술하고 있다.

師上堂示衆云 "夫道人之心 質直無僞 無背無面 無詐妄心行. 一切時中 視聽尋常 更無委曲 亦不閉眼塞耳 但情不附物. 卽得從上諸聖 只是說濁邊過患 若無如許多惡覺 情是想習之事 譬如 秋水澄渟 淸淨無爲 澹泞無礙. 喚他作道人 亦名無事之人."

선사(위산영우)가 법상에 올라 대중에게 말했다.

"무릇 도인의 마음은 소박하고 순직해서 거짓도 없고 등짐도 없으며 향함도 없고 속이는 심행心行도 없다. 하루 종일 듣고 보는 일상적인 일에서도 결코 왜곡이 없고, 또한 눈을 감거나 귀를 막지 않으면서도 다만 정(情, 생각 또는 마음)이 대상을 따르지 않을 뿐이다.

예로부터 모든 성인은 단지 혼탁한 쪽의 허물과 걱정만을 말했을 뿐이니, 만약 허다한 악각惡覺과 정견(情見, 상기 원문에 밑줄 친 '是'를 '見'의 誤字로 보았다. 譯註), 망상습기(想習)의 일이 없으면, 마치 가을 물이 맑게 고인 것처럼 청정해서 함도 없고 맑고 맑아서 걸림이 없게 된다. 이런 사람을 도인道人이라고 부르고, 또한 일 없는 사람(無事之人)이라고도 하는 것이다."

2 得坐披衣(득좌피의)에 관해서는 본서 '35. 해 지욕에게' 편의 註3을 참조.

中 灑灑落落 無一 塵事. 或妄想起 急須撥置 令儵然無住.

※大率(대솔): 대체로. 대개. 대충. 대략.

※臨渴掘井(임갈굴정): 준비 없이 일을 당하여 허둥지둥하고 애씀. 목이 말라야 우물을 파다. 발등에 불이 떨어져서야 서두르다.

많은 사람들이 죽음(臘月 三十日)에 이르면 손발이 바쁘고 어지럽게 됩니다. 대체로 평상시에는 안정되고 편안하다가도, 한 번 거칠게 들뜨면 티끌 같은 인연을 따라 빠르게 뒹굴게 되고, 시절이 도래함에 이르러서야 목마르기를 기다렸다가 우물을 파는 것(臨渴掘井)처럼 하게 되는데, 그래서야 어찌 해낼 수 있겠습니까! 사람으로 태어난 이 한 생을 빨리 돌이켜 보지 않으면 백겁천생百劫千生이 무심히 미끄러지듯 지나가버리게 됩니다. 이제 이것이 있다는 것을 알았다면, 다만 확고하게 앞을 향해서 모든 지견知見을 버리고 허망한 인연을 버려야 합니다. 오래도록 가슴이 쇄쇄낙락하도록 해서 한 티끌의 일도 없어야 합니다. 혹 망상이 일어나면 급히 떨쳐버려서 얽매이지 않고 머무르지 않도록 해야 합니다.

❀

本性常明 明亦不取. 凜凜如吹毛劍 誰敢當鋒. 一切語言道斷 心行處滅 要行卽行 要住卽住 聖亦不收 凡亦不屬. 豈不是了事凡夫耶. 所以從上來 人誨示訓導 唯務無心. 非無眞心 但無一切 淨穢依倚 分別知解 執著之心耳. 此發心學道 悟入修行 方便次第也.

본래의 성품은 늘 밝지만, 밝음 또한 취하지 않습니다. 늠름하기가 마치 취모검吹毛劍[3]과 같은데, 누가 감히 이 칼끝에 맞서겠습니까! 이 자리는 일체의 말길이 끊어지고(言語道斷) 마음 가는 곳이 없어져(心行處滅),[4] 가고자 하면 가고 머물고자 하면 머무니, 성인이라도 거두어들일 수 없고 범부에도 구속되지 않습니다. 그러므로 이것이 어찌 일을 마친 범부(了事凡夫)가 아니겠습니까! 그렇기 때문에 예로부터 사람들을 가르쳐 보이고 인도하면서도, 오로지 무심無心에만 힘을 썼던 것입니다. 이는 참된 마음이 없다는 것이 아니라, 다만 일체의

---

3 吹毛劍(취모검)'에 관해서는 본서 '1. 화장 명 수좌에게' 편의 註45를 참조.

4 황벽희운의 전심법요全心法要에 다음과 같이 기술하고 있다.

造惡造善 皆是著相. 著相造惡 枉受輪迴 著相造善 枉受勞苦 總不如言下便自認取本法. 此法卽心 心外無法 此心卽法 法外無心. 心自無心 亦無無心者. 將心無心 心卻成有 默契而已. 絶諸思議 故曰言語道斷 心行處滅. 此心是本源清淨佛 人皆有之蠢動含靈 與諸佛菩薩 一體不異. 只爲妄想分別 造種種業果.

악을 짓고 선을 짓는 것은 모두 상에 집착하는 것이다. 상에 집착해서 악을 짓게 되면 부질없이 윤회를 받게 되고, 상에 집착해서 선을 짓게 되면 부질없이 노고(애쓰는 수고로움)를 받게 되니, 모두 언하(말끝)에 바로 본래의 법을 스스로 아는 것만 못한 것이다.

이 법은 바로 마음이니 마음 밖에 법이 없고, 이 마음이 바로 법이니 법 밖에 마음이 없다. 마음 자체에는 마음이 없고, 또한 무심無心도 없다.

마음으로 마음을 없애면 마음은 도리어 있음(有)을 만들게 되니, 말없이 계합할 뿐이다. 모든 생각과 주장이 끊어졌으므로 "언어의 길이 끊어지고 마음 씀이 멸했다(語道斷 心行處滅)"고 하는 것이다.

이 마음은 본래 근원적으로 청정한 부처여서 사람들이 모두 갖고 있는 것이며, 준동함령(꿈틀거리는 모든 중생)과 제불보살이 모두 다르지 않은 것이다. 다만 망상분별해서 갖가지 업과業果를 지을 뿐이다.

깨끗하고 더러움(淨穢)·의지하고 기댐(依倚)·분별하고 헤아림(分別知解)·집착하는 마음이(執著之心) 없다는 것입니다. 이것이 발심해서 도를 배우고 깨달아 들어가는 수행의 방편과 순서입니다.

# 77. 초연 거사께(示 超然居士)[1]

曹山辭悟本問 "向甚處去" 云 "不變異處去" 復徵云 "不變異豈有去也" 答云 "去亦不變異" 自非蹋著實處 安能透徹如此. 豈以語言機思 所可測量哉. 蓋履踐深極 到無滲漏之致 然後 羅籠不住.

조산曹山[2]이 오본悟本[3]에게 하직 인사를 하자, 물었습니다.

"어디로 가려는가?"

"변함이 없는 곳으로 갑니다."

다시 캐물었습니다.

"변함이 없는 곳을 어찌 간다고 하는가?"

---

1 원문에는 '示超然居士(시초연거사)'라고 제목을 하고, 바로 이어서 '趙提刑(조제형)'이라고 기술하고 있다. 이는 아마도 초연 거사의 성이 '조趙'씨이고 그가 당시 '提刑(제형: 송나라 때 지방에 설치되어 형벌·옥송을 관장하던 관직)'의 직책에 있었음을 뜻하는 것 같다.

2 曹山本寂(조산본적)에 관해서는 본서 '41. 용 도자에게' 편의 註4를 참조. 상기의 조산과 오본의 대화는 본서 104, '월 선인에게' 편의 서두에서도 주제로 다루고 있으니 함께 참고하기 바란다.

3 悟本(오본)은 동산양개를 뜻하며, 스님에 관해서는 본서 '73. 거제 요연 조봉에게' 편의 註4를 참조하기 바란다.

"가는 것 또한 변함이 없습니다."

스스로 참된 자리를 밟지 않았다면 어떻게 이와 같이 철저하게 꿰뚫을 수 있었겠습니까! 또한 이것이 어찌 말과 생각으로 헤아릴 수 있는 것이겠습니까! 지극히 심오한 곳을 밟아 샘(滲漏, 번뇌)[4]이 없는 곳에 이른 것이기에, 그런 다음에는 그물로 잡아 가두려 해도 가둘 수가 없는 것입니다.

❀

學道之士 立志外形骸 一死生混古今絶去來. 要須攀上流造詣至眞 諦實淵奧閫域. 打辦自己 拔白露淨 無絲毫意想墮在塵緣. 直下心如枯木朽株 如大死人無些氣息. 心心無知 念念無住 千聖出來 移換不得. 乃可以向枯木上生花.

도를 배우는 사람이라면 뜻을 세우고 몸(形骸)을 벗어나 생사를 하나로 보고 고금을 합하며 오고 감을 끊어야 합니다. 모름지기 뛰어난 무리들의 경지를 지극히 진실하게 의지해서 깊고 오묘한 경지를 실답게 살펴야 합니다. 또한 자기를 힘써 단련하고 밝고 깨끗하게 다 드러내서 털끝만큼도 생각이 티끌 인연에 떨어지지 않아야 합니다. 바로 그 자리에서 마음을 마른 나무나 썩은 나무 그루터기처럼 하고, 완전히 죽은 사람이 조금의 호흡도 없는 것처럼 해야 합니다. 마음 마음에 아는 것이 없고 생각 생각에 머무는 것이 없으면 일천 성인들이 나와도

4 滲漏(삼루)에 관해서는 '본서 '6. 융 지장에게' 편의 註14를 참조.

옮기거나 바꾸지 못합니다. 그래야 마른 나무에서 꽃을 피울 수 있는 것입니다.

❀

發大機起大用 興慈運悲 乃無功之功 無作之作 豈落得失是非哉. 纔留一毫毛則抵捂於生死界 自己未能度 安可度人. 維摩大士 不住金粟位 入酒肆婬坊 作大解脫佛事.

※捂(거스를 오): 거스르다. 어긋나다. 버티다. 괴다. 향하다. 닿다.
※酒肆(주사): 술집.

대기大機와 대용大用을 일으키고 자비를 발휘해야 이것이 곧 공적 없는 공적이고 함이 없는 함인 것이니, 어찌 득실得失과 시비是非에 떨어지겠습니까! 하나의 털끝만큼이라도 남김이 있으면 생사의 경계에 가로막히고 거슬려서 자기도 구제하지 못하게 되는데, 어떻게 다른 사람을 구제할 수 있겠습니까! 유마 대사는 금속여래金粟如來[5]의 자리에도 머무르지 않고 술집과 기방에 들어가 대해탈의 불사佛事를 이루었던 것입니다.[6]

---

5 金粟如來(금속여래): 유마 거사의 전신이라고 하나, 경문에 그 근거는 없다.(불교사전, p.104)

6 유마경 방편품에 다음과 같이 기술하고 있다.
入諸婬舍 示欲之過 入諸酒肆 能立其志

음사婬舍에 들어가게 되면 욕심의 잘못됨을 가르쳐주고, 술집(酒肆)에 들르면 정신을 차려 뜻을 세우도록 했다.(이기영 역, 유마힐소설경, p.49)

# 78. 위 학사께(示 魏學士)

覿面相呈卽時 分付了也. 若是利根一言契證 已早郎當 何況形紙墨涉言詮作路布. 轉更懸遠. 然此段大緣 人人具足 但向己求 勿從它覓. 蓋自己心無相 虛閑靜密 鎭長印定六根四大 光呑群象. 若心境雙寂雙忘 絶知見離解會 直下透徹 卽是佛心. 此外更無一法. 是故 祖師西來只言 '直指人心 教外別行 單傳正印' 不立文字語句 要人當下休歇去. 若生心動念 認物認見 弄精魂著窠窟 卽沒交涉也.

※鎭(진압할 진, 메울 전): 진압하다. 누르다. 진정하다. 지키다. 안택하다. 진영. 오래. 언제나. 항상. 메우다(전). 박아 넣다(전).

얼굴을 마주 대하는 바로 그때, 부촉은 끝난 것입니다. 만약 날카로운 근기로 한 마디에 계합해 증득하더라도 이미 낭패일 것인데, 하물며 어떻게 종이와 먹으로 드러내고 말로 설명을 하며 주장을 세우겠습니까! 하면 할수록 헛되이 멀어져 갑니다. 하지만 이 큰 인연(此段大緣)[1]은 사람마다 다 갖추고 있으니, 다만 자기에게서 찾을 뿐, 다른 데서 찾지 말아야 합니다. 왜냐하면 자기의 마음은 항상 상相이 없고 텅

1 此段大緣(一大事因緣)에 관해서는 본서 '3. 장 선무 상공께' 편의 註1을 참조.

비어 한가롭고 고요하고 은밀하며, 4대四大와 6근六根으로 항상 도장으로 찍듯 드러내면서 그 빛은 모든 형상을 삼키기 때문입니다.

만약 마음과 경계가 모두 고요하고 모두 잊어서, 지견知見을 끊고 이치로 따져 아는 것을 떠나 바로 그 자리에서 꿰뚫어 버리면, 바로 부처의 마음인 것입니다. 이밖에 또 어떠한 법도 없습니다. 이런 까닭에 조사가 서쪽에서 와, 다만 "사람의 마음을 바로 가리켜(直指人心) 교밖에 따로 행하고(教外別行), 한 사람에게 정인을 전한다(單傳正印)"고 말하면서, 문자나 어구를 세우지 않았던 것은 사람들이 바로 그 자리에서 쉬는 것을 바랐던 것입니다. 만약 마음이 일어나고 생각이 움직여, 밖으로는 대상을 인정하고 안으로는 '나'라는 견해를 지으며 기괴한 짓거리로 고정된 틀에 집착한다면, 이는 곧 전혀 관계없게 됩니다.

❀

石霜道 "休去歇去 直教脣皮上醭生去 一條白練去 一念萬年去 冷湫湫地去 古廟裏香爐去" 但信此語 依而行之. 放教身心 如土木 如石塊 到不覺不知不變動處. 靠教絶氣息 絶籠羅 一念不生 驀地歡喜 如暗得燈 如貧得寶. 四大五蘊輕安 似去重擔 身心豁然明白 照了諸相 猶如空花了不可得. 此本來面目現 本地風光露.

※醭(술 골마지 복): 술의 골마지(음식물 겉면에 생기는 곰팡이 같은 물질). 초의 골마지 곰팡이의 총칭.

※練(익힐 연): 명주실.

※湫(다할 추, 낮을 초): 다하다. 바닥나다. 서늘하다. 웅덩이. 강江의 이름.

석상石霜[2]이 말하기를 "쉬고 또 쉬어라. 입술에 곰팡이가 피도록 하고, 한 가닥 흰 명주실처럼 하며, 일념이 만 년이 되도록 하고, 차고 싸늘하게 하며, 옛 사당의 향로처럼 하라!"고 했는데, 다만 확실히 이 말을 의지해서 행해야 합니다. 몸과 마음을 내려놓고 마치 흙이나 나무, 돌덩이처럼 느끼지도 알지도 못하면서 변하지 않는 곳에 이르러야 합니다. 호흡도 끊어지고 그물(籠羅, 속박)도 끊어지도록 해서 한 생각도 일어나지 않으면 맥연히 기쁘게 되는데, 마치 어둠 속에서 등불을 얻은 것과 같고, 가난한 자가 보배를 얻은 것과 같습니다. 또한 4대와 5온이 가볍고 편안해져 마치 무거운 짐을 벗어버린 듯하고, 몸과 마음이 툭 트이고 명백해져 모든 상이 마치 허공 꽃과 같아서, 전혀 얻을 수 없음을 비춰보게 됩니다. 이것이 본래면목本來面目을 나타내는 것이고, 본지풍광本地風光이 드러나는 것입니다.[3]

❀

一道淸虛 便是自己放身舍命 安閑無爲快樂之地. 千經萬論 只說此 前聖後聖 作用方便妙門只指此. 如將鑰匙開寶藏鎖. 門旣得開 觸目遇緣 萬別千差 無非是自己本分 合有底珍奇. 信手拈來 皆可受用 謂之

---

2 석상경저를 뜻한다.(상기의 내용은 본서 '57. 심 도자에게' 편의 註2를 참조.) 石霜慶諸(석상경저, 807~888): 당대의 스님. 청원 문하. 석상은 주석 산명. 13세에 출가, 23세에 수계. 도오원지에게 참학하고 그의 법을 이음. 석상산에 머문 20년을 오직 좌선에만 몰두하여 그의 모습이 그루터기 같아서 세인들이 그를 고목상枯木象이라고 칭함.(선학사전, p.354)

3 '本來面目 本地風光(본래면목 본지풍광)'에 관해서는 본서 '64. 호 상서께' 편과 '74. 장 중우 선교께' 편의 본문 서두를 참조하기 바란다.

一得永得. 盡未來際 於無得而得 得亦非得 乃眞得也. 若不如是 便落有證有得 相似般若中 却不究竟也. 旣豁然達得 此根本分明 然後 起力作用 正好修行.

※鑰匙(약시): 열쇠(자물쇠 약, 숟가락 시).

한결같이 도가 맑고 텅 비면(一道淸虛), 바로 자기의 몸과 목숨을 놓아버리는 편안하고 한가로우며 함이 없는 쾌락의 경지인 것입니다. 수많은 경론들도 다만 이것을 설명하고자 한 것이고, 과거의 성인이나 미래의 성인들이 쓰는 방편의 오묘한 문도 다만 이것을 가리킬 뿐입니다. 이것은 마치 열쇠를 가지고 보배창고의 자물쇠를 여는 것과 같습니다. 문이 열리고 나면 눈이 닿는 대로 만나는 인연마다 천차만별이지만, 자기의 본분이 아닌 것이 없고 진기하지 않은 것이 없습니다. 또한 손 가는 대로 집어 들어(信手拈來)[4] 모두 쓸 수 있으니, 이를 일러 '한 번 얻으면 영원히 얻는다(一得永得)'고 하는 것입니다. 미래세가 다하도록 얻은 바 없이 얻고, 얻되 얻은 바가 없으면, 이것이야말로 참으로 얻은 것입니다. 그런데 만약 이와 같지 않다면, 증함이 있고 얻음이 있는 상사반야相似般若에 떨어져, 도리어 궁극적인 것이 못

4 법등(청량 태흠)의 말씀이다. 원오 스님이 본서 '30. 상 선인에게' 편의 본문에서 다루고 있다.

入荒田不揀　　거친 밭에 들어가 가리지 않고
信手拈來草　　손 가는 대로 풀을 집어 드니,
觸目未嘗無臨機　　눈에 보이는 대로 그때그때 맞지 않음이 없구나.

됩니다. 그러므로 활연히 이 근본을 분명하게 통달하고, 그런 다음 힘을 내서 작용해야 올바르게 수행하는 것입니다.

❀

二六時中 孜孜履踐 不取一法 不捨一法 當處圓融 處處是三昧 塵塵是祖師. 而不留勝解之心 專行無人無我 平等一相大道. 奉戒持齋 精修三業 令純淨無染 滴水滴凍. 乃至六度萬行 一一圓通 發大機啓大用展轉 一切人信此參此悟此. 須行解相應.

※孜(힘쓸 자): 힘쓰다. 부지런하다. 근면하다. 사물의 형용. 근근자자(勤勤孜孜, 매우 부지런하고 정성스러움).

하루 종일 부지런하고 정성스럽게 실천해서 한 법도 취하지 않고 한 법도 버리지 않으면, 바로 그 자리가 원융해서 곳곳이 삼매이고 티끌마다 조사입니다(處處是三昧 塵塵是祖師). 그러면 뛰어나게 알았다고 하는 마음도 남기지 않고, 오로지 남도 없고 나도 없는 평등의 한 모습인 대도大道를 행하게 되는 것입니다.

또한 계戒를 받들어 몸과 마음을 깨끗이 하고, 삼업三業을 정성스럽게 닦아 순수하고 깨끗해서 오염되지 않도록 하고, 한 방울의 물이 한 방울의 얼음이 되듯 해야 합니다. 나아가 6도만행六度萬行이 낱낱이 원만하게 통해서 대기大機를 일으키고 대용大用을 열며, 모든 사람들이 이렇게 믿고 이렇게 참구하며 이렇게 깨닫도록 펼쳐 보여야 합니다. 모름지기 아는 것과 행하는 것이 상응해야 합니다(行解相應).[5]

❀

愼勿作撥 無因果 漭漭蕩蕩 魔邪見解. 纔作此 卽謗般若 却招惡報去. 所以佛祖垂敎 謂之 淸淨明誨. 當須依此正因 然後 當證妙果. 所有一生力量 正要透脫死生. 若一念圓證 念念修行 以無修而修 無作而作 煉磨將去. 於一切境 不執不著 不被善惡業緣縛 得大解脫. 到百年後 翛然獨脫 前程明朗 劫劫生生 不迷自己 便是千了百當. 此皆顯 不落言詮 玄妙機境之致. 應當冥心體究 俾透徹塵勞 證淸淨妙果.

※漭漭(망망): 물이 넓고 아득한 모양.

※蕩蕩(탕탕): 썩 큰 모양. 넓고 큰 모양. 평탄한 모양.

절대로 인과가 없다는 망망탕탕漭漭蕩蕩한 마군(魔)의 삿된 견해를 일으켜서는 안 됩니다. 이렇게 되면 곧 반야般若를 비방해서 나쁜 과보를 부르게 됩니다. 그렇기 때문에 불조佛祖께서 하신 가르침을 '맑고 깨끗하며 밝은 가르침(淸淨明誨)'이라고 하는 것입니다. 반드시 이 정인正因에 의지해야 그런 다음에 오묘한 과위(妙果)를 증득하게 됩니다.

한평생 일체의 힘으로 바로 생사를 꿰뚫어 벗어나려고 해야 합니다. 만약 한 생각을 원만하게 증득하면, 생각 생각에 수행을 하되 닦은 바 없이 닦고 짓는 바 없이 지으면서 연마해 가게 됩니다. 그러면 일체의 경계에 집착하지 않고 선악의 업연에도 매이지 않아 대해탈大解

---

5 行解相應(행해상응)하는 것을 일러 '祖師(조사)'라고 한다. '조사'에 대한 정의는 본서 '1. 화장 명 수좌에게' 편의 註2를 참조.

脫을 얻게 됩니다. 또한 죽음(百年後)에 이르러서는 얽매임 없이 홀로 벗어나 앞길이 밝고 환하게 되고, 겁겁생생劫劫生生토록 자기를 미혹하지 않고 모든 것을 마땅히 알게 될 것입니다. 이것이 모두 언어문자에 떨어지지 않고 현묘한 기경機境의 극치를 드러내는 것입니다. 그러므로 마땅히 그윽한 마음으로 몸소 참구해서 번뇌를 꿰뚫고 청정하고 오묘한 과위(淸淨妙果)를 증득하십시오!

# 79. 가중 현량께(示 嘉仲賢良)[1]

"全心卽佛 全佛卽人 人佛無異 始爲道矣" 此諦實之言也. 但心眞則人佛俱眞. 是故 祖師惟直指人心 俾見性成佛.

"온 마음이 바로 부처이며, 온 부처가 바로 사람이다.
사람과 부처가 다름이 없어야 비로소 도道라고 할 수 있다."[2]

---

1 賢良(현량): 경학經學에 밝고 덕행德行이 뛰어난 사람. 한漢 나라 때에 실시된 관리 등용 방법. 일명 현량방정과賢良方正科라고도 함. 전국 각 군으로부터 어질고 선량한 인재를 천거하게 하여 이들에게 책문策問을 시험하여 성적이 우수한 자를 선발하였음.(한국고전용어사전)

2 경덕전등록 제7권, '유주 반산 보적 선사' 편에 다음과 같이 기술하고 있다. 師上堂示衆曰 "心若無事 萬象不生 意絶玄機 纖塵何立 道本無體 因道而立名 道本無名 因名而得號. 若言卽心卽佛 今時未入玄微 若言非心非佛 猶是指蹤之極則. 向上一路千聖不傳 學者勞形 如猿捉影 夫大道無中 復誰先後 長空絶際 何用稱量 空旣如斯 道復何說 夫心月孤圓 光呑萬象 光非照境 境亦非存 光境俱亡 復是何物. 禪德 譬如 擲劍揮空 莫論及之不及. 斯乃空輪無迹 劍刃無虧. 若能如是 心心無知 全心卽佛 全佛卽人 人佛無異 始爲道矣. 禪德 可中學道 似地擎山不知山之孤峻 如石含玉 不知玉之無瑕 若如此者 是名出家. 故導師云 '法本不相礙 三際亦復然 無爲無事人 猶是金鎖難' 所以 靈源獨耀 道絶無生 大智非明 眞空無迹 眞如凡聖 皆是夢言 佛及涅槃 並爲增語. 禪德 且須自看 無人替代 三界無法 何處

이는 진실한 말입니다.

---

求心 四大本空 佛依何住 璿機不動 寂爾無言 覿面相呈 更無餘事. 珍重"

선사(반산보적)가 상당하여 대중에게 말했다.

"마음에 만약 일이 없으면 만 가지 모습도 일어나는 것이 없을 것이다. 뜻이 현기를 끊으면 가는 티끌(번뇌)이 어떻게 이루어지겠는가. 도는 본래 체가 없지만, 도를 인하여 이름이 성립되는 것이고, 도는 본래 이름이 없지만, 이름으로 인하여 호칭을 얻게 되는 것이다. 만약 '바로 마음이 곧 부처다'고 말한다면 지금 현미(도리의 미묘함)에 들지 못한 것이고, 만약 '마음도 아니고, 부처도 아니다'고 말한다면 다만 자취를 가리키는 극칙일 뿐인 것이다.

향상일로는 일천 성인도 전하지 못하는데(向上一路 千聖不傳), 배우는 이들의 애쓰는 모양이 마치 원숭이가 그림자를 잡으려는 것 같구나(學者勞形 如猿捉影). 무릇 대도는 중간이 없거늘 다시 무슨 앞과 뒤가 있겠는가. 높고 먼 하늘은 경계를 끊었거늘 무슨 헤아림이 있겠는가. 허공이 이와 같거늘 도를 다시 어떻게 설하겠는가. 무릇 마음 달이 홀로 원만하고(心月孤圓), 빛은 만상을 삼키니(光呑萬象), 빛은 경계를 비추는 것도 아니고(光非照境), 경계 또한 존재하지 않는다(境亦非存). 빛과 경계가 모두 없어지면 다시 어떤 것이 있는가(光境俱亡 復是何物). 선덕들이여! 비유하면 칼을 들어 허공을 치는 것과 같으니, 미치고 미치지 못함을 논하지 말라. 이는 공륜(허공)에는 자취가 없고, 칼날에 이지러짐이 없는 것이니, 만약 이와 같을 수 있다면 마음 마음에 앎이 없게 될 것이다. 온 마음이 바로 부처이며, 온 부처가 곧 사람이다. 사람과 부처가 다름이 없어야 비로소 도라고 할 수 있다(全心卽佛 全佛卽人 人佛無異 始爲道矣).

선덕들이여! 이 가운데서 도를 배우면 땅이 산을 떠받치되, 산의 고준함을 모르는 것과 같이, 마치 돌이 옥을 머금고 있지만 옥에 흠이 없음을 알지 못하는 것처럼, 만약 이와 같다면 출가라고 이름할 수 있는 것이다. 그렇기 때문에 도사가 이르기를 '법은 본래 걸림이 없고 삼제(=삼세) 또한 다시 그러하지만, 함도 없고 일도 없는 사람에게는 다만 황금 쇠사슬의 재앙일 뿐이다'고 한 것이다. 또한 그래서 신령스런 근원은 홀로 빛나는 것이고, 도는 남이 없음을 끊은 것이며, 큰 지혜는 밝음도 아니고, 참된 공은 자취도 없는 것이다. 진여와 범부와 성인이

다만 마음이 진실하면 사람과 부처가 모두 진실한 것입니다. 이런 까닭에 조사祖師는 오직 사람의 마음을 바로 가리켜(直指人心) 견성성불見性成佛토록 하였던 것입니다.

❀

然此心雖人人具足 從無始來 淸淨無染 初不取著 寂照凝然 了無能所十成圓陀陀地 只緣不守自性 妄動一念 遂起無邊知見 漂流諸有. 根脚下恒常佩此本光 未嘗曖昧 而於根塵枉受纏縛. 若能蘊宿根 遇諸佛祖師直截指示處 便倒底 脫却膩脂衲襖 赤條條淨倮倮 直下承當.

※佩(찰 패): 차다. 지니다. 휴대하다. 두르다. 둘러싸다. 마음을 먹다.
※曖昧(애매): (의도·태도 따위가) 애매하다. 불확실하다.
※膩(기름질 이): 기름지다. 매끄럽다. 물리다. 싫증나다. 반드르르하다. 때. 기름때.
※脂(기름 지): 기름. 입술. 연지. 두 달 난 태아. 노력하여 얻은 소득.
※襖(웃옷 오): 웃옷. 갖옷(짐승의 털가죽으로 안을 댄 옷). 겹옷. 가죽옷.

하지만 이 마음이 비록 사람마다 갖추고 있고, 무시이래로 청정하고 오염되지 않으며, 애초부터 취하거나 집착하지도 않고, 적조응연(寂照凝然, 진중하게 고요히 비춤)해서 주관(能)과 객관(所)이 전혀 없는

---

모두 잠꼬대이고, 부처와 열반도 모두 덧붙인 말이다.
선덕들이여! 모름지기 스스로 살펴라. 대신해 줄 사람은 아무도 없다. 삼계에 법이 없는데 어디서 마음을 구하며. 사대가 본래 공한데 부처가 무엇을 의지해 머물겠는가. 선기는 움직이지 않고 적멸할 뿐 말이 없으며, 얼굴을 마주 대해도 결코 다른 일이 없다. 진중(珍重, 수고들 했다)!"

완전히 원만한 경지일지라도, 다만 자성自性을 지키지 않고 한 생각을 허망하게 움직인 인연으로 가없는 지견을 일으켜 모든 존재에 정처 없이 떠돌게 된 것입니다. 또한 서 있는 자리에서 항상 이 본지풍광(本光)[3]을 지니고 있어 일찍이 분명하지 않은 적이 없지만, 6근과 6진에 부질없이 속박을 받게 된 것입니다. 그러나 만약 숙세의 근기를 바탕으로 제불과 조사가 바로 끊어 보이신 곳을 만나 바로 밑바닥까지 뒤집어 버리면, 기름진 누더기 옷을 벗어버리고 적조조赤條條하고 정나나淨倮倮하게 바로 그 자리에서 알 수 있습니다.

不從外來 不從內出 當下廓然 明證此性 更說甚人佛心. 如紅爐上著一點雪 何處更有如 許多忉怛也. 是故 此宗不立文字語句 惟許最上乘根器. 如飄風疾雷 電激星飛 脫體契證 截生死流 破無明殼 了無疑惑. 直下頓明 二六時中 轉一切事緣 皆成無上妙智 豈假厭喧求靜 棄彼取此. 一眞一切眞 一了一切了.

※忉(근심할 도): 근심하다. 걱정하다. 수다스럽다.

※怛(슬플 달): 슬프다. 근심하다. 애태우다. 놀라다. 경악하다. 두려워하다.

※飄風(표풍): 회오리바람. 바람에 나부낌.

※疾雷(질뢰): 몹시 심한 번개.

※電激(전격): 번개처럼 격렬함.

---

3 본서 '64. 호 상서께' 편의 본문 서두에 원오 스님의 정의가 있으니 참조하기 바란다.

(이것은) 밖으로부터 오는 것도 아니고, 안으로부터 나오는 것도 아니니, 바로 그 자리에서 확연히 이 성품을 밝게 깨달으면, 또 다시 무슨 사람이니 부처니 마음이니를 말하겠습니까! 마치 활활 타는 화로에 한 점의 눈이 떨어지는 것과 같은데, 어느 곳에 또 다시 허다한 근심과 슬픔이 있겠습니까! 이런 까닭에 이 종宗은 문자와 어구를 세우지 않고, 오로지 최상승의 근기만을 인정할 뿐입니다. 마치 회오리 바람이 불고 번개가 치며 별똥별이 날 듯 몸을 벗어나 계합해 증득해서 생사의 흐름을 끊고 무명의 껍질을 깨뜨리면 의혹이 조금도 없게 됩니다. 바로 그 자리에서 단박에 밝히면 하루 종일 일체의 인연을 굴리는 것이 모두 위없는 오묘한 지혜(無上妙智)를 이루는 것인데, 어찌 거짓으로 시끄러움을 싫어하고 조용함을 찾으며, 저것은 버리고 이것은 취하겠습니까! 하나가 진실하면 일체가 진실하고, 하나를 알면 일체를 압니다.

❀

總萬有於心源 握權機於方外 而應物現形 無法不圓 何有於我哉. 要須先定 自己落著. 立處旣硬糾糾地 自然風行草偃. 所以 王老師十八上便解作活計 香林四十年乃成一片.

모든 존재(萬有)를 마음의 근원에 총괄하고, 방외(方外, 경계 밖)에서 방편의 기(權機)를 움켜쥐며, 사물에 따라서 형체를 드러내어 어떠한 법도 원만하지 않은 것이 없는데, 무엇이 나에게 있겠습니까! 모름지기 먼저 자기의 낙처(落著, 歸結處)를 바로 잡아야 합니다. 서 있는 곳이 굳게 다져지면 자연히 바람이 부는 대로 풀은 눕게 됩니다(風行草偃).[4] 그렇기 때문에 왕 노사王老師[5]는 18년 만에야 살아나갈 방도를 알게 되었고, 향림香林[6]은 40년 만에야 한 덩어리를 이루게 되었던 것입니다.

❀

塵勞之儔爲如來種 只在當人善自看風使帆. 念念相續 心心不住 向此長生路上行履 卽與佛祖 同德同體 同作同證. 況百里之政 併在手頭. 安民利物卽是自安. 萬化同此一機 千差並此一照. 盡刹塵法界可以融通 何況人佛無異耶.

번뇌(塵勞)의 짝이 여래의 종자(如來種)가 되는 것은 다만 당사자가 스스로 바람을 잘 살펴서 돛(帆)을 쓰는 데 있습니다. 생각 생각이 끊어지지 않고 마음 마음이 머무르지 않으면서 이렇게 영원히 사는 길(長生路)을 밟는다면 불조佛祖와 더불어 덕德과 체體, 작作과 증證을 함께 할 것입니다. 하물며 사방 백 리를 다스리는 것쯤이야 모두 내 손안에 있는 것입니다. 백성을 편안히 하고 중생을 이롭게 하면 저절로 편안하게 될 것입니다. 세상의 모든 변화가 이 일기一機와 같고, 천차만별이 이 일조一照와 함께 합니다. 티끌 같은 법계法界도 두루 통하는데, 하물며 어떻게 사람과 부처가 다를 수 있겠습니까!

---

4 '風行草偃(풍행초언)'에 관해서는 본서 '10. 정 장로께' 편의 註9를 참조.

5 王老師는 남전보원 스님을 뜻한다.(스님에 관해서는 본서 '12. 문 장로께' 편의 註10을 참조.)

6 香林澄遠(향림징원) 스님에 관해서는 본서 '4. 원 수좌에게' 편의 註14를 참조.

# 80. 방 청로께(示 方淸老)

老達磨來自竺乾 豈嘗持一物. 及游梁歷魏 面壁少林 無人識渠. 獨可祖効勤 立雪斷臂 始略垂慈 由此郎心. 若謂無言 從何而入 如謂有言向伊道甚. 將知須是箇人 始十分領略 乃無滲漏. 所以 入此門來 要是根器猛利. 能疾速棄捨 從前知見解 使胸次空勞勞 不留毫髮 洞照虛凝. 言思路絶 直契本源 泯然無際.

※竺乾(축건): 천축天竺과 같은 말로 인도의 옛 별칭임. 천축서건天竺 西乾의 준말.

달마가 인도(竺乾)에서 왔을 때 어찌 한 물건이라도 지닌 것이 있었겠습니까! 더불어 양나라를 다니다가 위나라를 거쳐 소림에서 면벽을 했지만, 그를 알아보는 사람이 아무도 없었습니다. 혜가조사(可祖)만이 홀로 부지런히 힘을 쓰다가 눈 위에 서서 팔을 끊고서야(立雪斷臂),[1] 비로소 조금이나마 자비를 베풀어 마음을 깨닫게 되었던 것입니다. 그런데 만약 말이 없었다고 한다면 어떤 곳으로부터 깨달음에 들어갔으며, 말이 있었다고 한다면 그에게 무엇을 말했겠습니까! 모름지기

1 立雪斷臂(입설단비)에 관해서는 본서 '4. 원 수좌에게' 편의 註23을 참조.

이 사람(是箇人)[2]이라야 비로소 완전히 이해해서 새는 것(滲漏, 번뇌)[3]이 없게 된다는 것을 알 것입니다. 그래서 이 문에 들어오는 사람은 근기가 날카롭고 영리해야 하는 것입니다. 종전의 지견知見과 해로解路를 아주 빨리 버릴 수 있어야 하고, 가슴속이 텅 비도록 해서 털끝만큼도 남기지 않고, 통조허응(洞照虛凝, 밝게 비추고 텅 빈 듯 엉김)해야 합니다. 또한 말과 생각의 길이 끊어져 바로 본원에 계합하고, 자취도 없고 끝도 없어야 합니다.

❀

自得本有無得妙致 方號信及見徹 猶有無量無邊 難測難量 大機大用在. 儻留些能所 墮在緣塵 則卒急未便相應. 是故 古德勸令"直下休去歇去" 此段譬如 快鷹鷂梢雲突日 迷風背箐掀騰 直截不容擬議. 苟或躊躇 乃蹉過也. 其爲教外別行 從可知矣. 旣有志於是 請放下著. 覿體承當 一切成現 則初祖不曾來 自己亦無得.

※鷹鷂(응요)＝鷂鷹(요응): 매.

※箐(작은 바구니 정, 대 숲 천, 대 이름 창): 작은 바구니. 대숲. 대 이름.

스스로 본래 얻을 것이 없다(本有無得)는 오묘한 이치를 얻어야 확실히 견해가 철저하게 이르렀다고 할 수 있고, 무량무변해서 헤아릴 수 없는 대기대용大機大用이 있게 됩니다. 하지만 혹시 조금이라도 주관

---

2 이 사람(是箇人)에 관해서는 본서 '1. 화장 명 수좌에게' 편의 註47을 참조.

3 삼루滲漏에 관해서는 본서 '6. 융 지장에게' 편의 註14를 참조.

(能)과 객관(所)을 남겨두어 인연이나 티끌에 떨어지게 되면 졸지에 상응하지 못하게 됩니다. 이런 까닭에 옛 어른 스님(古德)이 이르기를 "바로 그 자리에서 쉬고, 또 쉬어라(直下休去歇去)!"[4]라고 하였던 것입니다. 이것은 비유하면 날쌘 매가 구름을 치면서 해를 뚫고나와 미풍에 대 숲을 등지고 높이 솟아오르는 것처럼, 바로 끊어서 머뭇거림을 허용하지 않는 것입니다. 그러나 혹 주저하게 되면 빗나가게 됩니다. 이것으로 '교 밖에 따로 행한다(教外別行)'고 하는 것을 미루어 알 수 있습니다. 이것에 뜻을 두었다면, 부디 내려놓으십시오(放下著)! 친히 보고 알아 일체가 드러나게 되면 달마도 일찍이 온 적이 없고, 자기 또한 얻을 것이 없습니다.

4 석상경저의 말씀이다.(休去歇去에 관해서는 본서 '57. 심 도자에게' 편의 註2를 참조.)

# 81. 이 의보께(示 李宜父)

此道最徑 要不出一言. 而此言非佛口所宣 非諸祖所道. 若謂 卽心非心 卽佛非佛 則刻舟守株 了無交涉. 若嘿識此言 豈墮唇吻. �塊之流 遂妄卜度 以爲瞬揚擧動 未夢見在. 殊不知 從上來體裁步驟 且不是作聰明立知見 論權實照用境界. 抑不得已 遂按下雲頭 棒喝交馳 星飛電擊.

※嘿(고요할 묵): 고요하다. 말을 아니 하다. 입을 다물다. 잠잠하다
※唇吻(순물): 입술. 말재주. 말주변. 언변. 언사.

이 도의 가장 중요한 첩경은 한마디 말(一言)을 벗어나지 않아야 합니다. 하지만 이 말은 부처의 입에서 나온 것도 아니고, 모든 조사가 말한 것도 아닙니다. 만약 "바로 마음이 마음이 아니다(卽心非心)거나, 바로 부처가 부처가 아니다(卽佛非佛)"라고 말한다면, 각주구검刻舟求劍[1]하고 수주대토守株待兎[2]하는 격이 되어, 전혀 관계없는 것이 됩니다.

1 '刻舟求劍(각주구검)'은 여씨춘추, '찰금' 편에 나오는 고사이다. 본서 '1. 화장명 수좌에게' 편의 註14를 참조.

2 '守株待兎(수주대토)'는 한비자韓非子 '오두' 편에 나오는 고사이다. 본서 '1. 화장

그런데 만약 입을 다물고 이 말을 안다면 이것이 어찌 말재주에 떨어지는 것이겠습니까! 흙덩이나 좇는 무리들(趂塊之流)[3]이 허망하게 점치고 헤아려서 눈을 깜빡거리거나(瞬), (눈썹을) 치켜뜨거나(揚), (불자를) 들거나(擧), (불자를) 떨치는 것(動)으로 여긴다면, 이는 꿈에서조차 보지 못할 것입니다.

이것은 예로부터 내려오는 체제(體裁, 體制)와 절차(步驟)이지, 총명함을 짓거나 지견을 세워 실재(實)와 방편(權)·비춤(照)과 작용(用)의 경계를 논하는 것이 아니라는 것을 전혀 모르는 것입니다. 다만 부득이하게 구름을 누르고 앉아 마치 별똥이 튀고 번개가 치듯 '방'과 '할'을 번갈아 하였던 것입니다.

❀

俊底聊聞 卽知落處. 且畢竟是那一言. 莫是栢樹子 須彌山 露親睹普錯俱見知麽. 莫是擔板漢 勘破了 喫茶去 珍重 敢保老兄未徹在 歇去參

명수좌에게' 편의 註13을 참조.

3 趂塊之流(진괴지류): 사람이 흙을 던지면 사자는 사람을 물고 개는 흙덩이를 좇아간다는 뜻으로, 황벽의 전심법요全心法要에서 다음과 같이 기술하고 있다.
學道人多 於教法上悟 不於心法上悟 雖歷劫修行 終不是本佛. 若不於心悟 乃至於教法上悟 卽輕心重教 遂成逐塊 忘於本心. 故但契本心 不用求法. 心卽法也.

도를 배우는 사람들 다수가 교법教法에서만 깨닫고, 심법心法에서는 깨닫지 못하니, 비록 역겁을 수행할지라도 끝내 본래 부처는 아니다. 만약 마음에서는 깨닫지 못하고 교법에서만 깨닫는 것에 이른다면, 마음은 가벼이 여기고 가르침만 중히 여겨 흙덩이만 좇게 되니(遂成逐塊, 흙덩이만 좇는 개꼴이 되니), 이것은 본래 마음을 잊은 것이다. 그렇기 때문에 다만 본래 마음에 계합해야 법을 구할 필요도 없는 것이다. 마음이 곧 법인 것이다(心卽法也).

堂去麼. 並是依草附木精魅. 有底道 "是也祖師以佛語心爲宗 無門爲法門" 便是錯認 定盤星也. 直須待桶底子脫 如睡夢覺 大徹大悟. 然後可以承當此言也.

※魅(도깨비 매): 매혹하다, 홀리다. 도깨비. 요괴.

뛰어난 사람은 듣자마자 바로 낙처落處를 압니다. 그렇다면 필경 이 한마디는 무엇이겠습니까! 백수자栢樹子[4]·수미산須彌山[5]·로露[6]·친親[7]·할瞎[8]·보普[9]·착錯[10]·구俱[11]·견見[12]·지知[13]와 같은 것이 아니겠습니

---

4 '정전백수자'에 관해서는 원오 스님이 본서 '90. 참 상인께' 편에서 다루고 있으니 참조하기 바란다.

5 雲門(운문)에 관해서는 본서 '1. 화장 명 수좌에게' 편의 註24를, '須彌山(수미산)'에 관해서는 본서 '49. 성 수조에게' 편의 註9를 참조하기 바란다.

6 운문록에 다음과 같이 기술하고 있다.

가. 問 "殺父殺母佛前懺悔 殺佛殺祖向什麽處懺悔" 師云 "露"

물었다.
"부모를 죽이면 부처님 앞에서 참회하면 되지만, 부처와 조사를 죽이면 어디에 참회해야 하는 것입니까?"
스님(운문)이 말했다.
"로(露, 드러내라)."

나. 師或云 "作麽生是對明一句" 代云 "露"

선사(운문문언)가 언젠가 말했다.
"어떤 것이 밝음과 상대하는 한마디인가?"
스님이 대신 말했다.
"로(露, 드러났다)."

7 운문록에 다음과 같이 기술하고 있다.

問 "如何是雲門一路" 師云 "親"

물었다.

"어떤 것이 운문의 한 길입니까?"

선사가 말했다.

"친(親, 몸소 스스로 한다)."

8 문맥상 '수미산'에서 '지'까지 모두 운문의 말씀을 나열한 것 같은데, 운문록에서 '瞎(눈 멀었군)'의 출처는 찾기가 어렵다. 다만 이것은 사전적 의미로 불법에 대해 개안하지 못한 사람을 경책하는 말로써 선사들의 어록 여러 곳에서 나온다.

9 운문록에 다음과 같이 기술하고 있다.

問 "如何是正法眼" 師云 "普"

물었다.

"무엇이 법을 보는 바른 안목입니까?"

선사가 말했다.

"보(普, 넓다)."

10 운문록에 다음과 같이 기술하고 있다.

가. 問 "今日開筵 將何指教" 師云 "來風深辨" 進云 "莫秖者便是麼" 師云 "錯"

물었다.

"오늘 열린 법회에서는 무엇으로 가르쳐 주시겠습니까?"

선사가 말했다.

"불어오는 바람을 잘 헤아려라."

물었다.

"아마도 바로 이런 것이 아니겠습니까?"

선사가 말했다.

"착(錯, 틀렸다)."

나. 問 "能詮表裏時如何" 師云 "風不入" 進云 "表裏事如何" 師云 "錯"

---

물었다.
"안팎을 설명할 줄 알면 어떻습니까?"
선사가 말했다.
"바람이 들어가질 못한다."
물었다.
"안팎이란 무엇입니까?"
선사가 말했다.
"착(錯, 틀렸다)."

11 운문록에 다음과 같이 기술하고 있다.
一日云 "學佛法底人如恒河沙 百草頭上道將一句來" 代云 "俱"

어느 날 말했다.
"불법을 배우는 사람은 항하의 모래만큼이나 많다. 온갖 풀 위에서 한마디로 말해 보라."
선사가 대신 말했다.
"구(俱, 갖췄다)."

12 운문록에 다음과 같이 기술하고 있다.
師或云 "見麼" 自云 "見" 又云 "見什麼" 代云 "花"

스님이 말했다.
"보이는가?"
선사가 스스로 말했다.
"견(見, 본다)."
또 말했다.
"뭘 보는가?"
선사가 대신 말했다.
"꽃(花)."

13 운문록에 다음과 같이 기술하고 있다.
가. 問 "學人與麼來 請師實說" 師云 "知"

까! 또한 담판한擔板漢[14]·감파료勘破了[15]·끽다거喫茶去[16]·진중珍重[17]·

---

물었다.

"학인이 이렇게 찾아왔는데, 스님께서는 진실을 말씀해 주십시오."

선사가 말했다.

"지(知, 알았다)."

나. 問 "浮桑柯畔日輪未出時如何" 師云 "知"

물었다.

"뽕나무 가지 끝에 해가 뜨지 않았을 땐 어떻습니까?"

선사가 말했다.

"지(知, 안다)."

14 경덕전등록 제12권, '목주 진 존숙' 편에 다음과 같이 기술하고 있다.
師尋常或見衲僧來卽閉門. 或見講僧乃召云 "座主" 其僧應諾 師云 "擔板漢" 或云 "遮裏有桶與我取水"

선사(목주도명)는 항상 납자가 오는 것을 보면 바로 문을 닫아버렸다. 혹 강사가 오는 것을 보면 '좌주여!' 하고 불렀는데, 그 스님이 "예!" 하고 대답하면 '담판한擔板漢!'이라고 하거나, "여기 물통이 있는데 내게 물을 떠다 주게"라고 하였다.

15 감파료勘破了에 관해서는 본서 '39. 민 지고에게' 편의 註12를 참조.

16 끽다거喫茶去에 관해서는 본서 '5. 유 서기에게' 편의 註18을 참조.

17 경덕전등록 제12권, '진주 임제의현 선사' 편에 다음과 같이 기술하고 있다.
大覺到參 師擧拂子. 大覺敷坐具 師擲下拂子 大覺收坐具入僧堂. 衆僧曰 "遮僧莫是和尙親 故不禮拜 又不喫棒" 師聞令喚新到僧 大覺遂出. 師曰 "大衆道 汝未參長老" 大覺云 "不審" 便自歸衆.

대각大覺이 와서 참례하자 선사(임제의현)가 불자拂子를 들었다. 대각이 좌구(좌복)를 펴자 스님이 불자를 던졌는데, 대각이 방석을 거두고 승당으로 들어갔다. 대중이 말했다.

"저 스님, 화상과 친한 이 아냐! 그러니까 절도 않고, 방망이도 맞지 않는 것이지."

## 감보노형미철재敢保老兄未徹在[18]·할거歇去[19]·참당거參堂去[20] 같은 것

선사가 이 말을 듣고 새로 온 스님을 부르도록 하자, 대각이 나왔다.

선사가 말했다.

"대중들이 말하기를 '그대는 장로에게 참례도 하지 않는다'고 한다."

대각이 말했다.

"안녕히 계십시오(不審)!"

(그리고) 바로 대중 속으로 돌아갔다.

18 '敢保老兄未徹在'는 현사사비가 영운지근의 '견도화'에 대해서 하신 말씀이다. (견도화에 관해서는 본서 '5. 유 서기에게' 편의 註9와 10을 참조.)

19 석상경저의 '歇去(할거)'에 관해서는 본서 '57. 심 도자에게' 편의 註2를 참조.

20 임제록에 다음과 같이 기술하고 있다.

師辭大愚 却回黃蘗 黃蘗見來便問 "這漢來來去去 有什麽了期" 師云 "秖爲老婆心切" 便人事了侍立. 黃蘗問 "什麽處去來" 師云 "昨奉慈旨令 參大愚去來" 黃蘗云 "大愚有何言句" 師遂擧前話 黃蘗云 "作麽生得這漢來 待痛與一頓" 師云 "說什麽待來 卽今便喫" 隨後便掌 黃蘗云 "這風顚漢却來這裏捋虎鬚" 師便喝黃蘗云 "侍者 引這風顚漢參堂去"

선사(임제의현)가 대우에게 하직인사를 하고 다시 황벽에게 돌아갔는데, 황벽이 (선사가) 오는 것을 보고 바로 물었다.

"이놈이 왔다갔다만 하니, 언제야 마칠 날(=깨달을 때)이 있겠는가?"

선사가 말했다.

"다만 노파심이 간절할 뿐입니다."

(그리고는) 바로 인사를 마치고, 모시고 섰다.

황벽이 물었다.

"어디를 갔다 왔는가?"

선사가 말했다.

"지난날 자비로운 뜻을 받들어 대우를 참례하러 갔다 왔습니다."

황벽이 말했다.

"대우에게 어떤 말이 있던가?"

이 아니겠습니까! 아울러 이는 모두가 다 풀에 의지하고 나무에 붙어 있는 도깨비들입니다. 어떤 사람은 말하기를 "이것이야말로 조사가 부처님이 말씀하신 마음을 종지(宗)로 삼은 것이고, 무문無門을 법문法門으로 삼은 것이다"[21]고 하는데, 이것은 정반성定盤星을 잘못 아는 것입니다.

모름지기 바로 통 밑이 쑥 빠질 때가 되어야 마치 꿈에서 깨어나는 것처럼 대철대오大徹大悟하게 됩니다. 그런 다음에야 한마디(此言)를 알 수 있는 것입니다.

---

선사가 앞의 일을 이야기하자, 황벽이 말했다.

"어떻게 이놈이 오면 그 때 한 방을 아프게 해줄까?"

선사가 말했다.

"뭘 오기를 기다린다고 하십니까? 바로 지금 곧장 치십시오."

그리고는 (선사가) 바로 손바닥으로 쳤다.

황벽이 말했다.

"이런 미친놈이 도리어 여기서 호랑이 수염을 만지는구나."

선사가 바로 할을 하자, 황벽이 말했다.

"시자야! 이 미친놈을 끌어다 승당參堂으로 보내라."

21 '佛語心爲宗 無門爲法門'에 관해서는 본서 '24. 광 선인에게' 편의 註3(장양성태 설명)을 참조.

# 82. 한 통판께(示 韓通判)[1]

透脫要旨 唯在歇心. 此心知見生卽轉遠 直下歇. 到無心之地 虛閑寂靜. 雖萬變千轉 非外非中 了不相干 自然騰騰任運. 照應無方 便可以使得十二時用得一切法. 根本廓然 不形彼我愛憎 得失去來. 所謂 任運猶如癡兀人. 他家自有通人愛.

※廓然(확연): 확 트이고 고요한 모양. 텅 비어 고요하다.

꿰뚫어 벗어나는 요지는 오직 마음을 쉬는 데 있습니다. 이 마음에 지견知見이 생기면 더욱 멀어지게 되니, 바로 그 자리에서 쉬어야 합니다. 무심無心의 경지에 이르면 텅 비어 한가롭고 고요하게 됩니다(虛閑寂靜). 비록 천 가지 만 가지로 전변하더라도 밖에 있는 것도 아니고 안에 있는 것도 아니어서 전혀 간섭할 것이 없고, 자연히 기세가 등등해서 일이 되어 가는 대로 맡겨버리게 됩니다.

비춤(照)에 마땅히 정해진 방향이 없어야 하고, 하루 24시간을 부릴 수 있어야 일체법을 쓸 수 있습니다. 또한 근본이 확 트이고 고요해야 너와 나(彼我)·사랑과 미움(愛憎)·얻고 잃음(得失)·오고 감(去來)을

1 通判(통판): 중국 송宋나라 때 비롯한 지방관을 일컫는 말이다.

나타내지 않습니다. 그래서 '일이 되어 가는 대로 맡겨버리니, 마치 어리석고 무지한 사람과 같다(任運猶如癡兀人)'[2]고 하는 것이고, '저 집안에 사람과 통하는 사랑이 있게 된다(他家自有通人愛)'[3]고 하는 것입니다.

---

2 정확한 출처를 알 수가 없다.

3 보지 화상의 12시가에 나오는 말로, 본서 '48. 걸 상인께' 편의 註2와 '141. 한 조의께' 편의 註5를 참조하기 바란다.

# 83. 장 국태께(示 張國太)

此段大因緣 乃佛乃祖 特行獨唱 接上乘人. 利根明敏之士 要超情離見 覺機關 活卓卓地透漏 未擧先諳 未言先領. 纔有朕兆 一剪剪斷. 直下不明他事 終不向意根下尋思. 要須打辦精神 當陽承當擔負 如太虛日輪 無幽不燭. 所以 從上古德 到單提處 不容毫髮 編撥將去 使淨倮倮赤灑灑.

이 대인연(此段大因緣)[1]은 부처와 조사가 특별히 홀로 제창해서 상승인上乘人을 제접한 것입니다. 영리한 근기의 명민한 사람이 정견情見을 뛰어넘어 기관機關[2]을 깨닫고 활발하고 탁월하게 드러내려면, 거량하기도 전에 먼저 알고, 말하기도 전에 먼저 알아차려야 합니다. 또한 조짐이 일어나면 한 번에 베어버려야 합니다. 바로 그 자리에서 그 일을 분명하게 하지 못하면 끝내 생각으로 찾을 수가 없습니다. 모름지기 정신을 바짝 차리고 분명히 알고 짐을 짊어져, 밝히지 못할 어둠이 없는 허공의 태양과 같아야 합니다. 그렇기 때문에 예로부터 옛 어른

---

1 차단대인연(此段大因緣, 一大事因緣)에 관해서는 본서 '3. 장 선무 상공께' 편의 註1을 참조.

2 기관機關에 관해서는 본서 '6. 융 지장에게' 편의 註2를 참조.

스님들은 홀로 제창한 곳에 이르러 털끝만큼도 용납하지 않고 두루 다 뽑아버려 정나나淨倮倮하고 적쇄쇄赤灑灑하도록 하였던 것입니다.

❀

不與萬法爲侶 不與千聖同塵 獨脫超昇 自由自在去. 是故 德山臨濟 棒喝交馳 出沒縱擒 不在窠臼 至於言語機用 一時坐斷. 聖凡路絶 得失情遣. 到大休歇場 更喚什麼作生死. 胸次等閑 照亦不立 遇緣卽宗 拈得出來 蓋天蓋地. 據慈悲方便 落草商量 正要令利根人 撥去妄緣惡覺知見.

만법과 짝하지 않고, 일천 성인과도 거처를 함께 하지 않으면 홀로 벗어나 뛰어올라 자유자재하게 됩니다. 이런 까닭에 덕산과 임제[3]는 할과 방을 번갈아 휘둘렀던 것이고, 나오고 들어가고(出沒)·잡고 놓아 줌(縱擒)에 일정한 틀이 없었던 것입니다. 언어의 기용機用에 관해서도 한꺼번에 꺾어버리고, 성인과 범부의 길도 끊고 얻고 잃음의 정견도 버려서 크게 쉬는 곳에 이르렀던 것인데, 다시 무엇을 생사라고 부르겠습니까! 가슴속이 한가하면 비춤 또한 세우지 않아도 만나는 인연마다 그대로가 곧 종지가 되고, 꺼내 들면 하늘을 덮고 땅을 덮어버립니다. 하지만 자비방편에 근거해서 근기에 맞춰 언어문자로 상대해 준 것은 바로 영리한 근기를 지닌 사람들로 하여금 허망한 인연과 악각지견惡覺知見을 떨쳐버리게 하고자 하였던 것입니다.

---

3 덕산과 임제에 관해서는 본서 '1. 화장 명 수좌에게' 편의 註22와 44를 참조.

❀

徹空空處 空空亦不存. 心如太虛 森羅萬象 無不包含 印定頭頭處處. 得大解脫乃名 了事底人. 亦尙未當得向上行履. 若論向上行履 千聖密傳處 豈止壁立萬仞 隔千里萬里. 盡大地拈來 未有一塵許 謂之 大用現前. 三十二十年 長養純熟 便乃契證也.

공한 곳(空處)이 투철하게 공空하면, 공공(空空, 공하다는 그것도 역시 공함) 또한 존재하지 않게 됩니다. 마음은 마치 태허공과 같아서 삼라만상을 포함하지 않는 것이 없으니, 두두처처頭頭處處에 도장을 찍어 대해탈을 얻어야 곧 '일을 마친 사람(了事底人)'이라고 할 수 있습니다. 하지만 또한 아직은 향상의 행리(向上行履)를 바로 얻지는 못한 것입니다. 만약 향상向上[4]의 행리行履를 논한다면, 일천 성인들도 은밀히 전한 것인데, 어찌 만 길 절벽에 선 것에 그치거나, 천리만리 벌어진 것이겠습니까! 온 대지를 들어도 한 티끌만큼도 있는 것이 아니니,[5]

---

4 '向上(향상)'에 관해서는 본서 '1. 화장 명 수좌에게' 편의 註3을 참조.

5 원오는 벽암록 제5칙, 본칙本則에서 다음과 같이 기술하고 있다(괄호는 원오의 착어다).

擧雪峰示衆云 (一盲引衆盲 不爲分外) "盡大地撮來 如粟米粒大 (是什麽手段 山僧從來不弄鬼眼睛) 拋向面前 (只恐拋不下 有什麽伎倆) 漆桶不會 (倚勢欺人 自領出去 莫謾大衆好) 打鼓普請看" (瞎! 打鼓爲三軍)

설봉雪峰이 대중에게 말했다.
〔장님 하나가 여러 장님을 끌고 가는군. 그러나 분수를 넘는 짓은 아니다.〕
"온 대지를 집어 올리니 좁쌀 하나만 하구나!"
〔이게 무슨 솜씨인가? 나(원오)는 예로부터 이런 괴상한 짓거리를 하지 않았다.〕

이를 일러 '대용현전(大用現前, 대용이 앞에 드러남)'이라고 합니다. 30년 20년 오래도록 길러서 순일하게 익으면 바로 계합하여 증득할 수 있습니다.

❀

'卽心卽佛' 已是八字打開 '非心非佛' 重向當陽點破. 不尋其言 一直便透 方見古人赤心片片. 若也踟躕 當面蹉過也. "不與萬法爲侶底 是什麽人" "待你一口吸盡西江水 卽向你道" 多少徑截省要 何不便與麽承當. 更入它語言中 則永不透脫. 多見 學者只麽卜度下語 要求合頭 此豈是透生死見解. 要透生死 除非心地開通. 此箇公案 乃是開心地鑰匙子也.

※八字打開(팔자타개): 활짝 열어젖히다. 명백하다. 마음을 툭 털어놓고 숨김없이 말하다.
※赤心(적심): 적심. 진심. 단심丹心. 거짓 없고 참된 마음.
※片片(편편): 조각조각. 매우 작다. 편편이. 극히 적다.
※鑰匙(약시): 열쇠.

'바로 마음이 곧 부처다(卽心卽佛)'라는 말을 활짝 열어젖혔다면(八字打

---

그대들의 눈앞에 던졌는데도
〔단지 던지지 못할까 두렵다. 이게 무슨 재주인가?〕
그대들은 새까맣게 모르고 있구나!
〔세력을 믿고 남을 속이는군. 자진해서 죄를 말하시오. 대중을 속이지 마시오.〕
보청의 북을 쳐 살펴라."
〔할(瞎, 눈이 멀었군)! 북이란 것은 군대(三軍)에서나 쓰는 것이다.〕

開), '마음도 아니고 부처도 아니다(非心非佛)'는 공안을 거듭 분명히 점검해야 합니다.[6] 그 말을 찾지 않고도 한 번에 바로 꿰뚫게 되면 바야흐로 고인古人의 참된 마음(赤心)을 낱낱이 볼 수 있게 됩니다.

---

6 경덕전등록 제6권, '강서 도일 선사' 편에 다음과 같이 기술하고 있다.
僧問 "和尚爲什麽說卽心卽佛" 師云 "爲止小兒啼" 僧云 "啼止時如何" 師云 "非心非佛" 僧云 "除此二種人來如何指示" 師云 "向伊道不是物" 僧云 "忽遇其中人來時如何" 師云 "且教伊體會大道" 僧問 "如何是西來意" 師云 "卽今是什麽意"

어떤 스님이 물었다.
"화상은 어째서 바로 마음이 곧 부처라고 하는 것입니까?"
선사가 말했다.
"어린 아이의 울음을 그치게 하려는 것이다."
그 스님이 말했다.
"울음을 그쳤을 때는 어떻습니까?"
선사가 말했다.
"마음도 아니고 부처도 아니다."
그 스님이 말했다.
"이 두 가지를 없앤 사람이 오면 어떻게 가리켜 보이십니까?"
선사가 말했다.
"그에게 어떤 것도 아니라고 말하리라."
그 스님이 물었다.
"홀연히 기중인其中人을 만나면 어떻습니까?"
선사가 말했다.
"그로 하여금 대도를 몸소 알도록 하겠다."
그 스님이 물었다.
"어떤 것이 (조사가) 서쪽에서 온 뜻입니까?"
선사가 말했다.
"바로 지금(卽今)은 무슨 뜻인가?"

하지만 만약 머뭇거린다면 눈앞에서 바로 빗나가게 됩니다.

"만법萬法과 짝하지 않는 사람은 어떤 사람입니까?"라고 하자, "그대가 한 입에 서강의 물을 다 마시면 말해주겠다"[7]고 한 것은 매우 단도직입적으로 요점을 드러내준 것인데, 어째서 그렇게 바로 알지 못하는 것입니까! 다시 저 말 속에 들어가게 되면 영원히 꿰뚫어 벗어나지 못할 것입니다. 학인들이 단지 이렇게 헤아리고 말하면서 합당한 것을 구하려는 것을 많이 보게 되는데, 이것이 어찌 생사를 꿰뚫는 견해이겠습니까! 생사를 꿰뚫고자 한다면 반드시 마음자리가 열려서 통하지 않으면 안 되는데, 이 공안公案이 바로 마음자리를 여는 열쇠입니다.

❀

只要明了 言外領旨 始到無疑之地.昔修山主 要見地藏自陳 "此番來見和尚 經涉許多山川 極是辛苦" 地藏指云 "許多山川與汝也不惡" 渠便桶底子脫去 似此豈假多言. 道途之間也 須保任始得.

※道途(도도): 길. 사람이나 동물 또는 자동차 따위가 지나갈 수 있게 땅 위에 낸 일정한 너비의 공간.

※保任(보임): 보호임지保護任持의 준말이다.

다만 분명하게 요달하고자 한다면, 말 밖에서 종지를 깨달아야 비로소 의심이 없는 경지에 이르게 됩니다.

---

7 방 거사와 마조의 문답에 관한 자세한 것은 본서 '71. 황 태위 검할께' 편의 註10을 참조.

옛날에 수 산주修 山主[8]가 지장地藏[9]을 뵙고 말했습니다.

“이번에 수없이 많은 산을 넘고 물을 건너, 고생 고생한 끝에 스님을 뵙게 되었습니다.”

지장이 손가락으로 가리키며 말했습니다.

“수많은 산천은 그대를 싫어하지 않는다.”

(그러자) 수 산주가 바로 통 밑이 쑥 빠지는 것 같았습니다.

이와 같은 것이 어찌 많은 말을 빌린 것이겠습니까! 길을 가는 사이에도 반드시 보임保任[10]을 해야 합니다.

---

8 修 山主(수 산주)는 용제소수를 뜻한다.
龍濟紹修(용제소수, 생몰연대 미상): 당말 5대의 스님. 용제는 주석 산명. 지장계침의 법을 이어받음. 법안문익과 함께 지장에게 참학하고 성오한 후, 무주 용제산에 머묾.(선학사전, p.488)

9 地藏(지장)은 지장계침(또는 나한계침)을 뜻한다.(스님에 관해서는 본서 ‘27. 찬 상인께’ 편의 註12를 참조.)

10 보임保任에 관해서는 본서 ‘41. 용 도자에게’ 편의 註5와 본서 ‘104. 월 선인에게’ 편의 註5를 참조.

# 84. 장 자고께(示 張子固)[1]

大道無方. 惟是利根種性 一聞千悟. 不從外起 不自內得. 脫然如湯消冰 初無得喪 蓋此生佛 未分已前 廓徹明妙. 了無依倚 卓然獨存. 但以一念逐緣 背此眞體. 遂生如許不相應事 業熠熠地 飄流無暫停息取境. 旣熟心源混濁 習以爲常. 見聞皆不出聲色 只以迷妄自縛. 及至體究大解脫 渺渺茫茫 莫知涯際. 識浪滔滔 未嘗暫住 故無由造入.

※無方(무방): 일정한 방향이 없음. 일정한 규칙이 없음. 제멋대로 함. 한량이 없음. 방법이 서투르다. 일정한 방침이 없다. 방법이 좋지 않다.

※熠熠(습습): 번쩍번쩍하다.

---

1 '장자고'는 '증공曾鞏'을 뜻한다.

曾鞏(증공, 1019~1083): 송나라 건창군建昌軍 남풍南豐 사람. 자는 자고子固. 세칭 남풍선생南豐先生으로 불린다. 증역점曾易占의 아들이다. 당송팔대가唐宋八大家의 한 사람으로, 산문에 뛰어났다. 소동파蘇東坡와 같은 해인 인종仁宗 가우嘉祐 2년(1057) 진사시험에 합격했는데, 나이 39살이었다. 젊어서부터 문명을 떨쳐 구양수歐陽脩의 인정을 받았으며, 일찍이 왕안석王安石과 교유했다. 노력형의 사람으로, 문장에서도 끈기 있는 의론議論을 특색으로 했다. 오랜 지방관 생활 끝에 60살이 지나서 중앙의 관직인 사관수찬과 중서사인에 올랐다. 시호는 문정文定이다. 저서에 『금석록金石錄』 5백 권과 시문집 『원풍유고元豐類稿』가 있다.(중국역대인명사전)

※渺渺(묘묘): 요원하여 끝이 안 보이는 모양. 그지없이 넓고 아득한 모양.

대도大道는 견줄 것이 없습니다. 오직 영리한 근기를 가진 자(利根種性)가 하나를 들으면 천 가지를 깨달을 수 있는 것입니다. 그것은 바깥에서 일어나는 것도 아니고 안에서 스스로 얻는 것도 아닙니다. 자유롭고 구속받지 않는 것이 마치 끓는 물에 얼음이 녹듯 해서 애초부터 얻을 것도 잃을 것도 없는 것은 중생과 부처가 나누어지기 이전에 확연히 사무쳐 밝고 오묘하기 때문입니다. 또한 전혀 기댐이 없이 탁월하게 홀로 존재하기 때문입니다.

다만 이 한 생각이 인연을 따르게 되면 진실한 모습을 등지게 됩니다. 그렇게 되면 마침내 여러 가지 상응하지 않는 일들이 번쩍번쩍 생겨나, 잠시도 쉬지 않고 떠다니면서 경계를 취하게 됩니다. 마음의 근원이 혼탁하게 익어지면 늘 그것이 습관이 되고 일상화가 되어, 보고 듣는 모든 것이 성색聲色을 떠나지 않고 단지 미혹과 망상으로 스스로를 결박할 뿐입니다. 또한 대해탈大解脫을 몸소 참구함에 이르러서는 아득하고 망망해서 끝을 알 수 없게 됩니다. 식識의 물결은 도도해서 잠시도 머무른 적이 없기 때문에 깨달아 들어갈 수 없는 것입니다.

❀

而復有宿昔薰炙片善 喜樂諦信 要求其所 乃是上善. 逗到伏膺參叩 却黑漫漫地 無它只是抛離久 不純熟乃爾. 如今要直截承當 但辦著身心 冥然叩寂 喪却心機 一如土木 待渠時節到來. 翛然自桶底子脫 契此本光了此湛湛澄澄 不變不動 淸淨無爲妙淨明性. 固蔕深根 到金剛堅固正體 全身擔荷得行. 然後 方可萬別千差 悉歸一致 動與靜一如 心與

境俱合. 則一明一切明 一了一切了.

※漫漫(만만): 멀고 아득한 모양. 구름이 길게 낀 모양. 넓고 아득한 모양.
※一致(일치): 어긋남이 없이 한결같게 서로 맞음. 한결같음.

그래도 지난날 교화 받은 한 조각의 선업이 있어 기쁘고 즐겁고 성실하게 살피면서 그 도리를 구하고자 하는 것은 대단히 훌륭한 것입니다. 하지만 마음에 품었던 것을 참구하고 묻는 데 이르러서는 다시 깜깜하고 아득하게 되는데, 그것은 다름이 아니라 다만 버리고 여의는 것이 오래되었을 뿐이며, 순일하게 익지 않아서 그러한 것입니다.

그러므로 지금 바로 끊어 알고자 하면 다만 몸과 마음을 다해서 정성스럽게 그윽하고 고요하게 하고, 마치 흙과 나무처럼 심기心機를 없애버려 저 시절인연이 도래하기를 기다려야 합니다. 얽매이지 않고 저절로 통 밑이 쑥 빠지듯 이 본지풍광(本光, 本地風光)[2]에 계합하면 맑고 깨끗하며 변하지도 움직이지도 않는 청정무위의 묘정명성(妙淨明性, 오묘하고 깨끗하며 밝은 성품)을 깨닫게 됩니다.

또한 뿌리가 깊어서 금강과 같이 견고한 정체正體에 이르게 되면, 온몸으로 짐을 짊어지고 갈 수 있게 됩니다. 그런 다음에야 비로소 천차만별이 모두 하나(一致, 한결같음)로 돌아와, 동動과 정靜이 하나가 되고 마음과 경계가 모두 합하게 됩니다. 그래서 하나를 밝히면 일체를 밝히고, 하나를 깨달으면 일체를 깨닫는 것입니다.

---

2 본서 '64. 호 상서께' 편의 본문 서두에 원오 스님의 정의가 있으니 참조하기 바란다.

❀

擧箇須彌山 道箇庭前栢樹子 一切機境 豈從他發. 至於行棒下喝 擎拟輥毬 無不一一印定. 生死涅槃 猶如昨夢 自然泰定 安閑得休歇處 更疑什麼. 要用便用 要道便道, 遇飯喫飯 遇茶喫茶. 契平常心 不起佛見法見. 佛見法見 尙乃不起, 何況起造業心 發不善意. 終不作此態度 撥無因果.

'수미산須彌山'[3]을 거량하고, '정전백수자庭前栢樹子'[4]를 말하는 일체의 기연과 경계가 어찌 다른 곳에서 일어나겠습니까! '방'을 하고 '할'을 하며, 나뭇가지를 집어 들고(擎拟),[5] 공을 굴리는 것(輥毬)[6]에 이르기까지 하나하나 도장으로 찍지 않은 것이 없습니다. 생사와 열반이 마치 지난 밤 꿈과 같아 자연히 편안하고 안정되며 평안하고 한가롭게 쉴 곳을 얻는데, 다시 무엇을 의심하겠습니까! 쓰고자 하면 곧 쓰고, 말하고자 하면 바로 말하며, 밥 먹을 때 밥 먹고, 차 마실 때 차를 마십니다.

평상심과 계합하면 불견佛見이나 법견法見을 일으키지 않습니다. 불견이나 법견이 일어나지 않는데, 하물며 어떻게 업을 짓는 마음을 일으키고, 착하지 못한 생각을 내겠습니까! 결코 이러한 모습을 지어

---

3 운문에 관해서는 본서 '1. 화장 명 수좌에게' 편의 註24를, '수미산'에 관해서는 본서 '49. 성 수조에게' 편의 註9를 참조하기 바란다.

4 조주에 관해서는 본서 '1 화장 명 수좌에게' 편의 註25를 참조.

5 비마의 擎拟(경차)에 관해서는 본서 '5. 유 서기에게' 편의 註14를 참조.

6 설봉의 輥毬(곤구)에 관해서는 본서 '5. 유 서기에게' 편의 註16을 참조.

인과가 없다고 휘젓지 마십시오.

❀

由是得坐披衣 調衛降伏 與無心相應. 乃是究竟落著之地. 永嘉道 "但自懷中解垢衣" 巖頭道 "只守閑閑地" 雲居道 "處千萬人中 如無一人相似" 曹山道 "如經蠱毒之鄉 水也不得沾它一滴" 謂之長養聖胎謂之 染汚卽不得. 直須放下 却從前作解 一切淨穢 二邊之像. 行住坐臥 悉心體究 乃自著底力. 非從它人所授. 乃是從上古德捷徑也.

이로 말미암아 자리를 얻어 옷을 입고(得坐披衣)[7] 조복해서(調伏, 調衛降伏) 무심無心과 상응해야 합니다. 그래야 이것이 구경究竟의 낙처(落著之地)인 것입니다. 영가永嘉[8]는 이르기를 "다만 스스로 마음의 더러운 옷을 벗었을 뿐이다"고 했고, 암두巖頭[9]는 "다만 조용하고 한가로운 경지만을 지킬 뿐이다"고 했습니다. 운거雲居[10]는 "천만의 사람 속에

7 得坐披衣(득좌피의)에 관해서는 본서 '35. 해 지욕에게' 편의 註3을 참조.

8 영가현각에 관해서는 본서 '3. 장 선무 상공께' 편의 註8을 참조.
영가현각의 증도가에 나오는 말씀이다.
但自懷中解垢衣 誰能向外誇精進
다만 스스로 마음의 더러운 옷을 벗었을 뿐인데, 어찌 밖으로 정진을 자랑할 수 있겠는가!

9 암두전활에 관해서는 본서 '1. 화장 명 수좌에게' 편의 註35를 참조.

10 雲居道膺(운거도응, ?~902): 조동종. 운거는 주석 산명. 취미무학에게 참학하고 동산양개에게 수학하여 대오함. 운거산에 머물면서 동산의 법도를 선양함. (선학사전, p.491)

있어도 한 사람도 없는 것 같다"고 했고, 조산曹山[11]은 "독이 퍼져 있는 마을을 지나듯 물 한 방울도 적시게 해서는 안 된다"고 했으니, 이것을 일러 '장양성태(長養聖胎, 오래도록 성태를 기름)'[12]라고 하고, '오염이 없다(染汚卽不得)'[13]고 합니다. 그러므로 반드시 지난날에 지은 일체의 깨끗하고 더럽다고 생각하는 양변의 모습을 내려놓아야 합니다. 행주좌와行住坐臥에 마음을 다해 몸소 참구하면 스스로 힘이 붙게 됩니다. 이것은 다른 사람으로부터 받는 것이 아닙니다. 이것이야말로 예로부터 내려오는 옛 어른 스님들의 지름길(捷徑)입니다.

---

11 조산본적에 관해서는 본서 '41. 용 도자에게' 편의 註4를 참조.
경덕전등록 제17권, '무주 조산 본적 선사' 편에 다음과 같이 기술하고 있다.
問 "學人十二時中 如何保任" 師曰 "如經蠱毒之鄉 水不得霑著一滴"

물었다.
"학인이 하루 종일 어떻게 보임保任해야 합니까?"
선사(조산본적)가 말했다.
"마치 독이 퍼져 있는 마을을 지나듯, 물 한 방울도 적시게 해서는 안 된다."

12 長養聖胎(장양성태)에 관해서는 본서 '24. 광 선인에게' 편의 註3을 참조.

13 '오염이 없다(染汚卽不得)'는 경덕전등록 제5권, '남악회양 선사' 편에 나오는 말로, 본서 '7. 법왕사 충 장로께' 편의 註6을 참조하기 바란다.

# 85. 원빈께(示 元賓)

佛祖大因緣 非名字語言知見解路 作聰明起思惟所了. 要忘懷忘緣 外空諸相 內脫識情 退守淸虛安閑 澄徹洞然. 超諸方便 直透本來妙心. 亘古亘今 湛然不動 萬年一念 一念萬年 永無滲漏. 諦當之地 一得永得無有變異乃謂之 直指人心見性成佛.

※知見(지견): 지식에 기초를 둔 견해·해석. 자기의 사리분별에 의해 세운 견해. 지혜와 지견은 다른데, 지혜는 반야의 무분별지로써 사리분별을 떠난 심식. 지견을 지혜와 동의어로 쓸 때는 불지견佛知見 또는 지견바라밀知見波羅蜜이라고도 함.(선학사전, p.618)

※解路(해로): 사량 분별. 논리.(전게서, p.708)

불조의 대인연(大因緣, 일대사인연)[1]은 명자(名字, 명칭)·언어言語·지견(知見, 견해)·해로(解路, 논리) 등으로 총명함을 짓거나 생각을 일으켜 알 수 있는 것이 아닙니다. 마음속에 품은 것을 잊고 인연을 잊어, 밖으로는 모든 상을 비우고 안으로는 식정識情을 벗어나려 한다면, 한 발 물러나 맑고 텅 비어 편안하고 한가로움을 지켜서 맑게 사무쳐

1 大因緣(一大事因緣)에 관해서는 본서 3, '장 선무 상공께' 편의 註1을 참조.

확 트여야 합니다. 또한 모든 방편을 뛰어넘어 곧장 본래의 오묘한 마음을 꿰뚫어야 합니다. 고금에 걸쳐 잠연부동(湛然不動, 맑고 흔들림이 없음)하면 만 년이 일념이고 일념이 만 년이 되어, 영원히 번뇌가 없게 됩니다. 체당지지(諦當之地, 깨달음의 경지)는 한 번 얻으면 영원히 얻어 변하는 것이 없게 되는데, 이를 일러 '직지인심直指人心, 견성성불見性成佛'이라고 합니다.

❀

然此如上所說 尙是理論 以言遣言 以理會理 令人漸有趣向. 從前爲入理蹊徑 拖泥涉水 廉纖之論 及至眞實提掇 何有如是周遮. 是故 靈山拈花 迦葉乃笑 是中 豈可容毫髮說底道理. 要須透頂透底 盡大千刹海一擧便透 悉知落處. 方諳悉從上來 所行正令.

※廉纖(염섬): 가는 비가 솔솔 내리는 모양, 또는 그 비. 가느다란 모양.
※提掇(제철): 손으로 물건을 들거나 옮기다. 서로 돕다. 발탁하다. 전횡하다. 제멋대로 행동하다.

하지만 위에서 말한 이것도 여전히 이론에 불과할 뿐, 말로써 말을 물리치고 이치로써 이치를 알아, 사람들로 하여금 점차로 나아가게 하려는 것입니다. 이전의 이치(理, 깨달음)에 들게 했던 지름길도 진흙탕에 들어가 물을 건너면서(拖泥涉水)[2] 가랑비처럼 논한 것이니,

---

2 拖泥涉水(타니보수)는 긍정적으로 쓰일 때와 부정적으로 쓰일 때가 있다. 긍정적으로 쓰일 때는 '상대방의 근기에 맞춰 물에 들어가고 진흙에 들어간다'는 뜻이고, 부정적으로 쓰일 때는 '엉망진창'의 뜻이다. 여기서는 긍정적인 뜻으로 쓰였다.

진실을 드러냄에 있어서는 어떻게 이와 같은 잔소리가 있겠습니까! 이런 까닭에 영산에서 꽃을 들어보이자 가섭이 미소하였던 것이니, 여기에 어찌 털끝만큼이라도 말로 하는 도리를 용납할 수 있겠습니까! 모름지기 머리끝에서 발끝까지 꿰뚫어서 모든 대천찰해大千刹海를 한 번 들면 바로 꿰뚫어 낙처를 잘 알아야 합니다. 그래야 바야흐로 예로부터 행한 바른 법령을 모두 알게 됩니다.

❀

德山棒臨濟喝 豈小兒戲耶. 若具本分作家手段 不須一箚. 所以 龐老問 石頭馬祖 "不與萬法爲侶是什麽人" 石頭掩其口 而馬師道 "待你一口 吸盡西江水 卽向你道" 豈二端耶. 鞠其至趣 同是入泥入水 安可高下淺深之. 到箇裏 直須知有 旣知有 更須轉去始得. 切忌守死語墮窠窟.

※箚(찌를 차): 찌르다. 기록하다. 적다. 닿다. 이르다. 차자(箚子, 상소문). 공문서.

덕산의 방(德山棒)과 임제의 할(臨濟喝)이 어찌 어린 아이의 장난이겠습니까! 만약 본분작가本分作家의 솜씨를 갖추었다면 한 수(一箚, 한 번 찔러 보는 것)도 필요가 없습니다. 그렇기 때문에 방 거사(龐老)가 석두石頭와 마조馬祖에게 "만법과 짝하지 않는 이는 어떤 사람입니까?" 하고 물었을 때, 석두는 그의 입을 틀어막았고, 마조는 "그대가 서강의 물을 다 마시면 그대에게 말해주리라"[3]고 하였던 것입니다. 하지만 여기에 어찌 두 가지가 있겠습니까! 그 지극한 뜻을 말한다면 함께 진흙탕에 들어가고 물에 들어가게 되는 것인데, 어떻게 높고 낮으며 깊고 얕다고 할 수 있겠습니까! 여기에 이르러서는 반드시 있다는 것을 알고(知有), 있다는 것을 알았으면 반드시 전변轉變할 줄 알아야 합니다. 간절히 바라건대, 죽은 말을 지키거나 고정된 틀 속에 떨어지지 마십시오!

❀

纔有一毫芒 能所作用 玄妙理性 見刺刺人 卒未撥剔得下. 作麽生透脫死生 證安樂無爲 不動境界去. 古人重履踐一門 得坐披衣 向後自看是也. 切須管帶使得力 乃善.

털끝만큼의 주관과 객관(能所)의 작용과, 현玄이니 묘妙니, 이理니 성性이니 하는 견해의 가시로 사람을 찌르는 것이 있으면 끝내 뽑아내지 못할 것입니다. 그렇게 해서야 어떻게 생사를 꿰뚫고 벗어나 안락무위安樂無爲의 부동경계不動境界를 증득하겠습니까! 그렇기 때문에 고인古人은 실천의 한 문을 중히 여겼던 것이고, 자리를 얻고 옷을 입은(得坐披衣)[4] 다음에도 스스로 이것을 살폈던 것입니다. 부디 모름지기 늘 지녀서 힘을 얻도록 하십시오. 그러면 곧 좋을 것입니다.

---

3 마조와 방 거사의 대화는 본서 '71. 황 태위 검할께' 편의 註10을 참조하기 바란다. 석두는 본서 '1. 화장 명 수좌에게' 편의 註23을, 마조에 관해서는 본서 '4. 원 수좌에게' 편의 註10을, 방 거사에 관해서는 본서 '26. 재 선인에게' 편의 註30을 참조하기 바란다.

4 '得坐披衣(득좌피의)'에 관해서는 본서 '35. 해 지욕에게' 편의 註3을 참조.

❀

古賢達 具大根器 能自證明 又能力行之 喚做作二. 夫長時只觀自己起心動念 纔有毫髮 卽及令淨盡. 終不用作 一種事業 資談柄 期勝於人而伏人 長知見作 能作勝圖聲名. 實頭只爲 死生大事 百劫千生 不昧不陷墜.

※實頭(실두): 확고하다. 실로. 견고하다. 틀림없이. 확실히.

대근기를 갖춘 옛날의 현인賢人과 달사達士는 스스로 밝게 깨닫고 또한 힘써 실천할 수 있었으니, 이를 일러 '주작이(做作二, 자증과 실천을 함께 하는 것)'라고 합니다. 그러므로 무릇 오랜 시간 다만 자기에게서 마음이 일어나고 생각이 움직이는 것을 관할 뿐, 털끝만큼이라도 일어나는 것이 있으면 바로 깨끗이 없애버려야 합니다. 끝내 어떤 일을 한다거나, 이야기꺼리의 밑천으로 삼아서 다른 사람을 이겨 굴복시키기를 바라거나, 오래도록 지견을 지어 뛰어나게 명성을 도모하지도 않아야 합니다. 확실히 다만 생사대사生死大事를 위할 뿐, 백겁천생百劫千生 어두워도 안 되고, 함정(陷, 생사의 굴레)에도 빠지지 않아야 합니다.

❀

古來 大有不惜眉毛 爲人指出處. 雲門"覿體全眞" 臨際"坐斷報化佛頭" 德山"無事於心 於心無事 則虛而靈寂而照" 巖頭"只守閑閑地 一切時中無欲無依 自然超諸三昧" 趙州道"我見百千箇漢子 只是覓作

佛底 中間覓箇無心道人難得" 但熟味其言 休心履踐 它時異日 逢境遇緣 乃得力也. 要當愼護勿令滲漏 乃祕訣也.

예로부터 눈썹을 아끼지 않고 사람들을 위해 가리켜 보인 사례가 많이 있습니다. 운문雲門은 "적체전진(覿體全眞, 있는 그대로 보면 모두 진실이다)"[5]이라고 했고, 임제臨際는 "보신불과 화신불의 머리를 꺾어 버린다"[6]고 했습니다. 덕산德山은 "일이 마음에 없고 마음에 일이 없다.

---

5 운문에 관해서는 본서 '1. 화장 명 수좌에게' 편의 註24를 참조.
운문록에 다음과 같이 기술하고 있다.
擧 "應化非眞佛 亦非說法者" 師曰 "應化之身說 卽是法身說 亦喚作 覿體全眞 以法身喫法身" 又云 "飯不是法身 拄杖不是法身"
"응신불·화신불은 진불이 아니고, 또한 법을 설하는 자도 아니다"고 한 것을 거론하고는 선사가 말했다.
"응신불·화신불이 설한 것이 바로 법신法身이 설한 것이고, 또한 '있는 그대로 보면 모두 진실이니, 법신으로 법신을 먹는다고 하는 것이다."
또 말했다.
"밥도 법신이 아니고, 주장자도 법신이 아니다."

6 임제에 관해서는 본서 1 '화장 명 수좌에게' 편의 註44를 참조.
임제록에 다음과 같이 기술하고 있다.
道流 心法無形 通貫十方 在眼曰見 在耳曰聞 在鼻嗅香 在口談論 在手執捉 在足運奔. 本是一精明 分爲六和合. 一心旣無 隨處解脫. 山僧與麼說 意在什麼處. 秖爲道流一切馳求 心不能歇 上他古人閑機境. 道流取山僧見處 坐斷報化佛頭 十地滿心猶如客作兒 等妙二覺 擔枷鎖漢 羅漢 辟支猶如厠穢 菩提涅槃如繫驢橛. 何以如此 秖爲道流不達三祇劫空 所以 有此障礙 若是眞正道人 終不如是 但能隨緣消舊業 任運著衣裳 要行卽行 要坐卽坐 無一念心希求佛果. 緣何如此 古人云 '若欲作業求佛 佛是生死大兆'

그렇게 되면 텅 비어 신령스럽고 고요하게 비추게 된다"[7]고 했고, 암두巖頭는 "다만 한가롭고 한가로운 경지만을 지킬 뿐, 어느 때나 하고자 함이나 기대는 바가 없으면, 자연히 모든 삼매를 뛰어넘는다"[8]고 했습니다. 조주趙州는 "내가 백 천의 수많은 사람을 보았지만 단지 부처를 찾는 놈들뿐이다. 그 가운데 무심도인無心道人 찾는 사람은 정말 보기 어려웠다"[9]고 했습니다. 그러므로 다만 이 말을 잘 음미해서

---

도류여! 온갖 마음 작용은 형태가 없지만 시방을 꿰뚫어 통하기에, 눈에 있을 때 본다고 말하고, 귀에 있을 때 듣는다고 말하며, 코에 있을 때 향기를 맡는다고 말하고, 입에 있을 때 말하는 것이며, 손에 있을 때 잡는 것이고, 발에 있을 때 움직이고 달리는 것이다. 하지만 본래는 하나의 정명(一精明, 하나의 깨끗하고 밝은 것)이 나뉘고, 여섯 가지가 화합되는 것이다.

한 마음도 없으면 이르는 곳마다 해탈이니, 산승이 이렇게 말하는 뜻이 어디에 있겠는가? 다만 도류가 일체의 치달려 구하는 마음으로 능히 쉬지 못하고 저 고인들의 한가한 기경에만 (빠져) 있기 때문이다.

도류가 산승의 견처를 얻으면 보신불과 화신불의 머리를 꺾어 버리고, 십지만심十地滿心도 오히려 남에게 품삯 받고 일하는 사람과 같게 되고, 등각等覺과 묘각妙覺 두 각도 목에 칼을 씌우고 발에 쇠사슬을 씌운 것이 된다. 아라한과 벽지불도 뒷간의 더러운 것과 같고, 보리와 열반도 나귀 매는 말뚝과 같게 된다. 어째서 이런 것인가? 다만 도류가 3아승기겁이 공하다는 것을 통달하지 못하였기 때문에 그래서 이와 같은 장애가 있는 것이니, 만약 진정도인(眞正道人, 참되고 바른 도인)이라면 끝내 이와 같지 않고, 다만 능히 인연을 따라 구업을 녹이고, 운행하는 대로 옷을 입으며, 가고자 하면 바로 가고, 앉고자 하면 바로 앉으며 한 생각의 마음에도 부처의 과위를 바라거나 구하는 것이 없다. 무슨 이유로 이러한 것인가? 고인이 이르기를 '만약 업을 지어 부처를 구하고자 하면 부처는 생사의 큰 조짐인 것이다'고 하였기 때문이다.

7 덕산에 관해서는 본서 1 '화장 명 수좌에게' 편의 註22를 참조.

8 암두에 관해서는 본서 1 '화장 명 수좌에게' 편의 註35를 참조.

마음을 잘 쉬고 실천하면 다른 날 경계를 만나고 인연을 만나더라도 힘을 얻게 될 것입니다. 조심스럽게 보호해서 새지 않도록 하는 것이 중요하니, 이것이 비결입니다.

❀

裴相國見黃檗 言下有契證. 更爲發揮傳心祕要 再三叮嚀 無限量慈悲. 于迪襄陽參紫玉 一喚便回頭. 重爲指黑風飄船 見墮羅刹國方 得渙然. 自古士流肯重此事 廢寢忘餐 直下見諦者不勝數. 皆由當人根力智見 高明爽快. 然後能訪尋決擇.

※渙然(환연): 의심스럽던 것이 풀리는 모양.
※廢寢忘餐(폐침망찬): 침식을 잊고 일에 심혈을 기울임.
※決擇(결택): 결단선택決斷選擇의 준말.

배상국裴相國은 황벽黃檗을 뵙고 한 마디 말끝에 계합해 증득하였습니다.[10] 하지만 다시 마음을 전하는 비밀스러운 요지를 발휘하도록 재삼 간곡하게 일러 주었으니, 그 자비가 한량이 없었습니다. 또한 우적于迪이 양양에서 자옥紫玉을 참례했을 때, 한 번 부르자 머리를 돌렸습니다.

---

9 조주에 관해서는 본서 1 '화장 명 수좌에게' 편의 註25를 참조.
조주록에서는 다음과 같이 기술하고 있다.
師示衆云 "八百箇作佛漢 覓一箇道人難得"
선사(조주종심)가 대중에게 말했다.
"800명이 부처를 이루겠다고 하지만, 한 명의 도인도 찾기가 어렵구나."

10 배휴와 황벽의 대화는 본서 '71. 황 태위 검할께' 편의 註7을 참조.

그리고 거듭해서 흑풍에 배가 표류하는 것을 가리켜 나찰의 나라에 떨어지게 되는 것을 보이자,[11] 의심했던 것이 풀렸습니다.

예로부터 선비들이 이 일을 소중히 여기고, 잠도 안 자고 먹을 것도 잊은 채 바로 그 자리에서 보고 살폈던 것은 하도 수가 많아서 이루 셀 수가 없습니다(不勝數=不可勝數). 이는 모두가 그 사람의 근력根力과 지견智見이 높고 밝으며 상쾌했기 때문입니다. 그런 다음에야 선지식을 찾아서 결택할 수 있는 것입니다.

---

11 우적과 자옥의 대화는 본서 '74. 장 중우 선교께' 편의 註9를 참조.

'指黑風飄船 見墮羅刹國方(지흑풍표선 견타나찰국방)'은 원래 법화경, 관세음보살보문품을 인용한 것이다.

그때 무진의보살無盡意菩薩이 자리에서 일어나 오른쪽 어깨를 벗어 드러내고 부처님을 향하여 합장하고 여쭈었다.

"세존이시여! 관세음보살은 무슨 인연으로 관세음이라고 하나이까."

부처님께서 무진의보살에게 말씀하셨다.

"선남자야, 만약 한량없는 백천만억 중생이 여러 가지 고뇌를 받을 때에 이 관세음보살의 이름을 듣고 일심으로 그 이름을 부르면, 관세음보살이 곧 음성을 듣고, 모두 해탈케 하느니라.

만약 어떤 이가 이 관세음보살의 이름을 받들면, 그는 혹시 큰 불속에 들어가더라도 불이 그를 태우지 못할 것이니, 이것은 관세음보살의 위신력 때문이며, 혹은 큰물에 떠내려가게 되더라도 그 이름을 부르면 곧 얕은 곳에 이르게 되며, 혹은 백천만억의 중생이 금·은·유리·자거·마노·산호·호박·진주 같은 보배를 구하려고 큰 바다에 들어갔을 때, 가령 폭풍이 일어 그들의 배가 나찰귀羅刹鬼들의 나라에 닿게 되었을지라도 그 가운데 만약 한 사람이라도 관세음보살의 이름을 부르면, 여러 사람들이 다 나찰의 난으로부터 벗어날 수 있으리니, 이러한 인연으로 관세음이라 이름하느니라."(운허 역, 법화경 p.378)

❀

今旣與古爲儔 尤宜力行不退. 圖深證深入 勿只尙口頭語言. 必使心心不觸物 頭頭無處所始得. 此道貴單提獨證 與祖佛向上機契合. 高出心源 如擊石火閃電光 不容擬議尋伺 直下便透 不落意根情想.

지금 고인古人과 짝이 되었다면, 더욱 힘을 쓰되 물러나지 않아야 마땅합니다. 또한 깊이 깨달음으로 들어가 증득하기를 도모한다면 단지 입에 발린 말만을 숭상해서는 안 됩니다. 반드시 마음 마음이 경계에 닿지 않고, 두두물물에 머무는 곳이 없도록 해야 합니다.

이 도道는 이것 하나만을 들어 홀로 증득하고 불조의 향상기연向上機緣과 계합하는 것을 소중하게 여깁니다. 빼어난 마음의 근원은 마치 전광석화와 같아서 머뭇거리거나 엿보는 것을 용납하지 않으니, 바로 그 자리에서 꿰뚫어 의근意根과 정상情想에 떨어지지 않아야 합니다.

❀

以至說理說性 於機境語句中 作窠窟立解會 遞互傳持. 說唯心 融地水火風 以虛空爲量 喚作透根塵下事. 只成理論 不出敎家 三乘五性 權立階梯 返成鈍置. 當須了取 未有佛祖已前 箇片田地 從甚處來. 纔有纖毫有所得 乃是相似般若 應深辨別 勿墮塵機.

그런데 이理를 말하고 성性을 말함에 이르러서는 기연과 경계, 어구 속에서 고정된 틀을 짓고, 이치로써 안 것을 세워 서로 번갈아들면서 전하고 지닙니다. 또한 유심唯心을 말하면서 지수화풍을 녹이고 허공으로 양量을 삼아 6근과 6진의 일을 꿰뚫었다고 합니다. 이것은 단지 이론에 불과할 뿐, 교가教家의 3승5성三乘五性[12]은 방편으로 단계를 세운 것에서 벗어나지 않는 것이니, 도리어 어리석은 것입니다. 모름지기 불조가 있기 이전에 이 한 마음이 어디서 왔는가를 알아차려야 합니다. 털끝만큼이라도 얻는 것이 있으면 이는 상사반야(相似般若, 사이비반야)이니, 깊이 판별해서 티끌 경계에 떨어지지 않아야 합니다.

❀

到臘月三十日 理地不明 斷割不去 那時慞惶繆亂 悔不可及也. 五祖老師常示學徒 "須參臨命終時禪" 此非小事. 設使聰明辯 慧八達七通 纖洪理論 絲來線去. 不出識學詮文 正是打骨董 究竟無截斷處. 所以從上古德 大有道宗師 與利根上智奇特之士.

---

12 삼승三乘은 성문, 연각, 보살을 뜻하며, 오성五性은 유식종에서 중생의 성품에는 선천적으로 보살정성菩薩定性·연각정성緣覺定性·성문정성聲聞定性·삼승부정성三乘不定性·무성유정無性有情의 5종 구별이 있다는 것을 뜻한다.
①본래부터 부처가 될 무루 종자를 갖춘 이는 보살정성.
②벽지불이 될 무루 종자를 갖춘 이는 연각정성.
③아라한이 될 무루 종자를 갖춘 이는 성문정성.
④두 가지 종자나 세 가지 종자를 갖춘 이는 삼승부정성.(여기에 4종이 있음. 부처가 될 수 있는 종자와 아라한 될 수 있는 종자를 갖춘 이는 보살·성문 부정성, 부처가 될 종자와 벽지불이 될 종자를 갖춘 이는 보살·연각부정성, 아라한이 될 종자와 벽지불이 될 종자를 갖춘 이는 성문·연각 부정성, 아라한이 될 종자와 벽지불이 될 종자와 부처가 될 종자를 갖춘 이는 성문·연각·보살 부정성).
⑤성문·연각·보살의 무루 종자는 없고, 다만 인승人乘이나 천승天乘이 될 유루 종자만을 갖춘 이는 무성유정.(불교사전, p.612)

※慞(두려울 장): 두렵다. 겁내다. 두려워하는 모양.

※惶(두려울 황): 두려워하다. 황공해하다. 당황하다. 어찌할 바를 모르다. 급하다.

※繆(얽을 무, 사당치레 목, 틀릴 유, 목맬 규, 꿈틀거릴 요): 어지럽다. 어지럽히다. 손상시키다. 다스리다. 음란하다. 간음하다. 무도하다. 포악하다. (물을) 건너다. 가득 차다. 널리 퍼지다. 난리.

죽음(臘月三十日)에 이르러 이지(理地, 이치 자리)가 분명하지 못해 끊어버리지 못하면 그때엔 두렵고 당황해서 어그러지고 어지러워지게 되는데, 후회해도 어찌 할 수가 없습니다. 그래서 오조법연五祖法演 노스님[13]은 늘 학인들에게 이르기를 "수참임명종시선(須參臨命終時禪, 모름지기 목숨이 다함에 이른 것처럼 선을 참구하라)"이라고 하였던 것입니다.

이것(此)은 작은 일이 아닙니다. 설사 총명하게 헤아려서 지혜가 칠통팔달七通八達한다 해도, 크고 작은 이론이 얽히고설키어 복잡할 뿐입니다. 배워서 안 문자를 벗어나지 못하면 바로 쓸모없는 것이니, 구경에는 절단할 곳이 없게 됩니다. 그래서 예로부터 옛 어른 스님들과 도가 있는 대종사들은 영리한 근기의 뛰어난 지혜를 지닌 기이하고 특이한 인물들과 함께하였던 것입니다.

❀

如陸亘大夫 王敬常侍 裴相國 甘贄道人 陳操尙書 崔群 李翺 杜鴻漸龐老 李勃, 于頔 本朝楊內翰大年 李附馬. 諸人莫不探賾體究 八面玲瓏

---

13 오조법연에 관해서는 본서 6 '융 지장에게' 편의 註12를 참조.

有脚蹋實地處. 而能作人所難作 行人所難行. 爲內外護於大法海中 津濟帳摞 不虛出南閻浮提一遭. 古人旣爾 今豈 只守尋常 不以自己死生大事及洪持道妙爲至要. 放令諸塵緣境牽惹 纏縛名言句數籠羅 無出格之 作向上眼目 大解脫機 爲可惜.

※밑줄 친 부분 가운데 '摞'은 '樣(모양 양)'으로 번역을 했다.

예를 들면, 육긍대부陸亘大夫[14]·왕경상시王敬常侍[15]·배상국裴相國[16]·감지도인甘贄道人[17]·진조상서陳操尙書[18]·최군崔群[19]·이고李翱[20]·두홍

---

14 육긍대부에 관해서는 본서 66 '동감 거사께' 편의 註3을 참조.

15 왕경상시(왕경초)에 관해서는 본서 66 '동감 거사께' 편의 註5를 참조.

16 배상국(배휴)에 관해서는 본서 34 '허 봉의께' 편의 註4를 참조.

17 甘贄(감지): 당唐나라 때 사람. 재가 불교학자다. 남전보원南泉普願에게서 법을 얻었고, 그의 법을 이었다. 나중에 지주(池州, 安徽 貴池)에 살았는데, 일찍이 암두전활巖頭全豁과 설봉의존雪峰義存을 접화接化했다. 집에 있으면서 항상 오가는 사람들을 접대하면서 행인들을 평가했다.
어느 날 스님이 와서는 "오가는 사람들을 접대하는 일은 쉽지 않다(行者接待不易)" 고 말하자, 그가 "비유하자면 당나귀나 말을 먹이는 것과 같다(譬如餧驢餧馬)"고 대답하니 스님이 집에 머물러 쉬다 떠났다.
또 암자에 머물던 스님이 와서 재물을 보시하라고 하자 그가 "내가 질문을 해서 답을 얻는다면 보시하겠다." 하고는 심心 자를 쓰고는 무슨 자인지 물었다. 스님이 대답하기를 '심'자라 했다. 그 아내에게도 물어보니 역시 '심'자라 대답했다. 그러자 그가 말하기를 "아무 곳에 사는 사람의 아내 역시 암자에서 지내기 합당하구나." 하니, 그 스님은 아무 말도 하지 못했다.(중국역대불교인명사전)

18 진조상서에 관해서는 본서 66 '동감 거사께' 편의 註4를 참조.

19 崔群(최군)에 관해서는 정확하게 기술하기가 어렵다. 하지만 구양첨을 설명하는

점杜鴻漸[21]·방거사龐老[22]·이발李渤[23]·우적于頔[24]·본조本朝의 내한 양

중국역대인명 사전에 의하면, 당나라 덕종 정원 8년(792)에 한유, 이관, 구양첨과 함께 진사에 급제하여, 세칭 '용호방龍虎榜'이라고 불렸다고 한다.

20 李翺(이고, 772~844): 자는 습지習之. 조군(趙郡: 지금의 허베이성 닝진현) 사람이다. 유교가 불교·도교의 강력한 도전을 받을 당시에 유교의 재건에 힘썼다. 또한 송대宋代 성리학의 기반을 다졌는데, 이 학문은 후에 유교원리를 체계적으로 재구성하는 데 이바지했다.

그는 당대(618~907)의 고위관리였으나, 일생은 거의 알려져 있지 않다. 위대한 유학자·사상가였던 한유韓愈의 친구 혹은 제자로서, 그와 친밀한 관계를 유지했다. 그러나 한유가 불교를 격렬하게 반대했던 것과는 달리, 그는 많은 불교사상을 유교에 통합시켰으며 유교의 윤리적 사고를 정당화하기 위한 형이상학적 체계를 발전시켰다.

특히 인간의 천성은 선하고 정은 악하므로 '정사正思'로써 악한 정을 소멸시키고 '본성을 회복(復性)'하면 성인이 될 수 있다는 성선정악설性善情惡說과 멸정복성설滅情復性說은 후에 성리학의 선구가 되었다. 또한 『대학』·『중용』·『역경』에 대한 인식을 새롭게 하여 유교경전으로 자리잡게 했다. 그는 맹자를 공자와 거의 대등한 반열로 높이는 데 이바지했다. 저서에는 『복성서復性書』 3편과 『이문공집李文公集』이 있다.(다음백과)

21 杜鴻漸(두홍점, 709~769): 당나라 복주濮州 복양濮陽 사람. 자는 지손之巽이고, 두붕거杜鵬擧의 아들이다. 개원開元 20년(741) 금강지金剛智가 입적하자, 비문을 지어 공덕功德을 칭송했다. 대종代宗 광덕廣德 2년(764) 병부시랑동중서 문하평장사兵部侍郎同中書門下平章事가 되었다. 최간崔旰이 성도成都를 근거지로 할거하자 재상으로 명을 받아 가서 진무鎭撫했다. 성격이 겁이 많고 살육을 싫어했던 데다가 도착하여 최간의 기세가 당당한 것을 보고 두려움을 느껴 그를 예우하며 정치를 맡겼다. 얼마 뒤 들어와 정치를 보좌하면서 문하시랑門下侍郎에 올랐다. 대력大曆 4년(769) 파직되고, 그 해 11월 죽었다.(중국역대인명사전)

22 龐老(방로)는 방 거사를 뜻한다.

23 이발(이습지)에 관해서는 본서 '66. 동감 거사께' 편의 註7을 참조.

대년內翰 楊大年[25]·이부마李附馬[26]와 같은 사람들입니다.

이들 모두는 깊숙이 탐구하고 몸소 참구해서 팔면이 영롱하지 않은 바가 없었습니다. 두 다리로 실제의 경지를 밟았기에 사람들이 하기 어려운 것을 능히 할 수 있었고, 사람들이 행하기 어려운 것을 능히 행할 수 있었습니다. 또한 안팎으로 (불법을) 보호하면서 대법의 바다에 나루터가 되어 건네주는 본보기가 되었기 때문에 남염부제南閻浮提에 나온 한 생을 헛되게 하지 않았습니다.

고인古人이 이미 그러하였는데, 지금 어째서 단지 일상적인 것만을 지키면서, 자기의 생사대사와 오묘한 도를 크게 지니는 것으로 지극한 요지를 삼지 않는 것입니까! 모든 티끌 같은 인연과 경계에 이끌리고, 명칭(名)과 언어(言), 문장(句)과 규칙(數)의 그물에 얽히도록 내버려 둔다면, 격식을 뛰어넘어 향상向上의 안목을 짓는 대해탈의 기연이 없게 되니, 가히 애석하다 하겠습니다.

❀

大丈夫漢 已能打破面皮參請 應須通身是眼 照破幻緣 金剛寶劒截斷愛網. 雖在士流現宰官身 筆頭上好作方便 指揮處好行祖令. 使一切聞 見皆知因果 俱識起倒 便是與古爲儔也. 末後一句 始到牢關 把斷要津 不通凡聖. 咄. 不可只管落草開眼作夢也. 須向頂上施展始得.

---

24 于頔(우적, 우양양)은 본서 '66. 동감 거사께' 편의 註6을 참조.

25 양대년(양억)에 관해서는 본서 '34. 허 봉의께' 편의 註5를 참조.

26 이준욱에 관해서는 본서 '3. 장 선무 상공께' 편의 註3을 참조.

대장부(大丈夫漢)가 염치를 무릅쓰고 참례해서 청익(參請)했다면, 모름지기 온몸이 눈이 되어 허깨비 같은 인연을 비춰 깨뜨리고 금강보검金剛寶劍으로 애욕의 그물을 끊어줘야 합니다. 비록 선비가 지금은 재관宰官의 몸을 하고 있더라도, 붓끝에서 방편을 잘 쓰고 일을 지휘하는 곳에서 조사의 법령(祖令)을 잘 이행해야 합니다. 설사 일체의 보고 듣는 것이라도 모두가 인과因果임을 알고 일어나고 사라지는 것을 전부 알면, 바로 고인과 짝이 될 수 있습니다.

"말후일구末後一句가 비로소 뇌관에 이르렀으니, 중요한 나루터를 꽉 잡아 범부든 성인이든 통할 수 없게 해야 합니다(末後一句 始到牢關 把斷要津 不通凡聖)."[27]

돌(咄)!

다만 낙초자비落草慈悲로 설하는 방편에 빠져 눈 뜨고 꿈을 꾸면 안 됩니다. 반드시 정수리 위에서 펼 수 있어야 합니다.

27 낙포원안의 말씀이다.(스님에 관해서는 본서 6 '융 지장에게' 편의 註17을 참조.)

# 86. 증 소윤께(示 曾少尹)[1]

佛祖妙道 唯在各人根本上 實不出本淨妙明 無爲無事心矣. 雖久存誠未能諦實 蓋無始聰利智性 多作爲而汨之. 但敎此心 令虛閑寂靜 悠久湛湛如如 不變不易. 必有大安隱快樂之期.

※存誠(존성): =閑邪存誠(한사존성). 악한 마음은 버리고 선한 마음을 가짐을 이르는 말.

불조의 오묘한 도(佛祖妙道)는 오직 각자의 근본에 있으며, 진실로 본래 깨끗하고 오묘하며 밝은(本淨妙明) 무위무사無爲無事의 마음에서 벗어나지 않습니다. 비록 오랫동안 악한 마음을 버리고 선한 마음을 갖고 있으면서도(存誠, 閑邪存誠) 진실하게 살필 수 없었던 것은 애초부터 총명하고 영리한 지혜의 성품으로 많은 것을 짓고 거기에 빠져들었기 때문입니다. 그러므로 다만 이 마음으로 하여금 텅 비어 한가하고 고요하며(虛閑寂靜) 오래도록 맑고 맑아 여여하며(湛湛如如) 변하지도 않고 바뀌지도 않게 해야 합니다. 그러면 반드시 대안온大安隱의 즐거

1 '尹(윤)'은 관직의 이름으로 한 지역의 수장을 뜻한다.(소윤은 윤의 다음 계급을 의미함.)

운 날이 있을 것입니다.

❀

所患者 休歇不得 而向外覓 作聰明也. 殊不知本有之性 如金剛堅固鎭長. 只在未曾斯須間斷 若消歇久 驀地如桶底子脫 自然安樂也. 若求善知識 廣要持論 則轉遠矣. 惟是猛利根性 猛自割斷 猛自棄捨 當有證入 自知之矣. 旣知之後 知亦不立 始造眞淨境界. 以公道契之外 故强言之 可照之 區域之表也.

근심스러운 것은 쉬지(休歇)를 못하고 밖에서 찾으며 총명을 부리는 것입니다. 이것은 본래의 성품이 마치 금강처럼 언제나 늘 견고하다는 것을 전혀 모르는 것입니다. 다만 일찍이 잠시도 끊어진 적이 없었을 뿐이니, 오래도록 쉬어 맥연히 통 밑이 빠지는 것처럼 하면 자연히 편안하고 즐겁게 될 것입니다. 하지만 만약 선지식을 찾으면서 널리 논의만을 지니려 한다면 점점 멀어지게 됩니다. 오로지 맹렬하고 영리한 근성으로 맹렬하게 스스로 끊고 맹렬하게 스스로 버려야 깨달아 들어갈 곳이 있음을 스스로 알게 됩니다. 알고 난 후에는 아는 것 또한 세우지 않아야, 비로소 진실로 깨끗한 경계를 만들게 됩니다.

이것은 공公께서 도에 계합한 밖의 것을 일부러 억지로 말씀드리는 것이니, 부디 그 계합하신 경지의 겉만 대조하십시오.

# 87. 장 대제께(示 蔣待制)[1]

此段事 天人群生 至於佛祖 皆承威力. 但以群靈 雖蘊此而冥昧 枉受沉溺 佛祖達此而超證. 迷悟雖殊 其不思議一也. 是故 佛祖開示直指 莫不令一切含靈 各各獨了 自己本來圓具 淸淨妙明眞心. 更不留如許 塵勞妄想 計念知見 直向五蘊身田 回光返照 湛寂如如 廓爾承當 明見此正性.

※沉溺(침익): 물에 빠지다(가라앉다). 빠지다. 탐닉하다. 헤어나지 못하다.

이 일(此段事)은 하늘과 인간, 군생(중생)으로부터 불조에 이르기까지 모두가 이것의 위력을 이어받은 것입니다. 하지만 군령(群靈, 중생)에 근거하면 비록 이것을 간직하고 있더라도 어둡고 미혹해서 헤어나지 못함(沉溺, 생사윤회)을 부질없이 받는 것이고, 불조에 근거하면 이것을 통달해서 뛰어넘어 증득한 것입니다. 어리석음과 깨달음이 아무리 다르더라도, 부사의한 것(不思議, 헤아리기 어려운 것)은 똑같습니다. 이런 까닭에 불조께서 바로 가리켜 열어 보인 것은 일체의 모든 중생들

1 待制(대제): 중국의 전각에서 문필을 담당하던 관직 중의 하나. 본서 '68. 증 대제께' 편의 註1 참조.

로 하여금 각각 자기가 본래 원만하게 갖추고 있는 청정묘명한(淸淨妙明, 맑고 깨끗하며 오묘하고 밝은) 진심眞心을 홀로 깨닫도록 하지 않은 것이 없는 것입니다. 그러므로 다시는 저와 같은 진로망상(塵勞妄想, 번뇌망상)과 계념지견(計念知見, 헤아리고 생각하는 지견)을 남기지 말고 곧바로 5온의 몸에서 회광반조해서 잠적여여(湛寂如如, 맑고 고요하며 여여함)함을 확연히 알아차려야, 이것의 바른 성품을 밝게 보게 되는 것입니다.

❀

此性卽心 此心卽性. 浩浩作爲 應在六根門頭 千變萬化 初不搖動 故號常住本源. 若達此本力 用所作無不透徹 須是截流而證. 若踟躕動念則沒交涉也. 唯是當人根性 素來純靜深沉 爲最易爲力 只略返照一透便可證入. 古人謂此 爲無盡藏 亦名如意珠 亦號金剛寶劍.

※深沉(심침): 내색하지 않다. 침착하고 신중하다.
※素來(소래): 평소부터. 전부터. 진작부터. 종래. 원래.

이 성품이 바로 마음이요, 이 마음이 곧 성품입니다. (이것은) 넓고 넓게 작위(作爲, 행위)해서 응당 6근六根의 문 앞에서 천 가지 만 가지 변화를 일으키지만, 애초부터 흔들리고 움직이는 것이 아니기 때문에 '상주본원(常住本源, 본원에 상주한다)'이라고 부릅니다. 그러므로 만약 이 본원의 힘을 통달하면 쓰고 짓는 것이 투철하지 않는 것이 없게 되니, 모름지기 그 흐름을 끊고 증득해야 합니다. 만약 머뭇거리거나 생각을 움직이면 전혀 관계가 없게 됩니다. 오로지 당사자의 근성이 평소부터 순수하고 고요하며 침착하고 신중해야 가장 쉽게 힘이 되는 것이니, 다만 잠시 회광반조해서 한 번에 꿰뚫어야 바로 깨달아 들어갈 수 있습니다. 고인古人은 이것을 일러 무진장無盡藏·여의주如意珠·금강보검金剛寶劍이라고 불렀습니다.

❀

要深具信根 信此不從他得 行住坐臥 凝神寂照 淨倮倮地. 無間無斷 自然諸見不生 契此正體. 不生不滅 非有非無 無實無虛 離名離相 卽是當人 本地風光 本來面目也. 古德 所以 揚眉瞬目 拈槌竪拂 行杖行喝. 微言妙句 百千億方便 無不令人向此透脫. 一纔透得 便深徹源 棄却敲門瓦子 了無毫髮當情. 三十二十年 於中履踐 截斷路布葛藤 閑機破境 翛然無心 乃安樂之歇場也. 所以道 "卽今休去便休去 若覓了時無了時"

신근(信根, 일대사 인연에 대한 믿음의 근원)을 깊이 갖추고자 하면, 확실히 이것은 남에게서 얻는 것이 아니니, 행주좌와行住坐臥에 정신을 집중해서 정나나淨倮倮하게 고요히 비춰야 합니다. 사이도 없고 끊어짐도 없으면 자연히 모든 견해가 일어나지 않고 이 정체正體와 계합하게 됩니다. 불생불멸不生不滅하고 비유비무非有非無하며, 무실무허無實無虛하고 이름도 여의고 상도 여의면(離名離相), 바로 이것이 당인(當人, 당사자)의 본지풍광本地風光이고, 본래면목本來面目입니다.[2]

---

2 本地風光 本來面目(본지풍광 본래면목)에 관해서는 본서 '64. 호 상서께' 편과 '74. 장 중우 선교께' 편의 본문 서두에 원오 스님이 정의를 내리고 있으니

옛 어른 스님은 그래서 눈썹을 치켜 올리고(揚眉) 눈을 깜빡이며(瞬目), 백추를 들고(拈槌) 불자를 세우며(豎拂), 방을 하고 할을 하며, 미묘한 언구와 백천억의 방편으로 사람들로 하여금 여기서 꿰뚫어 벗어나지 않게 한 것이 없었습니다. 또한 한 번 꿰뚫자마자 바로 근원에 깊이 사무쳐 문 두드리는 기와 조각도 버리고 털끝만큼의 마음작용(當情, 情識)이 전혀 없었습니다.

30년, 20년 실천하면서 주장과 언어문자를 끊고, 마음을 한가하게 하고 경계를 깨드려 얽매임 없이 무심해야, 바로 안락하게 쉬는 경지입니다. 그래서 이르기를 "바로 지금 쉬어야 쉬는 것이지, 깨달을 때를 찾게 되면 끝내 깨달을 날이 없게 된다(卽今休去便休去 若覓了時無了時)"고 하였던 것입니다.

❀

摩竭掩室 毗耶杜詞 人皆以爲極致 殊未夢見 渠脚指頭在. 大人大見大智大用 豈拘格量哉. 直是痛的的地 恨不兩手分付. 那論淺深得失彼我 現量紛紜和 泥合水耶. 且如 佛未出世 祖師未來 世界未成 虛空未現 向甚處捫摸. 要須喪却機心 死却知見 脫去世智辯聰. 放下直如枯木朽株相似 驀地體得. 到絶氣息處 淡然忘懷 萬年一念. 將養保衛久久純熟 子細返觀 便諳得摩竭 淨名來脉也.

※脚指(각지): 발가락.

※現量(현량): 비판하고 분별함이 없이 외계의 사상을 있는 그대로 받아들이

---

참조하기 바란다.

는 일.

※紛紜(분운): 여러 사람의 의논이 일치하지 아니하고 이러니저러니 하여 시끄럽고 떠들썩함. 세상이 떠들썩하여 복잡하고 어지러움.

※捫(어루만질 문): 어루만지다. 쓰다듬다. 거머쥐다. 더듬다. 찾다.

※淡然(담연): 욕심이 없고 깨끗함.

부처님이 마갈타에서 방문을 닫고(摩竭掩室), 유마 거사가 비야리에서 말을 막은 일(毗耶杜詞)[3]을 사람들은 모두 극치極致라고 하지만, 그들의 발가락 끝도 꿈에서조차 전혀 보지 못한 것입니다. 대인大人의 큰 견해와 큰 지혜, 그리고 대용大用이 어찌 격식과 사량에 구애되는 것이겠습니까! 다만 아주 분명한 것인데도 두 손으로 넘겨주지 못하는 것이 원망스러울 뿐입니다. 어째서 심천淺深·득실得失·피아彼我를 논하고, 현량現量을 복잡하고 어지럽게 해서 진흙탕을 만드는 것입니까! 그렇다면 부처가 세상에 나오기 이전, 조사가 서쪽에서 오기 이전, 세계가 이루어지기 이전, 허공이 나타나기 이전은 어느 곳에서 더듬어 찾겠습니까!

모름지기 기심(機心, 마음)을 버리고, 지견知見을 죽이며, 세간의 지혜와 말주변, 총명에서 벗어나야 합니다. 내려놓기를 마치 마른 나무나 썩은 나무 그루터기처럼 해야 맥연히 체득하게 됩니다. 또한 호흡이 끊어진 곳에 이르러 마음도 잊고 욕심도 없이 깨끗해야 만년이 일념이 됩니다. 그러므로 이를 기르고 지키며 오래도록 순일하게

---

3 摩竭掩室 毗耶杜詞(마갈엄실 비야두사)에 관해서는 본서 '14. 지도 각 장로께' 편의 註3과 4를 참조.

익히고 자세히 돌이켜 관해야(返觀), 바로 마갈타와 유마(淨名)[4]에서 흘러나온 맥을 알게 됩니다.

❀

趙州臨示寂 封一柄拂子 送與鎭府大王云 "此是老僧一 生用不盡底" 原其高識遠見 豈令人滯於相執於言 縛於葛藤耶. 唯直了證則活鱍鱍 有出群作略 乃能擔負 如水入水 似金博金也.

조주趙州가 적멸을 보임에 이르러(=입적할 때에), 한 자루 불자拂子를 봉해 진부대왕鎭府大王에게 보내면서 말하기를 "이것이 노승이 일생동안 써도 다 쓰지 못한 것입니다"[5]고 했습니다. 스님의 높고 원대한

---

4 정명은 유마 거사의 다른 이름이다. 『황벽단제선사어록』에 다음과 같이 기술하고 있다.

"유마는 깨끗한 이름(淨名)이라는 뜻인데, 깨끗하다는 것은 성품을 두고 하는 말이고 이름은 모습의 측면에서 한 말이다. 성품과 모양이 다르지 않으므로 그를 정명거사淨名居士라 한 것이다."(퇴옹 성철 편역, 고경, p.420)

5 경덕전등록 제10권, '조주 관음원 종심 선사' 편에 다음과 같이 기술하고 있다. 一日 眞定帥王公 携諸子入院 師坐而問曰 "大王會麽" 王云 "不會" 師云 "自小持齋身已老 見人無力下禪床" 王公尤加禮重 翌日令客將傳語 師下禪床受之 少間侍者問 "和尙見大王來不下禪床 今日軍將來 爲什麽却下禪床" 師云 "非汝所知 第一等人來 禪床上接 中等人來 下禪床接 末等人來 三門外接" 師寄拂子 與王公曰 "若問何處得來 但道老僧平生用不盡者" 師之玄言 布於天下 時謂趙州門風 皆悚然信伏矣.

어느 날 진정수眞定帥 왕공王公이 아들들을 데리고 절에 왔는데, 선사(조주종심)가 앉아서 물었다.

"대왕이여, 알겠습니까?"

식견을 살피건대, 어찌 사람들로 하여금 상相에 막히고 말(言)에 집착하며 언어문자에 매이게 하였겠습니까! 오로지 곧바로 알고 증득하면 활발발하게 무리에서 벗어나는 계략으로 능히 짐을 짊어질 수 있게 되니, 마치 물을 물에 붓고 금으로 금을 바꾸는 것과 같습니다.

❀

襄陽郡 將王常侍 參潙山 大圓得旨. 一日有僧 從潙山來 常侍問 "山頭

---

왕공이 말했다.
"모르겠습니다."
선사가 말했다.
"어릴 때부터 재계齋戒를 지켰지만, 몸이 늙으니 사람을 보고도 선상禪床을 내려갈 힘이 없게 되었습니다."
그러자 왕공이 더욱 예를 갖추었다.
이튿날 객 장군(客將)을 시켜서 말을 전하니, 선사가 선상에서 내려와 그를 맞이했다.
잠시 있다가 시자가 물었다.
"화상께서는 대왕이 오는 것을 보고도 선상에서 내려오지 않더니, 오늘 군대의 장수가 왔을 때는 어째서 선상에서 내려오셨습니까?"
선사가 말했다.
"그대가 알 바가 아니다. 제1등의 사람이 오면 선상 위에서 맞이하고, 중등의 사람이 오면 선상에서 내려와 맞이하며, 하등의 사람이 오면 삼문 밖에서 맞이하느니라."
선사가 불자 하나를 왕공에게 전하면서 말했다.
"만약 어디서 얻었느냐고 묻거든, 다만 노승이 평생 써도 다 하지 못한 것이라고 말하라."
선사의 현묘한 말이 천하에 퍼지자, 당시에 조주의 문풍(趙州門風)이라 하면서 모두가 공경하며 믿고 복종했다.

老漢 有何言句" 僧云 "人問 '如何是祖師西來意' 潙山豎起拂" 常侍云 "山中如何領解" 僧云 "山中商較 卽色明心 附物顯理" 侍云 "會便會著甚死急 汝速回去 待有書與老師" 僧馳書回 潙山拆見 畫一圓相 於中書箇日字 潙山呵呵大笑云 "誰知 吾千里外 有箇知音" 仰山云 "也只未在" 潙山云 "子又作麽生" 仰山 於地上畫一圓相 書箇日字 以脚抹之而去. 看他得底 人步驟趣向. 豈守窠窟. 則箇裏 若善觀其變 則能原其心. 旣能原其心 則有自由分 旣有自由分 則不隨他去也. 旣不隨他去何往而不自得哉.

※抹(지울 말): 지우다. 바르다. 칠하다. 문지르다. 비비다. 지워 없애다. 화장하다.

양양군의 장수 왕상시王常侍[6]는 위산대원潙山大圓[7]을 참례하고 종지를 체득했습니다.

하루는 어떤 스님이 위산에서 오자, 상시가 물었습니다.[8]

---

6 왕상시(왕경초)에 관해서는 본서 '66. 동감 거사께' 편의 註5를 참조.

7 潙山大圓(위산대원)은 위산영우 스님을 뜻한다. 대원은 시호다.(본서 '7. 충 장로께' 편의 註9를 참조.)

8 경덕전등록 제11권, '등주 향엄 지한 선사' 편에 유사한 내용이 있어 소개한다. 師問僧 "什麽處來" 僧曰 "潙山來" 師曰 "和尙近日有何言句" 僧曰 "人問如何是西來意 和尙竪起拂子" 師聞擧乃曰 "彼中兄弟 作麽會和尙意旨" 僧曰 "彼中商量道 卽色明心 附物顯理" 師曰 "會卽便會 不會著什麽死急" 僧却問 "師意如何" 師還擧拂子(玄沙云 "只遮香嚴脚跟猶未點地" 雲居錫云 "什麽是香嚴脚跟未點地處")

선사(향엄지한)이 어떤 스님에게 물었다.

"어디서 왔는가?"

"위산 노장께 무슨 말씀이 있습니까?"

스님이 말했습니다.

"사람들이 '어떤 것이 조사가 서쪽에서 온 뜻입니까?'라고 물으면, 위산 스님은 '불자拂子'를 세우십니다."

상시가 말했습니다.

---

스님이 말했다.

"위산에서 왔습니다."

선사가 말했다.

"화상께서는 요즘 어떤 말씀을 하시는가?"

그 스님이 말했다.

"어떤 사람이 '무엇이 서쪽에서 오신 뜻입니까?'라고 물으면, 화상께서는 불자拂子를 세우십니다."

선사가 그 말을 듣고 말했다.

"그곳의 형제들은 어떻게 화상의 뜻을 이해하던가?"

그 스님이 말했다.

"그곳에서는 헤아려서 말하기를 '바로 색으로 마음을 밝히고, 사물에 의해서 이치를 드러낸다'고 합니다."

선사가 말했다.

"알면 즉각 아는 것이지, 알지도 못하면서 그렇게 성급하게 구는 것인가!"

스님이 물었다.

"스님의 생각은 어떠십니까?"

선사가 다시 불자를 세웠다.

〔현사玄沙가 말했다.

"다만 저 향엄의 발뒤꿈치가 땅에 닿지 않았을 뿐이다."

운거 석雲居錫이 말했다.

"어떤 것이 향엄의 발뒤꿈치가 땅에 닿지 않은 것인가?"〕

"산중에서는 이것을 어떻게 이해합니까?"

스님이 말했습니다.

"산중에서는 '색色을 통해 마음을 밝힌 것이요, 사물을 통해 이치를 드러낸 것'이라고 논합니다."

상시가 말했습니다.

"알기는 알겠습니다만, 어째서 이리도 급합니까! 스님은 빨리 돌아가세요, 노스님에게 드릴 편지가 있습니다."

스님이 돌아가 편지를 전하자, 위산이 뜯어보니 일원상一圓相을 그리고 그 가운데 '날 일(日)자'가 쓰여 있었습니다.

위산이 가가대소하고, 말했습니다.

"누가 내게 천 리 밖에 지음인知音이 있다는 것을 알리오."

앙산仰山[9]이 말했습니다.

"그래도 아직은 아닙니다."

위산이 말했습니다.

"그대는 어떻게 하겠는가?"

앙산이 땅에다가 일원상을 그리고 '날 일자(日)'를 쓰더니 발로 문질러버리고는 가버렸습니다.

저 체득한 사람들이 훌연히 헤아려 나아간 바를 보십시오. 어찌 고정된 틀을 지키는 것이겠습니까! 여기에서 그 변화를 잘 관觀하면

---

9 앙산에 관해서는 본서 '7. 충 장로께' 편의 註9를 참조.

그 마음을 살필 수 있습니다. 그 마음을 살필 수 있으면 자유로움이 있게 되고, 자유로움이 있으면 다른 것을 따르지 않게 됩니다. 다른 것을 따르지 않는다면 어디를 가더라도 스스로 자재함을 얻지 않겠습니까!

❀

每接士大夫 多言"塵事縈絆 未暇及此 待稍撥剔了 然後存心體究" 此雖誠實之言 然一往久 在塵事中. 口以塵勞爲務 頭出頭沒 爛骨董地熟了 只喚作塵事 更待撥却塵緣 方可趣入. 其所謂 終日行而未嘗行 終日用而未嘗用 豈是塵勞之外 別有此一段大因緣耶. 殊不知 大寶聚上放大寶光輝天焯地. 不自省悟承當 更去外求 轉益辛勤 豈爲至要. 若具大根器 不必看古人言句公案. 但只從朝起 正却念靜却心.

※塵事(진사): 속세의 어지러운 일.
※縈(얽힐 영): 얽히다. 감기다. 굽다. 두르다. 둘러싸다.
※絆(얽힐 반): 얽어매다. 묶다. 묶어 놓다. 견제하다. 줄. 올가미.

매번 사대부들을 만날 때마다 많이들 말하기를 "속세의 어지러운 일에 얽히고설켜 그럴 겨를이 없습니다. 차츰차츰 정리해서 그런 다음 마음에 새기고 몸소 참구하겠습니다"라고 합니다. 이는 비록 성실한 말이기는 해도, 한결같이 오랫동안 속세의 어지러운 일 속에 있는 것입니다. 입으로만 번뇌를 일로 삼는다고 하면서, 번뇌가 일어났다 꺼졌다 하기를 계속하다가 골동품이 문드러질 정도로 익어지면, 그저 단지 '속세의 일(塵事)이다'고 하니, 어느 세월에야(更待, 更待何時의 준말) 티끌 같은 인연을 모두 버리고 바야흐로 깨달음에 들어갈 수 있겠습니까! 그래서 이른바 "종일토록 행하고도 일찍이 행한 바가 없고, 종일토록 쓰고도 일찍이 쓴 바가 없는 것"이라고 하는 것이니, 어찌 번뇌 밖에 따로 이 큰 인연(一段大因緣)이 있겠습니까!

큰 보배 더미 위에서 큰 보배광명을 놓아 하늘이 빛나고 땅이 빛나는 것도 전혀 모르고, 스스로 살피고 깨달아 알지도 못하면서 다시 밖으로 나가 구한다면, 하면 할수록 고생만 더하게 되니 어찌 지극한 요지가 되겠습니까! 만약 대근기를 갖추었다면 고인古人의 언구言句나 공안公案을 살필 필요도 없습니다. 단지 아침에 일어나 생각을 바르게 하고 마음을 고요히 할 뿐입니다.

❀

凡所指呼 作爲一番 作爲一番 再更提起 審詳看 從何處起 是箇甚物 作爲得如許多. 當塵緣中一透 一切諸緣 靡不皆是 何時撥剔. 卽此便可超宗越格 於三界火宅之中 便化成淸淨無爲淸凉大道場也. 法華云 "佛子住此地 卽是佛受用 經行及坐臥 常在於其中"

※指呼(지호): 손짓하여 부름.

무릇 손짓하여 불러 한 번 행할 때, 한 번 행한 것을 거듭 다시 들어서 '이것이 어디에서 일어났는가?', '이것이 어떤 것이기에 저와 같이 많은 행위들이 있는 것인가?'라고 자세히 살펴야 합니다. 마땅히 티끌 같은 인연 속에서 한 번 꿰뚫게 되면 일체의 모든 인연들이 옳지 않은 것이 없게 되는데, 어느 때에 없애버리겠습니까!

이것(此)에 즉하면 바로 종파를 뛰어넘고 격식을 초월해서 삼계화택三界火宅 가운데 바로 청정무위하고 청량한 대도량으로 변화할 것입니다. 법화경에서 말씀하셨습니다.

"불자가 이 경지에 머무르면 이는 곧 부처를 수용하는 것이니, 경행과 앉고 눕는 것이 그 가운데 항상 있다(佛子住此地 卽是佛受用 經行及坐臥 常在於其中)."[10]

10 법화경 제5권, '분별공덕품'에 나오는 말을 원오 스님이 자유자재하게 인용을 하고 있다. 법화경의 원문은 다음과 같다.
"佛子住此地 則是佛受用 常在於其中 經行及坐臥"
불자가 이 경지에 머무르면 이는 곧 부처를 수용하는 것이니, 항상 그 가운데 계시면서 경행하며 앉고 눕는다.

# 88. 영 선인에게(示 寧禪人)

死生之變亦大矣 衲僧家坐斷報化佛頭 不立纖毫知見 直下透脫. 要萬年一念 一念萬年 死死生生 生生死死 打成一片 不見毫末起滅輪轉. 所以道"任是千聖出頭來 終是向渠影中現" 試問 渠正體作何形段 須知空劫已前 由地建立 至於窮華藏浮幢王刹 盡未來際 亦因他成就.

※任是(임시): 설령 ~일지라도.

※밑줄 친 부분 가운데 '地(지)'는 '他'의 誤字다.

생사의 변화 또한 큰 것이지만, 납승이라면 보신불報身佛·화신불化身佛의 머리를 꺾어버리고,[1] 털끝만큼의 지견도 세우지 않고 바로 그 자리에서 꿰뚫어 벗어나야 한다. 만 년이 일념이 되고, 일념이 만 년이 되도록 하려면 사사생생死死生生·생생사사生生死死 한 덩어리로 만들어 털끝만큼의 일어났다 꺼졌다 하는 윤회를 보지 않아야 한다. 그래서 이르기를 "일천의 성인이 나올지라도 결국은 그것의 그림자 속에서 드러나는 것이다"[2]고 하였던 것이다.

---

1 坐斷報化佛頭(좌단보화불두)에 관해서는 본서 '85. 원빈께' 편의 註6을 참조.

2 경덕전등록 제20권, '양주 녹문산 화엄원 처진處眞 선사' 편에 다음과 같은 게송을

시험 삼아 묻노니, 저것의 정체正體는 어떤 형상을 하고 있는가? 모름지기 공겁空劫 이전도 그것으로 말미암아 세워졌고, 화장세계華藏世界에 떠 있는 당왕찰幢王刹이 다하고 미래세가 다할 때까지도 모두 그것으로 인해 이루어지는 것임을 알아야 한다.

❀

若是上根利智 脫却無始劫來 虛妄染汚 聖凡情量 向脚根下 猛省直透. 棄捨一切 依倚聞見覺知 色聲味觸 如紅鑪上著點雪 灑然淨盡. 無量珍寶 於中運出 無邊勝相 於中顯現. 亦於本心 初無彼我是非勝負欣厭 便與本來無二無別 更喚甚作生死, 喚甚作小大. 冥然岑寂 得大安穩 始知從來 不曾喪失亦不欠少.

※岑寂(잠적): 외로이 솟아 있는 모양. 쓸쓸하고 적막한 모양.

※岑(봉우리 잠): (산)봉우리. 낭떠러지. 벼랑. 산세가 험준한 모양.

---

기술하고 있다.

一片凝然光燦爛　한 조각의 응연한 찬란한 빛!
擬意追尋卒難見　뜻으로 헤아려 찾으려 하면 끝내 보기 어렵지만,
炳然擲著豁人情　분명하게 떨쳐 인정人情을 툭 트이게 하면
大事分明皆總辦　대사(大事)가 분명해서, 모든 것을 총괄해 판별하게 되네.

是快活 無繫絆　쾌활하구나, 얽매임이 없음이여!
萬兩黃金終不換　만 냥의 황금으로도 끝내 바꿀 수 없으니,
任他千聖出頭來　일천의 성인이 나올지라도
從是向渠影中現　결국은 그것의 그림자 속에서 드러나는 것이네.

만약 영리한 근기의 뛰어난 지혜를 가진 자라면 무시겁無始劫으로부터 내려오는 허망과 염오·성인이니 범부니 하는 헤아림에서 벗어나, 자기 발밑에서 맹렬히 살펴서 바로 꿰뚫어야 한다. 일체의 의지하고 기댔던 견문각지見聞覺知와 색성미촉色聲味觸을 버려서, 마치 활활 타는 화로에 한 점의 눈이 떨어지는 것처럼 씻은 듯 깨끗해야 한다. 그러면 그 속에서 헤아릴 수 없는 진기한 보배를 그 가운데서 꺼내 쓰고, 끝이 없는 뛰어난 모습이 그 가운데서 드러나게 된다.

또한 본래의 마음에는 애초부터 너와 나·옳고 그름·이기고 짐·좋고 싫음이 없으며, 본래 둘도 없고 다를 것도 없는데, 다시 무엇을 생사라 부르고, 무엇을 크고 작음이라고 부르겠는가! 명연잠적(冥然岑寂, 그윽하고 홀로 고요함)의 대안온大安穩을 얻어야, 비로소 예로부터 일찍이 잃은 적도 없고, 또한 조금도 부족하지 않았다는 것을 알게 될 것이다.

豈不見 石頭問藥山 "汝在此作什麽" 山云 "一物不爲" 頭云 "恁麽則閑坐去也" 山云 "閑坐則爲也" 頭云 "汝道不爲 不爲箇什麽" 山云 "千聖亦不識" 石頭乃有頌 "從來共住不知名 任運相將只麽行 自古上賢尤不識 造次凡流豈可明" 看渠師資 踐履趣向如此. 可不是本分事耶. 旣圖參問 宜乎追慕 使古風不墜. 乃自己行脚事辦也.

어찌 보지 못했는가!

석두石頭가 약산藥山에게 물었다.

"그대는 여기서 무엇을 하는가?"

약산이 말했다.

"아무것도 하지 않습니다."

석두가 말했다.

"그렇다면 한가로이 앉아 있는 것이군!"

약산이 말했다.

"한가로이 앉아 있는 것도 하는 것입니다."

석두가 말했다.

"그대는 아무것도 하지 않는다고 말하는데, 하지 않는다는 것은 무엇인가?"

약산이 말했다.

"일 천의 성인들 또한 알지 못합니다."

석두가 이에 송을 했다.

"예로부터 지금까지 함께 있어도 이름을 알지 못하고
운행하는 대로 서로 함께 그렇게 갈 뿐이네.
예로부터 훌륭한 사람들도 오히려 몰랐거늘
예사로운 범부들이 어찌 밝힐 수 있으랴."

저 스승과 제자가 이와 같이 실천해 나아간 뜻을 살펴보라, 이것이 어찌 본분사本分事가 아니겠는가! 참례해서 묻고자 하면 마땅히 고인을 추모하되, 고풍古風을 떨어뜨리지 않도록 해야 한다. 그래야 자기 일에 힘쓰는 것이다.

# 89. 승 상인께(示 勝上人)

"大道體寬 無易無難 小見狐疑 轉急轉遲" 若達大道體寬 廓然同太虛空 放懷曠蕩 觸處皆眞 不拘限量 有何難易. 信手拈來 蓋天蓋地 含育十虛 而不作相. 若纔作毫毛知見解礙 則墮知見 究徹不及 返生狐疑. 所以 此道唯務大根利器 直下承當. 脫然惺悟便休. 更不作限量知見 萬別千差 一劍截斷等閑 不立勝負 惟務退藏 似兀如癡.

※曠蕩(광탕): 광활하다. 광막하다. 끝없다. 공활하다. (생각·마음 등이) 활달하다. 명랑하다. 낙관적이다. 자유롭고 거리낌 없다.

※狐疑(호의): 매사에 지나치게 의심하다. 여우가 의심이 많다는 뜻에서 나온 말.

"대도大道는 그 본체가 넓어서
쉬움도 없고 어려움도 없지만,
좁은 견해로 여우같은 의심을 내면
서둘수록 더욱 더디게 된다."(고 했습니다.)[1]

1 3조 승찬 스님의 신심명信心銘에 나오는 말이다.

만약 대도의 본체가 넓다는 것을 통달하면 넓고 텅 빈 것이 태허공太虛空과 같고, 마음을 놓아 자유롭고 거리낌이 없으며, 닿는 곳마다 진실해서 한정됨에도 구속되지 않는데, 무슨 쉽고 어려움이 있겠습니까! 손 가는 대로 집어 들고, 하늘을 덮고 땅을 덮으며, 10허(十虛, 시방의 허공)를 머금고 기르면서도 상相을 내지 않습니다. 하지만 만약 털 끝 만큼의 알았다는 견해의 장애를 짓게 되면, 바로 지견에 떨어져 참구가 투철하지 못하게 되고, 오히려 여우같은 의심만 일어나게 됩니다. 그렇기 때문에 이 도는 오직 대근기의 영리한 자가 바로 그 자리에서 알아차리는 것에만 힘을 써서 무거운 짐을 벗어버리듯 또렷이 깨닫고는 바로 쉬는 것입니다. 다시는 한정된 지견知見도 짓지 않고 천차만별을 한 칼에 베어 예사로 여기며, 이기고 짐도 세우지 않고 오로지 한 발 물러나 감추는 것에만 힘쓰게 되는데, 마치 어리석기가 바보와 같습니다.

❀

孤運獨照 <u>融通滔合</u> 密密綿綿 佛眼亦覷不見 況乎魔外. 長養成就 自然有入 心入髓之功. 便於根塵 違順死生 亦咬得斷 終不疑著 此乃無心無爲無事 大解脫境界. 旣然圖欲預此勝流 當須切切孜孜 放下身心 體究一句. 一機一境上 發明悟入 無量無數 作用公案 一時穿透 纔拈得來更不放過 便與截斷 豈不快哉.

※㴱(물 내솟는 소리 올, 물 흐르는 모양 홀): 물 내솟는 소리. 물 흐르는 모양.

※밑줄 친 부분 가운데 '滔'는 상기의 㴱(물 흐르는 모양 홀)로 번역함.

※密密綿綿(밀밀면면)=綿綿密密(면면밀밀): (언행이나 사려 등이) 주도면밀하다. 세밀하다. 치밀하다. 꼼꼼하다. 섬세하다.

※旣然(기연): ~된 바에야. ~인 이상. ~만큼.

홀로 움직이고 홀로 비춰서 물 흐르듯 두루 융합해서 밀밀면면密密綿綿하게 되면 부처의 눈으로도 엿보지 못하게 되는데, 하물며 마군이나 외도의 경우이겠습니까! 오래도록 길러서 이루게 되면 자연히 마음에도 들어가고 골수에도 사무치는 공功이 있게 됩니다. 또한 바로 6근根과 6진塵에 거스르고 따름·나고 죽음까지도 물어뜯고 끊어서 끝내 의심하지 않게 되는데, 이것이 곧 무심無心·무위無爲·무사無事의 대해탈大解脫 경계입니다.

이왕 이와 같은 수승한 부류에 참여하기로 한 이상, 당연히 간절하고 부지런히 몸과 마음을 내려놓고 스스로 일구一句를 참구해야 합니다. 일기一機·일경一境에서 분명하게 밝히고 깨달아 들어가, 헤아릴 수 없이 많은 작용과 공안을 일시에 꿰뚫어버리면, 집어 드는 대로[2] 다시는 그냥 지나치지 않고 끊어버리게 되는데, 어찌 통쾌하지 않겠습니까!

---

2 拈得來(信手拈來)에 관해서는 본서 '78. 위 학사께' 편의 註4를 참조. 또한 원오스님은 '30. 상 선인에게' 편의 본문 말미에서도 다루고 있으니, 함께 참조하기 바란다.

# 90. 침 상인께(示 琛上人)

僧問趙州 "如何是祖師西來意" 州云 "庭前栢樹子" 不妨省力. 如今參問之士 性識昏昧 只管去語言上咬 至了不柰何. 下梢無合殺 遂滿肚懷疑 多作異見異解 蹉却本分事 殊不知 不在言語上 又不在事物邊. 如擊石火閃電光 略露風規 纔擬承當 早落二三也. 若要直截 應須退步就己. 歇却狂心 使知見解礙 都盧淨盡. 時節緣熟 瞥然明證 亦不爲難. 似恁麽話 早葛藤了也 且作死馬毉.

※下梢(하초): 말미. 결말. 강의 하류. 맨 끝. 결국.
※毉(의원 의): 의원. 무당. 치료하다. '醫(의)'와 같은 글자다.

어떤 스님이 조주趙州[1]에게 물었습니다.

"어떤 것이 조사가 서쪽에서 온 뜻입니까?"

조주가 말했습니다.

"뜰 앞의 잣나무(庭前栢樹子)."

이는 참으로 힘을 던 것이라 하겠습니다.

1 조주에 관해서는 본서 '1. 화장 명 수좌에게' 편의 註25를 참조.

하지만 요즘 참례하여 묻는 사람들은 성식性識이 어두워 단지 말로만 떠들어댈 뿐, 깨달음에 이르러서는 어쩔 줄을 모릅니다. 결국에는 더하고 덜함도 없이 마침내 뱃속 가득히 의심을 품고 다른 견해를 많이 지어 본분사本分事[2]에 어긋나게 되니, (본분사가) 언어에도 있지 않고 사물에도 있지 않다는 것을 전혀 모르는 것입니다. 전광석화같이 풍규風規를 조금만 드러내도 바로 헤아려 알고자 하는데, 이미 두 번째 세 번째에 떨어진 것입니다. 그러므로 만약 바로 끊고자 하면 마땅히 한 발 뒤로 물러나서 자기에게로 나아가야 합니다. 또한 미친 마음을 쉬어 알았다는 견해의 장애를 모두 깨끗이 없애야 합니다. 시절인연이 익으면 별안간 밝게 증득하는 것 또한 어려울 것이 없게 됩니다. 하지만 이런 이야기도 단지 쓸모없는 말(葛藤)이며, 죽은 말(死馬)을 치료하는 의사와 같은 것입니다.

❀

會當有趣入處 但一則公案上 透頂透底 信得及. 到無疑之地 向間千種

2 조주는 本分事(본분사)에 관하여 조주록에서 다음과 같이 기술하고 있다.
"師示衆云 老僧此間 卽以本分事接人. 若教老僧隨伊根機接人 自有三乘十二分教 接他了也. 若是不會 是誰過歟. 以後遇著作家漢也道 老僧不辜他. 但有人問以本分事接人."

선사(조주종심)가 대중에게 말했다.
"노승은 이곳에서 바로 본분사로 사람을 제접한다. 만약 노승으로 하여금 그들의 근기에 따라서 제접하라고 한다면, 자연 3승 12분교로 그들을 제접할 것이다. 그런데 만약 그들이 알지 못한다면 그것은 누구의 잘못이겠는가. 이후 작가를 만나더라도 노승은 그들을 저버리지 않았다고 말할 것이다. 다만 어떤 사람이 물으면 나는 본분사로 제접할 뿐이다."

萬端 改頭換面 長句短句 多句少句 有句無句 一時透脫 豈有兩種也. 所謂 直指人心 見性成佛. 一得永得 據自寶藏 運自家財 受用豈有窮極也. 不見德山在龍潭吹紙燭 豁然瞥地便道"從今日去不疑天下老和尙舌頭也" 後來住山 打風打雨 不妨性燥. 但恁麽參 但恁麽證 恁麽用. 辦取肯心 必不相賺.

※改頭換面(개두환면): 일의 근본은 고치지 않고 단지 그 겉만을 고침.

때마침 들어갈 곳이 있으면 다만 일칙一則의 공안으로 머리끝에서 발끝까지 꿰뚫고 확실하게 이르러야 합니다. 의심이 없는 경지에 이르면 짧은 사이에 천 가지 만 가지로 근본은 바꾸지 않고 겉만 바꾼(改頭換面) 장구長句와 단구短句·다구多句와 소구少句·유구有句와 무구無句를 일시에 꿰뚫어 벗어나게 되는데, 여기에 어찌 두 가지가 있겠습니까! 그렇기 때문에 '직지인심·견성성불'이라고 하는 것입니다. 또한 한 번 얻으면 영원히 얻어서 자기의 보배 창고에서 자기의 재물을 꺼내 쓰는 것이니, 받아 씀(受用)에 어찌 다함이 있겠습니까!

보지 못했습니까! 덕산德山[3]이 용담龍潭[4] 회상에서 종이로 만든 촛불을 불어 끄자, 활연히 깨닫고는 말했습니다.

"오늘 이후로는 천하 노화상의 혀끝을 의심하지 않겠습니다."[5]

---

3 덕산에 관해서는 본서 '1. 화장 명 수좌에게' 편의 註22를 참조.

4 龍潭崇信(용담숭신, 782~865): 당대의 스님. 청원 문하. 가업이 떡 장수인 그는 천황사에 머물고 있는 천황도오에게 떡을 보내고, 그것을 인연으로 도오에게 귀의하여 출가함. 수년을 참학하여 깨닫고 용담선원에 머묾. 제자로는 덕산선감이 있다.(선학사전, p.484)

그리고는 뒤에 덕산德山에 주석하면서 바람을 치고 비를 때리듯 했으니, 대단히 성미가 과격했습니다.

그러므로 다만 이렇게 참구하고, 다만 이렇게 증득하며, 이렇게 하면서 긍정하는 마음으로 힘써 취하면 반드시 서로를 속이지 못할 것입니다(辦取肯心 必不相賺).[6]

5 덕산의 "오늘 이후로는 천하 노화상의 혀끝을 의심하지 않겠습니다(從今日去不疑天下 老和尙舌頭也)"와 관련해서는 본서 '23. 종각 선인에게' 편의 註6을 참조.

6 "긍정하는 마음으로 힘써 취하면(辦取肯心) 반드시 서로를 속이지 못할 것입니다(必不相賺)"와 관련해서는 본서 '23. 종각 선인에게' 편의 註14를 참조.

# 91. 영 상인께(示 英上人)

道妙至簡至易. 誠哉 是言. 未達其源者 以謂"至淵至奧 在空劫已前 混沌未分 天地未成立. 杳冥恍惚 不可窮 不可究 不可詰. 唯聖人能證能知" 是故 誠其言不識其歸趣. 安可以語此事哉. 殊不知 人人根脚下圓成 只日用之中 淨倮倮地 被一切機 徧一切處 無幽不燭 無時不用. 但以背馳既久 强生枝節 不肯自信 一向外覓. 所以 轉覓轉遠. 是故 達磨西來 唯言直指人心而已 此心卽平常無事之心.

※杳冥(묘명): 어둠침침하고 아득함.

"도의 오묘함이여!
지극히 간단하고, 지극히 쉽구나!"(라고 하였습니다.)

진실합니다. 이 말씀!

하지만 그 근원을 통달하지 못한 자들이 말하기를 "지극히 깊고 지극히 그윽해서 공겁空劫 이전, 혼돈이 나뉘기 전, 천지가 이루어지기 전부터 있었다. 묘명황홀(杳冥恍惚, 아득하고 황홀황)해서 이치에 닿을 수도 없고 헤아릴 수도 없으며 따질 수 없다. 오직 성인만이 증득하고 알 수 있는 것이다"고 합니다. 이런 까닭에 진실로 그 말이 귀착되는 취지를 알지 못하는 것입니다.

어찌 이 일을 말로써 할 수 있겠습니까! 사람마다 자기 발밑에 원만하게 이루어져 오직 매일 쓰는 가운데 정나나淨倮倮하게 일체기一切機에 두루 갖추어져 있고, 일체처一切處에 두루 해서 밝히지 못할 어둠이 없으며, 어느 때에도 작용하지 않는 때가 없다는 것을 전혀 모르는 것입니다. 다만 깨달음을 등지고 밖을 향해 치달린 것이 너무 오래되어, 억지로 가지와 마디를 내면서 자신을 믿으려고도 하지 않고, 한결같이 밖에서만 찾으려 할 뿐입니다. 그래서 찾으면 찾을수록 멀어지는 것입니다. 이런 까닭에 달마가 서쪽에서 와서 오직 직지인심直指人心만을 말했던 것이니, 이 마음이 곧 평상平常의 일 없는 마음(無事之心)입니다.

❀

天機自張 無拘無執 靡住靡著. 與天地齊德 日月合明 鬼神同吉凶 無容立毫髮見刺. 唯蕩然大通 契合無心無爲無事. 若立纖芥 能所彼我 卽隔礙 永不通透. 所謂 無明實性卽佛性 幻化空身卽法身. 若能無明殼子裏 證得實性 倫間無明全體一時發揮. 幻化空身窠窟中見法身 倫間空身全體都盧瑩徹. 第恐於無明空身中 作爲立見 則沒交涉也.

천기(天機, 도)는 스스로 펼쳐져 구속도 없고 집착도 없으며, 머물 것도 없고 달라붙을 것도 없습니다. 천지와 덕을 같이 하면서 해와 달이 함께 밝고, 귀신과 길흉을 함께 하면서도 털끝만큼의 견해의 가시(見刺)도 허용하는 것이 없습니다. 오직 텅 비고 크게 통달해서 무심無心·무위無爲·무사無事와 계합할 뿐입니다. 하지만 만약 털끝이나 겨자씨만큼이라도 주관과 객관(能所)·너와 나(彼我)를 세우게 되면, 바로 멀어지거나 장애가 되어 영원히 꿰뚫지 못하게 됩니다. 그래서 "무명의 참 성품이 곧 불성이요, 환화공신이 곧 법신이다(無明實性卽佛性 幻化空身卽法身)"[1]고 하였던 것입니다.

만약 무명無明의 껍데기 속에서 실성實性을 증득할 수 있다면, 짧은 시간에도 무명의 온전한 모습이 그대로 한꺼번에 발휘될 것입니다. 또한 환화공신幻化空身의 틀(窠窟) 속에서 법신法身을 보게 되면, 밥 먹는 사이에도 환화공신 전체가 모두 사무쳐 빛나게 될 것입니다. 그러나 제일로 두려운 것은 무명공신無明空身 속에서 작위作爲하고 견해를 세우는 것입니다. 그렇게 되면 전혀 관계가 없게 됩니다.

❀

旣透此正體 無明空身 無別發明 則一切萬有 大地山河 明暗色空 四聖六凡 皆非外物. 眞實諦當 則二六時中 大方無外 何處不爲自己放下身心處. 豈不見 古者道"塵勞之儔 爲如來種 觀身實相 觀佛亦然" 然後世法佛法 打成一片 等閑喫飯著衣 卽是大機大用. 則行棒行喝 百千作爲機境 豈更疑著. 若達此 自脚跟下 至簡至易道妙 無量法門 一時開現 透脫生死 成勝妙果. 豈有難哉.

※大方(대방): 큰 사각. 썩 방정함. 땅. 대지. 치우치지 않음. 근본의 법칙.

---

1 영가현각의 증도가에 나오는 말씀이다.

이 정체正體를 꿰뚫어 무명공신無明空身도 따로 밝힐 것이 없게 되면, 일체만유一切萬有와 산하대지山河大地, 명암색공明暗色空과 4성6범四聖六凡[2]이 모두 바깥 대상이 아니게 됩니다. 또한 진실하게 살피면 하루 종일 세상 어디에도 밖이 없게 되는데, 어디에 자기의 몸과 마음을 내려놓지 못할 곳이 있겠습니까! 보지 못했습니까, 옛사람이 이르기를 "번뇌의 짝이 여래의 종자이니, 몸의 실상을 관하되, 부처 또한 이와 같이 관하라(塵勞之儔 爲如來種 觀身實相 觀佛亦然)"라고 한 것을요![3]

그런 다음, 세간법과 불법을 한 덩어리로 만들어 무심히 밥을 먹고 옷을 입으면, 이것이 바로 대기대용大機大用입니다. 그러면 '방'과 '할', 백천의 작위作爲와 기연機緣, 경계境界를 어찌 다시 의심하겠습니까! 만약 이것을 통달하면 자기 발밑에서 지극히 간단하고 지극히 쉬운 도의 오묘함과 무량법문無量法門이 한꺼번에 드러나 생사를 꿰뚫고 벗어나서 수승하고 오묘한 과위(勝妙果)를 이루게 될 것입니다. 그런데 여기에 어찌 어려움이 있겠습니까!

---

2 4성6범四聖六凡: 4성은 부처, 보살, 성문, 연각을 말하며 6범은 천상, 인간, 수라, 아귀, 축생, 지옥을 뜻한다.

3 천태지자가 『묘법연화경현의』에서 한 말씀이다.

# 92. 원 상인께(示 圓上人)

古來有志之士 旣圓頂相 卽超方訪道. 誠不以一身使虛來 閻浮提打一遭. 所以刻意息心 擇眞正具頂門宗眼知識 放下複子 靠取成辦. 觀其跂步 眞龍象也. 今旣蘊趣向大因緣之志 要當盡形壽 專一堅確. 忘餐廢寢 不憚辛勤 効勞忍苦. 若體究之攸久 自有信入處耳. 況此一段因緣 自己分上 元本圓成 未嘗欠闕 與佛祖無殊. 但以起知作見 强生節目 情執虛僞 不能直下實證. 若宿植根性敏利 一念不生 頓超二十五有 圓證自己本有 如如妙性. 更不生毫髮許 能所彼我.

※成辦(성판) =業事成辦(업사성판): 업인業因이 성취되어 증과證果를 얻을 것이 결정된 것. 곧 극락정토에 왕생할 업이 성취된 것.

예로부터 뜻이 있는 사람은 머리를 깎고 나면 바로 장소를 가리지 않고 도道를 찾아 나섰습니다. 그리하여 진실로 이 몸이 염부제閻浮提에 한 번 나온 일을 헛되지 않도록 하였습니다. 그래서 각고의 의지로 마음을 쉬면서 진정으로 정문頂門에 종안을 갖춘 선지식을 택해 걸망을 내려놓고, 도를 이루는 것(成辦. 業事成辦)을 의지하였던 것입니다. 그들의 행적을 살펴보면 진정 용상龍象이었습니다.

지금 대인연大因緣[1]에 나아가겠다는 뜻을 가졌다면, 마땅히 몸과 목숨이 다하도록 한결같이 견고하고 확실하게 해야만 합니다. 먹고 자는 것을 잊고 괴로움을 꺼리지 말며 힘써 노력하고 참아야 합니다. 만약 몸소 참구한 것이 오래되면 저절로 들어갈 곳(入處)이 확실히 있게 됩니다. 더욱이 이 하나의 인연(此一段因緣, 일대사인연)은 자기분상에서 원래 원만히 이루어져 일찍이 부족함(欠闕)이 없으니 불조와도 다를 것이 없습니다. 다만 지견을 일으켜서 억지로 절차와 목록을 만들고 정견情見으로 헛된 거짓에 집착하면, 바로 그 자리에서 실답게 깨칠 수가 없습니다.

하지만 만약 숙세에 심어놓은 근기와 성품이 민첩하고 영리해서 일념도 일어나지 않으면, 단박에 25가지 존재(二十五有)[2]를 뛰어넘어 자기가 본래 가지고 있는 여여하고 오묘한 성품을 원만히 증득하게 됩니다. 또한 다시는 털끝만큼의 주관과 객관(能所)·너와 나(彼我)라는 관념을 일으키지 않게 됩니다.

廓然大達 聖凡平等 彼我如如. 是佛更不覓佛 於心初不求心. 佛心無二 所至現成 二六時中 更不落虛僞 便乃脚蹋實地. 打開自己庫藏 運出自己家財 隨所發機 悉超宗格 透得眞實 活鱍鱍地 雖遇德山臨濟雲門玄沙 施難測難量妙機 不消一箚. 所謂 多虛不如少實. 但令最初發心

1 大因緣(一大事因緣)에 관해서는 본서 '3. 장 선무 상공께' 편의 註1을 참조.

2 二十五有(25유): 윤회輪廻의 생사계生死系를 25종種으로 나눈 것. 욕계欲界의 14유十四有, 색계色界의 7유七有, 무색계의 4유四有.

猛利 不移相續 到徹頭處 不憂自己道業不辦. 大丈失兒 須了却向上大機大用 安穩快樂 始是泊頭時. 切勿小了 切宜久遠. 業業兢兢 自然得豈不解脫去.

※밑줄 친 부분 가운데 '失(실)'은 '夫(부)의 誤字다.

확연히 크게 통달하면 범부와 성인이 평등하고 너와 내가 여여如如하게 됩니다. 그러면 이 부처는 다시 부처를 찾지 않고, 마음에서 애초에 마음을 구하지 않게 됩니다. 부처와 마음이 둘이 아니고(佛心無二), 이르는 곳마다 그대로 드러나서 하루 종일 다시는 헛된 거짓에 떨어지지 않고 바로 실제의 경지를 밟게 됩니다.

자기의 보배 창고를 열어 자기의 재물을 꺼내 쓰고, 곳에 따라 기봉機鋒을 발휘하면서 종파와 격식을 모두 뛰어넘어 활발발하게 진실을 꿰뚫게 되면, 비록 덕산·임제·운문·현사 등[3]이 헤아리기 어려운 오묘한 기봉을 쓰더라도 한 번 대응할 필요조차 없습니다. 그래서 "많지만 속 빈 것은 적지만 알찬 것만 못하다(多虛不如少實)"[4]고 하였던

---

3 덕산, 임제, 운문에 관해서는 본서 '1. 화장 명 수좌에게'의 註22와 44를, 현사에 관해서는 본서 '5. 유 서기에게' 편의 註8을 참조하기 바란다.

4 "많지만 속 빈 것은 적지만 알찬 것만 못하다(多虛不如少實)"에 관해 선문염송 염송설화 고칙 83에서는 다음과 같이 기술하고 있다.

阿難偈云 "本來付有法 付了言無法 各各須自悟 悟了無無法" 黃龍南擧此話云 "後來子孫不肖 祖父田園 不耕不種 一時荒廢 向外馳求 縱有些少知解 盡是浮財不實 所以作客不如歸家 多虛不如少實"

아난이 게송을 했다.

것입니다. 그러므로 다만 최초의 발심을 맹렬하고 날카롭게 해서 바뀌지 않고 계속해서 이어져 철저한 곳에 이르면 자기 도업道業이 이루지 못할까 걱정하지 않게 됩니다. 대장부라면 모름지기 향상向上의 대기대용大機大用을 알아 안온하고 즐거울 정도가 되어야 비로소 머무를 수 있습니다.

바라건대 작은 것을 이루어 끝내려 하지 말고, 부디 멀고 원대한 목표를 향해 나아가십시오! 일마다 굳세게 하다보면 자연히 얻게 될 것인데, 어찌 이것이 해탈이 아니겠습니까!

---

本來付有法　본래 있는 법을 부촉하였거늘
付了言無法　부촉이 끝나자 법도 없다고 말하네.
各各須自悟　각각 모름지기 스스로 깨달아야 하니
悟了無無法　깨닫고 나면 법 없음도 없네.

황룡 혜남(黃龍南)이 이 이야기를 들어 말했다.
"뒷자손이 못나고 어리석어 조상의 밭을 경작도 않고 씨도 뿌리지 않아 한꺼번에 황폐하게 되었는데도 밖으로만 치달리니, 설사 약간의 지해가 있을지라도 모두가 덧없는 재물이지, 진실이 아니다. 그래서 나그네가 되는 것이 집에 돌아가는 것만 못하고, 많아도 헛되면 적지만 실다운 것만 못한 것이다(多虛不如少實)."

# 93. 조 선인에게(示 照禪人)

石鞏三十年 一張弓兩隻箭 只射得半箇人. 爲甚不全去. 蓋是中豈可容如此 何故. 不見道 "向上一路 千聖不傳" 若體得不傳之意 則盡底裏直言此事 無你用心機處 無你湊泊存坐處. 是故 從上來 唯是特唱直指要人格外玄悟 不拖泥水 不墮塵緣. 所以道 "他上流 聊聞擧著 剔起便行 萬機收他不著 千聖籠羅他不住" 要如是參究證入 要如是提掇擧唱豈論懵底. 箇箇須眼似流星 殺人不眨眼 始得相應. 若踟躕凝佇 則蹉却千萬了也.

※提掇(제철): (손으로 물건을) 들거나 옮기다.

"석공石鞏[1]은 30년 동안 하나의 활과 두 개의 화살로 단지 반 개의 사람(半箇人)만 맞췄을 뿐이다"고 했는데,[2] 어째서 온전하게 한 사람을

---

1 석공혜장石鞏慧藏에 관해서는 본서 '12. 문 장로께' 편의 註12를 참조.

2 경덕전등록 제6권, '무주 석공 혜장 선사' 편에 다음과 같이 기술하고 있다. 撫州石鞏慧藏禪師 本以弋獵爲務 惡見沙門. 因逐群鹿 從馬祖庵前過. 祖乃逆之藏問 "和尙見鹿過否" 祖曰 "汝是何人" 曰 "獵者" 祖曰 "汝解射否" 曰 "射射" 祖曰 "汝一箭射幾箇" 曰 "一箭射一箇" 祖曰 "汝不解射" 曰 "和尙解射否" 祖曰 "解射" 曰 "和尙一箭射幾箇" 祖曰 "一箭射一群" 曰 "彼此是命 何用射他一群" 祖曰 "汝旣知

맞추지 못한 것인가? 여기에 어찌 이와 같은 것이 용납되겠는가?

---

如是 何不自射" 曰 "若教某甲自射 卽無下手處" 祖曰 "遮漢曠劫無明煩惱今日頓息" 藏當時毁棄弓箭 自以刀截髮 投祖出家.

무주 석공혜장石鞏慧藏 선사는 본래 사냥으로 일을 삼았으며 사문을 만나는 것을 싫어했다. (하루는) 사슴 떼를 좇다가 마조馬祖의 암자 앞을 지나게 되었다. 마조가 맞이하자, 혜장이 물었다.
"화상께서는 사슴이 지나는 것을 보셨습니까?"
마조가 도리어 물었다.
"그대는 무엇을 하는 사람인가?"
"사냥꾼입니다."
"활을 쏠 줄 아는가?"
"활을 쏠 줄 압니다(射射, 解射의 誤字가 아닌가 싶다)."
"그대는 화살 하나로 몇 마리를 맞추는가?"
"화살 하나로 한 마리를 맞춥니다."
"그대는 활을 쏠 줄 모른다."
"화상께서는 활을 쏠 줄 아십니까?"
"쏠 줄 안다."
"스님은 화살 하나로 몇 마리를 맞추십니까?"
"화살 하나로 한 무리를 맞힌다."
"서로가 모두 생명인데, 어째서 한 무리를 맞추는 것입니까?"
"그대는 이와 같은 것을 알면서 어째서 자신은 맞추지 않는 것인가?"
"저더러 자신을 맞추게 한다면, 바로 손을 댈 곳이 없습니다."
"이 놈이 광겁曠劫의 무명 번뇌無明煩惱를 오늘에서야 단박에 쉬게 되었구나!"
혜장이 즉시 활과 화살을 부숴 버리고, 자기 손으로 머리를 깎고는 마조의 제자가 되었다.

또 경덕전등록 제14권, '장주 삼평 의충 선사' 편에 다음과 같이 기술하고 있다.
初參石鞏 石鞏常張弓架箭 以待學徒. 師詣法席 鞏曰 "看箭" 師乃撥開胸云 "此是殺

무슨 이유인가? 보지 못했는가, "향상일로向上一路는 일천 성인도 전하지 못한다(千聖不傳)"[3]고 한 것을! 만약 전하지 못한다는 뜻(不傳之意)을 체득하면 바닥까지 다한 것이겠지만, 이 일을 바로 말한다면 그대가 심기心機를 쓸 곳도 없고, 그대가 머물러 앉아 있을 곳도 없게 될 것이다. 이런 까닭에 예로부터 지금까지 오직 '직지直指'만을 특별히 주창하였던 것이고, 또한 사람들이 격외格外에서 현묘하게 깨달아 진흙탕 속으로 들어가지 않고 티끌 같은 인연에도 떨어지지 않도록

---

人箭 活人箭又作麽生" 鞏乃扣弓絃三下 師便作禮. 鞏云 "三十年一張弓兩隻箭只謝得半箇聖人" 遂拗折弓箭. 師後擧似大顚 顚云 "旣是活人箭 爲什麽向弓絃上辨" 師無對 顚云 "三十年後要人擧此話也難" 師後參大顚 往漳州住三平山.

처음 석공을 참례했는데, 석공은 항상 시위를 건 활에 화살을 매운 채, 학인을 기다렸다. 선사(의충)가 법석에 이르자, 석공이 말했다.
"화살을 보라!"
선사가 가슴을 열어젖히며 말했다.
"이것이 사람을 죽이는 화살입니까, 사람을 살리는 화살입니까? 어떤 것입니까?"
석공이 이내 활줄을 세 번 튕기자, 선사가 바로 절을 했다.
석공이 말했다.
"30년을 하나의 활과 두 개의 화살로 단지 반개의 성인만 맞췄을 뿐이다."
그리고는 활과 화살을 꺾어 버렸다.
선사가 후에 이 이야기를 태전(大顚)에게 말하자, 태전이 말했다.
"사람을 살리는 화살인데 어째서 활줄 위에서 헤아리는 것인가?"
스님이 대답이 없자, 태전이 말했다.
"30년 뒤에 어떤 사람이 이 이야기를 거론해도 어려울 것이다."
선사가 태전을 참례한 후에 장주로 가 삼평산三平山에 머물렀다.

3 '向上一路 千聖不傳(향상일로 천성부전)에 관해서는 본서 '79. 가중 현량께' 편의 註2(반산보적의 말씀)를 참조.

하였던 것이다. 그래서 이르기를 "저 상근기들은 거론하는 것을 들으면 높이 쳐들고 일어나 바로 가버리니, 갖가지 방편으로 그를 거두려 해도 거두지 못하고 일천 성인의 그물로도 그를 가두지 못한다"고 하였던 것이다.

그러므로 이와 같이 몸소 참구해서 깨달아 들어가야 하고, 이와 같이 들어서 거량하고 주창해야 하지, 어찌 어리석은 사람을 논하겠는가! 하나하나 모름지기 별똥별 같은 눈으로 사람을 죽이고도 눈 하나 깜짝하지 않아야 비로소 상응하게 된다. 만약 머뭇거리거나 우두커니 멈추어 서면 바로 천만 갈래로 빗나가게 된다.

❀

有此一至寶之地 乃可以建立萬差 儻眞實到恁麽 終不揑怪 作相畫撲起摸. 只守閑閑 尙不可得 至於立己透脫 爲物解黏去縛 無不皆是踞地時節. 臨濟道 "山僧見處也 要諸人共知 直下坐斷報化佛頭" 據此垂示 旣坐報化佛 向上更有箇甚. 豈是世間麤想所度. 要須打摒 從前妄想計較 執著情塵勝劣見解 明辨性理. 終非本分 一刀截却 直得脫然. 自得如毫末許 盡十方界塵 無不包攝. 全作用是佛祖 全佛祖是作用. 一棒一喝 一句一機 並無窠窟 一切 以實證印之 如靈藥 點鐵成金 無不皆從我轉.

※밑줄 친 부분 가운데 '撲'은 '樣(모양 양)'으로 해석하였다.

이 하나의 지극한 보배의 경지가 있어야 만 가지 차별을 세울 수 있는 것이니, 만약 진실로 여기에 이르려면 끝내 이상한 것을 꾸미지도 않고, 본을 떠서 모양을 그리지도 않아야 한다. 다만 한가로이 지킬 뿐 오히려 얻을 것도 없으니, 꿰뚫고 벗어나는 것으로 자기를 이루고 중생을 위해 끈끈한 것을 떼어내고 얽힌 것을 풀어주는 것에 이르러서도 모든 것이 거지시절(踞地時節, 앞발을 세우고 앉은 사자와 같은 시절인연)이 아닌 것이 없게 된다.

임제臨濟[4]가 이르기를 "산승의 견처는 모든 사람으로 하여금 다 함께 바로 그 자리에서 보신불·화신불의 머리를 꺾어버리는 것을 알게 하고자 하는 것이다"고 했다. 이 말씀에 의거하면, 이미 보신불·화신불을 꺾어버렸는데, 향상向上 그 이상에 또 다시 무엇이 있겠는가! 또한 이것이 어찌 세간의 거친 생각으로 헤아릴 바이겠는가!

모름지기 지난날의 망상妄想·계교計較·집착執著·번뇌(情塵)·우열(勝劣)·견해見解를 제거해서 성리性理를 분명하게 밝혀야 한다. 끝내 본분本分이 아니면 한 칼에 베어버리고 바로 벗어나야 한다.

스스로 얻어서 털끝만큼도 시방세계의 티끌을 모두 포섭하지 않는 것이 없으면 모든 작용作用이 불조佛祖고, 모든 불조가 작용이다. 일방(一棒)·일할(一喝)·일구一句·일기一機가 모두 고정된 틀이 없고, 일체를 진실한 깨달음의 도장으로 찍어버리니, 마치 신령스러운 약을 만드는 것과 같고 무쇠로 금을 만드는 것 같아, 모두 다 나로부터 나오지 않는 것이 없다.

❀

旣久參問多作知見解路 只益多聞 終非實事. 須一歇一切歇 一了一切

4 임제에 관해서는 본서 '1. 화장 명 수좌에게' 편의 註44를 참조.

了 見此本來面目 達此本地風光. 然後作爲 一切成現 不假心力 如風偃草. 雖山林城市亦無二種 喚作 把得住作得主. 權衡含生命脉 在自手中 隨心意作 何判斷 便謂之 無用道. 豈非至要至妙 安穩大解脫哉.

※權衡(권형): 저울. 저울추와 저울대. 사물의 가볍고 무거움을 고르게 함.

구참들이 많은 지견과 이치로 묻는데, 이는 단지 많이 듣는 것만을 더할 뿐, 끝내 실제의 일은 아니다. 모름지기 한 번 쉬면 일체를 쉬고, 하나를 알면 일체를 알아야, 이 본래면목本來面目을 보고 이 본지풍광本地風光[5]을 통달하게 된다. 그런 다음 무슨 일을 하더라도 일체가 드러나는 대로 이루어져 마음의 힘을 빌리지 않게 되니, 마치 바람이 부는 대로 풀이 눕는 것과 같다.

비록 산중과 마을이 둘이지만 둘이 아닌 것이 되니, 이를 일러 '꽉 잡아 주인이 되었다(把得住 作得主)'고 한다. 모든 중생의 명맥을 저울질함이 자기 손 안에 있고, 마음 가는 대로 어떤 판단이라도 다 할 수 있게 되면, 이것을 '무용의 도(無用道)'라고 한다. 그런데 이것이 어찌 더없이 중요하고 지극히 오묘한(至要至妙) 안온의 대해탈(安穩大解脫)이 아니겠는가!

5 본서 '64. 호 상서께' 편의 본문 서두에 원오 스님의 정의가 있으니 참조하기 바란다.

# 94. 감 상인께(示 鑑上人)

祖師門下 本分提綱 一句截流 萬機寢削 已是涉廉纖了也. 何況言上生言 機上生機. 窮考許多一堆擔葛藤 汙却心田 有甚了期. 此事 若在言句機境上 盡被聰明解會 浮根虛識者 如學事業 一般逵將去了也 豈更論發悟見性耶. 釋迦佛一周出 現無窮奇特勝妙 尙只道曲爲時緣. 至末梢始密付此印. 達磨老師 少林九年冷坐 獨有可祖承當得. 故謂之 教外別行單傳心印.

※提綱(제강): 어떤 강연이나 강의 따위에 쓰는 중요한 줄거리. 요령만을 추려 제시함. 선원에서 종지宗旨의 큰 줄기를 들어서 그 뜻을 풀이함.

조사 문하祖師門下에서는 본분本分을 제강提綱해서 일구로 뭇 번뇌의 흐름을 끊고 모든 기량을 잠재우는 것도, 이미 잡다하게 일을 만드는 것입니다. 그런데 하물며 어떻게 말에서 말을 내고(言上生言) 마음에서 마음을 내겠습니까(機上生機)! 한 무더기 많은 언어문자를 짊어지고 깊이 살피면서 마음 밭을 더럽힌다면, 언제야 끝날 날이 있겠습니까! 이 일이 만약 언구나 기경機境에 있는 것이라면, 모두 총명함으로 알아버리고 들뜬 근기로 헛되게 아는 자들에게 세간의 사업을 배우는 것과 같아서 하나같이 아득히 멀어져 갈 뿐인데, 어찌 다시 깨달음을 일으키느니 성품을 보느니를 논할 수 있겠습니까!

석가불釋迦佛이 한 번 이 세상에 와서 기이하고 특별하며 뛰어나고 오묘한 것을 다함없이 보인 것 또한 다만 시절인연으로 빙 둘러서 말한 것일 뿐, 마지막에 이르러서야 비로소 이 도장(印)을 은밀히 전하였습니다. 또한 달마 노스님이 소림에서 9년을 차갑게 앉아 있었는데, 홀로 혜가 조사가 깨달았습니다. 그렇기 때문에 이를 일러 '교외별행敎外別行·단전심인單傳心印'이라고 하는 것입니다.

❀

只如 此印且如何傳. 莫是揚眉瞬目麽. 莫是擧拂敲床麽. 莫是總無言說 只以行住動用麽. 莫是總不與麽 便承當麽. 莫是向上向下 面前背後別有奇特麽. 莫是道理論性 深入淵源麽. 似此正如掉棒打月 有甚交涉. 將知非世間麤浮淺識所料. 要須如龍象蹴蹋 直拔超昇 大徹大證始得. 一等參請 須敎透去 莫只守住窠窟. 不唯自賺 亦乃累人. 所以 從上來 作家宗師 仰重此一段 不輕分付 不輕印可. 不見 永嘉道, "粉骨碎身未足酬 一句了然超百億"

그건 그렇고, 이 도장(印)은 또 어떻게 전하는 것입니까? 눈썹을 치켜 올리고 눈을 깜빡거리는 것입니까? 불자를 들고 선상을 치는 것입니까? 아니면 전혀 말도 없이, 단지 가고 머물고 움직이고 쓰는 것입니까? 모두 그렇게 하지 않고도 바로 깨닫는 것입니까? 향상향하向上向下와 면전배후面前背後에 따로 기이하고 특별한 것이 있는 것입니까? 이理를 말하고 성性을 논하는 것이 깊은 연원에 들어가는 것입니까? 비슷하기는 하지만, 이것은 바로 방망이를 휘둘러 달을 치는 것과 같으니, 무슨 관계가 있겠습니까! 무릇 세간의 거칠고 들뜬 얄팍한 앎으로 미루어 생각하는 바가 아니라는 것을 알아야 합니다.

모름지기 용과 코끼리처럼 밟고 차서, 곧장 뽑아버리고 뛰어올라 대철대증大徹大證해야 합니다. 또한 한결같이 참례하고 청익해서 반드시 꿰뚫도록 해야지, 단지 고정된 틀만을 지키고 앉아 거기에 머물러서는 안 됩니다. (그렇게 되면) 자기를 속이는 것일 뿐만 아니라, 남들에게도 누를 끼치게 됩니다. 그렇기 때문에 예로부터 작가종사作家宗師는 이 하나의 일을 우러러 소중히 하였고, 가볍게 분부하지도 않고 경솔하게 인가해 주지도 않았던 것입니다. 보지 못했습니까, 영가永嘉가 이르기를 "분골쇄신해도 다 갚을 수 없지만, 한마디에 깨달아서 백억겁을 뛰어넘는다(粉骨碎身未足酬 一句了然超百億)"[1]고 한 것을요!

❀

祕魔平生 只持一木杈 見人便道 "甚魔魅教你出家 甚魔魅教你行脚 道得也 杈下死 道不得也 杈下死" 原其一場 豈是虛設. 蓋入草求人爾. 若是知有底 豈有多端. 纔涉紛紜 卽千里萬里也 跳得金剛圈 呑得栗棘蓬 自然知落處. 此宗省要 唯是休意休心 直令如枯木朽株 冷湫湫地. 根塵不偶 動靜絶對 根脚下空勞勞 無安排存坐 它處脫然虛凝. 所謂人無心合道 道無心合人. 至於應物隨緣 不生異見 只據現定一機一境 悉是坐斷 更說甚麼棒喝照用權實. 一擬便透 唯我能知 更無餘事. 長時

1 분골쇄신粉骨碎身에 관해서는 본서 '62. 혜공 지객에게' 편의 註16을 참조.

如此履踐 何憂本分事不辨耶.

※紛紜(분운): 여러 사람의 의논이 일치하지 아니하고 이러니저러니 하여 시끄럽고 떠들썩함. 세상이 떠들썩하여 복잡하고 어지러움.

비마祕魔[2]는 평생 다만 나뭇가지 하나만을 갖고 사람을 볼 때마다 바로 이르기를 "어떤 도깨비가 그대를 출가시켰는가? 어떤 도깨비가 그대를 행각하게 했는가? 말을 해도 나뭇가지에 맞아 죽을 것이고, 말을 하지 않아도 나뭇가지에 맞아 죽을 것이다"고 했습니다. 이 한 자리를 살펴본다면 이것이 어찌 부질없이 한 것이겠습니까! 이는 풀 구덩이에 들어가 사람을 구하고자 한 것일 뿐입니다.

만약 있음을 아는 자라면 어찌 많은 일이 있겠습니까! 세상사 떠들썩해서 복잡하고 어지러운 것에 간섭하게 되면, 바로 천리만리 멀어지게 됩니다. 금강권金剛圈을 뛰어넘고 율극봉栗棘蓬[3]을 삼켜야, 자연히 낙처落處를 알게 됩니다.

이 종宗에서 살펴야 할 요지는 오직 생각을 쉬고(休意) 마음을 쉬어(休心), 마치 마른 나무나 썩은 그루터기처럼 차갑고 서늘하게 하는 데 있을 뿐입니다. 근根과 진塵이 만나지 않고 동動과 정靜이 서로 끊어져 서 있는 자리가 텅 비고, 지켜야 할 자리도 안배하지 않고 그곳도 벗어나 텅 비고 엉겨야 합니다. 그래서 이르기를 "사람이 무심無

2 비마祕魔에 관해서는 본서 '5. 유 서기에게' 편의 註14를 참조.

3 양기의 금강권金剛圈과 율극봉栗棘蓬에 관해서는 본서 '5. 유 서기에게' 편의 註19를 참조.

心하여 도에 합하고, 도가 무심하여 사람과 합한다(人無心合道 道無心合人)"[4]고 하였던 것입니다.

인연에 따라 중생에 응함에 이르러서는 다른 견해를 내지 않고, 다만 지금 있는 그대로의 일기一機, 일경一境을 모두 꺾어버리는데, 다시 무슨 방(棒)과 할(棒), 조照와 용用, 방편(權)과 실재(實)를 말하겠습니까! 한 번 꿰뚫고자 하면 바로 꿰뚫어 오로지 나만이 알 수 있을 뿐, 다시는 다른 일이 없게 됩니다. 오랫동안 이와 같이 실천하면 어찌 본분사本分事를 판별하지 못할까 걱정하겠습니까!

4 동산양개의 말씀이다. 본서 '1. 화장 명 수좌에게' 편의 註33을 참조.

# 95. 조 상인께(示 祖上人)

如祖上人 自德山來 久以此段爲務 見蔣山佛果 何曾有兩種佛法. 若擔帶來 是納敗闕 不擔帶來 須知轉身處始得. 如今時衲子 到處叢林 有宗匠 莫不咨參 然求一實證 到本分田地 得大休大歇 安穩之場 實難其人.

조 상인께서 덕산德山에서 와서 오랫동안 이 일에 힘을 쓰셨지만, 장산의 불과(蔣山佛果, 원오 자신을 부르는 말)를 본다 한들, 어찌 두 가지 불법佛法이 있겠습니까! 만약 짐 보따리를 짊어지고 왔다면 큰 낭패일 것이고, 짐 보따리를 짊어지고 온 것이 아니라면 모름지기 전신처轉身處를 알아야 합니다. 요즘 납자들이 총림에 와서 종장宗匠에게 묻고 참구하지 않는 것은 아니지만, 하나라도 참되게 깨달아 본분의 자리에 이르러 대휴대헐大休大歇의 안온한 경지를 얻은 그런 사람을 찾는 것은 실로 어렵습니다.

❀

大丈夫兒 已能是抛鄕離井 在本分尊宿身邊 又能效勤戮力 作種種緣 皆非分外 亦足以不昧行脚. 然至諦實 要須知有從上來事 且從上來 列祖相承. 至於德山臨濟 行棒行喝 作千萬種方便 至竟要人何爲. 應須似香象渡河 截流而過 了無疑礙. 尙未稱從上來事.

※戮(죽일 육): 죽이다. 육시하다(이미 죽은 사람을 사형에 처함). (힘을) 합하다. 욕보이다. (죄를) 짓다. 벌. 욕. 죽음. 들 거위.

대장부가 이미 고향을 버리고 마을을 떠나 본분의 어른 곁에 있으면서, 죽을힘을 다 해 노력하고 갖가지 인연을 짓되 이 모두가 분수를 넘는 것이 아니라면, 이 또한 행각行脚 하는 일에 어둡지 않다고 할 것입니다. 하지만 진실로 살핌에 이르러서는 모름지기 예로부터 지금까지 내려온 일이 있다는 것을 알아야 합니다. 많은 조사들이 서로 계승하고, 덕산과 임제가 방을 하고 할을 하기까지 천 가지 만 가지 방편을 썼지만, 필경엔 사람들로 하여금 무슨 일을 하도록 하였던 것입니까? 응당 향상이 물을 건너는 것(香象渡河)처럼 번뇌의 흐름을 끊고 건너가서 의심과 장애가 없음을 요달해야 합니다. 하지만 이것도 오히려 예로부터 내려오는 일이라고 부를 수는 없습니다.

❀

道人家相逢 不拈出棒 打石人頭 不可向卷子上 指東畫西去也. 只此已是 漏逗了也. 歸德山 擧似堂頭 看它如何爲你證據.

도인(道人家)이 서로 만나면 몽둥이를 들지 않고 석인石人의 머리를 쳐야지, 두루마리 종이 위에서 동쪽을 가리키고 서쪽을 그어서는 안 됩니다. 다만 이것이 이미 이렇더라도 낭패입니다.

덕산으로 돌아가 주지에게 이 말을 전하시고, 그가 그대를 위해 어떻게 증명해 보이는가를 보십시오!

# 96. 연 선인에게(示 宴禪人)

歸宗有僧來別 宗云 "你但去束裝臨行來. 爲汝說一上佛法" 其僧如言及至再上方丈 歸宗云 "時寒塗中善爲" 歸宗滿許渠說佛法 其僧虛心欲聞所未聞.而歸宗乃爾 須知它古德 於此事綿密無間. 若喚作佛法 早是中毒藥也. 晏師來別 不欲蹈 古人脚迹也 亦未免從頭起.

※束裝(속장): 행장을 갖추어 차림.
※一上(일상): 단숨에. 단번에.
※滿許(=萬應萬許): 두 말할 것 없이 쾌히 승낙하다.
※綿密(면밀): (언행이나 사려 등이) 주도면밀하다. 세밀하다. 치밀하다. 꼼꼼하다. 섬세하다.

귀종歸宗에게 어떤 스님이 와서 하직인사를 하자, 귀종이 말했다.

"그대가 행장(束裝)을 갖춰 떠날 때 오라. 그러면 그대를 위해 단번에 불법을 말해 주리라."

그 스님이 말대로 다시 방장실에 올라가자, 귀종이 말했다.

"날이 추우니 가는 길에 조심하라."[1]

---

1 귀종지상歸宗智常에 관해서는 본서 '22. 일 서기에게' 편의 註8을 참조.

(이는) 귀종이 그에게 불법佛法을 말해줄 것을 두 말할 것 없이 쾌히 승낙한 것이고, 그 스님은 마음을 비우고 지금까지 듣지 못했던 것을 듣고자 했던 것이다. 그래서 귀종이 이내 그렇게 한 것이니, 모름지기 저 옛 어른 스님이 이 일에 치밀해서 틈이 없었다는 것을 알아야 한다. 만약 불법이라고 부른다면 이미 그 안에 독약이 있는 것이다.

안晏 스님이 찾아와 하직인사를 하며, "고인古人의 발자취를 밟지 않겠다"고 했지만, 이 또한 처음부터 한 생각이 일어남을 면치 못하는 것이다.

---

경덕전등록 제7권, '여산 귀종사 지상 선사' 편에는 다음과 같이 기술하고 있다.
有僧辭去 師喚 "近前來 吾爲汝說佛法" 僧近前 師云 "汝諸人盡有事在 汝異時却來. 遮裏無人識汝. 時寒途中善爲去"

어떤 스님이 하직인사를 하고 가려고 하자, 선사(귀종지상)가 부르며 말했다.
"가까이 와라! 내가 그대를 위해 불법을 말해 주리라."
그 스님이 가까이 오자, 선사가 말했다.
"그대들 모두는 다 일이 있을 것이니, 그대는 다른 때에 오라. 여기에는 그대를 아는 사람이 없다. 날이 추우니 가는 길에 조심하라."

# 97. 종 대사께(示 從大師)[1]

衲僧家具眼行脚 須知有本宗向上鉗鎚. 透頂透底 淨倮倮 不立階梯 直截超昇 無纖毫隔礙 大解脫金剛王印. 向萬機盤錯 千聖交羅 百億端緒 撥不開處 遂令受用 使著著有出身之要 頭頭脫絶塵之迹. 俾通身是眼底 徧界羅籠不住底 把斷放行 不漏毫髮底 龍馳虎驟 電轉風旋底 摸索不著.

※盤錯(반착): '서린 뿌리와 얼크러진 마디'란 뜻. 매우 처리하기 어려운 사건. 세력이 단단히 뿌리박혀 흔들리지 아니함.

납승이 안목을 갖춰 행각하려면 모름지기 본분종사에게 향상向上의 수단(鉗鎚)이 있다는 것을 알아야 합니다. (향상의 수단은) 머리끝에서 발끝까지 꿰뚫어 정나나淨倮倮하고, 단계를 세우지 않고 바로 끊고 뛰어올라 털끝만큼도 막히거나 걸림이 없는 대해탈의 금강왕 도장(金剛王印)입니다. 그러므로 수만 가지 얽힌 기연과 일천 성인이 주고받으며 벌려 놓은 백억의 단서(端緖, 일의 실마리)들을 열어젖힐 수 없는 곳에서 마침내 받아쓰도록 해서, 한 수 한 수 몸을 벗어날 요지가

1 원문에는 균주 황벽산의 종 스님께(示從大師 住筠州黃檗山)로 기술하고 있다.

있고 사물마다 티끌 같은 흔적에서 벗어나 끊을 수 있도록 해야 합니다. 게다가 온 몸이 눈이 되는 사람이나, 온 세상이 가두려 해도 가두지 못하는 사람이나, 파주(把斷)와 방행(放行)에 털끝만큼도 새지 않는 사람이나, 용과 호랑이가 달리고 번개가 치고 바람이 회오리치는 듯한 사람도 더듬어 찾지 못하게 해야 합니다.

❀

等閑蕩蕩地 似兀如癡 豈更做會禪 面觜到處 釘鬪機關 詮注語句 貼肉著骨 論量向上向下 有事無事 埋沒宗風. 所以道 "他得底人只守閑閑地"且道 他得箇甚道理. 若有針鋒許 有無得失 我見我解 則刺却命根. 須知如猛火聚 近之則燎却面門 如金剛劒 擬之則喪身失命. 列祖出興 只提持箇一段 壁立萬仞.

무심하고 탕탕해서 마치 어리석은 사람과 같은데, 어찌 다시 선禪을 이해해서 부리가 닿는 곳마다 못을 박아 기관機關과 맞서고, 어구를 설명하고 주를 달며, 뼈에다 살을 붙이고 향상向上과 향하向下·유사有事와 무사無事를 논하고 헤아리면서 종풍宗風을 매몰시키겠습니까! 그래서 이르기를 "저 체득한 사람은 다만 조용하고 한가로운 경지만을 지킬 뿐이다"[2]고 하였던 것입니다. 자, 말해 보십시오! 저 사람이

---

2 지월록 제29권에 다음과 같이 기술하고 있다.

巖頭道 "他得底人 只守閑閑地 二六時中無欲無依 自然超諸三昧"

암두가 말했다.

"저 체득한 사람(得底人)은 다만 조용하고 한가로운 경지만을 지킬 뿐이다. 하루 종일 바라는 바도 없고 의지하는 바도 없으면 자연히 모든 삼매를 뛰어넘게

얻은 것이 무슨 도리입니까? 만약 바늘 끝만큼이라도 유무有無·득실得失·아견我見·아해我解가 있으면 바로 목숨을 찌르게 될 것입니다. 모름지기 맹렬히 타는 불무더기와 같아서 가까이 하면 얼굴을 태워버리고, 마치 금강보검과 같아서 맞서 머뭇거리게 되면 바로 목숨을 잃게 된다는 것을 알아야 합니다. 그렇기 때문에 역대의 조사들이 세상에 나와, 다만 이것만을 들어 만 길 절벽처럼 우뚝 섰던 것입니다.

❀

旣具大根器 不受人瞞 直下脫却. 向來依倚 明暗兩岐 放得下 信得及 活鱍鱍無窠臼. 廓然及得淨盡 承當擔荷得 從上來佛祖共證底. 於脫透生死 破塵破的 豈爲難事. 乃可謂之 眞正本分衲子. 旣有志於是 宜悉圖之.

대근기를 갖추었다면 다른 사람들에게 속지 말고, 바로 그 자리에서 벗어나야 합니다. 지금까지 의지하고 기댔던 밝고 어두운 두 갈래를 내려놓고 확실하게 이르러, 고정된 틀이 없이 활발발해야 합니다. 툭 트여 조금도 남김이 없으면 예로부터 불조가 함께 증명했던 것을 깨달아 짐을 짊어질 수 있게 됩니다.

생사를 꿰뚫어 벗어나서 티끌도 부숴버리고 참됨도 부숴버리는 것이 어찌 어려운 일이겠습니까! 그러면 가위 '진정한 본분 납자(眞正本分衲子)'라 할 수 있을 것입니다. 여기에 뜻이 있다면 마땅히 알아서 이를 도모해야 합니다.

---

된다."

# 98. 조 선인에게(示 祖禪人)

世尊拈花 迦葉微笑 二祖禮拜 達磨傳心 豈有他哉. 箭鋒相拄也. 當其神契理御 非言思所測. 唯知有向上宗風者 證之. 雖千萬億載 猶旦莫也. 是故 乃佛乃祖求之 初不草草.

세존이 꽃을 들자 가섭이 미소를 지은 것과 혜가가 절을 올리자 달마가 마음을 전한 것에 어찌 다른 것이 있겠는가! 화살과 화살이 서로 맞닿은 격이다. 신령스럽게 계합하고 이치에 교합하는 것은 말이나 생각으로 헤아릴 수 있는 것이 아니다. 오직 향상의 종풍(向上宗風)이 있다는 것을 아는 자만이 그것을 증명할 수 있는 것이다. (그렇게 되면) 설사 천만억 년이라도 오히려 하루가 아니겠는가! 이런 까닭에 부처로부터 조사에 이르기까지 그것을 구함에 애초부터 경솔하지 않았던 것이다.

❀

要是純剛 打就利根上智 然後 提其要擊其節 如膠投漆. 擧一明三 阿轆轆地 無窠窟 絕滲漏底 始可首肯. 更應淘汰煉 到盤錯交加 人所不能窮詰辨別處 綽綽然有餘.

※交加(교가): 서로 뒤섞임. 서로 왕래함. (두 가지 이상의 사물이) 동시에 나타나다. 동시에 닥치다.

※窮詰(궁힐): 죄를 끝까지 캐서 물음.

순일하고 강건함으로 영리한 근기의 뛰어난 지혜를 이루고, 그런 다음 그 요지를 들고 그 핵심을 두드려 마치 아교를 옻에 섞은 것처럼 해야 한다. 한 모서리를 들어 보일 때 세 모서리를 돌이켜 알고(擧一明三),[1] 수레바퀴가 자유로이 구르듯 고정된 틀이 없이 번뇌(滲漏)[2]를 끊어야 비로소 수긍할 수 있게 된다. 그리고는 계속해서 마땅히 거를 것은 거르고 단련해서, 사람들이 끝까지 따져도 판별할 수 없는 복잡하게 뒤얽힌 것이 동시에 나타나는 곳에 이르러도 너그럽고 여유로워야 한다.

❀

當受用時 浸淫露手段 有超宗越格 不傍師旨. 獨出胸襟 壁立千仞 驚群敵勝 方堪付授. 法旣不輕 道亦尊嚴. 所謂 源深流長也. 從上古德 動盡平生 或三二十載 靠箇入處 期徹頭徹尾去. 志旣有立 用心堅確 是以成就 得來擲地金聲.

※浸淫(침음): 어떠한 풍습에 차차 젖어 들어감.

받아서 쓸 때에는 차츰차츰 젖어 들어간 수단을 드러내면서 종파와

1 '擧一明三(거일명삼)'에 관해서는 본서 '1. 화장 명 수좌에게' 편의 註4를 참조.

2 滲漏(삼루, 번뇌)에 관해서는 본서 '6. 융 지장에게' 편의 註14를 참조.

격식을 뛰어넘는 것이 있어야 스승의 뜻을 거스르지 않게 된다. 또한 홀로 흉금을 드러내 천 길 절벽처럼 우뚝 서서 중생들을 놀라게 하고 적을 이겨야, 바야흐로 법의 부촉을 감당할 수 있게 된다.

법法은 가볍지 않고, 도道 또한 존엄하다. 그래서 '근원이 깊으면 흐름도 길다(源深流長)'고 하였던 것이다. 예로부터 옛 어른 스님들은 한 번 했다 하면 평생을 하였으니, 혹 30년, 20년을 깨달아 들어간 곳(入處)에 의지해서 철두철미하기를 기약했다. 뜻을 세웠으면 마음 쓰는 것을 견고하고 확실하게 하고, 이로써 성취해야 땅에 던지면 금석(=종경 류의 악기) 소리가 나게 되는 것이다(擲地金聲).[3]

---

3 擲地金聲(척지금성): 땅에 던지면 금석(종경鐘磬 류의 악기) 소리가 난다. 아름답고 뛰어난 문장을 비유하는 말이다.

진晉나라 때의 손작孫綽은 어려서부터 글 솜씨가 뛰어났는데, 절강浙江의 회계會稽에서 10여 년을 머물며 절강의 모든 산수를 유람했다. 한번은 손작이 천대산天臺山의 자연 풍광을 노래한 「천대산부天臺山賦」를 지은 뒤에 친구인 범영기(范榮期, 범계范啓)에게 읽어 보라고 주면서 말했다. "시험 삼아 땅에 던져 보게나. 금석金石의 소리가 날 걸세." 범영기는 "그대가 말한 금석의 소리라는 것이 음률에 맞지 않는 것은 아니겠지?"라고 되받았다. 그러나 (손작의 작품을 읽어 보니) 구절마다 아름다운 표현인지라, "정말 우리들의 말이로군."이라고 말하며 찬탄을 금하지 못했다(嘗作天臺山賦 辭致甚工. 初成 以示友人范榮期 云 卿試擲地 當作金石聲也. 榮期曰 恐此金石非中宮商. 然每至佳句 輒云 應是我輩語).

이 이야기는 진서晉書 손작전孫綽傳에 실려 있는데, 여기서 유래하여 '척지금성'은 땅에 던지면 종과 경쇠 소리가 날 정도로 아름다운 글을 비유하는 말로 쓰이게 되었다.

'척지금성'은 '척지부성擲地賦聲', '척지작금석성擲地作金石聲', '척지유성擲地有聲'이라고도 한다. 금석金石은 종경(鐘磬, 쇠북과 경쇠)류의 악기를 말한다. 궁상宮商은 원래 궁宮·상商·각角·치徵·우羽의 다섯 음계 중 궁음과 상음을 말하는 것으로,

❀

大丈夫兒 攀上景仰 不得不然 彼旣能爾 我豈不能耶. 況透脫死生 窮未來際 一得永得. 當深固根本 根本旣固 枝葉不得不鬱茂. 但於一切時 令常在勿使走作 湛湛澄澄 呑爍群象. 四大六根 皆家具爾 況知見語言解會耶. 一時到底放下 到至實平常 大安穩處. 了無纖芥可得 只恁隨處輕安 眞無心道人也.

※攀上(반상): 기어오르다. (값이) 뛰어오르다.
※景仰(경앙): 덕을 사모하여 우러러봄.
※走作(주작): 침착하지 못하고 덜렁거림.
※爍(빛날 삭): 빛나다. 태우다. 녹이다.

대장부가 더위잡고 올라 덕을 사모하고 우러러보는 것도 그렇게 하지 않으면 안 되는 것이기에 그들도 능히 그러했던 것이거늘, 나라고 어찌 그러지 못하겠는가! 더욱이 미래세가 다하도록 생사를 꿰뚫어 한 번 얻으면 영원히 얻는 것이겠는가(一得永得)!

마땅히 근본을 깊고 견고하게 해야 근본이 견고해질 뿐만 아니라, 가지와 잎사귀도 부득불 무성하지 않을 수 없게 된다. 그러므로 다만 일체시에 늘 침착하지 못해 덜렁거리지 않도록 하고, 맑고 깨끗하게 여러 형상을 머금고 비추도록 해야 한다.

4대·6근이 모두 내 살림살이일 뿐인데, 하물며 지견·언어·이치로 따져 아는 것이겠는가! 한꺼번에 밑바닥까지 내려놓아 지극히 참되고

---

음악, 악곡, 음률을 상징하는 말로 쓰인다.(고사성어대사전)

일상적인 크게 안온한 곳에 이르러야 한다. 티끌만큼도 얻을 것이 전혀 없고, 다만 처하는 이 자리가 가볍고 편안해야, 참된 무심도인無心道人인 것이다.

❀

保任此無心 究竟佛亦不存 喚甚作衆生. 菩提亦不立 喚甚作煩惱. 翛然永脫 應時納祐 遇飯喫飯 遇茶喫茶. 縱處闤闠 如山林 初無二種見. 假使致之蓮華座上 亦不生忻 抑之九泉之下 亦不起厭. 隨處建立 又是贏得邊事 何有於我哉. 大迦葉云 "法法本來法 無法無非法 何於一法中 有法有不法"

※闤(거리 환): 거리. 시가.

※闠(성씨 바깥문 궤): 성시 바깥문. 길. 저자.

※九泉之下(구천지하): 사후死後.

이 무심을 보임保任[4]하면 구경엔 부처 또한 존재하지 않는데, 무엇을 중생이라 부르겠는가! 보리菩提 또한 역시 세울 수 없는데, 무엇을 번뇌煩惱라 부르겠는가! 얽매임 없이 영원히 벗어나 시절에 따라 복을 받아들이고, 밥 먹을 때 밥 먹고 차 마실 때 차를 마신다. 설사 저잣거리에 있으면서도 산속에 있는 것 같아 애초부터 두 가지 견해가 없다. 가령 연화좌에 이르러도 기뻐하지 않고, 구천에 떨어져도 싫어하지 않는다. 또한 가는 곳마다 건립한다 해도 나머지 여분의 일이거늘,

---

4 보임保任에 관해서는 본서 '41. 용 도자에게' 편의 註5와 '104. 월 선인에게' 편의 註5를 참조.

나에게 무엇이 있겠는가! 대가섭大迦葉이 말했다.

"법이라는 법의 본래의 법은
법도 없고, 법 아닌 것도 없는데,
어찌 하나의 법 가운데
법도 있고, 법 아닌 것도 있으랴."[5]

❀

古人得旨之後 多深藏 不欲人知 恐生事也. 抑不得已 被人捉出 亦不牢讓 蓋無心矣. 至於垂慈示方便 亦只隨家豐儉. 如俱胝一指 打地唯打地 祕魔擎杈 無業莫妄想 降魔舞笏 初不拘格轍勝負見 務人各知歸休歇. 不起見刺 向鬼窟裏弄精魂 卓卓叮嚀 到脫體安穩之地. 乃妙旨也.

고인古人은 종지를 얻은 후에도 흔히들 깊숙이 감추고 다른 사람들에게 알려지는 것을 바라지 않았으며, 일이 생기는 것도 조심스러워 했다. 부득이하게 사람들에게 이끌려 나오더라도 굳세게 사양하지 않은 것은 무심無心하였기 때문이다. 또한 자비를 베풀고 방편을 보임에 이르러서도, 풍성하면 풍성한 대로 검소하면 검소한 대로 가풍을 따랐을 뿐이다(隨家豐儉).

예를 들면, 구지俱胝는 한 손가락을 세웠고(一指),[6] 타지打地는 오직 땅을 쳤을 뿐이다(打地).[7] 또한 비마祕魔는 나뭇가지 하나를 들었고(擎

5 가섭존자가 아난에게 법을 부촉하고 나서 한 게송이다.

6 '俱胝一指(구지일지)'에 관해서는 본서 '26. 재 선인에게' 편의 註1과 3을 참조.

杈),[8] 무업無業은 망상 피우지 말라(莫妄想)[9]고 했으며, 항마降魔는 홀을 들고 춤을 추었다.[10] 이는 애초부터 격식과 규범, 승부라는 견해에

7 '打地唯打地(타지유타지)'는 본서 '34. 허 봉의께' 편의 註7을 참조.

8 '祕魔擎杈(비마경차)'는 본서 '5. 유 서기에게' 편의 註14를 참조.

9 '無業莫妄想(무업막망상)'은 본서 '12. 문 장로께' 편의 註15를 참조.

10 '降魔舞笏(항마무홀)'에 대해서는 정확하게 파악하기가 힘들다. 다만 유사한 경우가 경덕전등록에 있어 소개한다.

兗州降魔藏禪師趙郡人也 姓王氏 父爲豪掾. 師七歲出家 時屬野多妖鬼魅惑於人 師孤形制伏曾無少畏 故得降魔名焉. 卽依廣福院 明讚禪師 出家服勤受法後遇北宗盛化 便誓摳衣 秀師問曰 "汝名降魔 此無山精木怪 汝翻作魔耶" 師曰 "有佛有魔" 秀曰 "汝若是魔 必住不思議境界" 師曰 "是佛亦空 何境界之有" 秀懸記之曰 "汝與少皥之墟有緣" 師尋入泰山 數稔學者雲集.

연주 항마장降魔藏 선사는 조군 사람으로 성은 왕 씨인데, 아버지는 세력이 있는 속관이었다. 스님은 7세에 출가하였는데, 그때 시골에 많은 요귀들이 사람들을 홀렸는데, 스님이 단신으로 가서 그들을 항복시키되 조금도 두려워하는 기색이 없었으므로 항마降魔라는 이름을 얻었다. 그리고는 바로 광복원 명찬 선사를 의지해 출가를 하고 부지런히 일하면서 법을 받았다. 뒤에 북종北宗이 번성하게 교화를 하자, 바로 더욱 열심히 할 것을 서원했다.

신수 선사가 물었다.

"그대의 이름이 항마인가? 여기에는 산의 정령이나 나무의 요괴가 없는데, 그대가 마魔로 변한 것인가?"

선사(항마장)가 말했다.

"부처가 있으면 마도 있습니다."

신수가 말했다.

"네가 만약 마라면 반드시 부사의 경계에 머물게 될 것이다."

선사가 말했다.

"부처 또한 공한데, 어떤 경계가 있다는 것입니까?"

구속되지 않고, 사람들로 하여금 각자 돌아가 쉬는 것을 알도록 하는 데 힘을 쓴 것이다. 그러므로 견해의 가시를 일으키지 않고, 귀신굴 속에서 도깨비짓을 하지 않으며, 뛰어나고 우뚝하게 분명히 몸소 벗어나 안온의 경지에 이르러야 오묘한 종지妙旨인 것이다.

❀

靈利漢 脚跟 須知點地 脊梁要硬似鐵. 游人間世 幻視萬緣 把住作主. 不徇人情 截斷人我 脫去知解 直下以見性成佛 直指妙心 爲階梯. 及至作用應緣 不落窠臼 辦一片長久. 守寂淡身心 於塵勞透脫去 乃善之又善者也.

영리한 사람이라면 발꿈치가 모름지기 땅에 닿아야 한다는 것을 알고, 척추를 무쇠와 같이 단단하게 해야 한다. 또한 인간 세상에 노닐더라도 모든 인연을 환幻으로 보고, 잡는 대로 주인이 되어야 한다. 인정人情을 따르지 않고, 나와 남을 끊으며, 지해를 벗어나 바로 그 자리에서 견성성불하고 직지묘심하는 것으로 단계를 삼아야 한다. 작용하고 인연에 응함에 이르러서는 고정된 틀에 떨어지지 않고 한 마음으로 오래도록 힘을 써야 한다. 고요하고 맑은 몸과 마음을 지켜 티끌 같은 번뇌에서 꿰뚫고 벗어나야, 훌륭하고 또 훌륭한 사람이다.

---

신수가 예언을 했다.
"그대는 소호(少昊, 중국의 전설상의 임금)의 터에 인연이 있다."
이에 선사가 태산을 찾아 들어갔는데, 몇 해 사이에 학인들이 구름같이 모여들었다.

# 99. 제 상인께(示 諸上人)

道本無言 法本無生. 以無言言 顯不生法 更無第二頭. 纔擬追捕 已蹉過也. 是故 祖師西來 特唱此事 只貴言外體取 機外薦取. 自非上上機器 何能驀爾 便承當得. 然有志於是者 豈計程限. 要須立處孤危 辦得一刀兩段猛利身心.

※程限(정한): =程度(정도). 알맞은 한도. 정한. 얼마 가량의 분량. 다른 것과 비교해서 우열의 어떠함. 격식과 제한.

※辦得(판득): 변통하여 얻음.

도道는 본래 말이 없고, 법法은 본래 생겨나는 것이 아니니, 말없는 말로써 생겨남이 없는 법을 드러내면 다시는 제2두第二頭에 떨어지지 않습니다. 하지만 조금이라도 의심해서 뒤좇아 잡으려 한다면 이미 어긋나 버리게 됩니다. 이런 까닭에 조사가 서쪽에서 와서 이 일을 특별히 제창하면서, 다만 말 밖에서 몸소 얻고 기機 밖에서 깨닫는 것을 귀중하게 여겼던 것입니다.

자신이 상상의 근기(上上機器)가 아니라면 어떻게 맥연히 바로 알아차릴 수 있겠습니까! 하지만 여기에 뜻이 있는 자라면 어찌 격식과 제한을 헤아리겠습니까! 모름지기 서 있는 자리가 고고하고 준엄해야 하고, 한 칼에 두 동강 내는 맹렬하고 날카로운 몸과 마음을 변통해서 얻어야 합니다.

❀

放下複子 靠著箇似咬猪狗 惡手段底. 盡情 將從前學解路布 黏皮貼肉知見 一倒打疊 却使胸次空勞勞地. 已私不露 一物不爲 便能徹底契證與從上來不移易毫髮許. 直得如此 更知有向上 超師作略始得.

※盡情(진정): 하고 싶은 바를 다하다. 한껏 하다. 마음껏 하다. 성의를 다하다. 호의를 충분히 나타내다.

바랑을 내려놓고, 개가 돼지를 물어뜯듯 악독한 수단을 가진 사람에게 기대야 합니다. 그리고 성의를 다해 이제까지 배워서 이해한 주장과 가죽에 붙고 살에 붙은 지견知見들을 한꺼번에 엎어버려 가슴속이 텅 비도록 해야 합니다. 자기의 사사로움을 드러내지 않고 한 물건도 위하지 않으면서 철저히 계합하고 증득해야 옛사람들과 털끝만큼도 다르지 않을 수 있습니다. 또한 바로 이와 같이 되었더라도, 다시 향상向上이 있다는 것을 알고 스승을 뛰어넘는 지략(超師作略)[1]이 있어

1 스승을 뛰어넘는 지략(超師作略)과 관련하여 본서 '1. 화장 명 수좌에게' 편의 註10과 '4. 원 수좌에게' 편의 註9, '69. 여 학사께' 편의 註5를 함께 참고하기 바란다.

벽암록 제11칙, 평창에 超師作略(=超師之作)에 관해 다음과 같이 기술하고 있다. 初到百丈 丈問云 "巍巍堂堂 從什麼處來" 檗云 "巍巍堂堂從嶺中來" 丈云 "來爲何事" 檗云 "不爲別事" 百丈深器之 次日辭百丈 丈云 "什麼處去" 檗云 "江西禮拜馬大師去" 丈云 "馬大師已遷化去也" 你道黃檗恁麽問 是知來問 是不知來問" 卻云

야 합니다.

---

"某甲特地去禮拜 福緣淺薄 不及一見 未審平日有何言句 願聞擧示" 丈遂擧再 參馬祖因緣 "祖見我來 便竪起拂子 我問云 卽此用 離此用 祖遂掛拂子 於禪床角良久 祖卻問我 "汝已後鼓兩片皮 如何爲人" 我取拂子竪起 祖云 卽此用 離此用 我將拂子 掛禪床角 祖振威一喝 我當時直得三日耳聾" 黃檗不覺悚然吐舌 丈云 "子已後莫承嗣馬大師麽" 檗云 "不然 今日因師擧 得見馬大師大機大用 若承嗣馬師 他日已後喪我兒孫" 丈云 "如是如是 見與師齊 減師半德 智過於師 方堪傳授子今見處宛有超師之作" 諸人且道 黃檗恁麽問 是知而故問耶 是不知而問耶. 須是親見他家父子行履處始得.

처음 백장百丈에 갔더니 백장이 물었다.
"외외당당하게 어디서 왔는가?"
황벽이 말했다.
"외외당당하게 영중에서 왔습니다."
백장이 말했다.
"무엇하러 왔는가?"
황벽이 말했다.
"다른 일이 있어서 온 것이 아닙니다."
백장이 그릇이 크다고 여겼다. 다음날 백장에게 하직 인사를 했다.
백장이 말했다.
"어디로 가려는가?"
황벽이 말했다.
"강서로 가서 마 대사를 뵐까 합니다."
백장이 말했다.
"마 대사는 이미 입적하셨다네."

자, 그대들은 말해 보라. 황벽이 이렇게 묻는 것이 알고 물은 것인가? 모르고 물을 것인가?
도리어 황벽이 말했다.

❀

所以 古者 問佛向上 答 非佛 又答 方便呼爲佛. 則見性成佛 乃筌罤爾是中云何 指東畫西. 直須密契 自能將護 方得灑灑落落. 更說甚證涅槃契生死 皆增語也. 雖然 只小僧恁麽道也 未可取爲極則 始免佛病祖病.

---

"제가 꼭 찾아가서 뵈려고 했는데 복이 없어서 한번 뵙지를 못하는군요. 평소 무슨 말씀을 하셨는지 모르겠습니다. 원컨대 듣고 싶습니다. 말씀해 주십시오."

백장이 재차 마조를 참례한 인연을 말해 주었다.

"마조께서 내가 오는 것을 보고 곧 불자拂子를 들었다. 내가 물었다. '작용입니까? 작용을 여읜 것입니까?' 마조께서는 곧 불자를 선상 모서리에 걸어두고 양구良久하셨다. 그리고 나에게 묻되, '자넨 이후로 두 입술을 나불거리면서 어떻게 사람들을 지도하려는가?', 내가 불자를 가지고 세우니 마조가 말했다. '작용인가? 작용을 여읜 것인가?' 내가 불자를 선상의 모서리에 걸자, 마조가 위엄을 떨치며 일할(一喝)을 했다. 내가 당시에 3일 동안 귀가 멀었다."

황벽이 자기도 모르는 사이에 두려워서 혀를 내밀었다.

백장이 말했다.

"자네는 이후로 마 대사를 잇지 않겠는가?"

황벽이 말했다.

"아닙니다. 오늘 스님께서 말씀해 주셔서 마 대사의 대기대용大機大用을 보았습니다. 만약 마 대사를 잇는다면 훗날 저의 자손들이 단절될 것입니다."

백장이 말했다.

"그렇지, 그렇지! 견지가 스승과 똑같다면 스승의 덕을 반감시키는 것이요. 그 지혜가 스승을 능가해야만 비로소 전수할 수 있는 것이다. 지금 자네의 견처는 완연히 스승을 능가할 작략이 있구나."

여러분은 말해 보라! 황벽이 이렇게 물은 것이 알고 물은 것이냐? 모르고 물은 것이냐? 모름지기 저 집의 부자父子간의 행동거지를 몸소 보아야만 한다.

※筌(통발 전): 통발(대오리로 엮어 만든 고기를 잡는 제구).

※罤(토끼그물 제): 토끼그물(산토끼를 잡는 데에 쓰는 그물).

그렇기 때문에 고인이 부처를 뛰어넘는 것(佛向上)을 물으면 '부처가 아니다'고 답을 하고, 또 '방편으로 부처라고 부른다'고 답을 하였던 것입니다. 그렇게 되면 견성성불見性成佛도 통발이고 그물일 뿐이니, 이 가운데서 어떻게 동쪽을 가리키며 서쪽을 긋는다고 말하겠습니까! 모름지기 은밀히 계합하고 스스로 보호할 수 있어야 바야흐로 쇄쇄낙락하게 됩니다. 그러면 또 다시 무슨 열반을 증득하느니, 생사에 계합하느니를 말하겠습니까! 모두가 군더더기 말입니다. 비록 그렇기는 하지만, 다만 저(小僧)의 이런 말도 역시 극칙極則으로 삼지 않아야 비로소 부처병(佛病)과 조사병(祖病)을 면하게 될 것입니다.

❀

大丈夫漢 圖心要參 豈可立限劑耶. 但辦却深信 一往向前 未有不脚蹋實地者. 日新日新 日日新 日損日損 日日損 退步到底 便是也 至了是亦不立 此正是作工夫處.

대장부가 마음의 요지(心要)를 참구하고자 하였다면 어찌 일정한 한계를 세울 수 있겠습니까! 다만 깊은 신심으로 힘써 노력하고 한결같이 앞을 향해 나아가면 실다운 경지(實地)를 밟지 않는 자가 없을 것입니다. 매일 매일 새롭고 날마다 새로우며(日新日新 日日新),[2] 매일 매일

---

2 湯之盤銘(탕지반명): 탕왕의 반명에 말하기를, '진실로 어느 날 새로울 수 있다면

덜고 날마다 덜어서(日損日損 日日損) 한 걸음 물러나 밑바닥에 이르는 것이 바로 이것이고, 이른 것도 또한 세우지 않아야 이것이야말로 바로 공부한 곳입니다.

---

나날이 새롭게 하고 또 나날이 새롭게 하라(茍日新 日日新 又日新)' 하였다. (중략) 고대 역사에서 탕왕과 무왕의 이야기는 더 말할 필요가 없을 것입니다. 탕왕湯王은 하나라 걸왕桀王의 잔인무도함 때문에 부득이 혁명을 일으켰는데, 결국은 걸을 쫓아내고 새로운 정권을 세워 상商이라고 칭했습니다. 하지만 그는 내심으로 '뜻을 성실하게 하여(誠意)' 자기 자신을 속이지 않았으며 수시로 자신을 경계하고 내외겸수內外兼修함으로써 나날이 새롭고 또 새롭게 하는 경지에 도달했습니다. 내명內明적인 일신은 매일같이 스스로를 반성하고 사사로운 욕심을 버림으로써 도와 덕을 성취해 내는 것입니다. 외용外用적인 일신은 백성들로 하여금 편안하고 즐겁게 살아갈 수 있도록 과거보다 나은 현재를 만들어 가는 것입니다. (중략) 그리하여 탕왕은 이 구절을 쟁반 위에 새겨놓고 매 끼니 때마다 잊지 않게 함으로써 늘 자기 자신을 일깨웠습니다.(남회근 저, 설문남 옮김, 『대학 강의』, 2004, 씨앗을 뿌리는 사람)

# 100. 정혜 대사께(示 淨慧大師)[1]

“箇事唯憑作者通 不論千里自同風 聞名十載今相遇 拈起金圈栗棘蓬” 維揚前僧正 淨慧大師宗公 得得渡江 由鍾阜迂訪 標誠爲自己大因緣. 專請小參 因說此偈 塞其誠意.

1 원문에서는 ‘양주의 승정 정혜 큰스님께(示楊州僧正淨慧大師)’로 기술하고 있다. 僧正(승정): 又稱僧主. 係統領教團 並匡正僧尼行爲之僧官. 爲僧綱之一 乃僧團中之最高職官. 本制始於魏晉南北朝時代 爲中央僧官之職稱. 惟自唐宋以降 多爲地方僧官 中央另設僧職機構. 依大宋僧史略卷中立僧正條載 正政之意. 僧正卽須 先自正始得正人. 蓋比丘戒律漸弛 習染俗風 乃揀擇僧衆中有德望者爲僧正以糾擧違戒失職之僧尼.(불광대사전)

승주僧主라고도 한다. 교단을 통솔, 영도하고 아울러 비구·비구니의 행위를 바로잡는 승관僧官이다. 승려의 기강을 바로 잡는 일을 제1의 직무로 하는 승단의 최고위 직이다. 본 제도는 원래 위진남북조시대에 만들어진 중앙 승관 직을 일컫는다. 그러나 당송 이래 그 지위가 낮아져 대부분 지방 승관을 말하는데, 중앙과는 달리 설정된 승직 기구이다.

대송승사략라는 책 가운데 ‘승정조에 따르면, 정正은 정政의 뜻이다. 승정僧正은 모름지기 먼저 자신을 올바르게 하고서야 비로소 남을 바르게 할 수 있다. 비구의 계율이 점점 해이하게 되고 습기에 오염되고 속가의 풍습에 물들어 승려 중에서 덕망이 있는 사람을 택해 승정으로 삼아 계를 어긴 비구·비구니의 죄를 따져 실직시켰다.

※得得(득득): 일부러. 새삼스러이.

※塞(변방 새, 막힐 색): 변방. 요새. 보답하다. 쌓다. 사이가 뜨다. 막히다.

"이 일은 오직 작가를 의지해야만 통할 수 있나니,
천리를 논할 것도 없이 가풍이 저절로 같도다.
명성을 들은 지 10년인데, 이제야 서로 만나
금강권金圈圈·율극봉栗棘蓬[2]을 들어 보이네."

양주의 전 승정僧正이신 정혜 대사 종공宗公께서 일부러 강을 건너 멀리 종부를 찾아주신 것은 자기의 대인연(自己大因緣)을 위한 정성의 표시입니다. 또한 오로지 소참小參[3]을 부탁하시니, 이 게송으로 그 정성스런 뜻에 보답하고자 합니다.

❀

蓋淨慧生平修持甚淸潔 其宿福緣所集 如佛在世時 須菩提室中 寶藏充溢. 根性敏明 殊無繫著 了得失皆 儻來物耳 操心唯務究此一段. 相見雖蹔爾 而堅確深至 矻矻孜孜 因副所期 爲發其蘊.

※所期(소기): 마음속으로 기대했던 바.

정혜 스님께서는 평생 매우 청정하게 수행하셨으니, 이는 숙세의

---

2 양기의 율극봉, 금강권에 관해서는 본서 '5. 유 서기에게' 편의 註19를 참조.

3 小參(소참): 참參은 대중에게 설법하는 것. 정식으로 하는 설법을 대참(大參), 장소를 가리지 않고 수시로 하는 설법을 소참이라고 함.(선학사전, p.396)

복연이 쌓인 것으로, 마치 부처님 재세 시에 수보리의 방 안이 보배로 가득하였던 것과 같습니다. 또한 근본 성품이 명민해서 얽힌 것이 전혀 없었고, 득실을 모두 알아 뜻밖의 일이 생겨도 마음을 다잡아, 오직 이 하나를 참구하는 데 힘을 쏟으셨습니다. 서로 만난 것이 비록 잠시 잠깐일 뿐이지만, 쉬지 않고 열심히 노력하여 그 뜻이 굳고 확실해서 깊은 데에 이르셨으니, 마음속으로 기대했던 바에 부응하고자 그 속내를 털어놓으려 합니다.

❀

祖師諸佛 單傳顯示 不出人人脚根下本有之性. 唯聖凡器界 根塵正體 歷劫以來 曾未間斷. 但以各人人妄想 緣塵翳障. 若發起本根大力量 勇猛操持 一念不生 前後際斷 直下明信此心 明見此體 寬若大虛 明如杲日.

※操持(조지): 처리하다. 경영하다. 관리하다.

제불과 조사가 한 사람에게 전해 드러내 보인 것은 사람마다 발밑에 본래 가지고 있는 성품에서 벗어나지 않습니다. 또한 오직 성인과 범부의 기세계(器界)와 6근六根·6진六塵의 정체正體는 오랜 겁으로부터 일찍이 끊어진 적이 없습니다. 다만 각기 사람마다 망상으로 티끌 같은 경계를 인연해서 장애에 가려진 것일 뿐입니다.

그러므로 만약 근본의 대역량을 발휘해서 용맹하게 처리하면, 한 생각도 일어나지 않고 전후前後의 경계가 끊어져 바로 그 자리에서 이 마음을 확실하게 밝히고 이 체體를 분명하게 보게 되는데, 넓기가 대 허공과 같고 밝기가 태양과 같습니다.

❀

不分能所 不作限量 透頂透底 直下徹證 便透得 卽心卽佛. 無別有心是佛 無別有佛. 淨倮倮虛妙明通 全無依倚. 如人打開無盡寶藏 其中所有 無不皆 是自己珍財.

주관(能)과 객관(所)을 나누지 않고 한량도 짓지 않으며 머리끝에서 발끝까지 꿰뚫어 바로 그 자리에서 투철하게 깨달으면, 바로 '마음이 곧 부처임(卽心卽佛)'을 꿰뚫게 됩니다. 이것은 따로 어떤 마음이 있어 부처인 것도 아니고, 별도로 부처가 있는 것도 아닙니다. 다만 정나나하게 텅 비고 오묘하며 밝게 통해서 의지하거나 기댈 곳이 전혀 없습니다. 마치 사람들이 다함이 없는 보배창고를 열면 그 가운데 있는 모든 것들이 자기의 값진 재물이 아닌 것이 없는 것과 같습니다.

❀

日用之中 徧界不藏 併入無念無心 休歇境界 所謂 一句了然超百億. 餉間 千般萬種 千句萬句 豈更差別耶. 如今要省力 但知息却妄緣疑情淨盡處 便是已透生死處. 只此便 是金圈栗棘 應須直下領取.

※淨盡(정진): 조금도 남김없이. 깡그리.

매일 쓰는 가운데에도 온 세계에 두루 하여 감출 수 없고, 아울러 무념無念·무심無心의 쉬는 경계에 들어가게 되니, 이른바 "일구를 깨달아 백억 겁을 뛰어넘는다(一句了然超百億)"[4]고 하는 것입니다. 짧은 시간 천 가지 만 가지 일과 천 마디 만 마디가 어찌 다시 차별이 있겠습니까!

이제 힘을 덜려고 한다면, 다만 허망한 인연과 의정疑情을 쉬어 조금도 남김이 없는 곳이 바로 자기가 생사를 꿰뚫은 곳이라는 것을 알아야 합니다. 다만 이것이 바로 금강권·율극봉이니, 모름지기 바로 그 자리에서 알아차리십시오.

---

4 영가현각의 증도가에 나오는 말이다.

# 101. 각 선인에게(示 覺禪人)

佛祖宗乘 唯務直截 如香象渡河 勢須徹底. 若稍踟躕 則千里萬里 沒交涉. 是故 從上古德 行棒行喝. 機境處參 如擊石火閃電光 略露風規 已是拖泥帶水 落草了也. 豈更論量 淺深得失偏圓. 事理解會 明知是土上加泥. 所以 俊流佩最上乘印 似千日並照 無幽不燭. 纔見入門 未擧目搖唇 已先覰透 心肝五臟. 蓋本分手段 初無造作 只貴快自承當 剔起便行.

※拖泥帶水(타니대수): (성어, 비유) (말·글이) 간결하지 않다. (일을) 시원시원하게 처리하지 못하다. 맺고 끊는 맛이 없다. (일이) 자질구레하고 번거롭다.

불조佛祖의 종승(宗乘, 선종의 교법)[1]에서는 오직 바로 끊는 것에만 힘을 쏟기에, 향상香象이 강을 건너듯 기세가 모름지기 밑바닥까지 사무쳐야 한다. 만약 조금이라도 머뭇머뭇하면 바로 천리만리 멀어져 전혀 관계없게 된다. 이런 까닭에 예로부터 옛 어른 스님들이 '방'을 하고 '할'을 하였던 것이다.

---

1 종승宗乘: 선종의 교법. 선종 이외의 교법은 여승餘乘이라고 함.(선학사전, p.606)

기경처機境處를 참구하는 것은 마치 전광석화와 같아야지, 풍규風規를 조금이라도 드러내면 이미 일이 자질구레하고 번거롭게 되어 풀구덩이 속에 떨어지게 된다. 그런데 어찌 심천(淺深, 낮고 깊음)·득실(得失, 얻고 잃음)·편만(偏圓, 치우침과 원만함)을 따지고 헤아리겠는가! 이理와 사事에 대해 이치로 따져 아는 것(解會)은 흙에다 진흙을 더하는 것임을 분명히 알아야 한다.

그래서 빼어난 무리들은 최상승의 도장(印)을 차고, 마치 일천 개의 해가 함께 비추는 것처럼, 밝히지 못할 어둠이 없었던 것이다. 또한 문에 들어오는 것을 보면, 눈을 들고 입술을 움직이지 않아도 벌써 심장과 간장, 오장육부를 꿰뚫어 보았던 것이다. 본분本分의 솜씨는 애초부터 조작造作이 없기에, 다만 빠르게 스스로 알아차리고 높이 쳐들고 일어나 바로 가버리는 것을 귀하게 여길 뿐이다.

❀

可以籠罩古今 十方坐斷 萬世千劫 不移易絲毫許. 儻未能如是頓超 亦須先自擺脫 根塵妄緣 以至淨妙 殊勝理道. 待空豁豁地 如桶脫底 胸次蕩然 疑情盡去 勝解俱忘 自然根本洞明 與從上來 同得同證 曾無間隔. 乃是入理之門 悟中之則. 終不向髑髏前 見神見鬼 認影認光. 墮在窠窟 求出處不得.

※髑髏(촉루): 해골. 살이 전부 썩은 죽은 사람의 머리뼈.

고금古今을 가두고 시방十方을 꺾을 수 있어야 만세천겁萬世千劫토록 실 끝만큼도 변하지 않는다. 만약 이와 같이 단박에 뛰어넘을 수 없다면, 또한 모름지기 먼저 스스로 6근六根과 6진六塵의 허망한 인연과 깨끗하고 오묘하며 뛰어난 도리까지도 다 털어버려야 한다. 텅 비고 확 트여 마치 통 밑이 쑥 빠지듯 가슴이 텅 비고, 의정疑情이 다해서 수승하다는 견해까지도 모두 다 잊어 자연히 근본을 명확히 알면, 옛사람들과 똑같이 얻고 똑같이 깨달아 조금도 간격이 없게 된다. 이것이 바로 진리에 들어가는 문(入理之門)이고, 깨달음의 법칙(悟中之則)이다. 그러므로 결코 해골 앞에서 귀신을 보거나, 빛이나 그림자를 실체로 인정해서는 안 된다. 고정된 틀 속에 떨어지면 빠져나올 곳이 없게 된다.

只如 古人道 "卽心卽佛" 又道 "非心非佛" 又道 "不是心不是佛不物" 又道 "麻三斤" 又道 "鋸解秤鎚" 萬別千差 若直下領略 豈有二致. 所以 一了一切了 一明一切明. 只這明了也 須斬作三段始得. 方入無事無爲 履踐諦當處耳.

고인古人이 이르기를 "바로 마음이 곧 부처다(卽心卽佛)"고 했고, 또 "마음도 아니고 부처도 아니다(非心非佛)"고도 했다. 또 "마음도 아니고 부처도 아니며 그 어떤 것도 아니다(不是心 不是佛 不是物)"[2]고도 했다. "마삼근麻三斤"[3]이라고도 했고, "톱으로 저울추를 자른다(鋸解秤鎚)"[4]

2 '卽心卽佛(즉심즉불)', '非心非佛(비심비불)', '不是心不是佛不是物(불시심 불시불 불시물)'에 관해서는 본서 '26. 재 선인에게' 편의 註20을 참조.

3 麻三斤(마삼근)에 관해서는 본서 '49. 성 수조에게' 편의 註10을 참조.

고도 했다. 천차만별이지만, 만약 바로 그 자리에서 깨달으면 여기에 어찌 다른 것이 있겠는가! 그래서 하나를 알면 일체를 알고, 하나를 밝히면 일체를 밝히는 것이다. 그러나 다만 분명하게 알았다는 것도 반드시 삼단三段으로 베어버려야 한다. 그래야 장차 무위무사無爲無事에 들어가, 진실한 바로 그 자리를 밟게 되는 것이다.

---

4 선문염송 염송설화 제29권, 고칙 1390에 다음과 같이 기술하고 있다.

大愚芝因僧問 "如何是佛" 師云 "鋸解秤鎚"

대우지(大愚芝, 대우 수지)에게 어떤 스님이 물었다.

"어떤 것이 부처입니까?"

선사가 말했다.

"톱으로 저울추를 자른다(鋸解秤鎚)."

# 102. 자 선인에게(示 自禪人)

初發心人 性識勇猛 忘餐廢寢 專誠堅碓 爲可喜. 況春秋鼎盛 不戀鄕井 溫煥 依淸高雅衆 體究此一段大因緣 是誠宿有大根器. 然更宜日愼 一日業業兢兢 直下脫灑 滴水滴凍 蹈規循矩. 旣以爲道之心 代衆持盂 不爲不好事業. 要須居三家村裏 亦如稠人廣衆. 所謂 自作一叢林也.

※性識(성식): 의식. 의지. 정신작용.

※專誠(존성): 지극 정성으로. 정성을 다해. 특별히.

※碓(방아 대): 방아. 디딜방아. 망치. 방망이.

※鼎盛(정성): 한창 나이라서 혈기가 왕성함(春秋鼎盛: 젊고 혈기가 왕성할 때).

※業業兢兢(업업긍긍)=兢兢業業(긍긍업업): 신중하고 조심스럽게 맡은 일을 부지런하고 성실하게 하다. 근면하고 성실하게 업무에 임하다.

처음 발심한 사람이 용맹스러운 의지로 밥 먹고 잠자는 것도 잊은 채 정성을 다해 견고하고 확실하게 하니, 정말로 기쁘구나! 더욱이 나이가 한창인데도 고향의 포근함을 그리워하지 않고, 청정하고 고아한 대중을 의지해 이 하나의 큰 인연(一段大因緣)[1]을 몸소 참구하니,

1 此一段大因緣(一大事因緣)에 관해서는 본서 '3. 장 선무 상공께' 편의 註1을 참조.

그야말로 숙세의 대근기大根器로구나! 하지만 더욱 매일매일 삼가고 하루하루 부지런하고 성실하게 해서, 바로 그 자리에서 씻은 듯 벗어나 한 방울의 물이 하나의 얼음이 되듯, 법도를 밟고 따라야 한다.

도를 이루겠다는 마음을 먹고 대중을 대신해서 발우를 지녔다면 좋은 일이 아니라고 할 수 없지만, 모름지기 세 집밖에 없는 궁벽한 시골에 살면서도 마치 많은 사람들이 빽빽하게 모인 곳에 있는 것처럼 해야 한다. 그래서 이를 일러 "스스로 하나의 총림을 이룬다(自作一叢林也)"고 하는 것이다.

❀

袖疏投刺 見人折節恭謹 於日用中 當自參取 萬境萬緣 皆爲自己入路. 一塵中透脫 徧界皆是大寶藏. 發此蘊奧 八萬塵勞 皆八萬波羅蜜. 轉物歸己 隨處了心 並爲作工夫處. 是故 古德道 "山僧爲汝發機却有限 不如他山河大地一切音聲 及自己心念所起 乃文殊普賢觀世音妙門"

※投刺(투자): 명함을 내놓다. 명함을 내던지다. 은퇴하다. 면회를 청하다. 면회를 사절하다.

※折節(절절): (신분을 낮추어) 아랫사람에게 굽실거리다(굽히다). 자제하여 처음 태도를 바꾸다. 초지를 바꾸다.

※恭謹(공근): 공손하고 조심성 있다. 정중하다. 예의가 바르다.

※蘊奧(온오): 학문·기예 등의 심오한 이치. 학문이나 지식이 공골 차고 웅성 깊음.

면회를 청하는 명함을 소매에 넣어두고, 사람을 만나면 공손하게 자기를 낮추면서 일상생활 속에서 스스로 참구한다면, 만 가지 경계와 만 가지 인연이 모두 자기의 깨달아 들어가는 길(入路)이 될 것이다.

한 티끌 속에서 꿰뚫어 벗어나면 온 세계가 모두 큰 보배 창고이니, 이 심오한 이치를 계발하면 8만의 티끌 번뇌가 모두 다 8만의 바라밀이 된다. 또한 대상을 전환해 자기에게로 돌려 곳곳마다 마음을 요달하면 모두가 공부처가 된다. 이런 까닭에 옛 어른 스님이 이르기를 "산승이 그대를 위해 마음(機)을 계발해 주는 것은 한계가 있으니, 저 산하대지와 일체의 음성, 그리고 자기의 마음이 일어나는 곳이 곧 문수·보현·관세음의 오묘한 문인 것만 못한 것이다"[2]고 하였던 것이다.

❀

豈不見 寶壽作緣化 於鬧市見二人相爭 傍人解勸 '你得恁無面目' 渠便桶底脫去. 後來出世 打風打雨. 但一如初心 專一不移 將來自己 七通八達 到無疑之地 自可超佛越祖 透脫生死 乃餘事耳.

어찌 보지 못했는가, 보수寶壽[3]가 탁발(化主)하러 나갔다가 시장에서 두 사람이 서로 다투는 것을 보았는데, 옆 사람이 화해를 권하면서 "그대를 볼 면목이 없네!"라고 하는 말에, 그가 바로 통 밑이 쑥 빠지는 듯했던 것을! 그 뒤에 세상에 나와 바람을 치고 비를 때리듯 했다. 다만 초심과 같아서 한결같이 바꾸지 않고, 앞으로 자기를 자유자재하게 해서 의심 없는 경지(無疑之地)에 이르면, 스스로 부처와 조사를 뛰어넘고 생사를 꿰뚫어 벗어나는 것이 별다른 일이 아니게 된다.

---

2 정확한 출처를 알 수 없다.

3 진주 보수 소寶壽 沼를 뜻하며, 임제의현의 제자다.

# 103. 유 선인에게(示 有禪人)

"至道無難 唯嫌揀擇" 誠哉 是言. 纔有揀擇卽生心. 心旣生卽 彼我愛憎 順違取捨 樅然而作 其趣至道 不亦遠乎. 至道之要 唯在息心. 心旣息則 萬緣休罷 廓同太虛 了然無寄 是眞解脫. 豈有難哉. 是故 古德蘊利根種智者聊聞擧著 剔起便行 快自擔當 更無回互. 如大梅卽佛卽心 龍牙洞水逆流烏窠吹布毛 俱胝竪一指 皆是直截根源 更無依倚 脫却知見解礙 不拘淨穢二邊 超證無上眞宗 履踐無爲無作.

※樅(전나무 종): 전나무. 치다. 들쭉날쭉하다.

"지극한 도는 어렵지 않지만,
오직 간택揀擇하는 것을 꺼릴 뿐이다."[1](고 했다.)

참으로 진실하다, 이 말이여!

조금이라도 간택하면 마음이 일어나게 된다. 마음이 일어면 너와 나(彼我)·사랑과 미움(愛憎)·따름과 거스름(順違)·가짐과 버림(取

1 3조 승찬의 신심명에 나오는 말이다.

捨)이 틀림없이 들쭉날쭉하게 될 터인데, 그 지극한 도에 이르는 것이 또한 멀어지지 않겠는가!

지극한 도의 요지는 오로지 마음을 쉬는(息心) 데 있다. 마음을 쉬면 만 가지 인연이 쉬어 툭 트여 허공과 같고 분명해서 기댈 것도 없게 되는데, 이것이 진정한 해탈(眞解脫)이다. 그런데 여기에 어찌 어려움이 있겠는가! 이런 까닭에 영리한 근기와 지혜를 갖춘 옛 어른 스님들은 거량하는 것을 들으면 높이 쳐들고 일어나 바로 가버렸고, 또한 흔쾌히 스스로 짊을 지고는 다시는 돌아보지 않았던 것이다.

예를 들면, 대매大梅가 '부처가 곧 마음이다(卽佛卽心)'[2]고 한 것, 용아龍牙가 '동산의 물이 거꾸로 흐른다(洞水逆流)'[3]고 한 것, 조과鳥窠

2 마조도일과 대매법상의 卽佛卽心(즉불즉심)에 관해서는 본서 '26. 재 선인에게' 편의 註20을 참조.

3 龍牙居遁(용아거둔, 835~923): 당말 5대의 스님. 청원 문하. 용아는 주석 산명. 동산양개에게 참학하여 그의 법을 이음.(선학사전, p.487)

경덕전등록 제17권, '호남 용아산 거둔 선사' 편에 다음과 같이 기술하고 있다.

因參翠微和尙 問曰"學人自到和尙法席 一箇餘月 每日和尙上堂 不蒙一法示誨 意在於何" 翠微曰"嫌什麽"(有僧擧前語 問洞山 洞山云"闍梨爭怪得老僧" 法眼別云"祖師來也" 東禪齊云"此三人尊宿語 還有親疎也無 若有阿那箇親 若無親疎眼在什麽處")又謁德山問曰"遠聞德山一句佛法 及乎到來 未曾見和尙 說一句佛法" 德山曰"嫌什麽" 師不肯乃造 洞山如前問之 洞山曰"爭怪得老僧" 師復擧德山頭落語 因自省過 遂止于洞山 隨衆參請 一日問"如何是祖師意" 洞山曰"待洞水逆流卽向汝道" 師從此始悟厥旨.

(용아거둔 선사가) 취미翠微 화상을 참례하고 물었다.

"학인이 화상의 법석에 이른 지 1개월이 넘었는데, 매일 화상께서 상당하여 한 법도 가리켜 보이지 않으시니, 뜻이 어디에 있는 것입니까?"

가 실오라기를 분 것(吹布毛),[4] 구지俱胝가 손가락 하나를 세운 것(竪一指),[5] 이 모든 것은 근원을 바로 끊어 다시는 의지하거나 기대지 않은

---

취미가 말했다.
"무엇을 의심하는 것인가?"
〔어떤 스님이 앞의 이야기를 들어 동산洞山에게 묻자, 동산이 물었다.
"스님은 어째서 노승을 의심하는 것인가?
법안法眼이 따로 말했다.
"조사가 왔구나!"
동선 제東禪齊가 말했다.
"이 세 어른의 말에 가까운 것과 먼 것이 있는가? 만약 있다면 어떤 것이 가까운 것이고, 만약 가까운 것과 먼 것이 없다면 눈(안목)은 어디에 있는 것인가?"〕
용아거둔 선사가 또 덕산德山을 뵙고 물었다.
"멀리서 덕산의 일구 불법을 들었는데, 와서 보니 화상께서 설하신 일구의 불법도 볼 수가 없습니다."
덕산이 대답했다.
"무엇을 의심하는가?"
선사가 이 말을 긍정하지 않고, 바로 동산으로 가서 앞에서와 같이 묻자, 동산이 말했다.
"어째서 노승을 의심하는 것인가?"
선사가 다시 덕산에 있었던 일을 이야기했는데, 말이 떨어지자마자 스스로 허물을 반성하고는, 마침내 동산에 머물면서 대중을 따라 묻고 배웠다.
어느 날 물었다.
"어떤 것이 조사의 뜻입니까?"
동산이 대답했다.
"동산의 물이 거꾸로 흐르면 그대에게 말하리라."
선사가 이로부터 비로소 그 뜻을 깨닫게 되었다.

4 조과의 취포모(鳥窠吹布毛)에 관해서는 본서 '28. 찬 상인께' 편의 註8을 참조.

5 구지의 수일지(俱胝竪一指)에 관해서는 본서 '26. 재 선인에게' 편의 註1과 3을

것이고, 지견과 지해의 장애를 벗어버리고 깨끗하니 더럽다니 하는 양변(淨穢二邊)에 구애되지 않은 것이며, 위없는 참된 종지를 뛰어넘어 증득하여 무위無爲·무작無作의 경지를 밟은 것이었다.

❀

今時學道 旣有志性 當宜勉旃 與古無儔 心期證徹. 到脚蹋實地處 動用全歸本際 千聖不可籠羅. 解會併亡 得失俱脫 乃是無欲無依 眞正自在自由道人也. 到此 豈更論難之與易哉. 則無難無易 亦了不可得也.

※勉旃(면전): 힘쓸지어다.

요즘 도를 배우는 사람들에게 의지가 있다면 마땅히 힘써 고인과 짝이 되어 마음은 투철하게 깨닫는 것을 기약해야 한다. 발로 밟아 실제의 경지에 이르면 움직이고 쓰는 것이 모두 본래의 경계로 돌아가 일천 성인도 가둘 수 없게 된다. 이치로 따져 아는 것(解會)이 모두 없어지고 얻고 잃음(得失)을 모두 벗어나면 욕심도 없고 의지하는 바도 없는 진정으로 자재하고 자유로운(自在自由, 자유자재) 도인道人이다. 여기에 이르면 어찌 다시 어렵고 쉬운 것을 따지겠는가! 어렵지도 않고 쉽지도 않으면 또한 분명 얻을 것도 없게 된다.

❀

衲僧家句裏出身 蓋提持向上機 於無句中出句 於無身中現身. 言語道斷 心行處絶 等閑蕩蕩地. 放曠寬閑 纔有機緣 卽蓋天蓋地. 所謂 密密

참조.

綿綿 無間無隔. 不是强爲 任運如此. 是以諸天捧花無路 魔外潛覻不見. 直得恁麽行履 自然超諸三昧.

※放曠(방광): 언행에서 거리낌이 없음.

납승이 말 속에서 출신하는 것(句裏出身)은 향상의 기機를 제지提持해서 말 없는 가운데 말을 벗어나고, 몸 없는 가운데서 몸을 드러내기 때문이다. 언어의 길이 끊어지고 마음 갈 곳이 끊어지면(言語道斷心行處絶)[6] 무심하고 관대하게 된다. 하지만 언행에 거리낌이 없이 관대하고 무심해도 기연機緣이 조금이라도 있으면 하늘을 덮고 땅을 덮게 된다. 그래서 이를 일러 '빽빽하고 끊임이 없어 틈새가 없다(密密綿綿 無間無隔)'고 한다. 이는 억지로 하는 것이 아니며, 이와 같이 일이 되어 가는 대로 맡기는 것이다. 이 때문에 제천이 꽃으로 받들려 해도 받들 길이 없고, 마군과 외도가 엿보려 해도 엿볼 수가 없는 것이다. 바로 이렇게 실천하면 자연히 모든 삼매三昧를 뛰어넘게 된다.

❀

古人以無爲無事爲極致 蓋其心源澄淨 虛融灑落 眞實踐履 到此境界. 然亦終不住滯於此 直得如盤走珠 如珠走盤 豈是死煞頓住得底. 所以道 "雖是死蛇 解弄也活" 長慶道 "撞著道伴交肩過 一生參學事畢" 酌然若非獨脫 安能知有此段. 信知須是恁麽人 知有恁麽事.

---

6 황벽희운의 전심법요에 나오는 말로, 본서 '76. 홍조 거사'께 편의 註4를 참조하기 바란다.

고인古人이 무위무사無爲無事를 도달할 수 있는 최고의 경지(極致)로 삼은 것은 맑고 깨끗하며 씻은 듯이 텅 비어 통하는 저 마음의 근원(心源)을 진실로 발로 밟아 이 경계에 이르렀기 때문이다. 그러나 또한 끝내 여기에도 머무르거나 구애되지 않고, 바로 쟁반이 구슬을 굴리듯 구슬이 쟁반에서 구르듯 하였으니, 여기에 어찌 목숨을 걸 정도로 단박에 머무를 것이 있겠는가! 그래서 이르기를 "비록 죽은 뱀일지라도 잘 다루면 살아난다"[7]고 하였던 것이다.

장경長慶[8]은 "도반과 어깨를 부딪치며 지나가는 순간, 한평생 참구하는 일을 마친다"고 하였다. 그런데 과연 홀로 벗어나지 않았다면, 어떻게 이런 일이 있다는 것을 알 수 있겠는가! 진실로 모름지기 이런 사람이 있다는 것을 믿어야 하고, 이런 일이 있다는 것을 알아야 한다.

❀

僧問曹山 "因地而倒 因地而起 如何是倒" 山云 "肯卽是" "如何是起" 山云 "起也" 明眼人透見 更不別求. 只這片田地 不妨嶮峻時 直嶮峻平坦時 直平坦 立地也 不可明得 坐地也 不可明得.

어떤 스님이 조산曹山[9]에게 물었다.

"땅으로 인해 넘어진 사람은 땅을 인하여 일어난다[10]고 하는데,

---

7 설두중현의 말씀이다.

8 장경혜릉에 관해서는 본서 '27. 찬 상인께' 편의 註5를 참조.

9 조산본적에 관해서는 본서 '41. 용 도자에게' 편의 註4를 참조.

---

10 경덕전등록 제1권, '제4조 우바국다' 편에 다음과 같이 기술하고 있다.

隨方行化至摩突羅國 得度者甚衆. 由是魔宮震動 波旬愁怖 遂竭其魔力 以害正法. 尊者卽入三昧 觀其所由 波旬復伺便 密持瓔珞縻之于頸. 及尊者出定 乃取人狗蛇三屍 化爲華鬘 軟言慰諭 波旬曰 "汝與我瓔珞甚是珍妙 吾有華鬘以相酬奉" 波旬大喜 引頸受之 卽變爲三種臭屍 蟲蛆壞爛. 波旬厭惡 大生憂惱 盡己神力 不能移動. 乃升六欲天告諸天王 又詣梵王 求其解免. 彼各告言 "十力弟子 所作神變 我輩凡陋 何能去之" 波旬曰 "然則奈何" 梵王曰 "汝可歸心 尊者 卽能除斷" 乃爲說偈 令其迴向曰 "若因地倒 還因地起 離地求起 終無其理"

(중략) 다방면으로 교화하다가 마돌라국摩突羅國에 이르렀을 때, 제도된 사람이 매우 많았다. 이 까닭에 악마의 궁전이 진동했고, 파순波旬이 속을 태우며 두려워하다가 마침내 마의 힘을 다해 정법을 해치려 했다. 존자(우바국다)가 바로 삼매에 들어 그 까닭을 관찰하는데, 파순이 다시 틈을 엿보고는 은밀히 영락瓔珞을 가지고 와서 존자의 목에 걸어 두었다. 존자가 선정에서 나와, 바로 사람과 개와 뱀 등의 세 송장을 가져다 화만(華鬘, 꽃으로 만든 머리 장식)으로 변화시키고는 부드러운 말로 위로하고 타이르면서 파순에게 말했다.
"그대가 나에게 매우 진기하고 묘한 영락을 주었으니, 내가 이 화만으로 보답하겠다."
파순이 매우 기뻐하면서 목을 내밀어 받았는데, 곧 냄새나는 세 가지 시체로 변하고, 구더기가 썩고 문드러졌다. 파순이 염오하고 몹시 고뇌하면서 자기의 신력을 다했지만, 바꿀 수가 없었다. 그래서 육욕천에 올라 제천의 왕에게 알리고, 또 범왕에게 가서 풀어 주기를 바랐지만, 그들은 각기 말하기를 "10력十力을 가진 제자가 부린 신통변화이거늘, 우리 같은 범속한 무리가 어찌 그것을 풀 수 있겠는가?"라고 했다.
파순이 말했다.
"그렇다면 어찌해야 좋겠습니까?"
범왕이 말했다.
"그대가 만약 존자에게 마음을 다해 귀의할 수 있다면 곧 제거할 수 있으리라."
그리고는 게송을 설해서, 회향토록 했다.

어떤 것이 넘어지는 것입니까?"

조산이 말했다.

"수긍하는 것이 바로 이것이다."

"어떤 것이 일어나는 것입니까?"

조산이 말했다.

"일어났다."

눈 밝은 사람이 꿰뚫어 보면 다시는 따로 구할 것이 없다. 다만 이 한 조각 마음자리는 매우 험준할 때에는 험준하고 평탄할 때에는 평탄할 뿐이니, 서 있는 자리에서 밝게 얻을 수 없다면 앉아 있는 자리에서도 밝게 얻을 수 없다.

古人得意之後 向深巖僻洞茅茨石室 大休大歇. 放懷履踐忘棄利 與世不相關涉 作自己成辦 然後隨緣. 不出則已 及至一出 必驚群伏衆 蓋源深流長也. 今旣未能入深山窮谷 但只依本分 守淡靜 如箇百不知百不會底人 隨處守見 成得安穩. 亦乃忘機之本也.

고인古人이 뜻을 얻은 다음에는 깊숙한 바위나 구석진 골짜기, 띠로

---

若因地倒　땅을 인하여 넘어진 자는
還因地起　다시 땅을 인하여 일어나야 한다.
離地求起　땅을 벗어나 일어나길 바란다면
終無其理　끝끝내 그런 이치는 없느니라.

지붕을 이은 집이나 동굴에서 크게 쉬고 또 크게 쉬었다(大休大歇). 마음속에 품었던 것을 모두 내려놓고 명예를 잊고 이익을 버리며 세상에 관여하지 않고 살면서 자기 일을 힘써 이루고, 그런 다음에야 인연을 따랐다. 세상에 나오지 않으면 그만이지만, 한 번 나와서는 반드시 대중들을 놀라게 하고 대중들을 조복 받았으니, 이는 아마도 근원이 깊어 그 흐름도 길었기 때문이었을 것이다.

지금은 깊은 산 구석진 골짜기로 들어갈 수는 없더라도, 다만 본분에 의지해서 아무것도 알지 못하고 도무지 할 줄도 모르는 사람처럼 맑고 고요함(淡靜)을 지키면 곳곳마다 견지見地를 지켜서 안온함을 이루게 된다. 그러면 이 또한 마음(機)을 잊는 근본이 된다.

# 104. 월 선인에게(示 月禪人)

昔曹山別 悟本問 "向甚處去" 山云 "不變異處去" 本云 "不變異處 豈有去耶" 山云 "去亦不變異" 悟本領之 蓋其透得 綿密無間隔 得大安穩無所不通. 是故 機路灑落 千人萬人籠羅不住 至於發言 直截了無凝滯. 若胸次稍有解會 隨處執著 則豈能句下 便恁剪斷. 善體此意 眞不變異 雖千生萬劫 亦只如如. 頭緒紛然 一一當陽 皆無變異 豈非得如空際大定耶. 所以道 "妙體本來無處所 通身那更有縱由" 則去亦不變異之旨明矣.

※頭緒(두서): 일의 단서. 실마리. 조리.
※紛然(분연): 뒤섞여서 어지러움.

지난날 조산曹山[1]이 하직 인사를 하자, 오본(悟本, 동산양개)[2]이 물었다.

"어디로 가려는가?"

---

1 조산본적에 관해서는 본서 '41. 용 도자에게' 편의 註4를 참조.

2 悟本(오본) 스님은 '동산양개'의 시호諡號다. 스님에 관해서는 본서 '73. 거제 요연조봉에게' 편의 註4를 참조하기 바란다. 또한 동산과 조산의 상기 대화는 본서 '77. 초연 거사께' 편 서두에서도 다루고 있으므로 함께 비교해 보기 바란다.

조산이 말했다.

"변함이 없는 곳으로 갑니다."

오본이 말했다.

"변함이 없는 곳을 어찌 간다고 하는가?"

조산이 말했다.

"가는 것 또한 변함이 없습니다."

이는 오본이 그(=조산)가 꿰뚫은 것이 빈틈없이 자세했고, 통하지 않는 것이 없는 대안온大安穩을 얻었다는 것을 안 것이다. 이런 까닭에 기로機路가 씻은 듯이 깨끗하면 천 사람 만 사람이 가두어도 머물지 않고, 말을 꺼내면 바로 끊어서 막히거나 걸리는 것이 전혀 없는 것이다.

하지만 만약 가슴속에 조금이라도 이치로 따져서 아는 것이 있어 가는 곳마다 집착을 한다면 어떻게 말끝에 바로 이렇게 베어버릴 수 있겠는가! 이 뜻을 잘 체득해서 진실로 변함이 없으면, 비록 천생만겁이 지나더라도 다만 여여如如할 뿐이다.

또한 일의 실마리가 뒤섞여 어지러워도 낱낱이 분명하게 해서 모두가 변함이 없으면, 이것이 어찌 허공과 같은 대정大定[3]을 얻는 것이 아니겠는가! 그래서 이르기를 "오묘한 본체는 본래 처소가 없거늘, 온몸에 어찌 또 자취가 있겠는가(妙體本來無處所 通身那更有縱由)!"[4]라

3 大定(대정)에 관해서는 본서 '2. 장 선무 상공께' 편의 註2를 참조.

4 경덕전등록 제29권, '동안찰同安察 선사의 십현담十玄談' 중 현기玄機 편에 다음과 같이 기술하고 있다.

고 하였던 것이다. 그러므로 가더라도 변함이 없다(去亦不變異)는 뜻은 분명한 것이다.

❀

釋迦老子道 "我今爲汝 保任此事 終不虛也" 將知徹佛知見 淵源無不皆實履踐到實處 凡所擧止 悉不落虛. 一一透頂透底 邁古超今 求其形相毫末 了不可得. 極其諦當 則喫飯著衣 四威儀中 全體成現. 要須保任鄭重 如獲至寶 將護長養. 便得大力量 以之度世利物 靡所不堪. 方爲佛子 不辜釋迦老子苦口 謂之 知恩報恩也.

※邁(멀리 갈 매): 멀리 가다. 지나다. 힘쓰다. 돌다. 순행하다. 늙다.

석가 노인(釋迦老子)이 이르기를 "내 이제 그대들을 위해 이 일을 보임保任[5]하노니, 끝내 헛되이 하지 말라(我今爲汝 保任此事 終不虛也)"[6]고

---

현기玄機:

迢迢空劫勿能收　기나긴 공겁에도 능히 거두지 못하였거늘
豈爲塵機作繫留　어찌 진기(塵機, 티끌 같은 기연)에 붙잡혀 매이겠는가.
妙體本來無處所　오묘한 본체는 본래 처소가 없거늘
通身何更有蹤由　온몸에 어찌 또 자취가 있겠는가.
靈然一句超群象　신령스런 한 구절로 여러 형상을 뛰어넘으면
逈出三乘不假修　멀리 3승을 벗어나 수행을 빌릴 필요가 없네.
撒手那邊千聖外　저편의 일천 성인 밖으로 손을 놓고
迴程堪作火中牛　길을 돌려, 불 속의 소를 감당케 하네."

5 보임保任: 불교의 선종에서 깨달은 뒤에 더욱 갈고 닦는 수행법. 보림이라고도 한다. 보임은 보호임지保護任持의 준말로서 '찾은 본성을 잘 보호하여 지킨다'는

뜻이다. 불교의 해탈방법은 단번에 궁극적인 본성을 깨닫는 돈오頓悟와 점차적인 수행의 단계를 거쳐 오랜 기간의 수행 끝에 부처가 되는 점수漸修의 두 가지로 나누어진다.

특히 선종은 돈오와 점수 가운데 돈오를 중요시하였다. 돈오한 뒤에 점수의 수행이 필요하다고 하는 돈오점수설頓悟漸修說과 돈오하는 것 자체가 점수까지를 모두 끝마쳤으므로 더 이상의 수행이 필요하지 않다는 돈오돈수설頓悟頓修說로 나누어져서 커다란 논쟁을 불러일으켰다.

따라서 돈오돈수설에 입각하면 견성한 뒤에 보임이라는 수행과정이 필요하지 않지만, 돈오점수설에 의하면 반드시 보임의 과정을 거쳐야만 한다. 우리나라에서는 전통적으로 돈오점수설을 채택하여 견성한 뒤에는 반드시 보임을 하도록 되어 있다. 특히 고려 중기의 고승 보조 국사普照國師는 이를 강력히 천명하였는데, 견성을 한다는 것은 마치 어린아이가 세상에 태어나는 것과 같아서 눈·귀·코·팔·다리 등을 모두 갖추고 있지만 제대로 볼 수도 걸을 수도 없는 상태와 같고, 차츰 지극한 정성으로 보살펴 키우면 걸을 수도 있고 말도 할 수 있게 되는 것과 같다고 하였다. 그리고 얼어붙은 얼음이 곧 물인 줄 아는 것이 견성이고, 그 견성을 토대로 하여 그 얼음을 녹이는 것이 보임이며, 그와 같은 보임이 있고 난 다음에 물을 자재롭게 이용하여 식수로도 이용하고 빨래도 하고 논과 밭에 물을 댈 수도 있게 된다고 하였다.

따라서 우리나라의 수행승들은 처음 견성한 뒤의 보임 때에 온갖 정성을 아끼지 않았다. 보임은 견성한 그것이 과연 올바른가 아닌가를 점검하는 것부터 시작한다. 이때 먼저 깨달은 고승들을 찾아가서 깨달음을 점검받게 되는데, 고승은 이때 갖가지 시험을 통하여 올바로 견성한 것인가를 살피고 견성하였음을 확인하면 깨달음을 인정하는 신표와 함께, 깨달음의 기쁨 속에 빠져서 자칫 헛된 길로 빠지기 쉬운 수행자를 올바른 길로 인도하기 위하여 여러 가지 지침을 내리게 된다. 그 까닭은 견성하기는 하였지만 아직 그 본성에는 탐욕과 성냄과 어리석음의 티끌이 많이 묻어 있기 때문이다. 따라서 고승의 인도로 이와 같은 티끌을 모두 제거하기 위하여 보임의 공부를 하는 것이다.

이때 앞서 깨달은 고승의 지도를 받는 한편 대장경을 열람하기도 하고, 깊은 했다. 무릇 불지견佛知見을 철저하게 알아야 연원(淵源, 사물의 근원)이 모두 진실하지 않은 것이 없고, 발로 밟아서 참다운 경지에 이르러야 모든 행동거지가 허망함에 떨어지지 않게 된다. 또한 낱낱이 머리부터 발끝까지 꿰뚫고 고금을 모두 뛰어넘어야 그 형상을 구하더라도 털끝만큼도 전혀 얻을 것이 없게 된다. 지극히 자세하고 확실하면 밥을 먹고 옷을 입는 4위의四威儀 속에서 모든 모습이 그대로 드러나게 된다.

모름지기 정중하게 보임保任하려면 지극한 보배를 얻은 것처럼 보호하고 길러야 한다. 그리하여 대역량大力量을 얻고, 이로써 세상을 제도하고 중생을 이롭게 해야 감당하지 못할 것이 없게 된다. (또한 그래야) 바야흐로 불자(佛子, 보살)가 되어 석가 노인이 애써 한 말을

---

산 속에서 동물들과 함께 생활하거나 시장 등의 시끄러운 곳에서 장사를 하며 선정禪定을 익히기도 한다. 그리고 이 보임이 어느 정도 완성되면 본격적인 중생교화의 길에 나서게 되어 있다.(한국민족문화대백과, 한국학중앙연구원)

6 법화경 제2권, '비유품'에 다음과 같이 기술하고 있다.('41. 용 도자에게' 편의 註5에 수록하였는데, 다시 한 번 기술한다.)

汝等莫得樂住三界火宅. 勿貪麤弊色聲香味觸也. 若貪著生愛則爲所燒 汝等速出三界 當得三乘 聲聞 辟支佛佛乘. 我今爲汝 保任此事 終不虛也. 汝等但當勤修精進. 如來以是方便 誘進衆生.

그대들은 삼계의 불타는 집에 머무는 것을 좋아하지 말라. 추하고 나쁜 색·성·향·미·촉을 탐내지 말라. 만약 탐내고 집착하여 애愛를 내게 되면 불에 타게 되니, 그대들은 속히 삼계에서 벗어나 마땅히 3승의 성문·벽지불·불승을 얻어야 하느니라.

내 이제 그대들을 위해 이일을 보임하노니, 끝내 헛되이 하지 말라. 그대들은 다만 부지런히 정진하라. 여래는 이러한 방편으로 중생들을 권유하느니라.

저버리지 않게 되는 것이니, 이를 일러 '은혜를 알아야 은혜를 갚게 된다(知恩報恩)'[7]고 하는 것이다.

---

7 '은혜를 알아야 은혜를 갚게 된다(知恩報恩)'는 것과 관련하여 수능엄경首楞嚴經 제9권, '상음의 열 가지 마장(想陰十魔障)'을 설명하는 부분에 다음과 같이 기술하고 있으니 참고하기 바란다.

阿難當知 是十種魔 於末世時 在我法中 出家修道 或附人體 或自現形 皆言已成正遍知覺 讚歎婬欲 破佛律儀 先惡魔師 與魔弟子 婬婬相傳 如是邪精 魅其心腑 近則九生 多踰百世 令眞修行 總爲魔眷 命終之後 必爲魔民 失正遍知 墮無間獄. 汝今未須 先取寂滅 縱得無學 留願入彼 末法之中 起大慈悲 救度正心 深信衆生 令不著魔 得正知見. 我今度汝 已出生死 汝遵佛語 名報佛恩.

아난아! 마땅히 알라. 이러한 열 가지 마魔가 말세에 나의 법 가운데 출가해서 도를 닦는 이에게 있기도 하고, 혹은 사람들의 몸에 달라붙기도 하며, 혹은 스스로 형체를 드러내기도 하면서, 모두 말하기를 '이미 정변지각正遍知覺을 이루었다'고 하고, 음욕을 찬탄하며 부처의 율의를 깨뜨리고, 무엇보다 악마의 스승과 제자가 음婬과 음婬으로 서로 전하게 되느니라. 이와 같은 삿된 정기가 그 심장과 오장육부를 유혹해서 가까우면 구생, 많으면 백생을 넘으면서, 참되게 수행하는 사람들로 하여금 모두 마의 권속이 되게 하고, 목숨이 다한 뒤에도 반드시 마의 백성이 되어 정변지正遍知를 잃고 무간지옥에 떨어지게 할 것이니라. 그러므로 그대들은 지금 모름지기 먼저 적멸寂滅을 취하지 않아야 하니, 설사 더 이상 배울 것이 없음(無學, 아라한)을 얻었더라도, 원을 남겨 저 말법에 들어가서도 대자비를 일으키고 바른 마음으로 깊게 믿는 중생들을 구하고 제도해서, 마가 달라붙지 않고 정지견正知見을 얻게 해야 하느니라.
내가 지금 그대를 제도하여 생사를 벗어나게 했으니, 그대가 부처의 말을 따르는 것을 일러 '부처의 은혜에 보답하는 것이다(報佛恩)'고 하는 것이니라.

# 105. 본 선인에게(示 本禪人)

"常獨行常獨步 達者同游涅槃路" 此蓋不與萬法爲侶之大旨也 況自己本有根脚. 生育聖凡 含吐十虛 無一法 不承他力 無一事 不從他出 豈有外物爲障爲隔. 但恐自信不及 便把不住去. 若洞明透脫 只一心不生 何處更有如許多. 所以道 "靈光獨耀 逈脫根塵"

※況(상황 황, 하물며 황): 상황. 정황. 형편. 모양. 종소리의 형용. 하물며. 더군다나. 게다가. 더욱. 더욱 더. 때마침. 우연히. 곧. 이에. 견주다. 비유하다. 추측하다. 주다. 하사하다. 명하다.

※根脚(근각): (건축물의) 토대. 기초. 출신. 내력(주로 조기 백화문에 보임).

"항상 홀로 다니고 항상 홀로 걷나니,
통달한 사람은 열반의 길을 함께 노닌다."[1](고 했다.)

이는 '만법과 짝하지 않는다'[2]는 말의 큰 뜻으로 자기에게 본래 있는 내력(根脚)을 비유한 것이다. 범부와 성인을 길러내고 시방의 허공을

1 영가현각의 증도가에 나오는 말이다.

2 '不與萬法爲侶~(불여만법일여~)'는 방 거사가 마조도일과 석두희천에게 물은 것으로, 본서 '71. 황 태위 검할께' 편의 註10을 참조하기 바란다.

머금고 토해내는 것은 어떠한 법法도 저 힘을 잇지 않는 것이 없고, 어떠한 일(事)도 저것을 따라 일어나지 않는 것이 없는데, 이것이 어찌 외물(外物, 바깥 대상 또는 경계)에 장애가 되고 걸림이 되는 것이겠는가! 다만 자신에 대한 확신이 미치지 못해 잡아도 잡지 못할까 두려울 뿐이다. 하지만 만약 환하게 밝혀서 꿰뚫게 되면, 다만 한 마음도 일어나지 않게 되는데, 어디에 또 많은 것이 있겠는가! 그래서 이르기를 "신령스런 빛이 홀로 빛나, 6근과 6진을 멀리 벗어난다(靈光獨耀 逈脫根塵)"[3]고 하였던 것이다.

❀

要須直下承當 從本以來 自有底活卓卓妙體. 然後 於一切時 一切處無不逢渠 無不融攝. 喫飯著衣 凡百作爲 世出世間 皆非外得. 旣達此矣 只守平常 不生諸見 說什麽一口吸盡西江水. 設使百千諸佛 無量祖師 顯現無邊怪異神變 不消一箚. 但恁麽信及見徹 行脚事 豈不辦耶.

※信及(신급)=信及豚魚(신급돈어): 돼지나 물고기 등 무심無心한 생물조차

---

3 백장 스님의 상당 법문이다.

| | |
|---|---|
| 靈光獨耀 | 신령스런 빛이 홀로 빛나 |
| 逈脫根塵 | 6근·6진을 멀리 벗어났고 |
| 體露眞常 | 본체가 참되게 항상 드러나 |
| 不拘文字 | 문자에 매이지 않는다. |
| 心性無染 | 심성은 물들지 않고 |
| 本自圓成 | 본래 그 자체로 원만히 이루어지니, |
| 但離妄緣 | 허망한 인연만 여의면 |
| 卽如如佛 | 바로 여여한 부처네. |

믿어 의심하지 않는다는 뜻으로, 신의信義가 지극함을 이르는 말.

모름지기 바로 그 자리에서 본래부터 지금에 이르기까지 자신에게 살아있는 뛰어난(活卓卓) 묘체妙體가 있다는 것을 알아야 한다. 그런 다음 일체시一切時 일체처一切處에 그것과 만나지 않는 것이 없어야 융섭하지 않는 것이 없게 된다. 밥 먹고 옷 입는 모든 행위와 세간과 출세간이 모두 밖에서 얻는 것이 아니다.

그러므로 이것을 통달하면 다만 평상平常을 지킬 뿐, 모든 견해가 일어나지 않는데, 무슨 '한 입에 서강의 물을 다 마신다'느니 하는 말을 하겠는가! 설사 백천의 모든 부처와 헤아릴 수 없는 조사가 가없는 괴이하고 신통한 변화를 드러낸다 할지라도, 한 번 찔러 볼 필요도 없다. 다만 이렇게 믿어 의심치 않고(信及, 信及豚魚) 사무쳐 간파하게 되면, 행각하는 일(行脚事)에 어찌 힘쓰지 않겠는가!

# 106. 달 선인에게(示 達禪人)

大道正體 不在混沌未分 及杳冥恍惚處亦不是. 故作 深邃隱蔽 令人不可窮 不可測量. 蓋至明非明 至妙非妙 直下簡易. 若是宿根純靜 聊聞擧著 便知落處 更不向外馳求 向根脚下 千了百當 全體現成. 乃至觸境遇緣 悉皆透頂透底 坐得斷把得住作得主. 終不取他人舌頭路布 及古今言教機境公案 將爲極則. 是故 從上作家 唯只提持此段 要人自承當擔荷 豈曾更立堦梯地位漸次.

※杳冥(묘명): 어둠침침하고 아득함.

※恍惚(황홀): 광채가 어른어른하여 눈이 부심. 사물에 마음이 팔려 멍하니 서 있는 모양. 미묘하여 헤아려 알기 어려움. 흐릿하여 분명하지 아니함.

※深邃(심수): 깊숙하고 그윽함. 유수幽邃. 학예 등의 깊이가 있는 모양.

※千了百當(천료백당): 일이 매우 원만하고 타당하게 처리됨을 이르는 말.

대도의 정체正體는 혼돈混沌이 나누어지기 이전에 있는 것도 아니고, 아득하거나 황홀한 곳(杳冥恍惚)에 있는 것도 아니다. 그렇다고 일부러 꾸며서 깊숙이 숨기고, 사람들로 하여금 찾지도 못하게 하고 헤아리지 못하게 하는 것도 아니다. 지극히 밝은 것은 밝은 것이 아니고, 지극히 오묘한 것은 오묘한 것이 아니다. 바로 그 자리에서 간단하고 쉬운 것(簡易)이다. 만약 숙세의 근기가 순일하고 고요하면 거론하는 것을 듣자마자 바로 그 낙처落處를 알아 다시는 밖으로 치달려 찾지 않고, 자기 발밑에서 일이 원만하고 타당하게 이루어져 전체가 그대로 드러나게 된다. 나아가 경계에 부딪치고 인연과 만나더라도 모두 다 머리끝에서 발끝까지 꿰뚫고 꺾어서 꽉 잡아 주인이 되면, 끝내 다른 사람의 혀끝에서 나온 주장이나 고금의 가르침, 기연과 경계, 공안을 취해 극칙極則으로 삼지 않게 된다. 이런 까닭에 예로부터 작가作家는 오직 다만 이 일(此段)을 제지提持해서[1] 사람들이 스스로 알아서 짐을 짊어지기를 원했던 것인데, 어찌 다시 단계나 지위, 점차를 세운 적이 있었겠는가!

❀

如之若彼 來今時兄弟 不道他全不用心 要是不得省力. 具大根大器大機大用 一聞千悟 徹骨徹髓 痛領將去. 纔一蹉却毫髮 便入解會理路言詮意識 根塵中去. 所以 脫他藥網不出. 未免漢漢懷疑 便更下鈍工十年五載 終莫能果決. 尋常每勸兄弟 "須奮猛利心 棄却從前學路得失窠臼. 似向萬仞懸崖撒手 拌捨性命 從他氣息一點也無 如大死底人. 餉間甦醒起來 謾你不得也"

이와 같고 저와 같은 것이 요즘 형제들에게 와도 그들이 전적으로 여기에 마음을 쓰지 않는다고 말하는 것은 아니지만, 중요한 것은 힘을 덜지 못했다는 것이다. 그러므로 대근기로 대기대용을 갖춰,

---

1 제지提持에 관해서는 본서 '1. 화장 명 수좌에게' 편의 註6을 참조.

하나를 들으면 천을 깨달아서 골수에 사무치고 뼈저리게 알아 가야 한다.

털끝만큼이라도 한 번 빗나가게 되면, 바로 이치로 풀어 알고 의식을 말로 설명하면서 6근과 6진 안으로 들어가게 된다. 그래서 병이 있기 때문에 약이 있는 것이라는 상대적인 그물(藥網)에서 벗어나려고 해도 벗어나지 못하는 것이다. 또한 아득하고 막연하게 의심을 품는 것을 면하지 못한 채 바로 다시 둔하고 우직하게 10년, 5년을 공부하더라도 끝내 딱 잘라서 결정짓지 못하게 되는 것이다.

그래서 평소에 늘 형제들에게 권하기를 "모름지기 맹렬하고 날카롭게 마음을 떨쳐서 지금까지 배워서 안 도리와 득실의 고정된 틀을 버려라. 흡사 만 길 절벽에서 손을 놓아 목숨을 버려,[2] 그로부터 호흡이 하나도 없는 마치 완전히 죽은 사람(大死底人)처럼 되어라. 그러다 아주 짧은 시간에 다시 깨어나면, 그때는 그대를 속이려 해도 속이지 못하게 될 것이다"고 하였던 것이다.

❀

却爲已 到脚蹋實地處 寬若太虛 明如杲日 更不消造化. 一切自圓成二六時中與千聖交參俱 爲殊勝奇特脫灑. 信口開 信脚行 更疑箇甚. 豈不見 古宿指人"道由悟達 法離見聞" 若也眞的悟去 更憂甚佛不解語. 切須向日用中不起異見放 教胸中灑灑落落. 打辦精神 自覷見久之須有信入處. 若只守閑閉 眉合眼 要參露柱燈籠也. 須知有佛種性底

---

2 '만 길 절벽에서 손을 놓아(萬仞懸崖撒手)~'에 관해서는 본서 '31. 혜 선인에게' 편의 註2를 참조.

終不向死水裏折倒. 但辨肯心 必不相賺.

※眞的(진적): 사실 그대로 참되고 틀림없는 모양.

이렇게 해서 발로 밟아 실제의 경지에 이르게 되면, 넓기가 허공과 같고 밝기가 태양과 같아서, 다시는 조화造化를 필요로 하지 않게 된다. 일체가 스스로 원만히 이루어져 하루 종일 일천 성인과 함께 교류하면서 뛰어나고 기특하게 씻은 듯 벗어나게 된다. 또한 입에서 나오는 대로 말하고 다리가 가는 대로 가게 되는데, 다시 무엇을 의심하겠는가!

보지 못했는가, 옛 어른(古宿)이 사람들에게 가리키기를 "도道는 깨닫고 통달함으로 말미암고, 법法은 보고 듣는 것을 떠난다"고 한 것을! 만약 사실 그대로 참되고 틀림없이 깨닫는면, 다시 (무슨 부처가 되어) 부처의 말을 하지 못할까를 걱정하겠는가!

바라건대, 모름지기 일상생활 속에서 다른 견해를 일으키지 말고, 가슴속을 쇄쇄낙락하도록 놓아버려라! 정신을 차리고 스스로 자세히 살펴보기를 오래하면, 모름지기 확실히 들어가는 곳이 있게 된다. 하지만 만약 단지 조용하고 한가한 것만을 지키며 눈을 감고 있다면, 노주 등롱을 참구하고자 하는 것일 뿐이다. 그러므로 부처의 종성種性이 있다는 것을 아는 사람이라면 끝내 죽은 물(死水)에 엎어지지 않아야 한다. 다만 힘써 하고자 하는 마음만 있으면 결코 그대를 속이지 못할 것이다(但辨肯心 必不相賺).[3]

3 본서 23 '종각 선인에게' 편의 註14를 참조.

❀

菩提離言說 從來無得人. 具摩醯正眼靈利衲子 聊聞擧著 卽便覷透 終不作限量墮在解脫深坑中. 有般底容有路布 卽謂 離言說眞言說 無得人乃實證之人.當面蹉却 被葛藤纏倒 終不明得從上來事. 是故 此宗雖務冥契密付 旣作諸佛苗裔 應須紹續門風 明全提正印深機 脫生死塵勞 惡作執縛. 永嘉乃云 "大丈夫秉慧劒 般若鋒兮金剛焰" 豈容擬議於其間哉. 生死爲大事 眞透脫去 不以爲大. 何故 以無怖畏.

※苗裔(묘예): 여러 대를 걸친 먼 후대의 자손.

※繄(창전대 예): 창전대(창에 씌우는 자루). 이. 아(탄식하는 소리).

언설言說을 떠난 보리菩提를 예로부터 지금까지 체득한 사람이 없다. 마혜수라摩醯首羅[4]의 바른 안목을 갖춘 신령스럽고 날카로운 납자는 거론한 것을 들으면 바로 척 보고 꿰뚫어, 한량(限量, 제한적인 헤아림)으로 해탈解脫이라는 깊은 구덩이에 결코 떨어지지 않는다. 그런데 어떤 사람은 이런 주장을 받아들여 말하기를 "언설을 떠난 것이야말로 진실한 언설이며, 얻은 것이 없는 사람이야말로 진실로 깨달은 사람이다"고 한다. 이는 바로 앞에서 어긋나는 것이고, 언어문자에 얽히고 뒤집어진 것으로 결코 예로부터 내려오는 일(從上來事)을 밝히지 못한

---

4 마혜수라摩醯首羅: 산스크리트어 maheśvara. 색계의 맨 위에 있는 색구경천色究竟天에 사는 신神. 눈은 세 개, 팔은 여덟 개로 흰 소를 타고 다닌다고 함. 힌두교의 신神으로, 우주의 창조·유지·파괴의 과정에서 파괴를 담당한다는 시바(śiva)를 말함.(시공 불교사전)

것이다. 이런 까닭에 이 종문宗門에서는 아무리 그윽하게 계합하고 은밀히 부촉하는 것에 힘을 쓸지라도, 제불의 후예가 되었다면 모름지기 종문의 가풍을 계속해서 이어야 하고, 정인正印의 깊은 기機를 명확하고 완전하게 제시해야 하며, 생사번뇌의 잘못된 집착과 속박에서 벗어나야 하는 것이다. 영가永嘉 이르기를 "대장부가 지혜의 검을 쥐니, 반야의 칼끝이요 금강의 불꽃이로다(大丈夫秉慧劍 般若鋒兮金剛焰)"[5]라고 했다. 그런데 어찌 그 사이에 머뭇거림을 용납하겠는가! 나고 죽는 것(生死)을 대사大事라고 하지만, 진실로 꿰뚫어 벗어나면 크다고 할 것도 없다. 왜냐하면 두려움이 없기 때문이다.

❀

諦了實證 如如不動 視萬有起滅中外 根株洞然明白 始末齊平 初無得喪. 而常執此大明普照 若揭日月而行 如師子王游戲自在. 促百千劫爲一念 衍一念爲百千劫 須彌納芥子中 大千擲方外 皆我心常分. 何有淨穢去來 爲罣礙 生死得喪 爲繫累哉. 古德云 "生也猶如著衫 死也還同脫袴" 不以生死爲大變可知矣.

자세히 살피고 실제로 증득해서 여여부동하게 되면, 만유萬有가 일어나고 사라지는 안팎에서 근본이 툭 트이고 명백해져 처음과 끝이 모두 평등하고 애초부터 얻고 잃을 것이 없다는 것을 보게 된다. 그리고는 항상 이 대광명을 잡아 두루 비추게 되니, 마치 해와 달이 높이 떠서 가는 것과 같고, 마치 사자왕師子王이 자재하게 유희하는

---

5 영가현각의 증도가에 나오는 말이다.

것과 같다. 백천 겁을 줄여서 한 생각으로 하고, 한 생각을 늘려서 백천 겁으로 하며, 수미산을 겨자씨에 넣고, 대천세계 시방 밖(方外)으로 집어던지는[6] 모든 것이 내 마음의 일상적인 부분인 것이다. 그런데 무슨 더럽고 깨끗함·오고 감에 장애가 되고, 생사득실(生死得喪=生死得失)에 연루되는 것이 있겠는가! 옛 어른 스님이 이르기를 "생生이란 마치 적삼을 입는 것과 같고, 사死란 바지를 벗는 것과 같다(生也猶如著衫 死也還同脫袴)"[7]고 했으니, 나고 죽는 것(生死)으로 중대한 변고를

---

6 '須彌納芥子中 大千擲方外'는 본서 '2. 장 선무 상공께' 편의 註6과 9를 참조.

7 경덕전등록 제30권, 소계 화상蘇溪和尙 목호가牧護歌에 나오는 말이다.

| | |
|---|---|
| 聽說衲僧牧護 | 납승이 목호를 말하는 것을 들어라! |
| 任運逍遙無住 | 일이 되어가는 대로 맡기고 소요하며 머무름이 없으니, |
| 一條百衲甁盂 | 한 벌의 누더기와 병과 발우가 |
| 便是生涯調度 | 바로 일생에 배정된 것이네. |
| | |
| 爲求至理參尋 | 지극한 이치를 구하려고 깊이 참구하면서 |
| 不憚寒暑辛苦 | 추위와 더위, 괴로움을 고달파하지 않고, |
| 還曾四海周游 | 일찍이 사해를 돌아다녔기에 |
| 山水風雲滿肚 | 산과 물, 바람과 구름 뱃속에 가득하네. |
| | |
| 內除戒律精嚴 | 안으로는 계율이 없어도 깨끗하고 엄격하며 |
| 不學威儀行步 | 위의로 나아가는 것을 배우지 않았지만, |
| 三乘笑我無能 | 삼승은 나의 무능을 비웃어도 |
| 我笑三乘謾做 | 나는 삼승의 무례함에 미소 짓네. |
| | |
| 智人權立階梯 | 지혜로운 이가 방편으로 단계를 세웠지만 |

삼지 않았다는 것을 알 수 있는 것이다.

---

| | |
|---|---|
| 大道本無迷悟 | 대도에는 본래 미혹과 깨달음이 없으니, |
| 達者不假修治 | 통달한 이는 닦고 다스림을 빌릴 필요도 없고 |
| 不在能言能語 | 말을 잘하는 데도 있지 않네. |
| | |
| 披麻目視雲霄 | 베옷 입고 높은 하늘을 보며 |
| 遮莫王侯不顧 | 설령 왕과 제후라도 돌아보지 않으니, |
| 道人本體如然 | 도인의 본 모습 마치 그러해서 |
| 不是知佛去處 | 부처가 간 곳도 알지 못하는 것이네. |
| | |
| 生也猶如著衫 | 태어남은 마치 적삼(윗옷)을 입는 것과 같고 |
| 死也還同脫袴 | 죽는 것은 바지를 벗는 것 같으며 |
| 生也無喜無憂 | 태어남엔 기쁨도 없고, 근심도 없으니, |
| 八風豈能驚怖 | 사방에서 불어오는 바람에 어찌 놀라거나 두려워할 수 있겠는가. |
| | |
| 外相猶似癡人 | 겉모습은 마치 어리석은 사람 같아도 |
| 肚裏非常峭措 | 뱃속은 비상非常해서 찌를 듯 가파르고, |
| 活計雖無一錢 | 살아갈 방도는 비록 한 푼도 없지만 |
| 敢與君王鬪富 | 감히 군왕과 부귀를 겨루네. |
| | |
| 愚人擺手憎嫌 | 어리석은 사람은 손을 흔들며 미워하고 싫어하지만 |
| 智者點頭相許 | 지혜로운 이는 고개를 끄덕이며 서로를 허락하니, |
| 那知傀儡牽抽 | 누가 알겠는가? 꼭두각시 인형을 끌어당겨 |
| 歌舞盡由行主 | 노래하고 춤추는 것이 모두 주인으로 말미암는 것을. |
| | |
| 一言爲報諸人 | 한마디로 모든 사람에게 알리려 하니, |
| 打破畫甁歸去 | 그림 속 병을 깨뜨리고 돌아가라. |

# 107. 인 선인에게(示 印禪人)

參問之要 當人不論曉夕 以爲事長 令念玆在玆. 自覰捕 驀然絶情識忘思量一旦桶底子脫. 心上更不見心 佛上豈假作佛. 得大休歇場 虛閑寂靜 無相無爲無執無住. 祖師言教 更不明別事. 所謂 了得身心本性空 斯人與佛何殊別. 但自體究 終有箇入處 却來證據 乃是了事人也. 子細看之.

※却來(각래): 도리어. 사실인즉, 거꾸로. 그 실상은. 기실.

참문參問의 요지는 당사자가 아침저녁을 따지지 않고 오래도록 (이것을) 일로 삼아 자나 깨나 생각하며 잊지 않도록 하는 것이다. 스스로 자세히 살펴서 사로잡으면 맥연히 정식情識이 끊어지고 사량思量을 잊어 어느 날 갑자기 통 밑이 쑥 빠지듯 하게 된다. 그러면 마음에서 다시 마음을 보지 않게 되는데, 부처에 올라 어찌 또 부처가 되는 것을 빌리겠는가! 크게 쉬는 경지大休歇場를 얻으면 텅 비어 한가하고 고요하며, 상도 없고 함도 없으며, 집착도 없고 머무름도 없게 된다.

조사祖師의 말씀과 가르침은 결코 다른 일(別事)을 밝힌 것이 아니다. 그래서 이르기를 "몸과 마음의 본래 성품이 공함을 알면, 이 사람과 부처가 무엇이 다르리오"[1]라고 하였던 것이다. 다만 스스로 몸소 참구하면 결국에는 깨달음으로 들어가는 곳이 있겠지만, 그 실상은 증득을 근거로 해야 일을 마친 사람(了事人)인 것이다. 자세히 살펴라!

❀

初機晚學 乍爾要參 無捫摸處 先德垂慈 令看古人公案. 蓋設法繫住其狂思橫計 令沉識慮 到專一之地. 驀然發明 心非外得 向來公案 乃敲門瓦子矣. 只如 龐居士問馬大師"不與萬法爲侶底是什麽人" 馬云"待汝一口吸盡西江水卽向汝道" 但靜默沉審. 然後擧看. 攸久之間 須知落處去. 若以語言 詮注語言 只益多知 無緣入得 此箇法門 解脫境界. 諦信諦信 以悟爲則 勿嫌遲晚.

※晚學(만학): 후학. 오후수업.

※乍(잠깐 사, 일어날 작): 잠깐. 잠시. 별안간. 차라리. 바로. 마침. 겨우. 근근이. 처음으로. 비로소. 일어나다. 일으키다. 쪼개다. 공격하다(작).

초기만학(初機晚學, 처음 입문한 후학)이 갑자기 참구하려 해도 더듬어 찾을 곳이 없기에, 옛 어른 스님들이 자비를 베풀어 고인의 공안(古人公案)을 살피도록 한 것이다. 이는 법法을 시설해서 미친 생각과 제멋대로

---

1 경덕전등록 제1권, '구류손불拘留孫佛의 게송' 편에 다음과 같이 기술하고 있다.

| | |
|---|---|
| 見身無實是佛身 | 몸에 실다움이 없는 것을 보는 것이 부처의 몸이요, |
| 了心如幻是佛幻 | 마음이 환과 같다는 것을 아는 것이 바로 부처의 환이다. |
| 了得身心本性空 | 몸과 마음의 본래 성품이 공함을 알면 |
| 斯人與佛何殊別 | 이 사람과 부처가 무엇이 다르리오. |

헤아리는 마음을 묶어두고 식견識見과 사려思慮를 가라앉혀 한결같은 경지에 이르도록 한 것이다. 그러므로 맥연히 '마음은 밖에서 얻는 것이 아니다(心非外得)'는 것이 분명하게 일어나면, 이제까지의 공안이 문 두드리는 기와 조각과 같다는 것을 알게 될 것이다.

예를 들면, 방 거사가 마 대사에게 묻기를 "만법萬法과 짝하지 않는 이는 어떤 사람입니까?"라고 하자, 마조가 이르기를 "그대가 한 입에 서강西江의 물을 다 마시면 말해주리라"라고 한 것을, 다만 말없이 고요히 가라앉히고 오래도록 살피고, 그런 다음 들어보라! 오래 하다보면 모름지기 낙처落處를 알게 될 것이다.

하지만 만약 말로써 설명을 하고 말에 주를 단다면, 단지 지해(知)만 더욱 많아질 뿐, 이 법문의 해탈경계에 들어갈 인연이 없게 된다. 그러므로 확실하게 살피고 확실하게 살펴라! 깨달음을 법칙으로 삼되(以悟爲則),[2] 더디고 늦음을 싫어하지 말라!

疾苦在身 宜善攝心 不爲外境所搖. 中心亦不起念 常以生死事大無常迅速爲意 不可斯須恣. 縱唯嗔一法 於三業爲大過患 儻有順違 切勿令生. 常虛己正心 觀外來觸 如虛舟飄瓦 則物我俱寂 到不動地. 爾思之諦思之.

병으로 인한 고통이 몸에 있으면 마땅히 마음을 잘 다스려서 바깥 경계에 흔들리지 않게 해야 한다. 마음속에서도 또한 생각을 일으키지

---

2 위산영우의 위산경책潙山警策에 나오는 말이다.

말고, 항상 '생사의 일은 무상하고 신속하다(生死事大 無常迅速)'[3]고 한 것에 뜻을 두어 잠시라도 제멋대로 해서는 안 된다. 설령 단지 한 법法에 대해서라도 성을 낸다면 삼업三業에는 큰 화가 될 것이니, 혹 따르고 거스름이 있더라도 부디 화내는 마음을 내지 말라!

항상 자기를 텅 비우고 마음을 바르게 해서, 밖으로부터 오는 것을 마치 텅 빈 배나 굴러다니는 기왓장처럼 보면, 사물과 내가 모두 고요해서 부동지(不動地)[4]에 이르게 될 것이다.

그대는 생각하고, 자세히 생각하라!

---

3 영가현각의 "생사의 일은 크고 무상은 신속하다(生死事大 無常迅速)"는 말씀은 본서 '23. 종각 선인에게' 편의 註2를 참조.

4 부동지不動地: 십지十地의 하나. 모든 것에 집착하지 않는 지혜가 끊임없이 일어나 결코 번뇌에 동요하지 않는 단계.(시공 불교사전)

# 108. 묘각 대사께(示 妙覺大師)

學道先於擇師 旣得眞正具頂門眼善知識. 依其決擇死生大事 須猛勇放下身心忘情體究. 當資悟入 發明從本以來獨脫 無滯礙本分事. 日損日日損履踐. 到無疑至實大休歇之場 此所謂 具眼參學. 有勝負存窠臼 雖一往超勝 不知有 不存誠 不學道 不求出離者. 然於此宗 未得深造 猶在半途 亦爲可憫.

※深造(심조): 깊은 조예.

도를 배우려면 먼저 스승을 택해야 할 뿐만 아니라, 진정으로 정수리에 바른 안목을 갖춘 선지식을 만나야 합니다. 그리고 그를 의지해 생사대사를 결정코 해결하려면 모름지기 용맹스럽게 몸과 마음을 내려놓고 정식情識을 잊고 몸소 참구해야 합니다. 깨달아 들어감(悟入)을 바탕으로 해서 본래부터 홀로 벗어나 걸리거나 막힘이 없는 본분사本分事를 드러내 밝혀야 합니다. 매일 덜어내고 날마다 덜어내면서(日損日日損)[1]

---

1 『老子(노자)』에 다음과 같은 구절이 있으니 참고하기 바란다.
"학문을 하면 날로 늘어나고 도를 닦으면 날로 줄어들거니와, 줄이고 또 줄이면 인위적인 행함이 없음에 이르게 되고, 인위적인 행함이 없음에 이르면 하지

실천해야 합니다. 그리하여 의심할 것 없는 지극히 참된(無疑至實) 크게 쉬는 경지(大休歇之場)에 이르면, 이것이 이른바 '안목을 갖춘 참학(具眼參學)'입니다.

하지만 만약 이기고 짐 등의 분별이 있고 고정된 틀을 갖게 되면 비록 한 번 뛰어넘어 수승하더라도 있음도 모르고 선한 마음을 가진 것도 아니며, 도를 배우지도 않고 벗어나기를 구하지도 않는 자입니다. 그렇다면 이 종문에 대해 깊은 조예를 얻지 못한 것이고, 오히려 길을 반도 가지 못한 것이니, 또한 가련하다고 할 것입니다.

❀

大凡出家離俗 要洪聖道 度一切人 而無度人得道之迹. 方可超詣 向上人行履處. 且向上人肯 自謂 會佛法 能證妙果 越佛超祖不. 酌然的無是理. 蓋只覓箇毫髮許能所解悟證入 亦了不可得. 豈況熾然生見刺耶. 是故 古德道 "他得底人只守閑閑" 王老師只要癡鈍去.

※詣(이를 예): 이르다. 다다르다. 도달하다. 가다. 나아가다. 출두하다. 참배하다.

무릇 출가해서 속세를 떠났다면 성인의 도(聖道)를 넓혀 모든 사람을 구제해야 합니다. 그리고 사람을 구제했느니, 도를 얻었느니 하는 흔적도 없어야, 향상인向上人의 행리처行履處를 뛰어넘어 나아갈 수

---

못하는 것이 없게 된다. 천하를 취함에는 항상 일이 없음으로써 하니, 일을 만들어 내서는 천하를 취하지 못한다.(남회근 강의, 설순남 옮김, 『노자타설 상』, p.233, 2003, 부키)

있습니다. 또한 향상인이라면 스스로 "불법을 알고 묘과妙果를 증득해 불조를 뛰어넘었다"고 말하는 것을 긍정하겠습니까! 짐작컨대 분명 그럴 리 없을 것입니다. 그것은 단지 털끝만큼의 주관(能)과 객관(所)으로 해오解悟해서 깨달아 들어가는 것을 구하는 것일 뿐이며, 또한 얻을 수도 없는 것입니다. 그런데 하물며 어찌 불이 활활 타오르듯 견해의 가시를 내겠습니까! 이런 까닭에 옛 어른 스님이 이르기를 "저 체득한 사람은 다만 조용하고 한가한 것을 지킬 뿐이다(他得底人只守閑閑)"[2]고 하였던 것입니다. 또한 왕 노사王老師[3]는 다만 바보처럼 하기를 바랄 뿐이었던 것입니다.

❀

豈不見 渠每每垂示 "三世諸佛不知有 狸奴白牯却知有" 直饒得渾脫狸奴白牯去也 未合向裏存坐在. 要須恁麽恁麽更恁麽 撒手向那邊去始得. 夾山道 "任你碧潭淸似鏡 終敎明月下來難" 將知纔及不盡 並是影響 棒打石人頭曝曝 論實事去 究竟看. 著衣喫飯 雖不是別人 且要脫貼肉汗衫子 不得卽留滯也. 旣脫却貼肉衫子 管取是一員 無爲無事出塵得度 大道之人耶.

※留滯(유체): 한 곳에 오래 머물러 있음.

※管取(관취): 틀림없이. 반드시. 꼭

2 암두 스님의 말씀으로, 본서 '97. 종 대사께' 편의 註2를 참조.

3 王老師는 남전 스님이 자칭하여 쓰던 말이다. 남전에 관해서는 본서 '12. 문 장로께' 편의 註10을 참조.

어찌 보지 못했습니까! 왕 노사가 번번이 대중에게 이르기(垂示)를 "삼세제불도 있음을 모르는데, 이노백우(고양이와 흰 소)가 도리어 있음을 안다(三世諸佛不知有 狸奴白牯却知有)"고 한 것을! 설사 완전히 벗어난 고양이와 흰 암소가 되더라도, 그 속에 주저앉아 지키고 있어서는 안 됩니다. 모름지기 이렇고 이러며 다시 이렇다 하더라도, 저쪽을 향해서 손을 놓아야 하는 것입니다.

또한 협산夾山[4]이 이르기를 "그대가 푸른 연못을 마치 거울처럼 맑게 한다 해도, 끝내 밝은 달이 내려오게 하는 것은 어렵다"[5]고 했습니

---

4 협산선회에 관해서는 본서 '15. 축봉 장로께' 편의 註5를 참조.

5 연등회요 권 제21, '풍주 협산 선회 선사' 편에 다음과 같이 기술하고 있다. (참고로 경덕전등록에는 같은 내용을 기술하고 있지 않다.)

示衆云. 老僧於古路頭 置箇選場. 若是孤進者 卽放過 若是其中人 卽別有一路. 目前無法 意在目前 不是目前法 非耳目之所到. 天無因 地無果 日月只運轉虛空裏. 假使碧潭淸似鏡 終教明月下來難 胡曲從君唱 秦箏夜裏彈 聞淸聲外意 與他不相干. 闍梨 龍無龍句 他不隨本形 駿馬不露風骨. 老僧嘗云 "天無動照之功 地無立機之用 明月不關天地事" 闍梨 錯向水中求. 九五從他天子貴 金烏西謝也須愁 空戶不拘關鎖意 風雲不涉兩頭人.

대중에게 말했다.

"노승이 옛 길에 선장(選場, 선불장)을 마련해두었다. 만약 홀로 나아가는 이라면 지나치겠지만, 만약 기중인其中人이라면 바로 별도의 한 길이 있게 될 것이다. 눈앞에 법(경계)은 없고 뜻은 눈앞에 있다. 목전법目前法이 아니라면 눈과 귀로 이르는 것도 아니다. 하늘에는 원인이 없고 땅에는 결과가 없으며, 해와 달은 단지 허공에서 운전할 뿐이다. 설사 푸른 연못의 맑기가 마치 거울과 같더라도, 결코 밝은 달을 내려오게 하는 것은 어렵다(假使碧潭淸似鏡 終教明月下來難)."

胡曲從君唱 그대를 따라 호곡(胡曲, 오랑캐 노래)을 부르며

다. 그러므로 아는 것이 조금이라도 다하지 못하면, 모두가 그림자와 같고 메아리와 같은 것이며, 방망이로 석인石人의 머리를 난폭하게 치는 격인 것입니다.

참다운 일을 논하고 구경처究竟處를 살피면서 옷 입고 밥 먹는 것이 비록 다른 사람은 아니지만, 몸에 달라붙은 속적삼을 벗고자 한다면 거기에 머물거나 막혀서는 안 됩니다. 몸에 달라붙은 속적삼을 벗어버리면 틀림없이 무위무사無爲無事한 사람이고, 번뇌를 다하고 득도한 대도인(出塵得度 大道之人)입니다.

---

秦箏夜裏彈　진秦의 쟁箏을 밤에 타니,
聞淸聲外意　맑은 소리 듣는 것, 생각 밖이어서
與他不相干　그것과는 관여치 않네(=상관이 없네).

스님들이여! 용에는 용의 어구가 없지만 용은 본래의 모습을 따르지 않으며, 준마는 풍골(風骨, 기개)을 드러내지 않는다. 노승은 일찍이 이르기를 "하늘에는 비춤을 움직이는 수고가 없고, 땅에는 기를 세우는 작용이 없으며, 밝은 달은 천지의 일에 관여하지 않는다"고 했다. 스님들이여! 물속에서 구하지 말라!

九五從他天子貴　임금의 지위는 천자를 따라 귀하게 여기고,
金烏西謝也須愁　태양(金烏)이 서쪽으로 지면 반드시 근심스러우며
空戶不拘關鎖意　빈 집은 관문의 쇠사슬 뜻에 구속되지 않고,
風雲不涉兩頭人　바람과 구름은 두 사람을 간섭하지 않네.

# 109. 인 서기에게(示 仁書記)

雪峰爲人 如金翅鳥擘海 直取龍呑 豈唯雪峰. 從上大有道之士 蘊兼利並照老作家手段者 莫不皆然. 蓋不直截不盡力 如銀山鐵壁峭拔 則鈍置去. 是故 臨濟德山 行棒行喝.

※金翅鳥(금시조): 불경에 나오는 신화적인 상상의 새. 금빛 날개를 달고 있으며 입에서 불을 내뿜고 용을 잡아먹는다고 한다.

※峭拔(초발): 속기俗氣가 없고 힘이 있다. 흔히 그림이나 글씨 따위에서 붓의 힘이 굳세고 힘찬 것을 이른다. 산이 높고 가파르다.

설봉雪峰[1]이 사람을 위한 것이 마치 금시조金翅鳥가 바다를 갈라 곧장 용을 삼키듯 했지만, 어찌 설봉뿐이겠는가! 예로부터 크게 도를 갖춘 사람은 날카로움과 비춤을 함께 지녔으며, 노련한 작가(作家, 또는 作家善知識)의 솜씨를 가진 사람이라면 모두 그러하지 않은 사람이 없었다. 이는 바로 끊지 못하고 힘도 다하지 못하면 마치 은산철벽이 높고 가파르더라도 곧 무뎌지도록 내버려두는 것과 같다. 이런 까닭에 임제臨濟와 덕산德山이 방과 할을 했던 것이다.

---

1 설봉의존에 관해서는 본서 '1. 화장 명 수좌에게' 편의 註34를 참조.

❀

下毒手脚 正欲大心大器大根者 向上承當 應不令人 只認目前光影口頭聲色也. 所以道 "向上一路千聖不傳" 若是箇漢 聊聞擧著 便透徹去終不守他窠臼 取他死語也. 且行棒行喝 落在什麽處. 若不明得直取龍呑意 則又紛紛紜紜去也.

※紛紛(분분): 떠들썩하고 뒤숭숭함. 흩날리는 모양이 뒤섞이어 어수선함. 의견 등이 갈피를 잡을 수 없이 많고 어수선함.

※紜(어지러울 운): 어지럽다. 성하다(기운이나 세력이 한창 왕성하다).

또한 독한 수단을 써서 바로 큰 마음(大心)과 대기大器와 대근大根이 있는 이들이 향상向上을 알게 하고, 사람들로 하여금 눈앞의 빛과 그림자나 입에서 나오는 성색聲色만을 알지 않도록 하였던 것이다. 그래서 이르기를 "향상일로는 일천 성인도 전하지 못한다(向上一路千聖不傳)"[2]고 하였던 것이다. 만약 이런 사람이라면 거론하는 것을 듣자마자 바로 투철하게 꿰뚫어, 끝내 저 고정된 틀을 지키지 않고 저 죽은 말(死語)도 취하지 않을 것이다. 방을 하고 할을 하는 낙처(落處, 핵심)가 어디에 있는 것인가! 곧장 용을 삼켜버리는 뜻을 밝게 얻지 못하면, 다시 떠들썩하고 어지럽게 될 것이다.

2 반산보적의 상당법문 가운데 일부분이다. 본서 '79. 가중 현량께' 편의 註2를 참조.

❀

大丈夫漢 己靈猶不重 何況取他人路布 爲自己胸襟. 直須不受人瞞 昂藏特立截却從來依倚 擺撥理性玄妙 動用作略 體本分事. 旣體得到本分處 只曲肱而枕 亦是箇大快活人. 若不了泯然冥然 迢然恁麽去. 纔回頭覷捕 有纖毫疑間則沒關涉也. 豈不見 臨濟道 "元來黃蘗佛法無多子" 參.

※昂藏(앙장): 위풍당당하다. 기상이 늠름하다.

※特立(특립): 남에게 의지하거나, 아부하지 않고 자립하는 일. 여럿 가운데서 특별히 뛰어나 우뚝 섬.

※曲肱(곡굉): 팔을 구부리다. 팔을 구부려 베개로 삼다.

대장부는 자기의 영혼도 오히려 소중하게 여기지 않는데,[3] 하물며 더욱이 어떻게 다른 사람의 주장을 취해서 자기 마음으로 삼겠는가! 모름지기 사람들에게 속지 말고 위풍당당하게 우뚝 서서 지금까지 의지하고 기대었던 것을 끊고, 이理와 성性의 현묘함과 사용하던 작략作略을 떨쳐버리고 본분사를 체득해야 한다. 체득해서 본분처本分處에 이르면 다만 팔베개를 하고 드러누워도 대쾌활인大快活人이다. 하지만 만약 자취도 없이 그윽한 것(泯然冥然)을 알지 못하면 이것과는 멀어져 가고, 머리를 돌려 엿보고 잡더라도 털끝만큼이라도 의심하는 틈이 있으면 전혀 관계없게 된다. 보지 못했는가? 임제가 이르기를 "원래 황벽의 불법에는 많은 것이 없다(元來黃蘗佛法無多子)"[4]고 한 것을!

---

3 석두희천의 말씀이다.

참구하라(參)!

---

4 임제와 황벽에 관해서는 본서 1의 註44와 본서 7의 註10을 참조. 또한 "원래 황벽의 불법에는 많은 것이 없다(元來黃蘗佛法無多子)"고 한 것에 관해서는 본서 '12. 문 장로께' 편의 註8을 참조.

# 110. 이연 도인께(答 怡然道人)

宿承光賁小參 以此道爲懷. 況利根上智廓然自得 以極淸淨本源 而能玲瓏照了徹透鑒覺 不出戶庭 已驗過諸方. 而老僧淺陋 乃沐知照 許令擊揚 旣同風密契 因不自踈外.

※淺陋(천루): 천박하고 비루함. 견문이 좁음.
※沐(머리 감을 목): 머리 감다. (물로) 씻다. 적시다. 다스리다. 손질하다. 치다. 잘라내다. 휴가. 말미. 쌀뜨물.
※踈外=疏外(소외).

지난번 해 주신 크고 빛나는 소참법문 덕택에 이 도道를 마음속에 간직하게 되었습니다. 더욱이 이는 영리한 근기의 뛰어난 지혜를 가지신 분께서 확연히 스스로 얻은 것이고, 청정한 본원本源을 지극히 한 까닭에 영롱하게 비추고 철저하게 꿰뚫어 거울처럼 드러낸 것이며, 집 밖을 나가지 않고도 제방을 뛰어넘어 경험한 것이었습니다.

그리고 노승의 견문이 좁음에도 물로 씻은 듯 비춰 알게 하고, 이런 것들을 두드리고 드날리도록 하셨기에 같은 가풍(同風)에 은밀히 계합해 자연 멀리하지 않게 되었습니다.

❀

於此事 盡底裏羅列 一句一言 一機一境 皆絶唱之深致也. 非心性玄妙 語默關涉 葛藤路布. 直是透頂透底 蓋色騎聲 坐斷報化佛頭 不落是非 得失 唯徹根源淸淨正眼.

※絶唱(절창): 뛰어나게 잘 지은 시. 뛰어나게 잘 부름. 또는 그런 노래. 아주 뛰어난 명창.

※關涉(관섭): 관계되다. 관련되다.

(이연 도인께서) 이 일에 관해 빠짐없이 늘어놓은 일구一句와 일언一言, 일기一機와 일경一境은 모두 뛰어난 깊은 이치였습니다. 또한 심성心性의 현묘함도, 어묵(語默, 말과 침묵)에 관계됨도, 언어문자와 주의주장도 아니었습니다. 곧바로 머리끝에서 발끝까지 바로 꿰뚫어 색色을 덮고 성聲을 타서 보신불報身佛과 화신불化身佛의 머리를 꺾어버린 것이고,[1] 시비是非와 득실得失에 떨어지지 않는, 오로지 근원을 꿰뚫은 청정한 바른 안목이었습니다.

❀

雖思念寂滅 明惠脫去籠羅 超然獨證 頂𩕳上一著 此時 豈有纖毫道理. 亦不立空劫已 前威音已後. 到箇裏 諸天捧花無路 外道潛覷不見. 淨倮倮赤灑灑 乃本地風光 本來面目 直得佛覷不見 謂之 向上一路 千聖不傳. 除非其中人 則一擧便知落處矣.

1 坐斷報化佛頭(좌단보화불두)에 관해서는 본서 '85. 원빈께' 편의 註6을 참조.

※밑줄 친 부분 가운데 '顙'은 '顚(이마, 꼭대기 전)'으로 해석하였다.

비록 생각(思念, 분별)이 적멸할지라도, 그물(籠羅, 고정관념)에서 벗어난 밝은 지혜로 초연히 정수리 위의 하나를 홀로 증득하면, 이때 어찌 털끝만큼의 도리가 있겠습니까! 또한 공겁 이전이나 위음왕불 이후도 세울 수 없습니다.

여기에 이르러서는 제천이 꽃으로 받들려 해도 받들 길이 없고, 외도가 몰래 엿보려 해도 엿볼 수가 없습니다. 정나나淨倮倮 적쇄쇄赤灑灑한 것이 바로 본지풍광本地風光이고 본래면목本來面目이며,[2] 부처가 엿보려 해도 엿보지 못하게 되는 것이니, 이를 일러 "향상일로는 일천 성인도 전하지 못한다(向上一路 千聖不傳)"[3]고 하는 것입니다. 그러므로 오직 그 사람(其中人)[4]이라야 한 번 거론하면 바로 낙처落處를 아는 것입니다.

---

2 본지풍광 본래면목(本地風光 本來面目)에 관해서는 본서 '64. 호 상서께' 편과 '74. 장 중우 선교께' 편의 본문 서두에 원오 스님의 정의가 있으니 참조하기 바란다.

3 반산보적의 상당법어 가운데 일부분이다. 본서 '79. 가중 현량께' 편의 註2를 참조.

4 그 사람(其中人)에 관해서는 본서 '1. 화장 명 수좌에게' 편의 註47을 참조.

# 111. 황 통판께(答 黃通判)[1]

承別紙 踐履是誠 有意於實諦 不徒資談柄之浮根 尙口語之淺學矣. 況此段大緣 人人根本 洞然融通 包括群有 不滅不生 亘今亘古 常在日用之中. 而以無始 妄習翳障 强作知解 不能獨脫爾. 明公今旣息心絶力體究 離諸妄緣 了如如性 要見諸相非相 若確然專一 下些攸久工夫 定須有所契證.

※別紙(별지):편지나 서류 등에 따로 적어 덧붙이는 종이쪽.
※談柄(담병): 이야깃거리. 화제.
※群有(군유): 만물.
※明公(명공): 높은 벼슬아치를 높여 이르는 말. 현명한 사람. 명망이 높은 사람. 명성과 지위가 있는 사람.

별지를 통해, 몸소 행하신 것이 그야말로 뜻이 참된 도리에 있었지, 헛되게 이야깃거리나 취하는 들뜬 근기의 사람도 말만 숭상하는 천박한 학자도 아니라는 것을 알게 되었습니다.

---

1 通判(통판): 중국 송나라 때 비롯한 지방관地方官. 번진藩鎭의 힘을 누르기 위하여 조신朝臣이 나가서 군郡의 정치를 감독함.

더욱이 이 큰 인연(大緣)[2]은 사람마다 가지고 있는 근본이고 막힘없이 툭 트이고 융통해서 만물을 포괄하며 불생불멸하고 고금에 걸쳐 늘 날마다 쓰는 데 있습니다. 하지만 무시이래의 허망한 생각과 습기에 가리고 막혀 억지로 지해知解를 내면서 홀로 벗어나지 못할 뿐입니다.

그런데 명공明公께서 이제 마음을 쉬고(息心) 힘을 다해 몸소 참구하면서 모든 허망한 인연들을 여의고 여여하게 성품을 요달해서 모든 상이 상이 아님(諸相非相)을 보고자 하시니, 만약 확실하게 마음을 오로지 한 곳에만 쓰면서 이 공부를 오래도록 하다보면, 결정코 모름지기 계합해 증득하는 바가 있을 것입니다.

❀

如佛所謂 "若見諸相非相卽見如來" 此直諸相當體 了不可得 全是自心. 及爲非相 則於如如而來 如如而去 無二無別 脫體全眞. 契妙明眞心本來淸淨 只自己本來面目是也 固非使人撥諸相 爲非相 向外馳求也.

부처님께서 말씀하신 "모든 상들이 상이 아님을 보면 바로 여래를 보게 된다(若見諸相非相 卽見如來)"[3]고 하신 것처럼, 이것은 바로 모든

---

2 此段大緣(一大事因緣)은 본서 '3. 장 선무 상공께' 편의 註1을 참조.

3 금강경 여리실견분如理實見分에 나오는 사구게四句偈다.

須菩提 於意云何 可以身相見如來不 不也世尊 不可以身相得見如來 何以故 如來所說身相 卽非身相 佛告須菩提 凡所有相 皆是虛妄 若見諸相非相 則見如來.

"수보리여! 생각이 어떠한가? 신상身相으로 여래를 볼 수 있겠느냐?"

"볼 수 없습니다. 세존이시여! 신상으로 여래를 볼 수 없습니다. 왜냐하면 여래께서 말씀하신 신상은 신상이 아니기 때문입니다."

상들의 본체는 끝내 얻을 수가 없는 것이고, 모두가 자기 마음인 것입니다. 그리고 상이 아니기 때문에 여여하게 왔다가 여여하게 가는 것이고, 둘도 없고 다름도 없는 것이며, 체體를 벗어나 모두 참된 것입니다. 본래 청정한 묘명진심(妙明眞心, 오묘하고 밝으며 참된 마음)에 계합한 것이기에 다만 자기의 본래면목일 뿐이지, 사람들로 하여금 모든 상을 떨쳐버리고 상이 아닌 것을 위해 밖으로 치달려 구하도록 하는 것이 아닙니다.

❀

然此心本來澄湛 物我一如 境之與心 初無兩種. 要心冥境寂 然後 有所證入. 及至證入之後 證亦非證 入亦非入. 翛然通透 如桶底子脫 始契無生無爲 閑閑妙道正體. 今作息念澄慮工夫 乃是入道門徑 但辦此心 當有深證爾. 古德道"若不安禪息定 到這裏 總須茫然去" 逗至透得到徹頭處 玄亦不立 佛祖亦不立 乃向上大機大用. 其中人行履處 又且更須知有始得.

그러나 이 마음은 본래 맑고 깨끗해서 물아(物我, 객관과 주관)가 일여一如하고, 경계와 마음에는 애초부터 두 가지가 없습니다. 마음이 그윽하고 경계가 고요해야 그런 다음 깨달아 들어가는 바가 있게 됩니다. 깨달아 들어간 다음에는 깨달음도 깨달음이 아니고 들어감도 들어감이

---

부처님께서 수보리에게 말씀하셨다.
"무릇 있는 상相은 모두 허망하니, 만약 모든 상相이 상이 아님을 보면 곧 여래를 보게 되느니라."

아닙니다. 얽매임 없이 꿰뚫고 통해서 마치 통 밑이 쑥 빠지듯 해야, 비로소 생도 없고(無生) 함도 없는(無爲) 조용하고 한가로운 오묘한 도의 정체正體에 계합하게 되는 것입니다.

지금 마음을 쉬고 생각을 맑게 하는 공부를 하는 것이 도의 문에 들어가는 지름길이니, 다만 이 마음을 다해 힘쓰면 마땅히 깊은 깨달음이 있을 것입니다. 옛 어른 스님이 이르기를 "만약 선정에서 편안히 쉬지 못하면, 여기에 이르러서는 모두 반드시 망연하게 될 것이다(若不安禪息定 到這裏 總須茫然去)"[4]고 했습니다. 지극히 꿰뚫어 철두철미한 곳에 이르면 현묘한 것도 세우지 않고 부처나 조사도 또한 세우지

---

4 정확히 누구의 말씀인지는 알 수 없지만, 앙산혜적이 인용을 하고 있다. 다만 여기서는 원오 스님이 약간의 단어 사용을 달리 하는 것일 뿐, 의미엔 차이가 없다. 경덕전등록 제11권, '원주 앙산혜적 선사' 편에 다음과 같이 기술하고 있다.(아래의 내용은 본서 35, 해 지욕에게' 편의 註3에서 득좌피의得坐披衣에 대한 설명으로 기재하였는데, 여기서는 다른 내용에 대한 보충 자료이기에 다시 기재한다.) 僧問 "禪宗頓悟畢竟入門 的意如何" 師曰 "此意極難 若是祖宗門下上根上智 一聞千悟得大總持 此根人難得. 其有根微智劣 所以 古德道 '若不安禪靜慮 到遮裏 總須茫然'"

어떤 스님이 물었다.

"선종에서는 단박에 깨닫는다고 하는데, 필경 문에 들어가는 분명한 뜻은 무엇입니까?"

선사(앙산혜적)가 말했다.

"이 뜻은 지극히 어렵다. 만약 조종祖宗 문하의 상근상지上根上智라면 하나를 듣고 천을 깨달아 대총지(대다라니)를 얻겠지만, 이런 근기의 사람은 얻기 어렵다. 근기가 미약하고 지혜가 얕은 이가 있기에, 그래서 옛 어른 스님이 말하기를, '만약 선의 정려에 편안하지 못하면 여기에 이르러서는 모두 모름지기 아득해진다(若不安禪靜慮 到遮裏總須茫然)'고 한 것이다."

않으니, 이것이 향상向上의 대기대용大機大用입니다. 하지만 그 사람(其中人)[5]이 발로 밟아 행한 곳이라도, 또한 다시 있음(有)을 반드시 알아야 합니다.

❀

此事不在言句中. 雲門云"若在言句中 一大藏教 豈是無言 何假祖師西來" 將知祖師之來 唯論直指人心 不立文字語句 但忘懷體究令澄湛綿密. 到一念不生 脫却向來知解作略機境計較道理 忘心直證. 然後於日用之中 以此正印印定 一切諸相 則非異相 則築著磕著 無非眞淨明妙 大解脫境界也.

이 일은 언구言句에 있지 않습니다. 그래서 운문雲門[6]이 이르기를 "만약 언구에 있다면 일대장교一大藏教가 어찌 말이 없는 것이며, 어째서 조사가 서쪽에서 온 뜻을 빌리겠는가!"라고 하였던 것입니다.

조사祖師가 서쪽에서 와서 오직 직지인심直指人心만을 논하고 문자와 어구를 세우지 않았던 것은 다만 마음을 잊고 몸소 참구해서 맑고 깨끗하며 빈틈이 없게 한 것임을 알아야 합니다.

한 생각도 일어나지 않은 곳에 이르면 지금까지의 지해知解와 작략作略, 기경機境과 계교計較, 도리道理에서 벗어나 마음을 잊고 바로 증득하게 됩니다. 그런 다음 매일 쓰는 가운데 이 정인正印으로 도장을 찍으면 일체의 모든 상들이 곧 다른 상이 아니게 되고, 척척 들어맞게

---

5 그 사람(其中人)에 관해서는 본서 '1. 화장 명 수좌에게' 편의 註47을 참조.
6 운문문언에 관해서는 본서 '1. '화장 명 수좌에게' 편의 註24를 참조.

되어 진실로 깨끗하고 밝으며 오묘한 대해탈의 경계가 아닌 것이 없게 됩니다.

❀

然旣了此 却依尋常 諸佛諸祖 所垂示 正因正果將 世間雜染 害道諸不善業 脫然打摒 怗怗地修行. 念茲在茲 三十二十年 枯淡此心 此身卽成就 堅固法身也. 切恐撥無因果 作豁達空 作無礙見解. 此毒刺也. 切望體究圖深證耳.

※枯淡(고담): 청렴결백하여 욕심이 없음. 서화, 문장, 인품 등이 저속하지 않고 아취가 있음.

하지만 이것을 요달했더라도 다시 일상에 의지해서 모든 부처와 조사들이 보여준 정인정과正因正果를 가지고 세간에 잡되게 물들어 도를 해치는 모든 불선업不善業을 무거운 짐을 벗어던지듯 경쾌하게 제거하면서 고요하고 고요하게 수행해야 합니다. 자나 깨나 생각하며 잊지 않고(念茲在茲) 30년, 20년 이 마음이 맑고 깨끗해서 욕심이 없으면, 이 몸은 곧 견고한 법신(堅固法身)을 성취하게 될 것입니다.

삼가 인과가 없다고 치켜들거나 텅 빈 공空이라고 하거나,[7] 걸림이 없다는 견해를 짓지나 않을까 걱정스럽습니다. 그러면 이는 독가시입니다. 부디 몸소 참구해서 깊이 깨닫는 것을 도모하시기 바랍니다.

---

7 영가현각의 증도가에 다음과 같은 구절이 있으니 참고하기 바란다.

豁達空撥因果　　활달히 공하다고 인과를 없다 하면
茫茫蕩蕩招殃禍　　아득하고 끝없이 재앙을 부르게 되리라.

# 112. 선인에게(示 禪人)

大凡截生死流 濟無爲岸 無他奇特. 只貴當人根器猛利 揭自胸憏. 了一切有爲有漏 如虛空花 元無實性 以照了之心 返自觀省 翻覆覷捕. 審諦諦審久之 當有趣入之證.

※揭(높이 들 게): (덮어씌우거나 가로막았던 것을) 벗기다. 열다. 폭로하다. 공개하다. 들추어내다. 까발리다.

※밑줄 친 부분 가운데 '憏'은 襟(옷깃 금)으로 해석하였다.

무릇 생사의 흐름을 끊고 무위無爲의 언덕을 건너는 데는 다른 특별한 것이 없다. 다만 당사자가 굳세고 용맹하게 영리한 근기로 자기의 흉금을 들추어내는 것을 소중하게 여길 뿐이다. 일체의 유위有爲·유루有漏가 마치 허공 꽃처럼 참된 성품이 원래 없다는 것을 알고, 비춰서 아는 마음으로 자기 자신을 돌이켜 살펴보고, 다시 뒤집어서 자세히 살피고 사로잡아야 한다. 자세히 살피고 자세히 살피는 것을 오래도록 하다보면, 깨달아 들어갈 것이 있게 될 것이다.

❀

蓋此段並非他物 亦非他人能著力 令自己省發. 如人負千斤擔子 當由

己有如許力量 方能堪可 若氣小力弱 則被他壓倒去也. 所以道"大人具大見大智得大用"

이 일은 결코 다른 것도 아니고, 다른 사람이 힘을 써서 자기를 살피고 드러내도록 할 수 있는 것도 아니다. 이는 마치 일천 근의 짐을 짊어지는 사람은 당연히 자기에게 그만큼의 힘이 있음으로 말미암아 감당할 수 있는 것이지만, 기력이 없고 힘이 약한 사람이라면 짐에 깔리게 되는 것과 같다. 그래서 이르기를 "대인은 대지견과 대지혜를 갖추고 대용을 얻는다(大人具大見大智得大用)"고 하였던 것이다.

❀

大丈夫漢 打辦精彩 豈可向山鬼窟子裏作活計. 有甚出徹之期. 應須發不可測不可量 荷負大事 超情離見 卓絶穎邁之志. 直下透脫 擺撥無始以來 妄想輪廻 彼我得失是非 榮辱穢濁之心 令淨穢兩邊 都不依怙. 翛然獨脫 不依倚一物 向千聖未有消息時 生佛世間出世間 不曾顯露處 一念不生 前後際斷.

대장부가 정신을 바짝 차려야지, 어찌 산 귀신굴 속에서 활발하게 계교나 부려서야 되겠는가! 그러면 어느 시절에야 뚫고 나올 기약이 있겠는가! 마땅히 헤아릴 수 없는 큰 일(大事)을 짊어지고, 정견情見를 뛰어넘어 높고 뛰어난 뜻을 일으켜야 한다. 바로 그 자리에서 꿰뚫어 무시이래의 망상妄想과 윤회輪廻, 너와 나(彼我)·얻음과 잃음(得失)·옳고 그름(是非)·영예와 치욕(榮辱)·더럽고 탁한(穢濁) 마음을 떨쳐

버리고, 더러우니 깨끗하니 하는 양변(淨穢兩邊)에도 절대로 의지하지 않도록 해야 한다. 얽매임 없이 홀로 벗어나 한 물건(一物)에도 의지하지 않으면, 일천 성인도 깨닫지 못한 때 중생과 부처 세간과 출세간이 드러난 적이 없는 곳에서 한 생각도 일어나지 않고 앞뒤의 경계가 끊어지게 된다.

❀

蹋著本地風光 明見本來面目 承當得 直下牢固 無毫髮見刺 內外融通 蕩蕩然 得大安穩. 乃轉身吐氣 於這邊來 自然日用之中 凡百施爲之際 一一朝宗返本 豈是分外事耶. 雖喫飯著衣 修世間法 無不如如 無不通透 無不與所證 正體相應. 更論甚高低向背. 纔生見刺 卽刺却命根爾.

※怙(믿을 호): 믿다. 의지하다. 아버지.

※朝宗(조종): 중국에서 제후가 천자를 알현하던 일. 강물이 바다로 흐르는 것을 비유적으로 이르는 말.

본지풍광을 밟고 본래면목[1]을 밝게 보아 깨달으면, 바로 그 자리에서 우리(牢)와 같이 견고해지고 털끝만큼의 견해의 가시도 없으며, 안과 밖이 융통해서 광대한 대안온大安穩을 얻게 된다. 이에 몸을 바꿔 기염을 토하게 되고, 이쪽으로 와서는 자연히 날로 쓰는 가운데 무릇 베풀고 행하는 모든 경계가 하나하나 강물이 바다로 흐르듯 근본으로 돌아가게 되는데, 이것이 어찌 본분 밖의 일(分外事)이겠는가!

1 본지풍광과 본래면목에 관해서는 본서 '64. 호 상서께' 편과 '74. 장 중우 선교께' 편의 본문 서두에 원오 스님의 정의가 있으니 참조하기 바란다.

비록 밥 먹고 옷 입으면서 세간법을 닦을지라도 여여하지 않은 것이 없고, 꿰뚫어 통하지 않는 것이 없으며, 깨달은 바가 정체正體와 상응하지 않는 것이 없게 된다. 그런데 다시 무슨 고저高低와 향배向背를 논하겠는가! 조금이라도 견해의 가시가 일어나기만 하면, 도리어 견해의 가시에 목숨이 찔리게 될 뿐이다.

❀

祖師及古宿德 行棒行喝 作用百千億種 無他志元. 只令人自透脫自休歇 如大死人. 豈只了自己 度世便休. 勉有餘乃 不忘悲願 推此以發未悟. 居人間世 汎然 若不繫之舟 喚作無心道人.

조사와 옛 어른 스님들이 방을 하고 할을 하며 백천억 가지 방법을 썼지만, 거기에는 다른 뜻이 원래 없다. 다만 사람들로 하여금 스스로 꿰뚫고 벗어나 스스로 쉬게 해서, 마치 완전히 죽은 사람(大死人)처럼 했을 뿐이다. 그런데 이것이 어찌 단지 자기만 깨닫고 세상을 제도하는 것을 쉰 것이겠는가! 힘쓰되 여력이 있으면 자비원력을 잊지 말고 이것을 높이 받들어 아직 깨닫지 못한 사람을 일깨워주라! 인간 세상에 살면서도 묶여 있지 않은 배처럼 떠다니면, 이런 사람을 '무심도인無心道人'이라고 부르는 것이다.

❀

今旣未能頓了頓明 且放敎若身若心 空勞勞地. 虛寂旣久 驀地打破漆桶 到桶底子脫處也 不難. 況自具猛利根性 荷負佛事 作爲殊特奇勝之緣 此豈借別人力耶. 是故 古者道 "學道須是鐵漢 著手心頭便抖"

지금은 아직 단박에 깨닫고 단박에 밝히지 못했더라도, 또한 몸과 마음을 내려놓도록 해서 텅 비게 해야 한다. 텅 비고 고요한 것이 오래되면 맥연히 칠통漆桶을 깨뜨리고 통 밑이 쑥 빠진 듯한 곳에 이르는 것이 어렵지 않게 된다. 더욱이 스스로 맹렬하고 영리한 근성을 갖춰 불사佛事를 짊어지고 수승하고 기특한 인연을 짓는데, 여기에 어찌 다른 사람의 힘을 빌리겠는가! 이런 까닭에 옛사람이 말하기를 "도를 배우려면 모름지기 무쇠로 된 놈이어야 하나니, 착수하는 마음 그 자리에서 결판을 내라(學道須是鐵漢 著手心頭便拌)"[2]고 하였던 것이다.

---

2 이준욱의 게송으로, 본서 '3. 장 선무 상공께' 편의 본문 번역과 註3을 참조하기 바란다.

# 113. 조 부사에게(示 詔副寺)[1]

昔雪山童子 爲半偈捨全軀, 可祖斷臂立雪沒胯 求一句子. 老盧八箇月負舂 象骨飯頭擔桶杓同. 巖頭事園 欽山補紐. 而九上洞山 三到投子. 只爲究此段 其餘劾勤勠力 臥雪眠霜 攻苦食淡 蓋不可勝數. 鞠其趣向初不爲名聞苟利養 並以死生大事爲懷 紹隆佛祖種草作務. 是故 雖埋光雪林 聲迹不到人間 往往有終老至死 脫然獨得 如鳥出籠 了然明證萬世不移.

※胯(사타구니 고/과): 사타구니.

※勠(합할 육): 합하다. 힘을 합하다. 같이 힘쓰다.

※名聞利養(명문이양): 세상에서 얻는 명성과 이득. 명예를 구하고 재물을 탐하는 일.

옛날에 설산동자雪山童子[2]는 반 구절의 게송을 듣기 위해 온몸을 버렸다. 혜가조사(可祖)[3]는 팔을 끊고 가랑이가 빠지도록 눈 속에 서서

---

1 副寺(부사): 육지사六知事의 하나. 선원禪院의 회계·출납 등을 담당하는 직책, 또는 그 일을 맡은 승려.(시공 불교사전)

2 釋迦(석가)가 설산에서 고행하던 때에 부르던 칭호다. 본서 '62. 혜공 지객에게' 편의 '분골쇄신'에 관한 註16을 참조.

한마디를 구했고, 노 행자(盧行者, 老盧, 6조 혜능)는 8개월 동안 방아를 찧었다. 상골(象骨, 설봉)[4]은 밥 짓는 일과 물통 메는 것을 함께 했고, 암두巖頭[5]는 원두 일을 했으며, 흠산欽山[6]은 바느질을 했다. 그리고 설봉은 동산洞山에 아홉 번이나 올랐고 투자投子에게 세 번이나 갔다(三到投子).[7] 이것은 다만 이 일(此段)[8]을 참구하기 위한 것이었을 뿐,

---

3 可祖(가조)는 2조 혜가를 뜻하며, 스님에 관해서는 본서 '7. 충 장로께' 편의 註1을 참조.

4 象骨(상골)은 설봉을 뜻하며, 스님에 관해서는 본서 '1. 화장 명 수좌에게' 편의 註34를 참조.

5 巖頭(암두)에 관해서는 본서 '1. 화장 명 수좌에게' 편의 註35를 참조.

6 欽山(흠산)에 관해서는 본서 '35. 해 지욕에게' 편의 註5를 참조.

7 경덕전등록 제16권, '복주 설봉 의존 선사' 편에 다음과 같이 기술하고 있다.
師問坐主 "如是兩字盡是科文 作麽生是本文" 座主無對 (五雲和尙代云 "更分三段著") 問 "有人問 '三身中那箇身不墮諸數' 古人云 '吾常於此切' 意旨如何" 師曰 "老漢九轉上洞山" 僧擬再問 師曰 "拽出此僧著" 問 "如何是覿面事" 師曰 "千里未是遠" 問 "如何是大人相" 師曰 "瞻仰卽有分" 問 "文殊與維摩對譚何事" 師曰 "義墮也"

선사(설봉의존)가 어떤 좌주(강사)에게 물었다.
"여시如是라는 두 글자는 모두가 과목의 글(科文)인데, 어떤 것이 본문本文인가?"
좌주가 대답이 없었다.
〔오운五雲 스님이 대신 말했다. "다시 세 쪽으로 나눴다."〕
좌주가 물었다.
"어떤 사람이 '3신三身 가운데서 어느 몸이 온갖 수數에 떨어지지 않는가?'라고 묻자, 고인이 이르기를 '나는 항상 이것에 대하여 간절하다"고 했습니다. 뜻이 무엇입니까?"
선사가 말했다.
"나는 아홉 번 동산洞山에 올랐느니라."

그밖에 힘을 다해 부지런히 애를 쓰고 눈과 서리 위에서 잠을 자며 힘들게 공부하고 담백한 음식을 먹은 일들은 너무 많아 이루 다 셀 수가 없다.

그들이 나아간 바를 살펴보면, 애초부터 명예를 구하거나 재물을 탐하지 않고 모두 생사대사死生大事를 가슴에 품고 불조의 법손을 높이 잇는 데 힘을 썼다. 이런 까닭에 비록 눈 쌓인 숲에 빛을 묻고 소리와 자취가 세상에 이르지 않더라도, 종종 여생을 보내다 죽음에 이르러서야 무거운 짐을 벗어버리듯 경쾌하게 홀로 얻었는데, 마치 새가 새장에서 나온 것처럼 분명하고 밝게 깨달아 만세萬世에 변함이

---

좌주가 다시 물으려 하자, 선사가 말했다.
"이 스님을 끌어내라."
좌주가 물었다.
"어떤 것이 적면사(覿面事, 얼굴을 맞대는 일)입니까?"
선사가 말했다.
"천 리도 먼 것이 아니다."
물었다.
"어떤 것이 대인상大人相입니까?"
선사가 말했다.
"우러러보면 바로 자격이 있게 된다."
물었다.
"문수와 유마는 무슨 일을 이야기한 것입니까?"
선사가 말했다.
"뜻에 떨어졌다."

8 譯者는 '此段'을 '一大事因緣'으로 해석하였다. '일대사인연'에 관해서는 본서 '3. 장 선무 상공께' 편의 註1을 참조.

없었다.

❀

至如傳記所載 太山毫芒十一 於百千萬特少分爾. 其爲高隱深遁 流轉溝壑 長往不顧 豈有涯量哉. 是故諸佛垂世 祖師西來大意全機 超情識越詮表 逾影迹出聖量 豈細事耶. 唯大有志之士 宿薰種勝根力不群然後 能堪此任. 雖頭目髓腦 不自愛惜 況小小艱勤哉. 往時 大達之士得旨之後 深關牢藏. 起順違方便 故意作害 現怒罵鞭叱 百種千端 要試驗學人. 待其經苦楚不動心 乃與一拶一挨 垂片言纖機 如大飢困人得食 如醍醐甘露灌注.

※溝壑(구학): 구렁. 땅이 움쑥하게 팬 곳. 도랑과 골짜기.

※細事(세사): 자질구레한 일. 사소한 일.

※鞭(채찍 편): 채찍. 회초리. 채찍질하다. 매질하다. 형벌의 이름. 대의 뿌리.

※叱(꾸짖을 질): 꾸짖다. 욕하다. 책망하다. 소리치다. 소리의 형용. 혀를 차는 소리. 성을 내는 소리.

전기傳記에 실린 것으로 말하면, 태산의 한 터럭 까끄라기의 십분의 일이요, 백천만 가운데 아주 작은 분량일 뿐이다. 그들의 행위는 아주 높고 깊은 곳에 숨어 골짜기를 돌아다니며 오래도록 세상을 돌아보지 않았으니, 여기에 어찌 끝을 헤아림이 있겠는가! 이런 까닭에 제불이 세상에 나오고 조사가 서쪽에서 온 큰 뜻과 전기全機는 정식情識를 뛰어넘고 설명을 뛰어넘으며, 그림자와 흔적을 넘고 성량聖量마저도 벗어난 것인데, 여기에 어찌 사소한 일이 있겠는가! 오직 큰 뜻이 있는 사람이라면 숙세에 훈습된 종자가 뛰어나고 근기와 역량이 비할 데 없이 뛰어나야, 그런 다음에 이 임무를 감당할 수 있는 것이다. 설사 머리와 눈, 골수와 뇌일지라도 스스로 소중하게 여기지 않았는데, 하물며 소소한 어려움과 수고이겠는가!

지난날 크게 통달한 사람은 체득한 후에 깊이 문빗장을 굳게 지르고 우리(牢) 속으로 견고하게 숨었다. 그리고는 위순違順의 방편을 써서 고의로 해를 끼치기도 하고 노여움을 드러내기도 하며 욕을 하고 채찍으로 꾸짖으면서 백 가지 천 가지 수단으로 학인들을 시험하고자 했다. 그런 고초를 거치면서 마음이 움직이지 않게 되면(不動心) 한 번 짓누르고 한 번 밀치면서 한 마디 말(片言)과 털끝만한 기연機緣를 베풀었으니, 마치 몹시 굶주려 고달픈 사람이 밥을 얻은 듯하고, 제호醍醐와 감로수甘露水를 부어주는 것과 같았다.

❀

珍重忻快 拳拳不失 成就大法器 踐履向上人道徑 猶須爛骨董地熟 始可委付. 如讓祖之於曹溪八年 始道"得箇說似一物卽不中" 稜師 至雪嶺十五載 坐破七箇蒲團. 靈雲三十年 涌泉四十祀. 德山臨濟 皆依師門歲月甚久. 蓋此道迺千聖不傳之妙 豈可以輕心慢心而趣入哉. 永嘉云"粉骨碎身未足酬 一句了然超百億"

※拳拳(권권): 참마음을 다하여 정성스럽게 간직함. 또는 그 모양.

하지만 소중하게 여김을 받들어 기뻐하고, 마음을 다해 정성스럽게 간직하는 것을 잃지 않으며, 대법기大法器를 성취해서 향상인向上人의

도道의 지름길을 밟더라도, 마치 모름지기 골동품이 손때에 빛나듯 완숙하게 익어야 비로소 부촉할 수 있다. 예를 들면, 양조(讓祖, 남악회양)[9]는 조계(曹溪, 6조 혜능)에게 8년 만에야 비로소 '한 물건(一物, 어떤 것)이라고 해도 맞지 않습니다'고 말할 수 있었다. 그리고 능 스님(稜師, 장경혜릉)[10]은 설봉(雪嶺)에게 가서 15년 동안 좌복(蒲團)을 일곱 개나 뚫었다. 또한 영운靈雲[11]은 30년을, 용천涌泉[12]은 40년을 있었다. 또한 덕산德山과 임제臨濟도 모두 스승의 문하에서 오랜 세월을 의지했다. 이 도道는 일천 성인들도 전하지 못하는 오묘한 것인데, 이것이 어찌 가벼운 마음이나 거만한 마음으로 들어갈 수 있겠는가! 그래서 영가永嘉가 이르기를 "분골쇄신해도 은혜를 다 갚을 수 없지만, 한 마디에 깨달아 백억 겁을 뛰어넘는다(粉骨碎身未足酬 一句了然超百億)"[13]고 하였던 것이다.

❀

霜華諸道者在大潙執務 一日庫前自篩米. 大圓過拾遺一粒米 謂云 "道

---

9 讓祖(양조)는 남악회양을 뜻하며, 스님에 관해서는 본서 '7. 충 장로께' 편의 註6을 참조.

10 稜師(능사)는 장경혜릉을 뜻하며, 스님에 관해서는 본서 '27. 찬 상인께' 편의 註5를 참조.

11 영운지근에 관해서는 본서 5, '유 서기에게' 편의 註9를 참조.

12 涌泉 究(용천 구)에 관해서는 자세히 알 수 없으나, 경덕전등록에 의하면 '무주 명초 덕겸 선사의 법손'으로 기록하고 있다.(월운 역, 전게서 3, p.179)

13 영가현각에 관해서는 본서 '3. 장 선무 상공께' 편의 註8을 참조.
상기의 말씀은 증도가에 나오는 말이다. '분골쇄신'에 관해서는 본서 '62. 혜공 지객에게' 편의 註16을 참조.

者勿輕此粒 百千粒從此粒生" 諸迺返徵 "百千粒旣從此粒生 和尙且道 這一粒從甚處生" 大圓拂袖而去. 晩小參謂衆云 "大衆 米裏有虫" 趙州到桐城 路逢投子 挈一油甁. 遂云 "久嚮投子只見賣油翁" 投子云 "公且不識投子" 州云 "如何是投子" 投子提起油甁云 "油油" 米裏虫何似油裏虫 若參得投子 卽見石霜. 何故. 豈不見 道 "衆裏有人 衲僧家第一須得 具金剛眼 第二須得金剛寶劒 第三須得柱杖子 第四須得衲僧巴鼻" 直饒一一透得 更須知有 末後句始得.

※篩(체 사): (가루를 치는 제구). 대 이름. (체로) 치다.

※挈(손에 들 설): 손에 들다. 휴대하다. 거느리다. 이끌다.

상화 저(霜華 諸, 석상경저)[14] 수행자가 대위산에서 소임을 볼 때, 하루는

---

14 霜華諸(상화 저)는 석상경저를 뜻하며, 스님에 관해서는 본서 '78. 위 학사께' 편의 註2를 참조.

경덕전등록, 제15권, '담주 석상산 경저 선사' 편에 다음과 같이 기술하고 있다.

潭州石霜山慶諸禪師 廬陵新淦人也 姓陳氏. 年十三依洪井西山紹鑾禪師落髮 二十三嵩嶽受具 就洛下學毘尼之敎. 雖知聽制 終爲漸宗 迴抵大潙山法會爲米頭. 一日師在米寮內篩米 潙山云 "施主物莫抛撒" 師曰 "不抛撒" 潙山於地上拾得一粒云 "汝道不抛撒 遮箇什麽處得來" 師無對 潙山又云 "莫欺遮一粒子 百千粒從遮 一粒生" 師曰 "百千粒從遮一粒生 未審遮一粒從什麽處生" 潙山呵呵笑 歸方丈. 晩後上堂云 "大衆米裏有蟲"

담주 석상산石霜山 경저慶諸 선사는 여릉 신금 사람으로, 성은 진씨다. 나이 열셋에 홍정의 서산 소란 선사를 의지해 머리를 깎고, 이십 삼세에 숭악에서 구족계를 받았으며, 락(洛河, 산시성)에 이르러 율장을 배웠다. 아무리 따르고 금하는 것을 알더라도 결국은 종지에 천천히 나가는 것이 되기에, 대위산의

창고 앞에서 쌀을 체로 치고 있었다.

대원大圓[15]이 지나가다가 떨어진 쌀 한 톨을 집고는 말했다.

"수행자여, 이 한 톨을 가볍게 여기지 말라. 백천 톨이 이 한 톨에서 나온다."

상화 수행자가 따져 물었다.

"백 천 톨이 이 톨에서 나왔다면, 스님! 말해 보십시오. 이 한 톨은 어디서 나왔습니까?"

대원이 소매를 떨치고 가버렸다.

저녁 소참법문(小參) 때, 대중들에게 말했다.

---

법회(위산의 문하)에 돌아 이르러, 미두(사찰의 곡식을 관리하는 직책 또는 승려)가 되었다.

어느 날 쌀 곳간 안에서 쌀을 체로 치고 있었는데, 위산潙山이 와서 말했다.

"시주물을 흘리지 말라!"

선사(석상경저)가 말했다.

"흘리지 않습니다."

위산이 땅바닥에서 한 톨을 주워 들고는, 말했다.

"그대는 흘리지 않는다고 말했는데, 이것은 어디서 얻은 것인가?"

선사가 대답이 없자, 위산이 또 말했다.

"이 한 톨을 속이지 말라. 백 천 톨이 모두 이 한 톨에서 나온다."

선사가 말했다.

"백 천 톨은 이 한 톨에서 나지만, 이 한 톨은 어디서 난 것인지 잘 모르겠습니다."

위산이 껄껄 웃으며 방장으로 돌아갔다.

저녁에 상당해서 말했다.

"대중들이여, 쌀 속에 벌레가 있다."

15 大圓(대원)은 위산영우의 시호이며, 스님에 관해서는 본서 '7. 충 장로께' 편의 註9를 참조.

"대중들이여! 쌀 속에 벌레가 있구나!"

조주趙州가 동성桐城에 이르렀을 때 길에서 투자投子[16]를 만났는데,

---

16 투자대동에 관해서는 본서 '49. 성 수조에게' 편의 註13을 참조. 경덕전등록 제15권, '서주 투자산 대동 선사' 편에 다음과 같이 기술하고 있다.

舒州投子山大同禪師本州懷寧人也 姓劉氏. 幼歲依洛下保唐滿禪師出家 初習安般觀. 次閱華嚴教發明性海. 復謁翠微山法席頓悟宗旨. (語見翠微章) 由是放任周遊歸旋故土 隱投子山結茆而居. 一日 趙州諗和尙 至桐城縣 師亦出山 途中相遇未相識. 趙州潛問俗士知是投子 乃逆而問曰 "莫是投子山主麼" 師曰 "茶鹽錢乞一箇" 趙州卽先到庵中坐 師後携一缾油歸庵. 趙州曰 "久嚮投子 到來只見箇賣油翁" 師曰 "汝只見賣油翁且不識投子" 曰 "如何是投子" 師曰 "油油" 趙州問 "死中得活時如何" 師曰 "不許夜行投明須到" 趙州曰 "我早侯白伊更侯黑" (同諗二師互相問酬廣如本集 其辭句簡健意趣玄險 諸方謂趙州投子得逸群之用) 自爾師道聞天下 雲水之侶競奔湊焉.

서주 투자산投子山 대동 선사大同는 본주 회령 사람으로 성은 유씨다. 어려서 낙하의 보당 만保唐滿 선사를 의지해 출가했다. 처음에 안반관安般觀을 익혔고, 다음으로 화엄華嚴의 가르침을 열람하고 성품의 바다가 분명하게 일어났다. 다시 취미산翠微山의 법석을 뵙고는 단박에 종지를 깨달았다. 〔말이 취미장에 보인다.〕 이로 말미암아 마음대로 두루 돌아다니다가 고향으로 돌아와 투자산에 은거하며 띠집을 짓고 살았다.

어느 날 조주종심(趙州諗) 화상이 동성현桐城縣에 이르렀다. 선사(투자대동)도 산에서 내려오다가 길에서 서로 만났는데 서로 알아보지 못했다. 조주가 속인에게 몰래 물어, 투자임을 알고는 마중해서 물었다.

"투자산의 주인 아닙니까?"

선사가 말했다.

"차나 소금 살 돈 좀 주시오."

조주가 먼저 암자에 와서 앉았는데, 선사가 나중에 기름 한 병을 들고 암자로

기름병 하나를 손에 들고 있었다.

그러자 조주가 말했다.

"오래도록 투자의 소문을 들었는데, 단지 기름 파는 늙은이였구먼."

투자가 말했다.

"그대는 투자를 아직 모릅니다."

조주가 말했다.

"어떤 것이 투자인가?"

---

돌아왔다. 이에 조주가 말했다.

"투자의 소문을 들은 지 오래인데, 와서 보니 한낱 기름 파는 늙은이일 뿐이군.

선사가 말했다.

"그대에게는 기름 파는 늙은이만 보일 뿐, 투자는 모르는군요."

조주가 말했다.

"어느 것이 투자인가?"

선사가 말했다.

"기름이요, 기름!"

조주가 다시 물었다.

"죽었다가 살아났을 때는 어떠한가?"

선사가 말했다.

"밤에 다니는 것은 허락하지 않나니 밝거든 오시오."

조주가 말했다.

"나는 일찍이 후백侯白이라 여겼는데, 그대는 도리어 후흑侯黑이었구나!"

〔대동과 종심 두 선사가 서로 묻고 답한 것이 본집本集에 광범하게 있는데, 그 말이 간결하고 굳세며 뜻이 깊고 높아 제방에서 이르기를 '조주와 투자가 발군의 용을 얻었다'고 한다.〕

이로부터 스님의 도道가 천하에 알려져 행각하는 스님들(운수납자)이 앞 다퉈 모여들었다

투자가 기름병을 들고 말했다.

"기름이요, 기름!"

쌀 속 벌레가 어떻게 기름 속 벌레와 같을 수 있겠는가! 만약 투자投子를 참구해서 얻었다면 석상石霜를 보게 될 것이다. 무슨 이유이겠는가?

보지 못했는가, "대중 가운데 납승이 있다면 첫째는 모름지기 금강정안金剛正眼을 갖추어야 하고, 둘째는 금강보검金剛寶劍을 얻어야 하며, 셋째는 주장자柱杖子를 얻어야 하고, 넷째는 모름지기 납승의 파비(巴鼻, 핵심)를 얻어야 한다"고 하였던 것을!

설사 낱낱이 꿰뚫었다 해도, 반드시 말후구末後句[17]가 있다는 것을 알아야 한다.

---

17 말후구末後句에 관해서는 본서 '1. 화장 명 수좌에게' 편의 註36을 참조.

# 114. 등 상인께(示 燈上人)

要直截透脫 須先深信 自己根脚下 有此一段. 輝騰今古 逈絶知見 淨倮倮 沒依倚. 常在目前 無毫髮相 寬同太虛 明逾杲日. 天地萬物有成壞 此箇無變無移. 古人謂之 不與萬法爲侶底人 亦號 如來正徧知覺. 但諦實承當 使一念不生 徹透本來 元不動搖 長時無間. 若行若住 百種作爲 初不妨礙 歷歷孤明. 一機一境 一句一言 皆含法界 稱本眞如 情想計度 無起滅處. 以此正印 一印印定 自然隨方逐圓 悉非二種他.

※稱(어울릴 칭): 어울리다. 맞다. 적합하다.

바로 끊어 꿰뚫어 벗어나고자 하면 모름지기 먼저 자기 발밑에 이 하나(此一段)[1]가 있다는 것을 깊이 믿어야 합니다. 이는 고금古今에 빛을 드날리고 지견으로부터 멀리 끊어졌으며 정나나淨倮倮해서 의지할 것이 없습니다. 항상 눈앞에 있으면서 털끝만큼도 모습이 없으며, 넓기가 허공과 같고 밝기가 태양보다 밝습니다. 천지만물은 이루어지고 파괴됨이 있지만, 이것은 변하지도 않고 바뀌지도 않습니다. 고인古

1 譯者는 '此一段(차일단)'을 '一大事因緣(일대사인연)'으로 해석하였다. '일대사인연'에 관해서는 본서 '3. 장 선무 상공께' 편의 註1을 참조.

人은 이를 일러 '만법과 짝하지 않는 사람(不與萬法爲侶底人)'이라고 했고, 또한 '여래의 정변지각正徧知覺'이라고도 했습니다. 다만 자세히 살피고 알아차려 한 생각도 일어나지 않도록 하면 본래면목(本來, 本來面目)을 투철하게 꿰뚫게 됩니다.

(이 본래면목은) 원래 움직인 적도 없고 오래도록 끊어진 적도 없으며, 가고 머무는 모든 행위가 애초부터 걸림이 없어 역력하게 홀로 밝습니다. 또한 일기一機와 일경一境, 일구一句와 일언一言 모두 법계法界를 머금고 본래의 진여에 부합해서 정상情想의 헤아림이 일어났다 사라질 곳이 없습니다. 그러므로 이 정인正印로 한 번 도장을 찍으면 자연히 네모난 것은 네모난 대로 둥근 것은 둥근 대로(隨方逐圓) 모두 둘이 아닙니다.

❀

自古明見佛性 得道之士 運用作爲 未嘗不在 觀塵緣境界 無塵緣可得 鞠歸一眞實際. 如此退步 一日之功 便抵一劫. 是故 南泉道"王老師十八上 便會作活計" 蓋不是揭搦强爲 任運騰騰 寬通自在. 天龍鬼神覓他起心行處 不得. 此無心人行履 直下深嚴. 若能休歇 知見解礙 將來便有徹證之分 亦解作活計去. 要須揭志勉强. 然後 無行不圓 於曹溪路上 得無間力用也.

예로부터 불성佛性를 밝게 보고 도를 체득한 사람의 운용運用과 작위作爲는 티끌 같은 인연경계를 보더라도 티끌만한 인연도 얻을 것이 없고, 하나의 참된 실제로 돌아가지 않은 적이 없습니다. 그러므로 이와 같이 한 발 뒤로 물러나면 하루의 수행이 바로 일 겁一劫에 이르게 됩니다. 이런 까닭에 남전南泉[2]이 이르기를 "왕 노사王老師는 18년 만에야 분별하고 헤아릴 줄 알게 되었다"고 하였던 것입니다. 이는 한 번 들고 한 번 누르는 것을 억지로 하는 것이 아니고, 운행되는 대로 뛰어오르고 뛰어올라 널리 통하고 자재한 것입니다. 그래서 하늘과 용과 귀신이 그가 마음을 일으키고 행하는 곳을 찾지 못하는 것입니다.

이런 무심인無心人의 행리行履는 바로 그 자리에서 깊고 엄격합니다. 만약 알았다는 견해의 장애를 쉴 수 있으면 장차 투철하게 깨달을 수 있는 자격이 있고, 또한 활발하게 분별하고 헤아릴 줄 알게 됩니다. 그러므로 모름지기 뜻을 높이 들고 세차고 부지런히 해야 합니다. 그런 다음 행하는 것이 원만하지 않은 것이 없으면 조계曹溪의 길에서 끊임없는 힘과 작용을 얻게 될 것입니다.

2 남전南泉에 관해서는 본서 12 '문 장로께' 편의 註10을 참조.

# 115. 선인에게(示 禪人)

利根種智 聊聞擧著 徹底透頂 直下承當 了無別法. 撒手便行 豈復更有遲凝. 正如秉利劍當門 阿誰敢近. 到箇裏 凜凜神威 佛祖莫能近傍 呑爍羣靈 豈不是得大解脫. 更不立向上向下 超然獨證. 是故 從上人 立一機 垂一言 謂之 垂鉤四海 只釣獰龍.

※爍(빛날 삭, 벗겨질 락): 빛나다. 태우다. 녹이다. 녹다. (태워서) 끓다. 덥다. 뜨겁다. 꺼지다. 끄다. 허물어뜨리다. 벗겨지다(락). (벗겨져) 떨어지다(락).

영리한 근기의 지혜를 가진 자는 거론하는 것을 듣자마자 머리끝에서 발끝까지 꿰뚫어 바로 그 자리에서 알아버리지만, 별 다른 법이 조금도 없다. 또한 손을 놓아버리고 바로 가버리는데, 어찌 다시 지체하거나 머무를 것이 있겠는가! 또한 날카로운 검을 손에 쥐고 문 앞을 지키고 있는 것과 같은데, 누가 감히 가까이 하겠는가! 여기에 이르러서는 늠름하고 신령스런 위엄이 있어 부처나 조사도 곁에 가까이 할 수 없고 군령羣靈들도 삼켜서 녹여버리는데, 이것이 어찌 대해탈을 얻은 것이 아니겠는가! 다시는 향상向上과 향하向下를 세우지 않고 초연하게 홀로 증득하게 된다. 이런 까닭에 옛 분들이 하나의 기(一機)를 세우고 한마디 말(一言)을 내놓았던 것이니, 이를 일러 "낚싯바늘을 사해에 드리움은 단지 영악한 용을 낚기 위함이다(垂鉤四海 只釣獰龍)"[1] 고 하는 것이다.

❀

到箇裏 不論如之若何 要箭鋒相拄 一擊便過. 纔涉擬議 則千里萬里去也. 只如達磨面壁 少林九年 唯有可祖默契 如今 要立地明得 也不難. 但辦撥却 從前作解 種種機智 不立毫末 使胸中淨倮倮. 聖凡不存 彼我不拘 一念不生 單刀直入 更覓甚佛. 高步毗盧頂 不稟釋迦文 破的破機 超宗出格.

여기에 이르러서는 그와 같은 것이 어떠한지를 따지지 않고, 화살 끝이 서로 맞닿듯 한 번에 쳐서 바로 뚫어버려야 한다. 조금이라도 머뭇거리면 바로 천리만리 멀어지게 된다. 예를 들면 달마는 소림에서 면벽하기를 9년이나 했으면서도 오직 혜가만이 묵묵히 계합했으니, 지금도 서 있는 그 자리에서 밝게 알고자 하면 어려운 것도 아니다. 다만 종전에 지었던 지해(解, 知解)와 갖가지 기지機智를 모두 없애 털끝만큼도 세우지 않고 가슴속을 정나나淨倮倮하게 해야 한다. 성인

---

1 운문문언의 말씀으로, 원오는 벽암록 제38칙, 평창에 다음과 같이 기술하고 있다.

雲門云 "垂鉤四海 只釣獰龍 格外玄機 爲尋知已"

운문이 말했다.

"바다에 낚싯대를 내리는 것은 사나운 용을 낚기 위한 것이고, 격외현기(格外玄機, 격외의 현명한 기봉)는 지음인知音人을 찾고자 하는 것이다."

이니 범부니 하는 것도 없고 나와 남에 구속되지도 않으며, 한 생각도 일어나지 않고 단도직입單刀直入하면, 다시 무슨 부처를 찾겠는가! 비로자나부처의 정수리를 높이 밟으면 석가모니에게 과녁을 부수고 방편을 깨뜨리며 종파를 뛰어넘고 격식을 초월하는 것을 여쭐 것도 없게 된다.

❀

頭方外看 誰是我般人 始可作種草. 然後 向千人萬人 羅籠不住處 不辱一條線 硬糾糾地 壁立千仞. 等閑拈一毫芒 便見偪塞十虛 拈示同風同德 而不期自會 不言而知. 互作主賓 建宗立旨 雖相去遠隔河沙 長如目擊 可透向上機 了生死事 報恩立法. 俾群靈一一如是 方稱箇大丈夫 作奇特緣 了殊勝事.

※偪(가득할 복): 가득하다.

처음부터 세속 사람의 테두리 밖(方外)에서 내가 누구인지 어떤 사람인지를 살펴야, 비로소 법손이 될 수 있다. 그런 다음 천인만인千人萬人이 가두어도 가두지 못하는 곳에서 한 가닥의 선線도 더럽히지 않고 굳고 단단하게 천 길 절벽처럼 우뚝 서야, 무심히 한 털끝만 들어도 바로 시방의 허공에 가득 채워진 것을 보게 된다. 또한 같은 가풍 같은 덕德을 들어 보이면 바라지 않아도 저절로 깨닫고 말하지 않아도 알게 된다. 서로 주인과 손님이 되어 종지를 세우면, 비록 강과 사막이 멀리 떨어져 서로 돌보지 않더라도, 늘 눈으로 직접 보는 것과 같게 된다. 또한 향상의 기機를 꿰뚫고 생사의 일을 마쳐 은혜에 보답하고 법을 세울 수 있게 된다. 더욱이 군령群靈들도 하나하나 이와 같게 해야 대장부라고 부를 수 있으며, 기특한 인연을 지어 수승한 일을 마쳤다고 할 수 있는 것이다.

❀

昔 裴相之與黃檗 李習之之與藥山 楊大年之與廣慧 李都尉之與慈照無 不以此投機. 旣已投機 復資此以履踐 外空諸見 內絶心智. 徹底平常騰騰任運 爲內外護 流通大法 所謂 要知恁麽事 須是恁麽人 若是恁麽人 始解恁麽事.

지난날, 배상국(裴相)과 황벽黃檗,[2] 이습지李習之와 약산藥山,[3] 양대년楊大年과 광혜廣慧,[4] 이도위李都尉와 자조慈照[5] 등은 이와 같이 기연機緣

---

2 배상국(배휴)에 관해서는 본서 '34. 허 봉의께' 편의 註4를, 황벽희운에 관해서는 본서 '7. 충 장로께' 편의 註10을 참조하기 바란다. 또한 황벽희운과 배상국의 인연에 관해서는 본서' 71. 황 태위 검할께' 편의 註7을 참조하기 바란다.

3 이습지(이발)에 관해서는 본서 66, '동감 거사께' 편의 註7을, 약산유엄에 관해서는 본서 '5. 유 서기에게' 편의 註13을 참조하기 바란다.
한편, 이습지는 귀종지상의 제자로 유명하고, 이고는 약산유엄에게서 법을 얻었는데, 이는 아마도 후에 편집하는 과정에서 앞뒤 중 하나가 뒤바뀐 듯싶다. 이습지와 귀종지상의 대화는 본서 '66. 동감 거사께' 편의 註에서 다루었으며, 이고와 약산유엄에 관한 이야기는 본서 '85. 원빈께' 편의 註에서 다루었으니 참조하기 바란다.

4 양대년(양억)에 관해서는 본서 '34. 허 봉의께' 편의 註5를 참조.
廣慧元蓮(광혜원련, 951~1036): 송대의 스님. 임제종. 광혜는 주석 사명. 수산성념에 의하여 대오. 여주 광혜원에 마뭄. 시호는 진혜眞慧.(선학사전, p.56)

에 투합하지 않은 분들이 없었다.

---

경덕전등록 제30권, '한림학사 공부시랑 증 예부상서 문공 양억이 비서감에 임명되어 여주를 다스리던 어느 날 내한인 이유에게 글을 보내 그가 법을 전해 받은 시말은 밝힌 것(翰林學士工部侍郎贈禮部尙書文公楊億任祕書監 知汝州日 嘗有書寄李維內翰 敍其始末師承)'에 의하면 다음과 같다.

侍郎問廣慧和尙 "尋常承和尙有言 一切罪業 皆因財寶所生 勸人疎於財利 況南閻衆生 以財爲命 邦國以財聚人 敎中有財法二施 何得勸人疎財" 廣云 "幡竿尖 上鐵龍頭" 侍云 "海壇馬子似驢大" 廣云 "楚雞不是丹山鳳" 侍云 "佛滅二千歲比丘少慚愧"

시랑侍郎이 광혜廣慧 화상에게 물었다.

"평소 스님께서는 '일체 죄업은 모두가 재물로 인해 생긴다'고 하면서, 사람들에게 권하기를 '재물을 멀리하라'고 하셨습니다. 하지만 비교해보면 남섬부주의 중생은 재물로 목숨을 삼고 국가도 재물로 사람을 모으며, 경전에도 '재물과 법의 두 가지 보시가 있다'고 하였는데, 어째서 사람들에게 권하기를 '재물을 멀리하라고' 하시는 것입니까?"

광혜가 말했다.

"깃발을 다는 장대 끝에 무쇠 용머리를 올렸습니다."

시랑이 말했다.

"해단마자海壇馬子의 크기가 당나귀만 합니까?"

광혜가 말했다.

"초楚나라의 닭은 단산丹山의 봉황이 아닙니다."

시랑이 말했다.

"부처님이 멸도하신 지 2천년 만에야 비구가 부끄러움이 없어졌군요."

5 이도위는 이준욱을 뜻하며, 그에 관해서는 본서 '3. 장 선무 상공께' 편의 註3을 참조.

자조慈照는 곡은온총의 시호이며, 스님에 관해서도 본서 '3. 장 선무 상공께' 편의 註4를 참조.

이미 기연이 투합했으면 다시 이를 바탕으로 실천해서, 밖으로는 모든 견해를 비우고 안으로는 마음의 지혜를 끊어야 한다. 철저하게 평상심으로 임운등등任運騰騰해서 안과 밖을 보호하고 대법大法을 유통해야, 이른바 "이런 일(恁麽事)을 알고자 하면 모름지기 이런 사람(恁麽人)이어야 하고, 이러한 사람이라야 비로소 이런 일을 할 수 있다"고 하는 것이다.

# 116. 노수께(示 魯叟)

佛法如大海 萬有包含 不可以形器數量 所能測度. 一一俱無邊際 若欲造入 須辦箇沒量大智見 窮法界等虛空. 盡未來不退轉 跂步超越 合下如鐵石堅固. 然後 廓頂門正眼 愼擇眞實具本分作家手段大宗師 息心依附. 將死生大事託之 無透脫超證不已.

※邊際(변제): 끝 간 데. 시간, 공간, 정도 등에서 그 이상이 없는 한계.
※辦(힘들일 판): 힘들이다. 힘쓰다. 갖추다. 준비하다. 주관하다. 판별하다.
※依附(의부): 의지하여 따름.

불법佛法은 대해와 같아서 온갖 존재를 포함하기에 모양이나 수량으로 헤아릴 수가 없습니다. 하나하나 모두 끝 간 데(邊際, 한계)가 없으니, 만약 깨달음에 들어감을 성취하고자 하면, 모름지기 헤아릴 수 없는 대지견(沒量大智見)으로 법계가 다해서 허공과 같아지도록 힘써야 합니다. 또한 미래세가 다하도록 물러나지 않고 발돋움하고 뛰어넘어 바로 그 자리에서 철석과 같이 견고해야 합니다. 그런 다음 정수리의 정안(頂門正眼)이 확 트이면, 진실로 본분작가本分作家의 솜씨를 갖춘 대종사를 신중히 선택해서 마음을 쉬고 의지하며 따라야 합니다.

무릇 생사대사(死生大事)를 그에게 맡기고, 꿰뚫어 벗어나 뛰어넘어 깨닫지 않고서는 도중에 그만두지 말아야 합니다.

❀

第一先得不落窠窟 而能直截 明見本來面目 蹋著本地風光. 深根固蒂 信得及了得徹 虛寂靈明 不動不變 爲基址. 情念計較俱不生 直得空豁豁地 前後際斷 與諸聖不移易絲毫許 諦了自己.

제일 먼저 무엇보다 고정된 틀(窠窟)에 떨어지지 않고 바로 끊을 수 있어야 본래면목本來面目을 밝게 보고 본지풍광本地風光을 밟게 됩니다.[1] 그러므로 기초(根蒂, 근본)를 깊고 견고하게 해서 확실히 이르고 철저하게 알아서, 텅 비어 고요하면서 신령스럽게 밝으며 움직이지도 않고 변하지도 않는 것을 기반으로 삼아야 합니다. 정념情念과 계교計較가 모두 일어나지 않고, 텅 빈 듯 앞뒤 경계가 끊어지면 모든 성인과 털끝만큼도 다르지 않을 것이니, 자기를 자세히 살펴야 합니다.

❀

其次 展轉退步 一切不留. 而能於毛端現刹海 納須彌於芥中 拈起向上機 提持祖佛令. 到此正好著力 及去今時 玄妙理性 妙句奇言 掀天作略 擺撥盡 方始體得那邊意旨. 幾時更肯道"我會佛法 能活脫逞機用也" 若履踐得攸久 分明無事安樂人矣. 將知聖賢攅身爲此 臨事不爲 立功能逞我見意 在令人人無疑無爲無事去.

---

1 본지풍광 본래면목에 관해서는 본서 64와 74의 본문 서두에 원오 스님의 정의가 있으니 참조하기 바란다.

※展轉(전전): 되돌아감. 되풀이함.

※攸(바 유): 바(=所). 곳, 장소. 처소. 이. 이에. 어조사. 재빠른 모양. 위태로운 모양. 달리다. 빠르다. 아득하다. 위태롭다. 오래다 장구하다.

※功能(공능): 공적과 재능. 공을 들인 보람을 나타내는 능력.

그 다음 거듭 뒤로 한 걸음 물러나 아무것도 남기지 않아야 합니다. 그리고 털끝에서 찰해刹海를 드러내고, 수미산을 겨자씨에 집어넣으며, 향상의 기(向上機)를 집어 들어 불조의 법령(祖佛令)을 제지提持할 수 있어야 합니다. 여기에 이르러야 제대로 힘을 쓰는 것이니, 과거와 지금의 현묘한 이성과 기묘한 언구, 하늘을 들어 올릴 듯한 작략作略까지도 모두 떨쳐버려야 비로소 저쪽의 뜻을 체득했다고 할 수 있는 것입니다. 그런데 어느 시절에 '나는 불법을 알고 활발하게 벗어나 대기대용大機大用을 마음대로 쓴다'고 감히 말할 수 있겠습니까! 만약 오래도록 해 나아가면 분명히 일 없는 안락인(無事安樂人)이 될 것입니다. 무릇 성현이 이것을 위해 몸을 던지고, 이 일에 임하면서 공능功能을 세우거나 아견을 드러내지 않으려는 뜻은 사람들로 하여금 의심도 없고(無疑) 함도 없으며(無爲), 일도 없게(無事) 하려는 것임을 알아야 합니다.

❀

今雖富春秋 居貴富而以夙昔願力 高識遠見 要學此道 潔淸身意 不捨世緣 乃修淨行. 初段早已眞正也 要辦長久不退之心. 縱逢一切違緣處之 如食餳蜜 養得純熟. 便是大解脫人 佛法與世諦 豈有二種耶. 推此直前 何往不利. 古人道"千里同風" 蓋不言而照 不面而知 豈假繁詞哉.

是故 毗耶大士一默 文殊贊善.

※餳(엿 당): 엿. 굳힌 엿. 쌀강정.

※考究(고구): 자세히 살펴 연구함.

지금 비록 한창인 나이임에도 부귀하게 살면서 숙세의 원력과 높고 원대한 식견으로 이 도를 배우고자 한다면, 몸과 생각을 맑고 깨끗하게 하되 세간의 인연을 버리지 않고도 깨끗하게 닦아 나아갈 수 있어야 합니다. 첫 단계가 진실로 바르게 되면 오래도록 물러나지 않겠다는 마음을 갖춰야 합니다. 설사 일체의 어긋난 인연처를 만나더라도 마치 엿이나 꿀을 먹는 것처럼 하고, 오래도록 길러서 순일하게 익어야 합니다. 그러면 바로 이것이 대해탈인大解脫人이니, 불법佛法과 세간의 진리(世諦)가 어찌 두 가지이겠습니까! 이를 받들고 곧장 앞으로 나아가면 어디를 가더라도 이롭지 않겠습니까! 고인古人이 이르기를 "천 리만큼이나 떨어져 있어도 같은 가풍이다(千里同風)"[2]고 했습니다.

---

2 경덕전등록 제18권, '복주 현사 종일 대사(현사사비)' 편에 다음과 같이 기술하고 있다.

師一日遣僧送書上雪峯和尙. 雪峯開緘唯白紙三幅 問僧 "會麽" 曰 "不會" 雪峯曰 "不見道 君子千里同風" 其僧迴擧似於師 師曰 "遮老和尙蹉過也不知"(東禪齊云 "什麽處蹉過. 若的蹉過 師豈不會弟子意 若不恁麽會 只如 玄沙意作麽生 若會便參取玄沙")

어느 날 대사(현사사비)가 한 스님을 시켜 설봉雪峯 화상에게 글을 보냈다. 설봉이 서신을 뜯어보니, 백지白紙만 세 장 있었다.

(설봉이) 그 스님에게 물었다.

"알겠는가?"

이는 말하지 않고도 비추는 것이고, 대면하지 않고도 아는 것이니, 여기에 어찌 번거로운 말을 빌리겠습니까! 이런 까닭에 비야 대사(毗耶大士, 유마 거사)가 한 번 침묵하자(一默), 문수보살이 훌륭하다고 찬탄했던 것입니다.[3]

❀

瘥病不假驢駝藥. 意在鉤頭 應須領取. 向獨行獨步處靠實 考究看從何而起自何而來. 去縛解黏不眞 何待. 無業只說箇莫妄想 俱胝只竪一指 天皇胡餠 趙州喫茶 雪峰輥毬 禾山打鼓 渾無別事. 參.

병이 낫는 데는 당나귀에 실을 만큼의 약이 필요치 않습니다. 뜻은 낚싯바늘 끝에 있다는 것을 마땅히 알아차려야 합니다. 홀로 가고 홀로 걷는 곳을 참되게 의지해서 (이 한 생각이) 어디로부터 일어나고 어디로부터 오는가를 자세히 살펴야 합니다. 묶인 것을 풀고 끈끈한

---

스님이 말했다.
"모르겠습니다."
설봉이 다시 말했다.
"군자천리동풍君子千里同風이란 말을 듣지 못했는가?"
스님이 돌아와 대사에게 말하자, 대사가 말했다.
"저 노화상이 어긋난 줄도 모르고 있구나."
〔동선 제東禪齊가 말했다.
"어디가 어긋난 것인가? 만약 분명히 어긋났다면 선사(설봉)가 어찌 제자의 뜻을 몰랐겠는가. 만약 그렇게 알지 않았다면 그렇다면 현사의 뜻은 어떠한 것인가? 만약 알았다면 바로 현사를 참례한 것이다."〕

3 비야 대사의 일묵에 관해서는 본서 '14. 지도 각 장로께' 편의 註4를 참조.

것을 떼어내는 일이 진실하지 않다면 어떤 것에 기대를 하겠습니까! 무업無業은 다만 "망상 피우지 말라(莫妄想)"[4]고 했고, 구지俱胝는 다만 손가락 하나를 세웠으며(豎一指),[5] 천황天皇은 '호떡(胡餠)'[6]이라고 했습니다. 또한 조주趙州는 "차나 마시게(喫茶)"[7]라고 했고, 설봉雪峰은 공을 굴렸으며(輥毬),[8] 화산禾山은 "북을 칠 줄 아는군(打鼓)"[9]이라고 했는데, 이것은 모두 다른 것이 아닙니다. 참구하십시오!

---

4 無業只說箇莫妄想(무업지설개막망상)에 관해서는 본서 '12. 문 장로께' 편의 註15를 참조.

5 俱胝只豎一指(구지지수일지)에 관해서는 본서 '26. 재 선인에게' 편의 註1과 3을 참조.

6 천황 스님의 '胡餠'에 관해서는 본서 '127. 처겸 수좌에게' 편의 註15를 참조.

7 趙州喫茶(조주끽다)에 관해서는 본서 '5. 유 서기에게' 편의 註18을 참조.

8 雪峰輥毬(설봉곤구)에 관해서는 본서 '5. 유 서기에게' 편의 註16을 참조.

9 禾山打鼓(화산타고)에 관해서는 본서 5. 유 서기에게' 편의 註17을 참조.

# 117. 선자에게(示 禪者)

達磨祖師 觀此土有大乘根器 由是自天竺西來 傳敎外旨. 直指人心 不立文字語句 蓋文字語句乃末事 恐執泥之卽不能超證. 所以 破執著 去玄妙 離聞見出意表 如擊石火閃電光. 一念不生 直下透却根塵 向各各根脚下 承當領覽 此一段大因緣. 翛然獨脫 不依倚一物 含吐十虛 湛然澄寂 契悟本來妙心.

※執泥(집니): 고집하다. 고수하다. 얽매이다.

달마조사가 이 땅에 대승大乘의 근기가 있음을 보고 천축으로부터 와서 교敎 밖의 종지를 전하였다. 사람의 마음을 바로 가리키고 문자와 어구를 세우지 않은 것은 문자어구가 지엽적인 것이기 때문에 집착하고 물들면 뛰어넘어 깨닫지 못할까 염려했기 때문이다. 그래서 집착을 깨뜨리고 현묘함을 물리치며 견문을 여의고 생각 밖으로 벗어났던 것이 마치 전광석화와 같았던 것이다. 또한 일념도 일어나지 않는 바로 그 자리에서 6근과 6진을 꿰뚫고, 각각 서 있는 그 자리에서 이 하나의 큰 인연(一段大因緣)[1]을 분명히 깨닫도록 하였던 것이다.

---

1 一大事因緣(일대사인연)에 관해서는 본서 '3. 장 선무 상공께' 편의 註1을 참조.

이는 얽매이지 않고 홀로 벗어나 한 물건에도 의지하지 않고, 시방의 허공을 삼키기도 하고 토해내기도 하면서, 잠연징적(湛然澄寂, 맑고 깨끗하며 고요함)한 본래의 오묘한 마음과 계합해서 깨닫도록 하였던 것이다.

❀

此心能生一切世間及出世法 唯宿薰種性 略聞提取 卽知落處 更不從別處流出. 全心卽佛 全佛卽人 人佛無二 一道淸虛 豈有得失是非違順好惡長短來. 有爲有漏 如幻如夢 了無一塵長久. 是故 蘊才智有力量底卽能發一念眞正菩提心 不爲諸緣所牽 貴富所拘 動是歷歲月 不退不轉. 埋頭向前 念茲在茲 回光返照 諦了從上來威音那邊萬緣根本.

※提取(제취): 추출하다. 뽑아내다. 일부를 꺼내다. 인출하다.

※埋頭(매두): 몰두하다. 전심전력을 다하다. 정신을 집중하다. 달라붙다.

이 마음은 능히 일체의 세간법과 출세간법을 낼 수 있지만, 오직 전생에 훈습된 사람만이 일부를 뽑아 조금만 들어도 낙처(落處, 핵심)가 결코 다른 곳에서 흘러나오는 것이 아님을 알게 된다. 온 마음이 바로 부처이고(全心卽佛) 온 부처가 바로 중생이며(全佛卽人), 중생과 부처가 둘이 아니고(人佛無二),[2] 한결같이 맑고 텅 비어 있는데, 여기에 어찌 득실得失·시비是非·위순違順·호오好惡·장단長短이 있겠는가! 유위有爲와 유루有漏는 허깨비 같고 꿈과 같아 한 티끌도 오래가는

2 경덕전등록 제7권, '유주 반산 보적 선사' 편에 나오는 말로, 본서 '79. 가중현량께' 편의 註2를 참조하기 바란다.

것이 전혀 없다. 이런 까닭에 재주와 지혜를 갖춘 역량 있는 사람이라면, 능히 일념으로 참되고 바른 보리심을 일으켜 모든 인연에 매이지도 않고 부귀영화에도 구애되지 않으며, 움직여도 오랜 세월 뒤로 물러나지도 않고 바꾸지도 않아야 한다. 또한 전심전력해 앞으로 나아가되, 자나 깨나 생각하며 잊지 않고 회광반조해서 예로부터 위음왕불 저쪽의 모든 인연의 근본을 자세히 살펴서 알아야 한다.

❀

纔覰得透 卽身心泰然 二六時中 更不放舍 直候徹證 乃能事畢矣. 況當人合 下性靜純一慈善 無如許惡覺惡知 而復相續綿綿體究 豈不善哉. 古人道"百草頭邊薦取" 只如 從朝至莫是箇什麽 但念念覰捕 心心無住. 攸久純熟 只見光輝 觀一切法空 不曾有實. 唯此一心 亘今亘古 可以透脫死生.

보자마자 꿰뚫게 되면 바로 몸과 마음이 태연하게 되고, 하루 종일 다시는 놓아버리지 않고 바로 살펴서 철저하게 증득하게 되는데, 이것이 바로 능히 일을 다 마친 것이다. 더욱이 당사자가 바로 그 자리에서 성품이 고요하고 순일하며 자비롭고 선해서 다른 악각惡覺과 악지惡知가 없고, 또한 계속해서 끊이지 않고 몸소 참구한다면, 이것이 어찌 훌륭하지 않은 것이겠는가! 고인古人이 이르기를 "모든 풀끝에서 깨달아라(百草頭邊薦取)!"[3]라고 했으니, 그저 아침부터 날이 저물 때까

3 관련해서 본서 '27. 찬 상인께' 편의 註2 방 거사와 딸 영조의 대화를 참조하기 바란다.

지 '이것이 무엇인가(是箇什麽)?' 하되, 다만 생각 생각 살펴서 마음 마음에 머무름이 없어야 한다. 오래도록 순일하게 잘 익어지면, 단지 빛이 번쩍 하는 것을 본 것뿐인데도, 일체법이 공空해서 일찍이 실체가 있은 적이 없다는 것을 보게 된다. 오직 이 한 마음이 고금에 뻗쳐야 생사를 꿰뚫어 벗어날 수 있는 것이다.

❀

學此道者 不得其門 只爲情在解上 觸途成滯. 若一切盡情打疊 胸中不存纖微 自然七通八達也. 但長時無間 消遣將去 淨念聖解 尙令不生 何況觸情而動 作衆不善耶. 親近善知識 只貴提誘與己作增上緣. 世尊記 "當來一牛吼地 有善知識 遞相擊勸 相與行持 體此妙道矣"

※一牛吼地(일우후지): 소의 울음소리가 들릴 정도의 거리라는 뜻. 매우 가까운 거리를 이르는 말.

이 도를 배우는 사람이 그 문을 얻지 못하고 단지 정식情識으로만 이해하려고 한다면 닿는 것마다 다 막히게 된다. 하지만 만약 일체의 모든 정식을 부숴 가슴속에 털끝만큼도 미세한 것이 없으면 자연히 자유자재(七通八達)하게 된다. 그러므로 다만 오랜 시간 끊어지지 않고 일없이 세월을 보내면서 깨끗하다는 생각이나 성스럽다는 생각도 오히려 일어나지도 않도록 해야 하는데, 하물며 어떻게 정식에 이끌려 착하지 못한 일들을 하겠는가! 선지식을 가까이 해야 하는 것은 다만 선지식이 자기를 이끌어주어 향상의 인연을 짓도록 해주는 것을 소중하게 여기기 때문이다. 그래서 세존께서 수기하시길 "내세에 머지않아

선지식이 서로 번갈아 격려하고 권하면서 함께 수행하여 이 오묘한 도를 체득할 것이다"고 하신 것이다.

❀

鏡淸云 "汝等十二時中 須管帶始得" 趙州云 "我使得十二時" 佛言 "若能轉物 卽同如來" 旣已久存誠 唯務向前 得不退轉. 等閑要當心中不留一物 直下似箇無心底人 如癡兀 不生勝解. 養來養去 觀生死甚譬如閑 便與趙州南泉 德山臨濟 同一見也. 切自保任 端居此無生無爲大安樂之地. 乃甚善耶.

경청鏡淸은 "그대들은 하루 종일 (이것을) 늘 소중히 보호하고 지녀야 한다"[4]고 했고, 조주趙州는 "나는 (이것을) 하루 종일(十二時) 부린다"[5]

---

4 鏡淸道怤(경청도부, 864~937): 당말 5대의 스님. 청원 문하. 경청은 주석 사명. 6세에 출가, 설봉의존에게 참학하고 법을 이음.(선학사전, pp.33~34)
경덕전등록 제18권, '항주 용택사 순덕 대사 도부' 편에 다음과 같이 기술하고 있다.
師上堂曰 "如今事不得已向汝道 若自驗著實 箇親切到汝分上 因何特地生疎 只爲抛家日久流浪年深 一向緣塵致見如此 所以喚作背覺合塵 亦名捨父逃逝. 今勸兄弟 未歇歇去好 未徹徹去好. 大丈夫兒得恁 麽無氣槪還惆悵麽. 終日茫茫地 何不且覓取箇管帶路 好也無人問我管帶一路" 時有僧問 "如何是管帶一路" 師曰 "噓噓要棒卽道" 曰 "恁麽卽學人罪過也" 師曰 "幾被汝打破"
대사(경청도부)가 상당하여 말했다.
"지금 부득이 그대들에게 말하노니, 만약 스스로 실제로 경험하면 그대들 분상에서 몸소 간절하게 이를 터인데, 어찌하여 유달리 성긴 생각을 내는가? 다만 집안을 버려둔 지 오래되고 유랑한 세월이 깊어 한결같이 티끌 경계를 반연했기고 했으며, 부처님께서는 "사물을 굴릴 수 있으면 바로 여래와 같게 된다(若能轉物 卽同如來)"[6]고 하셨다. 이미 오래도록 정성스럽게 지녔

---

때문에 이런 소견을 이룬 것일 뿐이다. 그래서 깨달음을 등지고 번뇌에 합했다고 부르고, 아비를 버리고 도망갔다고 하는 것이다.

이제 형제들에게 권하노니, 아직 쉬지 못한 이는 쉬어 가고, 철저하지 못한 이는 철저하게 하라. 대장부가 그렇게 기개도 없이 낙담해야 하겠는가? 종일토록 끝없이 어째서 관대管帶의 길을 찾지 않는가? 아무도 나에게 관대의 외길을 묻지 않더라."

이때 어떤 스님이 물었다.

"어떤 것이 관대의 일로입니까?"

대사가 말했다.

"허허, 맞고 싶거든 말하라."

스님이 말했다.

"그렇다면 학인이 잘못했습니다."

대사가 말했다.

"그대에게 맞을 뻔 했구나."

管帶(관대): 관管은 뜻을 알아서 잊지 않는 것. 대帶는 몸에 붙어 떠나지 않는 것. 몸과 마음으로 보호하고 지녀 잊지 않는 것.

5 조주에 관해서는 본서 '1. 화장 명 수좌에게' 편의 註25를 참조.

6 능엄경에 나오는 말이다.

阿難 若復欲令 入無方圓 但除器方. 空體無方 不應說言 更除虛空 方相所在. 若如汝問 入室之時 縮見令小 仰觀日時 汝豈挽見 齊於日面. 若築牆宇 能夾見斷 穿爲小竇 寧無竇迹. 是義不然. 一切衆生 從無始來 迷己爲物 失於本心 爲物所轉 故於是中 觀大觀小. 若能轉物 則同如來 身心圓明 不動道場 於一毛端 遍能含受 十方國土.

아난아! 만약 또 모나고 둥근 것이 없는 것에 들어가도록 하려면 다만 그릇의

다면 오직 힘써 앞으로 나아가 불퇴전의 경지를 얻어야 한다. 또한 무심히 마음에 한 물건도 남기지 않고, 바로 그 자리에서 무심한 사람과 같게 하면서, 마치 어리석은 사람처럼 수승하다는 생각도 내지 않아야 한다. 잘 길러서 생사를 보기를 매우 한가롭게 하면, 바로 조주·남전·덕산·임제와 보는 것(見地)이 같게 될 것이다.

부디 스스로 보임保任해서,[7] 무생무위無生無爲의 대안락大安樂의 경지에 단정히 앉아라. 그러면 매우 훌륭하다고 하리라!

---

모난 것만을 없애야 할 것이니라. 공간의 체에는 모난 것이 없으니, 다시 허공의 모난 상이 있는 곳을 없애야 한다고 말해서는 안 되느니라. 만약 그대가 물은 것처럼 방에 들어갔을 때 보는 것이 줄어들어 작은 것이라고 한다면 해를 쳐다볼 때 그대는 어찌 보는 것을 당겨서 해와 같게 하는 것인가? 만약 쌓은 담장에 막혀서 보는 것이 끊어졌다면 작은 구멍을 뚫으면 어찌 구멍의 흔적이 없겠는가. 이 뜻은 그렇지 않느니라. 일체중생은 무시이래로 자기를 미혹해서 대상이라고 하면서 본래의 마음을 잃어버리고 사물에 굴림을 받게 되니, 그래서 그 가운데서 큰 것을 보고 작은 것을 보는 것이니라. 만약 능히 사물을 굴릴 수 있다면 여래와 같게 되어(若能轉物 則同如來) 몸과 마음이 원만하고 밝아서 도량을 움직이지도 않고 한 털 끝에서 두루 시방의 국토를 받아들일 수 있게 되는 것이니라.

7 보임保任에 관해서는 본서 '41. 용 도자에게' 편의 註5와 '104. 월 선인에게' 편의 註5를 참조.

# 118. 선인에게(示 禪人)

西方大聖人 出迦維羅 作無邊量妙用 顯發刹塵 莫數難思議 殊特正因 以啓迪群靈. 其方便順逆開遮 餘言遺典 盈溢寶藏. 及至下梢 始露一消息 謂之敎外別行 單傳心印. 金色老子已來 的的綿綿 只論直指人心見性成佛 不立階梯 不生知見. 利根上智 向無明窟子裏 瞥破煩惱根株中活脫 應時超證 得大解脫.

※迪(나아갈 적): 나아가다. 이루다. 이끌다. 인도하다. 따르다. 계승하다. 임용하다. 쓰다. 행하다. 떠나가다. 길. 도리道理. 도덕道德.

※啓迪(계적): 깨우치다. 일깨우다. 계도하다. 인도하다.

※盈溢(영일): 가득 차서 넘침.

서쪽의 대성인이 카필라에서 나와 끝을 헤아릴 수 없는 묘용을 짓고 티끌 같은 세계에 셀 수 없고 헤아리기 어려운 아주 뛰어난 정인正因을 드러내 군령群靈들을 일깨워줬다. 그 방편의 순역順逆과 개차開遮, 그리고 나머지 말들은 경전에 남겨 보배 창고에 가득 차 넘친다. 하지만 맨 마지막에 이르러서야 비로소 한 소식을 드러내니, 이를 일러 '교외별행敎外別行·단전심인單傳心印'이라 한다.

가섭존자(金色老子) 이래로 명백하게 끊임없이 계속해서 다만 직지인심·견성성불만을 논할 뿐, 단계를 세우거나 지견을 내지 않았다. 또한 영리한 근기의 뛰어난 지혜를 가진 사람은 무명굴無明窟 속에서 별안간 번뇌의 뿌리와 그루터기를 깨뜨리고 활발하게 벗어나 시절인연에 따라 뛰어넘어 깨달아 대해탈大解脫을 얻었다.

❀

是故 竺乾四七 東土二三 皆龍象蹴蹋 師勝資強. 機境言句 動用語默 有上上乘根器 格外領略 當下業障冰消. 直截承荷於餘時 自能管帶 打作一片. 度世絶流 頓契佛地尙 不肯向死水裏浸却. 唱出 透玄妙越佛祖 削去機緣 剗斷路布 如桉太阿 凛凛神威 阿誰敢近.

※動用(동용): (함부로 사용하면 안 되는 물건과 사람을) 가져다 쓰다. 사용하다. 유용하다.

※承荷(승하): ~를 받다. ~를 입다.

이런 까닭에 서천의 28대 조사와 중국의 6대 조사가 모두 용과 코끼리가 발로 차고 밟듯(龍象蹴蹋)[1] 스승은 뛰어나고 제자는 막강했다. 기경(機境, 기연과 경계)과 언구, 말하거나 묵묵함을 써서 최상승의 근기는 격외格外에서 깨달아 바로 그 자리에서 업장業障이 얼음 녹듯 하였다. 또한 바로 끊음에 힘입어 여타의 시간에도 스스로 잘 지니고 한 덩어리를 이루었다. 세상을 벗어나 번뇌를 끊고 단박에 부처의 경지에 계합하는 것을 숭상하였지, 죽은 물(死水)에 잠기는 것을 긍정하지 않았다. 현묘함을 꿰뚫고 불조를 뛰어넘으며 기연을 없애고 주장을 끊어버릴

1 龍象蹴蹋(용상축답)에 관해서는 본서 '13. 정 장로께' 편의 註2를 참조.

것을 제창한 것이 마치 태아검(太阿)[2]을 잡은 것처럼 신령스런 위엄이 늠름하였는데, 누가 감히 가까이 할 수 있었겠는가!

❀

作家漢 確實論量. 纔有向上向下 勝妙理性 作用纖毫卽叱之 不是從來種草. 直下十成煅煉 得熟踐履得實 始與略放過. 猶恐異時落草負累人瞎却正法眼.

작가(作家漢)는 확실히 논하고 헤아려야 한다. 향상향하向上向下니 뛰어나고 오묘한 이성(勝妙理性)이니 하는 작용이 털끝만큼이라도 있으면, 이것은 예로부터 내려오는 종초(種草, 집안의 자손)가 아니라고 바로 꾸짖어야 한다. 또한 바로 그 자리에서 완전히 단련하고 잘 익혀서 실제로 밟아야, 비로소 조금은 놓아줄 만하다고 할 수 있다. 다만 다른 때 자비를 베푼다는 것(落草)[3]이 다른 사람에게 누가 되고 정법의 눈을 멀게 할까 두려울 뿐이다.

❀

嗟見一流拍盲野狐種族 自不曾夢見祖師 却妄傳達磨以胎息傳人 謂之 傳法救迷情. 以至引從上最年高宗師 如安國師趙州之類 皆行此氣. 及誇初祖隻履 普化空棺 皆謂 此術有驗. 遂至渾身脫去 謂之 形神俱妙. 而人間厚愛此者 怕臘月三十日 憧惶競傳 歸眞之法. 除夜望影

2 太阿(태아): 중국 고대 의장儀仗에 쓰던 칼의 이름. 구야자歐冶子와 간장幹將이 함께 만든 것으로 용연龍淵, 공포工布와 더불어 명검으로 불린다.

3 낙초落草에 관해서는 본서 '1. 화장 명 수좌에게' 편의 註11을 참고하기 바란다.

喚主人翁 以卜日月 聽樓鼓驗玉池 覘眼光以爲脫生死法. 眞誑謼閭閻 捏僞造窠 貽高人嗤鄙.

※玉池(옥지): 아름다운 못. 도가에서는 '입'을 뜻한다.

※覘(엿볼 점/첨): 엿보다. 몰래 보다. 살펴보다. 관찰하다.

※閭閻(여염): 백성의 살림집이 많이 모여 있는 곳.

※貽(끼칠 이): 끼치다. 남기다. 전하다. 주다. 증여하다.

※嗤(비웃을 치): 비웃다. 웃다. 미련하다. 어리석다. 추하다. 웃음거리. 냉소.

※鄙(더러울 비): 더럽다. 천하다. 비루하다. 속되다. 부끄러워하다. 천하게 여기다. 촌스럽다. 깔보다.

아! 한 부류의 눈 먼 여우같은 족속들을 보니, 꿈속에서조차 조사를 보지 못했음에도 도리어 달마가 태식법胎息法을 사람들에게 전하였다고 잘못 전하면서, '법을 전해서 어리석은 중생을 구제했다'고 한다. 이 때문에 옛날에 가장 나이가 많았던 종사, 예를 들면 안 국사安國師[4]와

---

4 안 국사安國師는 숭악崇嶽 혜안慧安 국사國師를 뜻하며, 경덕전등록 제4권에 다음과 같이 기술하고 있다.

武后徵至輦下待以師禮 與神秀禪師同加欽重. 后嘗問師甲子 對曰"不記" 后曰"何不記耶" 師曰"生死之身 其若循環 環無起盡 焉用記爲 況此心流注 中間無間 見漚起滅者 乃妄想耳 從初識至動相 滅時亦只如此 何年月而可記乎" 后聞稽顙信受 尋以神龍二年 中宗賜紫袈裟 度弟子二七人 仍延入禁中 供養三年 又賜摩衲一副 師辭嵩嶽 是年三月三日囑門人曰"吾死已將屍向林中 待野火焚之" 俄爾萬迴公來見師 猖狂握手言論 傍侍傾耳 都不體會 至八日閉戶 偃身而寂 春秋一百二十八(隋開皇二年壬寅生 唐景龍三年巳酉滅 時稱老安國師)門人遵旨舁置林間 果野火自然闍維 得舍利八十粒 內五粒色紅紫 留於宮中 至先天二年門人建浮圖.

조주趙州[5] 같은 사람들을 끌어다가 그들이 모두 이 기氣를 수행했다고

---

측천무후(武后)가 불러 임금이 있는 곳에 이르자 스승의 예로 대하면서 신수神秀 선사와 더불어 똑같이 공경했다.

무후가 일찍이 스님의 나이(甲子)에 대해 물었다.

국사(숭악혜안)가 말했다.

"기억 못합니다."

무후가 말했다.

"어째서 기억하지 못합니까?"

국사가 말했다.

"생사의 몸은 마치 돌고 도는 고리와 같습니다. 고리에는 시작도 끝남도 없는데, 기억해서 어디에 쓰겠습니까? 하물며 이 마음이 흘러가는 중간에도 틈이 없거늘 물거품이 일어났다 꺼지는 것을 보는 것은 망상일 뿐입니다. 처음의 식으로부터 움직이는 상이 멸하는 때에 이르기까지도 또한 이와 같은데 어느 세월을 기억하겠습니까?"

무후가 듣고는 머리를 조아려 절을 하고 믿고 받아들였다.

이윽고 신룡 2년에 중종이 자색 가사를 하사하였고, 제자 14명을 출가케 했으며, 이어서 대궐로 불러들여 3년을 공양했다.

또 마납 한 벌을 하사했는데, 국사가 사직을 하고 숭악嵩嶽으로 돌아갔다.

그해 3월 3일 문인들(제자)에게 부촉하며 말했다.

"내가 죽으면 시신을 숲으로 가져가, 들에 불이 나면 태워라."

잠시 뒤 만회 공이 와서 국사를 뵙자 미친 듯 손을 잡고 말했는데, 곁에 있던 시자가 귀를 기울였지만 전혀 알 수가 없었다.

8일이 되어 문을 닫고 몸을 누워 입적했는데, 나이가 128세였다.

(수 개황 2년 임인壬寅에 나서 당 경룡 3년 기유에 입멸했다. 그때 노안 국사老安國師라고 칭하였다.)

문인들이 뜻에 따라 마주 들고 숲에 놓으니, 과연 들에 불이 나서 자연스럽게 다비를 했다. 사리 80과를 얻었는데, 그 가운데 5과가 붉은 자색으로 궁 안에 모셨다.

한다. 그리고는 달마가 한쪽 신을 끌고 간 것(初祖隻履)[6]과 보화가 죽은 뒤 관이 빈 것(普化空棺)[7]을 과장해서, 모두 '이 방법(태식법)에

선천 2년에 문인들이 부도浮圖를 건립하였다.

5 조주에 관해서는 본서 '1. 화장 명 수좌에게' 편의 註25를 참조.

6 달마가 한쪽 신을 끌고 간 것(初祖隻履)에 관해서는 본서 '15. 축봉 장로께' 편의 註3을 참조.

7 鎭州普化(진주보화, ?~861): 당대의 스님. 마조문하. 보화종의 개조. 진주는 주석지명. 반산보적의 교화를 받고 깊이 깨달음. 성품이 기이하여 북지를 떠돌면서 목탁을 두드리고, '명두래야, 암두래야'라 하며 걸식했다고 함. 한때 임제의현과 사귀었고, 임제를 도와 교화에 힘씀. 당 함통 초에 스스로 입적을 예고하고, 전신탈거全身脫去하는 이적을 보임.(전게서, p.632)

보화가 죽은 뒤 관이 빈 것(普化空棺)에 관해서는 경덕전등록 제10권, '진주보화 화상' 편에 다음과 같이 기술하고 있다.

師唐咸通初將示滅 乃入市謂人曰"乞一箇直裰" 人或與披襖或與布裘 皆不受振鐸而去. 時臨濟令人送 與一棺 師笑曰"臨濟廝兒饒舌" 便受之 乃告辭曰"普化明日去東門死也" 郡人相率送出城 師厲聲曰"今日葬不合青烏" 乃曰"第二日南門遷化" 人亦隨之 又曰"明日出西門方吉" 人出漸稀 出已還返 人意稍怠 第四日自擎 棺出北門外 振鐸入棺而逝. 郡人奔走出城 揭棺視之已不見 唯聞鐸聲漸遠 莫測其由.

화상(진주보화)이 당 함통咸通 초에 입멸을 보이려고 저자에 들어가 사람들에게 말했다.

"장삼 한 벌을 주시오."

사람들이 찢어진 옷을 주기도 하고 베로 된 옷을 주기도 했는데, 모두 받지 않고 방울을 울리며 가버렸다.

그때 임제臨濟가 사람들에게 관 하나를 보내도록 했다.

화상이 웃으면서 말했다.

"임제가 말이 많구나."

영험이 있다'고 한다. 마침내는 온몸에서 벗어난 것(渾身脫去)을 일러 '육체와 정신이 모두 오묘함을 갖추었다'고 한다. 그리고 이것에 깊은 관심을 보이는 사람들이 납월 삼십일(죽는 날)이 두려워 앞 다퉈 전하기를 '진리로 돌아가는 법'이라고 한다. 또한 선달 그믐날밤에 그림자를 바라보고 주인공이라 부르고, 세월을 점치고 누각의 북 소리를 듣고 침을 삼키고 눈빛을 엿보는 것으로 '생사를 벗어나는 법'이라고 한다. 이것은 정말로 많은 사람들을 속이고 관념을 날조하는 것으로, 고상한 사람의 비웃음과 경멸을 사는 것이다.

❀

復有一種 假託初祖胎息 說趙州十二時別歌 龐居士轉河車頌 遞互指授 密傳行持 以圖長年 及全身脫去 或希三五百壽 殊不知此眞妄想愛

---

바로 받고는 작별을 고했다.
"보화가 내일 동문으로 가서 죽으리라."
마을 사람들이 계속해서 전송하려고 성에서 나오자, 화상이 소리 높여 말했다.
"오늘 장사지내는 것은 풍수지리에 맞지 않다."
그리고는 이어서 말했다.
"둘째 날 남문에서 죽으리라."
사람들이 또 따르자, 또 말했다.
"내일 서문으로 가야 길할 것이다."
사람들이 나오는 것이 점점 줄어들고 나왔던 사람들도 돌아가면서 사람들 생각이 차츰 냉담해지자, 넷째 날 스스로 관을 매고 북문 밖으로 나가, 방울을 흔들면서 관에 들어가 죽었다.
마을 사람들이 성을 달려 나가 관을 열어 보았는데 (시신은) 보이지 않고, 방울 소리만 점점 멀어져 갈 뿐이었다. 그 이유를 알 수가 없었다.

見. 本是善因 不覺墮在荒草. 而豪傑俊穎之士 高談大辯 下視祖師者 往往信之 豈知失故步畫虎成狸. 遭有識大達明眼覷破. 居常衆中 惟默觀憫憐 豈釋迦文與列祖體裁 止如是耶. 曾不自回照始末 則居然可知矣.

※居然(거연): 그대로. 온통. 사물에 동요되지 않는 모양. 뚜렷이 나타나는 모양. 상상 외의 기쁨. 머물러 있는 모양.
※遏(막을 알): 막다. 저지하다. 가리다. 은폐하다. 끊다. 단절하다. 해치다.

또 어떤 한 부류는 달마의 '태식법'을 빌려 조주의 '십이시별가十二時別歌'[8]와 방 거사의 전하거송轉河車頌[9]을 말하면서, 서로 번갈아 가르쳐주

---

8 조주의 十二時別歌(십이시별가)는 다음과 같다.
雞鳴丑(닭 우는 축시, 오전 1~3시)
愁見起來還漏逗　시름에 겨워 바라보니 낭패스럽기만 하다.
裙子偏衫箇也無　바지와 적삼은 없어지고,
袈裟形相些些有　가사의 모습은 조그만큼 남았는데.
褌無腰 褲無口　잠방이엔 허리가 없고 바지에는 입이 없다.
頭上靑灰三五斗　머리엔 푸르른 재가 서너 말이나 되네.
比望修行利濟人　본래 수행을 해서 중생을 제도하려 했건만
誰知變作不唧溜　도리어 이렇게 멍청한 놈이 될 줄 누가 알았겠는가!

平旦寅(새벽녘 인시, 오전 3~5시)
荒村破院實難論　황량한 마을의 부서진 절, 참으로 말하기도 어렵다.
解齋粥米全無粒　밥과 죽는 쌀 알갱이라곤 구경할 수 없고
空對閑窗與隙塵　닫힌 창문 틈새의 먼지나 멍하니 대하고 있다.
唯雀噪 勿人親　참새만 짹짹대고 친한 사람도 없어서

---

獨坐時聞落葉頻　혼자 앉아 있으면 떨어지는 낙엽소리만 자주 들린다.
誰道出家憎愛斷　누가 말했나? 출가자는 증애를 끊는다고.
思量不覺淚沾巾　생각하니 나도 모르게 눈물이 수건을 적시는구나.

日出卯(해 뜨는 묘시, 오전 5~7시)
淸淨卻翻爲煩惱　청정함이 도리어 번뇌가 된다.
有爲功德被塵幔　유위의 공덕은 먼지투성이 천막에 덮이니
無限田地未曾掃　무한한 전지는 일찍이 비질해 본 적이 없다.
攢眉多 稱心少　눈살 찌푸리는 일은 많고 마음이랄 것은 없는데
叵耐東村黑黃老　참기 어려운 것은 동촌의 흑황노.
供利不曾將得來　공양거리라곤 가져 온 일 없으면서
放驢喫我堂前艸　나귀를 풀어 우리 절 앞 풀만 뜯어 먹인다.

食時辰(식사 때인 진시, 오전 7~9시)
煙火徒勞望四鄰　헛되이 이웃집들 밥하는 연기를 바라본다.
饅頭䭔子前年別　만두와 찐 떡은 작년에 끊어졌는데
今日思量空嚥津　오늘 생각하니 헛되이 군침만 삼킨다.
持念少 嗟歎頻　한 생각 지니는 것은 없고 투덜대기만 하니
一百家中無善人　일백 가구 중 착한 사람이 하나도 없다.
來者祇道覓茶喫　찾아오는 사람들은 단지 차와 먹을거리만 찾고
不得茶嗔去又嗔　차를 마시지 못하면 돌아가며 화만 낸다.

禺中巳(해가 높이 뜬 사시, 오전 9~11시)
削髮誰知到如此　머리를 깎고 이렇게 될 줄 누가 알았겠는가?
無端被請作村僧　공연히 청을 받아 시골 중이 됐더니
屈辱飢悽受欲死　굴욕과 굶주림에 죽을 지경이다.
胡張三 黑李四　별 볼일 없는 장가와 꾀죄죄한 이가는
恭敬不曾生些子　존경하는 마음을 조금이라도 낸 적이 없다.

適來忽爾到門頭　조금 전 문 앞에 갑자기 나타나더니
唯道借茶兼借紙　차를 꿔 달라, 종이를 빌려달라는 말만 했다.

日南午(해가 정남에 오는 오시, 오전 11~1시)
茶飯輪還無定度　차 마시고 밥 먹는 때가 빙빙 돌아 정해진 때가 없다.
行卻南家到北家　남쪽 집에 가고 북쪽 집까지 들렀더니
果至北家不推註　과연 북쪽 집에선 공경하여 받들질 않는다.
苦沙鹽 大麥醋　쓴 소금에 쉰 보리밥
蜀黍米飯齏萵苣　기장밥에 상치 무침 내놓고는
唯稱供養不等閑　오로지 공양을 등한히 한 것은 아니라고 말하면서
和尙道心須堅固　'스님, 도심을 견고하게 가져야 합니다'라고 한다.

日昳未(해가 기우는 미시, 오후 1~3시)
者回不踐光陰地　양지든지 음지든지 다시는 밟지 않으리라.
曾聞一飽忘百飢　한 번 배부르면 백 번의 굶주림을 다 잊는다고 들었는데
今日老僧身便是　오늘 내 신세가 바로 그렇다.
不習禪 不論義　선도 닦지 않고 도리도 논하지 않으면서
鋪箇破蓆日裏睡　해진 멍석 깔고 햇빛 속에서 잠을 잔다.
想料上力兜率天　생각건대 하늘의 도솔천이라도
也無如此日炙背　이렇게 등을 구워 주는 해는 없으리라.

晡時申(해질 무렵 신시, 오후 3~5시)
也有燒香禮拜人　그래도 향 사르고 예배하는 사람이 있다.
五箇老婆 三箇癭　다섯 명 노파 중 세 명은 혹이 있고
一雙面子黑皺皺　두 명은 검고 주름투성이다.
油麻茶 實是珍　그래도 기름과 차는 실로 진귀하니
金剛不用苦張筋　금강신장도 얼굴 찌푸리며 힘줄 일이 아니다.
願我來年蠶麥熟　원컨대 나도 내년엔 누에와 보리(농사)가 잘되어

---

| | |
|---|---|
| 羅睺羅兒與一文 | 라후라께 한 푼 공양을 할 수 있었으면 한다. |

日入酉(해가 지는 유시, 오후 5~7시)

| | |
|---|---|
| 除卻荒涼更何守 | 이럴 때 황량함 말고 다시 무엇을 지키랴. |
| 雲水高流定委無 | 운수납자와 큰스님은 정히 아는 바 없고 |
| 歷寺沙彌鎭長有 | 절을 찾아다니는 사미는 언제나 있다. |
| 出格言 不到口 | 격 밖의 말은 입에 담은 적도 없이 |
| 枉續牟尼子孫後 | 부질없이 부처님의 후손이 되었다. |
| 一條拄杖巃嵷藜 | 명아주로 만든 거친 주장자 |
| 不但登山兼打狗 | 산을 오를 때만이 아니라 개 쫓을 때도 쓴다. |

黃昏戌(황혼인 술시, 오후 7~9시)

| | |
|---|---|
| 獨坐一間空暗室 | 홀로 어두운 방 한 켠에 앉아 |
| 陽燄燈光永不逢 | 이글거리는 등불 오래도록 보지 못했으니 |
| 眼前純是金州漆 | 금주의 옻처럼 새까맣다. |
| 鐘不聞 虛度日 | 종소리도 듣지 못하고 공연히 하루가 지나갔다. |
| 唯聞老鼠鬧啾唧 | 오직 들리는 건 쥐가 시끄럽게 찍찍대는 소리 |
| 憑何更得有心情 | 무엇에 의지해 다시 마음을 가져 |
| 思量念箇波羅密 | 바라밀을 사량할 것인가. |

人定亥(잠드는 해시, 오후 9~11시)

| | |
|---|---|
| 門前明月誰人愛 | 문 앞 밝은 달을 누가 좋아하는가? |
| 向裏唯愁臥去時 | 이 속에서 오로지 근심스러운 것은 잠잘 때다. |
| 勿箇衣裳著甚蓋 | 한 벌의 옷도 없으니 무엇으로 몸을 덮을 것인가? |
| 劉維那 趙五戒 | 유 유나(선승)와 조 오계(율승)가 |
| 口頭說善甚奇怪 | 입으로 말만 잘하나 심히 괴이쩍다. |
| 任你山僧囊罄空 | 내 주머니 빈 것은 마음대로 하더라도 |
| 問著都緣總不會 | 이런 저런 인연에 대해 질문을 받으면 전혀 알지를 못한다. |

고 은밀히 전해서 닦아 지니는 것으로 오래 살거나 온몸이 벗어나는 것(全身脫去)을 도모하기도 하고, 혹은 삼백 년 오백 년 살기를 바랐으니, 이것이야말로 정말로 망상妄想과 애견愛見인 것을 전혀 모르는 것이다. 본래는 좋은 인연으로 그랬던 것이겠지만, 자기도 모르는 사이에 거친 풀숲에 떨어진 것을 모르는 것이다. 또한 호걸이나 뛰어난 인물들이 고상하고 뛰어난 언변으로 조사祖師를 멸시하고, 또 왕왕 그것을 믿는 자들이 있는데, 원래의 단계를 잃어버리고 호랑이를 그린다는 것이 도리어 살쾡이를 그리는 것임을 어찌 알겠는가! 크게 통달한 선지식이나 명안의 종사를 만나면 간파당할 것이다. (그들은) 평소 대중 가운데 거처하면서 오직 묵관默觀만을 하는 딱하고 가련한 사람들이니, 어찌 석가모니와 역대 조사들의 체재體裁가 이와 같은 것에 그치겠는가! 일찍이 스스로 처음과 끝을 돌이켜 비춰보지 않았음을 뚜렷이 알 수 있다.

---

半夜子(밤중인 자시, 오후 11~1시)

心境何曾得暫止　어찌 마음과 경계를 잠시나마 멈출 수 있을까?
思量天下出家人　생각건대 세상의 출가자 중에
似我住持能有幾　나처럼 살아가는 이 몇 명이나 있겠는가?
土榻床 破蘆籐　흙 평상에 해진 갈대 방석,
老榆木枕全無被　느릅나무 목침에 이불 따위는 아예 없고
尊像不燒安息香　불상엔 안식향도 피우지 않아
灰裏唯聞牛糞氣　재에서는 오직 쇠똥 냄새만 난다.

9 방 거사의 '轉河車頌'은 정확히 무엇을 뜻하는지 알 수 없다.

❀

海內學此者 如稻麻竹葦. 其高識遠見 自不因循 恐乍發意未入閫奧. 揭志雖專 跂步雖遠 遇增上慢 導入此邪見林 末上一錯 永沒回轉 其流浸廣 莫之能遏 因出此顯言. 庶有志願 於大解脫大總持 可以辨之. 而同入無生大薩婆若海 汎小舟濟接群品 俾正直妙道流於無窮 豈不快哉.

※因循(인순): 머뭇거리고 선뜻 내키지 않음. 낡은 구습을 버리지 못함.

※增上慢(증상만): 최상의 교법과 깨달음을 얻지 못하고서 얻었다고 생각하여, 제가 잘난 체하는 거만. 곧 자신을 가치 이상으로 생각함.

세상엔 이것을 배우는 사람들이 마치 벼나 삼대처럼 많고 대나무나 갈대만큼이나 많다. 식견이 높고 원대한 사람은 스스로 머뭇거리지 않겠지만, 처음 막 뜻을 낸 자가 깊은 곳까지 들어가지 못할까 염려스럽다. 뜻을 높이 세운 것이 전일하고 발돋움한 것이 원대하더라도, 증상만增上慢을 만나 사견邪見의 숲에 들어가게 되면 끝에 한 번만 어긋나도 영원히 윤회에 빠지게 되고, 그 흐름에 넓게 잠기면 그것을 단절할 수가 없게 된다. 그래서 이 말을 해주는 것이다.

바라건대, 대해탈大解脫과 대총지大總持에 원력을 세웠다면 마땅히 힘써야 한다. 그리고 남이 없는(無生) 대지혜의 바다에 함께 들어가서 작은 배를 띄워 여러 중생을 제접해 건네주면서, 바르고 곧은 오묘한 도가 다함없이 흐르게 한다면, 이것이 어찌 통쾌하지 않겠는가!

# 119. 원유 봉의께(示 遠猷奉議)

從上徑截一路直拔超昇 無出直指人心見性成佛. 但此心淵奧 脫去聖凡階級. 只貴利根上智 於無明具縛窠窟中 不動纖毫 直下頓契. 廓徹靈明 與有情無情 有性無性 同體 與大法相應 發起作用 透古超今 騎聲蓋色. 虛而靈寂而照. 無量無礙 不思議大解脫 一一七穿八穴 了無回互 便識落著. 所以 乃佛乃祖 謂之 單傳密付. 如印印空 如印印泥 如印印水. 萬德照然 十方坐斷 獨證獨超 初無依倚. 若起見作相 則沒交涉也.

※具縛(구박): 번뇌로 생사에 속박됨.

예로부터 바로 끊어 질러가는 하나의 길과 바로 발탁되어 뛰어 오르는 것에는 직지인심直指人心, 견성성불見性成佛을 벗어나는 것이 없습니다. 다만 이 마음은 깊고 오묘해서 성인이니 범부니 하는 계급에서 벗어나 있습니다. 그래서 다만 영리한 근기의 뛰어난 지혜를 가진 자가 무명으로 속박된 고정된 틀 속에서 털끝만큼도 움직이지 않고, 바로 그 자리에서 단박에 계합하는 것을 소중하게 여기는 것입니다.

텅 비어 사무치고 신령스럽게 밝으면 유정有情과 무정無情, 유성有性

과 무성無性이 한 몸이 되고, 대법大法과 상응해서 작용을 일으키면 고금을 꿰뚫고 뛰어넘어 소리를 올라타고 색을 뒤덮게 됩니다. 또한 텅 비어 있으면서도 신령스럽고 고요하게 비추면 헤아릴 수도 없고 걸림도 없는 부사의한 대해탈이 하나하나 자유자재하게 되어, 회호回互함이 전혀 없이 바로 귀결점을 알게 됩니다. 그래서 불조가 이를 일러 "한 사람에게만 전하고 은밀히 부촉한다(單傳密付)"고 하였던 것이니, 마치 도장을 허공에 찍는 것 같고, 도장을 진흙에 찍는 것 같으며, 도장을 물에 찍는 것과 같습니다. 만덕萬德이 빛나 시방을 꺾어버리고 홀로 증득하고 홀로 뛰어넘으니, 애초부터 기대거나 의지할 것이 없습니다. 만약 견해를 일으키고 형상을 만들면 전혀 관계없게 됩니다.

❀

今時 大有具種性之士 能始末覷破 幻緣幻境 猛勇奮志 向箇邊來. 亦有久存誠探賾者 然患缺方便力 止以知見解會爲明了. 殊不知 全坐子但是識心 縱解到佛邊 窮到修證盡頭處 不出指蹤在. 是故 古來作家宗師不貴人作解會. 唯許人舍知見 胸中不留毫髮許 蕩然同太虛空. 攸久養得成熟 此卽是本地風光本來面目也. 到此亘古亘今之地 脫離生死 有甚難耶. 如裴相國 龐居士樸 直以信得及便得力 受用自在 塵緣夢境 豈從別處生.

※밑줄 친 부분 가운데 '樸'은 樣(모양 양)으로 해석하였다.

요즘 시대에도 (부처의) 종성을 갖춘 사람들이 많이 있지만, 처음부터 끝까지 허깨비 같은 인연과 경계를 깨뜨리고 용맹스럽게 뜻을 떨칠 수 있어야 이쪽으로 올 수 있습니다. 또한 오랫동안 악한 마음을 버리고 선한 마음을 가지면서 깊게 탐구하는 자가 있습니다만, 방편력이 모자라면서도 지견知見과 해회解會를 밝게 요달한 것으로 여기면서 멈출까 걱정이 됩니다. 이는 거기에 주저앉아 있는 이들 모두가 단지 식심(識心, 아는 마음)이라는 것을 전혀 모르는 것이니, 설사 앎(解)이 부처의 경계(佛邊)에 이르고 수증이 다한 곳에 이르렀다 해도 손가락으로 가리킨 흔적을 벗어나지 못하는 것입니다.

이런 까닭에 예로부터 작가종사作家宗師는 사람들이 지은 지견과 해회를 중하게 여기지 않고, 오로지 사람들이 지견을 버리고 가슴속에 털끝만큼도 남기지 않으며, 자취도 없이 태허공太虛空과 같은 것만을 인정하였던 것입니다. 오래도록 잘 길러서 익어지면 이것이 곧 본지풍광本地風光이요 본래면목本來面目[1]입니다. 이것이 고금에 뻗친 경지에 이르면 생사를 벗어남에 무슨 어려움이 있겠습니까! 예를 들어, 배상국裴相國[2]이나 방 거사龐居士[3]처럼 바로 확실하게 이르고 바로 힘을 얻어 자재하게 수용하면, 티끌 같은 인연과 꿈같은 경계가 어찌 다른 곳에서 나오겠습니까!

---

1 본지풍광本地風光 본래면목本來面目에 관해서는 본서 '64. 호 상서께' 편과 '74. 장 중우 선교께' 편의 본문 서두(원오의 정의)를 참조하기 바란다.

2 배상국(배휴)에 관해서는 본서'34. 허 봉의께' 편의 註4를 참조.

3 방 거사에 관해서는 본서 '26. 재 선인에게' 편의 註30을 참조.

❀

若脚下諦實 二六時中 更轉一切物 而無能相. 等閑 空勞勞地 不生心動念 隨自天眞 平懷常實. 便是從宦游幹斡 悉皆照透 承阿誰恩力. 旣識得渠 則如下水船相似 略左右照顧 扶持將去 自然速疾 於般若相應. 此禪流 所謂 自做工夫觸處 無有虛棄底時節 綿綿長久 辦不退轉心. 不必盡棄世間有漏有爲 然後入無爲無事. 當知元非兩種 若懷去取 則打作兩橛也. 一切時 一切處 唯以此爲實在 力行之 當截斷衆流 得大安樂矣.

※宦(벼슬 환): 벼슬. 관직. 벼슬살이. 내시. 환관. 고자. 벼슬아치. 관원.
※幹(줄기 한): 줄기. 몸. 중요한 부분. 본체. 근본.
※斡(돌 알, 주장할 간): 돌다. 관리하다. 돌리다. 빙빙 돌다.

만약 서 있는 그 자리에서 실답게 살피면, 하루 종일 일체물一切物을 되풀이해서 굴려도 굴린다는 상(能相)이 없게 됩니다. 또한 무심하고 텅 비어 마음을 내거나 생각을 움직이지 않고 스스로 천진함을 따르면서 항상함과 진실함(常實)을 편안하게 품게 됩니다. 그러면 벼슬을 하면서도 근본에서 노닐며 모두 다 꿰뚫어 비추게 되는데, 누구의 은덕을 이은 것이겠습니까!

이미 그것을 알았다면 흐르는 물을 따라 내려가는 배와 같아서, 대강 좌우를 돌아보며 붙잡고만 있어도 자연히 빠르게 반야般若에 상응하게 됩니다. 이것이 선객들이 말하는 이른바 "스스로 하는 공부는 하는 곳마다 헛되이 지내 버리는 시절이 없으니 끊임없이 오래도록 불퇴전不退轉의 마음에 힘쓴다"고 하는 것입니다.

세간의 유루有漏와 유위有爲를 다 버리고 그런 다음에 무위무사無爲無事에 들어갈 필요가 없습니다. 원래 두 가지가 아님을 마땅히 알아야 합니다. 만약 버리고 취하는 마음을 품는다면 두 개의 말뚝을 만들게 되는 것입니다. 그러므로 일체시一切時 일체처一切處에 오로지 이것으로 실재實在를 삼아 힘쓰면 모든 번뇌의 흐름을 끊고 대안락大安樂을 얻게 될 것입니다.

# 120. 엄과 수 두 도인에게(示 嚴殊 二道人)

參須實參 見須實見 用須實用 證須實證. 若纖毫不實 卽落虛也. 此實地乃三世諸佛所證 歷代祖師所傳. 惟此一實 謂之 脚蹋實地 初則須大悟. 若只認門頭戶底 作窠窟 說路布 立機境照用取捨解會 則不徹也.

참구하려면 모름지기 실답게 참구해야 하고, 깨달으려 하면 모름지기 실답게 깨달아야 하며, 쓰고자 하면 모름지기 실답게 써야 하고, 증득하고자 하면 모름지기 실답게 증득해야 한다. 만약 털끝만큼이라도 실답지 않으면 허망한 곳에 떨어지게 된다. 이 실재의 경지가 곧 삼세제불이 깨달은 바이고, 역대 조사가 전한 바이다. 오직 이 하나의 실재(一實)를 일러 '실재의 경지를 밟는다'고 하는 것이니, 애초부터 모름지기 크게 깨닫는 것을 본보기로 삼아야 한다. 만약 단지 문 앞만을 알고 고정된 틀이나 지어 자기주장을 말하고, 기경機境·조용照用·취사取捨를 세워 이치로 따져 알게 되면, 철저하지 못하게 된다.

❀

此透生死要徑 到臈月三十日 一千二百斤擔子 須是自有力量荷負得行 方可翛然獨脫. 是故 無業國師垂示 "臨終之際 若一毫凡聖情量盡

纖毫思慮未忘 便乃輕重五陰去也"

※밑줄 친 부분 가운데 '臈(알)'은 '臘(섣달 납)'의 誤字다.

이 생사를 꿰뚫는 중요한 지름길은 죽음(臘月三十日)에 이르러 1,200근의 짐[1]을 모름지기 스스로의 역량으로 짊어지고 갈 수 있어야 비로소

---

1 묘법연화경 법사공덕품法師功德品에 다음과 같이 기술하고 있다.

그때 부처님께서 상정진보살常精進菩薩에게 말씀하셨다.

"만약 선남자·선여인이 이 법화경을 받아 지녀 읽고 외우거나 해설하고 옮겨 쓰면, 이런 사람은 800의 눈의 공덕과 1,200의 귀의 공덕과, 800의 코의 공덕과 1,200의 혀의 공덕과 800의 몸의 공덕과 1,200의 뜻의 공덕을 얻으리니, 이 공덕으로 육근六根을 장엄하여 다 청정하리라. 이 선남자·선여인은 부모 소생의 청정한 육안으로 삼천대천세계의 안팎에 있는 산과 숲과 강과 바다를 보되, 아래로는 아비지옥阿鼻地獄까지, 위로는 유정천有頂天에 이르기까지, 또한 그 가운데 일체중생을 다 보고 아울러 업의 인연과 과보를 나눈 곳을 다 보아 알리라."(운허 역, 법화경, p.327)

또한 능엄경 권4에서는 보다 더 자세한 설명을 기술하고 있다.

阿難 云何名爲 衆生世界. 世爲遷流 界爲方位. 汝今當知 東西南北 東南西南 東北西北上下爲界 過去未來 現在爲世 位方有十 流數有三.

아난아! 어떤 것을 중생세계라고 하는가? 세世는 천류遷流하는 것이고, 계界는 방위이니라. 그대는 지금 동서남북·동남과 서남·동북과 서북·상하가 계가 되고, 과거·미래·현재가 세가 되며, 위방(位方, 공간의 방위)에는 열 가지가 있고, 류(流, 시간의 흐름)의 수는 세 가지가 있다는 것을 마땅히 알아야 할 것이니라.

一切衆生 織妄相成 身中貿遷 世界相涉. 而此界性 設雖十方 定位可明 世間祇目 東西南北 上下無位 中無定方. 四數必明 與世相涉 三四四三 宛轉十二 流變三疊

一十百千 總括始終 六根之中 各各功德 有千二百.

일체중생이 허망하게 짜여서 서로 이루고 몸 안에서 바뀌고 옮겨서 세계가 서로 교섭하는 것이니라(世界相涉, 세와 계가 서로 교섭하는 것이니라). 그리고 이 계의 성품이 설사 시방을 정해서 위位를 밝힐 수 있을 지라도, 세간은 단지 동서남북만을 일컬을 뿐, 상하에는 위位가 없고 중中도 정해진 방향이 없느니라. 네 수(四數)는 반드시 분명해서 세世와 서로 교섭하고, 삼과 사(三四), 사와 삼(四三)은 완전히 12가 되며, 세 번 거듭 흐르고 변해서 일·십·백·천이 되니, 처음부터 끝을 모두 묶으면 6근 안에 각각 공덕이 천이백이 있게 되는 것이니라.

阿難 汝復於中 克定優劣 如眼觀見 後暗前明 前方全明 後方全暗 左右傍觀 三分之二 統論所作 功德不全 三分言功 一分無德 當知眼唯 八百功德.

아난아! 그대는 또 그 가운데서 우열을 정할 수 있으니, 마치 눈으로 보되 뒤는 어둡고 앞은 밝은 것처럼, 앞쪽은 완전히 밝고 뒤쪽은 완전히 어둡지만 좌우는 곁을 보기에 삼분의 이가 되니, 지은 것을 통틀어 논한다면 공덕이 온전하지 못한 것이니라. 삼분三分으로 공덕을 말하면 일분一分도 공덕이 없으니, 눈은 오직 팔백의 공덕임을 마땅히 알아야 하느니라.

如耳周聽 十方無遺 動若邇遙 靜無邊際 當知 耳根圓滿 一千二百功德.

귀는 두루 들어서 시방에 남김이 없는 것처럼, 움직이되 만약 가깝고 먼 것이 끝이 없음을 다투면 이근耳根은 일천이백의 공덕이 원만하다는 것을 마땅히 알아야 할 것이니라.

如鼻嗅聞 通出入息 有出有入 而闕中交 驗於鼻根 三分闕一 當知鼻唯 八百功德.

코로 냄새를 맡는 것은 호흡이 들어오고 나감을 통하는 것인데, 나감이 있고 들어감이 있지만 중간은 결여되어 있으니, 비근鼻根으로 시험해서 셋으로 나누면 하나가 모자라게 되니, 코에는 오직 팔백의 공덕이 원만하다는 것을 마땅히 알아야 하느니라.

---

如舌宣揚 盡諸世間 出世間智 言有方分 理無窮盡 當知舌根圓滿一千二百功德.

혀로 모든 세간과 출세간의 지혜를 선양하면 말에는 방(方, 지역)의 나눔이 있지만 이치는 다함이 없으니, 설근舌根은 일천이백의 공덕이 원만하다는 것을 마땅히 알아야 하느니라.

如身覺觸 識於違順 合時能覺 離中不知. 離一合雙 驗於身根 三分闕一 當知身唯八百功德. 如意默容 十方三世 一切世間 出世間法 惟聖與凡 無不苞容 盡其涯際 當知意根 圓滿一千 二百功德.

몸은 접촉으로 느끼는 것이고 거스르고 따름으로 아는 것이니, 합할(=댈) 때는 느낄 수 있지만, 분리되어서(뗄 때)는 알지 못하는 것이니라. 분리되면 하나이고 합하면 둘이니, 신근身根으로 시험해서 셋으로 나누면 하나가 모자라게 되니, 몸에는 팔백의 공덕만이 있다는 것을 마땅히 알아야 하느니라.

如意默容 十方三世 一切世間 出世間法 惟聖與凡 無不苞容 盡其涯際 當知意根圓滿一千二百功德.

의意는 시방세계의 일체 세간과 출세간법을 말없이 포용하고, 오직 성인과 범인을 포용하지 않는 것이 없어 그 끝이 다하였으니, 의근意根이 일천이백의 공덕이 원만하다는 것을 마땅히 알아야 하느니라.

阿難 汝今欲逆 生死欲流 返窮流根 至不生滅 當驗此等 六受用根. 誰合誰離 誰深誰淺 誰爲圓通 誰不圓滿. 若能於此 悟圓通根 逆彼無始 織妄業流 得循圓通 與不圓根 日劫相倍.

아난아! 그대가 지금 생사의 욕류欲流를 거슬러서 궁극적인 흐름의 근본을 돌이켜 불생멸에 이르고자 한다면 마땅히 이들 여섯 가지 수용하는 근을 증험해야 할 것이니, 어느 것이 합하고 어느 것이 분리되며, 어느 것이 깊고 어느 것이 낮으며, 어느 것이 원만하게 통하고 어느 것이 원만하지 않은 것인가? 만약 능히 이 원통의 근본을 깨달을 수 있다면 저 무시이래의 허망하게 짜여진 업의 얽매이지 않고 홀로 벗어날 수 있는 것이다. 이런 까닭에 무업 국사無業國師[2]가 수시垂示하기를 "임종할 무렵 한 털끝만큼이라도 범부니 성인이니 하는 생각을 다하지 않고 털끝만큼의 분별도 없애지 않으면, 바로 가볍고 무거움에 따라 5음五陰이 따르게 된다"고 하였던 것이다.

❀

古人以生死事大. 是以 訪道尋師決擇 豈可只學語言理會. 古人公案下 得三五百轉好語 便當得也. 將知 聰明黠慧 皆爲障道之本. 要須冥然扣寂 不怕 放教身心 如土木瓦礫. 驀然翻却業根種子 便乃知非 見學佛學法 如中毒藥相似. 然後 透出佛法 乃體得本分事也.

※黠(약을 힐): 약다. 영리하다. 교활하다. 간교하다.

고인古人은 생사의 일을 중대하게 여겼다. 그렇기 때문에 도道를 찾아 스승(師)을 찾고 결택決擇했던 것이니, 이것이 어찌 단지 말이나 배워 이치로 알 수 있는 것이겠는가! 고인의 공안公案에 대해 삼백 번이나 오백 번 일전어一轉語[3]를 훌륭하게 말해 주더라도 바로 얻을 수 있겠는가! 무릇 총명하고 교활한 지혜는 모두 도를 가로막는 근본임을 알아야

---

흐름을 거슬러서 원통을 따르게 되면 원만하지 못한 근과 일겁이 서로 배가 될 것이니라.

2 분주무업의 시호諡號는 대달大達국사이다. 본서 '12. 문 장로께' 편의 註15를 참조.

3 一轉語(일전어): 선사가 학인의 미망을 타파해서, 그의 수도에 큰 비약을 촉구하는 말. 전어轉語란 상황을 일거에 변화시키는 전기가 되는 언구.(선학사전, p.539)

한다. 모름지기 그윽하게 고요함을 붙잡아 심신心身을 내려놓으려면, 마치 흙이나 나무, 기와조각이나 자갈처럼 되는 것을 두려워하지 않아야 한다. 그러면 맥연히 업의 뿌리가 되는 종자(業根種子)를 뒤집어 그릇됨을 알게 되고, 부처를 배우고 법을 배우는 것이 마치 독약에 중독된 것처럼 보게 된다. 그런 다음 불법佛法을 꿰뚫어 벗어나야 곧 본분사本分事를 체득하게 되는 것이다.

❀

此非小緣就分. 是久參之士 尤宜放下 不擔著禪道輕毀. 上流 愈透徹愈低細 愈高明愈韜晦. 作箇百不知百不會無用處底人. 行不動塵 言不驚衆 澹然安閑 常行恭敬 始堪保任 於一切違順境界 心不動搖 志無改易. 達磨謂之 一相三昧 一行三昧 切宜履踐純熟.

※韜晦(도회): 재능을 감추고 드러내지 않다. 때를 기다리다. 종적을 감추다.

※澹然(담연): 담담하다. 대수롭지 않다. 무심하다. 태연하다.

이것은 작은 인연으로 성취될 수 있는 것이 아니다. 오래 참구한 사람이라면 더욱 내려놓아야 하고, 선禪이니 도道니 하는 것을 짊어지고 경솔하게 훼손하지 않아야 한다. 뛰어난 부류는 투철하면 투철할수록 더욱 낮추고 세밀해야 하며, 고명할수록 감추고 드러내지 않아야 한다. 아무것도 알지 못하고(百不知) 도무지 할 줄도 모르는(百不會) 쓸모없는 사람이 되어야 한다. 또한 행해도 티끌조차 움직이지 않고, 말하더라도 사람들을 놀라게 하지 않으며, 담담히 편안하고 한가롭게 항상 공경해야 비로소 보임保任[4]을 감당할 수 있고, 일체의 위순경계違

順境界에서도 마음이 동요하지 않고 뜻이 바뀌지 않게 된다. 그래서 달마는 이를 일러 '일상삼매一相三昧·일행삼매一行三昧'[5]라고 하였던 것이다. 부디 실천해서 순일하게 잘 익도록 하라!

❀

以至古今作用機緣 便七達八通 亦不留在胸次 等閑蕩蕩地. 觸著便轉 捺著便動 拘牽惹絆不得 居千人萬人之中 如無一人相似. 不是强爲 任運如此. 更須如末後一語始得. 參.

※拘牽(구견): 붙들리다. 속박하다. 사로잡히다. 견제하다. 구애되다.
※밑줄 친 부분 가운데 '如'는 '知'의 誤字다.

고금의 작용作用과 기연機緣에 이르기까지 자유자재하게 되더라도, 가슴속에 남겨두지 않고 무심하고 관대해야 한다. 닿으면 구르고 누르면 움직이며 속박해도 얽매이지 않아야 천인만인 속에 살면서도 한 사람도 없는 것과 같게 된다. 이것은 억지로 되는 것이 아니라 운행되는 대로 이렇게 되는 것이다. 하지만 여기에 다시 모름지기 말후의 한마디(末後一語, 말후구)를 알아야 한다. 참구하라!

---

4 보임保任에 관해서는 본서 '41. 용 도자에게' 편의 註5와 '104. 월 선인에게' 편의 註5를 참조.

5 一相三昧(일상삼매): 一行三昧(일행삼매)라고도 함. 진여의 상을 무차별, 평등일미라고 관조하는 삼매.
一行三昧(일행삼매): 마음을 일행으로 정해서 닦는 삼매. 일상삼매, 진여삼매라고도 함.(선학사전, p.537, 539)

# 121. 도명에게(示 道明)

此道至玄玅深邃. 是以 佛祖不容擬議 要直截承當. 超出見聞色聲之表 單契密領 謂之 敎外別行. 然得之奧 用之徹 脫去理障 烹煆淨盡到極則之地 須遇大達善決擇之士. 剔撥猛咬斷線索 始能無佛無祖窠窟. 只平白汎汎地 於日用之間 透頂透底擔荷 無一法當情 無一念可得等閑作爲. 向一切境界之中 圓融無際 亦無圓可融 亦無融可圓 始行無間道中 游歷絶功勛處. 喚作 平常心不可得.

※밑줄 친 부분 가운데 '玅(묘할 묘)'는 '妙'와 같은 글자다.
※平白(평백): 아무런 이유도 없다. 공연히. 까닭 없이. 넓고 공허함.
※汎汎(범범): 물위에 뜨는 모양. 물이 넓게 흐르는 모양.

이 도는 지극히 현묘하고 심오하다. 이 때문에 불조는 머뭇거림을 용납하지 않고 바로 끊어 알기를 원했다. 견문성색(見聞色聲)의 겉을 뛰어넘어 홀로 계합하고 은밀히 아는 것, 이것을 일러 '교외별행敎外別行'이라고 한다. 하지만 체득한 것이 깊고 작용이 투철하며, 이치의 장애를 벗어나 남김없이 단련해서 지극한 이치에 이르더라도, 모름지기 철저히 통달해서 잘 결택해주는 사람을 만나야 한다. 그래서 사납게 물어뜯고 발라내서 단서를 찾아내야, 비로소 부처도 없고 조사도 없는(無佛無祖) 틀을 이룰 수 있는 것이다.

다만 아무런 이유도 없이 물 흐르듯 일상생활 속에서 머리끝에서 발끝까지 꿰뚫고 짐을 져, 한 법도 마음에 걸릴 것이 없고 한 생각도 얻을 것이 없이 무심히 행해야 한다. 또한 일체의 경계 속에서 원융하여 끝이 없고, 또한 원만해서 원만하다 할 것도 없으며 원융해서 원융하다 할 것도 없어야, 비로소 무간도無間道[1] 속을 거닐고 공훈이 끊어진 곳을 노닐게 된다. 이를 일러 '평상심도 얻을 것이 없다(平常心不可得)'고 한다.

❀

似此 脚蹋實地 無落虛底 工夫綿綿密密 便掃田掠地 拈筋把匙 種種作爲 皆入場屋. 是故 地藏呵僧云"南方說禪浩浩地 便道 爭如我箇裏種田博飯喫" 准此而推 忍苦捍勞 繁興大用 雖麤淺中 皆爲至實. 惟貴心不易移 一往直前 履踐將去 生死亦不柰我何 何況餘事. 永嘉道"上士一決一切了"信矣.

※밑줄 친 부분 가운데 '筋(힘줄 근)'은 '箸(젓가락 저)'자의 誤字다.

---

1 無間道(무간도): 4도道의 하나. 4도道는 번뇌를 끊고 해탈하는 과정을 네 단계로 나눈 것으로 다음과 같다.
 ①가행도加行道: 번뇌를 끊기 위해 수행하는 단계.
 ②무간도無間道: 간격이나 걸림 없이 지혜로써 번뇌를 끊는 단계.
 ③해탈도解脫道: 번뇌의 속박에서 벗어나 해탈하는 단계.
 ④승진도勝進道: 뛰어난 수행으로 해탈의 완성에 이르는 단계.(시공 불교사전)

※匙(숟가락 시): 숟가락. 열쇠.

※場屋(장옥): 마당. 탈곡장의 작은 집. 과장科場에서 비를 막거나 햇볕을 피해서 들어 앉아 과거를 볼 수 있도록 만든 곳. 과거 시험장. 과장.

※捍(막을 한, 몽둥이 간):막다. 방어하다. 저지하다. 항거하다. 거역하다. 사납다. 세차다. 움직이다. 흔들리다.

이와 같이 실제로 밟아 텅 빈 곳에 떨어지지 않고 공부가 빈틈이 없고 끊임이 없어야 바로 마음 밭을 깨끗이 쓸어버리고, 젓가락을 들고 숟가락을 잡는 갖가지 행위가 모두 과장(場屋, 선불장)으로 들어오게 된다. 이런 까닭에 지장地藏[2]이 어떤 스님을 꾸짖으며 이르기를 "남방에서는 널리 선禪에 대해 말을 많이 한다는데, 자 말해 보라, 어찌 내가 널리 씨 뿌려서 밥 먹는 것과 같겠는가!"라고 하였던 것이다. 이에 의거해 헤아려볼진대, 괴로움을 참고 수고로움을 이겨내 대용大用이 번성하게 일어난 것이니, 비록 거칠고 얕은 곳일지라도 모두 지극히 참되게 되었던 것이다.

오로지 마음을 바꾸지 않고 한결같이 곧장 앞으로 나아가 실천하는 것을 소중하게 여기면 생사 또한 나를 어찌 하지 못할 것인데, 하물며 어찌 그 나머지 일이겠는가! 영가永嘉가 이르기를 "상근기는 한 번 결단하면 일체를 깨친다"[3]고 했다. 믿을 지어다!

---

2 지장은 나한계침(=지장계침)을 뜻하며, 스님에 관해서는 본서 '27. 찬 상인께' 편의 註12를 참조.

3 영가현각의 증도가證道歌에서는 다음과 같이 기술하고 있다.
上士一決一切了　　상근기는 한 번 결단하면 일체를 깨닫고,
中下多聞多不信　　중하근기는 많이 들을수록 더욱 믿지 않는다.

# 122. 시자 법영에게(示 侍者法榮)

學道之人 能矻矻孜孜 以生死之事居懷 晝三夜三 不憚勞苦. 事善知識 求一言半語發藥. 雖遭呵斥 種種惡境 而力向前. 非自宿昔薰成自然種智 必且猶豫 或則退悔. 能於此恬然 初無動搖其志願 亦頗難得. 然此本有之 性現定見聞知覺 父母緣不可生 境界緣不可奪.

※矻矻(골골): 부지런히 애쓰는 모양.
※孜孜(자자): 꾸준하게. 부지런히. 부지런하다. 근면하다.
※矻矻孜孜(골골자자)=孜孜矻矻(자자골골): 부지런히 애쓰는 모양.
※呵斥(가척): 준엄하게 꾸짖다. 호되게 꾸짖다. 꾸짖어 책망하다.
※恬然(염연): 마음이 이해에 좌우됨이 없이 안정함.

도를 배우는 사람은 부지런히 생사의 일을 가슴에 품고 살면서, 밤낮으로(晝三夜三) 애써 힘쓰는 것을 꺼리지 않아야 한다. 또한 선지식을 섬기며 한 마디나 반 마디 말에서도 약이 되는 것을 찾아야 한다. 설사 선지식이 호되게 꾸짖는 갖가지 나쁜 경계를 만나게 되더라도 힘써 앞으로 나아가야 한다. 숙세의 훈습으로부터 이루어진 자연스런 종지(自然種智, 부처가 모든 법을 다 아는 지혜)가 아니라면 반드시 머뭇거리거나 혹은 바로 뒤로 물러나 후회하게 된다. 또한 능히 여기서 마음이 안정되어 뜻했던 원이 애초부터 움직이거나 흔들리지 않더라도, (그 경계 또한) 자못 얻기는 어렵다. 하지만 본래 지니고 있는 성품이 드러난 견문각지見聞覺知는 부모를 인연으로 생길 수 있는 것도 아니고, 경계를 인연으로 빼앗기지도 않는다.

❀

若隨向來知解 卽墮業識 若猛擺撥棄著一邊 只守虛靜 到一念不生之地 掀翻解路 不落機緣. 直下了了 無毫髮疑間 便截徑承當 無第二頭. 則玄妙理性尙自脫去 況隨世間事物所轉耶. 是故古人'卽心卽佛'得大力量向上 上不立佛祖 如紅鑪猛燄處透徹 但把得住作得主 便住山去. 此須十年 工夫一色專注 便可趣向入也. 趙州云"你向衣單下坐十年 若不會禪 截取老僧頭去"斷定不在言句機境上 只要心休意歇 便徹底安樂耶.

※掀翻(흔번): 전복하다. 뒤집다.

※斷定(단정): 딱 잘라서 결정함. 딱 잘라 말하여.

만약 지난날의 지해知解를 따르면 바로 업식業識에 떨어지지만, 매섭게 한쪽으로 밀어버리고 다만 텅 비고 고요함만을 지켜 일념도 일어나지 않는 경지에 이르면 지난날의 해로(解路, 풀어서 알게 된 이치)를 번쩍 뒤집어 기연에 떨어지지 않게 된다. 또한 바로 그 자리에서 분명하고 분명해서 털끝만큼도 의심할 만한 틈이 없으면 바로 끊고 알아 제2두第二頭가 없게 된다. 그러면 현묘한 이理와 성性도 오히려 스스로 벗어버리게 되는데, 하물며 세간의 사물에 따라 휘둘리겠는가!

이런 까닭에 고인古人은 '바로 마음이 곧 부처(卽心卽佛)'인 곳에서 향상의 대역량을 얻어 위로는 부처나 조사도 세우지 않고, 마치 활활 타는 벌건 화로 속을 달아나듯 통과하고는, 다만 꽉 쥐고 주인이 되어 산에 머물렀던 것이다. 그러므로 이렇게 모름지기 10년을 한결같이 공부에 전념해 힘을 쏟으면 깨달아 들어가게 될 것이다.

조주趙州가 이르기를 "그대가 10년을 자리에 앉아 있는데도 선禪을 알지 못한다면 노승의 머리를 베어가라!"[1]고 했다.

단정컨대, 말(言句)이나 기경(機境)에 있는 것이 아니니, 다만 마음을 쉬고 생각을 쉬면 바로 철저하게 편안하고 즐겁게 될 것이다.

---

1 조주록에 다음과 같이 기술하고 있다.

"一心不生 萬法無垢. 但究理而坐二三十年. 若不會 截取老僧頭去"

한 마음도 일어나지 않으면 만법에 허물이 없다.

단지 이 도리를 체구하면서 20년, 30년 하라.

만약 (그래도) 깨닫지 못한다면, 노승의 머리를 베어가라.

# 123. 도인에게(示 道人)

當人脚跟下 一段事 本來圓湛 不曾動搖. 威音王佛前 直至如今 廓徹靈明 如如平等. 只爲起見生心 分別執著 便有情塵 煩惱擾攘. 若以利根勇猛身心 直下頓休 到一念不生之處 卽是本來面目. 所以 古人道 "一念不生全體現" 此體乃金剛不壞正體也.

※擾攘(요양): 한꺼번에 떠들어 어수선함. 소란스럽다.

당사자의 발밑에 있는 하나의 일(一段事, 일대사인연)은 본래 원만하고 맑으며, 일찍이 동요한 적도 없다. 또한 위음왕불威音王佛 이전부터 쭉 지금에 이르기까지 확 트여 신령스럽고 밝으며 여여하고 평등하다. 다만 견해를 일으키고 마음을 내어 분별하고 집착해서 티끌 같은 정식(情塵)으로 번뇌가 시끄럽고 어지럽게 된 것이다. 만약 날카로운 근기와 용맹스러운 몸과 마음으로 바로 그 자리에서 단박에 쉬어 한 생각도 나지 않는 곳에 이르면, 이것이 바로 본래면목本來面目이다. 그래서 고인古人이 이르기를 "일념도 일어나지 않으면 그 본체가 온전히 드러난다(一念不生全體現)"[1]고 하였던 것이니, 이 체體가 바로 금강

---

1 『무문관』 39칙, '雲門話墮(운문화타)'에 다음과 같이 기술하고 있다.

---

雲門因僧問 "光明寂照遍河沙" 一句未絶 門遽曰 "豈不是張拙秀才語" 僧云 "是" 門云 "話墮也"

어떤 스님이 운문에게 묻기를 "광명이 항하에 두루 고요히 비추니~(光明寂照遍河沙~)"라고 하는데, 일구도 마치기 전에 운문이 말했다.
"그것은 장졸수재張拙秀才의 말이 아닌가?"
(그러자) 그 스님이 말했다.
"그렇습니다."
운문이 말했다.
"말에 떨어졌다(話墮也)."

장졸수재가 석상경저를 참례하고 깨친 뒤에 올린 게송은 다음과 같다.

光明寂照遍河沙　광명이 고요히 비추어 항하에 두루 하니
凡聖含靈共我家　범부와 성인과 일체 중생이 모두 내 집안이라.
一念不生全體現　한 생각이 일어나지 않으니 전체가 드러나고
六根纔動雲遮之　6근이 움직이니 구름에 가리우네.
煩惱斷除重增病　번뇌를 끊으려 하나 병만 더욱 늘어나고
眞如趣向亦是邪　진여에 나아가고자 하나 이것 역시 삿됨이라.
隨順世緣無罣礙　세상 인연 따라 걸림이 없으면
涅槃生死等空花　열반과 생사가 똑같이 허공의 꽃이라.

또한 백운수단 스님의 게송에도 '一念不生全體現'이라는 구절이 있는데, 다음과 같다.

一念不生全體現　한 생각 일으키지 않으면 전체가 드러나니
此體如何得喩齊　이 본체를 어떻게 동등하게 비유할 수 있으랴.
透水月華虛可見　물에 비친 달빛은 비어도 볼 수 있는데
無心鑑象照常空　무심이란 거울은 비추어도 항상 공적하네.
洞中流水如藍染　골짜기 흐르는 물은 쪽에 물든 것 같지만

불괴金剛不壞의 정체正體다.

❀

六根纔動被雲遮 此動乃妄想知見也. 多見 聰明之人 以妄心了了 放此妄心不下. 逗到歇至不動處 不肯自承當本性 便喚作空豁豁地 却擬棄有著空 是大病. 若有心棄一邊著一邊 便是知解 不能徹底見性. 此性非有 不須棄 此性非空 不須著. 要當離却棄著有無 直下怗怗地 圓湛虛凝 翛然安穩 便能自信 此眞淨妙心.

6근이 움직이면 구름에 가려지는데, 이 움직임이 바로 망상지견妄想知見이다. 총명한 사람들이 망심妄心을 분명한 어떤 것으로 보고는, 이 망심을 내려놓지 못하는 경우를 많이 보게 된다. 쉼(歇)을 자아내서 움직이지 않는 곳(不動處)에 이르러도, 스스로 본성本性을 알려고 하지 않고 바로 텅 비었다고 말하면서, 도리어 유有를 버리고 공空에 집착하려고 하니, 이는 큰 병(大病)[2]이다.

만약 한 쪽을 버리고 한 쪽을 집착하는 마음이 있다면 바로 이것은 지해知解이니, 철저하게 성품을 볼 수가 없다. 이 성품은 있는 것이 아니지만 모름지기 버려야 하는 것도 아니고, 이 성품은 공이 아니지만

---

門外青山畵不成　문 밖의 청산은 그림으로 그려내지 못하네.
山色水聲全體露　산색과 물소리에 전체가 드러났건만
個中誰是悟無生　이 가운데 어느 누가 무생을 깨달으리오.

2 영가현각의 증도가證道歌에 다음과 같이 기술하고 있다.
棄有著空病亦然　있음을 버리고 공에 집착하면 병이기는 마찬가지니,
還如避溺而投火　마치 물을 피하려다가 불에 뛰어드는 것과 같도다.

모름지기 집착할 것도 없다. 그러므로 마땅히 버림과 집착(棄著)·있음과 없음(有無)을 떠나려면, 바로 그 자리가 고요하고 고요하게 원잠허응(圓湛虛凝, 원만하고 맑으며 텅 비어 엉긴 듯)해야 한다. 그리하여 얽매임 없는 편안함을 얻어야, 스스로 이 진정묘심(眞淨妙心, 참되고 청정한 오묘한 마음)을 확신할 수 있게 된다.

❀

餉間被世緣牽拖 便能覺得 不隨他去. 覺卽把得住 不覺卽隨他去. 直須長時虛閑 自做工夫 消遣諸妄 使有箇自家省悟之處始得. 昔人云 "不離當處常湛然 覓卽知君不可見耶"

얼마 안 되는 잠깐 사이에 세상의 인연에 구애되거나 끌리게 되더라도, 바로 깨달을 수 있으면 그것(世緣)을 따라가지 않게 된다. 깨달으면 그것을 잡아 쥘 수 있지만, 깨닫지 못하면 그것을 따라가게 된다. 그러므로 곧장 오래도록 텅 비고 한가로이 스스로 공부를 지어, 모든 망념을 없애 버리고 스스로 깨닫는 곳이 있도록 해야 한다.

옛사람(昔人)이 말했다.

"당처를 떠나지 않고 늘 담연하니(不離當處常湛然)
찾은 즉 그대를 아나, 볼 수는 없도다(覓卽知君不可見耶)."[3]

---

3 영가현각의 증도가證道歌에 나오는 말이다.

# 124. 중선 유나에게(示 仲宣維那)[1]

嶺外祖師曹溪 乃佛種也. 發迹新城 開法番禺 如日照世 如麟鳳呈祥 海內莫不宗仰. 厥後 揭揚大巓三平龍象間出 拔昌黎見剌 爲世明炬. 是知彼有人焉 蓋絶俗離倫 眞克家種草也. 其跂步志業 如天之高 那肯碌碌 遁行逐隊耶.

※宗仰(종앙): 숭상하여 우러러봄.

※克家(극가): 집안을 잘 다스림.

※碌碌(녹록): 하잘것없음. 보잘것없음. 만만하고 호락호락함. 평범하다. 일이 너무 많다. 너무 고생하다.

대유령 밖의 조사인 조계(曹溪, 慧能)는 부처의 종족(佛種)이다. 신성新城에서 자취를 드러내고 번우番禺에서 법을 펴자, 마치 해가 세상을 비추는 것 같고 기린과 봉황이 상서로움을 드러내는 것과 같았으니, 세상에서 숭상하고 우러르지 않는 사람이 없었다. 그 이후에는 태전大巓[2]·삼평三平[3]과 같은 용상龍象이 깃발을 높이 들고 세상에 나와, 창려

1 維那(유나): 산스크리트어 karma-dāna. 사찰의 여러 가지 일을 지도하고 단속하는 직책, 또는 그 일을 맡은 승려. 육지사六知事의 하나. 선원禪院의 규율과 질서를 다스리는 직책, 또는 그 일을 맡은 승려.(시공 불교사전)

(昌黎, 한유)[4]에게 견해의 가시를 뽑아주고, 세상을 위해 횃불을 밝혔다. 이는 그들에게 사람이 있다(有人)는 것을 알게 한 것이니, 속세를 끊고 무리를 떠나 진실로 집안을 잘 다스리는 법손이었기 때문이다. 또한 그들이 나아간 행보와 수행에 뜻을 둔 것이 하늘처럼 높았으니, 어찌 하잘것없이 숨어 다니거나 무리를 쫓아내는 것을 즐겼겠는가!

❀

昔興化謂克賓 "你不久爲唱導之師" 云 "我不入者保社" 化徵云 "會了不入 不會了不入"賓云 "沒交涉" 乃行令罰錢出院. 多少人 墮在常情 不然作奇特機關 豈知他家通霄正路. 只管望風摶摸. 要須是箇中人 方可與曹溪 大巓三平 興化克賓 羽毛相似也. 且作麽生是箇中人. 鳳凰直入烟霄外 誰怕林間野雀兒.

※唱導(창도): 부르짖어 사람을 인도함. 법리를 베풀어 불도佛道에 인도함.

※保社(보사): 옛날 시골에 있었던 민간 조직의 하나. 서로 의지하고 보호하는 단체라는 뜻. 사찰을 보호하는 단체 역시 '보사'라고 하고, 또 사찰 자체를 가리키기도 함. 다섯 집을 保라 하고 5보가 1社다.

지난날 홍화興化[5]가 극빈克賓[6]에게 말했다.

---

2 대전보통에 관해서는 본서 '66. 동감 거사께' 편의 註15를 참조.

3 삼평의충에 관해서는 본서 '66. 동감 거사께' 편의 註16을 참조.

4 昌黎(창려, 768~824): 당나라의 문인이며 정치가인 한유韓愈를 말한다.(본서 '66. 동감 거사께' 편의 註15에 대전보통과 함께 설명하였다.)

5 홍화존장에 관해서는 본서 '9. 고 서기에게' 편의 註3을 참조.

6 大行克賓(대행극빈, 생몰연대 미상): 당대의 스님. 임제종. 대행은 주석 산명.

"그대는 머지않아 창도사唱導師가 될 것이다."

극빈이 말했다.

"저는 그런 무리(保社)에는 들어가지 않겠습니다."

흥화가 캐물었다.

"알고 안 들어가겠다는 것이냐, 모르고 안 들어가겠다는 것이냐?"

극빈이 대답했다.

"관계없습니다."

(그러자) 이에 명령으로 벌금을 내게 하고는 절에서 쫓아냈다.

많은 사람들이 일상적인 정견情見에 떨어져 있거나, 그렇지 않으면 기특한 기관(機關, 방편시설)을 지으니, 어찌 저 집안의 하늘로 통하는 바른 길을 알겠는가! 단지 바람만 바라보며 움켜쥘 뿐이다. 모름지기 이런 사람(箇中人)[7]이어야 조계·태전·삼평·흥화·극빈과 깃털만큼이나마 비슷하게 될 수 있다. 자, 어떤 사람이 이런 사람이겠는가!

봉황이 안개 낀 하늘 밖으로 바로 들어가니,

누가 숲속의 참새를 두려워하랴!

---

흥화사에서 유나의 소임을 맡음. 뒤에 대행산에 머물다가 다시 돌아와 흥화존장의 법을 이음.(선학사전, p.155)

7 이런 사람(箇中人=其中人)에 관해서는 본서 '1. 화장 명 수좌에게' 편의 註47을 참조.

# 125. 중송 지장에게(示 中竦知藏)[1]

巖頭道“大凡扶宗唱教意 在未屙時 一覷便透 縱然理論 亦沒痕迹”良哉. 眞作家手段也. 明眼漢 纔入門來 已辨深淺 更待鼓兩片皮弄泥團豈有了期.

※深淺(심천): 깊이. 심도. 분수. 분별. 정도. (상황의) 허와 실.

암두巖頭[2]가 말했다.

“무릇 종교를 받들고 제창하는 뜻은 똥 누기 전에 있으니, 한 번 엿보고 바로 꿰뚫으면 설사 이치를 논할지라도 흔적조차 없다.”

훌륭하다. 참으로 작가의 솜씨로다! 밝은 안목을 갖춘 사람이라면 문에 들어오자마자 벌써 깊고 옅음을 분별해버리는데, 다시 두 입술을 놀리면서 흙덩이나 가지고 논다면, 어느 때야 마칠 날이 있겠는가!

---

1 知藏(지장): 장주藏主라고도 한다. 선사禪寺에서 경전을 관리하는 소임을 뜻한다.

2 암두전활에 관해서는 본서 '1. 화장 명 수좌에게' 편의 註35를 참조.

❀

雪峰問投子 "一槌便成時如何" 云 "不是性燥漢" "不假一槌時如何" 云 "不快漆桶" 他古人自有如是風範 要離泥水截葛藤嚙鏃破的.

※嚙(깨물 교): 깨물다. 뼈를 씹다. 침식하다.

※鏃(화살 촉): 화살촉. 가볍고 날카롭다. 새기다. 조각하다. 튀어나오다. 빼어나다.

설봉雪峰이 투자投子에게 물었다.

"백추를 한 번 칠 때 바로 이루었다면 어떻습니까?"

투자가 말했다.

"영리한 놈이 아니다."

설봉이 말했다.

"백추를 한 번 치는 것도 필요 없을 때는 어떻습니까?"

투자가 말했다.

"둔한 멍청이다."

저 고인古人에게는 자연히 이와 같은 가풍과 규범(風範)이 있기에 흙탕물을 떠나고 언어문자를 끊으며 화살촉을 씹고 과녁을 부숴버리고자 했던 것이다.

❀

雷卷風旋 乘機當陽 劈面快與 乃稱臨濟宗風. 亦不幸方來依扣 以言破言 以迹剗迹. 不墮死水 遑得便行. 驅耕牛奪飢食意 在出生死越聖凡

平人我融染淨 承當輝天照地大解脫 自利利他紹聖種族. 不見道 "二祖不往西天 達磨不來東土"

※劈面(벽면): 얼굴을 향하여. 정면으로. 맞바로.

번개를 말아 올리고 회오리바람이 치듯 기미機微를 타고 바로 정면으로 통쾌하게 결단 내줘야 임제종풍臨濟宗風이라 부를 수 있다. 또한 사방에서 찾아와 의지하고 묻는 사람들을 저버리지 않으려면, 말로써 말을 타파하고 흔적으로 흔적을 베어내며 죽은 물(死水)에 떨어지지 않고 뛰어넘어 바로 가야 한다. 밭 가는 이의 소를 좇아버리고(驅耕牛) 주린 이의 밥을 빼앗는(奪飢食) 뜻은 생사를 벗어나고 범부와 성인을 뛰어넘어 나와 남을 같게 하고, 더럽고 깨끗함을 융통해서 하늘을 비추고 땅을 비추는 대해탈을 알며, 자리이타自利利他로 성인의 종족을 계승하는 데 있다. 보지 못했는가, "혜가는 서천에 간 적이 없고, 달마는 동토에 온 적이 없다(二祖不往西天 達磨不來東土)"[3]고 한 것을!

---

3 현사사비의 말씀으로 경덕전등록 제18권, '복주 현사 종일 선사' 편에 다음과 같이 기술하고 있다.(현사사비에 관해서는 본서 '5. 유 서기에게' 편의 註8을 참조.)
一日雪峯問曰 "阿那箇是備頭陀" 對曰 "終不敢誑於人" 異日雪峯召曰 "備頭陀何不遍參去" 師曰 "達磨不來東土 二祖不往西天" 雪峯然之.

어느 날 설봉이 물었다.
"어느 것이 비備 두타頭陀인가?"
선사가 말했다.
"끝내 사람을 속이지 못합니다."
다른 날 설봉이 불러서 말했다.

❀

與人去縛解黏 拔屑抽釘 正在密室中 不將實法繫綴人 從頭與伊槌將去. 一人半箇 眼目定動 堪作種草. 若求義路 立解會 治擇語句 商較古今 寧可無人掃地. 此乃據曲彔床本職事也.

※밑줄 친 부분 가운데 '屑(가루 설)'은 '楔(문설주 설)'의 誤字다.

사람들에게 묶인 것을 풀어주고 끈적한 것을 떼어주며 쐐기를 뽑고 못을 뽑아주는 것은 바로 은밀한 방에서 실법實法으로 사람들을 얽어매지 않고 처음부터 그들에게 백추를 주어, 한 사람이나 반 사람이라도 안목을 바르게 해서 법손(種草)을 감당케 하는 데 있다. 만약 바른 이치를 구하고 해회(解會, 이해해서 아는 것)를 세우며, 어구를 비교해서 선택하고 고금을 비교하여 헤아린다면, 정녕 한 사람도 땅을 깨끗하게 쓸 수 없을 것이다. 이것이야말로 법상에 앉은 선지식이 본래 해야 할 일이다.

❀

時中 勤勤垂手 繼之不勸. 若只管推嬾 則失却本宗 辜負先聖. 白雲師翁云 "未透時 一似鐵壁 及至透得 元來鐵壁 便是自己" 也須作得鐵壁

---

"비 두타는 어째서 두루 참문하러 떠나지 않는가?"
선사가 말했다.
"달마는 동토에 온 적이 없고, 2조二祖는 서천에 간 적이 없습니다."
설봉이 그렇다고 여겼다.

定始得. 然後 著著有出身之機 始副巖頭 點破綱宗體段也. 九尾野狐多戀窟 金毛師子解翻身.

※嬾(게으를 란): 게으르다. 태만하다. 꽤 나른하다. 엎드리다. 눕다.

하루 종일 부지런히 손을 드리우면서 이어나가는 것을 게을리 해서는 안 된다. 만약 단지 누워서 헤아리기만 한다면 본래의 종지(本宗)를 잃어버리고 옛 성인(先聖)을 저버리는 것이다.

백운白雲[4]이 이르기를 "뚫지 못했을 땐 철벽과 같았는데, 뚫고 보니 원래 철벽이 바로 자기였다"고 했다. 모름지기 철벽같은 선정을 지어야 한다. 그런 다음 한 수 한 수 출신出身의 기機가 있어야, 비로소 암두巖頭가 점검한 강종綱宗의 본 모습에 부합하게 되는 것이다.

"꼬리가 아홉인 여우(九尾野狐)는 몹시도 굴을 그리워하지만,
금모사자金毛師子는 몸을 뒤집을 줄 아네."

4 백운수단에 관해서는 본서 '8. 법제 선사께' 편의 註9를 참조.

# 126. 전차도 학사께(示 錢次道學士)

人人脚跟 具有此一段大事 佛與衆生 無異無別. 但佛覺證圓融 群靈染惑 遂相懸遠. 是故諸聖出興 獨唱此大法 謂之 直指人心 見性成佛. 特接上機 要利根種性 覿面相呈 更不擬議 逴得便行. 所以 靈山立却膀㨾 才拈起花 迦葉便笑. 若更論他如之若何 則蹉過也.

※밑줄 친 부분 가운데 '㨾'은 様(모양 양)으로 해석하였다.

사람마다 발밑에 모두 이 하나의 큰 일(一段大事, 일대사인연)[1]을 갖추고 있기에 부처와 중생이 별다를 것이 없습니다. 다만 부처는 깨달아 원융함을 증득했지만, 일체 군령群靈은 미혹에 물들어 있기 때문에 마침내 서로 현격하게 멀어진 것입니다. 이런 까닭에 모든 성인이 세상에 나와 이 대법大法을 홀로 제창했던 것이니, 이를 일러 '직지인심直指人心·견성성불見性成佛'이라 합니다. 특히 상근기를 제접했던 것은 날카로운 근기를 가진 자가 얼굴을 마주하고 서로 드러내서 다시는 머뭇거리지 않고 뛰어넘어 가기를 원했기 때문입니다. 그래서 영산靈

1 譯者는 一段大事(일단대사)를 일대사인연一大事因緣으로 해석했다. 본서 '3. 장선무 상공께' 편의 註1을 참조.

山에서 '꽃을 들자마자 가섭이 미소 지은 것'을 본보기로 세우는 것입니다. 만약 다시 그것을 이런 것인가 저런 것인가 논한다면 바로 빗나가버리게 됩니다.

❀

器量旣等 無虛授者 自爾源源到今 得證契悟 如恒河沙. 只如 俱胝見天龍得一指 鳥窠吹布毛 侍者大悟 豈有許多路布言詮 返惑亂其眞性. 擧要而指 唯是靈利上智 以透脫根塵截 斷生死爲意 向日用中 高著眼覰破萬緣 一切勝劣境界 了無一實 惟有本來靈明大解脫 亘古洞今 長時活鱍鱍地.

※源源(원원): 근원이 깊어서 끊임이 없음.

사람의 덕량과 재능(器量, 德量과 才能)이 같으면 헛되이 전수할 것도 없기에, 이로부터 끊임이 없이 지금에 이르기까지 계합하여 깨달음을 얻은 자가 항하의 모래만큼이나 많았던 것입니다. 예를 들면, 구지俱胝는 천룡天龍을 뵙고 한 손가락(一指)을 얻었고,[2] 조과鳥窠가 옷의 털 하나를 불자(吹布毛) 시자가 크게 깨달았으니,[3] 이것이 어찌 많은 주장과 설명으로 그들의 참된 성품(眞性)을 도리어 미혹하고 어지럽히는 것이었겠습니까!

요점을 들어 지적해본다면, (이는) 오로지 신령스럽고 날카로운

2 '俱胝見天龍得一指(구지천룡득일지)'에 관해서는 본서 '26. 재 선인에게' 편의 註1, 3, 5를 참조.

3 '鳥窠吹布毛(조과취포모)'에 관해서는 본서 '28. 찬 상인께' 편의 註8을 참조.

상근기의 지혜로운 자가 6근과 6진으로부터 벗어나 생사를 끊는 것을 뜻으로 삼은 것입니다. 또한 일상생활 속에서 높은 안목으로 만 가지 인연(萬緣)을 간파해서 일체의 우열 경계가 하나도 실재하는 것이 전혀 없고, 오직 본래 신령스럽고 밝은 대해탈大解脫만이 예나 지금에 훤히 뻗쳐 오래도록 활발발할 뿐입니다.

❀

一念契合 得無罣礙 便放下人我知見世智辯聰喜慍得失 種種執著. 坦然一切平懷 初不妨日逐作用 築著磕著 倶爲本地風光. 應物現形 不將不迎 湛然眞寂. 逗到臘月三十日 便了當得 所謂 把得住作得主. 豈不見 老龐長養臨行 謂于頔相公 "但願空諸所有 愼勿實諸所無" 枕公膝乃行. 楊侍郎透徹圓融 立節立朝 下梢啓手足乃云 "漚生與漚滅 二法本來齊 要識眞歸處 趙州東院西" 不是向結交頭得力也.

※坦然(탄연): 마음이 편안한 모양. 마음이 안정되어 아무 걱정 없이 평온하다.

일념에 계합해 걸림이 없으면 나니 남이니 하는 지견知見과 세간의 지혜智慧와 변재辯才와 총명聰明, 그리고 기쁨과 성냄, 얻음과 잃음 등의 갖가지 집착을 바로 내려놓게 됩니다. 마음이 편안하고 일체가 평온해서 애초부터 거리낌 없이 날마다 작용하니, 댓돌 맞듯 맷돌 맞듯 척척 맞아 모두가 본지풍광本地風光[4]입니다. 또한 사물에 응하여

4 본서 '64. 호 상서께' 편의 본문 서두에 원오 스님의 정의가 있으니 참조하기 바란다.

형태를 드러내고(應物現形) 보내지도 않고 맞이하지도 않으며(不將不迎)[5] 잠연진적(湛然眞寂, 맑고 참되며 고요)합니다.

죽음(臘月三十日)에 이르러 바로 알게 되니, 이를 일러 '꽉 잡아 주인이 된다(把得住 作得主)'고 합니다.

보지 못했습니까!

방 거사가 오래도록 성태聖胎를 기르다가, 떠날 때 우적상공于頔相公에게 말했습니다.

"다만 존재하는 모든 것이 공하기를 원할지언정, 삼가 없는 것을 실재로 여기지 마시오."

그리고는 상공의 무릎을 베고, 이내 떠났습니다.[6]

---

5 부장불영不將不迎은 장자莊子 내편內篇에 다음과 같이 기술하고 있다.

至人之用心若鏡 不將不迎 應而不藏 故能勝物而不傷.

지인至人이 마음을 쓰는 것은 마치 거울과 같아서(用心若鏡) 배웅하지도 않고 영접하지도 않으며(不將不迎), 응하면서 숨기지 않는다(應而不藏). 그렇기 때문에 대상(物, 경계)을 이기면서도 해치지 않는 것이다.

6 방거사어록에 다음과 같이 기술하고 있다.

居士將入滅 謂靈照曰 "視日早晩 及午以報" 照遽報 "日已中矣 而有蝕也" 士出戶觀次 照卽登父座 合掌坐亡. 士笑曰 "我女鋒捷矣" 于是更延七日 州牧于頔問疾 士謂之曰 "但願空諸所有 愼勿實諸所無 好住世間 皆如影響" 言訖 枕于公膝而化 遺命焚棄江. 緇白傷悼 謂禪師龐居士卽毗耶淨名矣.

거사가 막 임종을 하려는데 영조에게 말했다.

"해가 나는 것을 보다가 한낮(오시)이 되거든 알리도록 해라."

영조가 급히 알렸다.

"해가 이미 중천에 있습니다. 더구나 일식입니다."

또한 양 시랑楊侍郎은 투철하고 원융하게 깨달아 절개를 세우고 벼슬길에 나섰는데, 마지막에 죽음에 이르러 손발을 벌리고 말했습니다.

"물거품이 일어나고 물거품이 꺼지나
두 법은 본래 같으니,
진정으로 돌아갈 곳을 알고자 하는가?
조주 동원의 서쪽이로다."[7]

---

거사가 문밖으로 나가 보고 있는데, 영조가 바로 아버지의 자리에 올라가 합장하고는 앉은 채로 죽었다.

거사가 웃으면서 말했다.

"내 딸이 칼날처럼 빠르구나!"

이로부터 7일 동안 (죽음을) 연기하기로 했다.

주의 목사 우적이 문병을 오자, 거사가 말했다.

"다만 존재하는 모든 것들을 비우기를 바랍니다. 존재하지 않는 모든 것을 실답게 여기지 마십시오. 행복하게 지내시길! 모든 것은 그림자나 메아리와 같은 것입니다."

말을 마치자, 우공의 무릎을 베고는 숨을 거두었다.

유언에 따라 화장을 하고 강에 버렸다.

승속이 마음이 아프도록 슬퍼하면서 "선의 스승, 방 거사가 바로 비야리성의 유마 거사다"라고 하였다.

7 양시랑은 양억(양내한, 양대년)을 뜻하며, 양억에 관해서는 본서 '34. 허 봉의께' 편의 註5를 참조하기 바란다. 또한 이 게송은 시랑이 임종하기 전에 손수 게송을 써서 집 사람에게 주면서 다음날 이부마에게 전하라고 한 것이다.(월운 역, 전등록 3, p.723)

이는 교분을 맺은 곳에서 힘을 얻은 것이 아니겠습니까!

❀

大凡存誠向慕 本不希聞見談柄. 正欲確然淸身潔意 內守虛閑 外廓聞見 密運慧刀 剸割情慾 返照回光. 如靈雲見桃花 香嚴聞擊竹 以至不是風動 不是幡動 仁者心動 非風鈴鳴 我心鳴耳.

※向慕(향모): 존경하다. 흠모하다.

무릇 선한 마음으로 흠모하는 것은 본래 보고 듣는 것으로 이야깃거리 삼기를 바라는 것이 아닙니다. 확연히 몸과 뜻을 맑고 깨끗하게 해서, 안으로는 텅 비어 한가롭고 밖으로는 보고 듣는 것이 확 트이며, 은밀히 지혜의 칼을 써서 정욕情慾을 끊고 회광반조하고자 하는 것입니다. 이는 영운靈雲이 복숭아꽃을 본 것(見桃花)과 같고,[8] 향엄香嚴이 기와조각이 대나무에 부딪치는 소리를 들었던 것(聞擊竹)[9]과 같습니다. 또한 "바람이 움직인 것도 아니고 깃발이 움직인 것도 아니며, 그대의 마음이 움직인 것이다(不是風動 不是幡動 仁者心動)"[10]고 한 것과 같고, "바람이 풍경소리를 울리는 것이 아니라, 내 마음이 울릴 뿐이다(非風鈴鳴 我心鳴耳)"[11]고 한 것과도 같은 것입니다.

---

8 영운지근과 '견도화'에 관해서는 본서 '5. 유 서기에게' 편의 註9와 10을 참조.

9 향엄의 '격죽'에 관해서는 본서 '27. 찬 상인께' 편의 註7을 참조.

10 '不是風動 不是幡動 仁者心動'은 본서 '26. 재 선인에게' 편의 註13을 참조.

11 경덕전등록 제2권, '승가난제' 편에 다음과 같이 기술하고 있다.

聞風吹殿銅鈴聲 尊者問師曰 "鈴鳴耶風鳴耶" 師曰 "非風非鈴我心鳴耳" 尊者曰

"心復誰乎" 師曰 "俱寂靜故" 尊者曰 "善哉善哉 繼吾道者非子而誰" 卽付法偈曰 "心地本無生 因地從緣起 緣種不相妨 華果亦復爾"

바람이 불어 법당의 풍경이 울리는 소리를 듣고, 존자(17조 승가난제)가 가야다사(18조)에게 물었다.

"풍경이 우는가, 바람이 우는가?"

가야사다가 대답했다.

"바람도 아니고 풍경도 아닙니다. 제 마음이 울릴 뿐입니다."

존자가 말했다.

"마음은 또 무엇이냐?"

가야사다가 말했다.

"모두가 고요하기 때문입니다."

존자가 말했다.

"훌륭하고 훌륭하구나. 나의 도를 이을 자가 그대가 아니면 누구이겠는가?"

그리고는 법을 부촉하며 게송으로 말했다.

心地本無生　마음은 본래 남이 없는데
因地從緣起　인지因地가 인연을 따라 일어나니
緣種不相妨　인연의 종자가 서로를 방해하지 않으면
華果亦復爾　꽃과 열매 또한 그러하리라.

# 127. 처겸 수좌에게(示 處謙首座)

先德垂機立教 初不等閑 必使萬世仰法爲標準. 是故 摩竭掩室 少林冷坐 毗耶杜詞 善現宴寂. 蓋有爲而爲 如北辰據位 百川潮宗 虎視龍驟 風回雲合. 知有者 默識其趣向 不做道理 便可直領 深入其閫奥 卽體裁步驟 自然滔合. 當其初立 似若適會 及已成形聲 則不可掩 卓卓驚世 漸漸日新.

※밑줄 친 부분 가운데 '滔'는 '淴(물 흐를 홀)'로 해석하였다.

옛 어른 스님들이 기연을 베풀고 가르침의 방침을 세우는 것을 애초부터 소홀히 하지 않았던 것은 (이것으로) 반드시 만세萬世에 법을 우러르는 표준으로 삼도록 했기 때문이다. 이런 까닭에 부처는 마갈타에서 방문을 닫았고(摩竭掩室),[1] 달마는 소림에서 차갑게 앉아 있었으며(少林冷坐),[2] 유마는 비야리에서 입을 다물었고(毗耶杜詞),[3] 수보리는 고요

1 摩竭掩室(마갈엄실)에 관해서는 본서 '14. 지도 각 장로께' 편의 註1을 참조.

2 少林冷坐(소림냉좌)에 관해서는 본서 '4. 원 수좌에게' 편의 註23(입설단비)을 참조.

3 毗耶杜詞(비야두사)에 관해서는 본서 '4. 원 수좌에게' 편의 註4(유마경의 입불이

히 좌선하였던 것이다(善現宴寂).[4] 이는 모두 다 목적이 있어 그렇게

---

법문)에서 다루었으니 참조하기 바란다.

선문염송 염송설화 고칙 62에서는 다음과 같이 기술하고 있다.(내용엔 차이가 없으나, 선가의 고칙으로써 살펴보기 바란다.)

維摩會上 三十二菩薩 各設不二法門 末後文殊曰 "我於一切法 無言無說 無示無識 離諸問答 是爲菩薩入不二法門" 却問維摩詰 "我等各自說已 仁者當說 何等是菩薩入不二法門" 時 維摩詰默然 文殊歎曰 "乃至無有語言文字 是菩薩眞 入不二法門"

유마 회상의 32보살들이 각기 불이법문不二法門을 말하였는데 마지막에 문수文殊가 말했다.

"나는 일체법에 대하여 말할 것도 없고 설할 것도 없으며, 보일 것도 알 것도 없습니다. 모든 문답을 여읜 것이 보살의 입불이법문인 것입니다."

도리어 유마힐維摩詰에게 말하였다.

"우리들은 이미 각자 스스로 말을 했으니 그대는 바로 말해 보십시오. 무엇이 보살의 입불이법문入不二法門입니까?"

그때 유마힐이 말이 없자(默然), 문수가 찬탄하며 말하였다.

"언어와 문자까지도 없는 것이 보살의 참된 입불이법문이군요."

4 선문염송 염송설화 고칙 69에서는 다음과 같이 기술하고 있다.

須菩提嵓中燕坐 帝釋雨花讚歎 須菩提問曰 "雨花讚歎者是何人" 對曰 "我是天帝 見尊者善說般若 故來讚歎" 須菩提曰 "我於般若 未曾說一字" 帝釋云 "尊者無說 我乃無聞 無說無問 是眞說般若"

수보리가 바위굴 속에서 좌선을 하는데 제석帝釋이 꽃비를 내리면서 찬탄하자, 수보리가 물었다.

"꽃비를 내리며 찬탄하는 자가 누구인가?"

제석이 대답했다.

"저는 제석천왕입니다. 존자께서 반야를 잘 말씀하시는 것을 보았기 때문에 와서 찬탄하는 것입니다."

이에 수보리가 말하였다.

하였던 것이니, 마치 북극성이 제자리에 위치하고, 모든 시냇물이 바다로 흘러가며, 호랑이가 노려보고 용이 달리듯 하며, 바람이 돌고 구름이 모이듯 하였다. (그러므로 이러한 것이) 있음을 아는 자는 말없이 나아갈 바를 알아 도리를 짓지 않고 바로 알 수 있는 것이고, 그 문지방 안으로 깊이 들어가서는 체재體裁와 절차(步驟)가 자연히 물 흐르듯 맞게 되는 것이다. 또한 당연히 그것을 처음 세웠을 때는 우연히 맞아떨어진 것처럼 보이지만, 형체와 소리를 이루고 나서는 감출 수 없기에 우뚝하고 뛰어나게 세상을 놀라게 하고 하루하루가 점점 새로워지게 되는 것이다.

❀

至於德嶠縱白木棒 濟北振奮雷喝 俱胝只立一指頭 秘魔擎箇鐵杈子 象骨輥三毬 禾山四打鼓 國師水椀 潙阜牧牛 俱逗逸群絶類作略. 而西園燒浴 金牛召飯 天皇餠 趙州茶 極於細微 洞徹淵奧. 不負時機 超宗出格 眞麒麟頭角 師子爪牙 異世仰之 不可跂及. 逮發一句施一機 尤不可意象名模也.

덕교德嶠가 백목방白木棒을 휘둘렀고,[5] 제북濟北이 우레와 같은 '할(喝)'

---

"나는 반야에 대해 한 글자도 말한 적이 없느니라."

"제석이 말했다.

"존자께서는 말씀하신 것이 없고, 저는 들은 것이 없으니, 말한 것도 없고 들은 것도 없는 이것이 참으로 반야를 말한 것입니다."

5 德嶠(덕교)는 덕산 스님을 뜻하며, 스님에 관해서는 본서 '1. 화장 명 수좌에게' 편의 註22를 참조.

을 떨쳤으며,[6] 구지俱胝가 다만 한 손가락을 세웠고(立一指頭),[7] 비마秘魔가 무쇠집게를 들었으며(擎箇鐵杈子),[8] 상골象骨이 세 개의 공을 굴렸고(輥三毬),[9] 화산禾山이 네 번이나 북을 칠 줄 안다(四打鼓)[10]고 하였던 것과, 충 국사忠國師의 물주발(水椀)[11]과 위산潙山이 소를 기른 것(阜牧

---

6 濟北(제북)은 임제 스님을 뜻하며, 스님에 관해서는 본서 '1. 화장 명 수좌에게' 편의 註44를 참조.

7 '俱胝只立一指頭(구지지립일두지)'에 관해서는 본서 '26. 재 선인에게' 편의 註1과 3을 참조.

8 '秘魔擎箇鐵杈子(비마경개철차자)'에 관해서는 본서 '5. 유 서기에게' 편의 註14를 참조.

9 象骨(상골)은 설봉 스님을 뜻하며, '象骨輥三毬(상골곤삼구)'에 관해서는 본서 '5. 유 서기에게' 편의 註16을 참조.

10 '禾山四打鼓(화산사타고)'에 관해서는 본서 '5. 유 서기에게' 편의 註17을 참조.

11 벽암록 '48. 왕태부전차王太傳煎茶' 편 평창에서 원오는 충 국사와 자린 공봉 간의 대화를 아래와 같이 기술하고 있다.

忠國師問紫璘供奉 "聞說供奉解註思益經 是否" 奉云 "是" 師云 "凡當註經 須解佛意始得" 奉云 "若不會意 爭敢言註經" 師遂令侍者 將一碗水 七粒米一隻箸 在碗上送與供奉 問云 "是什麽義" 奉云 "不會" 師云 "老師意尙不會 更說甚佛意"

충 국사忠國師가 자린 공봉紫璘供奉에게 물었다.
"공봉께서 사익경思益經을 주석한다고 들었는데, 맞습니까?"
봉공이 말했다.
"그렇습니다."
국사가 말했다.
"무릇 경전을 주석하려면 모름지기 부처님의 뜻을 알아야 합니다."
자린봉공이 말했다.
"부처님의 뜻을 모른다면 어찌 감히 경을 주석한다고 말할 수 있겠습니까?"
국사가 시자에게 한 주발의 물에 쌀 일곱 톨과 젓가락 한 짝을 얹어 자린봉공에게

牛)[12] 등은 모두 무리를 뛰어넘는 작략에 이르렀던 것이다. 또한 서원西園이 욕탕의 물을 데운 것(燒浴)[13]과 금우金牛가 밥 먹으라고 부른

---

주도록 하고는, 물었다.

"이것이 무슨 뜻입니까?"

봉공이 말했다.

"모르겠습니다."

국사가 말했다.

"노승의 뜻도 모르면서 무슨 부처의 뜻을 말한다는 것입니까?"

12 위산영우에 관해서는 본서 '7. 충 장로께' 편의 註9를 참조.

경덕전등록 제9권, '담주 위산영우 선사' 편에 다음과 같이 기술하고 있다. 師上堂示衆云 "老僧百年後 向山下 作一頭水牯牛 左脅書五字云潙山僧某甲 此時喚作潙山僧 又是水牯牛 喚作水牯牛 又云潙山僧 喚作什麽卽得" (雲居代云 "師無異號" 資福代作圓相 托起古人頌云 "不道潙山不道牛 一身兩號實難酬 離却兩頭應須道 如何道得出常流")

선사(위산영우)가 상당하여 대중에게 말했다.

"노승이 죽은 뒤 산 아래에서 한 마리 물소가 되어 왼쪽 옆구리에 '위산의 스님 아무개(潙山僧某甲)'라고 다섯 자를 쓰겠다. 이때 위산의 스님이라 부르면 곧 물소라 하고, 물소라고 부르면 위산의 스님이라 할 터인데, 뭐라 불러야 하겠는가?"

〔운거雲居가 대신해서 말했다.

"스님에겐 다른 호칭이 없습니다."

자복資福이 대신 원상圓相을 그리고 고인의 게송을 빌어 말했다.

"위산이라고도 말하지 말고 소라고도 말하지 말라. 한 몸에 두 이름은 실로 대답하기 어렵다. 두 쪽을 여의고 모름지기 말해야 하니, 어떻게 말해야 범상의 부류에서 벗어나겠는가?〕

13 서원西園 스님의 자세한 약력은 알 수 없지만, 경덕전등록 제8권에 의하면 마조도일의 법손으로 마조에게 심인心印을 받고 석두희천을 만나 깨쳤다고

것(召飯),[14] 천황天皇의 호떡(餠)[15]과 조주趙州가 '차나 마시게(茶)'[16]라

---

기록하고 있다.

'西園燒浴'에 관해서는 경덕전등록 제8권, '남악 서원 난야담장 선사' 편에 다음과 같이 기술하고 있다.

師一日自開浴次 僧問 "何不使沙彌" 師乃拊掌三下(洞山云 "一種是時節因緣 就中西園精妙" 僧問曹山 "古人拊掌豈不明沙彌邊事" 曹山云 "如何是向上事" 僧無對 曹山云 "遮沙彌")

선사(서원)가 하루는 손수 목욕물을 준비하는데, 어떤 스님이 물었다.

"어째서 사미를 시키지 않으십니까?"

선사(서원)가 손뼉을 세 번 쳤다.

〔동산洞山이 말했다.

"어떤 시절인연이 있는데, 그 가운데 서원이 정묘하구나!"

어떤 스님이 조산曹山에게 물었다.

"고인이 손뼉을 친 것이 어찌 사미의 일을 밝히지 않은 것이겠습니까?"

조산이 말했다.

"어떤 것이 향상사인가?"

스님이 대답이 없었다.

조산이 말했다.

"이런 사미 같은 놈아!"〕

14 鎭州金牛(진주금우, 생몰연대 미상): 당대의 스님. 하북성 진주 출신. 마조도일의 법을 이음.(선학사전, p.632)

경덕전등록 제8권, '진주 금우 화상' 편에 다음과 같이 기술하고 있다.

師自作飯供養衆僧 每至齋時舁飯桶 到堂前作舞曰 "菩薩子喫飯來" 乃撫掌大笑 日日如是.(僧問長慶 "古人撫掌 喚僧喫飯 意旨云何" 長慶云 "大似因齋慶讚" 僧問大光 "未審慶讚箇什麽" 大光是作舞 僧乃禮拜. 大光云 "遮野狐精" 東禪齊云 "古人自出手作飯 舞了喚人來喫 意作麽生 還會麽 只如 長慶與大光 是明古人意 別爲他分析 今問上座 每日持盂掌鉢時 迎來送去時 爲當與古人一般 別有道理 若道別且

---

作麽生得別來 若一般恰到他舞 又被喚作野狐精 有會處麽 若未會行脚眼在什麽處" 僧問曹山 "古人恁麽是奴兒婢子否" 曹山云 "是" 僧云 "向上事請師道" 曹山咄云 "遮奴兒婢子")

화상(진주금우)이 공양주가 되어 여러 스님들에게 공양을 했는데, 매번 공양 때가 되면 밥통을 들고 법당 앞에서 춤을 추며 말했다.

"보살들아, 밥 먹어라!"

그리고는 손뼉을 치며 크게 웃었다.

날마다 이와 같았다.

〔어떤 스님이 장경長慶에게 물었다.

"고인이 손뼉을 치며 스님들을 불러 '밥 먹으라'고 했는데, 뜻이 무엇입니까?"

장경이 말했다.

"마치 공양할 때 경찬하는 것 같구나!"

어떤 스님이 대광大光에게 물었다.

"경찬하는 것이 무엇인지 잘 모르겠습니다."

대광이 춤을 추자, 그 스님이 곧 절을 했다.

대광이 말했다.

"이런 여우같은 놈!"

동선 제東禪齊가 말했다.

"고인이 스스로 직접 밥을 짓고 춤을 추면서 사람들을 불러 밥 먹으라고 한 뜻은 무엇인가, 알겠는가? 그렇다면 장경과 대광은 고인의 뜻을 밝힌 것인가? 별도로 그것을 분석한 것인가? 지금 묻노니, 상좌들이여! 매일 발우를 들 때와 배웅하고 맞이할 때 바로 고인과 같은가? 다른 도리가 있는가? 만약 다르다고 한다면 어떻게 다른 것인가? 같다면 그가 춤을 춘 것과 같아야 한다. 다시 여우같은 놈이라고 불려야겠는가, 알겠는가? 만약 모른다면 행각의 안목은 어디에 있는 것인가?"

어떤 스님이 조산曹山에게 물었다.

고 한 것은 미세한 곳에까지 이르러 연원을 깊고 훤하게 꿰뚫었던

---

"고인의 그러한 것이 종(奴兒婢子)이 아니겠습니까?"

조산이 말했다.

"그렇다."

스님이 말했다.

"향상사向上事를 스님께서 말씀해 주십시오."

조산이 쯧쯧! 하고는 말했다.

"이런 종놈아!"]

15 天皇餠(천황병)에 관해서는 경덕전등록 제14권, '예주 용담 숭신 선사' 편에 다음과 같이 기술하고 있다.

澧州龍潭崇信禪師 本渚宮賣餠家子也. 未詳姓氏 少而英異. 初悟和尙爲靈鑒潛請居天皇寺人莫之測. 師家居于寺巷 常日以十餠饋之. 悟受之每食畢 常留一餠曰 "吾惠汝以蔭子孫" 師一日自念曰 "餠是我持去 何以返遺我耶 其別有旨乎" 遂造而問焉 悟曰 "是汝持來 復汝何咎" 師聞之頗曉玄旨 因請出家 悟曰 "汝昔崇福善今信吾言 可名崇信" 由是服勤左右 一日問曰 "某自到來不蒙指示心要" 悟曰 "自汝到來吾未嘗不指汝心要" 師曰 "何處指示" 悟曰 "汝擎茶來吾爲汝接 汝行食來吾爲汝受 汝和南時吾便低首 何處不指示心要" 師低頭良久 悟曰 "見則直下便見擬思卽差 師當下開解 乃復問 "如何保任" 悟曰 "任性逍遙隨緣放曠 但盡凡心無別勝解

예주 용담 숭신龍潭崇信 선사는 본래 저궁의 떡 파는 집 자식으로 성씨는 알려지지 않았지만, 어려서부터 영특하였다. 처음에 오 화상(천황도오)이 영감의 은밀한 부탁으로 천황사에 머물게 했는데, 사람들이 알아보지를 못했다.

선사(용담숭신)의 집은 절 아래 마을에 있었는데, 날마다 떡 열 개를 보냈다.

도오가 그것을 받아 매번 먹고는 항상 떡 하나를 남기면서 말했다.

"내가 그대에게 자손의 음덕을 베풀리라."

선사가 하루는 스스로 생각하며 말했다.

"떡은 내가 가져 온 것인데 어째서 내게 돌려주는 것인가, 특별한 뜻이 있는 것인가?"

것이다. 또한 시절과 기연(時機)을 저버리지 않고 종파를 뛰어넘고 격식을 뛰어넘은 것이니, 진실로 기린의 뿔이요 사자의 발톱인 것이며,

---

마침내 생각했던 것을 묻자, 도오가 말했다.

"그대가 가지고 온 것을 그대에게 돌려주는데 무슨 허물이 있는가?"

선사가 듣고는 자못 현묘한 뜻을 깨닫고는 출가하겠다고 말씀드리자, 도오가 말했다.

"그대는 지난날 복과 선을 숭상하였고 지금은 나의 말을 믿으니, 숭신崇信이라고 부를 만하구나!"

이로부터 곁에서 부지런히 시봉을 했다.

하루는 물었다.

"제가 여기에 와서 심요心要의 지시를 받지 못했습니다."

도오가 말했다.

"그대가 온 이래로 나는 그대에게 심요를 가리켜 보이지 않은 적이 없었다."

선사가 말했다.

"(언제) 어디서 가리켜 보이셨습니까?"

도오가 말했다.

"그대가 차를 들고 오면 나는 그대를 위해 받았고, 그대가 밥을 지어 오면 나는 그대를 위해 받았으며, 그대가 합장을 하면 나는 바로 고개를 숙여 답을 했거늘, 언제 어디서 심요를 가리켜 보이지 않았다는 것인가!"

선사가 고개를 숙이고 양구良久하자, 도오가 말했다.

"보려면 바로 그 자리에서 바로 봐야지, 헤아려 생각하면 바로 어긋나게 된다".

선사가 바로 그 자리에서 견해가 열리자, 다시 물었다.

"어떻게 보임保任해야 합니까?"

도오가 말했다.

"성품에 맡겨 소요하며, 인연에 따라 놓아 거리낌 없어라. 다만 범부의 마음을 다할 뿐, 따로 수승한 견해가 없느니라."

16 '趙州茶(조주다)'에 관해서는 본서 '5. 유 서기에게' 편의 註18을 참조.

후세 사람들이 우러르고 발돋움해 나아가도 미칠 수가 없다. 또한 일구一句를 드러내고 일기一機를 시행함에 이르러서는 더욱이 형상을 생각하고 명칭을 더듬을 수 없다.

❀

有志之士 未發足已蘊此作 驀地超方遇緣 豈局促籠檻 爲循循頻頻之黨哉. 所以 於不已中 聊發所蘊 追配古人高風 自不凡爾. 然遇賞音卽不徒然 當使垂之竹帛 亦無忝也. 故予心腹 而爲表出之.

※籠檻(농함): 대로 만든 우리.

※循循(순순): 차근차근. 질서가 있는 모양.

※頻頻(빈빈): 빈번히. 자꾸. 번번히. 자주. 되풀이하여. 거듭하여. 잇달아. 누누이.

※竹帛(죽백): 서적이나 사기史記.

뜻이 있는 사람이라면 시작하기도 전에 이미 작략을 쌓아 맥연히 제방을 뛰어넘어 인연을 만나게 되는데, 어찌 우리에 몸을 움츠리고 차근차근 되풀이나 하는 무리가 되려는 것인가! 그렇기 때문에 멈추지 않고 쌓은 것을 내며, 고인古人의 고풍高風을 사모하고 걸맞게 되어야 자연 범상하지 않게 되는 것이다. 그러다가 알아주는 사람(賞音=知音)을 만나면 틀림없이 헛되지 않을 것이니, 죽백竹帛에 이름을 새겨 역사에 길이 남게 하더라도 욕됨이 없을 것이다. 그래서 내가 진심으로 그것을 드러내려는 것이다.

# 128. 오 시자에게(示 悟侍者)

雲門示衆云 "和尙子莫妄想. 山是山水是水 僧是僧俗是俗" 時有僧問 "學人見山是山見水是水時如何" 雲門 以手面前 劃一劃云 "佛殿爲什麽從箇裏去" 舊時 在衆參見 說無事禪底 相傳云 "山是山水是水" 平實更無如許事.

※平實(평실): 평이하고 소박하다. 꾸밈없다. 있는 그대로이다. 수수하다. 질박하다.

운문雲門[1]이 대중에게 법문을 했다.

"화상들아, 망상 피우지 말라! 산은 산이요 물은 물이며, 스님은 스님이요 속인은 속인이다."

그때 어떤 스님이 물었다.

"제가 산을 산으로 보고 물을 물로 볼 때는 어떻습니까?"

운문이 손으로 면전에 한 획을 그리며 말했다.

"불전佛殿이 어째서 이쪽으로 갔는가?"

---

1 운문문언에 관해서는 본서 '1. 화장 명 수좌에게' 편의 註24를 참조.

(산승도) 지난 시절 대중 속에서 참구할 때, 무사선無事禪[2]을 말하면

---

2 무사無事의 어의語義는 '아무런 일이나 문제가 없는 것', '평온함'을 뜻한다. '평상심이 곧 도(平常心是道)'라고 정의하고 있는 바와 같이, 무사는 당대唐代 조사선이 추구했던 수행의 도달점(목표)이었고, 동시에 깨달은 자의 삶의 모습이었다. 그들은 '본래 애시 당초 아무 일이 없는 경지, 즉 본래무사本來無事를 모토로 하여, 일상생활에서 평상무사平常無事를 실현하는 것이었다.

무사선은 조사선 시대의 무사선과 간화선 시대에 이르러 대혜 종고(大慧宗杲, 1089~1163)가 비판하는 무사선이 있다. 이 둘은 동명이질同名異質로 좀 다르다. 조사선 시대 무사선의 지향점은 '본래무사本來無事', '평상무사平常無事'로, 깨닫기 위한 인위적인 수행은 오히려 향외치구심向外馳求心이 되며, 그것은 도道를 장애하는 번뇌가 될 뿐이라는 것이다. 그러므로 무심無心, 무위無爲한 입장과 관점에서 깨달아야 한다는 의식이나 인위적인 마음을 갖지 말라는 것이다. 평상무사, 즉 일상 그 자체가 수행이 되어야 하고, 깨달은 자(부처)의 삶이 되어야 한다는 것이다.

'무사' '본래무사' '평상무사'의 사상적, 철학적 바탕은 육조 혜능이 말한 무념위종無念爲宗, 즉 무념무심無念無心으로 수행의 근본을 삼음과, 그리고 임제의현이 말하고 있는 무수무증無修無證이다. 즉 '본질적으로 닦을 것도 깨달을 것도 없다'고 하는 관점에 있는 무사로, 이것은 깨달은 자의 입장에서 본 무사라고 할 수 있다. 그리고 그것은 본질적으로 번뇌 망념과 집착이 없는 상태를 말하는 것이며, 그 결과 닦아야 할 일(事)까지도 없는 것을 뜻한다. 그런 존재를 '임제록'에서는 무사인(無事人, 일없는 사람), 또는 요사인(了事人, 일 마친 사람)이라고 한다. 반면 대혜종고, 즉 송대 간화선에서 비판하는 무사선은 '할 일은 아무것도 없다'고 하면서 고요하게 앉아 있는 것(묵조), 즉 무사안일과 무위도식에 대한 비판이었다. 그런데 그 1차적인 대상은 임제종 황룡파의 동림상총(東林常總, 1025~1091)이었다. 대혜는 임제종 양기파로 같은 계통이었는데, 그는 '종문무고宗門武庫'에서 "조각(照覺, 동림상총의 시호)은 평상무사함과 지견 해회(知見解會, 알음알이)가 없는 것으로써 도道를 삼고 있으며, 더욱더 묘오(妙悟, 깨달음)가 있음을 구하지 않는다"라고 하여 평상무사, 안일무사에 빠져서 묘오妙悟가 있는데도 구하지

서 서로 전하기를 '산은 산이요, 물은 물이다(山是山水是水)'고 하는 것을 보았는데, 내용이 평범할 뿐 다시 이와 같은 일이 없었다.

❀

撥去玄妙理性 免得鑿空 聒撓心腸. 所以 雲門慈悲 開一線路指示. 者僧便領覽 得出來問 雲門便用後面高禪茶 糊鶻突伊 遂以手劃云 "佛殿爲什麽 從者裏去" 此迺移換它也. 所以 大凡只說實話是正禪 纔指東劃西 是換你眼睛. 但莫信它 但向道我識得你. 苦哉苦哉. 頓却.

※鑿空(착공): 구멍을 뚫음. 새로 길을 드러냄. 쓸데없이 빈 공론만을 함.
※心腸(심장): 마음씨. 감정. 흥미. 마음 씀씀이. 마음.

---

않는다고 비판하고 있다.

한편 이것은 굉지정각의 묵조선에 대한 비판이기도 했는데, 차이점은 대혜종고 쪽에서는 화두를 참구하면 묘오가 있다는 것이고, 묵조, 무사선에서는 일체 인위적인 것을 버리고 묵묵히 앉아서 번뇌 망상을 잊는 것, 그때그때 일어나는 허망한 생각을 잊는 것, 그것이 곧 불도수행이라는 것이다. 대혜종고는 그것을 무사갑리(無事甲裏, 안일 무사한 것), 무사계리(無事界裡, 무사에 빠져서 진정한 불도 수행에 대한 의식이 없는 것)라는 말로 비판했다. 사실 무사선은 그 본래 의도와는 달리 말류末流로 가면서 폐단도 있었다. 그것이 이른바 본래무사, 평상무사의 미명 아래 아무것도 하지 않고 앉아 있는 것이었다. 다만 우리가 여기서 생각해 볼 것은, 동림상총과 대혜종고는 같은 임제종이었지만 수행법은 달랐다는 것이다. 동림상총의 황룡파는 조사선 즉 무사선(혹은 묵조)이었고 대혜의 양기파는 간화선이었던 점을 본다면 임제종이라고 해서 모두 간화선을 지지했던 것은 아니었던 것 같다. 간화선만이 바른 선禪이고, 그밖의 선禪은 모두 사선邪禪이라는 규정은 대혜종고(간화선)의 입장이라고 할 수 있다.(2012년 6월 법보신문에 기재된 윤창화의 산가산책에서.)

현묘한 이理와 성性을 뽑아버려야 쓸데없이 빈 공론만을 하면서 마음을 떠들썩하고 어지럽게 하는 것을 면하게 된다. 그래서 운문이 자비로 한 가닥 길을 열어 가리켜 보인 것이다. 그런데 이 스님이 바로 받아서 대강 훑어보고는 나와 묻기에, 운문이 뒤에 고상한 선의 차(高禪茶)를 흐리멍덩한 그에게 바로 써서, 마침내 손으로 한 획을 긋고 말하기를 "불전이 어째서 이쪽으로 갔는가?"라고 하였던 것이니, 이것이야말로 그의 안목을 바꿔준 것이다. 그렇기 때문에 무릇 다만 실지로 있었던 사실의 이야기를 해야 올바른 선(正禪)인 것이지, 동쪽을 가리키고 서쪽을 긋는다면 이는 눈동자를 바꾸게 되는 것이다. 그러므로 단지 그를 믿지 말고, 다만 "나는 그대를 안다"고 말하라! 괴롭고 괴롭도다, 단박에 없애라!

❀

山僧在無事界裏 得二年餘 然胸中 終不分曉. 後來 驀地在白雲桶底子脫 方猛覷見 這情解死殺一切人 生縛人家男女. 向無事界裏 胸中一似黑漆 只管長無明業. 貪名取利 作地獄業 自謂 我已無事了也. 細原雲門意 豈只如此哉. 將知 醍醐上味 遇此翻成毒藥.

※分曉(분효): 환하고 뚜렷하게 밝다.

산승山僧이 무사계無事界에 2년여 있었지만, 가슴속이 끝내 환하고 뚜렷하게 밝질 못했다. 그러다가 그 뒤에 맥연히 백운白雲에 있으면서 통 밑이 쏙 빠진 듯하자, 이 정해(情解, 情識과 知解)가 일체의 모든 사람을 죽이고 세상의 남녀를 산 채로 묶고 있다는 것을 매섭게 보게 되었다. 무사계 속에서 가슴은 마치 검은 칠통과 같았기에, 단지 무명의 업을 기르고 명예를 탐하고 이익을 취하면서 지옥의 업을 짓고는, 스스로 말하기를 "나는 이미 일 없음(無事)을 깨달았다"고 하였던 것이다. 하지만 운문의 뜻을 자세히 살펴보면 여기에 어찌 이와 같은 것뿐이겠는가! 무릇 맛 좋은 제호도 이런 사람을 만나면 독약으로 바뀐다는 것을 알아야 한다.

❀

若是眞實 到雲門田地 安肯如此死殺. 則其提振處 倂將佛祖大用大機顯 則以手劃云 "佛殿爲甚從者裏去" 千聖應須倒退 便是具大解脫知見底也 須歙氣呑聲. 山僧抑不得已 聊且露些 只知音知耳. 大凡參學須實究 到絶是非離得失 去情塵脫知見. 然後 可以入此流矣. 參.

만약 진실로 운문의 경지에 이르렀다면, 어찌 이와 같이 죽으려 하겠는가! 그가 들어서 떨친 것은 모두 불조佛祖의 대기대용을 보여주고자 한 것이었고, 그래서 손으로 획을 그으며 "불전이 어째서 이쪽으로 갔는가!"라고 하였던 것이다. 그러므로 일천 성인이라도 모름지기 뒤로 물러나야 하고, 대해탈의 지견을 갖춘 사람이라도 모름지기 숨을 들이마시고 소리를 삼켜야 한다. 산승 또한 부득이하게 조금만 드러낸 것이니, 다만 아는 사람만 알 뿐이다(知音知耳).

무릇 참학을 하려면 모름지기 실답게 참구해서 시비를 끊고 득실을 떠난 곳에 이르러야 하고, 티끌 같은 정식을 버리고 지견에서 벗어나야 한다. 그런 다음에야 이런 부류에 들어갈 수 있다. 참구하라!

# 129. 빙 희몽께(云 憑希蒙)

厭三界火宅 蘊爽邁風度 潔淸緣業 從方外游 乃給孤淨名裵公老龐趣向. 豈非英傑偉特 驚群敵聖者哉. 然此段由威音七佛已前 下及窮未來際 萬有十虛 把斷包攝 悉無透漏 要一擧便明 拈著便了 早是鈍置也.

※風度(풍도): 풍채와 태도. 품격. 풍모. 기품. 태도.
※透漏(투루): 새다. 누설하다. 폭로하다. 알려지다. 드러내다.

삼계의 화택을 싫어하면서 시원하고 힘찬 기품을 쌓고, 인연의 업을 맑고 깨끗하게 하면서 세상 밖을 노닌 것이 급고독 장자(給孤)·유마 거사(淨名)·배 상공(裵公)·방 거사(老龐)가 나아가고자 한 바입니다. 이것이 어찌 대중을 놀라게 하고 성인에 필적하는 영웅호걸의 위대하고 뛰어남이 아니겠습니까! 그러나 이것은 위음왕불과 7불七佛 이전부터 아래로는 미래세가 다하도록 만유萬有와 시방의 허공을 꽉 쥐고 포섭해서 모두 새는 것이 없지만, 하나를 거론하면 바로 밝히고 한 번 집어 들면 바로 안다고 해도, 이미 둔한 것입니다.

❀

所以 丹霞生知 龐老通方 目機銖兩 勘辨諸禪 高步叢林. 平沉數萬珠金

脫却幞頭. 一味向無間道中行 寧可鬻笊籬 赤日裏臥街 曾無歉怍. 及至逢人逆拈倒用 莫非踢上頭關捩作略.

※歉(흉년들 겸): 흉년 들다. (식욕을) 채우지 못하다. (음식이) 양에 차지 않다. 뜻에 차지 않다. 부족하다. 한을 품다. 어색하다. 만족스럽다.

※怍(부끄러워할 작): 부끄러워하다. 빨개지다. (안색이) 변하다. 노하다. 화내다.

그래서 단하丹霞[1]는 날 때부터 알았고, 방 거사龐[2]는 두루 통하였으며, 아주 작은 양도 척 보면 알았고(目機銖兩),[3] 모든 선禪을 헤아려 밝히고 총림叢林을 높이 거닐었습니다.[4] 수많은 재산을 강에 던져버렸고,[5]

---

1 단하천연에 관해서는 본서 '23. 종각선인에게' 편의 註4를 참조.

2 방 거사에 관해서는 본서 '26. 재 선인에게' 편의 註30을 참조.

3 目機銖兩(목기수량)에 관해서는 본서 '1. 화장 명 수좌에게' 편의 註5를 참조.

4 경덕전등록 제8권 '양주 방온 거사' 편에 다음과 같이 기술하고 있다.
嘗遊講肆 隨喜金剛經 至無我無人處 致問曰 "座主旣無我無人 是誰講誰聽" 座主無對 居士曰 "某甲雖是俗人 麤知信向" 座主曰 "只如居士意作麼生" 居士乃示一偈云 "無我復無人 作麼有疎親 勸君休歷坐 不似直求眞 金剛般若性 外絶一纖塵 我聞幷信受 總是假名陳" 座主聞偈欣然仰歎 居士所至之處老宿多往 復問酬皆隨機應響 非格量軌轍之可拘也.

일찍이 강원을 다니면서 금강경 듣는 것을 좋아했다. (금강경의) 나도 없고 남도 없다(無我無人)는 곳에 이르자, (좌주에게) 물었다.
"좌주시여! 나도 없고 남도 없다면 누가 강의를 하고 누가 듣는 것입니까?"
좌주가 대답이 없었다.
거사가 말했다.
"제가 비록 속인이지만 말뜻(信向)을 대략은 압니다."

복두幞頭를 벗어버렸습니다.[6] 또한 한결같이 무간도無間道[7]에 살면서

---

좌주가 말했다.
"그렇다면 거사의 생각은 무엇입니까?"
거사가 이에 게송으로 말했다.

無我復無人　나도 없고 남도 없는데
作麽有疎親　어떻게 가깝고 먼 것이 있으리오.
勸君休歷坐　그대에게 권하노니, 돌아다니며 좌주하는 것을 그만두시오.
不似直求眞　곧바로 참됨을 구하는 것과 같지를 않습니다.

金剛般若性　금강반야의 성품
外絶一纖塵　밖으로는 가는 티끌 하나도 없고,
我聞幷信受　여시아문(我聞)에서 신수봉행(信受)까지
總是假名陳　모두가 이름을 빌려 말한 것입니다.

좌주가 게송을 듣고는 기뻐하면서 우러르고 칭찬했다. 거사는 이르는 곳마다 노숙老宿과 자주 문답을 했는데, 모두 근기에 따라 대답한 것이었지, 격식이나 규범에 구애된 것이 아니었다.

5 龐居士語錄詩頌序(방거사어록시송)에 다음과 같이 기술하고 있다.
唐貞元間 用船載家珍數萬麽 於洞庭湘右 罄溺中流 自是生涯 惟一葉耳.
당 정원貞元 연간에 배에 수많은 집안의 값진 것들을 실고 동정호洞庭湘의 우측(상강)으로 가서 모두 한가운데 빠뜨려버렸다. 이로부터의 생애는 하나의 나뭇잎과 같을 뿐이었다.

6 경덕전등록 제14권 '등주 단하 천연 선사' 편에 다음과 같이 기술하고 있다.
初習儒學 將入長安應擧. 方宿於逆旅 忽夢白光滿室 占者曰 "解空之祥也" 偶一禪客問曰 "仁者何往" 曰"選官去" 禪客曰 "選官何如選佛" 曰 "選佛當往何所" 禪客曰 "今江西馬大師出世 是選佛之場 仁者可往" 遂直造江西 才見馬大師 以手托幞頭額 馬顧視良久曰 "南嶽石頭是汝師也" 遽抵南嶽 還以前意投之石頭曰 "著槽廠去"

조리나 팔고,[8] 뙤약볕에 거리에 누워 있을지언정 일찍이 겸연쩍어

---

師禮謝入行者房 隨次執爨役凡三年.

(천연이) 처음에 유학을 배워 과거시험을 보러 장안에 들어갔다. 여객을 치는 집에서 자게 되었는데, 홀연히 흰 빛이 방안에 가득한 꿈을 꿨다. 점치는 사람이 말하기를 "공을 깨칠 상서러움"이라고 했다. 또한 선객을 만났는데, (선객이) 물었다.

"당신은 어디를 가십니까?"

천연이 말했다.

"관리를 뽑는 데 갑니다."

선객이 말했다.

"관리를 뽑는 것이 부처를 뽑는 것과 어떻게 같겠습니까?"

천연이 말했다.

"부처를 뽑는 곳은 어디에 있습니까?"

선객이 말했다.

"지금 강서에 마 대사께서 세상에 나오셨습니다. 그곳이 부처를 뽑는 곳입니다. 당신도 가보십시오."

곧바로 강서로 가서, 마 대사를 보자마자 손으로 복두의 위쪽을 밀어서 열었다. 마 대사가 돌아보고 양구良久하고는 말했다.

"남악의 석두가 그대의 스승이다."

곧장 남악에 이르러 다시 앞의 뜻을 말하자, 석두가 말했다.

"방앗간으로 가라!"

스님이 감사의 절을 하고 행자실로 갔다. 절차에 따라 공양간 일을 무릇 3년이나 했다.

7 無間道(무간도)에 관해서는 본서 '121. 도명에게' 편의 註1을 참조.

8 경덕전등록 제8권, '양주 방온 거사' 편에 다음과 같이 기술하고 있다.

元和中 北遊襄漢 隨處而居 或鳳嶺鹿門 或廛肆閭巷. 初住東巖 後居郭西小舍. 一女名靈照 常隨製竹漉籬 令鬻之以供朝夕. 有偈曰 "心如境亦如 無實亦無虛

하거나 부끄러워한 적이 없었습니다.[9] 그리고 사람을 만나 거꾸로

---

有亦不管 無亦不居 不是賢聖 了事凡夫 易復易 卽此五蘊有眞智 十方世界一乘同 無相法身豈有二 若捨煩惱入菩提 不知何方有佛地"

원화 연간에 북쪽으로 양한 지방을 다니면서 봉령이나 녹문, 시장이나 마을 가는 곳마다 거처했다. 처음에는 동암에 살다가 나중에 곽서(郭西, 성의 서쪽)의 오막살이에 살았다. 영조라는 딸 하나가 항상 따라 다니면서 대나무로 조리를 만들었는데, 그것을 팔아 조석으로 공양토록 했다. (이에) 게송이 있다.

心如境亦如　마음은 여여하고 경계 또한 여여하며
無實亦無虛　실도 없고 허도 없네.
有亦不管　있음에도 관여치 않고
無亦不居　없음에도 머물지 않으니
不是賢聖　현인도 성인도 아닌
了事凡夫　일을 마친 범부로구나.

易復易　쉽고 또 쉽구나!
卽此五蘊有眞智　바로 이 5온이 참된 지혜로다.
十方世界一乘同　시방 세계는 일승으로 동일한데
無相法身豈有二　무상의 법신이 어찌 둘이 있겠는가.
若捨煩惱入菩提　번뇌를 버리고 보리에 들어가면
不知何方有佛地　어느 곳에 부처의 경지가 있는지를 알지 못할 것이네.

9 경덕전등록 제14권, '등주 단하 천연 선사' 편에 다음과 같이 기술하고 있다. 元和三年 師於天津橋橫臥 會留守鄭公出. 呵之不起 吏問其故 師徐曰 "無事僧" 留守異之 奉束素及衣兩襲 日給米麵 洛下翕然歸信.

원화 3년에 천진교天津橋에 누워 있는데, 때마침 유수인 정공鄭公이 나왔다. 일어나지 않은 것을 꾸짖으며 관리가 그 연유를 묻자, 선사가 느릿느릿 말했다. "일 없는 중이오(無事僧)."

유수가 기이하게 여기고(=기인으로 여기고), 한 묶음의 흰 명주와 옷 두 벌을

집어 들고 자빠뜨리고 씀에 이르러서는 최상의 문빗장을 밟는 작략作略이 아닌 것이 없었습니다.

❀

如今旣操此志 根性氣度 幸自不凡 唯務退損精修 長久不變不轉 乃克全體受用. 只如 剗佛殿前草 騎聖僧頂 燒木佛 一口吸盡西江水 不昧本來人 皆圜機活脫 出沒隱顯. 唯上流作家 識其起倒 自餘立亡坐往 俱爲餘韻. 眞所謂 三界外人 豈火宅所能羅籠也. 但使銀山長壁立 不須入草更求人.

지금 이러한 뜻을 지니고 계실 뿐만 아니라, 근기와 성품, 기상과 도량이 다행히도 범상치 않으시니, 오로지 한 발 뒤로 물러나 겸손하게 정진수행하는 데 힘쓰면서 오래도록 변하지 않으면 전체를 수용할 수 있을 것입니다. 예를 들어 불전 앞의 풀을 베고,[10] 성승의 머리에 올라타고,[11] 목불을 태우고,[12] 한 입에 서강의 물을 다 마시고,[13] 어둡지

---

바치고, 날마다 쌀과 밀가루를 대자, 낙양 사람들이 다함께 믿고 따랐다.

10 경덕전등록 제14권, '등주 단하 천연 선사' 편에 다음과 같이 기술하고 있다.

忽一日石頭告衆曰 "來日剗佛殿前草" 至來日 大衆諸童行 各備鍬钁剗草 獨師以盆盛水淨頭 於和尙前胡跪 石頭見而笑之 便與剃髮 又爲說戒法 師乃掩耳而出.

홀연히 어느 날 석두石頭가 대중에게 말했다.

"내일 불전 앞의 풀을 깎아라."

이튿날 대중과 여러 사미 동행들이 각기 가래와 괭이를 가지고 풀을 깎고 있는데, 선사만 동이에 물을 채워 머리를 감고는 화상 앞에 무릎을 꿇고 있었다. 석두가 이를 보고 웃으면서 바로 머리를 깎아 주었다. 또 계법을 설하려는데 선사가 귀를 막고 나가버렸다.

---

11 상기의 註에 이어서, 다음과 같이 기술하고 있다.

便往江西再謁馬師 未參禮便入僧堂內 騎聖僧頸而坐. 時大衆驚愕 遽報馬師 馬躬入堂視之曰 "我子天然"師卽下地禮拜曰 "謝師賜法號" 因名天然. 馬師問"從什麼處來" 師云 "石頭" 馬云 "石頭路滑還蹉倒汝麼" 師曰 "若蹉倒卽不來" 乃杖錫觀方.

그리고는 강서에 마 대사(馬師)를 뵈러 갔는데 참례도 하지 않고 바로 승당으로 들어가 성승聖僧의 목을 타고 앉았다. 그때 대중들이 깜짝 놀라서 마 대사에게 급히 알리자, 마 대사가 몸소 승당에 들어와 보고는, 말했다.
"나의 제자로다. 천연스럽구나!"
선사가 바로 내려와 절을 하고 말했다.
"스님께서 법호를 내려주시니 감사합니다."
이로 인해 천연天然이라고 부르게 되었다.
마 대사가 물었다.
"어디서 왔는가?"
선사가 말했다.
"석두에서 왔습니다."
마 대사가 말했다.
"석두의 길은 미끄러운데, 그대는 미끄러져 넘어지지 않았는가?"
선사가 말했다.
"미끄러져 넘어졌다면 오지 못했을 것입니다."
그리고는 석장을 짚고 제방을 두루 다녔다.

12 경덕전등록 제14권, '등주 단하 천연 선사' 편에 다음과 같이 기술하고 있다.

後於慧林寺遇天大寒 師取木佛焚之. 人或譏之 師曰 "吾燒取舍利" 人曰 "木頭何有" 師曰 "若爾者 何責我乎"

후에 혜림사에 있을 때 날씨가 몹시 춥자, 스님이 목불을 태웠다. 사람들이 괴이하게 여기며 나무라자, 선사가 말했다.
"나는 태워서 사리를 얻으려고 했소!"

않은 본래인(不昧本來人)[14]이라고 했던 것은 모두가 원만한 기機로 활발하게 벗어나, 나오고 사라지며 숨고 들어내는 것이 자유자재했던 것입니다.

오직 최고의 작가 선지식만이 그것의 일어남과 사라짐을 알 뿐, 그 나머지 서서 죽고 앉아 가는 것은 모두 뒤에 남는 여분의 운치입니다. 참으로 이를 일러 '삼계 밖의 사람'이라고 하는 것이니, 어찌 화택火宅이 가두는 바가 되겠습니까! 다만 오래도록 은산銀山처럼 우뚝 서게 하면, 모름지기 풀 속에 들어가 사람을 구할 필요가 없습니다.

---

사람들이 말했다.

"나무 불상에 어찌 사리가 있겠소?"

선사가 말했다.

"그렇다면 어째서 나를 나무라는 것인가!"

13 "만법과 짝하지 않는 사람은 어떤 사람입니까?"라고 방 거사가 물은 것에 대한 마조 스님의 답의 일부분이다.

14 방거사어록에 다음과 같이 기술하고 있다.

士一日又問祖曰"不昧本來人請師 高著眼"祖直下覷. 士曰"一等沒絃琹 惟師彈得妙"祖直上覷. 士禮拜 祖歸方丈. 士隨後曰"適來弄巧成拙"

거사가 하루는 또 마조에게 물었다.

"불매본래인不昧本來人으로서 스님께 청하옵니다. 눈을 높여서 보십시오."

마조가 바로 아래를 보았다(=눈을 아래로 깔았다).

거사가 말했다.

"한결같이 줄 없는 거문고를 오직 스님께서만 묘하게 튕기시는군요."

마조가 바로 위를 보았다(=눈을 치켜떴다).

이에 거사가 절을 하자, 마조가 방장실로 돌아갔다.

거사가 뒤를 따르며 말했다.

"좀 전에 재주를 부리다가 보잘 것 없게 되었습니다.

# 130. 화엄 거사께(示 華嚴居士)

平常心是道 纔趣向卽乖. 到箇裏 正要脚蹋實地 坦蕩蕩圓陀陀 孤逈危峭 不立毫髮知見. 倒底放下 澄澄絶照 壁立萬仞. 喚甚作心作佛作玄作妙. 一往直前 不起見不生心 如猛火聚 不可近傍 似倚天長劍 孰敢攖鋒.

※一往直前(일왕직전): 용감하게 매진하다.

※攖(얽힐 영): 얽히다. 어지럽다. 구속하다. 묶다. 매다. 집다. 다가서다. 접근하다.

평상심이 도이니,[1] 나아가고자 하면 바로 어긋나게 됩니다. 여기에

---

1 경덕전등록 제10권, '조주 관음원 종심 선사' 편에 다음과 같이 기술하고 있다. 異日問南泉 "如何是道" 南泉曰 "平常心是道" 師曰 "還可趣向否" 南泉曰 "擬向卽乖" 師曰 "不擬時如何知是道" 南泉曰 "道不屬知不知 知是妄覺 不知是無記 若是眞達不疑之道 猶如太虛 廓然虛豁 豈可强是非邪" 師言下悟理 乃往嵩嶽瑠璃壇納戒 却返南泉.

다른 날 남전에게 물었다.
"어떤 것이 도입니까?"
남전이 말했다.

이르러서는 바로 실제로 밟아 넓고 원만하며, 고고하게 뛰어나고 가파르게 높아야 하니, 털끝만큼도 지견知見을 세우지 않아야 합니다. 또한 밑바닥까지 뒤집어 내려놓아, 맑고 맑게 비춤도 끊어서 만 길 절벽이 우뚝 선 듯해야 합니다. 그러면 무엇을 마음이라 하고, 무엇을 부처라 하며, 무엇을 현玄이라 하고, 무엇을 묘妙라고 부르겠습니까! 용감하게 매진하면서 견해도 일으키지도 않고 마음도 내지 않으니 마치 맹렬한 불무더기 같아 가까이 갈 수도 없고, 흡사 하늘에 기댄 장검과 같은데, 누가 감히 칼끝에 다가서겠습니까!

❀

養得純和冲淡 透徹無心境界 便可截生死流. 居無爲舍 端如癡兀拍盲 罔分皀白 猶較些子. 所謂 絶學閑閑眞道人也. 了了回光 深深契寂

---

"평상심이 도이니라."
선사(조주)가 말했다.
"향해서 나아갈 수 있습니까?"
남전이 말했다.
"향하려 하면 바로 어긋나게 된다."
선사가 말했다.
"향하지 않을 때에는 어떻게 도인 줄 아는 것입니까?"
남전이 말했다.
"도는 알고 모르는 데 속하지 않나니, 안다는 것은 허망한 깨달음이고, 알지 못한다는 것은 무기無記다. 만약 의심치 않는 도를 진실로 통달하였다면 마치 허공처럼 툭 트여 텅 빈 것과 같을 것인데, 어찌 억지로 시비를 하겠는가!"
선사가 그 말끝에 이치를 깨닫고는 이내 숭악嵩嶽의 유리단瑠璃壇으로 가서 계를 받고, 다시 남전으로 돌아왔다.

洒絶滲漏 自然與向上人 不謀而同 不言而喩. 若作聰明 立知見 懷彼我分勝負 則轉沒交涉. 此唯尙猛利快割斷 懸崖撒手 棄捨得性命 便當下休歇. 只大休處是 究竟合殺處爾.

※罔(그물 망, 없을 망): 그물. 계통. 조직. 없다. 속이다. 말다. (사리에) 어둡다. 근심하다. 넘보다. 멍하다. 엮다. 얽다. 그물질하다.

순일하고 온화하며 텅 비고 맑게 길러서 무심의 경계를 꿰뚫어버리면 바로 생사의 흐름을 끊게 됩니다. 무위無爲의 집에 살면서 단적으로 바보 같고 장님 같아 흑백도 구분하지 못하면, 그래도 조금은 봐줄 만합니다. 그래서 이를 일러 '배울 것 없는 한가로운 참된 도인(絶學閑閑眞道人)'이라고 하는 것입니다.

분명하고 분명하게 회광반조하고 깊고 깊게 적멸에 계합해야 새는 것(滲漏, 번뇌)[2]을 끊을 수 있고, 자연히 향상인向上人과 도모하지 않아도 같게 되며, 말하지 않아도 깨우치게 됩니다. 그런데 만약 총명하다고 지견을 세우고, 너와 나를 생각하며, 이기고 짐을 구분한다면, 더욱 관계없게 됩니다. 여기서는 오직 용맹스럽고 날카롭게 분명히 끊는 것을 숭상할 뿐이니, 아득한 절벽에서 손을 놓아(懸崖撒手)[3] 목숨을 버릴 수 있어야, 바로 그 자리에서 쉬게 됩니다. 다만 크게 쉬는 곳만이 구경究竟의 합당한 경지입니다.

---

2 滲漏(삼루, 번뇌)에 관해서는 본서 '6. 융 지장에게' 편의 註14를 참조.

3 '懸崖撒手 棄捨得性命(현애살수 기사득성명)'에 관해서는 본서 '31. 혜 선인에게' 편의 註2를 참조.

# 131. 무주 도인께(示 無住道人)

維摩經 依無住本 立一切法 金剛經 應無所住 而生其心. 古德云 "一切無心無住著 世出世法 莫不皆爾" 使有住則膠固 豈復能變通耶. 日月住則無晝夜 四時住 則失歲功.

유마경에서는 "무주를 근본으로 하여 일체법을 세운다(依無住本 立一切法)"고 했고, 금강경에서는 "마땅히 머무는 바 없이 그 마음을 내야 한다(應無所住 而生其心)"고 했습니다. 또한 옛 어른 스님은 "일체에 무심無心하고 집착이 없으면, 출세간과 세간법이 모두 같지 않음이 없다"[1]고 했습니다.

만약 머묾이 있으면 아교처럼 굳게 되는데, 어찌 다시 변통變通할 수 있겠습니까! 해와 달이 머물면 낮과 밤이 없게 되고, 사계절이 머물면 세월의 기능(功, 功能)을 잃게 됩니다.

❀

唯其無住 乃所以流於無窮 是故 住於無所住. 所以 轉凡成聖 卽無作無爲無住妙用 於萬有中得大解脫. 旣達此理見此道 唯力行不倦 乃眞道

---

1 출처를 알 수 없다.

人也.

오직 무주無住 때문에 무궁(無窮, 끝이 없음)에 흐르는 것이고, 이런 까닭에 무소주(無所住, 머무는 데 없음)에 머무는 것입니다. 그래서 범부를 바꿔 성인을 이루면 짓는 것도 없고(無作) 함도 없으며(無爲) 머무는 것도 없는(無住) 묘용이 되어 만유萬有 가운데서 대해탈을 얻게 됩니다.

이 이치를 통달하고 이 도를 보았다면, 오로지 게으르지 않고 힘써야, 참 도인(眞道人)입니다.

# 132. 원장 선인에게(示 元長禪人)

佛語心爲宗 達磨傳此者矣. 而馬師爲蛇畫足 慈悲落草乃云 "諸人欲識佛語心麽" 已是漏逗了也. 更言 "只如今語便是佛語 此語出於自心便是佛心" 若擧揚正宗 作如是話會 如何出得作家八十四人邪. 是故從上來 行正令底視之 如將惡水澆潑人 成甚模摤. 應知 這老子太煞屈曲 事不獲已. 然今學者 尙看他底不破 只管落語言 執解會 認光影做窠窟 好不性傈也.

※밑줄 친 부분 가운데 '摤'은 '樣(모양 양)'으로 해석하였다.
※밑줄 친 부분 가운데 '傈(긴 모양 초)'는 '慄(근심할 조)'의 誤字다.

부처님이 말씀하신 마음을 종지로 삼아(佛語心爲宗),[1] 달마가 이것을 전했다. 그리고 마조가 사족을 붙여 낙초자비落草慈悲로 이르기를 "여러분은 부처님이 말씀하신 마음을 알고 싶은가?"[2]라고 했는데,

---

1 "부처님이 말씀하신 마음으로 종지를 삼고, 무문으로 법문을 삼는다"는 말은 마조도일이 능가경에 대한 총체적인 이해를 한마디로 정리한 것으로 보아야 한다.

2 마조도일의 말씀으로 본서 '84. 장 자고께' 편의 註11을 참조.

이미 이것도 허물이다.

또 말하기를 "다만 지금 말하는 것이 바로 부처님 말씀이고, 이 말은 자기 마음에서 나왔으니, 바로 이것이 부처님 마음이다"고 했다. 그런데 만약 바른 종지를 거양하면서 이와 같은 말을 했다면, 어떻게 84인의 작가作家가 나왔겠는가![3] 이런 까닭에 예로부터 바른 법령을 행한 사람이 이것을 보았다면, 마치 구정물을 가지고 사람에게 뿌린 것과 같을 것인데, 무슨 모범이 되겠는가!

이 노장의 말이 매우 이리 굽고 저리 꺾인 것은 어쩔 수 없어서 그렇게 한 것임을 알아야 한다. 하지만 요즘 학인들은 오히려 그의 말을 간파하지 못했으면서도, 단지 그 말에 떨어져 이치로 따져 아는 것에 집착하고, 빛과 그림자와 같은 것을 실재하는 것으로 여기면서 고정된 틀이나 만들고 있으니, 몹시 성미가 급하다.

❀

可中 有箇生鐵鑄就 手裏握得 頑石粉碎 眼目定動 擬議不來 一綽便透 更說 甚佛語心. 如之若彼 直饒千佛萬祖 躬親動地放光 如雲如雨 行棒 行喝 雷奔電激 不消箇熱不釆. 等閑凡不收聖不管 更喚甚作 生死菩提 涅槃煩惱. 不如飢來喫飯 困來打眠 此乃稍稍類他家種草也. 所以 地藏道 "你南方佛法浩浩地 爭如我種田博飯喫"

---

3 경덕전등록 제6권, '강서 도일 선사' 편에서는 다음과 같이 기술하고 있다.
師入室弟子一百三十九人 各爲一方宗主轉化無窮.

선사의 입실제자 139명은 각기 한 지방의 종주가 되어 한량없는 교화를 폈다.

※綽(잡을 작): 움켜쥐다. 집어들다. 손에 잡다.

하지만 그 가운데 생철로 부어 만든 놈이 있어 손에 단단한 돌을 꽉 쥐어 부숴버리고, 눈동자도 굴리지 않고 머뭇거리지 않으며, 한 번 집어들면 바로 꿰뚫어버리는데, 다시 무슨 부처님이 말씀하신 마음(佛語心)을 말하겠는가! 만약 그와 같이 할 수 있다면 설사 일천 부처와 일만의 조사가 몸소 땅을 흔들고 빛을 놓으며, 구름처럼 빗방울처럼 방을 하고 할을 하며, 우레가 달리고 번개가 치듯 해도 흥분할 필요가 없을 것이다.

무심해서 범부도 받아들이지 않고 성인도 관여치 않는데, 다시 무엇을 생사·보리·열반·번뇌라고 부르겠는가! 배고프면 밥 먹고 졸리면 자는 것만 못하니, 이것이야말로 점점 저 집안의 법손(種草)과 같아지는 것이다. 그래서 지장地藏이 이르기를 "그대들 남방의 불법이 대단해도 어찌 내가 밭에 씨 뿌리고 주먹밥 먹는 것과 같겠는가!"[4]라고 하였던 것이다.

❀

十成是以此爲事 徹到無事 如斬一綟絲 一斬一切斬 把斷世界 不漏絲毫 諸見不生 了無滲漏. 以長歲月 不動不退 靠之自然成辦. 香林四十年 方打成一片 潙山三十載 牧一頭水牯. 旣有此志 深宜長久 乃能堪報不報之恩 是眞出家大解脫衲子也.

4 지장(나한)계침의 말씀이며 본서 '27. 찬 상인께' 편의 註12를 참조.

최고는 이것으로 일을 삼아 철저하게 일 없음(無事)에 이르는 것이니, 마치 한 타래의 실을 한 번 자름에 일체를 자르는 것처럼 세계를 꽉 틀어쥐어, 실 끝만큼도 새지 않고 모든 견해도 일어나지 않아 새는 것(滲漏, 번뇌)[5]이 전혀 없어야 한다.

이렇게 오랜 세월 움직이지도 않고 물러서지도 않아야 자연히 이루게 된다. 향림은 40년 만에야 비로소 한 덩어리를 이루었고(打成一片),[6] 위산은 30년 동안 한 마리 물소를 길렀다.[7]

이왕 이러한 뜻이 있는 바엔, 매우 오래도록 해야만 갚을 수 없는 은혜(不報之恩)[8]에 보답하는 것을 감당할 수 있는 것이니, 이것이 진정으로 출가한 대해탈의 납자인 것이다.

---

5 滲漏(삼루, 번뇌)에 관해서는 본서 '6. 융 지장에게' 편의 註14를 참조.

6 향림징원과 '香林四十年 方打成一片'에 관해서는 본서 '4. 원 수좌에게' 편의 註14를 참조.

7 위산영우에 관해서는 본서 '7. 충 장로께' 편의 註9를 참조하기 바라며, 상기의 30년 동안 물소 한 마리를 기른 것(牧一頭水牯)에 관해서는 본서 '127. 처겸 수좌에게' 편의 註12를 참조하기 바란다.

8 갚을 수 없는 은혜(不報之恩)에 관해서는 본서 '4. 원 수좌에게' 편의 註9를 참조.

# 133. 단하 불지 유 선사께(示 丹霞佛智裕禪師)

祖師宗風 步驟闊遠 逈出教乘 丹提正印. 靈山拈瞬 而飮光笑領 龍猛示圓相 而提婆中的. 少林覓心 而二祖超證 盧老說偈 而大滿付衣鉢. 人皆以爲密傳 鞠其端倪 乃是納敗. 豈造妙深極之旨 止如是而已. 要須如天之高 地之厚海之淵 虛空之廣 尙未髣髴.

※闊(넓을 활): 넓다. 트이다. 멀다. 간략하다. 너그럽다.

※밑줄 친 부분 가운데 '丹提(단제)'는 중화민국 신문풍 출판사에서 인행한 본에 의하면 '單提(단제)'로 기술하고 있으며, 역자도 이것을 따랐다.

※髣(비슷할 방): 비슷하다. 닮다.

※髴(비슷할 불): 비슷하다. 헝클어진 머리 털. 방불하다.

조사의 종풍(宗風, 교화)은 절차가 확 트이고 원대해서 교승(教乘, 교학)을 멀리 벗어나 정인正印을 홑으로 제창하였습니다. 부처가 영산에서 눈 깜짝할 사이에 들어보이자 가섭(飮光)이[1] 미소하며 깨달았고, 용수(龍猛, 제14조)가 원상圓相을 보이자 제바(提婆, 제15조 가나제바)가 알아차렸습니다.[2] 또한 소림에서 마음을 찾자 혜가가 단박에 깨달았

---

1 '飮光(음광)'에 관해서는 본서 '8. 법제 선사께' 편의 註7을 참조.

고, 노 행자(盧老)[3]가 게송을 짓자 대만大滿[4]이 의발을 전수했습니다. 이러한 것들을 사람들은 모두 은밀히 전한 것이라고 하지만, 그 일의 본말을 따져본다면 곧 낭패가 됩니다. 어찌 오묘하고 심오하며 지극한 종지를 성취하는 것이 이와 같은 것에 그치겠습니까! 모름지기 하늘처럼 높고 땅처럼 두터우며 바다처럼 깊고 허공처럼 넓다 해도, 여전히 비슷하지 않다는 것을 알아야 합니다.

❀

信過量大解脫人 回天轉地 吸海枯竭 喝散虛空 奮大機顯大用 於無邊香水 浮幢剎外 斬魔外見網 摧佛祖化權 揭示不可示 拈提不可提之奧 尙未爲的. 則雪峯鼇山得道 雲巖始終不知有 乃戲論爾. 應須生鐵鑄就心肝 殺人不眨眼手段 乃可略露風規. 貴慧命流於無窮 差可人意耳. 建炎 三年閏月十一日 前雲居 圜悟禪師克勤書.

※可人(가인): 호감을 불러일으키다. 호감이 가다. 마음에 들다. 좋은 느낌을 주다. 좋은 인상을 가지게 하다. 본받을 만한 사람. 뛰어난 인물. 의중인意中人. 마음속에 새겨져 잊을 수 없는 사람.

확실히 가름을 뛰어넘는 대해탈인이 천지를 굴리고, 바닷물을 마셔

2 용수(龍猛)가 원상圓相을 보이자 제바(提婆, 가나제바)가 알아차린 것에 관해서는 본서 '6. 융 지장에게' 편의 註5를 참조.

3 시점을 게를 지었던 때로 잡았기에 번역은 '노 행자'라 하였고, 괄호로 원문을 표기하였음(盧老)을 밝혀둔다.

4 大滿(대만)은 5조 홍인 스님의 시호이다.

고갈시키며, 큰 소리로 허공을 흩어버리고, 대기大機를 떨치고 대용大用을 드러내며, 끝없는 향수해에 떠 있는 당찰 밖에서 마군과 외도의 견해의 그물을 자르고, 불조佛祖의 교화방편을 꺾어버리며, 보일 수 없는 것을 내걸어 보이고 제시할 수 없는 심오한 것을 집어 들어 제시한다 해도, 아직은 분명한 것이 못됩니다. 그러므로 설봉雪峯이 오산鼇山에서 도를 얻었다거나,[5] 운암雲巖이 끝내 '있음을 알지 못했다'[6]

---

5 설봉이 오산에서 도를 얻었다는 것과 관련해서는 본서 '24. 광 선인에게' 편의 註2, 하나하나 모두 자기의 흉금으로부터 흘러나오게 된다'를 참조하기 바란다.

6 동산록에 다음과 같이 기술하고 있다.

他日因供養雲巖眞次 僧問 "先師道祇這是 莫便是否" 師云 "是" 云 "意旨如何" 師云 "當時幾錯會先師意" 云 "未審先師還知有也無" 師云 "若不知有 爭解恁麽道 若知有 爭肯恁麽道"(長慶稜云 "旣知有 爲甚麽恁麽道" 又云 "養子方知父慈")

뒷날 (동산이, 재를 지내면서) 운암雲巖의 진영에 공양을 올리는데, 어떤 스님이 물었다.

"선사(운암)께서는 '다만 이것일 뿐이다(祇這是)'고 했는데, 맞습니까?"

선사(동산)가 말했다.

"그렇다."

스님이 말했다.

"뜻이 무엇입니까?"

선사가 말했다.

"당시 선사의 뜻을 잘못 알 뻔했었다."

스님이 말했다.

"선사(운암)께서 있음을 알았는지 몰랐는지 잘 모르겠습니다."

선사가 말했다.

"몰랐다면 어찌 이런 말을 할 수 있었으며, 알았다면 어찌 이런 말을 긍정했겠는가?"

고 하는 것도 모두 희론戲論일 뿐입니다.

모름지기 생철生鐵을 부어 심장과 간장을 만들고, 사람을 죽이고도 눈 하나 깜짝하지 않는 솜씨라야, 풍규風規를 조금이나마 드러낼 수 있습니다. 또한 혜명慧命이 다함없이 흐르도록 하는 것을 소중하게 여겨야, 그런대로 괜찮은 사람(可人)의 뜻이라 할 수 있습니다.

건염 3년(1129년) 윤달 11일,
전 운거(주지) 원오선사 극근 씀.

---

〔장경 혜릉(長慶稜)이 말했다.

"알았다면 어째서 이렇게 말을 했겠는가?"

또 말했다.

"자식을 길러봐야 아비의 사랑을 알게 된다."〕

# 134. 경용학께(與 耿龍學)[1]

妙喜示來 教見矻矻 於此意況甚濃 眞不忘悲願也. 而以宗正眼 照破義路情解 透見肝膽 何明眼如此. 正宗久寂寥 後昆習窠臼守 箕裘轉相鈍致. 擧世莫覺其非 大家隨語生解 祖道或幾乎息矣.

※寂寥(적요): 적적하고 쓸쓸함. 적막함.
※箕裘(기구): 가업을 이어 받음. 아버지의 유업.
※幾乎(기호): 거의. 거의 모두. 하마터면.

묘희妙喜[2]가 와서 보여준 바에 의하면, (공께서는) 교학에 대한 견해(教見)에 부지런히 애를 쓰면서도 이것(此)에 대한 생각은 더욱이 몹시 농후하시니, 참으로 비원悲願을 잊지 않으신 것 같습니다. 그리고 종문宗門의 바른 안목(正眼)으로 의로義路와 정해情解를 비춰 깨뜨리고 간담肝膽을 꿰뚫어 보시니, 어찌 안목이 이렇게도 밝으신 것입니까!

---

1 원문에는 '與耿龍學書批'로 되어 있다. 이것은 편지를 먼저 쓰고 다시 한 장 내어 붙이는 것을 뜻하며, 추신과 비슷한 말이다.

2 妙喜(묘희)는 원오 스님의 제자인 대혜종고를 뜻한다.

바른 종풍은 적적하고 쓸쓸한 지 오래 되었는데도 후손들은 고정된 틀(窠臼)을 지키는 것에만 익숙할 뿐이니, 가업을 이어받는 것(箕裘)[3]이 한층 더 둔하게 되었습니다. 또한 모든 세상 사람들이 그것이 잘못임을 깨닫지 못하고 모두가 말을 따라 지해知解를 내니, 조사의 도(祖道)가 거의 숨도 쉬지도 못할 지경입니다.

❀

不有超卓穎悟之士 何以規正哉. 此皆正念乃眞外護也. 時節擾擾 山居領衆 亦未可保全 尙未有可乘之便 爲轉身之許爾. 杲佛日 一夏遣參徒踏 逐山後 古雲門高頂 欲誅茆隱遁 其志甚可尙. 今令謙去 山叟爲書數語及疏頭. 亦與輟長財成之 可取一觀也. 渠欲奉鋤 正在高裁也. 克勤 啓上.

※規正(규정): 바로잡음. 나쁜 점을 뜯어 고침.
※叟(늙은이 수): 늙은이. 어른. 쌀 씻는 소리. 움직이는 모양. 촉의 별칭.
※輟(그칠 철): 그치다. 버리다. 깁다. 조금 부서진 수레를 다시 고친 것.
※正在(정재): 지금 ~하고 있다. 바야흐로. 마침.

탁월하고 빼어나게 총명한 사람이 없다면 무엇으로 바로잡을 수 있겠

---

3 箕裘(기구): 『예기禮記』에 나오는 말이다. 궁사弓師의 아들은 먼저 연한 버드나무 가지로 키를 만드는 것을 배우고, 대장장이의 아들은 먼저 부드러운 짐승의 가죽으로 갑옷 만드는 일을 배워 차츰 어려운 본업에 숙달한 다는 뜻으로, 집안의 가업을 이어 받음을 비유하여 이르는 말이다.
箕裘之業(기구지업)은 키와 갑옷이라는 뜻으로 조상대대로 전승해 내려오는 사업을 말한다.

습니까! 이것은 모두 정념正念을 가진 이라야 진실로 외호할 수 있는 것입니다. (하지만 저는) 시절이 뒤숭숭해 대중을 거느리고 산에 살면서도 또한 온전하게 보전할 수 없는 형편입니다. 더욱이 쓸 만한 방편도 없는데, 전신轉身할 정도가 되겠습니까!

불일종고佛日宗杲[4]가 하안거(一夏)를 보내고, 참구하던 무리들과 이 산 저 산 돌아다닌 후에 옛날 운문雲門 스님이 머물던 고봉정상에 띠를 베고 은둔하려 한다 하니, 그 뜻이 매우 가상합니다.

지금 도겸 편에 제(山叟)가 쓴 몇 마디 말과 소疏를 보냅니다. 시원찮은 것들을 깁고 고쳐서 만든 것이니 한 번 봐주십시오. 그가 김매는 데 힘쓰고자 하는 것이야말로 바로 뛰어나게 결단하는 것입니다.

극근 올림.

---

4 '杲 佛日(고 불일)'은 원오 스님의 제자인 대혜종고 스님을 뜻한다.

# 135. 양 무구 거사께(示 楊無咎居士)

佛祖出興于世 以大悲願力 起無緣慈 唯務引接 利智上根 具大器量 堪委任大解脫. 上上勝妙玄機 作人所不能爲 超群絶衆 可以彈指證無生 可以立地越果海. 眼觀東西 意在南北 如快鷹俊鶻 戞戞騰雲 迷風曜日 捎玉兎拂金雞.

※超群絶衆(초군절중)=超群絶倫(초군절륜): (성어) 수준이나 기예가 출중하여 견줄 사람이 없다.

※戞戞(알알): 사물이 서로 어긋나고 맞지 않은 모양.

※捎(덜 소): 덜다. 베다. 제거하다. 죽이다. 살짝 닿다. 스치다. 낚아채다. 훔치다. 치다. 때리다.

불조佛祖는 세상에 나와 대비원력으로 무연자비無緣慈悲[1]를 일으켜,

---

1 無緣慈悲(무연자비)에 관해 『摩訶止觀(마하지관)』에서는 다음과 같이 기술하고 있다.

"무연자비는 여래의 자비로, 중생의 모습에 집착하지 않기 때문에 애견으로부터 자유롭다. 열반을 집착하지 않기 때문에 공적에 빠지지 않는다. 공적으로부터 자유롭기 때문에 가르침에 의지하는 자비가 아니고, 애견으로부터 자유롭기 때문에 중생에 따른 자비가 아니다. 그래서 무연자비라고 한다. 이는 의지적인 노력에 따른 자비가 아니라, 자석이 철을 당기는 듯이 자연스러운 자비이다.

오로지 대기량大器量을 갖추고 대해탈을 맡길 수 있는 영리한 근기의 뛰어난 지혜를 가진 이를 인도하고 제접하는 데 힘썼습니다. 그리하여 (그들은) 최상의 뛰어나고 현묘한 기로 사람들이 할 수 없는 것을 해서 견줄 사람이 없었기에, 손가락 튕기는 사이에도 무생無生을 증득할 수 있었고, 선 자리에서 인과의 바다를 뛰어넘을 수 있었던 것입니다. 또한 눈으로는 동서를 보면서도 생각은 남북에 두었으니, 마치 날쌔고 수려한 매들이 서로 엇갈리며 구름을 타고 올라 바람에 마음을 빼앗기고, 해가 빛나는 날에 달에 닿고 해를 가볍게 스치며 지나가는 것과 같았습니다.

❀

英靈掀豁 乃拈當頭末上一著子 似電閃星飛 不容擬議. 待伊全體脫去籠羅 直下不費一毫指點 遂乃披襟 透頂透底領略 卽兩手分付. 是故體裁步驟 如獰龍之得水 似猛虎之靠山 雲突突風颭颭 傾人肝膽耀人心目 方可謂之本家種草. 所以 維摩大士大集會 魔王現首楞嚴定 魔界行不汚 菩薩之儔.

※突突(돌돌): 쿵쿵. 통통. 두근두근(심장 뛰는 소리).

※颭(물결일 점): 물결이 일다. 살랑거리다. 흔들리다. 바람에 요동하는 모양.

---

철이 무언가에 방해를 받으면, 자석이 철을 끌어당길 수 없듯이 중생의 마음도 무명이 방해를 하면, 아무리 무연자비가 작용을 해도 생각대로 중생을 끌어당길 수 없다. 중도관은 이 무명을 부순다."〔지의, 『마하지관』(해제), 2006. 서울대학교 철학사상연구소〕

뛰어난 근기(英靈)를 번쩍 들어 툭 트이게 하는 것이 바로 머리 꼭대기에서 이 하나(一著子)를 드는 것이기에, 마치 번개가 치고 유성이 날듯 조금도 머뭇거림을 용납하지 않는 것입니다. 또한 온몸이 그물에서 벗어나면 바로 그 자리에서 털끝만큼도 손가락으로 가리켜 보일 필요가 없기에, 그래서 마침내 옷깃(가슴)을 풀어 헤치고 머리끝에서 발끝까지 깨달으면 바로 두 손으로 부촉하는 것입니다.

이런 까닭에 체재體裁와 절차(步驟)가 영악한 용이 물을 만난 듯하고, 맹호가 산을 의지한 듯하며, 구름을 쿵쿵거리고 바람을 요동치며 사람의 간담을 기울게 하고, 마음의 눈을 비출 수 있어야, 비로소 본가本家의 법손이라 부를 수 있는 것입니다. 그래서 유마 대사維摩大士는 대 집회에서 마왕에게 수능엄정首楞嚴定을 드러내, 마계魔界에서 행하면서도 오염되지 않고 보살과 짝이 되었던 것입니다.[2]

❀

與夫文殊普賢 金色頭陀之類 皆離倫拔萃 而一旦擧花密傳 豈常事哉. 以至達磨西來 神光瞥地 自爾 多沒量大人. 特達精通 只向動用瞬揚語默舒卷 縱擒與奪 顯發底裏. 長時已思不露 等閑兀兀地 若百不知百不會底人及乎. 挨拶著 便見驚群動衆. 雖然鞠其至趣 初無如許多事. 唯直下明妙 一切無心而已.

2 유마경 '보살품' 가운데 부처님이 지세보살에게 유마 거사의 병문안을 지시하자, 지세보살이 그 일을 감당하지 못함을 아뢰는 내용이 있는데, 마라 파순이 천녀들을 데리고 지세보살의 처소에 이르러 유혹하려고 하자, 유마 거사가 이를 알고 천녀들 모두에게 아뇩다라삼먁삼보리심을 일으키게 한 것을 뜻하는 것 같다.

※一旦(일단): 만약 ~한다면. 하루아침. 잠시. 잠깐. 삽시간. 어느 날 갑자기. 한 번. 일조. 우선 잠깐.

※兀兀(올올): 마음을 한 곳에 쏟아 전념하는 모양. (술에 취하여) 머리가 멍한 모양. 높이 솟은 모양. 머리가 벗겨진 모양. 홀로 있는 모양.

무릇 문수·보현과 더불어 가섭(金色頭陀)과 같은 부류는 모두가 무리에서 벗어나 출중하였습니다. 그래서 어느 날 갑자기 꽃을 들어 은밀히 전한 것이니, 이것이 어찌 일상적인 일이겠습니까!

달마가 서쪽에서 와서 혜가가 한 번 슬쩍 보고 깨달은 것 때문에, 이로부터 몰량대인沒量大人이 많게 되었습니다. 그들은 특별히 재주가 뛰어나 밝고 자세하게 알았지만, 다만 눈을 깜빡거리고 눈썹을 치켜들며(瞬揚), 말을 하고 침묵을 하며(語默), 말고 펴며(舒卷), 잡고 놔주며(縱擒), 주고 빼앗는 것(與奪)을 쓰면서 밑바닥 속까지 드러냈습니다. 또한 오랜 시간 생각하였던 것을 드러내지 않고 무심히 마음을 한 곳에 쏟아 전념하였으니, 마치 도무지 아는 것도 없고 전혀 깨닫지도 못한 사람과 같지 않았겠습니까! 하지만 밀치거나 짓누르면 바로 무리들이 놀라고 대중들이 동요하는 것을 보게 됩니다.

비록 그렇기는 하지만, 그 지극한 도리를 밝혀보면 애초부터 이렇게 저와 같은 많은 일들이 없고, 오로지 바로 그 자리에서 오묘함을 밝혀 일체에 무심無心할 뿐입니다.

❀

苟能棄去 學解執著 放教閑閑地 聖諦亦不爲 自然契合從上來綱宗 便可入此 選佛場中. 轉度未度 轉化未化得 不是再來人間世 不依倚一物

無爲絶學 眞正出格 大道人耶.

만약 배워서 안 것과 집착하는 것을 버리고, 조용하고 한가롭게 할 수 있으며, 성제聖諦 또한 할 것이 없으면,[3] 자연히 예로부터 내려오는 강종(綱宗, 뼈대가 되는 종지)에 계합해서 이 선불장選佛場[4] 안으로 들어갈 수 있게 됩니다. 또한 제도 받지 못한 중생을 제도하고 교화 받지 못한 사람을 교화해서 얻게 되면, 인간 세상에 다시 와 한 물건에도 의지하거나 기대지 않는 무위절학無爲絶學의 진정으로 격식을 뛰어넘

---

3 경덕전등록 제5권, '길주 청원산 행사 선사' 편에 다음과 같이 기술하고 있다. 後聞曹谿法席乃往參禮 問曰 "當何所務 卽不落階級" 祖曰 "汝曾作什麽" 師曰 "聖諦亦不爲" 祖曰 "落何階級" 曰 "聖諦尙不爲 何階級之有" 祖深器之 會下學徒雖衆 師居首焉. 亦猶二祖不言 少林謂之 得髓矣

뒤에 조계曹谿의 법석에 대해 듣고 바로 가서, 참례하고 물었다.
"마땅히 어떻게 힘써야 계급階級에 떨어지지 않겠습니까?"
조사(육조)가 말했다.
"그대는 일찍이 무엇을 했었는가?"
선사가 말했다.
"성제聖諦 또한 하지 않았습니다."
조사가 말했다.
"어떤 계급에 떨어졌는가?"
선사가 말했다.
"성제도 하지 않았거늘 무슨 계급이 있겠습니까?"
조사가 그를 법기로 여겨, 회상의 학인들이 아무리 많아도 선사를 제일 윗자리에 앉혔으니, 2조가 말을 하지 않아도 소림(달마 대사)이 "나의 골수를 얻었다"고 한 것과 같았다.

4 選佛場(선불장)에 관해서는 본서 '15. 축봉 장로께' 편의 註8을 참조.

은 대도인大道人이 아니겠습니까!

❀

詔使觀察 楊公無咎 高識遠見 博學多能. 而於祖道 尤深造詣 智鑒機警 未擧先知 未言先透. 在都下 日獲參陪 玆沿帝命 使宣撫司 再會錦官. 持辱道照 臨還索葛藤 因出此納敗云.

조사詔使 관찰사 양 무구 공(楊公無咎)은 식견이 높고 원대하며 박학하고 다재다능한 분이십니다. 조사의 도(祖道)에 조예가 깊어 지혜는 거울 같고 기機는 총민해서 들어 보이기 전에 먼저 알고, 말하지 않아도 먼저 꿰뚫으셨습니다.

도읍에 있을 때 매일 만나 뵈었으나, 황제의 명을 따르던 중, 선무사宣撫司를 시켜 다시 금관錦官에서 만나게 되었습니다. 수고스럽게도 길을 찾아 나서 한마디 말을 구하시니, 이로써 이 변변찮은 글을 올립니다.

# 136. 뇌공 열 거사께(示 雷公悅居士)[1]

如今照了本心 圓融無際 色聲諸塵 那可作對. 逈逈獨脫 虛靜明妙 要須徹底提持 勿令浮淺. 直下高而無上 廣不可極 淨躶躶圓垜垜 無漏無爲. 千聖依之作根本 萬有由之建立 應須斗頓 回光自照. 令絕形段 分明圓證 萬變千化 無改無移 謂之 金剛王 謂之 透法身.

※垜(쌓을 타): 쌓다. 쌓아올리다. 무더기. 벽. 살받이.

지금 본래의 마음(本心)을 비춰보면 원융해서 끝이 없는데, 색色과 성聲 모든 티끌 경계가 어떻게 마주 대할 수 있겠습니까! 아득히 멀리 홀로 벗어나 텅 비어 고요하고 밝고 오묘하니(虛靜明妙), 모름지기 철저하게 제지提持[2]해야지 들뜨거나 천박하게 해서는 안 됩니다. 바로 그 자리에서 위없이 높고 끝없이 넓으며 깨끗하고 원만해서, 새는 것도 없고(無漏) 함도 없어야(無爲) 합니다.

일천 성인도 이것을 의지해 근본을 지었고, 만유萬有가 건립된 까닭이기도 한 것이니, 모름지기 홀연히 단박에 빛을 돌이켜 스스로 비춰야

1 원문에는 '示成都雷公悅居士(성도의 뇌공 열 거사께)'로 되어 있다.

2 提持(제지)에 관해서는 본서 '1. 화장 명 수좌에게' 편의 註6을 참조.

합니다. 형체를 끊고 분명하고 원만하게 증득해서, 천 가지 만 가지 변화에 바꿀 것도 없고 고칠 것도 없으면, 이를 일러 '금강왕金剛王'이라 하고, '법신을 꿰뚫었다(透法身)'고 합니다.

❀

餉間 行住坐臥 無不透徹 物物頭頭 靡有間隔 喚作 乾白露淨 單明自心. 不可只麽守之. 守住便落窠窟 却須猛割猛斷 十分棄捨. 轉捨轉明轉遠轉近. 抵死打疊 令斷却命去 始是絶氣息人 方解向上行履. 若論向上行履 唯己自知 知亦不立 釋迦彌勒文殊普賢德山臨濟 不敢正眼覰著. 豈不是奇特底事.

짧은 시간, 행주좌와에 꿰뚫어 사무치지 않는 것이 없으면 두두물물에 사이가 없게 되는데, 이를 일러 "깨끗하게 드러내 자기의 마음을 홀로 밝힌다(乾白露淨 單明自心)"고 합니다. 하지만 단지 그것을 지키기만 해서는 안 됩니다. 지키고 머물면 다시 고정된 틀(窠窟)에 떨어지게 되니, 맹렬하게 베고 맹렬하게 끊어서 완전히 버려야 합니다. 버리면 버릴수록 밝아지고, 멀리 하면 멀리 할수록 가까워지게 됩니다.

죽기를 무릅쓰고 거듭 해서 목숨마저도 버려야 비로소 숨을 끊은 사람(絶氣息人)이고, 나아가 향상向上의 행리行履를 알게 됩니다. 만약 이 향상의 행리를 논한다면 오로지 자기만이 스스로 알고, 안다는 것도 또한 세우지 않을 것이니, 석가·미륵·문수·보현·덕산·임제의 바른 눈으로도 감히 엿보지 못할 것입니다. 그런데 이것이 어찌 대단한 일이 아니겠습니까!

❀

一棒上一喝下 一句一言 若細若麤 若色若香 一時穿透 方稱無心境界. 養得如嬰兒相似 純和冲淡 雖在塵勞中 塵勞不染 雖居淨妙處 淨妙收它不住. 隨性任緣 飢飡渴飲. 善尙不起念 惡豈可復爲. 所以道"隨緣消舊業 更莫造新殃"

※飡(저녁밥 손, 먹을 찬): 저녁밥. (물, 국에) 말다. 짓다. 먹다.

일방(一棒)과 일할(一喝), 일구一句와 일언一言, 미세하거나(細) 거칠거나(麤), 색色이거나 향香이거나 간에, 한꺼번에 꿰뚫어야 무심의 경계(無心境界)라고 부를 수 있습니다. (무심의 경계를) 잘 기르되, 마치 어린 아이처럼 순수하고 부드러우며 텅 비고 담박하면, 비록 번뇌 속에 있을지라도 번뇌에 물들지 않고, 깨끗하고 오묘한 곳에 살면서도 깨끗하고 오묘한 것이 그를 거두지 못하게 됩니다.

성품에 따르고 인연에 맡겨 배고프면 밥 먹고 목마르면 물 마시며 선한 것에도 생각을 일으키지 않는데, 악한 짓을 어찌 다시 하겠습니까! 그래서 이르기를 "인연 따라 구업을 녹일 뿐, 다시는 새로운 재앙을 짓지 않는다(隨緣消舊業 更莫造新殃)"[3]고 하였던 것입니다.

---

3 황벽 스님의 완릉록에 다음과 같이 기술하고 있다.
여래께서 말씀하신 것은 모두 사람을 교화시키기 위한 것이다. 마치 누런 잎사귀를 돈이라 하여 우는 어린 아이의 울음을 억지로 그치게 하는 것과 같은 이치이다. 실로 법이 있지 않음을 무상정각이라 하나니, 지금 이미 이 뜻을 알았다면 어찌 구구한 설명이 더 필요하겠느냐? 다만 인연 따라 묵은 업을 녹일 뿐이요,

다시 새로운 재앙을 짓지 말라. 마음속은 밝고 또 밝기 때문에 옛 시절의 견해를 모두 버려야 한다.(퇴옹 성철 역, 고경, p.490)

# 137. 뇌공 열 거사께(示 雷公悅居士)

道貴無心 禪絕名理 唯忘懷泯絕 乃可趣向. 回光內燭 脫體通透 更不容擬議 直下桶底子脫 入此大圓寂 照勝妙解脫門. 一了一切了 只守閑閑地 初不分彼我勝劣. 才有毫芒見刺 卽痛剗之. 放教八達七通 自由自在.

도道는 무심無心을 귀하게 여기고, 선禪은 이름(名)과 이치(理)를 끊어버리기에, 오로지 마음속에 품은 것을 잊고 완전히 끊어야 앞으로 나아갈 수 있습니다. 회광반조해서 안을 밝히고 몸을 벗어나 꿰뚫고 통해서, 다시는 머뭇거림도 용납하지 않고 바로 그 자리에서 통 밑이 쑥 빠지듯 해야, 이 대원적大圓寂에 들어가 뛰어나고 오묘한 해탈문(勝妙解脫門)을 비추게 됩니다.

하나를 깨달으면 일체를 깨달아 다만 조용하고 한가로운 경지만(閑閑地)을 지킬 뿐, 애초부터 너와 나(彼我)·뛰어남과 열등함(勝劣)을 구분하지 않습니다. 만약 털끝만큼이라도 견해의 가시(見刺)가 있으면 바로 통렬하게 베어버려야 합니다. 칠통팔달七通八達하도록 놓아버려야 자유자재하게 됩니다.

❀

長養綿密 千聖亦覰不見. 自己尙似寃家 只求得遠離 不隈傍. 翛然澄靜 虛而靈寂而照. 猛勇斷割 徹底無纖毫撓胸次. 王老師 謂之作活計 趙州除粥飯二時 是雜用心. 悠久踐履使純熟 乃令從上來無心體道 密密作用. 自見工夫到下梢 結角頭自然如懸崖撒手 豈不快哉.

자세하고도 빈틈이 없이 잘 기르면 일천 성인 또한 엿보려 해도 엿볼 수가 없습니다. 그러므로 자신도 오히려 원수처럼 여기고, 다만 멀리 벗어날 것을 구해야지, 구석진 곳이나 그 근처에는 머물지 말아야 합니다. 얽매임 없이 맑고 고요하면 텅 비면서도 신령스럽고(虛而靈), 고요하면서도 비추게 됩니다(寂而照).

또한 용맹스럽게 끊어서 털끝만큼도 가슴을 흔들지 못하도록 철저해야 합니다. 왕 노사王老師[1]는 이를 일러 "활발하게 계교부릴 수 있게 되었다"고 했고, 조주趙州는 "밥 먹고 죽 먹는 두 때는 제외하나니, 이때는 잡용심雜用心을 쓰는 때다"고 하였습니다.

오래도록 실천해서 순일하게 익어지게 하는 것이 예로부터 내려오는 무심체도無心體道를 빈틈없이 작용토록 하는 것입니다. 공부가 말미에 이르면 모난 것을 맺는 것이 자연 절벽에서 손을 놓는 것(懸崖撒手)[2]과 같다는 것을 스스로 보게 되는데, 어찌 통쾌하지 않겠습니까!

---

1 王老師(왕노사)는 남전 스님이 자신을 지칭하는 말이다. 스님에 관해서는 본서 '12. 문 장로께' 편의 註10을 참조.

2 절벽에서 손을 놓는 것(懸崖撒手)에 관해서는 본서 '31. 혜 선인에게' 편의 註2를 참조.

# 138. 장지만 조봉께(示 張持滿朝奉)

克勤自出峽止訥堂 唯念茲在茲. 相從者多 不告倦 所爲利他 乃自利也. 要須根本明徹 理地精至純一無雜. 纔有是非 粉然失心 若踏正脉 諸天捧花無路 魔外潛覷不見. 深深海底行 高高峯頂立. 始得不驚群動衆 謂之平常心 本源天眞自性也. 雖居千萬人中 如無一人相似 此豈麤浮識想 利智聰慧 所能測哉.

※訥(말더듬거릴 눌): 말을 더듬다. 말을 잘하지 않다. 소리가 나오지 않는 모양.

※밑줄 친 부분 가운데 '粉然(분연, 가루 분)'은 紛然(분연, 어지러울 분)의 誤字다.

※紛然(분연): 뒤섞여서 어지러움.

저(克勤)는 협산(峽)에서 나와 눌당訥堂에 머물면서도, 오로지 자나 깨나 생각하며 잊지 않았습니다. 서로 따르며 친하게 지내는 이들이 많았지만 모두 고달프다고 말하지 않으니, 남을 이롭게 한다는 것이 바로 자기를 이롭게 하는 것이 되었습니다.

모름지기 근본을 밝게 꿰뚫려고 하면 도리에 맞게 지극히 정밀하고 순일무잡해야 합니다. 잠깐이라도 시비를 일으키면 어지러이 본마음을 잃게 되지만(纔有是非 紛然失心),[1] 만약 정맥正脈을 밟는다면 모든 천신들이 꽃을 바치려 해도 바칠 길이 없고 마군외도가 엿보려 해도 엿볼 수 없게 됩니다. 깊고 깊은 바다 밑을 가고, 높고 높은 봉우리에 서야(深深海底行 高高峯頂立),[2] 비로소 여러 사람들을 놀라게 하지 않게 되니, 이를 일러 '평상심平常心'이라 하고, '본원의 천진 자성(本源天眞自性)'이라고 합니다. 비록 천만의 사람 속에 살지라도 마치 한 사람도 없는 것과 같은데, 이것이 어찌 거칠고 들뜬 식상이나 총명하고 영리한 지혜로 헤아릴 수 있는 것이겠습니까!

❀

示諭 "綿密無間 寂照同時 歲月悠久 打成一片 而根本愈牢 密密作用" 誠無出此. 應當當處全眞 則彼我遐邇 觸處皆渠. 刹刹塵塵 皆在自己大圓鏡中 愈綿愈密 則與能轉換. 故雲門道 "直得乾坤大地 無纖毫過患 猶爲轉物 不見一色 始是半提. 直得如此 更須知有全提時節始得" 所以 德山棒臨際喝 皆徹證無生.

※綿密(면밀): (언행이나 사려 등이) 주도면밀하다. 세밀하다. 치밀하다. 꼼꼼하다. 섬세하다.

---

1 3조 승찬의 신심명信心銘에 나오는 말이다.

二見不住　　두 가지 견해에 머물지 말고
愼勿追尋　　삼가 좇지도 찾지도 말라.
纔有是非　　조금이라도 옳고 그름이 있게 되면
紛然失心　　어지러이 마음을 잃게 되리라.

2 深深海底行 高高峯頂立(심심해저행 고고봉정립)에 관해서는 본서 '1. 화장 명수좌에게' 편의 註32를 참조.

※密密(밀밀): 조밀하다. 빽빽하다. 촘촘하다. 빈틈없다. 단단하다.
※遐邇(하이): 원근. 멀고 가까움.

깨우쳐 주시기를 "꼼꼼하고 빈틈이 없어야 고요함과 비춤이 동시이니, 오래도록 해서 한 덩어리를 이루면, 근본이 더욱 견고해지고 빽빽이 작용하게 될 것이다"고 했는데, 정말로 이것을 벗어나는 것이 없습니다. 반드시 바로 그 자리가 온전히 참되어야 너와 나·멀고 가까움이 닿는 곳마다 모두 그것입니다.

또한 진진찰찰塵塵剎剎이 모두 자기의 대원경大圓鏡 속에 있으니, 면밀하면 면밀할수록 능히 전환할 수 있습니다. 그래서 운문雲門[3]이 이르기를 "건곤대지에 털끝만큼의 허물이 없게 되어도 아직은 대상에 굴림을 받는 것이다. 한 색色도 보이지 않아야 비로소 반 쯤 든 것(半提)이지만, 바로 이와 같게 되어도 모름지기 온전히 드는(全提) 시절이 있다는 것을 알아야 한다"고 하였던 것입니다. 그렇기 때문에 덕산방·임제 할은 모두 무생無生을 투철하게 증득하였던 것입니다.

❀

透頂透底 融通自在 到大用現前處 方能出沒. 欲人全身擔荷 外退守文殊普賢 大人境界. 巖頭道 "他得底人 只守閑閑地 二六時中 無欲無依 自然超諸三昧" 德山亦云 "汝但無事於心 於心無事 則虛而靈寂而照 若毫端許 言之本末者 皆爲自欺" 此旣已明 當須履踐.

---

3 운문문언에 관해서는 본서 '1. 화장 명 수좌에게' 편의 註24를 참조.

머리끝에서 발끝까지 꿰뚫고 융통자재해서 대용大用이 그대로 드러나는 곳에 이르러야 출몰을 할 수 있게 됩니다. 그러므로 사람들이 온 몸으로 짊어지기를 바라면 밖으로 한 발 물러나서 문수·보현의 대인 경계大人境界를 지켜야 합니다.

암두巖頭[4]는 이르기를 "저 체득한 사람은 다만 조용하고 한가로이 지킬 뿐, 하루 종일 욕심도 없고 의지하지도 않아 자연 모든 삼매를 뛰어넘는다"고 했습니다. 덕산德山[5] 또한 이르기를 "그대들이 다만 일이 마음에 없고 마음에 일이 없으면 텅 비어 신령스럽고 고요하게 비추게 된다. 하지만 만약 털끝만큼이라도 본말을 말하는 자는 모두 자기를 속이는 것이 된다"고 했습니다. 이것은 이미 분명한 것이니, 모름지기 (이렇게) 실천해야 합니다.

❀

但只退步 愈退愈明 愈不會愈有力量. 異念纔起 擬心纔生 卽猛自割斷令不相續. 則智照洞然 步步踏實也 豈有高低憎愛 違順揀擇 於其間哉. 無明習氣 旋起旋消. 悠久間自無力能擾人也. 古人以牧牛爲喩誠哉. 所謂 要久長人爾.

다만 뒤로 물러서면 물러설수록 더욱 밝아지고, 모르면 모를수록 더욱 역량이 생기게 됩니다. 다른 생각이 일어나면 헤아리는 마음이 생기니, 바로 매섭게 스스로 끊어버려 이어지지 않도록 해야 합니다.

4 암두전활에 관해서는 본서 '1. 화장 명 수좌에게' 편의 註35를 참조.

5 덕산선감에 관해서는 본서 '1. 화장 명 수좌에게' 편의 註22를 참조.

그러면 지혜롭게 비추는 것이 환하고 걸음걸음이 실지를 밟게 되는데, 어찌 높고 낮음(高低)·미워하고 좋아함(憎愛)·거스르고 따르는(違順) 간택揀擇이 그 사이에 있겠습니까!

무명의 습기習氣가 빠르게 일어나면 빠르게 일어나는 대로 녹이십시오. 오래도록 하면 저절로 사람을 어지럽게 할 힘이 없게 될 것입니다. 그래서 고인古人은 소를 키우는 것(牧牛)[6]으로 비유를 삼았던 것이니, 정말로 그렇습니다. 이른바 '오래도록 사람을 기르고자 할 뿐이다'는 것입니다.

❀

直截省要 最是先忘我見 使虛靜恬和 任運騰騰 騰騰任運. 於一切法皆無取捨 向根根塵塵 應時脫然自處 孤運獨照. 照體獨立 物我一如.

---

6 마조록에 다음과 같이 기술하고 있다.

一日在廚作務次 祖問曰 "作什麽" 曰 "牧牛" 祖曰 "作麽生牧" 曰 "一迴入草去 便把鼻孔拽來" 祖曰 "子眞牧牛"

하루는 혜장이 공양간에서 일을 하고 있는데, 마조가 물었다.

"무엇을 하는가?"

혜장이 말했다.

"소를 치고 있습니다."

마조가 말했다.

"어떻게 치는가?"

혜장이 말했다

"한 번이라도 풀밭에 들어가면 바로 고삐(콧구멍)를 잡아끌고 나옵니다."

마조가 말했다.

"그대가 진실로 소를 치고 있구나."

直下徹底 無照可立 如斬一綟絲 一斬一切斬 便自會作活計去也. 佛見法見 尙不令起. 則塵勞業識 自當氷消瓦解. 養得成實 如癡似兀 而峭措祖佛位中 收攝不得. 那肯入驢胎 馬腹裏也.

바로 끊어 요지를 살핌에는 무엇보다 아견을 잊는 것이 제일 먼저이니, 텅 비어 고요하고 평온하고 온화해서 임운등등任運騰騰하고 등등임운騰騰任運하도록 해야 합니다. 일체법에 대해 모두가 취하거나 버릴 것이 없고, 근근진진根根塵塵이 때에 따라 자기가 처한 곳에서 자유롭고 구속받지 않으면, 홀로 움직이고 홀로 비추게 됩니다.

비추게 하는 그것도 홀로 서게 되면 물아일여物我一如가 됩니다. 바로 그 자리에서 철저하면 비춤도 설 자리가 없게 되니, 마치 한 타래의 실을 자르기를 한 번 자름에 일체를 자르는 것과 같이 하면, 바로 스스로 활발하게 계교할 수 있습니다.

불견佛見이니 법견法見이니 하는 생각도 오히려 일어나지 않도록 해야 됩니다. 그러면 번뇌의 업식은 저절로 얼음 녹듯 기왓장 깨지듯 할 것입니다. 또한 잘 길러서 열매를 이루면 마치 어리석고 무지한 사람과 같아서, 불조佛祖의 지위에 높이 올려두고 거두어 포섭하려 해도 할 수 없게 됩니다. 그런데 어떻게 당나귀나 말 뱃속으로 감히 들어갈 수 있겠습니까!

❀

趙州道 "我見千百億箇 盡是覓作佛漢子 於中覓箇無心底難得" 又云 "我在南方三十年 除粥飯二時 是雜用心處" 香林四十年 方成一片 湧泉四十年尙自走作 南泉十八 上解作活計. 信知從上古人 無不皆如

此密密履踐. 安可計得失長短 取捨是非知解也. 同學之中 唯龍門智海 昔常熟與究明. 但逢緣遇境 莫不管帶 何止此生而已. 窮未來際證無量聖身 也未是他泊頭處. 但一味退 步切莫作限量也.

조주趙州가 이르기를 "나는 천백억의 사람을 보았는데, 모두가 부처가 되려고 찾는 놈들뿐이다. 그중에 무심無心을 찾는 사람을 얻기는 아주 어렵다"고 했습니다. 또 이르기를 "내가 남방에 30년 있을 때 밥 먹고 죽 먹는 두 때를 제외하고는 잡되게 마음을 쓰지 않았다"고 했습니다. 향림香林은 40년 만에 한 덩어리를 이루었고,[7] 용천涌泉은 40년을 했지만 스스로 달아났고,[8] 남전南泉[9]은 18년 만에야 활발하게 계교부릴 수 있었습니다.

예로부터 고인古人은 모두 이와 같이 빈틈없이 실천했다는 것을 확실히 알아야 합니다. 그런데 어찌 득실得失·장단長短·취사取捨·시비是非의 지해知解로 헤아릴 수 있겠습니까! 함께 배우는 사람들 가운데 오로지 용문의 지혜(龍門智)가 바다 같은 사람만이 옛날부터 항상

---

7 향림징원과 '香林四十年 方成一片'에 관해서는 본서 '4. '원 수좌에게' 편의 註14와 15를 참조.

8 涌泉(용천) 스님은 경덕전등록 제16권에 의하면 '태주 용천 경흔 선사'로 기술하고 있다. 천주泉州 선유僊遊 사람으로, 본래 백운산白雲山에서 수행을 하다가 석상石霜의 가르침을 받고는 단두(丹丘)의 용천사(涌泉之蘭若)에서 산 것으로 기록하고 있다.(월운 역, 전등록 2, p.365)
한편 '용천 스님은 40년을 했지만 오히려 달아났다(涌泉四十年 尙有走作)'는 근거를 찾기가 어렵다.

9 남전보원에 관해서는 본서 '12. 문 장로께' 편의 註10을 참조.

익숙하게 참구해서 밝혔을 뿐입니다. 다만 인연을 만나고 경계를 만나도 항상 관여하지 않았으니, 어찌 이번 생에 그칠 뿐이겠습니까!

미래세가 다하도록 무량의 성신聖身을 증득하더라도 그가 머물 곳이 아닙니다. 다만 한결같이 뒤로 물러날 뿐, 부디 한량限量을 짓지 마십시오.

# 139. 오 교수께(示 吳教授)

佛祖以禪道設教 唯務明心達本. 況人人具足 各各圓成 但以迷妄 背此本心 流轉諸趣 枉受輪回. 而其根本 初無增減. 諸佛以爲一大事因緣而出 蓋爲此也 祖師以單傳密印而來 亦以此也. 若是宿昔蘊大根利智便能於脚跟 直下承當 不從他得. 了然自悟 廓徹靈明 廣大虛寂.

불조佛祖가 선도禪道로 가르침을 베푼 것은 오로지 마음을 밝혀 근본을 통달하는 데 힘쓰라는 것이었습니다. 더욱이 이것은 사람마다 모두 갖추고 있고 각자에게 원만히 이루어져 있는 것인데, 다만 미망迷妄으로 이 본래의 마음(本心)을 등지고 여러 갈래로 유전해서 부질없이 윤회를 받을 뿐입니다. 하지만 그 근본은 애초부터 늘어나거나 줄어드는 것이 없습니다.

제불諸佛이 일대사인연一大事因緣[1]을 위해 나온 것도 모두 이것(此) 때문이고, 조사祖師가 한 사람에게 밀인을 전해주려(單傳密印) 나온 것도 모두 이것 때문입니다. 그러므로 만약 숙세에 쌓은 영리한 근기의 대단히 지혜로운 사람이라면 서 있는 그 자리에서 바로 알지, 다른

1 一大事因緣(일대사인연)에 관해서는 본서 '3. 장 선무 상공께' 편의 註1을 참조.

사람으로부터 얻지 않을 것입니다. 분명하게 스스로 깨달아 넓게 통하고 신령스럽고 밝으면 광대하고 텅 비어 고요하게 됩니다.

❀

從無始來 亦未曾間斷 清淨無爲 妙圓眞心 不爲諸塵作對 不與萬法爲侶 長如十日並照. 離見超情 截却生死浮幻 如金剛王 堅固不動 乃謂之卽心卽佛. 更不外求 唯了自性 應時與佛祖契合. 到無疑之地 把得住作得主 可不是徑截大解脫耶. 探究此事 要透死生 豈是小緣. 應當猛利 誠忘信重 如救頭然 始有少分相應.

※밑줄 친 부분 가운데 '忘(망)'은 '志(지)'의 誤字다.

무시이래로 일찍이 끊어진 적도 없는 청정무위의 오묘하고 원만한 참된 마음(清淨無爲 妙圓眞心)은 모든 번뇌와 상대하지 않고, 만법과도 짝하지 않으며, 항상 열 개의 해가 모두 비추는 것과 같습니다. 견해를 떠나고 정식을 뛰어넘어 생사에 떠도는 허깨비를 끊어버리면 금강왕金剛王처럼 견고해서 움직이지 않게 되는데, 이를 일러 '즉심즉불卽心卽佛'이라고 합니다. 그러면 다시는 밖에서 구하지 않고, 오로지 자신의 성품을 요달해서 시절인연에 따라 불조와 계합할 뿐입니다.

의심 없는 경지에 이르러 꽉 잡아 주인이 되어야, 경절대해탈(徑截大解脫, 곧바로 끊어버린 대해탈)이 아니겠습니까! 또한 이 일을 탐구해서 생사를 꿰뚫고자 하는 것이 어찌 작은 인연이겠습니까! 마땅히 맹렬하고 날카롭게, 그리고 성실하게 마음을 소중히 하면서 머리에 타고 있는 불을 끄듯 해야, 비로소 조금이나마 상응하는 것이 있게 됩니다.

❀

多見參問之士 世智聰明 只圖資談柄 廣聲譽 以爲高上趣向 務以勝人 但增益我見 如以油投火 其炎益熾. 直到蔼月三十日 茫然繆亂 殊不得織毫力. 良由最初 已無正因 所以末後 勞而無功. 是故 古德勸人 參涅槃堂裏禪 誠有旨也.

※밑줄 친 부분 가운데 '蔼(알 알)'은 '臘(섣달 납)'의 誤字다.

※繆(얽을 무, 사당치레 목, 틀릴 류, 목맬 규, 꿈틀거릴 료): 얽다. 묶다. 삼參 열 단. 사당치레. 깊이 생각하는 모양(목). 틀리다. 어그러지다. 위배하다. 어긋나다. 속이다(류).

참문參問하는 사람들이 세간의 지혜와 총명으로 단지 이야깃거리로나 취하고자 하고, 명성을 넓히는 것을 높고 높은 목표로 여기며, 다른 사람을 이기는 데 힘쓰면서 단지 아견我見만을 늘리는 것을 많이 보게 되는데, 마치 기름을 불에 던져 불꽃이 더욱 타오르는 것과 같습니다. 그러다가 죽는 날에 이르러서는 막막하고 어지럽게 얽히니, 어찌 털끝만큼의 힘이라도 얻겠습니까! 이것은 정말로 처음부터 정인正因이 없었기 때문이니, 그래서 끝에 가서는 수고는 했지만 공功이 없는 것입니다. 이런 까닭에 옛 어른 스님이 사람들에게 권하기를 "열반당 속의 선을 참구하라(參涅槃堂裏禪)"고 했던 것이니, 그야말로 뜻이 있는 것입니다.

❀

生死之際處之 良不易 唯大達超證之士 奮利根勇猛 一往截斷則無難. 然此段 雖由自己根力 亦假方便. 於常時 些子境界中 轉得行 打得徹 不存解不立見. 凜然全體現成 踐履將去. 養得純熟 到緣謝之時 自然無怖畏 只有淸虛瑩徹 無一法當情 如懸崖撒手 棄捨得無留戀.

생사의 갈림길에서 결단하기란 정말로 쉽지 않지만, 오로지 크게 통달하고 뛰어넘어 증득한 사람만이 날카로운 근기를 용맹하게 떨쳐 한 번에 끊어버리니, 어려울 것이 없습니다. 하지만 이것이 비록 자기의 근본 힘으로 말미암는 것일지라도 방편을 빌려야 합니다.

평상시에 대수롭지 않은 경계 속을 전변해 가면서도 철저하게 해야지, 지해知解를 남겨서도 안 되고 견해見解를 세워서도 안 됩니다. 늠름하게 온전히 본 모습이 드러나도록 실천해 나아가야 합니다. 길러서 순일하게 익어 세상과 사별하는 인연에 이르면 자연 두려움이 없어지고, 다만 맑고 텅 비어 밝게 사무쳐 한 법도 마음에 걸리는 것이 없게 되니, 마치 절벽에서 손을 놓아 버려(懸崖撒手)[2] 아무것도 연연해 할 것이 없는 것과 같습니다.

❀

一念萬年 萬年一念 覓生了不可得 豈有死也. 是故 古德坐脫立亡 行化倒蛻 能得勇健 皆是平昔淘汰得淨潔. 香林四十年 得成一片 涌泉四十

2 懸崖撒手(현애살수)에 관해서는 본서 '31. 혜 선인에게' 편의 註2를 참조.

年 尙有走作 石霜勸人休去歇去 如古廟裏香爐去. 永嘉云 "體卽無生 了本無速" 盖業業兢兢 念玆在玆 方得無礙自在.

일념一念이 만년萬年이 되고 만년이 일념이 되면, 생生을 찾아도 끝내 얻을 수 없는데, 어찌 죽음(死)이 있겠습니까! 이런 까닭에 옛 어른 스님들이 앉아 죽고 서서 죽고(坐脫立亡) 가다 죽고 거꾸로 서서 죽으면 서도(行化倒蛻) 용맹스럽고 굳셀 수 있었던 것은 모두 평시나 지난날의 쓸데없는 것들을 버려서 깨끗하고 맑았기 때문입니다.

향림香林은 40년 만에야 한 덩어리를 이루었고,[3] 용천涌泉은 40년을 했지만 오히려 달아났습니다.[4] 또한 석상石霜은 사람들에게 쉬고 또 쉬어(休去歇去), 마치 옛 사당의 향로처럼 될 것(古廟裏香爐)을 권했습니다.[5] 영가永嘉는 이르기를 "본체는 곧 남이 없고, 본래 빠름이 없음을 요달했다(體卽無生 了本無速)"[6]고 했습니다. (이는 고인들) 모두가 업업긍긍業業兢兢하면서 자나 깨나 생각하며 잊지 않았기 때문에 무애자재無礙自在를 얻을 수 있었던 것입니다.

---

3 향림징원 스님과 '香林四十年 得成一片'에 관해서는 본서 '4. 원 수좌에게' 편의 註14와 15를 참조.

4 용천 스님에 관해서는 본서 '138. 장지만 조봉께' 편의 註8을 참조.

5 석상경저 스님과 '休去歇去 如古廟裏香爐去'에 관해서는 본서 '57. 심 도자에게' 편의 註2를 참조.

6 본체는 곧 남이 없고, 본래 빠름이 없음을 요달했다(體卽無生 了本無速)에 관해서는 본서 '23. 종각 선인에게' 편의 註2를 참조.

❀

既捨生之後 得意生身 隨自意趣 後報悉以理遣 不由業牽 所謂 透脫生死耶. 報緣未謝 於人間世上有 如許參涉交牙 應須處之 使綽綽然有餘裕始得. 人生各隨緣分 不必厭喧求靜. 但令中虛外順 雖在閙市沸湯中 亦恬然安穩. 才有纖毫見刺 則打不過也.

(또한) 생을 버리고 난 다음에는 의생신意生身[7]을 얻어 자기 뜻에 따라 나아가고, 후세의 과보도 모두 이치로써 물리쳐버려 업에 이끌리지 않았기에, 그래서 이를 일러 '생사를 꿰뚫어 벗어났다(透脫生死)'고 합니다.

업보報緣의 인연이 다하지 않아 인간 세상에서 얽힌 일이 많으면, 모름지기 있는 곳에서 너그럽고 여유로워야 합니다. 인생은 각기 인연을 따르는 것이니, 시끄러움을 싫어하고 고요함을 찾을 필요가 없습니다. 다만 속을 텅 비우고 밖으로는 순응토록 하면, 비록 끓는 물처럼 시끄러운 시장 속에 있더라도 안정되고 편안할 것입니다. 털끝만큼의 견해의 가시가 있으면 그냥 내버려 두지 말아야 합니다.

---

7 의생신意生身: 초지初地 이상의 보살이 중생을 제도하기 위해 뜻대로 변화한 신체. 사람이 죽어 다음 생을 받을 때까지의 잠정적인 신체. 삼계三界의 괴로움을 벗어난 성자가 성불할 때까지 지니는 신체.(시공 불교사전)

# 140. 선인에게(示 禪人)

末後一句 都通穿過 有言無言 向上向下 權實照用 卷舒與奪 不消箇勘破了也 誰識趙州這巴鼻. 須是吾家種草始得.

※穿過(천과): 통과하다. 지나가다. 관통하다. 가로질러 가다.

"말후일구末後一句[1]를 모두 꿰뚫어버리면 유언有言과 무언無言·향상向上과 향하向下·방편과 실재(權實)·조와 용(照用)·말고 폄(卷舒)·주고 빼앗음(與奪)을 감파할 필요도 없다"고 했는데, 누가 저 조주의 이 핵심을 알겠는가! 모름지기 우리 집안의 자손이어야 한다.[2]

---

1 말후일구末後一句에 관해서는 본서 '41. 용 도자에게' 편의 註7을 참조.

2 본서 '28. 찬 상인께' 편에서는 본 편지 전체가 마지막 문장으로 이루어져 있으니 참고하기 바란다.

# 141. 한 조의께(示 韓朝議)

乃佛乃祖 直指此大法 於人人跟脚下洞照 如千日並出. 但趣外奔逸久不能自信 有如是大威德光明 唯務作聰明立知見. 向業惑中 以謂出乎等彝 衒耀自得. 向人間世所習 古今博究廣觀 謂窮極底蘊 殊不知螢火之光 豈比太陽.

※彝(떳떳할 이): 떳떳하다. 변하지 아니하다. 통념. 일반적 도리. 당연한 이치. 술그릇. 제기의 이름.

※衒耀(현요): 명예를 얻으려고 거짓 뽐내는 일.

※蘊(쌓을 온): 문어체로 '심오한 내용' 또는 '의미가 깊은 사상'이라는 뜻이 있음.

불조佛祖가 바로 가리킨 이 대법大法은 사람마다 서 있는 그 자리에서 환하게 비추니, 마치 천 개의 해가 함께 나란히 나온 것과 같습니다. 다만 밖으로 분주하게 치달려, 오랫동안 이와 같은 대위덕의 광명이 있다는 것을 스스로 확신하지 못하고, 오직 들은 것을 밝히고 지견知見을 세우는 것에만 힘을 쓸 뿐입니다. 미혹한 업 가운데 있으면서도, 무리들보다 뛰어난 것은 당연한 이치라고 말하고, 스스로 얻었다고 거짓으로 뽐을 냅니다. 인간 세상에서 익힌 바 고금을 널리 연구하고 살핀 것이 궁극적인 심오한 내용이라고 말하지만, 반딧불의 빛이 어찌 태양에 견줄 수 있는가를 전혀 모르는 것입니다.

❀

所以 古之奇傑之士 穎脫之性 就近而論. 如裴相國 楊大年之儔 投誠放下 就宗師決擇 剗去浮塵知見 大徹大悟 始能超軼. 與老禪碩德抗行. 履踐到臨合殺結角頭 自解撒手克證大解脫 豈小事哉.

※超軼(초일)=超軼絶塵(초일절진): (성어) 풍모·정취 등이 속되지 않고 비범하다.

그래서 옛날의 기이하고 걸출한 사람들은 빼어난 성품으로 (종사에게) 가까이 나아가 논했던 것입니다. 예를 들면 배상국裴相國,[1] 양대년楊大年[2] 같은 분들은 정성을 다해 내려놓고 종사의 결택(宗師決擇)을 취해 덧없고 티끌 같은 지견을 깎아 버리고 대철대오大徹大悟했기에 비범할 수 있었습니다. 또한 저 노련하고 덕이 높은 스님들과 앞서거니 뒤서거니 하면서 교류할 수 있었습니다. 이렇게 실천하다 죽음의 문턱에 이르러 스스로 손을 놓아 대해탈大解脫을 증득해 냈으니, 이것이 어찌 작은 일이라 하겠습니까!

❀

今旣明敏 不減前輩 平時學業才力 邁往於世路 久之. 雖知宗門有此段

---

1 배상국에 관해서는 본서 '34. 허 봉의께' 편의 註4를 참조.

2 양대년에 관해서는 본서 '34. 허 봉의께' 편의 註5를 참조.

緣 謂不出我所宗尙 殊不著意. 以夙昔大緣 相値歐峯 經年會聚.

※邁往(매왕)＝邁進: 매진하다. 돌진하다.

※相値(상치): 서로 만나다. 일치하다. 합치하다.

지금 그대는 명석하고 영리할 뿐만 아니라, 앞 사람들보다 덜하지 않은 평소의 학업과 재력으로 인생행로에 매진한 것이 오래 되었습니다. 또한 비록 종문宗門에 이러한 인연이 있다는 것을 알면서도, '내가 가장 숭상하는 것에서 벗어나지 않는다'고 하면서 전혀 뜻을 두지 않았습니다. 그러다가 숙세의 큰 인연으로 구봉歐峯에서 서로 만나 해를 보내며 함께 했습니다.

❀

一聞擧揚 卽起深信 迴光返照. 頋人間世 如夢如幻 隨大化變滅 乃虛妄爾. 唯此 千劫不壞不移易 一切聖賢根本 乃造物之淵源 印定自己. 若一發明 七通八達 何往不自得哉. 是知宿世亦曾薰炙. 遇緣而彰 見於行事 豈非自信耶. 然能自撿點 二六時中 學佛法 已是雜用心. 則去却佛法 乃眞淨界中行李矣. 但請 依此一切不雜. 卽純一洞然 無愛憎離取捨 不分彼我 不作得失.

※밑줄 친 부분 가운데 '頋'는 '顧(돌아볼 고)'로 해석하였다.

거양擧揚한 것을 한 번 들으면 바로 깊은 믿음을 일으켜 회광반조迴光返照해야 합니다. 인간 세상을 돌이켜 보면, 마치 꿈과 같고 허깨비 같아서 큰 변화를 따라 사라지니, 허망할 뿐입니다. 하지만 오직 이것(此)만이 천겁토록 파괴되지도 않고 바뀌지도 않는 일체 성현의 근본이고, 만물이 만들어진 연원이며, 도장 찍듯 자기를 인정하는 것입니다. 한 번 드러내서 밝히면 자유자재(七通八達)하게 되는데, 이것이 어떻게 과거에 스스로 얻은 것이 아니겠습니까! 이것은 숙세에 또한 훈습된 것임을 알아야 합니다.

인연을 만나면 드러나고 일을 행함에 나타나니, 이것이 어찌 자신을 확신하는 것이 아니겠습니까! 하지만 스스로를 점검해 볼 수 있다면 하루 종일 불법佛法을 배우는 것도 이미 잡되게 쓰는 마음이니, 불법마저도 버려야 바로 참으로 깨끗한 경계 속 행장(行李)입니다.

다만 청컨대, 이것(此)을 의지할 뿐, 일체에 뒤섞지 마십시오. 그러면 바로 순일하고 확 트이고 훤해서, 애증도 없고 취사取捨도 떠나며 너와 나를 구분하지 않고 득실을 따지지 않게 될 것입니다.

❀

一切法坦然 皆我家不思議處 淨妙圓明 受用之物爾. 須令此心長時現前 不墮沉昏. 不生聰慧 入平等安閑 寂靜境界 那有惡作 業緣識情干擾得此本妙光明也. 只恐臨境界面前 都盧忘失 依前紛亂 則不堪也.

※坦然(탄연): 마음이 편안한 모양. 마음이 안정되어 있는 모양.

일체법에 마음이 편안해서 모두가 나의 불가사의한 곳이며, 깨끗하고 오묘하며 원만하고 밝아(淨妙圓明) 수용하는 것일 뿐입니다. 그러므로 모름지기 이 마음을 오랫동안 바로 앞에 드러나게 해서 혼침沉昏에 떨어지지 않도록 하십시오! 또한 총명한 지혜를 내지 않으면 평등하고 편안하며 한가롭고 고요한 경계에 들어가게 되는데, 여기에 무슨 악을 짓는 업연業緣과 식정識情이 있어 이것의 본래 오묘한 광명을 간섭하고 어지럽히겠습니까! 다만 경계가 눈앞에 이르면 모조리 잊어버리고 여전히 혼잡하고 어수선해서, 감당하지 못할까 두려울 뿐입니다.

❀

古人修行 亦只以自所證入 時中照了. 截斷塵勞 教活卓卓地 悠久三二十年純熟. 超出生死不爲難 著力在行處. 不只空高談說之而已. 古云 "說得一丈 不如行得一尺" 盖定慧之力回轉業緣. 正要惺惺地勇猛果決 千百生中當受用. 其餘古人機緣語句 不必盡要會之. 但一著分明 則著著如此 千變萬化 豈移變得渠力用哉.

고인古人의 수행 또한 다만 스스로 증득해 들어가서 시의 적절하게 비춰 알았을 뿐입니다. 그러므로 번뇌를 끊고 활발하고 뛰어나게 오래도록 30년, 20년 순일하게 익도록 하면 생사를 뛰어넘는 것이 어렵지 않고, 하는 것마다 힘이 붙게 될 것입니다. 이는 단지 고상하고 텅 빈 말에 그치는 것이 아닙니다.

고인이 이르기를 "한 장을 말하는 것이 한 자를 행하는 것만 못하다(說得一丈 不如行得一尺)"[3]고 했습니다. 왜냐하면 정혜定慧의 힘이 업연業緣

---

3 "한 장을 말하는 것이 한 자를 행하는 것만 못하다(說得一丈 不如行得一尺)"라는 동산의 말씀과 관련해서는 본서 '22. 일 서기에게' 편의 註7을 참조.

을 바꾸기 때문입니다. 그러므로 바로 성성하게 그리고 용맹스럽고 과감하게 결단해야 천백 생生 동안 받아쓰게 됩니다. 그 밖의 고인의 기연과 어구는 모두 알아야 할 필요가 없습니다. 다만 한 수(一著)가 분명하면 한 수 한 수(著著)가 이와 같게 되는데, 천 가지 만 가지 변화가 어찌 그의 능력과 작용을 변하게 할 수 있겠습니까!

❀

內心旣虛 外緣亦寂 著衣喫飯 本自天眞 不勞凋琢. 若或立勝見負我能 卽禍事也. 切須照管 勿作此態. 由是 可入無我眞實 平等如如 不動不變 淨妙淸凉 穩密田地矣. 誌公云"不起纖毫修學心 無相光中常自在"

※照管(조관): 맡아서 보관함. 돌보다. 관리하다.

안으로는 마음이 텅 비고 밖으로는 인연이 고요하면 옷 입고 밥 먹는 것이 본래 스스로 천진해서, 새기고 다듬는 데 힘을 쓸 필요가 없습니다. 하지만 혹시라도 뛰어난 견해를 세우거나 자신의 능력이라고 자부하면 바로 화가 될 것입니다. 그러므로 부디 모름지기 돌보면서 이런 작태를 짓지 마십시오! 그러면 이로 말미암아 무아無我의 진실하고 평등여여平等如如하며 부동불변不動不變의 정묘청량淨妙淸凉한 온밀경지(穩密田地)에 들어갈 수 있게 될 것입니다.

지공誌公[4]이 말했습니다.

---

4 誌公(지공)은 寶誌(보지) 선사를 뜻한다.

金陵寶誌(금릉보지, 418~514): 위진남북조 스님. 금릉은 출신 지명. 속성은 주朱씨. 어려서 출가하여 강소성 건강 도림사에서 선정을 닦음. 태시(泰始, 465~471)

"털끝만큼도 닦고 배운다는 마음을 내지 않으면(不起纖毫修學心) 형상 없는 광명 속에서 항상 자재하게 된다(無相光中常自在)."[5]

초년에 불시에 일어나 거소를 정하지 않고 음식도 때를 정하지 않으며 머리도 길게 기르고 냄비를 손에 들고 행각하는 기행을 보임. 512년경에 대승찬大乘讚 24수를 지어 황제에게 바침. 또 각종 이적을 보여 대중을 교화함. 칙령으로 광제廣濟대사라고 함.(선학사전, p.180)

5 경덕전등록 제27권, 보지 화상의 12시송十二時頌 가운데 '해시亥時'에 다음과 같이 기술하고 있다.

勇猛精進成懈怠　용맹정진한다는 것이 게으름이 되니
不起纖毫修學心　털끝만큼도 닦고 배운다는 마음을 내지 않으면
無相光中常自在　형상 없는 광명 속에서 항상 자재하게 된다.
超釋迦越祖代　석가를 뛰어넘고 조사를 뛰어넘으면서
心有微塵還窒閡　마음에 가는 티끌이라도 있으면 장애가 되니,
廓然無事頓淸閑　확 트여 일 없이 단박에 맑고 한가해야
他家自有通人愛　저 집안에 자연 사람과 통하는 사랑이 있게 된다.

상기의 내용은 '48. 걸 상인께' 편의 註2, 如癡兀人(여치올인)을 설명하면서 전등록과 연등회요의 기술을 비교하였으니 참조하기 바란다.

# 142. 증 대제께(示 曾待制)[1]

禪非意想 道絶功勳. 若以意想參禪 如鑽冰求火 堀地覓天 只益勞神. 若以功勳學道 如土上加泥 眼裏撒沙 轉見困頓. 儻歇却意識 息却妄想 則禪河浪止 定水波澄. 去却功用 休却營爲 則大道坦然 七通八達.

※功勳(공훈): 사업이나 나라를 위해서 두드러지게 세운 공. 공로. 공적.
※勞神(노신): 신경 쓰다. 마음 쓰다. 걱정하다. 수고스럽다. 번거롭다.
※困頓(곤돈): 아무것도 할 기력이 없을 만큼 지쳐 몹시 고단하다.

선禪은 의상意想이 아니며, 도道에는 공훈(功勳, 공적)이 없습니다. 만약 의상으로 참선한다면 마치 얼음을 뚫어 불을 구하고, 땅을 파서 하늘을 찾는 것과 같아서, 단지 번거로움을 더할 뿐입니다. 또한 만약 공훈 때문에 도를 배운다면 흙에다 진흙을 더하고, 눈 속에 모래를 뿌리는 것과 같아서, 보면 볼수록 몹시 고단하게 됩니다.

하지만 만약 의식意識을 쉬고 망상妄想을 쉬면 선禪의 물결은 고요하고 정定의 파도는 맑게 됩니다(禪河浪止 定水波澄).[2] 또한 공용功用을

---

1 待制(대제)에 관해서는 본서 '68. 증 대제께'편의 註1을 참조.

2 금강경 묘행무주분(妙行無住分)에 대한 부 대사의 찬(贊) 가운데 선바라밀에

버리고 영위營爲를 쉬면 대도大道에 거리낄 것이 없어 자유자재(七通八達)하게 됩니다.

❀

是故 僧問石頭 "如何是禪" 頭云 "碌磚" 僧云 "如何是道" 云 "木頭" 此豈意想功勳 所能辯哉. 除非直下頓領 截流便透 則禪道歷然. 才擬作解 則千里萬里. 要是向來世智辯聰 頓然放却 消遣令盡 自然於此至實之地 自證自悟. 而不留證悟之迹 翛然玄虛 通達乃善.

※除非(제비): 오직 ~하여야 (비로소). ~한다면 몰라도. ~을 제외하고.

이런 까닭에 어떤 스님이 석두石頭[3]에게 물었습니다.

"어떤 것이 선입니까?"

석두가 말했습니다.

---

대한 송頌을 다음과 같이 하고 있다.

禪河隨浪淨　선의 강(禪河) 물결 따라 깨끗하고(고요하고)
定水逐波淸　정의 물(定水) 물결 따라 맑으면
澄神生覺性　맑은 정신 각성覺性을 생하니,
息慮滅迷情　생각을 쉬면 어지러운 마음 작용 멸하리라.

遍計虛分別　변계소집성(두루 계탁하는 헛된 분별)은
由來假立名　오랜 옛날부터 이름을 빌려 세운 것이니
若了依他起　의타기성(다른 것에 의지해 일어남)을 알면
無別有圓成　따로 원성실성이 없네.

3 석두희천에 관해서는 본서 '1. 화장 명 수좌에게' 편의 註23을 참조.

"벽돌(碌磚)!"

스님이 말했습니다.

"어떤 것이 도입니까?"

석두가 말했습니다.

"나무토막(木頭)!"

이것이 어찌 의상意想과 공훈功勳으로 헤아릴 수 있는 것이겠습니까! 오직 바로 그 자리에서 단박에 알아서 흐름을 끊고 꿰뚫어야 선과 도가 분명하게 됩니다. 하지만 조금이라도 의심하거나 이치로 알고자 하면 바로 천리만리 멀어지게 됩니다.

만약 지금까지의 세상의 지혜와 변론과 총명을 내려놓고, 일 없이 시간을 보내면서 다 없어지도록 하면, 자연히 이 지극한 실제의 경지에서 스스로 증득하고 스스로 깨닫게 됩니다. 그러나 증득하고 깨달았다는 흔적도 남기지 않고, 얽매임 없이 현묘하고 텅 빈 것(翛然玄虛)을 통달해야 훌륭한 것입니다.

❀

馬大師嘗 擧楞伽經以 佛語心爲宗 無門爲法門 乃云"諸人要識佛語心麽 只你如今 語便是心 心便是佛" 故云"佛語心乃是宗也 此宗無門乃是法門" 古人大煞老婆 拖泥涉水 若一 擧便透 猶較些子. 或窮研義理卒模搽不著.

※밑줄 친 부분 가운데 '搽'은 '索(찾을 색)'으로 해석하였다.

마 대사馬大師[4]는 일찍이 능가경楞伽經을 거론하면서 "부처님이 말씀하신 마음을 종지로 삼고, 무문으로 법문을 삼으라(佛語心爲宗 無門爲法門)"고 했습니다. 그리고 곧 이르기를 "모두들 부처님께서 말씀하신 바, 마음을 알고자 하는가? 다만 그대가 지금 말하는 것이 마음이고, 마음이 바로 부처다"고 했습니다. 그렇기 때문에 "부처님이 말씀하신 마음이 바로 종지이고, 이 종의 무문이 곧 법문이다(佛語心乃是宗也 此宗無門乃是法門)"고 하는 것입니다.

고인古人은 노파심이 대단해서 진흙을 끌면서 물을 건너게 했던 것인데, 만약 한 번 거론할 때 바로 꿰뚫는다면 그래도 봐줄 만합니다. 하지만 혹 문장의 내용과 이치(義理)를 파고든다면 끝내 더듬어 찾아도 찾을 수 없을 것입니다.

4 마조도일에 관해서는 본서 '4. 원 수좌에게' 편의 註10을 참조하기 바라며, 마조의 법문은 본서 '24. 광 선인에게' 편의 註3(장양성태를 설명하는 부분)을 참조하기 바란다.

# 143. 종각 대사께(示 宗覺大師)

佛語心爲宗 宗通說亦通 旣謂之宗門 豈可支離去本逐末 隨言語機境作窠窟. 要須徑截超證 透出心性玄妙勝淨境界. 直徹綿密穩審向上大解脫大休大歇之場. 等閑 雖似空豁豁地 而力用圓證 不拘限量 千人萬人羅籠不住. 所以 迦文老人 久嘿斯要. 三百餘會 略不明破 但隨機救拔 候時節到來. 乃於靈山 露面皮拈出 獨有金色頭陀 上他鉤鉤 謂之教外別行. 若諳此旨 則威音已前 漏逗了也. 點撿將來.

※支離(지리)=支離滅裂(지리멸렬): 이리저리 흩어져 갈피를 잡을 수 없음.
※面皮(면피): 낯가죽. 면목. 체면.
※鉤(갈고리 구): 갈고리. 올가미. 계략. 띠쇠. 갈고리로 걸다. 굽다. 끌어당기다.

부처님이 말씀하신 마음을 종지로 삼으면 종지에도 통하고 설법에도 통하게 되는데(宗通 說亦通),[1] 종문(宗門, 선종의 일문)이라고 말하면서 어찌 지리멸렬하게 근본을 버리고 지말을 좇으며, 언어와 기경機境을 따르면서 고정된 틀을 만들겠습니까! 모름지기 바로 끊고 뛰어넘어

1 종통과 설통(宗通 說亦通)에 관해서는 본서 '6, 융 지장에게' 편의 註11을 참조.

증득해야 하고, 심성心性의 현묘하고 뛰어나며 깨끗한 경계마저도 꿰뚫어 벗어나야 합니다. 또한 곧바로 사무쳐 자세하고 빈틈없이 신중하게 항상의 대해탈과 대휴대헐大休大歇의 자리를 살펴야 합니다. 무심한 것이 설사 텅 비어 툭 트인 것과 같더라도, 원만하게 증득한 힘의 작용은 한정된 양에 구애되지 않아야 천인만인이 가두어도 가둘 수 없게 됩니다. 그래서 석가모니는 오래도록 이 요지에 대해 말이 없었던 것입니다. 또한 300여 회의 설법에서 조금도 분명하게 밝히지 않고, 다만 근기 따라 구제해 주면서 시절이 도래하기를 기다렸던 것입니다. 이에 영산靈山에서 비로소 면목을 드러내어 꽃을 집어 들자, 금색의 두타(金色頭陀, 가섭)가 홀로 그의 낚싯바늘에 걸려들었던 것이니, 이를 일러 '교외별행教外別行'이라 합니다. 하지만 만약 이 뜻을 알았다면 위음왕불 이전에 이미 낭패였을 것입니다. 점검해보십시오!

❀

雖隨類化身 千般伎倆 萬種機緣 無不皆是箇一著子 此豈單見淺聞 存知解墮機括者 所測量. 是故 從上來 行棒行喝 輥毬擎叉 喫茶打鼓 捕鍬牧牛 彰境智據 坐掩門 喚回叱咄 與掌下踏 莫不皆于此. 唯本色衲子 自旣了悟透徹 又復遇大宗師惡手段 淘汰煆煉. 到師子咬人 不隨藥忌 直截軒豁處 方可一擧便知落處. 如獅子入窟出窟 踞地返擲 何人可測量哉.

비록 종류를 따라 몸을 변화하는 천 가지 기량과 만 가지 기연일지라도 모두가 이 하나(一著子)가 아닌 것이 없는데, 이것이 어찌 하나만들은 얕은 견해(單見淺聞)로 지해知解를 지키면서 기(機, 방편)에 떨어져 묶인 자가 헤아릴 수 있는 것이겠습니까! 이런 까닭에 예로부터 방을 하고 할을 하며, 공을 굴리고(輥毬),[2] 가지를 들며(擎叉),[3] '차나 마시게(喫茶)!'[4]라고 하고, '북을 칠 줄 아는 군(打鼓)'[5]이라고 하며, 삽을 꽂고(插鍬),[6] 소를 기르며(牧牛),[7] 경계와 지혜를 드러내고(彰境智

---

2 설봉의존의 '輥毬(곤구)'에 관해서는 본서 '5. 유 서기에게' 편의 註16을 참조.

3 비마의 '擎叉(경차)'에 관해서는 본서 '5. 유 서기에게' 편의 註14를 참조.

4 조주종심의 '喫茶(끽다)'에 관해서는 본서 '5. 유 서기에게' 편의 註18을 참조.

5 화산무은의 '打鼓(타고)'에 관해서는 본서 '5. 유 서기에게' 편의 註17을 참조.

6 경덕전등록 제11권, '원주 앙산 혜적 선사' 편에 다음과 같이 기술하고 있다.
祐忽問師 "什麽處去來" 師曰 "田中來" 祐曰 "田中多少人" 師插鍬而立 祐曰 "今日南山 大有人刈茅在" 師 擧鍬而去(玄沙云 "我若見卽趯倒鍬子" 僧問鏡淸 "仰山插鍬意旨如何" 淸云 "狗銜赦書諸侯避道" 又問 "只如 玄沙趯鍬 其意如何" 淸云 "勿奈船何打破戽斗" 又問 "南山刈茅 意旨如何" 淸云 "李靖三兄久經行陣" 雲居錫云 "且道鏡淸下此一判著不著" 又僧問禾山云 "仰山插鍬 意旨如何" 禾山云 "汝問我" 僧云 "玄沙趯鍬 意旨如何" 禾山云 "我問汝")

홀연히 영우(위산영우)가 선사(앙산혜적)에게 물었다.
"어디를 갔다 오는가?"
앙산이 말했다.
"밭에 갔다 옵니다."
영우가 말했다.
"밭에 사람이 얼마나 있던가?"
선사가 삽을 꽂고 서자, 영우가 말했다.
"오늘 남산에 띠를 벤 사람이 많았다."
그러자 선사가 삽을 들고 가버렸다.

---

〔현사玄沙가 말했다.
"내가 만약 보았다면 바로 삽을 밟아버렸을 것이다."

어떤 스님이 경청鏡淸에게 물었다.
"앙산이 삽을 꽂은 뜻이 무엇입니까?"
경청이 말했다.
"개가 사서(赦書, 죄를 사면하는 글)를 물자, 모든 제후들이 길을 피한다."
또 물었다.
"그렇다면 현사가 삽을 밟아버린 뜻은 무엇입니까?"
경청이 말했다.
"배는 어찌 하지 못하고, 호두(戽斗, 용두레, 두레박)만 부숴버렸구나."
또 물었다.
"남산에서 띠를 벤다는 뜻은 무엇입니까?"
경청이 말했다.
"이정(수말 당초의 장수, 571~649) 삼형제가 행군을 오래했다."

운거 석雲居錫이 말했다.
"자, 말해보라! 경청이 이렇게 한 번 한 것이 맞는가, 맞지 않은가?"

또 어떤 스님이 화산禾山에게 말했다.
"앙산이 삽을 꽂은 뜻이 무엇입니까?"
화산이 말했다.
"네가 내게 물었지."
스님이 말했다.
"현사가 삽을 밟아버린 뜻이 무엇입니까?"
화산이 말했다.
"내가 네게 물었어."〕

7 '牧牛(목우)'에 관해서는 본서 '127. 처겸 수좌에게' 편의 註12와 '138. 장 지만

據),[8] 자리에 앉아 문을 잠그며(坐掩門),[9] 돌아오라 부르고(喚回),[10] '쯧쯧!' 하며 혀를 차고(叱咄),[11] 후려갈기며(與掌),[12] 발로 밟는(下踏)[13] 등, 모든 것이 '이것(此)'이 아닌 것이 없었습니다.

(이것은) 오직 본색本色의 납자만이 스스로 투철하게 깨달았을 뿐만 아니라, 또한 다시 대종사의 엄격한 수단을 만나 걸러내고 단련한 것입니다. 그러므로 사자가 사람을 물음에 이르러서는 약 먹을 때 주의할 사항(藥忌, 금기사항)을 따르지 않듯, 훤히 트인 곳을 바로 끊어야 한 번 거량하면 바로 낙처落處를 알 수 있습니다. 마치 사자가 굴에 들어갔다 나왔다 하면서 땅에 앞발을 내딛고 앉아 있다가 덮치는 것과 같으면, 어떤 사람이 헤아릴 수 있겠습니까!

❀

此門不論 挹泥涉水 草裏輥打葛藤 眼麻眯 三搭不回者. 唯是八面受敵 未擧先知 未言先契 自然水乳相合. 得坐披衣 養得純熟 待霜露果熟 出頭來 便與麽用. 始合祖先 本因地發行 一周佛事. 所以道"要窮恁麽事 須是恁麽人 若是恁麽人 不愁恁麽事"

---

조봉께' 편의 註6을 참조.

8 彰境智據(창경지거)에 관한 출처는 정확히 알 수가 없다.

9 '坐掩門(좌엄문)'에 관해서는 본서 '14. 지도 각 장로께' 편의 註3을 참조.

10 喚回(환회)에 관해서는 본서 '28. 찬 상인께' 편의 註7을 참조.

11 叱咄(질돌)에 관해서는 본서 '10. 정 장로께' 편의 註4를 참조.

12 與掌(여장)에 관해서는 본서 '4. 원 수좌에게' 편의 註9를 참조.

13 '下踏(하답)'에 관해서는 본서 '31. 혜 선인에게' 편의 본문과 註1을 참조.

※挹(뜰 읍): 푸다. 뜨다. 퍼내다.

※眯(눈에 티가 들어갈 미): 눈에 티가 들어가다. 가위눌리다(움직이지 못하고 답답함을 느끼다). 애꾸눈.

※搭(탈 탑): 타다. 태우다. 싣다. 치다. 때리다. 걸다. 매달다. 섞다. 박다. 베끼다.

이 종문(門)에서는 진흙을 퍼내면서 물을 건너거나, 풀 속을 구르며 언어문자를 짓거나, 눈이 마비되어 실눈을 뜨거나, 세 번이나 때려도 돌아보지 않는 자와는 논하지 않습니다. 오로지 팔면八面으로 적을 맞을 뿐이니, 거론하기 전에 먼저 알고 말하기 전에 먼저 계합해서 자연스럽게 물과 우유가 서로 합쳐지듯 해야 합니다.

자리에 앉아 옷을 입고(得坐披衣)[14] 잘 길러서 순일하게 익더라도, 서리와 이슬을 맞으며 과일이 익을 때를 기다렸다가 나와야, 바로 이와 같이 쓸 수 있습니다. 그래야 비로소 선대의 조사들이 인행시(因地)에 발심수행해서 한바탕 불사佛事를 일으킨 것과 같아질 수 있습니다. 그래서 이르기를 "이러한 일을 궁구하고자 하면 모름지기 이러한 사람이어야 하고, 만약 이러한 사람이라면 이러한 일을 근심하지 않는다(要窮恁麽事 須是恁麽人 若是恁麽人 不愁恁麽事)"고 하는 것입니다.

佛果圜悟眞覺禪師心要 卷下 終(畢)

(불과원오진각선사심요 하권 끝)

14 得坐披衣(득좌피의)에 관해서는 본서 '35. 해 지욕에게' 편의 註3을 참조.

## 역자 후기

2011년 가을 어느 토요일 오후, 우연히 귀원歸元 법사를 만나 서로 인사를 하게 되었다. 당시 귀원 법사는 상길원祥吉院이라는 이름으로 원광 거사, 연화광 보살 등과 함께 매주 토요일마다 불교 공부를 하고 있었다. 자정이 넘도록 불교공부 전반에 대해 이야기를 하다가 함께 벽암록碧巖錄을 읽기로 했다. 내 기억으로는 3인이 먼저 1년 전부터 시작을 했기에, 벽암록 48칙 「王太傅煎茶(왕태부 전차)」부터 함께 했던 것 같다. 아무튼 나의 벽암록 공부는 이후 1년여 시간을 거쳐 100칙에 이르게 되었다. 1칙에서 47칙까지 함께 하지 못한 아쉬움에 다시 한 번 더 읽기를 제안했다. 쉬운 일이 아닌데도(일주일에 한 칙씩 공부를 해도 약 3년이 걸린다) 흔쾌히 받아들여져 다시 읽기 시작했다(2013년에 시작해서 2015년 여름에 끝났다).

벽암록 서문부터 읽기 시작했다. 보조普照의 서문(序)으로부터 방회方回와 주치周馳의 서문을 읽고, 이어서 삼교노인三教老人의 서문을 읽었다. 그런데 삼교노인의 글에서 번역은 되는데, 도저히 뜻이 이해되지 않는 부분이 나왔다.

"각주구검刻舟求劍과 같고 수주대토守株待兎와 같아서, 뱃속 가득히 언어문자를 채우고서 한 번 물으면 천 번이나 대답을 한다 해도,

생사대사生死大事에는 애초부터 관계가 없다. 때를 알리는 종이 울리고 물시계의 물이 다했는데(鐘鳴漏盡) 장차 무슨 소용이 있겠는가? 오호라! 영양羚羊이 그 뿔을 나무에 걸었으니(羚羊掛角), 자취를 찾을 길이 없구나. 유하혜를 잘 배운 자(善學下慧者)라면 어찌 남이 걸을 때 따라 걷고, 남이 달릴 때 따라 달리겠는가!
(劍去矣而舟猶刻 兎逸矣而株不移 滿肚葛藤 能問千轉 其於生死大事 初無干涉 鐘鳴漏盡 將焉用之 烏乎 羚羊掛角 未可以形迹求 而善學下慧者 豈步亦步 趨亦趨哉!)"

상기의 번역은 차후 번역에 윤문을 해서 나온 결과물이지만, 처음 번역할 때는 '선학하혜자善學下慧者'가 번역이 되지를 않았다. 또한 '하혜下慧'가 유하혜柳下慧를 뜻하는 것이라는 것을 알았을 때, 유하혜에 대한 정확한 지식 또한 없었다. 그래서 각자 더 자료를 찾고 공부해서 다음 주 다시 이 부분을 이야기하기로 했다.

내게는 오래 전 지인知人인 원선 스님이 선물한 장경각의 「선림고경총서」 전집이 있었는데, 하루는 『원오심요』 상·하 두 권이 눈에 들어왔다. 읽다보니 원오 스님이 화장 명 수좌에게 보낸 편지에도 '유하혜'라는 인물이 나오는 것을 알게 되었고, 나름 아래와 같이 번역을 하게 되었다.

"만약 안목을 갖춘 진정한 수행자라면 반드시 정견情見을 뛰어넘어 남다른 생애를 살며(別有生涯), 결코 죽은 물(死水) 속에서 활발히 분별계교分別計較하지 않아야, 장차 집안의 가업(基業)을 받들고 이을 수 있는 것이다. 여기에 이르러서는 모름지기 예로부터 내려오는 고사(從上來事, 故事)가 있다는 것을 알아야 하는데, 이른바 '유하혜를 잘 배운 사람이라면 끝내 그의 자취를 따르지 않으리라(善學柳下惠 終不 師其迹)'고 하는 것이다.

(若是本色眞 正道流 要須超情離見 別有生涯 終不向死水 裏作活計 方承紹得 他家基業. 到箇裏 直須知有從上來事 所謂 善學柳下惠 終不師其迹.)"

일요일에 다시 만나, 벽암록의 저자인 원오 스님 또한 제자에게 보낸 편지글에 유하혜를 예로 드는 문구가 위와 같이 있다는 것을 이야기하게 되었고, 그 자리에서 원오심요를 번역해 보는 것이 어떨지 권유를 받게 되었다. 그래서 번역을 하게 되었다.

원오심요의 원문을 「중화전자불전협회中華電子佛典協會」로부터 다운로드 받아, 나름대로 원문에 방점을 찍어가며 번역을 시작했다. 매주 5편씩 번역을 했고, 귀원 법사가 헤아릴 수 없이 많은 도움을 주었다. 그렇게 약 1년의 시간을 거쳐 1차 번역이 끝났다. 하지만 그렇게 1년이 넘게 번역한 것이 황당할 정도로 너무 거칠 뿐만 아니라, 편지의 내용을 이해하기 위해서는 너무도 많은 주석들이 필요하게 되었다. 왜냐하면 원오 스님의 화려한 문장과 그 당시의 언어, 그리고 자유자재한 경전의 인용과 역대 선어록에 대한 저자의 비평을 따라갈 수 없었기 때문이었다. 그래서 처음에 번역하면서 찍었던 방점을 앞에다 찍기도 하고 뒤에 찍기도 하면서 2차 번역을 시작했고, 더불어 대승경전과 각종 조사어록, 중국고전 등을 보면서 주석을 붙이기 시작했다.

처음에는 기존에 출간된 경전과 선어록들을 보며 주註를 달다가, 이해 못할 무슨 오만함의 발동으로 경전과 선어록들을 직접 번역하기로 마음을 먹게 되었고, 그러다보니 2년이 또 지나서야 어렴풋이 2차 번역이 끝났다. 그리고 다시 번역한 문장들을 이리 붙였다 저리 붙였다 하면서, 원오 스님이 전하고픈 편지의 내용이 그동안 함께 읽어왔던 벽암록에서 전한 스님의 말씀들과 상응하는지를 비교하며, 3차 번역과 정리 작업을 또 1년가량 하게 되었다.

3차 번역이 끝날 무렵, 원광 거사가 벽암록 강독도 끝났고 그간에 원오심요도 번역을 다 한 것 같으니 함께 읽어보는 것이 어떨까 제의를 했고, 결국은 143수로 이루어진 본서를 두 권으로 제본해서 읽기 시작했다. 그래서 또 1년이라는 시간이 지나게 되었고, 함께 강독하는 과정 속에서 또 다시 여러 사람들의 지혜를 빌려 주註가 늘게 되었고, 글에 대한 이해가 나름 깊어지게 되었다.

그렇게 끝나갈 즈음, 함께 읽었던 이들로부터 출간이라는 말이 나오게 되었고, 우물쭈물하던 나는 한 달에 한 번씩 일곱 번을 다시 읽으면서 고치고 고친 끝에, 결국 세상의 욕을 먹기로 결심을 했다.

사실 번역이라는 것이 이렇게 어려운 과정인 줄을 몰랐다. 그간에 내가 행했던 독서는 저자를 믿고 역자를 믿었기에, 눈으로 읽고 머리로 이해하면서 간직하고픈 것만 가슴에 넣었을 뿐이었다. 그런데 벽암록 공부와 원오심요의 번역으로부터 시작된, 원문을 먼저 읽고 이어서 번역과 대조하며 이해를 넓혀가는 습관을 갖다 보니, 그간에 읽고 이해하며 간직했던 것들에 대한 아쉬움이 많이 남게 되었다.

저술로 발간된 책은 저자의 의도를 알고 이해하면서 넘어가면 되지만, 역술한 책은 원저자의 뜻이 역술한 이에 의해 와해되거나 전도될 수 있다는 사실을 뼈저리게 알게 되었다. 나아가 번역이라는 것은 번역을 통해 누군가에게 알린다는 뜻에 앞서, 먼저 역자가 얼마나 저자가 되려고 노력하였는지가 무엇보다 중요하다는 것을 너무 늦게 알게 되었다.

내가 네가 되어야 하는 것, 바로 역자가 저자가 되어야 하는 것이야말로 번역의 필수 조건이고 과정이며 결과가 되어야 한다는 사실을 절대 간과해서는 안 된다. 그래야 적어도 저자에게 욕을 보이지 않게 되는 것이다. 더욱이 본 원오심요는 1,000년이 지나도록 선지식이라 일컬어지는 원오圜悟라는 한 인물이 불법佛法에 대한 본인의 각고의 수행을 통해 얻은 지견知見을 그와 함께 했던 여러 부류들 – 선가의 선배, 제자, 동료, 재가자 – 에게 노파심으로 상세히 전하고 제시해 준 것이기에 더욱 그러한 것이다.

그렇다고 역자가 저자인 원오 스님이 되었다거나, 그와 대등하게 되었다는 말은 절대 아니다. 다만 역자는 무엇보다 원오 스님만큼 수행한 경험도 없고, 그만큼의 지견은 더더욱 없다. 번역이라는 과정을 통해 생기게 된 원오 스님을 닮고픈 마음이 원숭이의 흉내냄으로 앞서는 것이 아닌지 염려스러울 뿐이다. 또한 불법에 대한 좁은 이해와 더불어 원오 스님이 살았던 중국 송宋나라 시절의 언어에 역자는 천리만리이기에 달을 가리켜야 하는 손가락이 이름 모를 별을 가리키고 있는 것이 아닌지, 걱정에 걱정을 더할 따름이다.

다만 바라는 것이 있다면 이번의 출간을 통해 눈 밝은 이들과의 인연으로 따끔한 지적과 함께, 다 같이 원오 스님이 되어가는 과정을 밟고 싶은 마음일 뿐이다. 역자가 원오가 되고 부처가 되어가는 과정은 차후 보다 더 깊은 정진과 공부를 통해 개정판으로 답하는 것임을 이 자리를 빌려 다짐해 본다.

그간 번역에 한량없는 도움을 준 귀원 류내우 법사님과 함께 강독해 준 원광 김태석 거사님, 청암 김광선 거사님, 서정기 박사님, 묘심광 양효숙 보살님, 정수행 김치자 보살님께 감사드린다. 또한 매주 일요일마다 공부할 수 있게 자리를 빌려준 한국불교연구원 김종화 이사장님께도 감사드린다. 무엇보다 매주 일요일마다 가방을 들고 나가는데도 묵묵히 이해해준 아내 보경궁 손혜원에게 고마움을 전한다. 아울러 오랜 인연으로 역자의 삶을 지켜보면서 격려해준 포교의 등불 지행 스님, 육군사관학교 이상길 교수님, 법무법인 그린의 이정신 변호사님, 안호 대령님, 이문교 중령님께도 감사드린다. 끝으로 본서의 출간을 흔쾌히 받아준 도서출판 운주사 김시열 사장님께도 감사의 말씀을 드린다.

불기 2562(2018)년 2월

삼각산 아래에서 덕우 강승욱 합장

**덕우 강승욱德雨 康勝旭**

남산정일南山正日 선사禪師를 은사로 불법에 귀의하였다.

동국대학교 불교학과를 졸업하고, 동대학 인도철학과 대학원을 수료하였다.

육군종합행정학교 교관, 5사단 군종참모를 역임하였고, 육군대학, 육군사관학교 등에서 불법을 홍포하였다.

2010년 수도방위사령부에서 전역 후, 지인들과 경전 및 선어록 강독을 하고 있다.

# 원오심요 역주

초판 1쇄 인쇄 2018년 3월 20일 | 초판 1쇄 발행 2018년 3월 30일

지은이 원오극근 | 역주 덕우 강승욱 | 펴낸이 김시열

펴낸곳 도서출판 운주사

(02832) 서울 성북구 동소문로 67-1 성심빌딩 3층

전화 (02) 926-8361 | 팩스 0505-115-8361

ISBN 978-89-5746-509-7 93220

ISBN 978-89-5746-508-0 (세트) 값 45,000원

http://cafe.daum.net/unjubooks 〈다음카페: 도서출판 운주사〉